16	3	2	13
5	10	11	8
9	6	7	12
4	15	14	1

Evaldo Cabral de Mello

A FRONDA DOS MAZOMBOS

Nobres contra mascates
Pernambuco, 1666-1715

3ª edição revista

editora 34

EDITORA 34

Editora 34 Ltda.
Rua Hungria, 592 Jardim Europa CEP 01455-000
São Paulo - SP Brasil Tel/Fax (11) 3811-6777 www.editora34.com.br

Copyright © Editora 34, 2003
A fronda dos mazombos © Evaldo Cabral de Mello, 1995, 2003, 2012

A fotocópia de qualquer folha deste livro é ilegal e configura uma apropriação indevida dos direitos intelectuais e patrimoniais do autor.

Edição conforme o Acordo Ortográfico da Língua Portuguesa.

Capa, projeto gráfico e editoração eletrônica:
Bracher & Malta Produção Gráfica / Mariana Leme

Revisão:
Cide Piquet
Osvaldo Tagliavini Filho

1ª Edição - 1995 (Companhia das Letras, São Paulo),
2ª Edição - 2003, 3ª Edição - 2012

Catalogação na Fonte do Departamento Nacional do Livro
(Fundação Biblioteca Nacional, RJ, Brasil)

Mello, Evaldo Cabral de, 1936-
M217f   A fronda dos mazombos: nobres contra mascates, Pernambuco, 1666-1715 / Evaldo Cabral de Mello. —
São Paulo: Editora 34, 2012 (3ª Edição).
464 p.

ISBN 978-85-7326-274-2

1. Brasil - História - Guerra dos Mascates, 1710-1714. I. Título.

CDD - 981.03135

Índice

Nota à 3ª edição 7

Prefácio 15
Abreviaturas 21

Primeira parte:
Entre os holandeses e os mascates

1. O agosto do Xumbergas 25
2. Atribulações do marquês de Montebelo 61
3. *Clericus clerico lupissimus* 103
4. Praça *x* engenho 129

Segunda parte:
Alterações pernambucanas

5. O desgoverno de Castro e Caldas 195
6. A sedição da nobreza 251
7. O levante dos mascates 321
8. O acerto de contas 369

Anexos

A. Governadores e capitães-generais
de Pernambuco, 1654-1718 439
B. As fontes narrativas
das alterações pernambucanas de 1710-1711 441

Índice onomástico 453
Sobre o autor 461

Nota à 3ª edição

Na historiografia luso-brasileira, o tema das elites coloniais vem finalmente assumindo, a partir dos anos 1990, a importância que merece. O conceito deve-se, aliás, a um grande historiador inglês da Antiguidade clássica, o neozelandês Ronald Syme, que, professor em Oxford, importou para a história da República romana os métodos prosopográficos que anos antes haviam sido testados por L. B. Namier nos seus estudos sobre a cultura política inglesa do século XVIII. Em 1958, Syme deu uma série de conferências no Canadá, logo publicada sob o título de *Colonial elites. Rome, Spain and the America*, uma análise comparativa necessariamente superficial das elites coloniais nos Impérios romano, espanhol e britânico. A abordagem comparativa, que em Syme se havia limitado às elites, culminou há pouco no livro do grande especialista em história espanhola do Século de Ouro, J. H. Elliott, *Empires of the Atlantic World. Britain and Spain in America, 1492-1830*, que alargou o comparatismo a uma multidão de aspectos.

"Elite colonial" constitui, aliás, um destes conceitos que, por mais que se faça, não se consegue depurar inteiramente da conotação apologética. Elite contém inescapavelmente uma avaliação positiva na referência à elite senatorial romana ou à elite governamental inglesa do século XIX. Nesta acepção, nem o Brasil colonial nem o Brasil nacional tiveram elite, exceto talvez em alguns momentos do Segundo Reinado. Ao emprego do vocábulo elite seria preferível até mesmo a designação de classe dominante, do marxismo, ou de classe dirigente. O problema é que nem sempre as classes dirigentes governam. Para superar tal dificuldade é que Raymond Aron cunhou a distinção entre "classe dirigente" e "classe governante", ainda recentemente utilizada por Paul Veyne no seu livro sobre o império greco-romano. Segundo Veyne, durante o Império, a elite senatorial dirigia mas não governava, o governo estando a cargo da burocracia de criação imperial.

Pelo menos em duas ocasiões no decurso dos seus estudos sobre o Nordeste açucareiro, o autor esteve às voltas com a mesma dificuldade. Em *O Norte agrário e o Império*, constatou-se que dificilmente se poderia descrever os senhores de engenho do Segundo Reinado como classe dominante no sentido marxista da expressão. Daí preferir-se o conceito de "classe corporativa", formulada por um marxista, Perry Anderson: ao contrário de uma classe dominante, a classe corporativa acha-se na contingência de preservar ou de promover seus interesses mediante sua inserção numa totalidade cuja determinação lhe escapa. Em outras obras, como *Rubro veio. O imaginário da restauração pernambucana*, ou *O nome e o sangue. Uma parábola genealógica no Pernambuco colonial*, preferiu-se recorrer à maneira pela qual a açucarocracia designava a si mesma — "nobreza da terra", expressão que ela importara do Reino onde definia o controle de grupos locais sobre o poder municipal. Idêntica solução foi seguida em *A fronda dos mazombos*.

Caberia por fim ter em mente que a açucarocracia (isto é, a classe de senhores de engenho e lavradores de cana) não é rigorosamente coextensiva aos chamados "homens da governação", vale dizer, aos indivíduos que, fazendo parte do colégio eleitoral, cooptavam-se nos cargos municipais. À proporção que se consumou a ruralização da atividade açucareira tanto no Recôncavo baiano quanto na Mata pernambucana, ela resultou, por um lado, na fundação de novas câmaras municipais e, portanto, na formação de outros núcleos de "homens da governação"; por outro, no caso evidente de Olinda, na participação crescente de "homens da governação" que não eram açucarocratas, mas uma tímida classe governante em sentido aroniano.

O que se conclui de tudo isto? Algo simples que frequentemente os historiadores preferem correr o risco de ignorar: a inconfiabilidade dos conceitos históricos. A realidade é que, mais cedo ou mais tarde (melhor mais cedo), a aplicação de conceitos em história tem caráter estritamente aproximativo. Quando o historiador os espreme, na ânsia de retirar mais do que comportam, eles se esfarinham. Daí que a fase consecutiva do trabalho historiográfico consista irremediavelmente em narrativa. O historiador pode optar (e o faz com frequência) por não ultrapassar a etapa conceitual — mas tanto pior para a riqueza da sua explicação.

Nota à 3ª edição

Para esta reedição, *A fronda dos mazombos* foi submetida a revisão do autor, no objetivo de atualizar a bibliografia e assegurar maior fluidez à leitura da obra.

Evaldo Cabral de Mello
Rio de Janeiro, 2012

A Maria Luisa

"Sempre tive dúvidas a respeito dos historiadores que pensam tornar-se doutos quando fazem abstração dos detalhes dos acontecimentos e que creem que a história da série dos preços do bife a partir de 1950 é singularmente mais interessante que a narrativa das revoluções. Trata-se, a meu ver, de uma mera questão de gosto; e não vejo *a priori* porque uma destas duas investigações seria científica e a outra, não, e porque uma seria interessante e a outra, não."

Raymond Aron

Prefácio

O exército de Von Schkoppe rendeu-se no Recife a 27 de janeiro de 1654, pondo fim a um quarto de século de dominação holandesa. Cinquenta e tantos anos depois, parte da "nobreza da terra", isto é, dos filhos e netos dos que haviam restaurado a suserania portuguesa, promovia uma sedição contra o governador Castro e Caldas. Na historiografia brasileira, a chamada "guerra dos mascates" representa um caso típico de carro diante dos bois. Antes de ser objeto de análise sistemática ou sequer de narrativa à velha maneira positivista, já fora utilizada como marco romanesco em obras de José de Alencar ou de Franklin Távora; ou já tivera sua significação sociológica posta de relevo por Caio Prado Júnior ou Gilberto Freyre.

Contudo, falta-lhe ainda hoje a reconstrução de cunho factual, que procure estabelecer e concatenar os fatos, conferindo-lhes a desejável inteligibilidade. Os historiadores locais que há muito se ocuparam do tema, como Mário Melo e Vicente Ferrer, estavam exclusivamente motivados pela intenção polêmica de provar ou de impugnar o conteúdo autonomista do levante da nobreza, donde terem concentrado a atenção na fase inicial da guerra civil. Destarte, desinteressaram-se de quase tudo o que se achava a montante e a jusante das alterações de 1710, ou seja, o governo de Castro e Caldas (1707-1710), a insurreição dos mascates no Recife (1711) e, sobretudo, a repressão desencadeada pela Coroa na administração de Félix Machado (1711-1715).

Outros motivos explicariam o fato insólito de a Guerra dos Mascates ter ficado relativamente esquecida pela historiografia da Independência. Um deles foi a marginalização do velho norte açucareiro a partir do fim do Império e da República Velha. Em consequência, os holofotes foram projetados sobre a Inconfidência Mineira, conspiração de intelectuais e burocratas (ambas as palavras eram então, mais do que hoje, sinônimas) mais ou menos ociosos, espécie de esquerda festiva refugiada nos serões literários de Ouro Preto, sonhando talvez com os bares alegres de Ipanema dos anos 1960, do mesmo modo como no poema de Drummond os conselheiros do senhor D. Pedro II sonhavam com as *garçonnières* de Copacabana.

Ainda outra razão residiria nas limitações da historiografia positivista. Observou Henri-Irénée Marrou que os princípios da crítica histórica não são "quase nunca realmente aplicáveis", resultando daí que "uma história estritamente conforme às exigências positivistas compreenderia sobretudo folhas em branco". Esta teria sido a sorte da Guerra dos Mascates caso as antigas concepções historiográficas ainda vigessem. Com efeito, quase todas as narrativas referentes às sedições de 1710 e 1711 foram redigidas no decorrer dos acontecimentos ou logo após. A seus autores, animava tão somente o objetivo de justificar em Lisboa o comportamento da facção a que pertenciam e de acusar os adversários. Como estes textos destinavam-se a contar apenas a parte de verdade que aos interesses de partido convinha que fosse contada, tornava-se particularmente árdua, se não inviável, a tarefa de apurar, à maneira da velha historiografia, como as coisas realmente se haviam passado. Em relação a certos períodos, é impossível recorrer à técnica canônica do cotejo das fontes: ao passo que os cronistas de uma parcialidade silenciam certas sequências factuais (o governo do bispo D. Manuel Álvares da Costa na pena dos seus aliados olindenses, por exemplo, ou a conspiração dos mascates nas narrativas recifenses), os contrários referem-nas profusamente, sem que haja como contrastar depoimentos.

Por fim, o estudo da Guerra dos Mascates sofreu também do escasso conhecimento que se tinha do período iniciado com a expulsão dos holandeses. E, contudo, os pais fundadores da historiografia brasileira (Southey, Varnhagen, Handelmann, Capistrano) haviam intuído a conexão entre a experiência da guerra batava e os conflitos civis de 1710-1711. Os cinco decênios intermediários haviam ficado na sombra, como se a luz intensa projetada pela documentação relativa ao "tempo dos flamengos" houvesse cegado os historiadores para a etapa que lhe sucedeu. Destarte, a este meio século seminal, de gestação surda e insuspeitada, da história regional, os autores dispensaram tratamento anódino. Do pecado, não escapou sequer Oliveira Lima. No livro de síntese, publicado há mais de século, *Pernambuco em seu desenvolvimento histórico*, ele dedicou apenas catorze páginas aos anos de 1654 a 1710. Diante da pletora arquivística do período holandês, a segunda metade do século XVII faz ainda hoje figura de parente pobre. São raras as fontes narrativas; a documentação, quase toda monotonamente administrativa, é de consulta difícil e penosa e, mercê deste caráter oficial, exclui automaticamente grandes fatias do passado colonial, impossibilitando as sínteses de período, tão ao gosto da historiografia oitocentista.

A fronda dos mazombos é uma tentativa de preencher a lacuna que representa a inexistência de uma história da Guerra dos Mascates e do meio século que a precedeu, através do exame de três episódios que cobram todo o seu significado à luz do que ocorreu depois: a deposição do governador Mendonça Furtado, a administração do marquês de Montebelo e o dissídio entre os religiosos da Congregação do Oratório. A relevância destes sucessos consiste em desvendar a atuação de um setor da açucarocracia que se empenhou em limitar em proveito próprio o exercício do poder real na capitania e o acesso dos comerciantes reinóis do Recife ao poder local, encarnado sobretudo na Câmara de Olinda, que desde a guerra holandesa adquirira certas funções supramunicipais de representação de interesses e de gestão de recursos fiscais. No quarto capítulo, tratou-se de inventariar o longo contencioso entre a nobreza da terra e a mascataria durante os decênios anteriores à sedição contra Castro e Caldas, o que equivale a dizer que à elaboração da primeira parte presidiu exclusivamente a intenção de contemplar o período 1666-1707 na perspectiva das alterações de 1710-1711, e não a ambição de oferecer uma visão de conjunto da história pernambucana da segunda metade do século XVII.

Cumpriria, aliás, recordar que a designação de "guerra dos mascates" (não muito feliz, como assinalou Barbosa Lima Sobrinho) foi cunhada por José de Alencar como título do romance *à clef* que escreveu no intuito de satirizar o gabinete Rio Branco (1871-1875), a que ele, apesar de conservador, fez oposição sistemática. Até a publicação da obra de Alencar, os acontecimentos de 1710-1711 haviam sido geralmente conhecidos como "sedições", "sublevações" ou "alterações de Pernambuco". Esta última constituía a expressão consagrada na língua portuguesa como na castelhana para nomear as rupturas da ordem pública, a exemplo das "alterações de Évora" (1673), enquanto "sublevação" ou "sedição" comportavam a acepção mais precisa de movimento contra o Estado.

A expressão "fronda", escolhida para título deste livro, não deseja, aliás, propor apelativo diferente para aqueles eventos. "Fronda", como se sabe, vem do francês *fronde* (a nossa "funda"), nome dado por extensão à guerra civil que teve lugar na França (1648-1653), na minoridade de Luís XIV, entre os partidários da regente Ana de Áustria e do cardeal Mazarino, por um lado, e a alta magistratura e a alta nobreza, por outro, de onde a distinção entre "fronda parlamentar" e "fronda aristocrática". Nestas páginas, "fronda" visa designar não somente os levantes de 1710-1711, mas todo o processo de contestação política que se esboçou a partir da deposição de Mendonça Furtado (1666), culminando na sublevação contra Castro e Caldas (1710).

A palavra "fronda" tem, com efeito, a vantagem de denotar o caráter elitista ou senhorial do movimento pernambucano, muito bem captado por Gilberto Freyre quando salientou o lado "distintamente aristocrático", "rural e antiurbano", do levante de 1710. Feição oligárquica que já deforma, um século antes da emancipação, o processo da independência da América portuguesa tanto quanto da espanhola, na medida em que caberá à camada mais conservadora da sociedade colonial empreender a ruptura do vínculo com a metrópole. Parafraseando o conhecido aforismo de Joaquim Nabuco ("o problema das revoluções é que sem os revolucionários não é possível fazê-las e com eles não é possível governar"), poder-se-ia mesmo afirmar que o problema da independência residia em que, sem o concurso da grande propriedade, não era possível fazê-la, mas com ela não era factível completar a conquista política mediante as reformas econômicas e sociais, cuja necessidade, aliás, bem poucos discerniam na época. Não se deve sucumbir, porém, à tentação de projetar nossas frustrações nacionais com o que foi, imaginando o que poderia ter sido, à maneira dos nostálgicos dos Palmares.

Felizmente, para remediar até certo ponto o caráter conflituoso das fontes narrativas, manifestação do embate real das paixões e interesses em jogo, existem as fontes administrativas, vale dizer, a correspondência das autoridades locais entre si ou com a Coroa não só durante as sublevações pernambucanas mas também no meio século que as precedeu. O autor pôde dispor, neste particular, da documentação inexplorada contida nos códices da coleção Conde dos Arcos, pertencente ao Arquivo da Universidade de Coimbra. Durante seu triênio como governador de Pernambuco (1746-1749), D. Marcos de Noronha e Brito, sexto conde dos Arcos, mandou copiar os papéis guardados desde a Restauração na secretaria do governo da capitania. Tal acervo permite preencher várias lacunas que empeciam o conhecimento da segunda metade do nosso seiscentismo e, por conseguinte, das próprias alterações de 1710-1711. O autor deve a J. A. Gonsalves de Mello a indicação da existência de tão importante coleção, que ele foi o primeiro a consultar, pouco depois da sua aquisição pela Universidade de Coimbra nos anos 1970. Que o leitor perdoe esta digressão arquivística. Parodiando a observação segundo a qual os amadores discutem estratégia mas os profissionais preferem falar de logística, bem se poderia dizer que os historiadores preferem falar de documentos, deixando a outros o cuidado de descobrir o sentido da história.

Como este livro pretende ser obra de história, e não de sociologia histórica ou de história econômica, a utilização de conceitos sociológicos ou econômicos foi feita apenas no contexto das mediações concretas que deram seu perfil particular à fronda dos mazombos. Na verdade, o interesse do historiador começa onde termina o do sociólogo ou o do economista. Onde um e outro contentar-se-ão em enxergar um caso típico do conflito entre o credor urbano e o devedor rural ou o mal-estar decorrente de uma fase prolongada de declínio e recessão, o historiador procurará vislumbrar o enredo ou intriga (no sentido inglês de *plot*), produto da necessidade, da intencionalidade e do acaso, a que se chamou, na época, alterações ou sublevações de Pernambuco. Caberia também assinalar que, à formação historiográfica do autor, a oposição entre sociedades de ordens e sociedades de classes parece bastante artificial. Max Weber, que, como se sabe, examinou detidamente os conceitos fundamentais da estratificação social à luz do seu irrivalizável conhecimento de história comparada, pensava, pelo contrário, que, assim como os dois tipos básicos de relações sociais (a comunitária e a associativa) encontram-se lado a lado em qualquer sociedade, também convivem nela as estruturas que lhes são correlatas, a ordem e a classe.

Como há muito assinalou Sérgio Buarque de Holanda, na visão do sociólogo alemão "as diferenças de classes se entrelaçam intimamente e dos modos mais variados às distinções de *statu*, ou seja, às hierarquias estamentais". Daí não existirem ordens e classes em estado puro nem sociedades de ordens sem ingredientes de mercado e sociedades de classes sem elementos estamentais. Georg Simmel, por exemplo, estudou o processo que chamou de "autonomização das ordens", mediante o qual uma facção de classe decanta-se em ordem, apartando-se gradualmente da situação de mercado que a engendrara. Houve também quem visse no estamento o produto da fossilização da classe. Inversamente, mesmo no tocante à classe que, com o proletariado, constituiria na teoria sociológica a classe por antonomásia, Norbert Elias assinalou a coexistência no Antigo Regime de uma "burguesia de *statu*" (*standisches Bürgertum*) e de uma burguesia mercantil, essencialmente classista.

A utilização simultânea dos conceitos de ordem e de classe permite compreender melhor a metamorfose da açucarocracia (situação de mercado) em nobreza da terra (situação de *statu*), que o autor procurou reconstruir em obra anterior. Não há dúvida de que a açucarocracia de finais do século XVII continha em si elementos fundamentais da noção de classe (inclusive o seu lugar específico no processo de produção), mas, graças à capacidade que têm as camadas sociais, como os indivíduos, de se imaginarem diferentemente do que são, ela se pensava e foi pensada pelos demais estratos não como uma classe, mas como uma ordem, a nobreza da terra, cuja mentalidade, transplante metropolitano, é tão indispensável para compreendê-la na sua atuação histórica quanto sua condição de classe. Basta para tanto estender à classe ou à ordem a noção de bovarismo. Por sua vez, a mascataria, embora muito mais enraizada na sua situação de mercado, já contava com uns tantos indivíduos que haviam adquirido *statu*, alimentando ambições mais vastas. Em todo o caso, no estudo do comportamento de ambas, procurou-se levar em consideração as motivações de um e outro gênero.

A pesquisa de arquivo em que se assenta *A fronda dos mazombos* foi levada a efeito principalmente no Arquivo Histórico Ultramarino, na Biblioteca Nacional de Lisboa e no Arquivo da Universidade de Coimbra. Após sua partida de Portugal, o autor também pôde contar com a competentíssima colaboração de Tiago Costa Pinto dos Reis Miranda, que dali o municiou muitas vezes com os subsídios imprescindíveis ao esclarecimento de vários pontos.

Evaldo Cabral de Mello
Lisboa-Barbados-Marselha, 1989-1994

Abreviaturas

ABN: *Anais da Biblioteca Nacional do Rio de Janeiro*.

AHU: Arquivo Histórico Ultramarino; PA: Papéis avulsos; Pco.: Pernambuco; Pb.: Paraíba; Ba.: Bahia; RGN: Rio Grande do Norte; cx.: caixa.

ANTT: Arquivo Nacional da Torre do Tombo, Lisboa; LB: Livros do Brasil; HOC: Habilitações à Ordem de Cristo; HOA: Habilitações à Ordem de Aviz; ML: Manuscritos da Livraria; PB: Papéis do Brasil.

AUC: Arquivo da Universidade de Coimbra; CA: coleção Conde dos Arcos.

BA: Biblioteca da Ajuda, Lisboa.

BL: British Library; Add. 21.000: Correspondência do marquês de Montebelo.

BNL: Biblioteca Nacional de Lisboa; FG: Fundo geral; Pna.: Coleção Pombalina.

BNRJ: Biblioteca Nacional do Rio de Janeiro; SM: seção de manuscritos.

Calamidades: Manuel dos Santos, *Narrativa histórica das calamidades de Pernambuco* (org. J. A. Gonsalves de Mello), Recife, 1986.

Co.Uo.: consulta do Conselho Ultramarino.

Documentos históricos: *Documentos históricos da Biblioteca Nacional do Rio de Janeiro*.

Informação geral: *Informação geral da capitania de Pernambuco (1749)*, Rio de Janeiro, 1908.

IHGB: Instituto Histórico e Geográfico Brasileiro, Rio de Janeiro.

Os manuscritos da Casa de Cadaval: Virgínia Rau e Maria Fernanda Gomes da Silva (orgs.), *Os manuscritos do arquivo da Casa de Cadaval respeitantes ao Brasil*, 2 vols., Coimbra, 1955-1958.

Memórias históricas: J. B. Fernandes Gama, *Memórias históricas da província de Pernambuco*, 4 vols., Recife, 1844-1847.

"Relação do levante": "Relação do levante de Pernambuco em 1710", *Brasília*, vi (1951).

RIAP: *Revista do Instituto Arqueológico, Histórico e Geográfico Pernambucano*.

RIHGB: *Revista do Instituto Histórico e Geográfico Brasileiro*.

"Tratado": "Tratado da capitania de Pernambuco e sublevações que nela houveram até o ano de 1712", Biblioteca Municipal do Porto.

Primeira parte:
Entre os holandeses e os mascates

1.

O agosto do Xumbergas

Quarto governador de Pernambuco desde a expulsão dos holandeses, Jerônimo de Mendonça Furtado, de alcunha "o Xumbergas", foi preso pela Câmara e pelos homens principais da terra, na rua de São Bento, em Olinda, ao entardecer de 31 de agosto de 1666. O estratagema com que o capturaram ainda hoje encanta pela simplicidade. Acumpliciado com os vereadores, o vigário de São Pedro Mártir dirigiu-se a certa casa das vizinhanças, a pretexto de dar a comunhão a um moribundo. O costume exigia que, à passagem do viático, os transeuntes o acompanhassem à residência do agonizante e, depois, no regresso à igreja. Ao avistar o préstito, o governador não se furtou à obrigação de católico. Quando o séquito já retornara ao templo, foi que ele se deu conta da cilada em que caíra, ao deparar-se no adro com a coorte de autoridades municipais e de pró-homens, com seus clientes e aderentes, a qual, pela boca do juiz ordinário, André do Rego Barros, deu-lhe voz de prisão.

Mendonça Furtado e seus acompanhantes ainda esboçaram uma reação, mas foram logo dominados pelos conjurados, que o recolheram à fortaleza do Brum, no Recife, à espera da partida da frota anual de comércio em que seria deportado para Lisboa. Ao sair do poder desta forma desprimorosa, ele entrava na nossa história e até no nosso vocabulário graças ao apelido que ganhara por haver lançado na capitania a moda dos bigodes tufados, trazida a Portugal pelo marechal de campo Armand Friedrich von Schomberg, oficial francês que comandava o exército lusitano nesses derradeiros tempos da guerra contra a Espanha. A alcunha daria origem ao verbo "xumbergar" ou "xumbregar", que inicialmente teve o sentido de embriagar-se e depois veio a adquirir o de bolinar ou garanhar, sem que se saiba, contudo, fosse o governador afeito a qualquer destas práticas.[1]

---

[1] A deposição de Jerônimo de Mendonça Furtado foi narrada por Souchu de Rennefort,

Que não escape ao leitor, como não escapou aos contemporâneos, a gravidade do sucedido. O governador-geral na Bahia ou o governador em Pernambuco ou no Rio de Janeiro não eram apenas a primeira autoridade régia nesses lugares. Aos olhos da população local, eles encarnavam, num sentido muito mais físico do que hoje é dado conceber, a própria majestade do monarca. Por maiores que fossem os desmandos dos agentes da Coroa, eles eram em princípio intocáveis, não podiam ser depostos, só restando aos povos o recurso de se queixarem a El Rei, fiando-se da magnanimidade régia. Que se podia, contudo, esperar de um ano que continha a cifra fatal de 666, que era a da besta do Apocalipse? Fazendo-se passar pelo verdadeiro Messias, Sabatai Zevi encabeçava, em Esmirna, um vasto movimento de regeneração judaica. Na Itália, Amsterdã ou Hamburgo, as comunidades israelitas respondiam entusiasticamente ao apelo, seguidas pelos guetos da Europa central.[2]

Em Portugal, cristãos-novos e sebastianistas viviam na expectativa diária de grandes acontecimentos. O padre Antônio Vieira, em quem, por vezes e malgrado o realismo político do "Papel forte", não escasseava megalomania patriótica, elaborara toda uma teoria que, combinando as previsões escatológicas do Bandarra, o sapateiro de Trancoso, com o advento do Quinto Império anunciado no livro de Daniel, profetizava à Casa de Bragança a missão

---

Mémoires pour servir à l'histoire des Indes Orientales, Paris, 1688, aqui citado segundo a tradução portuguesa dos capítulos iv-vi por Alfredo de Carvalho, "O marquês de Mondvergue em Pernambuco", RIAP, xiii (1908), pp. 630 ss.; Rodrigo Garcia (org.), "Deposição de Jerônimo de Mendonça Furtado, governador de Pernambuco, ano de 1666", ABN, lvii (1939), pp. 135-6; e Sebastião da Rocha Pita, *História da América portuguesa*, 2ª ed., Rio de Janeiro, s.d., pp. 268-9. Para a etimologia de "xumbergas" e de "xumbergar", Alfredo de Carvalho, *Frases e palavras*, Recife, 1906, pp. 76-80; e F. A. Pereira da Costa, "Vocabulário pernambucano", RIAP, xxxiv (1936), s.v. Mendonça Furtado servira no Alentejo sob as ordens de Schomberg na batalha decisiva do Ameixial (1663). Sua nomeação para o governo de Pernambuco deveu-se ao fato de que, alcançada a vitória sobre o exército castelhano, fora-lhe presenteada a missão de levar a boa-nova a D. Afonso VI: conde da Ericeira, *História de Portugal restaurado*, 2ª ed., 4 vols., Porto, 1946, iv, pp. 142 e 144. O pai do Xumbergas, Pedro de Mendonça Furtado, fora um dos articuladores da sedição que colocara D. João IV no trono de Portugal, *ibid.*, i, pp. 108 e 122. A patente da nomeação de Xumbergas em ANTT, Chancelaria de D. Afonso VI, livro 27, fls. 399-399v.

[2] Gershom Sholem, *Sabbatai Sevi, the mystical Messiah (1626-1676)*, Londres, 1973; Jonathan I. Israel, *European Jewry in the Age of Mercantilism*, 2ª ed., Oxford, 1989, pp. 209-14.

final de instaurar a unidade universal sob a égide do Catolicismo. Xumbergas mesmo era adepto fervoroso da doutrina e, em carta escrita de Pernambuco, referia-se "a esta era de 666 em que espero de Sua Divina Bondade dê sucessos a Portugal que possa dar lei a todo o mundo". No Brasil, experimentava-se, aliás, uma sequência de prodígios e calamidades inéditas desde os começos da colonização e que, sessenta anos depois, Rocha Pita ainda se comprazia em rememorar: a passagem de um cometa, uma transgressão marítima na Bahia e uma epidemia de bexigas que matara grande quantidade de escravos, arruinando muitos senhores.[3]

Se Portugal não deu lei ao mundo, a Câmara de Olinda a deu a Mendonça Furtado, mandando-o para a enxovia. Por que se atreveu a tanto? As graves acusações que ela articulou contra o governador já são praticamente as mesmas que, no meio século seguinte, farão parte do elenco de reclamações do poder local contra os funcionários da Coroa. Afrontando a honra dos vassalos, Mendonça Furtado administrara como um tirano, interferindo no funcionamento do judiciário, executando dívidas, sequestrando bens, em especial na fábrica dos engenhos e nos partidos de cana, prendendo e soltando a seu talante, tudo em troca de dinheiro.

Outras alegações eram de molde a sensibilizar ainda mais a Coroa, ao dizerem respeito a irregularidades praticadas contra o erário. Ele teria embolsado um quinhão da receita do chamado "donativo da rainha da Inglaterra e paz de Holanda", imposto lançado para satisfazer o dote de D. Catarina de Bragança, irmã d'El Rei, casada com Carlos II, e a indenização prevista no tratado de paz com os Países Baixos (1661), pelo qual estes reconhecerem a reconquista portuguesa do Brasil holandês. Infringindo o monopólio colonial, Mendonça Furtado teria comerciado com franceses e embarcado por conta própria o pau-brasil pertencente ao estanco régio. Violando outra regalia da Coroa, recunhara moeda no recesso da sua casa. Conivente com devedores da fazenda real, permitira que andassem à solta, passeando impunemente pelas ruas de Olinda. E como se não bastasse, quebrara imunidades eclesiásticas, introduzira ilegalmente um amigo no cargo de ouvidor, desobedecera decisões emanadas do vice-rei, conde de Óbidos, e, cúmulo do atrevi-

---

[3] AUC, CA, 31, fls. 144-144v; Rocha Pita, *História da América portuguesa*, pp. 258-60; Raymond Cantel, *Prophétisme et messianisme dans l'oeuvre d'Antonio Vieira*, Paris, 1960.

mento, se teria mancomunado com o comandante de uma frota francesa, o marquês de Mondvergue, para entregar a terra ao Rei Cristianíssimo.[4]

Ao depor Mendonça Furtado, a Câmara de Olinda visava conferir uma fachada de legitimidade ao ato de força. As relações entre a municipalidade e o governador não tinham sido nem piores nem melhores do que as prevalecentes neste período entre a expulsão dos holandeses e as alterações pernambucanas, malgrado os entreveros com o Xumbergas terem sido frequentes: a respeito da posse do Dr. Manuel Diniz da Silva na ouvidoria; dos gastos com as cerimônias religiosas das exéquias da rainha D. Luísa de Gusmão; da cobrança do imposto de 2%, ou da negligência no registro de ordens governamentais.[5] Na primeira dessas ocasiões, o Xumbergas, em carta à Câmara, chamou seus membros de "frouxos", por haverem empossado o Dr. Diniz, esquecidos do exemplo de predecessores que, outrora, se haviam recusado a reconhecer um magistrado que não lhes apresentara patente régia. Outras vezes, contudo, a disposição dos antagonistas fora francamente conciliatória e até amistosa, podendo mesmo chegar à cumplicidade, circunstância inimaginável meio século depois, no tempo de Castro e Caldas, quando a rivalidade estará como que automatizada.

A cooperação entre a Câmara de Olinda e Mendonça Furtado tornou-se visível, por exemplo, com respeito à reforma do exército, matéria em que se achavam de acordo para resistir ao governador-geral, o conde de Óbidos. Mendonça Furtado contava na governança (isto é, no colégio de pró-homens que elegiam os vereadores,[6] revezando-se nas funções municipais) com uma facção que lhe era adicta e que dominou em 1665 a gestão concelhia, apoiando-o no seu conflito com o vice-rei em torno da nomeação do ouvidor interino da capitania. Embora seus membros fossem escolhidos pela cooptação de um grupo restrito, que já começava a intitular-se "nobreza da terra", a eleição anual da Câmara não abolia as fronteiras entre camarilhas, que a do-

---

[4] Câmaras de Pernambuco a D. Afonso VI, 7.ix.1666, e também Câmara de Olinda a D. Afonso VI, 7.ix.1666, AHU, PA, Pco., cx. 6; AUC, CA, 33, fl. 26.

[5] AUC, CA, 31, fls. 112-112v, 116-7v, 139 e 199v-200.

[6] Embora no vocabulário do Antigo Regime português os membros eleitos das municipalidades fossem designados por "oficiais da Câmara", reservando-se o termo "vereadores" a apenas alguns deles, neste livro ele é utilizado na ampla acepção atual.

cumentação infelizmente não permite identificar. Donde o cuidado da Câmara que depôs Mendonça Furtado em 1666 em cobrir a retaguarda, queimando os pelouros que guardavam os nomes dos indivíduos que serviriam no ano seguinte e realizando nova eleição que garantisse a manutenção no poder da facção que promovera o golpe de força. Aos vereadores de 1667 caberá, com efeito, pela ameaça e pela violência, tolher a ação do magistrado a quem a Coroa encarregara de apurar a destituição do Xumbergas.

Contra ele, a Câmara de 1666 foi manipulada por vários dos pró-homens da capitania, como João Fernandes Vieira e D. João de Souza, já ressentidos com a nomeação de Mendonça Furtado para o governo, a contrapelo da regra, seguida até então pela Coroa, de designar os capitães-generais entre os restauradores. "E como eram os principais e mais poderosos", acusará Mendonça Furtado, "foram chamando à sua parcialidade muitos parentes e amigos, alguns dos quais eram os oficiais da Câmara da vila de Olinda". À conjura, juntaram-se João de Navalhas e Urreia, rico senhor de engenho, muito interessado na arrematação dos contratos de cobrança de impostos, o vigário-geral, o pároco do Recife e o próprio secretário do governo, ademais das câmaras de Igaraçu, Itamaracá e Sirinhaém. Mas será contra Fernandes Vieira que o Xumbergas dirigirá sua catilinária. Exceto pelo traço grosso do rancor, o perfil que traçou do restaurador de Pernambuco não destoa substancialmente do retrato pintado pela historiografia do período batavo, com mão isenta e erudita.

Fernandes Vieira era "devedor de grandes somas de dinheiro a muitas pessoas, como de fazendas, engenhos e terras, que trás usurpadas violentamente, porque com estas insolências se tem feito poderoso e rico, passando do mais humilde estado ao maior, sendo a sua condição maquinar motins e levantes, ordenando tudo à sua conveniência particular, porquanto por esta se deixou viver entre os holandeses, conformando-se com estes não só nos costumes mas na lei, faltando às obrigações de cristão, como é notório". (Esta derradeira imputação era, aliás, falsa.) Depois, "por se ficar com a fazenda que tinha dos holandeses, se passou ao exército de Vossa Majestade com a capa de zelo, do qual houve tão pouca confiança que se entendeu constantemente no tempo que era rei deste Reino o Senhor Rei D. João [...] que o dito João Fernandes Vieira queria entregar aquela praça a alguns dos príncipes da Europa". Tratava-se assim de sujeito capaz de praticar as "maiores maldades" e dado aos "mais abomináveis vícios [...] porquanto os latrocínios e violências são sem conta e do mesmo modo os homicídios, pois por qualquer descontentamento, sem temor de Deus, sem respeito às justiças de Vossa Majestade, tem mandado matar e acutilar a muitas pessoas, constituindo-se, com o poder em que se acha, em régulo, sem subordinação nem respeito aos governadores".[7]

A incompatibilidade entre ambos resultara de que, ao tempo do seu governo de Angola (1658-1661), Fernandes Vieira sequestrara uma elevada quantidade de fazendas da Índia que transportava de Moçambique a Portugal um irmão do Xumbergas, Luís de Mendonça Furtado. Como este tivesse ganho a demanda que interpusera contra o embargo, Vieira, que devia indenizá-lo do vultoso prejuízo, articulara em represália a deposição do governador de Pernambuco. Os Mendonça Furtado eram sócios nestas operações comerciais, o que explicaria também o empenho com que o Xumbergas pleiteara o governo da capitania, no exercício do qual demonstrou inegável zelo pelos negócios de Luís de Mendonça. Quando, após a destituição, os oficiais da Câmara varejaram seus aposentos, encontraram, segundo o próprio prejudicado, "grande soma de fazenda assim em dinheiro como prata, ouro, joias, âmbar, móvel precioso, miudezas de valor, sendo quase toda esta fazenda de seu irmão Luís de Mendonça e do procedido de carregações e encomendas de alguns fidalgos desta Corte, parentes e amigos dele, Jerônimo de Mendonça".[8]

Noutra ocasião, tendo recebido ordem régia para socorrer Angola, o Xumbergas despachara a Luanda um barco de propriedade de Luís de Mendonça; e a André Vidal de Negreiros, que então administrava a conquista, travestia a providência interesseira em ato de dedicação ao serviço d'El Rei. Daí que intercedesse no sentido de Vidal autorizar o regresso imediato da embarcação ao Brasil, fosse para o Rio, Bahia ou Recife, dando-lhe prioridade no carregamento. Quem diz comércio com Angola em 1666 diz tráfico negreiro em ano de preços altos, devido à epidemia que se abatera sobre os núcleos coloniais do litoral brasileiro, causando grande mortandade entre os escravos. Em vez do sacrifício financeiro que o Xumbergas inculcava, tratava-se de uma esperta jogada pecuniária. Seria pedir demasiado ao fidalgote

---

[7] "Representação de Jerônimo de Mendonça Furtado", ABN, 57 (1939), pp. 129-31, 134-6 e 138-9.

[8] *Ibid.*, pp. 130 e 136.

português que resistisse à tentação no tocante a uma mercadoria que a consciência moral da época não reputava escabrosa, tanto assim que até um homem do quilate e da formação humanista de João Maurício de Nassau não titubeara, ao tempo do seu governo do Brasil holandês, em sujar as mãos nessas tenebrosas transações.[9]

Além de Fernandes Vieira, Mendonça Furtado denunciou "outro semelhante poderoso e igualmente insolente", o mestre de campo D. João de Souza, senhor de engenho e rebento de uma das grandes famílias da capitania. Segundo o governador, D. João negligenciava os deveres do posto, que só utilizava para fins particulares, sendo também devedor relapso dos mercadores do Recife, donde ele, Xumbergas, tê-lo obrigado a pagar certos compromissos, o mesmo fazendo a parentes seus. O governador intrometera-se também nas disputas domésticas do clã em torno da herança paterna, da qual o terceiro morgado do Cabo, João Pais de Castro, e seu irmão Estêvão Pais Barreto, procuravam alijar a irmã, que, por sua vez, coabitava há anos com um primo, que se recusava a esposá-la, malgrado os filhos que lhe havia feito.

Na sua justificação, Mendonça Furtado alegava haver agido assim "não só para compor as diferenças mas para evitar o escândalo que geralmente havia disto", como se a vida privada dos pró-homens fosse tolerante do que reputavam interferência indevida em assuntos que só diziam respeito à ordem senhorial. Era difícil, porém, para os governadores absterem-se de intervir nesse tipo de brigas devido às consequências que podiam por vezes acarretar à ordem pública. Foi assim que outro D. João de Souza, fidalgo português parente do homônimo pernambucano e que governará a capitania nos anos 1680, viu-se na contingência, apesar de seu reconhecido comedimento, de imiscuir-se no conflito entre D. Maria César, viúva de Fernandes Vieira, e seus irmãos e cunhado, em torno da administração dos bens deixados pelo madeirense, proibindo-lhes o acesso à residência da rica senhora.[10]

---

[9] AUC, CA, 31, fls. 144v-145; Manuel Calado do Salvador, *O valeroso Lucideno e triunfo da liberdade*, 4ª ed., 2 vols., Recife, 1985, i, pp. 234-7.

[10] "Representação de Jerônimo de Mendonça Furtado", p. 131; AUC, CA, 31, fls. 382v-383. Para D. João de Souza, a família Pais Barreto e a disputa a que se referia o governador, ver Evaldo Cabral de Mello, *O nome e o sangue. Uma parábola familiar no Pernambuco colonial*, 3ª ed., São Paulo, 2009, p. 46.

Outra prática de Mendonça Furtado, a esta altura ainda insólita na terra, consistira em fazer "com que os mercadores e homens tratantes do mar em fora [i.é, tanto os comerciantes estabelecidos na terra como os chamados 'volantes' ou negociantes de 'ida e volta', chegando e regressando pela mesma frota] fossem pagos de suas dívidas, sem dilações e demoras, por entender que estas atrasavam o negócio e diminuíam o crédito na praça e a faziam menos reputada, de que resultava não só prejuízo ao bem comum mas à Coroa e à fazenda de Vossa Majestade". Mas este "zelo louvável" pela prosperidade do comércio e pelas finanças régias não seria o único nem sequer o principal motivo do Xumbergas, como demonstrará a atuação de seus sucessores no governo de Pernambuco: ele também terá certamente colhido outra "gratificação", bem mais soante e satisfatória do que o "ódio de muitos moradores que eram os mais poderosos da dita capitania [o qual, segundo dizia, fora o único prêmio que recebera pela sua dedicação administrativa], porque como estes, de sua criação e por costume, eram dados a não satisfazer as dívidas que contraíam, estranharam ter governador que os obrigasse aos pagamentos".

Por fim, o Xumbergas incluía no rol dos maquinadores outro peixe graúdo, o Dr. Manuel Diniz da Silva, que prendera e despachara para o Reino, sem reconhecer sua patente de ouvidor de Pernambuco.[11] De Lisboa, o prejudicado correspondia-se com Fernandes Vieira e outros pró-homens, com quem estava aparentado, incentivando-os a destituírem Mendonça Furtado:

> e por avisos seus, que se fizeram públicos, se espalhou que Vossa Majestade mandava prender a ele, Jerônimo de Mendonça, e o havia deposto; e que os moradores o não deviam obedecer e expulsá-lo do governo e que tudo o que obrassem contra ele havia de ser bem aceito, porque os ministros do governo e os que se entendia naquele tempo [i.é, antes do golpe de Estado contra D. Afonso VI] eram mais poderosos insinuaram não seria mal recebida a tal resolução.[12]

---

[11] Enquanto em Portugal a palavra ouvidor designava o magistrado nomeado pelo senhorio jurisdicional, leigo ou eclesiástico, reservando-se o termo de corregedor ao de designação régia, no Brasil, legado da fase donatarial, mantivera-se o de ouvidor mesmo para os juízes da Coroa, a voz corregedor indicando apenas o ouvidor em viagem de correição a comarca subordinada.

[12] "Representação de Jerônimo de Mendonça Furtado", pp. 129-30 e 139.

Mendonça Furtado, contudo, eximia-se de explicar suas razões contra o Dr. Diniz. Quando ambos chegaram a Pernambuco, a ouvidoria era exercida pelo Dr. Leonardo de Azevedo Mota, que não completara ainda seu triênio. O Dr. Diniz fora nomeado sem o conhecimento do Conselho Ultramarino, contrariamente, portanto, ao que passara a exigir ordem régia de dois anos antes. O Desembargo do Paço incumbira o novo magistrado de prender o antecessor, que se achava homiziado no convento do Carmo de Olinda, restabelecendo-se de um ferimento. Segundo o Xumbergas, o Dr. Diniz começara a atuar de maneira desastrada, cometendo exorbitâncias, como a de levantar vara sem estar empossado, para o que contava, aliás, com expressa autorização da Coroa, fato que o governador ignorava.[13]

Ademais, o Dr. Diniz tentara capturar o colega no próprio convento que lhe dera asilo, fingindo visita de cortesia logo convertida em batida policial em que se revistaram as celas, apreendendo-se a prata e o dinheiro, inclusive de terceiros, que os frades guardavam. Intrometendo-se em contenda que não lhe dizia respeito (mas ao Desembargo do Paço e ao Conselho Ultramarino, que viviam às turras), Mendonça Furtado intimara o Dr. Diniz a desistir do cargo, ao que o juiz reagiu, reunindo povo e tumultuando o Recife aos brados de "Não há aqui povo que acuda por uns ministros d'El Rei?". Como não os houvesse, deu por finda a assuada, sendo preso de ordem do Xumbergas. E porque o Dr. Azevedo Mota continuasse acoitado pelos carmelitas, proibiu-lhe também exercer a função, designando o juiz mais velho da Câmara para substituí-lo interinamente, como era de praxe em casos de vacância da ouvidoria. Quando a frota de 1664 velejou para o Reino, levava a bordo os dois magistrados, um na condição de prisioneiro, outro, na de clandestino.

Com o caminho desimpedido, Mendonça Furtado nomeou um amigote, o Dr. Francisco Franco Quaresma, que havia ocupado a procuradoria da Coroa em Pernambuco, na qual teria cometido sérias irregularidades. A designação, que começava a viger de imediato, dependia da confirmação do governador-geral na Bahia. Para compreender os problemas do Xumbergas, é indispensável ter em mente as difíceis relações que, desde a guerra holandesa, os governadores da capitania mantinham com os governadores-gerais. O

---

[13] A autorização régia para que o Dr. Diniz levantasse vara antes de empossar-se em *Os manuscritos da Casa de Cadaval*, i, p. 188.

vice-rei, conde de Óbidos, discordou vivamente do provimento de Franco Quaresma, nomeando seu protegido, o Dr. Manuel de Freitas Reis, que tinha a vantagem de já se encontrar na terra no gozo de rendoso ofício que lhe presenteara o padrinho. Em carta a Mendonça Furtado, Óbidos verberou "estes arrojamentos em que Vosmecê se despenha", pois a competência da substituição interina era um dos pomos de discórdia entre Olinda e Salvador. O Xumbergas replicou aos argumentos, produtos da "desafeição com que julga todas as minhas ações", recordando que tinha competência para tanto até o recebimento da provisão do governador-geral, como demonstravam as nomeações feitas por antecessores seus.[14]

Sem papas na língua, Mendonça Furtado cominou Óbidos a advertir o secretário do governo-geral que "vá mais atento nas provisões e ordens que falarem comigo", embora, da boca para fora, se curvasse à indicação de Freitas Reis, "porque", assinalava numa farpa penetrante, "como só procuro que se não falte à justiça, não me inclino às pessoas, porque se assim fora acomodara [i.é, nomeara] aos meus criados, sem o receio de se me estranhar, pois nisso imitava a Vossa Senhoria". Contudo, por baixo do pano, aliciou a Câmara de Olinda, que se insurgiu contra a nomeação feita pelo vice-rei, recusando-se a empossar o indicado sem que o juiz ordinário assumisse, de maneira a criar a desorganização judiciária que sobreveio. Ao cabo de seis meses, não tendo Óbidos respondido, os vereadores solicitaram, e o Xumbergas prazerosamente aceitou, que Franco Quaresma reassumisse o posto, que exercerá até a deposição do seu protetor no ano seguinte, quando a nova Câmara deu finalmente posse ao nomeado do governador-geral.[15]

A animosidade entre vice-rei e governador viera à tona quando da chegada do Xumbergas a Pernambuco, o que permite supor tivesse a ver com rixas de família ou com as lutas de facção em que a nobreza do Reino se entredevorava então. Que Óbidos deu à Câmara de Olinda e aos pró-homens o sinal verde para a deposição do Xumbergas, é o que, vinte anos passados do episódio, afirmará o governador-geral D. Matias da Cunha: seu antecessor agira

---

[14] *Informação geral*, p. 334; *Documentos históricos*, ix, pp. 187, 193-5 e 197-8; AUC, CA, 31, fls. 125v-127 e 134v-135.

[15] AUC, CA, 31, fls. 22v, 112-114v, 116, 117-117v e 121-121v.

então com "dissimulação misteriosa".[16] O disfarce consistiu em que o ato de força foi praticado por iniciativa local, não por força armada vinda da Bahia, de maneira a evitar os embaraços em que se metera o governador-geral Francisco Barreto de Menezes na tentativa de depor André Vidal de Negreiros. Nestes conflitos de jurisdição, os governadores não tinham em vista a preservação da autonomia pernambucana, não possuindo, na condição de reinóis e de militares, sem vínculos de parentesco ou de fortuna na terra, razão alguma de se identificarem com os interesses dela. Tudo o que sustentavam era a manutenção das próprias competências, sobretudo da de nomear, o que não impedia que as franquias locais pudessem sair reforçadas dessas lutas.

À incompatibilidade pessoal e à disputa jurisdicional, somava-se a missão de que fora investido D. Vasco de Mascarenhas, conde de Óbidos, sobrinho d'El Rei, fidalgo da primeira nobreza do Reino que gozava na Corte de uma influência incomparavelmente maior que a do antecessor, Francisco Barreto. Basta dizer que, deposto na Índia, vira-se recompensado com o Brasil, com o mesmo título de vice-rei, e incumbido de aprofundar o controle do governo-geral, que se afrouxara no decurso da guerra holandesa. A execução das ordens régias ficava dependente do seu "cumpra-se"; os capitães-mores que administravam as capitanias menores passavam a ser diretamente sujeitos a Salvador, sem a intermediação dos governadores de Pernambuco ou do Rio de Janeiro, a quem Óbidos tratou de recordar suas obrigações bem como os limites das suas áreas de atuação. Tratava-se de medidas como não se haviam tomado desde a criação do governo-geral em 1549. Segundo Óbidos, os Correia de Sá no sul e os governadores de Pernambuco no norte haviam esfacelado a autoridade do governador-geral, estado de coisas a que ele devia pôr cobro. Brito Freyre, cujo triênio terminava em Olinda e que nunca escondeu certo tédio de intelectual por esse gênero de quizílias, logo assegurou a Óbidos sua disposição de cumprir fielmente as ordens da Bahia, ordens que, aduzia no seu estilo cortesão, eram "para o Brasil de vice-rei e de rei para a minha estimação".[17]

Óbidos não podia perdoar os ataques epistolares do Xumbergas. Ao lado das insinuações veladas, do tipo "aceitei este despacho [i.é, nomeação] para

---

[16] *Documentos históricos*, x, p. 303.

[17] AUC, CA, 31, fls. 75v-76, 94v-96.

merecer muito a Sua Majestade e não [para] me pagar do que lhe tenho merecido", não faltavam invectivas em que o arrebatamento do indivíduo levava a melhor sobre o autodomínio do fidalgo. Ele, Mendonça Furtado, era tão razoável que não só cumpria estritamente as régias ordens como atendia também as que relevavam do interesse particular do vice-rei, como "os estancos [i.é, os monopólios] que Vossa Senhoria aqui mandou pôr para se venderem os seus vinhos ou vinagres", concordando até mesmo em que Óbidos preenchesse com apaniguados seus os ofícios que vagavam na capitania. Se remetera o Dr. Diniz para o Reino, fora para evitar que ele lhe fizesse o mesmo, "e mais estando eu escarmentado pelo que a Vossa Senhoria sucedeu na Índia", alusão venenosa à deposição de Óbidos.[18] Que fazer com um subordinado que o tratava deste modo na correspondência oficial, à vista dos amanuenses da secretaria do governo-geral e para pasto da maledicência baiana? O Xumbergas tornara-se o grande desafio à autoridade central, docilmente acatada pelo governador do Rio de Janeiro, Pedro de Melo. Mas toda dissimulação era pouca quando se tinha em mente o conflito anterior entre Francisco Barreto e Vidal de Negreiros, quando a Coroa tomara as dores do governador de Pernambuco.

Nos vinte anos que se seguiram à restauração do domínio português, as relações entre os governadores da capitania e os governadores-gerais pautaram-se pela desconfiança e até pela hostilidade declarada. Governar era nomear, fonte substancial de poder e também de renda, pois com frequência os cargos públicos eram, nem sempre discretamente, comprados pelos interessados não de maneira legal, como em certos casos, mas de maneira ilegal. Por detrás de linhas jurisdicionais de propósito mal definidas, exercia-se a pressão incessante de clientelas vorazes de amigos, parentes, protegidos, fâmulos ou meros recomendados em busca de colocação no Brasil. O confronto inicial, e também o mais grave, verificara-se durante o primeiro governo de Vidal de Negreiros. Francisco Barreto comandara o exército luso-brasileiro na guerra da restauração. Após a capitulação batava, El Rei o manteve no governo de Pernambuco, promovendo-o, em seguida, a governador-geral na Bahia. Du-

---

[18] *Ibid.*, fls. 120v e 125v-127. Para a deposição de Óbidos quando vice-rei da Índia, Francisco Bethencourt, "O Estado da Índia", em Francisco Bethencourt e Kirti Chaudhuri (orgs.), *História da expansão portuguesa*, ii, *Do Índico ao Atlântico (1570-1697)*, Lisboa, 1998, pp. 313-4.

rante a guerra, Barreto acumulara o comando militar e político não só da capitania duartina, mas de todas as demais que haviam constituído o Brasil holandês, razão pela qual Vidal de Negreiros pretendia ter assumido também esses poderes, em detrimento das ordens de Barreto. Com as costas quentes da Relação da Bahia, Barreto resolveu intervir, enviando força armada a Pernambuco e suspendendo Vidal, que resistiu com o apoio da Câmara local. A expedição baiana foi um fiasco. A regente, D. Luísa de Gusmão, repreendeu o governador-geral por suscitar "tumultos e guerras civis entre meus vassalos", e mandou que a tropa regressasse a Salvador, deixando as coisas no estado em que se achavam antes da intervenção, à espera de decisão final.[19]

Óbidos, cortesão experiente, enfrentando, ao contrário de Francisco Barreto, um governador detestado e inábil, não precisou ir tão longe. Bastou-lhe mobilizar a Câmara de Olinda. A esse respeito, o já citado depoimento do Xumbergas fornece uma pista quando acusa o Dr. Diniz de informar de Lisboa para Pernambuco que El Rei "mandava prender a ele, Jerônimo de Mendonça, e o havia deposto"; e mais: que "tudo o que obrassem contra ele havia de ser bem aceito, porque os ministros do governo e os que se entendia naquele tempo eram mais poderosos insinuaram não seria mal recebida a tal resolução".[20] Trata-se de alusão ao conde de Castel Melhor ou à sua *clique*, com que se apalavrara Óbidos, ao arrepio da autoridade do Conselho Ultramarino, mantido na ignorância do complô. Aliás, a completa inação em que mergulhou o vice-rei entre o regresso de Franco Quaresma à ouvidoria, em maio de 1665, e a deposição de Mendonça Furtado, em agosto do ano seguinte, parece coincidir, de maneira intrigante, com o prazo equivalente à viagem de ida e volta da frota anual.

Ao marquês de Mondvergue, os oficiais da Câmara de Olinda declararam haverem atuado a mando ou com autorização d'El Rei. E o próprio Xumbergas refere que, ao advertir o juiz ordinário que lhe dava voz de prisão, de que "era seu governador e que se não deviam haver com ele com aqueles termos", foi-lhe respondido que "tinham ordens de Vossa Majestade para

---

[19] A única exposição abrangente da disputa entre Barreto e Vidal de Negreiros encontra-se em Vera Lúcia Costa Acióli, *Jurisdição e conflitos*, Recife, 1989, pp. 84-92.

[20] "Representação de Jerônimo de Mendonça Furtado", p. 139.

fazer a tal prisão". Destarte, o juiz ordinário invocara apenas a real ordem, sem pronunciar a fórmula que Rocha Pita registrará muito depois: a de praticar o ato não só "em nome d'El Rei" mas também "da nobreza e do povo de Pernambuco".[21] Que não houve ordem régia ao menos escrita, deduz-se da circunstância de que a Coroa mandará devassar a deposição do Xumbergas em duas diferentes ocasiões: logo após o ocorrido e, muito tempo depois, no governo de Câmara Coutinho. Porém é mais que provável que tenha havido incentivo de altos funcionários em Lisboa, cumprindo lembrar neste contexto que empreitadas bem mais graves, como a reconquista de Angola em 1648 e o bloqueio do Recife em 1654, tinham sido autorizadas apenas verbalmente por D. João IV.

Quando da disputa entre Francisco Barreto e Vidal de Negreiros, a Coroa prometera solucionar a pendenga jurisdicional, o que só fará em 1670. A nomeação do sucessor de Vidal, Francisco de Brito Freyre, não consagrou qualquer modificação das competências, inclusive territoriais, do governador de Pernambuco, o qual, por conseguinte, continuava a exercê-las sobre as capitanias de Itamaracá, Paraíba e Rio Grande do Norte. Antes de partir para o Brasil, Brito Freyre procurou inteirar-se das suas prerrogativas, sendo-lhe respondido que eram as mesmas de Vidal; "e só me lembraram que a [dependência] do Ceará se entendia enquanto daqui fosse socorrida, por tocar ao distrito do Maranhão". Devido à proximidade, a subordinação dessas capitanias a Pernambuco lhe parecia ter mais sentido do que sua sujeição direta a Salvador.

Como Francisco Barreto não se deixou persuadir, Brito Freyre adotou atitude conciliatória. Embora convicto dos seus direitos, declarou-se pronto a sacrificá-los num gesto de boa vontade, concordando em acatar as nomeações do governador-geral para que "dê exemplos aos tambores da Bahia o governador de Pernambuco". Mas como semelhante desprendimento pudesse confirmar a suspeita de alimentar a ambição de suceder Barreto no governo-geral, apressou-se em protestar que "já a fortuna me lançou neste [governo], e a seis anos de Brasil me não obrigarão todos os interesses dele". De qualquer modo, não tencionava repisar monótonas querelas de jurisdição,

---

[21] *Ibid.*, p. 136; Souchu de Rennefort, "O marquês de Mondvergue em Pernambuco", p. 639; Rocha Pita, *História da América portuguesa*, p. 269.

que nasciam apenas "da ordinária e teimosa porfia de não perder ninguém, antes adiantarem muito a que lhes toca".[22]

Prudência que vinha a calhar, pois em questões tais Francisco Barreto não perdoava, como indica seu desentendimento com Salvador Correia de Sá acerca do governo do Rio de Janeiro. Quando em fins de 1666 estalou uma revolta contra o governador, Barreto não moveu uma palha; e ao fazer escala em Salvador a frota de comércio do Reino, aconselhou o comandante a não interferir, conselho que, aliás, não foi seguido. Em Pernambuco, Brito Freyre enfrentava o descontentamento com o "donativo da Rainha da Inglaterra e paz de Holanda" e com a assinatura do tratado de paz com os Países Baixos, o qual ressuscitara o fantasma do pagamento das dívidas incorridas pelos pró-homens da terra com os neerlandeses. Os insatisfeitos eram capitaneados por Fernandes Vieira, que, devedor de mundos e fundos aos batavos, recusava-se a pagar o novo imposto, recordando o que gastara do seu próprio bolso na guerra da restauração, empreendida debaixo da promessa de D. João IV de que os colonos ficariam livres das obrigações financeiras para com seus antigos credores. Vieira teria mesmo enviado cartas anônimas às Câmaras e às pessoas mais poderosas da capitania, concitando-as a se rebelarem, caso a Coroa quisesse coagi-las ao pagamento.[23]

Francisco Barreto não foi, aliás, o único a rejeitar o alcance das competências pretendidas pelos governadores de Pernambuco. Também os capitães-mores da Paraíba e de Itamaracá só queriam reconhecer a autoridade do governo-geral de modo a ampliar as suas. Capitania donatarial como Pernambuco até a ocupação holandesa, Itamaracá achara-se, após a restauração, incorporada também ao patrimônio da Coroa. No caso da Paraíba, capitania real desde a fundação, seu *statu* não fora definido por El Rei. Havendo Brito Freyre sugerido em Lisboa que ela fosse expressamente mencionada, na patente que o nomeava, entre as capitanias anexas ao seu governo, retrucaram-lhe ser a alusão redundante em vista da posição paraibana entre o Rio Grande e Itamaracá, explicação que soa como ardil para embair o governador ou

---

[22] AUC, CA, 31, fls. 46 e 54-54v.

[23] "Representação de Jerônimo de Mendonça Furtado", p. 130; C. R. Boxer, *Salvador de Sá and the struggle for Brazil and Angola*, Londres, 1952, pp. 320-4; J. A. Gonsalves de Mello, *João Fernandes Vieira*, 2 vols., Recife, 1956, ii, pp. 250-6.

artifício de burocrata temeroso de pôr o preto no branco. Não tardou para que o capitão-mor da Paraíba, Matias de Albuquerque Maranhão, promovesse motim contra Brito Freyre, incentivado por uma facção da Câmara local que manipulava a desmedida vaidade deste "inocente varão", que chegara a organizar uma procissão de Corpus Christi com dois pálios, um para o Crucificado, outro, que não passava de "um grande chapéu-de-sol", para si mesmo. De modo que, concluía Brito Freyre, "como até com Nosso Senhor Jesus Cristo se iguala em pálios, pouco fez em se medir comigo nas senhorias".

Brito Freyre reforçou a guarnição da Paraíba com tropa pernambucana e mandou tirar devassa do alvoroço, fazendo prender os culpados, ao passo que, para evidenciar a subordinação da capitania, passava revista à tropa paraibana em Pernambuco. As pretensões de Matias de Albuquerque Maranhão eram obviamente apoiadas por Francisco Barreto, a quem não teve dificuldade em persuadir de que à autoridade do governador-geral convinha "haver muitos inferiores imediatos só a ele, como introduzindo no Brasil aos sobas de Angola", segundo informava Brito Freyre. Ambições análogas tinham de despontar no capitão-mor de Itamaracá, Roque Ferreira, que foi encarcerado no Recife e que, restituído ao cargo, reincidiu nas veleidades autonomistas, suspendendo oficiais de milícia designados por Brito Freyre. Finalmente, a Coroa desligou o Rio Grande e a Paraíba da sujeição a Pernambuco (1662), graças às manobras de "algum ministro do Conselho Ultramarino, obrigado do amor da pátria", alusão transparente ao Dr. Feliciano Dourado, paraibano de nascença que era então membro do Conselho Ultramarino.[24]

A Brito Freyre ou a quem quer que ocupasse seu lugar, era impossível alhear-se de todo, mesmo se o desejasse, a estas contendas enraizadas na competição clientelística. Até a chegada do conde de Óbidos, a confirmação pelo governador-geral das nomeações feitas pelo governador de Pernambuco fora puramente *pro forma*. O vice-rei, contudo, resolveu mudar a prática em nome da centralização que lhe fora confiada, recusando duas dessas designações e substituindo os nomeados por protegidos seus da Bahia. Brito Freyre reclamou, assinalando que, já ao tempo da guerra holandesa, Matias de Albuquer-

---

[24] AUC, CA, 31, fls. 46, 51-2, 55, 73v, 80-81v e 86-86v; e *Documentos históricos*, iv, pp. 405-8. Para a desanexação da Paraíba, AHU, códice 16, fls. 27v-28v; e também Vera Lúcia Acióli Costa, *Jurisdição e conflitos*, pp. 94-5.

que, D. Luís de Rojas y Borja, o conde de Bagnuolo e Francisco Barreto, que haviam sucessivamente governado, tinham provido postos militares sem interferência do governo-geral. Posteriormente, nem o conde de Vila Pouca de Aguiar, nem o de Castel Melhor, nem o de Atouguia, antecessores de Óbidos, haviam criado qualquer dificuldade aos despachos de Francisco Barreto em Pernambuco; e quando este não quisera dispensar a Vidal de Negreiros o mesmo tratamento, vira-se desautorizado pela Coroa.[25]

A provisão que nomeara Óbidos ampliara os poderes do governador-geral, sem, contudo, cortar o nó górdio. Às ponderações polidas de Brito Freyre, ele reagiu rudemente: "com a minha vinda a este Estado [do Brasil], têm as coisas diferentes termos e está todo o governo dele sujeito às minhas ordens". Consequentemente, "nenhuma serventia se há-de prover mais que neste governo [geral] e Vossa Mercê o tenha assim entendido", aduzindo que os precedentes citados por Brito Freyre não colhiam, de vez que Matias de Albuquerque exercera a superintendência da guerra e que Rojas, Bagnuolo e Francisco Barreto tinham a patente de mestre de campo general. Quanto ao exemplo de Vidal de Negreiros, melhor não invocá-lo pois faltara às suas obrigações, desafiando Barreto sob influências ocultas que Brito Freyre muito bem conheceria, insinuação cujo destinatário era Fernandes Vieira. Tendo afirmado a supremacia do governo-geral, o vice-rei, numa deferência pessoal a Brito Freyre, abriu exceção em seu benefício, a qual, frisava, não se devia estender a seus sucessores: a de consultá-lo nas nomeações para os cargos da milícia, justiça e fazenda de Pernambuco.[26]

Embora Vidal de Negreiros também viesse a gozar do privilégio no seu segundo governo, à raiz da deposição de Mendonça Furtado, o governador seguinte, Bernardo de Miranda Henriques, que se envolveu igualmente em disputas com o governador-geral Alexandre de Souza Freire, recapitulou as competências do governador de Pernambuco em matéria de nomeações: "todos os meus antecessores e eu até este tempo", escrevia em 1669, "proveram

---

[25] AUC, CA, 31, fls. 99-100v.

[26] *Documentos históricos*, ix, pp. 123-4, 133-7. A opinião de Óbidos acerca do comportamento de Vidal de Negreiros é, pelo menos, curiosa, quando se sabe que, pouco tempo depois, fará apelo à sua fidelidade à Coroa para convencê-lo a assumir pela segunda vez o governo de Pernambuco, vago com a deposição do Xumbergas.

todos os postos da ordenança por patentes suas até serem confirmadas pela mão real; e nos ofícios políticos [i.é, civis] proviam as serventias deles enquanto o governador [geral] o não fazia". Consoante Miranda Henriques, tal prática vigia não só desde a restauração da capitania mas ainda durante o período do *ante bellum*, quando os lugares-tenentes do donatário proviam os capitães--mores dos distritos. Malgrado o regimento dado pelo conde de Óbidos, a contenda persistia, pois Miranda Henriques acrescentava: "a dúvida é já muito antiga entre os governadores-gerais e os destas capitanias; e uns e outros recorreram com as razões que tinham à resolução real pelo Conselho Ultramarino; e enquanto esta não chegar sempre padecerão a mesma dúvida".[27]

A solução será dada pelo regimento dos governadores de Pernambuco (1670), que confirmou *grosso modo* a prática seguida: o governador proveria os ofícios de justiça e fazenda durante o primeiro trimestre que se seguisse à vacância, comunicando imediatamente o fato ao governador-geral, que confirmaria os nomeados ou designaria outros, o interino exercendo a função na dependência final da confirmação régia. Quanto aos cargos militares, o governador da capitania proveria os da milícia, sujeitos apenas à aprovação do rei, que era puramente formal nestes casos. A indicação para os postos de primeira linha ficava, porém, na exclusiva jurisdição do governador-geral, exceto os de mestre de campo, de exclusiva nomeação do monarca.[28]

A patente de governador de Mendonça Furtado excluiu expressamente a Paraíba e o Rio Grande da sua competência, sem contudo mencionar Itamaracá.[29] Sustentava o Xumbergas, contra o regimento baixado por Óbidos, que tal omissão equivaleria ao reconhecimento dos seus poderes naquela capitania. Incentivado pelos funcionários da secretaria do governo-geral na Bahia, que possuíam seus próprios motivos clientelísticos para podar as competências dos governadores de Pernambuco e do Rio de Janeiro, Óbidos defendia a tese de que, por ambição de mando, os capitães-generais do Pernambuco

---

[27] Bernardo de Miranda Henriques ao regente D. Pedro, 20.iv.1669, AHU, PA, Pco., cx. 6.

[28] *Informação geral*, pp. 7-8.

[29] No período colonial, o topônimo Itamaracá designava não só a ilha homônima como também a capitania a que dera o nome e que se estendia a oeste pela "terra firme", isto é, pelo continente. Neste livro, Itamaracá, sem qualificação, refere-se sempre à capitania.

post bellum teriam intencionalmente confundido o governo misto, civil e militar, que Francisco Barreto exercera ao tempo da guerra holandesa, na sua qualidade de mestre de campo general do Estado do Brasil e como governador de Pernambuco, quando, na realidade, só possuíam este último. Tendo Itamaracá vivido sempre isento de Pernambuco no período *ante bellum*, não poderia lhe ser agora subordinado, tanto mais que também acabara de adquirir o *statu* de capitania régia. Ainda segundo Óbidos, devia-se entender por "capitanias anexas" de Pernambuco tão somente o rio de São Francisco, isto é, a área em torno da atual Penedo; as Alagoas do norte e do sul; Porto Calvo; e Sirinhaém, que "por terem capitães-mores se reputam capitanias".

Argumento capcioso e até risível, ao jogar com o duplo sentido em que se empregava a palavra, o segundo, menos usual, denotando o distrito sob o comando do capitão-mor da milícia. Nesta hipótese, por que Igaraçu, a Várzea, o Cabo, a Muribeca não seriam também "capitanias anexas"? Como eles, Penedo, as Alagoas, Porto Calvo e Sirinhaém haviam sido sempre parte do território de Pernambuco como definido pela carta de doação de D. João III a Duarte Coelho (1532). O Xumbergas apontava, aliás, a enganosa premissa em que se fundava o arrazoado de Óbidos, embora fosse confessadamente avesso, pela sua formação castrense, a sutilezas jurídicas. No período donatarial, os capitães-mores de Itamaracá eram nomeados pelos respectivos donatários, que não lhes podiam delegar maiores competências que as reconhecidas pela doação régia. Bem diversa era a situação do momento em que tanto Pernambuco quanto Itamaracá estavam na posse de quem, como El Rei, "pode dar o que quiser". Sua Majestade era tão livre de sujeitar Itamaracá a Pernambuco quanto fora de doá-la a Pero Lopes de Souza.[30]

Passando dos argumentos aos fatos, Óbidos intimou Mendonça Furtado a abster-se de praticar qualquer ato administrativo em Itamaracá e escreveu às autoridades locais no sentido de ignorarem suas ordens, como que empunhando "numa mão o cetro e na outra a lança com misto império", no comentário jocoso do Xumbergas. Sua reação inicial foi moderada, consistindo em comunicar sua patente ao vice-rei para que se informasse do seu direito. Assinando-se "primo e cativo" do destinatário, afirmava o Xumbergas que não

---

[30] AUC, CA, 31, fls. 178v-181, 217-217v; *Documentos históricos*, ix, pp. 164-7, 175, 183-4, 206-7.

viera ao Brasil "pleitear jurisdições e mais quando entendi que a maior que eu podia desejar era vir a ser súdito de Vossa Excelência". Mas como Óbidos subisse o tom, propôs-lhe que ficasse cada qual com sua interpretação à espera da decisão régia, dando por encerrada a correspondência que não fosse estritamente oficial, visto que o conde "se não cansa de cansar-me com toques e remoques". A terceiros, ele se queixaria de que Óbidos não lhe respondera sequer a carta de cumprimentos que lhe enviara ao desembarcar no Recife; e que, na questão de Itamaracá como em outras, quisera tratá-lo "menos que seu cabo de esquadra". Óbidos, por sua vez, apelou, em nome dos laços de amizade e parentesco, para os bons ofícios de Luís de Mendonça Furtado, que então se encontrava no Recife, sugerindo ao Xumbergas que se aconselhasse com o irmão, desencorajando os que "de fora hão-de procurar atiçar a encorulhada". Recorreu também a Pedro de Melo, o qual, como governador do Rio de Janeiro, desistira das pretensões do seu antecessor sobre as capitanias do sul e era um velho companheiro de armas de Mendonça Furtado. As gestões não fizeram o menor efeito.[31]

Em Itamaracá, o Xumbergas não podia contar com a Câmara local, principal interessada em readquirir a autonomia da fase donatarial. Quando o vice-rei passou-lhe provisão para que se procedesse nela e não no Recife, como até então se fizera por conveniência da fazenda real, a arrematação dos contratos de impostos da capitania, Mendonça Furtado despachou um contingente do exército para impedir a execução de ordem alguma que não tivesse seu "cumpra-se" e ameaçando declarar os vereadores "fâmulos", ou criados, do vice-rei em lugar de vassalos de Sua Majestade, ficando passíveis, por conseguinte, de serem denunciados pelo crime de inconfidência. Ao capitão-mor, caso não se emendasse, prometeu dar com ele "numa prisão donde não há-de sair enquanto eu governar Pernambuco"; e o provedor também levou sua descompostura. Malgrado o açodamento de Mendonça Furtado, sua posição era processualmente correta, tanto assim que será a adotada, em circunstâncias semelhantes, pelo governador Fernão de Souza Coutinho, que era a ponderação em pessoa: se Itamaracá desejava reaver sua autonomia, deveria obtê-la não da Bahia mas de Lisboa, pois só El Rei poderia devolvê-la; na inexistência de resolução da Coroa, teria de viver sob a tutela pernambucana.

---

[31] AUC, CA, 31, fls. 135v-136v; *Documentos históricos*, ix, pp. 154-6, 172, 188-9.

Na previsão da resistência das autoridades da terra, o Xumbergas ordenou sua prisão e transferência para o Recife, de onde seguiriam para a metrópole a fim de darem conta pessoalmente das razões da desobediência. A Câmara cedeu.[32]

Novo atrito originou-se da tentativa de Óbidos de passar por cima da autoridade do governador na margem pernambucana do São Francisco. A guarnição em Penedo dispunha dos efetivos mínimos indispensáveis à preservação da ordem numa região cuja soltura de costumes era proverbial, ademais de vulnerável aos assaltos dos quilombolas dos Palmares e dos estrangeiros que desejassem utilizar seus ancoradouros. Especializada na criação de gado e numa precária lavoura de fumo e de subsistência, o baixo São Francisco mantinha relações comerciais mais estreitas com Salvador do que com o Recife. Quando certo afazendado local fez apelo a Óbidos contra a violência dos soldados na percepção de impostos atrasados, o vice-rei interveio, ordenando a restituição de um escravo sequestrado em satisfação de dívida, convocando a Câmara de Penedo a Salvador e dissolvendo a tropa, que só serviria para "as cobranças do negócio do governador Jerônimo de Mendonça". A reação do Xumbergas era justificada, de vez que Óbidos louvara-se apenas na queixa de uma das partes. Ele, Mendonça Furtado, não conservara a guarnição por conveniências pessoais, pois "nem eu tenho tavernas" nem costumava fazer estanques. Se o prejudicado houvesse apelado a ele, já o preto lhe teria sido restituído, evitando-se "os estrondos de mandar ir uma Câmara a essa cidade, como se houvesse delinquido em algum crime contra o serviço de Sua Majestade".

Que Óbidos não voltasse a atropelar sua jurisdição, pois levaria o assunto ao conhecimento d'El Rei, cujos ministros bem sabiam que, "quando vim, não trouxe carregações nem coisa de negócio que seja meu". E para Lisboa queixou-se de que o vice-rei o tratava com "pouco respeito", buscando "tirar-lhe todo o domínio que tinha naquelas capitanias", pelo que solicitava fosse advertido da obrigação de transmitir-lhe, para sua prévia chancela, as ordens alusivas a Pernambuco. O Conselho Ultramarino deu-lhe razão: Óbidos deveria ater-se à prática há muito consagrada no governo-geral do Brasil, merecendo reprimenda régia por emprazar a Câmara de Penedo, que agira dentro da lei ao negar a restituição de um escravo penhorado pela fazenda real.

---

[32] AUC, CA, 31, fls. 178v-181; *Documentos históricos*, x, p. 27.

Quanto à guarnição, propunha o Conselho que se recolhesse ao Recife. Mas antes de decidir-se, D. Afonso VI, ou antes, Castel Melhor, que reinava por ele, preferiu esperar pela versão de Óbidos.[33]

Ainda outra disputa entre Mendonça Furtado e o vice-rei teve a ver com a reorganização do exército de Pernambuco. Ao cabo de um quarto de século de guerra e ocupação holandesas, ele tornara-se não só indisciplinado mas também desproporcional às necessidades de tempo de paz. Basta dizer que, no tocante a um dos seus contingentes, apenas a terça parte dos soldados comparecia às mostras, o restante deixando-se ficar pelas suas casas e lavouras. Desde a restauração, a Câmara de Olinda vinha insistindo na sua redução, como alívio à pesada carga tributária. Uma vez assinado o tratado de paz com os Países Baixos (1661), não havia por que protelar a decisão, embora o contencioso com as Províncias Unidas não fosse verdadeiramente resolvido até a firma do segundo Tratado de Haia (1669). El Rei ordenara que se reduzissem os três regimentos a dois, cada qual dotado de vinte companhias de 38 homens. A Óbidos, caberia determinar as modalidades de implementação da medida, cuja execução ele retardou por mais de ano e meio enquanto representava ao monarca a insatisfação que ela iria gerar entre os militares, atraso que o Xumbergas apressou-se em criticar, citando os prejuízos à fazenda real.

Quando o governador-geral decidiu-se por fim a implantar a reforma, Mendonça Furtado passou às objeções de fundo. "Corta Vossa Senhoria à tesoura muito ajustada a receita e despesa", atacou. Os terços ficariam sem capelães, os soldados sem médicos nem cirurgião e a capitania, perigosamente desprovida de condestáveis e de artilheiros. Não podia acreditar que El Rei houvesse delegado poderes a Óbidos "para estas almotaçarias", porque, em tal hipótese, teria enviado a Pernambuco não ele, Xumbergas, mas um criado do vice-rei. Como previra o vice-rei, o plano exasperou muita gente grada, sobretudo entre os veteranos da guerra holandesa, atingidos por uma providência que julgavam humilhante para seus brios de restauradores. Daí que o governador-geral se desdobrasse em gestões apaziguadoras, escrevendo às câmaras municipais, aos mestres de campo, aos capitães-mores de Itamaracá e

---

[33] AUC, CA, 31, fls. 156-7; consulta do Conselho Ultramarino [Co.Uo.], 16.vii.1665; e "Por parte de Jerônimo de Mendonça Furtado [...] se propõe a Sua Majestade a exorbitância das ordens que costuma passar o conde de Óbidos", s.l., s.d., AHU, PA, Pco., cx. 5.

da Paraíba, ao próprio Fernandes Vieira, cujas manigâncias pareciam mais ameaçadoras que as do próprio Xumbergas.

A Câmara de Olinda tampouco estava satisfeita. O exército de Pernambuco custava anualmente 150 mil cruzados em sustento e soldada, inteiramente custeados pela receita dos impostos ordinários e das contribuições lançadas ao tempo da guerra. O plano de Óbidos previa tropa mais compacta, profissional e bem paga em substituição a contingentes numerosos e mal remunerados, mas as correspondentes despesas continuariam a correr por conta da Câmara, cabendo à fazenda real apenas os gastos de fardamento. Apoiados pelo Xumbergas, protestavam os vereadores que a emenda sairia pior do que o soneto, de vez que a reforma, nos moldes propostos por Óbidos, resultaria ainda mais onerosa. Mas o governador-geral manteve-se inflexível: o município que tratasse de conter as despesas, em vez de esbanjar 2 mil cruzados anuais em festividades e gratificações. A seu ver, a oposição da Câmara procedia de que se poria finalmente cobro aos abusos financeiros cometidos em prejuízo dos contribuintes e do erário. Data, com efeito, do vice-reinado de Óbidos a primeira das tentativas da Coroa no sentido de controlar as contas municipais e de aparar as prerrogativas camerárias em matéria fiscal, questão que terá papel crucial nos conflitos políticos da capitania no decurso do meio século seguinte.

A grita foi sobretudo estridente entre os oficiais do segundo escalão, cientes de que só se salvaria quem tivesse amigos influentes em Salvador. Aos demais, restariam a paga de soldado raso e certas vantagens por serviços prestados. Outro motivo de amuos consistia em que os mestres de campo não haviam sido ouvidos nem cheirados a respeito do aproveitamento dos oficiais, Óbidos reservando para si e sua camarilha baiana as benesses do clientelismo pretoriano. Tais ressentimentos estiveram a ponto de estalar em motim, só abortado graças à iniciativa de peticionar o vice-rei, a qual, aliás, teve o dom de irritá-lo pelo tom impertinente e, em especial, pela cumplicidade que suspeitava ter havido por parte dos comandos. Semelhantes desordens já não o surpreenderiam em se tratando de Pernambuco, pois "como essa capitania se imagina hoje república livre, bastam os exemplos que tem para o melindre com que todos andam até nas maiores obrigações que lhes tocam". Mau exemplo que viria de cima, isto é, do governador. Óbidos, contudo, prometia "não mudar de estilo, porque me agradam mais os costumes da têmpera velha que os que o vulgo chama de xumberga", vale dizer, preferia a velha disciplina militar lusitana às novidades introduzidas pelo marechal Von Schomberg e de que Mendonça Furtado era adepto ao menos no tocante ao bigode. Mas tendo o mestre de campo D. João de Souza se agastado com o fato de ser reconduzido à função mediante mero despacho de Óbidos, este lhe permitiu seguir usando a antiga patente, "só pela veneração de ser d'El Rei meu Senhor".[34]

Às vésperas da deposição do Xumbergas, a derradeira escaramuça com o vice-rei ocorreu a propósito da força móvel criada por Brito Freyre como ancilar do exército e da milícia. Segundo seu criador, ela deveria, "na ocasião de inimigos", servir de "fortaleza portátil", observando-lhes os movimentos e estorvando-lhes as operações, de vez não ser factível, devido à sua extensão, fortificar todo o litoral introduzindo "no Brasil um muro da China". Em meados de 1666, Óbidos transmitia a ordem régia que dissolvia o contingente. Mendonça Furtado protestou, enfatizando a serventia de uma unidade que, sem custar um único ceitil à fazenda real, já dispunha de 2 mil soldados prontos "para acudir a toda a parte [...] sem os vagares que extraordinariamente se experimentam em ajuntar gente da ordenança". A carta régia também lhe desagradara no particular das nomeações dos capitães-mores, feitas até então pelos governadores de Pernambuco sem necessidade de confirmação do monarca, parecendo-lhe uma incongruência à luz do poder do governador-geral de prover as companhias da tropa regular independentemente da aprovação da Coroa. Dizendo-se, contudo, "com as esporas calçadas" para regressar a Portugal, o Xumbergas desinteressou-se do assunto, despedindo-se com amabilidades inócuas que Óbidos reciprocou hipocritamente, afagando a vítima da conjura que se ia desatar com seu pleno consentimento: o substituto de Mendonça Furtado, garantia-lhe o vice-rei, não aportaria ao Recife "com a brevidade que Vossa Mercê o espera, senão quando for do gosto de Vossa Mercê".[35]

---

[34] AUC, CA, 31, fls. 127-8, 162-164v, 175v-176; *Documentos históricos*, ix, pp. 198-9, 202-9 e 212-20; Jerônimo de Mendonça Furtado a D. Afonso VI, 8.v.1666, AHU, PA, Pco., cx. 5; e Evaldo Cabral de Mello, *Olinda restaurada. Guerra e açúcar no Nordeste, 1630-1654*, 3ª ed., São Paulo, 2007, p. 172.

[35] AUC, CA, 31, fls. 205-6; *Documentos históricos*, ix, pp. 256-8; "Relação de como governou Francisco de Brito Freyre", BNL, FG, cx. 236, nº 51.

Não lhe terá sido difícil capitalizar contra o Xumbergas os descontentamentos reinantes na capitania. Decorridos mais de dez anos do fim da guerra holandesa, o sistema açucareiro ainda não se recuperara plenamente, inclusive devido a que em 1646 evacuara-se para o sul de Pernambuco toda a população de Itamaracá, Paraíba e Rio Grande, paralisando-se nada menos de um terço da capacidade produtiva do que fora o Brasil holandês. Com relação aos engenhos existentes em Pernambuco quando da capitulação batava, cerca de um terço estava a monte e os dois terços restantes operavam precariamente. A reconstrução marchava vagarosamente, malgrado o incentivo fiscal da Coroa, que dispensava os proprietários de fábricas restauradas do pagamento do dízimo nos primeiros dez anos. Lentidão que pode ser principalmente atribuída à conjunção da queda do preço do açúcar no mercado internacional, iniciada nos anos 1650, com a manutenção da fiscalidade escorchante, de vez que o fardo fiscal da guerra de restauração não fora aligeirado.[36] Conjuntura que nos anos sessenta tornou-se ainda mais penosa em face da epidemia de varíola que grassou a partir do governo de Brito Freyre, vitimando cerca de três quartos da mão-de-obra escrava e comprometendo a moagem dos engenhos e o abastecimento de víveres. "Não há casa em todo Pernambuco", escrevia o Xumbergas em agosto de 1665, "que de trinta dias a esta parte deixe de experimentar os efeitos da morte, recebendo consideráveis perdas nos melhores escravos que possuíam".[37]

Foi em tais circunstâncias que se soube da criação do "donativo da rainha da Grã-Bretanha e paz da Holanda", destinado a produzir recursos para o cumprimento dos dois acordos internacionais que Portugal assinara com a Inglaterra e com os Países Baixos em 1661. Conforme o tratado de Londres, o Reino pagaria em dote pelo casamento de D. Catarina de Bragança, irmã de D. Afonso VI, com o soberano britânico, o montante de 2 milhões de cruzados, além de ceder Bombaim e Tânger e confirmar as vantagens comerciais concedidas pelo acordo de 1654. Pelo Tratado de Haia, indenizaria os neerlandeses em 4 milhões de cruzados pela perda do Nordeste. O "donativo",

---

[36] Cabral de Mello, *Olinda restaurada*, pp. 169 ss., e "Uma relação dos engenhos de Pernambuco em 1655", RIAP, xlviii (1976), pp. 157-69.

[37] AUC, CA, 31, fls. 137v-138 e 190; Gilberto Osório de Andrade e Eustáquio Duarte (orgs.), *Morão, Rosa e Pimenta*, Recife, 1965, pp. 13 e 37.

que a despeito do nome nada tinha de voluntário, deveria arrecadar 6 milhões de cruzados, tocando ao Brasil contribuir com 140 mil cruzados anuais pelo espaço de dezesseis anos, dos quais 25 mil corresponderiam à cota-parte de Pernambuco e capitanias vizinhas. A Câmara de Olinda tinha razão de lamentar (em 1673) que "há dezenove anos que se expulsaram os holandeses", sem os moradores "experimentarem as melhoras que com a restauração esperavam no alívio dos tributos".[38] Para se ter uma noção do impacto do "donativo", basta assinalar que seu montante equivalia a 20% da carga fiscal existente às vésperas da ocupação batava quando a economia regional operava em condições razoavelmente normais.

Como El Rei deixasse as modalidades da arrecadação aos governadores e às câmaras, instituiu-se inicialmente uma alíquota de 2% sobre as importações do Reino, tributando-se também a entrada de africanos. Brito Freyre, aliás, procurara inutilmente que as cotas se fixassem por cabeça de escravo, critério objetivo, livre das "dependências do favor ou desfavor com que talvez se julga das fazendas alheias". O consequente protesto realizou a proeza de unir devedores rurais e credores urbanos, senhores de engenho e mercadores. Resolveu-se então adotar o precedente baiano de uma capitação por "fogo" ou residência, calculada sobre o valor da propriedade e da renda de cada chefe de família. Destarte, taxava-se o setor mais numeroso da população que não adquiria africanos ou consumia escassamente os produtos importados, embora a equidade já problemática do rateio também dependesse da honestidade dos "lançadores" designados para elaborarem os róis da finta.[39]

Se bem reconhecesse "não ser possível fazer-se a distribuição por anjos", tamanhos foram os abusos que o Xumbergas ameaçou embarcar os lançadores para Lisboa. Perante alguns dos pró-homens, como Fernandes Vieira e Vidal de Negreiros, as câmaras mostravam-se cheias de dedos, a ponto de se esquivarem a fixar-lhes a contribuição, deixada a critério do interessado. Já Brito Freyre tivera de lhes escrever para lembrar as obrigações de todos os

---

[38] AUC, CA, 33, fls. 75-75v; J. A. Gonsalves de Mello, "A finta para o casamento da rainha da Grã-Bretanha e paz da Holanda (1664-1666)", RIAP, liv (1981), pp. 9-11; *Documentos históricos*, iv, pp. 97-100.

[39] Gonsalves de Mello, "A finta", p. 60; *Documentos históricos*, iv, pp. 125-30; AUC, CA, 31, fl. 73v.

vassalos para com o régio serviço. Fernandes Vieira pagou por esta vez, mas não o fez nos anos seguintes, invocando os cabedais que despendera na guerra holandesa.[40] A grande maioria satisfez, malgrado uma resistência passiva que raiou pela greve fiscal, atitude comum a todo o Brasil, que, no período 1663-1671, deixou de recolher aproximadamente 200 mil cruzados, equivalentes a quase ano e meio do montante do donativo. O atraso em Pernambuco também tornou-se crônico. Sobre os governadores, pressionados pela Coroa e pelo calendário das frotas, recaía a missão de coagir as câmaras e os contribuintes, recorrendo à tropa de linha ou às milícias para efetuar as cobranças e sequestrando escravos e outros bens.

A Coroa admoestou repetidas vezes a Câmara de Olinda; e se teve de fazê-lo ali, bem se pode imaginar o descaso com que agiriam as demais municipalidades, protegidas pela distância do olhar fiscalizador das autoridades régias. A certa altura, os membros da Câmara de Penedo, que não arrecadara um único tostão, foram advertidos que seriam presos e mandados para o Reino (a *ultima ratio* que restava a um governador colonial às voltas com autoridades recalcitrantes), caso não cumprissem suas obrigações. Ainda em 1671, as quatro câmaras meridionais (Sirinhaém, Porto Calvo, Alagoas e Penedo) deviam somas substanciais.[41] Por outro lado, frente às possibilidades limitadas da praça do Recife no tocante à emissão de letras de câmbio sobre o Reino, forma preferida pela administração régia para a remessa da receita do donativo, esta devia ser comutada em açúcar, o que dava margem a fraudes na qualidade do produto e a manipulações de preço, causando novo motivo de desavença entre os governadores e o poder local.

A Câmara de Olinda propôs mesmo que se suprimisse a capitação, satisfazendo-se a cota de Pernambuco em pau-brasil a ser cortado e exportado à custa dos contribuintes, fórmula inaceitável para a Coroa, de vez que a exploração da madeira constituía monopólio régio transferido à sucessora da Companhia Geral de Comércio do Brasil, a chamada Junta de Comércio. Alternativamente, solicitava a Câmara que a contribuição da capitania fosse fei-

---

[40] AUC, CA, 31, fls. 102v-103 e 151v-153. A obstinação de Fernandes Vieira ficou impune enquanto viveu, mas o Regente D. Pedro ordenará a execução judicial dos seus herdeiros e dos de André Vidal: Gonsalves de Mello, *João Fernandes Vieira*, ii, pp. 255-6.

[41] AUC, CA, 31, fls. 183-183v e 286-7.

ta em trinta, em vez de dezesseis anos. As reclamações brasileiras tiveram algum efeito. Em 1665, El Rei concordou em reduzir o montante do donativo cobrado na colônia, o qual, no caso de Pernambuco, ficou em 20 mil cruzados; e, no ano seguinte, em estender o prazo de dezesseis para 24 anos. Pouco depois, abandonou-se a finta por "fogo" em favor de taxa sobre o açúcar, o vinho e o azeite, abrandando-se a pressão fiscal. Por fim, a paz com a Espanha (1668) sensibilizou o erário régio. Em 1681, a parcela pernambucana rendia-lhe cerca de 12 mil cruzados, transformando-se em 1695 num subsídio fixo de 10 mil cruzados que continuaria a ser cobrado regularmente ao longo de todo o período colonial e até os primeiros tempos da Independência.[42]

Foi a estadia no Recife da esquadra do marquês de Mondvergue, governador de Madagascar pela Companhia Francesa das Índias Ocidentais, que criou a oportunidade para a deposição do Xumbergas. Não era a primeira vez que navios estrangeiros traziam-lhe problemas. A fim de impedir o contrabando, as autoridades ultramarinas deviam proibir os contatos da gente da terra com tais embarcações, que, vez por outra, pretextando força maior, frequentavam os portos da América portuguesa. Só se lhes dava a ajuda imprescindível ao prosseguimento da viagem, e assim mesmo desde que arvorassem pavilhão de nação amiga. Ao passo que o provedor da fazenda inventariava e recolhia as cargas, o capitão da nave assinava termo de responsabilidade que o obrigava a permanecer ancorado até o recebimento de autorização de Lisboa. Dessas medidas, isentavam-se apenas os barcos de países como a Inglaterra, que podiam comerciar no Brasil em função dos tratados de 1654 e 1661. A situação dos franceses era diferente, pois embora o Rei Cristianíssimo estivesse em paz com Portugal, seus súditos não desfrutavam daquelas regalias. Já em fins de 1665, ao aportar ao Recife uma dessas naus, o Xumbergas consentiu a entrada no ancoradouro mas proibiu todo trato particular, exceto a venda de víveres, comunicando o fato a Lisboa, que aprovou seu procedimento.[43]

---

[42] Gonsalves de Mello, "A finta", pp. 60-2, e *João Fernandes Vieira*, ii, p. 251; AUC, CA, 33, fl. 127v; *Documentos históricos*, v, pp. 431-3; F. A. Pereira da Costa, *Anais pernambucanos*, 2ª ed., 10 vols., Recife, 1983-1985, ii, p. 410, e iii, pp. 500 e 503.

[43] AUC, CA, 31, fl. 143; e *Informação geral*, p. 104. A embarcação só será liberada cerca de nove meses depois, precisamente quando da escala no Recife da esquadra de Mondvergue: Comis-

A esta altura, dera fundo outra embarcação francesa, com a tripulação amotinada devido a uma epidemia do mal-de-luanda. Novamente, tomaram-se as medidas de praxe, mas o capitão passou a Salvador, onde obteve do conde de Óbidos a permissão para zarpar imediatamente. Julgava o vice-rei que o patacho devia beneficiar-se de exceção, em vista da situação em que se achava, da modéstia da carga e, sobretudo, do interesse político da Coroa nas relações com a França. Mendonça Furtado acatou a decisão mas aproveitou a oportunidade para dar ao vice-rei uma lição de patriotismo, apimentada de insinuações desagradáveis. A ele, não lhe importava contemporizar com as conveniências de vassalos estrangeiros mas tão somente executar escrupulosamente as ordens de Sua Majestade, invocando "os perigos que há nos negócios desta qualidade" para a reputação dos funcionários régios.[44]

Em julho de 1666, foi a vez de surgir diante do Recife uma esquadra inteira, de dez ou onze navios, sob o comando do marquês de Mondvergue, carente de víveres, repleta de enfermos e necessitada de reparos inadiáveis. Desde a guerra holandesa, não se avistava no litoral brasileiro força naval estrangeira comparável. Mendonça Furtado avisou Óbidos e, embora convencido das disposições amistosas dos recém-chegados, atuou com cautela, a fim de que, "sendo o recebimento de amigos, houvesse prevenção como para inimigos", reforçando as fortalezas, pondo companhias de guarda e organizando rondas noturnas. Só então permitiu a entrada dos navios, um a um, à medida que querenavam. Também convocou as câmaras, as tropas de milícia e pessoas principais a se apresentarem no Recife, no intuito de impressionar os franceses com uma demonstração de força.[45]

Destarte, o Xumbergas armou a emboscada em que ele mesmo caiu. Concitando a gente da terra a tratar os franceses como "amigos e naturais", mandou vir do interior todo o necessário ao aprovisionamento da armada, alojando decentemente seus chefes e mandando tratar os doentes. Seguro das medidas

---

são de Estudo dos Textos de História do Brasil, *Catálogo de documentos referentes ao Brasil*, Brasília, 1975, p. 115.

[44] "Representação de Jerônimo de Mendonça Furtado", p. 132; AUC, CA, 31, fls. 144-144v e 190v-191; *Documentos históricos*, ix, pp. 247-8.

[45] "Representação de Jerônimo de Mendonça Furtado", pp. 132-3; AUC, CA, 31, fls. 147v-148, 210v.

acauteladoras, acolheu pessoalmente o marquês e seu séquito, tributando-lhe a hospitalidade que o acanhamento da colônia permitia. Nas palavras do mesmo Xumbergas, fê-lo "com grande festejo, notável autoridade e considerável despesa da fazenda própria nos banquetes, hospedagem e refrescos [i.é, provisões] que mandou a toda a armada [...] à vista do que, publicava o dito general, cabos maiores e mais gente da armada, que ele, Jerônimo de Mendonça, era o vassalo mais honrador do seu Rei que podia haver em toda a Europa". Que não se tratava de exagero, indicam-no as páginas que o cronista da expedição escreveu sobre os comes e bebes com que o governador os entreteve.[46]

Entrementes, os conspiradores aproveitavam-se da concentração inaudita das milícias rurais e da tropa de linha, bem como da presença das câmaras e dos pró-homens, para levarem a efeito o golpe tramado havia pelo menos quatro meses. De acordo com o combinado, espalhou-se o rumor de que o Xumbergas vendera a terra aos franceses, deixando que escondessem boa quantidade de armas e munições no convento da Penha, dos seus compatriotas capuchinhos, a fim de saquearem o Recife. Mendonça Furtado admitirá, aliás, que a presença da esquadra dava foros de veracidade à balela, divulgada pelos homens principais. Tendo ordenado a D. João de Souza que varejasse a clausura, não se achou material bélico. A diligência, contudo, precipitou os acontecimentos. Aprestou-se a cilada do viático e até se previu, para o caso em que ela falhasse, a prisão do governador em sua casa de Olinda, "e, se parecesse necessário, se lhe assestasse a artilharia e se pusessem barris de pólvora, para que deste modo o matassem". Não foi necessário recorrer ao plano supletivo, porque "assim como foi maquinado, sucedeu", cometendo-se "tão grave, execranda e abominável ação, como foi tomar o Santíssimo Sacramento por instrumento de sua maldade".[47]

Alegará Mendonça Furtado que não pôde resistir à prisão por carecer de meios, encontrando-se praticamente sozinho, de vez que seus acompanhantes já estavam sob o poder dos amotinados. E também para não lhes dar ocasião de atingirem seu principal objetivo, o saque do Recife, que os habilitaria a

---

[46] "Representação de Jerônimo de Mendonça Furtado", p. 133; Souchu de Rennefort, "O marquês de Mondvergue em Pernambuco", pp. 632-3.

[47] Souchu de Rennefort, "O marquês de Mondvergue em Pernambuco", p. 639; "Representação de Jerônimo de Mendonça Furtado", pp. 134-5.

roubar aos homens de negócio "os livros de sua lembrança", isto é, de contabilidade, com o registro de "créditos de grandes quantias a que estavam obrigados os principais do motim". Os levantados recolheram-no à fortaleza do Brum e assaltaram seus domicílios em Olinda e no Recife bem como os dos seus amigos, inclusive o do ouvidor Franco Quaresma, também preso e substituído pelo nomeado do vice-rei. No Brum, isolado em compartimento estreito, sob vigilância cerrada dos conjurados, o Xumbergas não pôde contar sequer com a ajuda de criado que lhe preparasse as refeições, tudo no intuito de o envenenarem. E porque se recusasse a comer o que lhe davam, planejaram conduzi-lo à povoação de São Lourenço a fim de o assassinarem, do que só foram dissuadidos por alguns parceiros já receosos do caminho que as coisas estavam tomando. Ao comandante da fortaleza, ao juiz ordinário da Câmara e a outras pessoas gradas, Mendonça Furtado tentou em vão demonstrar a gravidade do que haviam praticado e persuadi-los a repô-lo no governo. Quando a frota procedente da Bahia fez escala, embarcaram-no sumariamente, "sem lhe dar nem ainda o necessário para o trato e uso de sua pessoa e matalotagem para a viagem".[48]

A Câmara de Olinda comunicou a deposição ao vice-rei, organizando-se junta provisória de governo, composta do juiz ordinário, André de Barros Rego, e dos mestres de campo dos regimentos de primeira linha, D. João de Souza e Antônio Dias Cardoso. O Xumbergas, aliás, acusará os oficiais da Câmara de dizerem publicamente que só aceitariam novo governador "com cláusulas e condições que eles apresentassem", acusação provavelmente veraz que pode explicar a prudência com que Óbidos se houve na indicação do sucessor interino. A fim de assegurar para o ano seguinte uma Câmara confiável, foi aberto e queimado o cofre dos pelouros, evitando-se o sorteio de vereadores da facção contrária (favorável ao Xumbergas) e procedendo-se a nova eleição. Procurou-se também tranquilizar a populaça que exigia a morte dos traidores estrangeiros, chegando mesmo a pôr cerco ao convento da Penha e a desarmar e deter alguns franceses que passeavam pacatamente pelo Recife. Além de pôr cobro a tais excessos, as autoridades municipais declararam a Mondvergue, a quem ofereceram "toda a sorte de auxílios e de refrescos", que "o governador era um tirano, que o Rei ordenara fosse remetido a

---

[48] "Representação de Jerônimo de Mendonça Furtado", pp. 136-8.

Lisboa de ferros aos pés". Ao cônsul francês em Lisboa o marquês escreveu louvando o procedimento da Câmara para com ele e a esquadra.[49]

Restava normalizar a situação. Para salvar as aparências, Óbidos manifestou aos vereadores seu "grande sentimento" de ver que "no tempo do meu governo sucedesse um desalumbramento e desordem tão grande". Receoso do precedente que incentivara, recordou-lhes o dever dos vassalos de recorrerem à magnanimidade d'El Rei contra os governadores arbitrários, sem passar às vias de fato, sobretudo em se tratando de súditos, como os pernambucanos, que a guerra holandesa tornara conhecidos pelo amor ao monarca. Prometia-lhes, por fim, que se ficava ocupando da "forma que hei-de dar a esse governo" enquanto D. Afonso VI não nomeasse substituto.[50] Colocava-se, pela primeira vez, uma das questões mais controvertidas do período entre a restauração do domínio português e as alterações de 1710-1711.

Óbidos temeu que a capitania caísse nas mãos das influências nefastas de que se queixara a Brito Freyre, sobretudo a de Fernandes Vieira, que, havendo ocupado o governo da Paraíba e de Angola, achava-se desgostoso com a preterição sistemática do seu nome para o de Pernambuco. O vice-rei esperou todo um mês para designar o substituto interino do Xumbergas, o qual deveria atender a duas condições que lhe terão parecido indispensáveis: que se pudesse impor aos pró-homens pela aura restauradora e pelo prestígio local; e que desse garantia de fidelidade à Coroa. Vidal de Negreiros tinha certamente esse perfil, sendo ademais a única carta ao alcance do vice-rei. A delonga na sua nomeação prendeu-se à necessidade de esperar pelo seu regresso de Angola, a fim de convencê-lo a assumir provisoriamente o cargo que já ocupara pelo triênio de praxe.

Embora reconhecendo as razões que teria Vidal de Negreiros para recusar o cargo, Óbidos lembrou-lhe que, no serviço d'El Rei, "é obrigação precisa sacrificar o gosto; e eu, da minha parte, sou obrigado a eleger e escolher o melhor sujeito". Para alcançar este fim, não só engoliu as reservas que tinha expressado acerca de Vidal, como delegou-lhe o poder de prover os cargos

---

[49] "Representação de Jerônimo de Mendonça Furtado", p. 138; Souchu de Rennefort, "O marquês de Mondvergue em Pernambuco", p. 639; *Catálogo de documentos referentes ao Brasil*, p. 116; Pereira da Costa, *Anais pernambucanos*, iii, p. 525.

[50] *Documentos históricos*, ix, pp. 262-3.

civis e militares que detinha tão ciosamente e de que se negara a abrir mão em favor de Mendonça Furtado. Vidal aceitou, tomando as rédeas do governo "com o aplauso" da população, no dizer da Câmara de Olinda, que se apressava em solicitar a Sua Majestade concedesse como graça muito especial sua efetivação no posto, "porque só com seu zelo e prudência poderão estes povos esquecer-se das insolências e insuportáveis opressões de Jerônimo de Mendonça".[51] Reivindicação inatendida por já se achar nomeado Bernardo de Miranda Henriques, a quem Vidal transmitiu a função três meses depois.

A deposição do Xumbergas tornou-se doravante problema da Coroa. Em novembro, a frota do Brasil aportou a Lisboa trazendo o ex-governador, posto em liberdade, tanto assim que em dezembro visitava o embaixador da França, personalidade poderosa na Corte e cujo apoio buscou captar, recordando a acolhida cordial que dispensara no Recife à esquadra de Mondvergue. Por sua vez, o Conselho Ultramarino propunha que o desaforo praticado pela Câmara de Olinda tivesse castigo exemplar, com base em averiguação rigorosa por parte de magistrado imparcial. O assunto foi considerado suficientemente grave para ser levado ao Conselho de Estado, do que resultou encarregar-se a sindicância ao Dr. João Vanvessem. Outro magistrado investigaria em Lisboa a atuação de Mendonça Furtado, ouvindo o depoimento de viajantes procedentes de Pernambuco. A devassa do Dr. Vanvessem deu em nada. "Compelido e ameaçado com risco de perder a vida", não pôde agir "com liberdade, senão violentado, porque os oficiais da Câmara [de Olinda] andavam amotinados, tendo-lhe cercado a casa de dia e de noite, e não consentiam que para aquela parte passassem [a depor] mais que as pessoas de que eles se confiavam", chegando ao extremo de adentrarem a residência do magistrado para obrigá-lo a só convocar as testemunhas que haviam escolhido a dedo.[52]

A informação preparada em Lisboa tampouco concluiu contra o Xumbergas, apesar, segundo ele, de haver sido feita "com grande segredo e não com muita afeição". Neste ínterim, consumara-se a revolução palaciana que, após ter desterrado o conde de Castel Melhor, terminou por depor o monar-

---

[51] *Ibid.*, pp. 264-5; Câmara de Olinda a D, Afonso VI, 18.i.1667, AHU, PA, Pco., cx. 6.

[52] *Catálogo de documentos referentes ao Brasil*, p. 116; parecer do Dr. Feliciano Dourado, 22.xi.1666, e Co.Uo., 16.vi.1667, AHU, PA, Pco., cx. 6; Co.Uo., 22.xi.1666, 12.xii.1667 e 23.iv.1668, AHU, códice 16, fls. 218, 240 e 279-80.

ca, entregando a regência ao seu irmão, o infante D. Pedro, que, no ano seguinte, substituirá também El Rei no leito conjugal, ao casar-se com a cunhada, D. Maria Francisca de Saboia. Quando o Conselho Ultramarino reexaminou a questão em 1668, o relator, o Dr. João Falcão de Souza, impugnou a devassa do Dr. Vanvessem viciada pela coação exercida sobre ele e saiu em defesa de Mendonça Furtado, a favor de quem, como governador, estava a presunção da justiça, "pois é certo que todos aqueles que governam adquirem inimigos e mal afetos, principalmente dos mais poderosos nas conquistas ultramarinas, que como querem viver à sua vontade e oprimir aos pequenos, tanto que há governador que os refreia, logo procuram lançá-lo fora". A Coroa não podia admitir que se expulsassem seus governadores, que, encarnação da "pessoa real", eram merecedores de "igual respeito": "se os governadores obram contra o que devem, deve haver queixa a Vossa Majestade e não expulsão, para daí como fonte da justiça emanarem as ordens para o castigo, que não devem os povos serem os juízes e os executores".[53]

A Coroa tinha, porém, suas próprias razões de queixa. As falcatruas do governador não haviam afetado somente a fazenda dos vassalos, caso em que El Rei ainda poderia fazer vista grossa, mas também a sacrossanta fazenda régia. Quando a Junta de Comércio reclamara contra as ingerências do Xumbergas no estanco do pau-brasil, D. Afonso VI o advertira a fim de cessar o abuso, sob pena de reembolsar os prejuízos, mas "não houve emenda". Pelo contrário, havendo adquirido, mediante o "poder do cargo", grande quantidade da madeira do estanco régio, impedira seu despacho com a conivência da Câmara de Olinda, que empregara a receita do donativo da rainha da Grã-Bretanha e paz de Holanda na compra da carga do governador. A dupla concussão, contra o monopólio real e contra o fisco, era imperdoável. Já em setembro de 1666, quando ainda se desconhecia na Corte a deposição do Xumbergas, El Rei ordenava ao sucessor que, à sua chegada à capitania, se informasse a respeito dessas acusações e, concluindo pela sua veracidade, sequestrasse os bens do antecessor, mandando presos a Salvador os vereadores a fim de serem processados pela Relação da Bahia.[54]

---

[53] "Representação de Jerônimo de Mendonça Furtado", pp. 140-1; Co.Uo., 23.iv.1668, AHU, códice 16, fls. 279-80.

[54] AUC, CA, 33, fls. 75-75v.

O embargo teve lugar mas os oficiais da Câmara não foram punidos. A essa altura, uma representação das municipalidades de Pernambuco em favor da deposição do Xumbergas tinha confirmado as malversações que lhe eram imputadas e que não haviam logrado impedir. O documento formulava outras denúncias, como a de embarcar secretamente quantidade de pau-brasil em fechos, os caixotes em que se costumava remeter açúcar para presentear amigos ou satisfazer compromissos no Reino; e a de vender pau-brasil a Mondvergue, carregando-o à noite, às escondidas, fato confirmado pelo marquês, que tivera de fazê-lo como condição de obter ajuda para a esquadra. As câmaras aduziam algo ainda mais grave. Havendo El Rei ordenado que se recunhasse toda a moeda de ouro e prata que circulava na colônia, tarefa dos funcionários da fazenda real, Mendonça Furtado chamara-a a si, executando-a em sua própria casa e pelos seus criados, com marcas que mandara especialmente fabricar. Por fim, apurar-se-ia ter embolsado parte da receita destinada ao sustento da tropa, valendo-se de um dos seus fâmulos, que impingira como tesoureiro da Câmara de Olinda; e intimidado o arrecadador do donativo, tomando-lhe 8 mil cruzados.[55]

Mendonça Furtado não terá pejo de apresentar memorial, solicitando reparação. Não era apenas sua honra pessoal que, segundo dizia, estava em jogo, mas a própria reputação da Coroa, pois "na Europa, nos tempos modernos e mais antigos, houve semelhantes sucessos e os senhores reis voltaram [sic] tanto pela satisfação deles, que se mandou destruir cidades e lugares inteiros e muito populosos, entendendo-se que era mais conveniente sofrer estas perdas que ficar exemplo na falta do castigo para semelhantes insolências". Contudo, no seu pragmatismo de português, o Xumbergas não pedia que se arrasasse Olinda ou o Recife, contentando-se com que se lhe dessem outro governo ultramarino, a exemplo do que se praticara com o conde de Óbidos, o qual, deposto na Índia, recebera como recompensa o governo-geral do Brasil, além de que já se repusera no cargo o ouvidor de Pernambuco que ele destituíra.[56]

---

[55] Câmaras de Pernambuco a D. Afonso VI, 7.ix.1666; e *idem a idem*, 28.v.1667, AHU, PA, Pco., cx. 6.

[56] "Representação de Jerônimo de Mendonça Furtado", p. 141.

A ascensão do infante D. Pedro à regência parecia auspiciosa. O irmão, Luís de Mendonça Furtado, alinhara-se com a facção triunfante, sendo premiado com o cargo de vice-rei da Índia e o título de conde do Lavradio. Mas a nova ordem de coisas não dispensou ao nosso anti-herói o tratamento a que ele se julgava com direito, engavetando seu pedido de reparação. Só restava ao Xumbergas entrar na abortada conjura de que outro irmão seu, Francisco de Mendonça Furtado, alcaide-mor de Mourão (Alentejo), era um dos cabeças. A pretexto da insatisfação gerada pela alegada tolerância do regente para com os cristãos-novos, a serem beneficiados por um "grande perdão", os descontentes tramaram o assassinato de D. Pedro e a reposição de D. Afonso VI no trono. Descoberta a conspiração, ao que se dizia fomentada pelo embaixador espanhol e pela Inquisição, o Xumbergas tratou de fugir antes que os esbirros lhe batessem à porta, mas, ao contrário do mano Francisco, não conseguiu passar à Espanha.

"Acossado de um acidente por se levantar da cama muitas vezes sangrado", narra cronista coevo, "se escondeu em um moinho, por não poder continuar a fuga, e nele foi preso". Encarcerado na fortaleza de São Gião, foi, como Francisco, condenado à morte, mas graças à intervenção dos parentes e da infanta, filha de D. Pedro, teve comutada a pena em degredo perpétuo para a Índia. Se a vida lhe foi poupada, não lhe devolveram jamais a liberdade. Em Pernambuco, seja porque se vivia em Lisboa uma crise dinástica, seja devido ao envolvimento do Xumbergas no complô contra o regente, os promotores da sua deposição livraram-se do castigo. Mas a Coroa não esquecerá a afoiteza, de que se lembrará vinte anos depois, quando o litígio em torno dos bens sequestrados a Mendonça Furtado ainda rolava pelas repartições do Reino.[57] O agosto do Xumbergas ainda dará pano para manga.

---

[57] AUC, CA, 33, fl. 130; [Fr. Alexandre da Paixão], *Monstruosidades do tempo e da fortuna*, Lisboa, 1888, pp. 117, 169-70, 240, 245, 270-1, 319; "Tratado", fls. 10v-11; Rocha Pita, *História da América portuguesa*, pp. 269-70.

2.
Atribulações do marquês de Montebelo

Outro atrabiliário de marca, João da Cunha Souto Maior, fidalgo da Casa de Sua Majestade e comendador de São Mamede de Trovisco, deixou, como décimo primeiro governador de Pernambuco, reputação quase tão lastimável quanto a de Mendonça Furtado. Quando, em meados do século XVIII, D. Domingos do Loreto Couto compilar a relação dos nossos capitães-generais, registrando, à maneira de julgamento histórico, a recordação que ficara de cada um deles na terra e que o frade cronista terá ouvido às pessoas mais velhas e noticiosas, averbará as seguintes linhas a respeito de João da Cunha: "as sem-razões com que governou o fizeram entre os súditos tão mal opinado que até as virtudes lhe notaram [de] vícios".[58]

Sua gestão também coincidiu com uma epidemia, o primeiro surto conhecido de febre amarela no Brasil. Em novembro de 1685, ela desembarcou no Recife de um navio francês, o *Oriflamme*, procedente de São Tomé, vitimando sobretudo a população branca dos centros urbanos. O mal, informa cronista anônimo, dera "com tanta força e rigor que ninguém ficou que perdoasse e despovoasse a maior parte das casas e famílias", prosseguindo por vários anos de forma endêmica e fazendo "tanto estrago em todas estas partes, que as pôs quase no princípio do seu primeiro povoamento". O Recife, particularmente afetado, perdeu um quinto dos habitantes. O triênio de João da Cunha foi, aliás, o dos mais baixos preços para o açúcar brasileiro em todo o

---

[58] D. Domingos do Loreto Couto, *Desagravos do Brasil e glórias de Pernambuco*, 2ª ed., Recife, 1981, p. 208, e também pp. 538-9. Para João da Cunha Souto Maior, Pereira da Costa, *Anais pernambucanos*, iv, p. 257; e sua folha de serviço em Co. Uo. 21.iv.1684, AHU, PA, Pco., cx. 8. Veterano da guerra contra a Espanha, em que militara desde 1641, ele chegara a mestre de campo.

período colonial, inferiores inclusive aos dos decênios críticos de 1620 e 1730; e o levante dos tapuias do Açu no Rio Grande do Norte, que deu início à longa e cruel "guerra dos bárbaros". Não faltaram tampouco as costumeiras excursões dos quilombolas dos Palmares pelos distritos da Mata, e sequer os ataques de piratas que desciam em portos remotos para fazer aguada, apresando as embarcações de cabotagem do Recife, carregadas de açúcar, sal ou pescado.[59]

A acreditar-se, porém, em autor coevo, a praga mais atroz que se abatera sobre Pernambuco fora a violência, inclusive a violência dos poderosos. Legado dos anos de guerra e de desorganização socioeconômica da capitania, a criminalidade atingiu seu paroxismo nos anos oitenta. O panegirista do governador Câmara Coutinho exagerou seguramente a eficácia das medidas tomadas para coibi-la; e, contudo, o quadro que pintou da administração de João da Cunha é corroborado por outras fontes da época. João da Cunha deixara a terra em "estado miserável", "tão cheia de calamidades, tão abundante de soberbas e violentas mortes, com desaforo, à espingarda, adonde se não conhecia El Rei mais que pelo nome, vivendo cada um à eleição de sua vontade, sem haver quem desse castigo aos malefícios nem repreendesse violências, as quais se continuavam com soltura por falta de governo". Ainda segundo Gregório Varela de Berredo Pereira, "a primeira coisa que faziam os que intentavam mandar matar era primeiro procurar o dinheiro para salário das devassas que se tiravam, que muitas ficavam no esquecimento do tempo", a ponto de os malfeitores passearem impunemente pelo Recife, "fazendo séquitos de espingardas, metendo terror e assoberbando aqueles que os não tinham ou, por temerosos do Rei e da consciência, os não queriam fazer". Nas próprias câmaras, serviam criminosos, pois "a tudo se dava passagem, ostentando-se alguns na opinião de régulos".[60]

---

[59] "Tratado", fls. 9v-10; AUC, CA, 31, fls. 401-403v, 404v-406, 431v, 437v-438; e CA, 33, fls. 134v-135; Gilberto Osório de Andrade, *Montebelo, os males e os mascates*, Recife, 1969, pp. 37-8, 53-4; Stuart Schwartz, *Sugar plantations in the formation of Brazilian society*, Cambridge, 1985, pp. 188 e 190. Para o levante dos tapuias, John Hemming, *Red gold. The conquest of the Brazilian Indians*, Londres, 1978, pp. 357-8; Maria Idalina da Cruz Pinheiro, *Guerra dos bárbaros*, Recife, 1990; e Pedro Puntoni, *A guerra dos bárbaros. Povos indígenas e a colonização do sertão. Nordeste do Brasil, 1650-1720*, São Paulo, 2002.

[60] Gregório Varela de Berredo Pereira, "Breve compêndio do que vai obrando neste governo

O cronista, que conheceu por dentro o que se passava no palácio do governo, onde serviu como ajudante de ordens e oficial da guarda, refere os excessos que ali se cometiam, embora pessoalmente João da Cunha fosse "homem tão honrado e soldado de tão grande nome". É que os desmandos procediam do rebento, Paulo da Cunha, que trouxera consigo para Pernambuco, pois "o amor do pai não dava lugar a corrigir os desenfreados apetites do filho, porque de quase todos não era sabedor [...] porque tudo se lhe encobria; e de alguns que sabia os dissimulava [...] e desta sorte, um por velho se perdeu de todo e outro por moço se arruinou". Paulo da Cunha vivia cercado de indivíduos duvidosos, entre os quais se destacava certo padre carioca, degredado por seu bispo para Angola e refugiado no Recife. A tais influências sucumbira o governador que "todos faziam o que queriam e ele queria o que queriam todos".[61]

O conflito com o ouvidor, o Dr. Dionísio de Ávila Vareiro, não se fez esperar. Em decorrência da epidemia que atingira muita gente de cabedal da praça, a provedoria dos defuntos e ausentes detinha recursos da ordem de 100 mil cruzados, o que a tornava especialmente cobiçada. João da Cunha substituiu o tesoureiro por criado seu, que, induzido por Paulo da Cunha, praticou várias fraudes. De praxe, o ouvidor exercia também o cargo de provedor, o que fez até a criação do de juiz de fora (1701), motivo pelo qual intimou o acusado a explicar-se. Sendo também beneficiário de tais irregularidades, segundo alegava o magistrado, o governador tomou a mal a citação, prendendo o meirinho que a executara e suspendendo o escrivão da provedoria, que corria com a contabilidade. A esta altura, já o ouvidor, "obrigado das insolências e desacatos" à sua jurisdição, homiziara-se no mosteiro de São Bento de Olinda, onde tinha um parente frade. A ele foi-se juntar o escrivão.

João da Cunha contava com o apoio da oligarquia municipal, que tinha contas a ajustar com os beneditinos. A pedido da Câmara de Olinda, ele mandou cercar o convento pela tropa para prender o escrivão. Mas como este

---

de Pernambuco o Sr. Governador Antônio Luís Gonçalves da Câmara Coutinho", RIAP, li (1979), pp. 260-1. A folha de serviços de Gregório Varela (1684), natural de Pernambuco e veterano da guerra holandesa, em AHU, PA., Pco., cx. 8.

[61] "Breve compêndio", p. 260; certidão do tabelião Luís Francisco da Cunha, 13.ix.1686, AHU, PA, Pco., cx. 9.

tivesse entregue os livros de conta ao ouvidor, suspendeu-o da provedoria. O magistrado capitulou, pois já os funcionários da justiça não lhe obedeciam e a corriola de Paulo da Cunha movia-lhe campanha de desmoralização, fazendo circular pasquins e sátiras contra sua pessoa. Ávila Vareiro fugiu para a Bahia na companhia do escrivão, que era seu aparentado, como o meirinho havia sido seu criado, pois o clientelismo dos magistrados nada ficava a dever ao dos governadores e ao dos bispos. João da Cunha achou-se, portanto, com as mãos livres. Na ausência de ouvidor, a repartição estava sob a responsabilidade do juiz ordinário da Câmara, o mesmo que depusera o Xumbergas vinte anos antes e de quem se dizia que, desafeto de Ávila Vareiro, fomentara toda a discórdia para assumir a ouvidoria e embolsar os emolumentos. Para escrivão da provedoria, João da Cunha nomeou um dos pró-homens, seu parente ou que passava por tal. De Salvador, o governador-geral, marquês das Minas, interveio para advertir o governador.

Em Lisboa, já se conheciam outras tropelias, como a perseguição a um velho capitão de infantaria que defendera a filha do assédio de Paulo da Cunha; ou o caso do piloto obrigado a embarcar-se à força em navio que João da Cunha fretara para Viana do Lima, mas que caiu em poder do corso barbaresco. Havia também as acusações do provedor da fazenda real em Itamaracá, que fugira para o Reino reclamando das intromissões governamentais. A Coroa apoiou Ávila Vareiro, embora permitisse que João da Cunha concluísse o triênio. Ao novo ouvidor, foi passada ordem para apurar as contas da provedoria dos defuntos e ausentes, readmitir os funcionários destituídos e recambiar Paulo da Cunha para a metrópole. A "residência" de Ávila Vareiro (ou seja, a investigação *pro forma* a que eram submetidos os funcionários da Coroa ao encerrarem suas funções) foi confiada a desembargador da Relação da Bahia; e sua judicatura, reabilitada com sua nomeação para o tribunal de Salvador. Das sátiras com que o haviam escarnecido em Pernambuco, ter-se-á dado por bem pago pelo poema laudatório que lhe dedicou Gregório de Matos. Quanto a João da Cunha, sofreria, como ocorrera a alguns dos seus antecessores, o vexame e o prejuízo do sequestro dos seus bens para ressarcimento dos danos à fazenda real e a terceiros.[62]

---

[62] Dionísio de Ávila Vareiro a D. Pedro II, 27.ix.1686, e João da Cunha Souto Maior a D. Pedro II, 26.x.1686, Co.Uo. 8.ii.1687; Manuel Francisco da Costa a D. Pedro II, 10.viii.1687, e

O governador tivera também de haver-se com as alterações de Penedo, que dizia instigadas pelo ouvidor. Disputas entre a Câmara da vila e o capitão-mor do distrito levaram à invasão da cadeia, soltando-se os presos, alguns deles réus de crimes de morte. João da Cunha despachou tropa para recapturá-los, a qual praticou excessos tais que sobreveio novo motim, que a obrigou a retirar-se. As autoridades locais apelaram ao governador-geral, marquês das Minas, que lhes ordenou não acatarem ordens vindas de Pernambuco, ao passo que recomendava a João da Cunha não castigar os levantados, "porque poderá ser mais perigosa a desesperação do que foi justificada a queixa". O conselho funcionou, pois João da Cunha recorreu ao expediente que restava nestes casos de impotência governamental, perdoando os moradores do Penedo para que se recolhessem às suas casas e terras sem temor de punição, salvo os cabeças, que responderiam na justiça.[63]

O governador-geral, D. Matias da Cunha, saudou o novo governador, Fernão Cabral, senhor de Azurara, alcaide de Belmonte e descendente do descobridor do Brasil, fazendo notar que Cabral, desembarcando no dia de São João (1688), assumira no de São Pedro, signo evidente de êxito.[64] Contudo, poucos meses depois faleciam de febre amarela o governador e o filho que

---

Co.Uo., 2.xii.1687 e 19.ii.1688, todos em AHU, PA, Pco., cx. 9; AUC, CA, 31, fls. 409 e 411, e CA, 33, fls. 140-140v; *Documentos históricos*, x, pp. 231 e 233-4. Vd. também Manuel Dias a D. Pedro II, 20.vii.1686, Co.Uo., 2.iv.1688 e 14.v.1688, todos igualmente em AHU, PA, Pco., cx. 9. Para Ávila Vareiro e Gregório de Matos, Stuart Schwartz, *Sovereignty and society in colonial Brazil*, Los Angeles, 1973, p. 324. Ávila Vareiro foi autor de uma silva sobre sua viagem do Porto a Pernambuco, ANTT, Livros do Brasil [LB], códice 40.

[63] AUC, CA, 31, fls. 409v-410v e 424; *Documentos históricos*, x, pp. 236-42.

[64] *Documentos históricos*, x, pp. 255 e 296-7. Fernão Cabral dera menagem do governo de Pernambuco sob a reserva de que ela não prejudicaria o privilégio de que gozava sua família, antigo favor real que os dispensara de tais atos, em reconhecimento de serviços prestados à Coroa, provavelmente os do descobridor do Brasil no curso da sua expedição à Índia. Já entrado o século XVIII, outro filho de Fernão Cabral, Pedro Álvares Cabral, que herdara o senhorio de Azurara e a alcaidia-mor de Belmonte, mostrar-se-á intransigente, insistindo em que se lhe reconhecesse a regalia para dispensá-lo de dar menagem pelo governo de São Paulo. A Coroa negou-se a atendê-lo, e em seu lugar foi nomeado Rodrigo César de Menezes: conde de Povolide, *Portugal, Lisboa e a Corte nos reinados de D. Pedro II e de D. João V*, Lisboa, 1990, pp. 331-2; *Os manuscritos da Casa de Cadaval*, ii, pp. 349-51.

o acompanhara. Dada a inexistência de regra sucessória, Cabral designara para substituí-lo uma junta composta do bispo (que, com a criação da diocese de Olinda, em 1676, passara a integrar o sistema de poder local), do mestre de campo mais antigo, e do primeiro juiz ordinário da Câmara de Olinda, segundo a fórmula improvisada na Bahia pelo governador-geral Afonso Furtado, ao se achar também com o pé na cova. Mas a Câmara de Olinda recusou-se a aceitar a designação, "por dizer lhe tocava este governo nas vacantes por ser regalia sua [e] fez eleição do bispo, excluindo aos mais". Quando da deposição de Mendonça Furtado, a capitania fora entregue a uma troica composta pelos mestres de campo da guarnição e pelo juiz mais velho, que funcionava como presidente da Câmara. Anos depois, por ocasião do desaparecimento do governador Fernão de Souza Coutinho, seguira-se o precedente de 1666, o que dera margem a discórdias. Em 1688, a solução acordada após dias de impasse parecia uma vitória para os que sustentavam o direito da municipalidade a decidir o assunto.[65]

Na realidade, o que acontecerá quando da enfermidade do marquês de Montebelo fortalece a suspeita de que a pretensão camerária encontrara fortes resistências e de que o prelado só foi aceito em vista da impossibilidade de vencê-las. O governador-geral, D. Matias da Cunha, confirmou a indicação do bispo D. Matias de Figueiredo e Melo, mas criticou a Câmara de Olinda por não haver recorrido a Salvador, o que teria acarretado o interregno de algumas semanas, no decurso do qual a capitania ficaria acéfala. Embora D. Matias pensasse que a fórmula de Afonso Furtado só se aplicava à Bahia, não havia alternativa à junta de autoridades civis, militares e eclesiásticas, a menos que se quisesse entregar o poder à Câmara. Aliás, quando o episódio foi conhecido em Lisboa, o Conselho Ultramarino instou por decisão régia que fixasse as vias sucessórias no Brasil, como existia para a Índia. El Rei, contudo,

---

[65] AUC, CA, 31, fls. 461-2; Stuart B. Schwartz (org.), *A governor and his image in baroque Brazil*, Minneapolis, 1979, p. 201; D. Pedro de Almeida ao regente D. Pedro, 30.iv.1674, AHU, PA, Pco., cx. 6; Zenóbio Acióli de Vasconcelos a D. Pedro II, 20. ix.1688; e João do Rego Barros a D. Pedro II, 23.ix.1688, AHU, PA, Pco., cx. 9; Pereira da Costa, *Anais pernambucanos*, iv, pp. 13, 22, 325 e 339-40. Outro governador, Bernardo de Miranda Henriques, morrera em Pernambuco já depois de haver transmitido o cargo ao sucessor.

nada decidirá até as vésperas das alterações de 1710-1711, visando talvez não ofender frontalmente os brios da Câmara.⁶⁶

Ao cabo da interinidade do bispo, o estado da terra continuava o mesmo do tempo de João da Cunha, embora não faltasse energia a D. Matias de Figueiredo e Melo, como indica sua atitude para com os jesuítas, culpados de acoitarem certo pró-homem que havia desafiado a proibição governamental de entrar armado em Olinda. Tendo o reitor do colégio se recusado a entregá--lo, o prelado mandou cercar o edifício, retirando-o à força e prendendo os inacianos que haviam resistido à sua ordem. Da Bahia, o padre Antônio Vieira, visitador-geral do Brasil e Maranhão, teve de despachar o padre João Antônio Andreoni, o Antonil da *Cultura e opulência do Brasil*, com a incumbência de achar uma saída diplomática para a crise, que desse toda a satisfação a D. Matias.⁶⁷

Circunstância excepcionalíssima, Antônio Luís Gonçalves da Câmara Coutinho foi designado governador "sem consulta nem decreto", ao arrepio da praxe de selecioná-los em lista tríplice submetida pelo Conselho Ultramarino. Que o fato, justificável pela urgência de se enviar sucessor, inspirou-se também no régio desejo de pôr termo à instabilidade pernambucana através de medidas drásticas contra os homens principais, é o que indica a nomeação simultânea de desembargador sindicante encarregado de investigar uma série de delitos que haviam ficado impunes, desde a deposição do Xumbergas até as malfeitorias recentes de alguns poderosos. A missão foi confiada a desembargador da Relação da Bahia, o Dr. Melchior Ramires de Carvalho, a quem se transmitiram papéis e instruções, expedidos não pelo Desembargo do Paço, como seria a norma, mas pelo próprio secretário do monarca.⁶⁸

É também revelador que El Rei tenha escolhido alguém que, como Câmara Coutinho, era alta personalidade da Corte, onde exercia o cargo de al-

---

⁶⁶ *Documentos históricos*, x, pp. 302-4; parecer do procurador da Coroa, 16.xii.1688; e Co. Uo., 23.xii.1688, AHU, PA, Pco., cx. 9; Câmara de Olinda a D. Pedro II, 12.vii.1690, AHU, PA, Pco., cx. 10.

⁶⁷ Pereira da Costa, *Anais pernambucanos*, iv, pp. 341-3; João Lúcio d'Azevedo (org.), *Cartas do padre Antônio Vieira*, 3 vols., Coimbra, 1925-1928, iii, pp. 554-6.

⁶⁸ "Breve compêndio", pp. 261 e 292; *Documentos históricos*, x, p. 358.

motacé-mor do Reino, função palatina de caráter honorífico e por isso mesmo prestigiosa — condição que o recomendava para Pernambuco, pois, como observará seu panegirista, "por esta terra se não for a pessoa do governador de muito respeito e grande qualidade não fora muito respeitado, que parece estar o sangue esclarecido [i.é, ilustre] dominando o temor do súdito". Dizendo só buscar "o sossego dos pequenos e o respeito dos grandes",[69] Câmara Coutinho atuou com rigor inédito por aquelas bandas, tomando providências a que, como cortesão, soube conferir o cunho cenográfico que impressionasse a imaginação colonial. Foi este o caso dos três tratos de polé que mandou dar a certo rábula que se referira depreciativamente ao desembargador sindicante e aos ministros da Coroa, e cujo nome o cronista não registra mas que se pode supor ter sido David de Albuquerque Saraiva, que até as alterações de 1710-1711 assessorou os homens da governança.

Na presença de grande quantidade de gente e da tropa que marchava ao som de caixas, o bispo e seu cabido, a Câmara de Olinda, os priores dos conventos, a irmandade da Misericórdia, enfim, toda a gente que contava em Olinda, foram incorporados para interceder pelo causídico. Câmara Coutinho manteve-se inabalável, mas cedeu finalmente aos rogos do próprio Dr. Ramires de Carvalho, o grande ofendido, que se veio prostrar aos seus pés, ao mesmo tempo em que D. Matias de Figueiredo dava-lhe a beijar o crucifixo. "Foi ação esta que deu grandíssimo terror a toda a terra", comenta o autor do panegírico. O régulo que mandava matar impunemente ou que desatendia a exigência de fornecer seus escravos para o reparo das fortalezas, os prepotentes que se apropriavam dos escravos dos moradores pobres, todos temeram a mão de ferro do governador. Tampouco a Câmara de Olinda foi poupada, de vez que o governador tratou não só de tomar-lhe as contas como de reduzir suas ambições protocolares, substituindo as cadeiras de espaldar em que os vereadores se sentavam durante as cerimônias por meros bancos de encosto. Ademais, no objetivo todo pedagógico de imprimir na rudeza dos colonos a imagem da verdadeira ordem do mundo, o almotacé-mor timbrava em assistir às cerimônias religiosas "com toda soberania e pompa, com dois ou três ajudantes ao lado, de pé [...] e abaixo dele os mestres de campo, sargentos-mores

---

[69] AUC, CA, 31, fl. 484v.

e capitães e, do outro lado, os oficiais da Câmara; defronte o desembargador sindicante e abaixo do senhor governador o ouvidor-geral".[70]

A tais exibições de autoridade, juntavam-se manifestações igualmente espetaculosas de limpeza de mãos, magnanimidade e espírito cristão. Era costume enraizado o de adquirir, mediante presentes, a benevolência e as boas graças das autoridades régias. Brito Freyre reagira contra a prática, mandando entregar à fazenda real os fechos e caixas de açúcar com que se mimoseavam os governadores em ocasiões como a Páscoa, ainda festejada como o início do novo ano; e a João Fernandes Vieira e a André Vidal de Negreiros, mandara restituir as dádivas com que o tinham cumulado, importando em vários mil cruzados. Câmara Coutinho extremou-se neste particular, recusando até mesmo os doces regalados pelo provincial da Companhia de Jesus ou ordenando a criado seu a devolução de "uns cachos de uvas e outras frutas" que lhe enviara um amigo.[71]

Entre outras qualidades, creditava-se-lhe a de ouvir paciente e interminavelmente as queixas das partes; e "com tanta severidade e brandura, que nunca se ouve de sua boca palavra áspera ou descomposta nem ainda ao mais pequeno negro". Distinguiu os pró-homens da terra acompanhando-os ao fim das audiências até o topo da escada principal de palácio, "cerimônias estas que fazem aos governadores ser amados dos povos e nem por isso falta com o castigo a quem o merece". Aos necessitados, fazia frequentes donativos e esmolas, "dando de comer a quantos pobres havia, que eram muitos os que, todos os dias, se juntavam à porta da cozinha, que mais parecia portaria de convento que não casa de palácio". Do seu bolso, pagava capelão que dizia missa e ministrava os sacramentos aos presos, a quem proporcionava também cuidados médicos. Pela Semana Santa, à maneira d'El Rei na sua Corte, foi lavar os pés de gente obscura na nave da Sé, demonstrando "tanta devoção e humildade que houve em todo o povo copioso mar de lágrimas, correndo dos olhos do dito senhor outras tantas".[72]

---

[70] "Breve compêndio", pp. 270-1 e 276-8.

[71] Co.Uo. 17.vii.1663, AHU, PA, Pco., cx. 5; "Relação de como governou Francisco de Brito Freyre", BNL, FG, cx. 236, nº 51; "Breve compêndio", p. 263.

[72] "Breve compêndio", pp. 263, 272, 275, 278, 284 e 289.

Ao cabo de um ano, designado governador-geral, Câmara Coutinho passou o governo de Pernambuco. Sua popularidade, certamente exagerada pelo panegirista, não foi pura invenção de bajulador, de vez que o padre Vieira também alude à boa opinião que o almotacé-mor granjeara na capitania. Quando o governador recém-empossado, o marquês de Montebelo, adoeceu da peste, pediu-se que reassumisse Câmara Coutinho, então à espera de nau para conduzi-lo à Bahia, evitando-se que a Câmara de Olinda tomasse conta do governo. Tal emergência não se concretizou, mas a controvérsia foi suficientemente acerba para induzir os vereadores a representarem a El Rei a necessidade de definir-se regra sucessória. Entre os pró-homens é que a imagem de Câmara Coutinho não parece assim tão favorável. Seu sucessor, o marquês de Montebelo, achou-os "sumamente queixosos"; e Loreto Couto comentará que o "notável desinteresse" com que o almotacé-mor administrara o Brasil e depois a Índia lhe teria valido "maiores aplausos [...] se não acompanhara sua retidão um impulso violento que, sendo talvez para rústicos necessário, para ânimos nobres é inútil".[73]

Aliás, salvo os governadores de meados do século XVIII, a quem Loreto Couto dedicava encômios suspeitos, o único dos capitães-generais do passado a merecer seu elogio irrestrito foi D. João de Souza (1682-1685). A simpatia que o cercou em Pernambuco afigura-se autêntica e geral. De outra maneira, não se explicaria a homenagem inaudita que lhe fez a Câmara de Olinda solicitando a El Rei a renovação do seu triênio e mandando-o retratar, prática que, aliás, será proibida pela Coroa pelos seus "inconvenientes e ruins consequências", o retrato aposto em lugar público prestando-se a um culto da personalidade que devia ficar limitado aos monarcas e à real família. A "residência" tirada a D. João de Souza, a qual inquiriu oitenta testemunhas entre pessoas gradas e gente do povo, faz o elogio do "maravilhoso modo com que soube haver-se em tudo", apesar de ser ainda "fidalgo moço" e de haver assumido sob o receio de estar "cheio de caprichos da Corte". Prova da sua imparcialidade, mandara executar as sentenças contra o tio homônimo, mestre de campo e veterano da guerra holandesa; e da sua honestidade, o fato de ser

---

[73] *Cartas do padre Antônio Vieira*, iii, pp. 589 e 591; "Breve compêndio", p. 290; Câmara de Olinda a D. Pedro II, 12.vii.1690, AHU, PA, Pco., cx. 10; British Library [BL], Add. 21.000, fls. 179-81; Loreto Couto, *Desagravos do Brasil*, p. 209.

"o governador que leva deste governo menos fazenda", entenda-se, que comerciou em menor escala ou com menos proveito.[74]

Com a nomeação de Câmara Coutinho para a Bahia, incumbia a Montebelo dar continuidade ao programa de Lisboa para a capitania. O marquês fracassará — e é a história deste malogro que cabe resumir. A escolha de Antônio Félix Machado da Silva e Castro não parece retrospectivamente das mais felizes quando se leva em conta que sua missão dependia de retaguarda sólida na Corte. Montebelo, contudo, pertencia a uma família de expatriados. Seu pai, o primeiro marquês, fora embaixador da Espanha em Roma nos últimos tempos da união peninsular, casando-se em Milão com uma italiana de origem espanhola, filha do marquês de Mortara, de quem recebera o título de Montebelo, derivado de senhorio na Lombardia. Quando Portugal restaurou a independência, o primeiro marquês deixou-se ficar em Castela, como tantos outros nobres que não aderiram à nova dinastia. Seus bens em Portugal, como as terras entre Homem e Cávado (Minho), foram confiscados; e ele sobreviveu em Madri dos seus dotes de pintor medíocre e homem de letras e de uma mesada concedida pelo Rei Católico, embora se dissesse que fazia jogo duplo, mandando avisos a D. João IV. Nascido no exílio, seu filho, o futuro governador de Pernambuco, fixou-se em Portugal, onde se casou, obtendo a devolução dos haveres ancestrais; a alcaidia-mor de Mourão, que pertencera ao irmão inconfidente do Xumbergas; e a posição palatina que pertencera ao sogro, a vedoria da casa da rainha D. Maria Francisca de Sabóia.[75]

Ao partir para Pernambuco, El Rei recomendou-lhe prosseguir na linha encetada pelo antecessor, que, havendo permanecido no Recife cerca de três meses, à espera de monção favorável, teve tempo suficiente para colocar Montebelo a par dos negócios. O panegirista de Câmara Coutinho, que redigia seu texto precisamente neste começo de nova administração, reconhecia estar o senhor marquês "governando admiravelmente, segundo os ditames do senhor general [i.é, de Câmara Coutinho], que se assim continuar se não poderá nunca errar". Montebelo partilhava esse otimismo inaugural, pintando

---

[74] Loreto Couto, *Desagravos do Brasil*, p. 208; *Informação geral*, p. 260; residência de D. João de Souza, 29.i.1686, AHU, PA, Pco., cx. 9; Pereira da Costa, *Anais pernambucanos*, iv, pp. 205-6.

[75] *Grande enciclopédia portuguesa e brasileira*, Lisboa e Rio de Janeiro, s.d., xvii, pp. 712-3; conde de Povolide, *Portugal, Lisboa e a Corte*, pp. 110-1.

um quadro róseo do estado da terra em carta ao filho, Félix José Machado, que permanecera em Portugal para cuidar da família, de vez que, como lhe escrevia, "os filhos mais velhos são os maridos das mães em ausência dos pais", frase pirateada a uma peça de Moreno que fazia sucesso nos *corrales* madrilenos. Aduzia Montebelo: "Nem um só bando punitivo tenho lançado. Confirmei sim os que meu antecessor promulgou. Estes se observam com tal exação que têm cessado as mortes, ferimentos e desordens dos pequenos e as violências e tiranias dos poderosos. Nestes oito meses, tenho mandado para Angola e São Tomé quatro levas para aliviar a terra de criminosos, alguns de dez, quinze e mais anos".[76]

A Roque Monteiro Paim, secretário d'El Rei, Montebelo informava: "meu antecessor havia de pôr isto na última perfeição, se a permuta do lugar se não tivesse antecipado; e assim que, por falta de tempo e de se lhe deferir as ordens que pedia, não teve para mais lugar que abrir os alicerces". Ele, marquês, seguia "o mesmo rascunho", esperando que, ao transmitir o cargo, deixaria "estabelecido este governo no político, civil e militar [...], os povos em regular observância das suas leis, a nobreza com respeito às justiças, os interesses da fazenda real em regular e boa distribuição". Montebelo encarecia, porém, a condição inarredável de seu êxito, o apoio da Corte: que o Rei e seus ministros "me deem a mão, mandando ver atentamente as minhas proposições e notícias, para excluir e desenganar-me das que não parecerem proporcionadas, e às que o parecerem, confirmá-las com as ordens e despachos necessários".[77]

Nesta ocasião, já se manifestara a divergência entre Montebelo e o Dr. Melchior Ramires de Carvalho, desembargador sindicante, a quem responsabilizará por boa parte das suas atribulações pernambucanas. Na monção de 1690, o governador denunciara a El Rei o comportamento do magistrado, que, esquecido das obrigações do cargo, "por medo ou por outra alguma razão

---

[76] "Breve compêndio", p. 290; Correspondência de Félix Machado, ANTT, Mss. da Livraria, códice 830, fls. 39 e 55. Câmara Coutinho passou o governo a Montebelo a 5 de junho de 1690, mas só pôde partir para Salvador nos últimos dias de setembro: "Brasil. Governo de Pernambuco, 1690-1693", BNL, Coleção Pombalina [Pna.], códice 239, fls. 1, 38, 40 e 46. O códice em questão reúne os papéis relativos ao governo de Montebelo.

[77] BL, Add. 21.000, fls. 84v-85.

que eu não alcanço", afastara-se do convívio dos seus aliados naturais (ele, Montebelo; o ouvidor-geral, Dr. José de Sá Mendonça; e o bispo D. Matias) para parcializar-se com gente da terra. E, o que era mais criticável, tinha "particular amizade com as mesmas pessoas de quem havia de sindicar", tais como os membros da Câmara de Olinda e o provedor da fazenda real, João do Rego Barros. Os inconvenientes de semelhante atitude não se fizeram esperar. Em prejuízo do serviço da Coroa e devido à indiscrição de indivíduos que admitira à intimidade, "pessoas pouco honradas de nenhum peso e procedimento", tinham-se divulgado "os maiores segredos da alçada", como a ordem régia de prisão contra os pró-homens que haviam deposto Mendonça Furtado, os quais, retirando-se para o interior, convocavam seus parciais e promoviam reuniões, com risco de "levantamento e desobediência crassos".

Igualmente perniciosas pareciam a Montebelo as relações estreitas do Dr. Ramires com o provedor Rego Barros, a ponto de frequentar-lhe a casa, onde se exibiam comédias, de aceitar pequenos presentes e de se entreter dos assuntos da sindicância. Apesar de se dizer convencido das culpas de Rego Barros, o sindicante adiara por quase um ano a abertura da devassa, dando tempo ao provedor para "se compor e amigar com os queixosos e prevenir na Corte os remédios da sua ruína". A tal fim, enviara procurador, a pretexto de levar uma neta para o convento, ou para casar em Lisboa, onde "não faltaria um bacharel que a quisesse por algum dote que tenha", embora também se divulgasse na terra estar o matrimônio apalavrado com o próprio Dr. Ramires. Malgrado a ordem para que Rego Barros se retirasse da capitania antes de proceder-se à investigação, o desembargador permitira-lhe instalar-se em Igaraçu e depois na sua residência das Salinas nos arredores do Recife, onde permanecera durante o tempo da sindicância. Por fim, dera-lhe sentença favorável sem ao menos verificar a contabilidade dos almoxarifes, autorizando-o a reassumir a função. Semelhante procedimento demonstrava não possuir o Dr. Ramires a idoneidade e a autoridade necessárias à realização das demais diligências que se lhe confiaram, inclusive a correição das câmaras de Pernambuco e capitanias vizinhas e a apuração do governo de João da Cunha Souto Maior.[78]

Para desapontamento de Montebelo, a Coroa limitou-se a repreender o Dr. Ramires, que, entrementes, abrira as baterias contra o governador, de-

---

[78] *Ibid.*, fls. 75v-78.

nunciando-o pelo conserto do paço nassoviano do Recife em que se hospedavam os governadores quando ali vinham, o qual acarretara prejuízo à fazenda régia, de vez que o terreno era de escasso valor e o edifício não tinha préstimo. Acusação que, segundo o marquês, visava contentar a Câmara de Olinda, que sempre se opusera à residência das autoridades na praça e até propusera o abandono do palácio das Torres. É certo, confirmava Montebelo, que o edifício fora devidamente reparado, mas as despesas haviam corrido por conta dos homens de negócio, que tinham contribuído espontaneamente, cientes do embaraço em que se achavam os governadores que, não podendo pagar aluguel do seu bolso nem dispondo de verba para a despesa, viam-se obrigados, por ocasião da passagem das frotas, a se hospedarem pelos conventos "profanando os claustros com a frequência dos negócios seculares e corrompendo o segredo destes pela incapacidade do domicílio".[79]

O conflito de Montebelo com o Dr. Ramires de Carvalho serviu de prólogo ao choque com a Câmara de Olinda em torno das contas municipais. Durante a guerra holandesa, a Câmara encarregara-se da gestão dos impostos extraordinários, criados para financiar o esforço bélico, o que lhe conferira uma espécie de jurisdição supramunicipal, donde se lhe designar muitas vezes por Câmara de Pernambuco, primazia que não lhe disputava sequer Igaraçu, apesar de mais antiga. Tais impostos ou "fintas" tinham sido estabelecidos pela duração da refrega, mas dada a insuficiência dos impostos regulares arrecadados pela provedoria da fazenda real, continuaram a ser cobrados após a vitória sobre os batavos, em face da necessidade de manter na capitania força armada bastante com que repelir novo ataque neerlandês, cuja ameaça só desapareceu de todo com a assinatura, em 1669, do segundo Tratado de Haia. O principal quinhão da receita era aplicado ao sustento da guarnição e a outros gastos de defesa, sendo as sobras administradas pela Câmara como fazia com as rendas municipais ordinárias.

A disposição da Coroa de aumentar seu controle sobre as finanças municipais deu lugar a sérios conflitos, principalmente com a poderosa Câmara de Lisboa. Em Pernambuco, os representantes régios punham um olho comprido nos recursos da Câmara de Olinda, da ordem de 70 mil a 80 mil cru-

---

[79] *Ibid.*, fls. 102v-104 e 144v; BNL, Pna., 239, fl. 202.

zados anuais,[80] cuja gestão empenhavam-se em anexar à fazenda real. Por sua vez, a Câmara agarrava-se a eles com unhas e dentes no objetivo de preservar o clientelismo dos homens da governança, de vez que a cobrança desses impostos era arrematada por particulares, que pagavam ao erário municipal o valor dos contratos, embolsando a diferença. Os pró-homens, que não desdenhavam de tais operações, ressentiam-se da concorrência dos mercadores recifenses, que dispunham não só de maior capacidade financeira mas também do apoio dos governadores, a quem a Coroa reconhecera o direito de receber comissão sobre o montante das avenças. Deste antagonismo de interesses, nasciam as acusações de que a Câmara favorecia os amigos e dissipava escandalosamente a receita.

Nos seus usos e abusos, as despesas da Câmara de Olinda não diferiam da prática municipal no Reino e possessões ultramarinas: gratificações e ajudas de custo, sob diversos pretextos, aos vereadores, aos ouvidores, ao procurador em Lisboa, ao letrado que assessorava os juízes ordinários, ao cirurgião-mor dos soldados, ao médico, ao escrivão da municipalidade, etc. Outras rubricas incluíam subsídio à Santa Casa, aquisição de cera para as celebrações religiosas promovidas pelo município, consertos no palácio do governador em Olinda e até o soldo pago à Ordem franciscana pela proteção sobrenatural que Santo Antônio dispensara à restauração pernambucana. Irregularidades que não consistiam na natureza desses dispêndios, ou "ninharias", como as designará o governador Caetano de Melo e Castro, mas no fato de alguns deles virem sendo feitos sem autorização régia ou ignorando as regras contábeis.[81]

Já Francisco Barreto, reconhecendo que a guerra holandesa havia estorvado a adoção de normas que assegurassem a clareza das contas, mandara observar em Olinda os métodos da Câmara de Salvador, alvitre aprovado pela

---

[80] Segundo estimativa de 1685, *Os manuscritos da Casa de Cadaval*, i, p. 277. Montebelo, contudo, aludia a soma superior a 50 mil cruzados: BNL, Pna., 239, fl. 435. A divergência entre ambas as cifras pode-se talvez explicar pelas incidências fiscais do agravamento da crise do preço do açúcar nos derradeiros anos oitenta.

[81] Caetano de Melo e Castro a D. Pedro II, 30.iv.1696, AHU, PA, Pco., cx. 10. Análise pormenorizada dos usos e abusos das finanças olindenses encontra-se em Co.Uo. 28.i.1692, AHU, PA, Pco., cx. 10.

Coroa, que se contentava em impedir futuros descaminhos, já que a apuração dos passados seria dificultosa, "além de molestar a homens tão beneméritos" como os que haviam restaurado o Nordeste. A Câmara resistira a esta e outras tentativas, argumentando que "nem Vossa Majestade mandou lançar estes tributos nem seus ministros o ordenaram; a lealdade dos moradores sim, e desejos de serem livres do jugo de Holanda [e] governados por Senhor e Rei natural". No governo de João da Cunha Souto Maior, voltara-se a chamar a atenção da Coroa para o assunto, propondo-se o envio de funcionário da Contadoria Geral do Reino que alocasse à Câmara apenas o indispensável às despesas autorizadas, recolhendo os sobejos aos cofres da fazenda régia.[82]

Câmara Coutinho intimara a Câmara de Olinda a prestar contas aos governadores, sem cuja autorização não poderia incorrer em despesa alguma. Ademais, recomendou melhorar o controle sobre o pagamento da tropa, cessando-se o desembolso de soldos a praças já falecidos ou dados de baixa, mediante a aplicação do regimento de fronteiras vigente no Reino. Por sua vez, Montebelo, beneficiário de ordem régia que mandara à Câmara pagar-lhe mesada de modo a compensá-lo dos baixos vencimentos, alertava-a para que pusesse a contabilidade em dia. Mas como o escrivão e o tesoureiro do município resistissem à determinação, confiados na sua condição de proprietários dos cargos, o marquês, ao cabo de um ano sem que lhe houvessem apresentado a escrituração, cominou os vereadores a não empossarem a nova Câmara, medida manifestamente ilegal. Quando as contas lhe foram entregues, Montebelo devolveu-as, após constatar uma "notável confusão". Reapresentadas ainda em estado insatisfatório, ele e o ouvidor tiveram de organizá-las para a aprovação de Lisboa. O escrivão e o tesoureiro foram suspensos das funções.[83]

A Câmara de 1691 pôde finalmente empossar-se mas mostrou-se ainda menos disposta a cooperar, tanto mais que o pleito fora tumultuoso. "Para evitar os subornos que nelas costumam haver", comunicava Montebelo a El

---

[82] *Documentos históricos*, v, pp. 265-7; *Os manuscritos da Casa de Cadaval*, i, pp. 157-8 e 277-8; Câmara de Olinda a D. Afonso VI, 13.v.1666, AHU, PA, Pco., cx. 5.

[83] BNL, Pna., 239, fls. 49-50, 421-5 e 429-38; "Breve compêndio", pp. 273-4. O regimento de fronteiras em BNL, Pna., 105, fls. 545-87. Trata-se de cópia tirada do exemplar existente na provedoria da fazenda de Pernambuco.

Rei, "lhes mandei pôr à porta do Senado uma companhia de infantaria, e com toda esta diligência e a esperteza do ouvidor-geral não faltaram conluios e subornos particulares." Vergonhosas manobras que visavam eleger elementos radicais ou, para usar as palavras do marquês, "sujeitos que merecem mais o nome de parlamentários do que de procuradores do povo", de vez que pertenciam à facção dos que "sempre resistiram aos governadores e minoraram sua autoridade e prenderam a Jerônimo de Mendonça".[84]

Com efeito, três dos novos vereadores eram parentes próximos dos pró-homens envolvidos na deposição do Xumbergas. Os pais de João de Barros Rego (não confundir com João do Rego Barros, o provedor da fazenda real, de quem era primo) e de Lourenço Cavalcanti Uchoa haviam sido membros da Câmara de 1666, sendo que André de Barros Rego fora o juiz ordinário que dera voz de prisão ao governador. O terceiro, Jerônimo César de Melo, era genro de João Fernandes Vieira, um dos promotores do golpe. Barros Rego e Lourenço Cavalcanti não faziam mistério da intenção de defender as competências municipais, desgastadas pela negligência dos antecessores, desafiando para tanto as ordens governamentais. Atitude que Montebelo atribuía não ao zelo pela autonomia municipal, outrora tão viçosa na península Ibérica, mas à recusa obstinada em submeter-se ao "intolerável freio" de autoridade superior. João de Barros Rego, Lourenço Cavalcanti Uchoa e Jerônimo César de Melo participarão, aliás, do levante contra Castro e Caldas.[85]

Havendo Câmara Coutinho ordenado que os editais de arrematação dos contratos de impostos fossem submetidos à aprovação do governador, a Câmara de Olinda resolveu testar Montebelo. Como ela lhe informasse ter mandado afixar os correspondentes cartazes em lugares públicos da cidade e do Recife, estranhou-lhe o marquês a desobediência. Alegando que a exigência fora introduzida em detrimento dos seus privilégios, a Câmara deu o assunto por encerrado, mas Montebelo, avaliando tratar-se da escaramuça preparatória da próxima prestação de contas, resolveu atacar, mandando prender João de Barros Rego e Lourenço Cavalcanti Uchoa e instruindo a Câmara a submeter novos editais para sua aprovação. Enquanto isto, o ouvidor abriria

---

[84] BL, Add. 21.000, fls. 98-98v.

[85] *Ibid.*, fls. 115v-117v.

devassa. Sob a ameaça de ser transferida a arrematação dos impostos à provedoria da fazenda real, a Câmara dispôs-se a obedecer.[86]

Montebelo cogitou enviar Barros Rego e Lourenço Cavalcanti a Lisboa, a fim de serem punidos "para exemplo aos futuros e para quietação dos governadores", cortando de uma vez por todas "aquelas raízes que, sendo-o da mesma árvore, nunca dela se podem esperar diferentes frutos". Acabou soltando-os para atender as gestões do bispo, dos demais vereadores e de outras pessoas influentes. Lourenço Cavalcanti voltou às vereações, mas não Barros Rego. Destarte, a segunda batalha da prestação de contas não teve lugar. Neste ínterim, tendo El Rei mandado examinar a proposta de Câmara Coutinho sobre a revisão do regimento dos governadores a fim de aumentar os poderes do cargo, dera carta branca a Montebelo para fazer o que lhe parecesse mais conveniente ao serviço da Coroa, à espera da decisão final sobre a matéria. O marquês apressou-se em transmitir a missiva régia à Câmara de Olinda, "para que, lendo-a e tendo-a presente, [os vereadores] crescessem na obediência e minorassem o natural orgulho e independência que sempre afetaram ter contra os governadores e suas ordens".[87]

A questão parecia bem encaminhada na Corte. Na realidade, o imobilismo arraigado da burocracia e as ciumeiras corporativas entre órgãos da administração favoreciam a posição da Câmara de Olinda. O Conselho Ultramarino não apreciara ter sido curto-circuitado pela Secretaria de Estado. Em vez da reforma esperada, Montebelo recebeu uma censura régia no tocante à prestação de contas e à posse da Câmara: não lhe competia examiná-las, tão somente transmiti-las ao ouvidor, e muito menos impedir a transmissão do poder municipal. Já na gestão do sucessor de Montebelo, a Coroa reiterará o princípio de que não cabia aos governadores aprovar os editais de arrematação dos contratos, devendo a Câmara informá-lo apenas dos lanços apresentados, com anterioridade à assinatura dos mesmos.[88]

Ademais, El Rei atendia o protesto da Câmara de Olinda contra a prisão de seus membros, instruindo-a a que, em caso de novas violações da jurisdição municipal, advertisse o governador da ilegalidade, e, caso não conseguis-

---

[86] *Ibid., ibid.*; BNL, Pna., 239, fls. 121-3, 242, 342-3 e 346.
[87] BL, Add. 21.000, fls. 101-101v e 115v-117v; BNL, Pna., 239, fl. 346.
[88] AUC, CA, 33, fls. 191v e 247v.

se demovê-lo, trouxesse o assunto ao conhecimento da Coroa. Sequer atendera-se o pedido de Montebelo para que Barros Rego e Lourenço Cavalcanti fossem admoestados por carta régia. O marquês atribuía essa derrota ao Conselho Ultramarino no propósito de tirar-lhe "a glória de poder no meu triênio deixar Pernambuco na justa e total vassalagem de Sua Majestade". O Conselho teria sido instrumentalizado pelo frade procurador da Câmara em Lisboa, que sabotara não apenas as reformas mas também o castigo dos sobreviventes da deposição de Mendonça Furtado, que "foi o mesmo que conservar estes homens na independência com que se desejam isentar do jugo de verdadeiros vassalos".[89]

Tampouco prosperara em Lisboa a ideia de transferir à provedoria da fazenda real a gestão dos impostos cobrados pela Câmara de Olinda. A provedoria passaria a participar do pagamento da tropa consoante o "pé de lista", ou seja, o livro de matrícula de efetivos; e não mais com base na folha preparada pelo tesoureiro municipal. A Câmara também seria impedida de utilizar os sobejos da receita para saldar despesas que deviam correr por conta dos seus rendimentos ordinários, ao mesmo tempo em que se reduziam ou aboliam várias gratificações. Em compensação, concedia-se prazo mais longo para o envio da prestação de contas. Destarte, a disputa parecia transformar-se numa dessas questões de protocolo com peso desproporcional no funcionamento das instituições do Antigo Regime: doravante, ela giraria em torno da precedência do provedor e dos oficiais militares sobre os membros da Câmara na organização da mesa que, presidida pelo governador, efetuava a remuneração da tropa.[90] A Câmara continuou, portanto, a deter o essencial das competências relativas à cobrança dos impostos da guerra holandesa.

A Roque Monteiro Paim, Montebelo queixou-se da atitude da Coroa, e, em especial, de "algumas asperezas que se me escreveram pelo Conselho Ultramarino", ao mesmo tempo em que, pela Secretaria de Estado, Sua Majestade enviava-lhe missivas "mui abonadoras do meu procedimento e acerto". Era lamentável que, "sendo o Rei um, façam os tribunais [i.é, os conselhos]

---

[89] *Informação geral*, p. 262; BL, Add. 21.000, fls. 179-81.

[90] Co.Uo. 3.x.1696, AHU, PA, Pco., cx. 10; Francisco de Castro Morais a D. Pedro II, 8.ii.1706, Câmara de Olinda a D. Pedro II, 9.iii.1706, e Co.Uo. 6.ix.1706, AHU, PA, Pco., cx. 14; AUC, CA, 33, fls. 354-354v.

as resoluções sobre a mesma matéria, várias". O desgosto do marquês parecerá excessivo, mas a perda de face afetou sua autoridade. Não se tratava apenas da guerrilha burocrática que comprometia a eficácia da ação governamental; ou da circunstância criticável de que, no Reino, "se não costuma fazer costas às resoluções dos governadores, como eu experimento". O problema maior consistia em que a indiscrição local divulgava o teor das cartas d'El Rei e "o agro ou doce delas", quando "a boa política" exigia que "nunca por queixas de súditos se deve repreender os superiores senão por meios ocultos". Havendo trilhado o caminho aberto por Câmara Coutinho, a este coubera "a promoção e o aplauso", enquanto os seus "eram passos de paixão e sentimento". Ao cabo deste desabafo epistolar, o marquês constatava só lhe restar concluir o triênio, cingindo-se ao ramerrão administrativo.[91]

Em vista da oposição que sofria na Corte, Montebelo não se arriscava sequer a pôr no papel as medidas que julgava indispensáveis à consolidação da autoridade régia, reservando-se para propô-las de viva voz ao monarca em seu regresso a Lisboa. À sua decepção, não era certamente alheia a preterição do seu nome para suceder Câmara Coutinho na Bahia. De outra carta ao secretário d'El Rei, infere-se que, à sua partida do Reino, ficara combinada a nomeação para o governo-geral, que deveria ocorrer antes de terminado o governo em Pernambuco, a fim de poupá-lo a cruzar novamente o Atlântico. Mas em Salvador, os interesses do "parentesco e cortesania" já se mobilizavam em prol de outro candidato, seguramente o próprio D. João de Lancastre, que será o escolhido.[92]

A esta altura, as relações de Montebelo com Câmara Coutinho já não eram as de antes. O regimento de 1670 consagrara a regra de que, na dependência de confirmação régia, o governador da capitania podia prover os cargos civis e militares por três meses e o governador-geral, por um ano, a ser computado a partir da expiração do trimestre. Como as nomeações de Câmara Coutinho não mencionassem as do marquês, a prática era passível de criar conflitos de jurisdição quando ambas as autoridades designassem diferentes indivíduos. Atendendo a tal consideração, os atos de Câmara Coutinho passaram a aludir às indicações feitas por Montebelo, que, porém, continuou a

---

[91] BL, Add. 21.000, fls. 179-81.
[92] *Ibid.*, fl. 177.

objetar a outros aspectos formais, capazes, na sua opinião, de gerar problemas, como as patentes emanadas de Salvador restringindo a "únicos três meses" a validade das provisões feitas pelo marquês, o que o impediria e a seus sucessores de prorrogá-los em casos de força maior, como as vicissitudes marítimas que interrompiam as comunicações entre Salvador e o Recife.[93]

Quando se resignara a administrar a rotina, Montebelo foi posto à prova pelas alterações de Itamaracá (1692). Ao perceberem que a Coroa o desautorizara, os adversários prepararam o revide. Uma deposição à maneira do Xumbergas ou a eliminação física do governador resultariam demasiado arriscadas, embora, vinte anos depois, ainda circulasse a versão de que Lourenço Cavalcanti Uchoa mandara fazer emboscadas para matar o marquês. Os pró-homens preferiram explorar a oportunidade que oferecia a ordem régia mandando reintegrar Itamaracá no patrimônio da antiga família donatarial, em decorrência de decisão judiciária do Desembargo do Paço em favor do marquês de Cascais.[94] A instabilidade crônica prevalecente entre a restauração de 1654 e as alterações de 1710-1711 era mais pronunciada ali do que em qualquer outra parte. Capitania de donatário como fora Pernambuco, Itamaracá também se achara incorporada à Coroa à raiz da expulsão dos holandeses, com o argumento de que a desídia dos seus proprietários na defesa da terra e os gastos incorridos por El Rei a fim de reconquistá-la eram suficientes para legitimar a drástica medida, embora Itamaracá, originalmente concedida de "juro e herdade", vale dizer, por serviços já prestados à monarquia, não poderia ficar à mercê de ato puro e simples de confisco.

Ao longo de Quinhentos, o povoamento iniciara-se pela ilha, defesa natural contra os ataques da indiada. Na colina assente na extremidade sul, dominando a desembocadura do canal de Santa Cruz, erguera-se a vila da Conceição, cabeça da donataria. Ao terminar a centúria, já se ocupara a franja costeira da "terra firme", ou seja, do continente, cujas várzeas eram mais aptas à lavoura da cana do que os tabuleiros interfluviais. Para Capibaribe,

---

[93] BNL, Pna., 239, fls. 303-4 e 313-6.

[94] Sebastião de Castro e Caldas a D. João V, 10.i.1711, AHU, PA, Bahia [Ba.], cx. 4, transcrita por Mário Melo, *A Guerra dos Mascates como afirmação nacionalista*, Recife, 1941, pp. 102-15. A ordem régia de restituição de Itamaracá ao marquês de Cascais em Pereira da Costa, *Anais pernambucanos*, iv, p. 78.

primeira denominação de Goiana, o governo holandês transferiu a sede da capitania. Após a restauração, Conceição, como Olinda, tornou à sua antiga posição, malgrado só contar com a matriz, a casa da Câmara e cadeia e as residências do capitão-mor, do vigário e de dois ou três pró-homens — algo não muito diferente da vila acanhada que, mais de cento e quarenta anos depois, Henry Koster descreveria no livro de viagens mais perceptivo que se publicou sobre nossa sociedade colonial. O plano urbano era o mesmo, indício de que as coisas não haviam mudado. Como ao tempo da guerra restauradora, a população entre o Rio Grande e o norte de Olinda tivera de ser evacuada para o sul de Pernambuco, toda a região fora repovoada a partir de 1654, como se ela tivesse voltado ao século XVI. Mas nestes finais de Seiscentos, Itamaracá já contava com número de engenhos superior ao do período batavo.[95]

O governo da capitania andara sempre à matroca. A Câmara de Conceição não se reunia por falta de *quorum*; os impostos não se arrematavam; a guarnição não recebia o soldo. Os vereadores poupavam-se aos percalços da viagem, que, em tempo de invernada, lhes podia custar quatro ou cinco dias e até naufrágio e afogamento no canal. Daí que requeressem a volta da Câmara para Goiana, que oferecia as comodidades de uma povoação de quinhentos fogos, dispondo de fácil acesso ao mar por meio do seu porto fluvial frequentado pela cabotagem recifense. Ao contrário da mudança de Olinda para o Recife, o abandono de Conceição por Goiana constituiu reivindicação açucarocrática; e o consentimento d'El Rei (1685) só provocou o protesto dos proprietários da ilha.[96]

Ao desligar a Paraíba e o Rio Grande da sujeição a Olinda (1663), o monarca não definira o *statu* de Itamaracá, o que resultou em conflitos jurisdicionais entre o governador-geral e os governadores de Pernambuco. Bernardo de Miranda Henriques, por exemplo, mandou cercar a Câmara de Con-

---

[95] Câmara de Itamaracá a D. Pedro II, 29.viii.1692, AHU, PA, Pco., cx. 10; Câmara de Itamaracá ao Regente D. Pedro, 3.viii.1680, AHU, PA, Pco., cx. 7; Câmara de Itamaracá e homens principais a D. Pedro II, 20.vii.1684, e Co.Uo 9.xii.1684, AHU, PA, Pco., cx. 8; Henry Koster, *Travels in Brazil*, Londres, 1816, pp. 260-1.

[96] A provisão régia de 15.i.1685 foi resumida por Pereira da Costa, *Anais pernambucanos*, iv, p. 247.

ceição, prender seus membros e trazê-los ao Recife, para obstar ao embargo de certa quantidade de pães de açúcar devidos à fazenda real mas que ele reivindicava na qualidade de credor do proprietário. Era, aliás, habitual que no derradeiro ano de função os governadores se apressassem em liquidar seus negócios, cientes de que, após deixarem o cargo, já não teriam como se fazer reembolsar das quantias que haviam emprestado. Ocorreu, porém, desta vez que, uma vez soltos, os vereadores fugiram para Salvador a queixar-se a um governador-geral que ansiava por interferir na contenda.[97]

A disputa aguçou-se nos governos de Afonso Furtado na Bahia e de Fernão de Souza Coutinho em Pernambuco. Incentivado por sentença da Relação de Salvador, o capitão-mor de Itamaracá, Jerônimo da Veiga Cabral, negou subordinação a Souza Coutinho, ordenando às autoridades locais não cumprirem ordens emanadas de Olinda. O governador mandou trazer Veiga Cabral preso ao Recife, mas Afonso Furtado ordenou sua restituição ao cargo ou a entrega à Câmara de Conceição do governo interinamente exercido, de ordem de Souza Coutinho, pelo comandante da fortaleza local. A Câmara, porém, encolheu-se, recusando-se igualmente a empossar um *tertius* designado pelo governador-geral. A decisão régia foi favorável a Souza Coutinho: Itamaracá continuava sujeita a Pernambuco no relativo à defesa, permanecendo a justiça e a fazenda na dependência da Relação e do provedor-mor do Brasil.[98]

Mas os problemas não haviam terminado. Veterano da guerra holandesa e protegido de João Fernandes Vieira, Agostinho César de Andrade foi nomeado para a capitania-mor de Itamaracá, sem, contudo, exercer a função, de vez que seus inimigos em Lisboa obtiveram da autoridade judiciária sua destituição, prisão e confisco dos bens. A execução da ordem foi confiada ao novo governador de Pernambuco, D. Pedro de Almeida, que estava em luta

---

[97] AUC, CA, 31, fls. 238v-239v, 242v e 243v; Câmara de Itamaracá ao Regente D. Pedro, 8.iv.1670; Bernardo de Miranda Henriques ao Regente D. Pedro, 15.vi.1670, e Câmara de Olinda ao Regente D. Pedro, 27.vi.1670, bem como a devassa tirada pelo ouvidor Manuel Tomás da Fonseca, 19-20.iii1670, AHU, PA, Pco., cx. 6.

[98] AUC, CA, 31, fls. 267v-268, 269v-270, 272v-274, 275v-276, 278-278v, 310v-312, 313v, 318-318v e 323-323v; e CA, 33, fl. 67v; *Documentos históricos*, ix, p. 430, e x, pp. 8 ss., 37, 39, 41, 43, 48, 56-62 e 64-7; Pereira da Costa, *Anais pernambucanos*, iv, pp. 36-7; Vera Lúcia Costa Acióli, *Jurisdição e conflitos*, pp. 99-102.

aberta contra Fernandes Vieira, cujo cargo de superintendente das fortificações, especialmente criado para contentá-lo, reduzira os poderes governamentais e também seus ganhos ilícitos. O governador-geral, Afonso Furtado, voltou a intervir, reconduzindo Veiga Cabral contra a vontade da Câmara de Conceição, que apoiava Agostinho César.[99] Da decorrente desmoralização da autoridade da Coroa, valeram-se os pró-homens de Itamaracá para impor um poder que seus parentes pernambucanos exerciam com menos arrogância.

Desde o começo do seu triênio, Montebelo preocupou-se com a situação da capitania, transformada em valhacouto dos delinquentes de Pernambuco e da Paraíba. Ao assumir o governo-geral, Câmara Coutinho delegara no marquês seus poderes em Itamaracá, sugerindo a El Rei que autorizasse o mesmo no tocante à Paraíba e ao Rio Grande. O capitão-mor Manuel de Mesquita da Silva temeu ver-se envolvido em conflitos entre Salvador e Olinda, explicando a Montebelo: "vivo nesta vila deserta [Conceição], muito contente com os oito mil réis que me dá Sua Majestade cada mês, sustentando mulher e filhos, sem pensão de provimentos [e] menos conhecido deste povo pelo pouco que me hão mister; e com esta vida e quietação, me abraço muito com ela e me não tomara meter, sendo um soldado da fortuna, entre duas tão superiores esferas". Quando o marquês o convocou para instruí-lo "em melhor inteligência de sua obrigação", ele escusou-se com "um achaque [...] que é tão terrível que até o calçar ceroulas me impede". Mas como as hemorroidas do capitão-mor fossem atribuídas a insubordinação, Montebelo mandou-o recolher ao Recife, só o restituindo ao posto depois que Câmara Coutinho, para quem Mesquita da Silva era apenas um "basbaque", recomendou sua libertação acoplada a "uma repreensão fraterna".[100]

Tal se passou antes das desavenças de Montebelo com os vereadores de Olinda e com o desembargador sindicante. Agora, a situação era bem mais preocupante. A Câmara de Goiana vinha protestando contra as correições do

---

[99] Co.Uo. 10.iii.1676 e 28.vii, 6.viii e 2.xii.1677, representação de Agostinho César de Andrade, s.d., AHU, PA, Pco., cx. 7, e sua folha de serviço, Co.Uo. 10.iii.1689, AHU, PA, Pco., cx. 9. Para a disputa entre D. Pedro de Almeida e Fernandes Vieira, Gonsalves de Mello, *João Fernandes Vieira*, ii, pp. 295-302.

[100] BL, Add. 21.000, fls. 135v-136; BNL, Pna., 239, fls. 58-9, 295, 298-306, 310-11 e 313; *Documentos históricos*, x, p. 427.

Dr. Diogo Rangel de Castelo Branco, ouvidor da Paraíba, destinadas a examinar as sentenças dos juízes municipais. Segundo a Câmara, elas violariam os privilégios de capitania real de que gozava Itamaracá desde a restauração, servindo apenas para perturbar a paz e extorquir os colonos, pois o corregedor prolongava as estadias, cobrando mordomias e custas excessivas. Protestos que o magistrado atribuía a seu empenho em apurar os abusos dos juízes ordinários, sendo que um deles, Jorge Cavalcanti de Albuquerque, "é tão apotentado que trás toda esta povoação intimidada e a sua casa não serve mais que de recolher criminosos [...] e ninguém se atreve a falar". Havendo um dos seus escravos cometido um assassinato, dando-se depois ao desplante de passear por Goiana, Montebelo ordenou sua detenção ao Dr. Diogo Rangel, mas Jorge Cavalcanti, saindo à estrada à frente de um séquito de trinta homens de mão, soltou o preso.[101]

Montebelo acolheu o pedido do magistrado solicitando auxílio de tropa e concitou-o a enquadrar os pró-homens, dizendo-se pronto a chegar às últimas consequências e até a se colocar à frente dos soldados para limpar a verdadeira cavalariça de Áugias em que se transformara Itamaracá. A Câmara de Goiana foi intimada a não interferir na ação do corregedor; e o Dr. Diogo Rangel pôde encerrar a devassa, prendendo Jorge Cavalcanti, seu genro e seus capangas, a quem mandou para a cadeia de Olinda. Foi então que interveio o desembargador sindicante, o Dr. Ramires de Carvalho, que os fez regressar em liberdade à Goiana e restituiu Jorge Cavalcanti à sua vara de juiz ordinário. Nesta interferência do arqui-inimigo, enxergará Montebelo a origem das alterações de Goiana.[102]

Como mencionado, o pretexto consistiu na devolução de Itamaracá ao donatário, o marquês de Cascais, que a este fim passara procuração a Montebelo, que a subestabelecera num dos pró-homens da capitania, Jerônimo Cavalcanti de Albuquerque Lacerda. Diogo Rangel regressava à Paraíba quando recebeu a ordem para proceder à reintegração de posse, que tinha para ele o efeito indesejável de acarretar a perda dos emolumentos do cargo. A Montebelo, ele se escusou com o argumento de que não convinha à autoridade da justiça régia que ele fosse visto na companhia do juiz ordinário, Jorge Caval-

---

[101] BL, Add. 21.000, fls. 143v-144.

[102] BNL, Pna., 239, fls. 289-90, 292 e 369-73; BL, Add. 21.000, fls. 143v-144.

canti, por ocasião da solenidade que devia ter lugar na vila da Conceição. Aprestando-se a Câmara de Goiana a seguir para a ilha, foi confrontada por "copioso número" de indivíduos armados exigindo fosse sobrestada a execução da ordem régia. Ademais de aclamar, com o título de procuradores, quatro dos homens principais da terra, os sublevados elegeram juiz do povo, função inexistente tanto em Itamaracá quanto em Pernambuco mas cuja criação era reivindicada em ambas as capitanias. Um destes procuradores, Cosme Bezerra Monteiro, "o maior agressor" ou cabeça de motim, será um dos chefes da sedição da nobreza em 1710.[103]

Reivindicavam os amotinados a permanência da capitania no patrimônio da Coroa, protestando não reconhecerem o marquês de Cascais por senhor de Itamaracá, de vez que ela se havia restaurado da usurpação holandesa sem que os donatários concorressem para tanto. Alegavam-se também as desvantagens, fiscais e outras, que adviriam aos naturais da terra, que já não seriam premiados por El Rei com foros de fidalgo e hábitos das ordens militares, nem acederiam aos cargos locais, que seriam reservados à clientela reinol do donatário. Por fim, objetavam-se os prejuízos que a reincorporação causaria à honra e reputação dos colonos, que se achariam obrigados a falar de pé e descobertos ao lugar-tenente donatarial, ponto melindroso devido à origem subalterna dos capitães-mores. Tendo em vista que em Portugal o monarca vinha resgatando domínios e jurisdições aos senhorios nobres ou eclesiásticos, a restituição de Itamaracá ao marquês de Cascais representaria um retrocesso discriminatório.[104]

Montebelo reagiu com um comedimento que destoava das suas promessas de intervenção enérgica, propondo que se a ordem pública fosse restabelecida com brevidade, ele se absteria de dar conta do sucedido a El Rei e ao governador-geral. Noutra providência contemporizadora, o marquês adiou a cerimônia de reincorporação. Em Goiana, sua reação foi interpretada como sinal de fraqueza, e o tempo fechou-se de novo, pondo-se guarda à Câmara,

---

[103] BNL, Pna., 239, fls. 374-7 e 386-7; Manuel de Mesquita da Silva a Montebelo, 27.viii.1692, e Câmara de Itamaracá a D. Pedro II, 29.viii.1692, AHU, PA, Pco., cx. 10.

[104] "Requerimento do juiz do povo e mais pessoas dele", 1.viii.1692, e "Manifesto que fez o padre frei João de São José, religioso da Reforma do Carmo de Goiana", AHU, PA, Pco., cx. 10; BNL, Pna., 239, fls. 382-3.

onde os vereadores permaneceram "detidos" no curso dessa primeira quinzena de agosto de 1692. O Dr. Diogo Rangel decidiu-se por fim a entrar em Goiana, de vez que, estando a caminho da Paraíba, não podia decorosamente evitar a povoação, nem, uma vez ali, ignorar o tumulto. A Montebelo, ele confirmou a situação descrita pela Câmara: a detenção dos vereadores e do procurador do donatário "com sentinelas à vista" e a reunião de

> mais de mil pessoas com armas, dispostas a pelejar formados [...] fazendo alaridos de que não querem conhecer outro senhor mais que a El Rei Nosso Senhor e estarem sujeitos a ele e aos senhores governadores de Pernambuco, que costumam governar os principais de Portugal, por cujo amparo estão hoje quietos [e] pacíficos e se lhes administra justiça com igualdade, havendo antes [i.é, ao tempo do donatário] experimentado muitas confusões na justiça e intermináveis delitos.[105]

Era intenção de Diogo Rangel arrancar algo mais a Montebelo: o perdão aos sediciosos e o cancelamento da devolução da capitania à espera de nova decisão régia. A esta altura, o governador já suspeitava o corregedor de cumplicidade tácita com os amotinados, ao exagerar o escopo do movimento a fim de intimidá-lo. Ordenou-lhe, portanto, efetuar por meios suasórios a reintegração de posse, permanecendo em Goiana até instrução em contrário. Diogo Rangel, porém, forçou-lhe a mão, negociando a anistia na dependência de confirmação régia e insistindo para que Montebelo suspendesse a transferência, pois "o desatino do povo não pedia mais demora, que Vossa Senhoria bem sabe o que é a fúria de um povo levantado". Caso essa sugestão não fosse aceita, que se lhe desse licença para recolher-se à Paraíba. O governador ainda tentou protelar, autorizando o atendimento das reivindicações que tivessem base legal mas mesmo assim após ser consultado.[106]

A El Rei, Montebelo confessará não haver tencionado empregar força armada, o que é bem revelador da modéstia dos poderes que detinha um capitão-general. Ele não dispunha nem das milícias de Itamaracá, já empolgadas pela sedição, nem da guarnição sediada em Conceição, cujos efetivos

---

[105] BNL, Pna., 239, fls. 377-9 e 382-3.

[106] *Ibid.*, fls. 383-6; Diogo Rangel a Montebelo, 24.viii.1692, AHU, PA, Pco., cx. 10; BL, Add. 21.000, fls. 148-50.

escassos achavam-se, como mencionado, sob comando incompetente. Montebelo poderia ter recorrido à tropa pernambucana, como inicialmente ameaçara fazer, mas a decisão era demasiado arriscada, de vez que as alterações de Goiana, segundo os avisos que lhe chegavam, inclusive da parte do corregedor, eram instigadas pelos homens da governança de Olinda ("parentes muito chegados" dos principais de Itamaracá), "cuidando que eu, usando do meio das armas, desocupasse Pernambuco da gente de guerra para que neste tempo pudessem usar nesta capitania do mesmo que se praticara naquela".[107]

Diogo Rangel comunicou por fim que a sublevação fora debelada, já se tendo retirado de Goiana a gente das freguesias rurais, confiada no compromisso relativo ao perdão e ao adiamento da restituição. Feito o quê, o magistrado regressou à Paraíba, pois não era "Santo Antônio que estivesse em dois lugares". Montebelo agastou-se. Não confiando os levantados na confirmação régia do indulto, Diogo Rangel adotara o recurso jurídico de emitir carta de seguro, ato suspensivo de procedimento judicial, o qual, salvo algumas exceções, como crime de morte, era passado pelos ouvidores. E o que parecia mais grave: ao contrário do que pretendera o corregedor, a situação não estava sob controle. Para indignação de Montebelo, a Câmara de Goiana comunicara-lhe que a cobrança do subsídio do açúcar e do fumo fora arrematada por Nicolau Bequimão a preços inferiores aos que haviam prevalecido nos últimos anos, fato tanto mais suspeito quanto os vereadores se encontrariam "sequestrados" pelos sublevados. O contrato fora a isca de que se haviam servido os cabeças do motim na sua aliança com o Dr. Ramires de Carvalho, que aconselhara a redução do tributo. Montebelo ordenou a revogação da medida mas a Câmara recusou-se a aceitá-la, sustentando que, tendo os colonos criado o imposto ao tempo da guerra holandesa, dele poderiam livremente dispor.[108]

As alterações de Goiana foram fabricadas por Jorge Cavalcanti, pela Câmara e pelos carmelitas da povoação, que eram, como a Madre de Deus no Recife, os mentores da pequena comunidade mascatal que constituía ali a filial do comércio recifense. Em Itamaracá, como demonstrarão os aconteci-

---

[107] BNL, Pna., 239, fls. 382-3; BL, Add. 21.000, fls. 148-50.

[108] BNL, Pna., 239, fls. 386-90; Diogo Rangel a D. Pedro II, 29.viii.1692, AHU, PA, Pco., cx. 10; Câmara de Itamaracá a Montebelo, 26.viii.1692, e Montebelo à Câmara de Itamaracá, 28.viii.1692, AHU, PA, Pco., cx. 10; BL, Add. 21.000, fls. 148-50.

mentos de 1710-1711, o antagonismo entre nobres e mascates nada ficava a dever, pela intensidade dos rancores, ao que dividia Pernambuco. A mascataria local opunha-se à reintegração da capitania no patrimônio do marquês de Cascais, de vez que, por precária que fosse, a justiça d'El Rei lhes oferecia melhores garantias que um donatário ausente. Como assinalou o juiz do povo, "com a mudança de governo se variaria também da justiça, ficando os homens principais livres dela nas opressões que fizessem aos pobres e com independência para não satisfazerem suas dívidas". Por sua vez, a açucarocracia local absteve-se de participar de um movimento que lhe era hostil, exceção de Jorge Cavalcanti, em atitude puramente individual que se devia aos "entranháveis" e "inveterados ódios" que votava "a alguns seus vizinhos e ainda parentes, além do motivo principal que foi não pagar o que deve, que é muito mais do que possui, porque, com as revoluções do levante, se impediam as diligências". Malgrado sua arrogância senhorial, ele procurou não se envolver diretamente: após combinar a desordem com frei João de São José durante batizado na casa de certo negociante reinol, retirou-se para seu engenho.[109]

Nos últimos meses de 1692, ocorreu outro sobressalto, motivado desta vez pelo sal. Sendo o abastecimento do produto monopólio da Coroa, arrendado a contratadores que se comprometiam a entregar as cotas de cada capitania a preços fixos, proibira El Rei, dois anos antes, o consumo do similar que abundava no Ceará, no Rio Grande e na própria ilha de Itamaracá. Tratava-se de medida altamente impopular, de vez que o arrendatário vendia o alqueire a preço superior ao que cobrava em Pernambuco. Face ao protesto da Câmara de Goiana, o governador-geral transferira o problema a Montebelo, a quem, como referido, delegara seus poderes em Itamaracá. Em novembro, a Câmara, com Jorge Cavalcanti à frente, na sua condição de juiz mais velho, dirigiu-lhe carta falsamente alarmista prenunciando o reinício das alterações. Sob pena de quebrar o monopólio, que não garantia o fornecimento de quantidade suficiente do gênero, o povo exigia solução satisfatória.[110]

---

[109] BNL, Pna., 239, fls. 386-7; "Requerimento do juiz do povo", 1.viii.1692, juiz do povo a Jorge Cavalcanti de Albuquerque, 4.viii.1692. e Diogo Rangel a Montebelo, 23.viii.1692, AHU, PA, Pco., cx. 10; Manuel de Carvalho Fialho a D. Pedro II, 20.vii.1694, PA, Pco., cx. 11.

[110] BNL, Pna., 239, fls. 23-5, 311, 313 e 399-400; BL, Add. 21.000, fls. 67 e 100-100v; *Documentos históricos*, x, p. 405.

Montebelo obteve do contratador que regularizasse o abastecimento, mas em dezembro a Câmara de Goiana fez-lhe nova provocação, omitindo-se de proceder ao pagamento da guarnição da ilha. O capitão-mor dizia-se perplexo diante de tão insólito comportamento, não conseguindo entrever "o desenho destes sujeitos", que, contudo, parecia óbvio: promover uma quartelada. Não se conhece o desenlace do episódio, mas pelo Natal as coisas ainda não haviam voltado aos eixos, tanto assim que, havendo Matias Vidal de Negreiros, coronel das ordenanças, solicitado licença para viajar à Bahia, Montebelo indeferiu-lhe o pedido, explicando que o estado da terra pedia sua presença. A inquietação reinante já parecia, aliás, estender-se ao vizinho distrito de Igaraçu, em Pernambuco. Tendo Montebelo ordenado a prisão do alcaide da vila por insubordinação, o juiz ordinário da Câmara tirou-o violentamente das mãos do oficial que executara o mandado, o qual foi recolhido à enxovia.[111]

As alterações de Goiana puseram a pá de cal na política encetada por Câmara Coutinho. Montebelo fazia votos, ao cabo do seu governo, no sentido de que o sucessor trouxesse os poderes indispensáveis a reduzir uma "gente indômita e presumida [de] que restauraram a sua terra só com o seu sangue e fazenda", e habituada a "prender e capitular alguns governadores, matar a outros com peçonha e, finalmente, ameaçar a todos".[112] Era evidente, porém, que El Rei descartara definitivamente a adoção de providências drásticas em Pernambuco. Se há muito ele rejeitava as propostas avançadas pelos governadores da capitania para que se concedesse aos ouvidores a competência de condenar à morte os criminosos oriundos das camadas populares, não era previsível que viesse a concordar com determinação mais radical, como seja a de autorizar o governador a aplicar idêntica punição a pró-homens revéis.

Tal irresolução tornou-se outra vez visível no tratamento dispensado em Lisboa às alterações de Goiana. Ademais de solicitar o perdão real, a Câmara da capitania pediu a revogação da transferência jurisdicional de uma terra que os pais e avós dos colonos haviam reconquistado por amor e fidelidade ao monarca e não à família donatarial, que se diziam disposta a indenizar. A reivindicação foi acolhida simpaticamente pelo Conselho Ultramarino e pe-

---

[111] BNL, Pna., 239, fls. 225-6, 228-9, 233-4, 401-2 e 406.
[112] BL, Add. 21.000, fl. 150.

los letrados da Coroa, sempre atentos à necessidade de podar ou eliminar os vestígios do antigo poder senhorial, recordando-se os precedentes de reaquisição de domínios mediante ressarcimento dos senhores e sugerindo-se que o soberano guardasse para si ao menos Goiana e seu distrito, a parte mais florescente de Itamaracá. Quanto ao indulto, não havia por que negá-lo a quem não cometera delito algum contra o serviço real, devendo-se fazer no máximo uma demonstração de severidade para que entendessem aqueles vassalos que Sua Majestade devia ser requerida com humildade e reverência.

Era impossível, porém, escamotear o fato de que a ordem de reintegração ficara inadimplente; que se ignorara a decisão do Desembargo do Paço em favor do marquês de Cascais; e que se descartara o precedente de certa vila do Alto Alentejo que ainda recentemente D. Pedro II mandara restituir ao senhorio contra o desejo dos habitantes amotinados. Calou provavelmente também o argumento *ad terrorem* esgrimido pelo donatário, ao antecipar as repercussões que o mau exemplo teria no Brasil, quando se visse que um punhado de indivíduos lograra pela força obstar a execução de ordem régia de tal alcance. El Rei decidiu, portanto, pela devolução de Itamaracá contra a promessa aos colonos de que os defenderia, caso não fossem tratados como mereciam seus passados serviços à Coroa.[113]

Coube ao sucessor de Montebelo, Caetano de Melo e Castro, a tarefa de liquidar o passivo das alterações de Goiana. De acordo com as instruções recebidas em Lisboa, em vez de proclamar o perdão solicitado pela Câmara da capitania, o governador absteve-se de punir os cabeças, declarando-lhes, contudo, que, caso reincidissem, seriam implacavelmente castigados. Ao mesmo tempo em que dava posse da terra ao procurador do donatário, Melo e Castro assegurou aos pró-homens que a munificência régia continuaria a dispensar-lhes as honras e mercês de que se fizessem credores; e que, na hipótese de o marquês de Cascais desrespeitar seus privilégios, El Rei reassumiria o senhorio direto. Em meados de 1693, o governador de Pernambuco dera inteiro cumprimento às ordens, sem encontrar maiores problemas. Malgrado a aparente tranquilidade, Melo e Castro não escondia certa preocupação, estimando ser do próprio interesse do marquês de Cascais limitar sua jurisdição,

---

[113] Câmara de Itamaracá a D. Pedro II, 29.viii.1692, representação do marquês de Cascais, s.d., e Co.Uo. 29.i.1693, AHU, PA, Pco., cx. 10.

ampliando os poderes dos corregedores, pois de outro modo Itamaracá não se conservaria por muito tempo na sua posse: "couto de insolentes e banidos", outros levantes surgiriam à sombra das regalias donatariais, "porque", exclamava Melo e Castro, "a gente é terrível".[114]

O alvitre ficou esquecido e a previsão não se realizou. A capitania permanecerá com os marqueses de Cascais até meados do século XVIII, quando, extinta a família, ela reverterá ao patrimônio da Coroa, sendo incorporada a Pernambuco. Não surpreende assim que Jorge Cavalcanti continuasse de fato a ser o verdadeiro donatário. Ao assumir o governo de Itamaracá, o novo capitão-mor, Manuel de Carvalho Fialho, queixava-se do "muito trabalho" que lhe custava "domar alguns de seus moradores, que feitos parciais de Jorge Cavalcanti de Albuquerque [...] não acabarão de despir os maus hábitos nem se hão-de emendar enquanto se lhe não corrigir o seu cabeça, que é de sorte tão inquieto e de ânimo tão malévolo que enquanto Vossa Majestade o não tirar desta capitania, não é possível ter sossego esta terra". Suas habilidades seriam tais que, a despeito de "motor de todas [as] revoluções, sabe tão destramente haver-se que nunca experimentou castigo algum e sempre teve meios de não se lhe formar culpa". Intrometendo-se nas competências do anterior capitão-mor, designava os oficiais de milícia, a quem instruía de impedirem a entrada do corregedor; e nas do provedor da fazenda, estorvando a arrecadação dos impostos. Como juiz ordinário, intimidava os credores, os oficiais de justiça e os tabeliães. Graças ao embargo obtido da Relação da Bahia, tolheu durante três anos a renovação da Câmara de Goiana. Mandonismo tal embutia sua parte de sadismo; e Jorge Cavalcanti era objeto de estórias como a do ermitão a quem puxara pelas barbas, cortando-as à tesoura, sem respeito à caixinha de Nossa Senhora do Pilar que ele levava ao pescoço para guardar as esmolas.[115]

Por então, as influências locais, inclusive seus parceiros nas alterações de Goiana, puseram as divergências de lado, orquestrando em Lisboa uma verdadeira campanha contra Jorge Cavalcanti. O prior dos carmelitas o acusava de querer desmoralizar seu convento; o pároco, de impedir a implementação

---

[114] Caetano de Melo e Castro a D. Pedro II, 25.viii.1693, AHU, PA, Pco., cx. 10.

[115] Manuel de Carvalho Fialho a D. Pedro II, 20.vii.1694, e Pedro Barbosa de Albuquerque a D. Pedro II, 25.iv.1695, AHU, PA, Pco., cx. 11.

de ordens régias, de desviar recursos municipais e de induzir os contratadores de impostos a arrematarem a preços vis. Até mesmo seus parentes diziam duvidar de que ele ainda reconhecesse El Rei por senhor. Um deles aduzia, meio zombeteiro, que "nem Vossa Majestade vive seguro [...] porque já houve muitas ocasiões em que disse que Vossa Majestade era tirano e que ainda eram vivos os holandeses". Melo e Castro ordenou finalmente a prisão de Jorge Cavalcanti, à raiz do espancamento de um notário, à plena luz do dia, no adro do convento do Carmo de Goiana, por seis escravos sob o comando de filho seu, "os quais pegaram nele às mãos por detrás e lhe deram muitos coices e bofetadas, deitando-o no chão lhe tomaram a espada e adaga e lhe romperam o vestido e lhe ficaram as faces bem inchadas das bofetadas", tudo isto na ocasião em que, poucos metros adiante, o capitão-mor passava revista à tropa. Jorge Cavalcanti falecerá no cárcere antes de viajar a Pernambuco o magistrado da Relação especialmente designado para apurar o caso, por não se poder esperar do corregedor que agisse com isenção, visto o poder do réu.[116]

A desenvoltura com que se mandava espancar e assassinar, prática tacitamente aceita em todas as camadas sociais, é característica da violência que reinou em Pernambuco na segunda metade do século XVII, sem paralelo com outras fases tumultuosas da sua história. Classificar de violenta uma sociedade escravocrata pode parecer tautológico, de vez que a compulsão inerente ao regime de trabalho permeia irresistivelmente toda a trama social: vida pública e vida privada, relações entre raças, sexos e idades. Mas o gosto e até a volúpia do uso da força afiguram-se ainda mais vivos neste do que em outros períodos — rescaldo do quarto de século de conflito e ocupação estrangeira e da desorganização econômica e social, para não mencionar outras guerras, a dos Palmares e a do Açu. Nos anos 1670, o governador Aires de Souza e Castro detectara uma verdadeira pedagogia da força bruta: "Nesta terra, se

---

[116] Frei Miguel da Assunção a D. Pedro II, 20.vii.1694, pároco de Goiana a D. Pedro II, 20.vii.1694, Jerônimo Cavalcanti de Albuquerque Lacerda a D. Pedro II, 23.vii.1694, e Francisco de Barros Falcão de Lacerda a D. Pedro II, 15.vii.1694; Caetano de Melo e Castro a D. Pedro II, 30.iv.1695, Co.Uo. 9.viii.1695, 19.viii.1696 e 28.vii.1698, Diogo Rangel de Castelo Branco a D. Pedro II, 20.iv.1695, Pedro Barbosa de Albuquerque a D. Pedro II, 25.iv.1695, Inácio de Morais Sarmento a D. Pedro II, 7.v.1695, ouvidor do crime da Bahia a D. Pedro II, 1.vii.1696, e depoimento de testemunhas em Salvador, 18.vi.1696, AHU, PA, Pco., cx. 11.

mata gente com uma facilidade que creio que os pais ensinam os filhos a isso como as maiores obrigações".[117]

Das porteiras do engenho para dentro, o emprego da violência da parte dos poderosos estava implicitamente legitimado, a menos que atingisse extremos tais como no caso célebre de Fernão Barbalho Bezerra, que, com a coadjuvação dos filhos, massacrou a mulher, as filhas e um sobrinho, devido a imaginária questão de honra, sendo executado na Bahia.[118] Das porteiras do engenho para fora, só esporadicamente o uso da força caía sob a alçada da justiça d'El Rei, muitas vezes impotente, até entrado o século XVIII, para reprimir com um mínimo de eficácia as demasias de indivíduos que os magistrados costumavam designar por régulos e em quem enxergavam o grande obstáculo à imposição do poder da metrópole. Daí que, ao soar a hora das alterações pernambucanas de 1710-1711, os agentes da Coroa se apressem em atribuí-las à impunidade em que haviam ficado os autores da deposição de Mendonça Furtado, dos tumultos de Goiana e de outros excessos cometidos pelos homens principais.

Embora fosse frequente puxar-se a espada durante discussões acaloradas (que os governadores procuravam coibir por meio de providências rotineiras), a documentação oferece um único exemplo de duelo, o qual, porém, não deve ser confundido com a ocorrência de desafios armados, frequentemente envolvendo de cada lado grupos de três ou mais pessoas. No tocante às desavenças entre indivíduos de diferente posição social, a ética senhorial, fossilizada na península Ibérica, ou residual na França (como na surra mandada aplicar em Voltaire por marido ciumento), permitia ao superior desforrar-se de ofensa feita por gente subalterna por intermédio de outra pessoa da mesma condição. Atitude, aliás, consagrada no *Quixote*, que, no capítulo xviii da primeira parte, escusou-se de desagravar Sancho Pança das afrontas sofridas às mãos de gente vil como ele, com a justificação de que as leis da cavalaria proibiam-no de revidar em quem não fosse parte dela, exceto em defesa da própria vida.

Também no Reino era corriqueira a prática de mandar espancar ou matar, de vez que a vendeta e outras formas de justiça clânica ou privada sobre-

---

[117] Aires de Souza e Castro ao Regente D. Pedro, 15.vi.1678, AHU, PA, Pco., cx. 8.

[118] Loreto Couto, *Desagravos do Brasil*, pp. 475-8.

viveriam por mais tempo na Europa meridional e católica, ao contrário das sociedades do norte da Europa, onde o duelo compaginava-se com a emergente ética individualista. Ainda no derradeiro quartel do século XVIII, Arthur William Costigan observava serem os portugueses refratários ao duelo, cuja moda, aliás, só vingará entre eles no século seguinte, assim mesmo restrita aos estratos superiores ou europeizados da população. Narrava o viajante inglês que, tendo certo oficial de Sua Majestade britânica se desentendido com um militar lusitano acerca da venda de um cavalo, em vão tentara persuadi-lo a resolver a querela por aquele meio. O português não via motivo para comportar-se segundo os costumes de fora, achando preferível e, em todo caso, menos arriscado resolver o assunto da maneira comumente praticada em seu país, a qual consistia em empreitar a eliminação do desafeto. Para referir apenas o episódio mais célebre, não foi outro o método utilizado pelos Távoras para se despicarem das incursões amorosas d'El Rei D. José I na família. No Portugal setecentista, a alta nobreza podia recorrer eventualmente ao duelo, mas o espancamento por criados ou homens de mão (os *bravi* da Itália barroca) continuava a ser mais popular e empregado até por diplomatas estrangeiros, como na escandalosa briga entre o embaixador e o cônsul ingleses no reinado de D. João V.[119]

Para fins de revide ou coação física, nossa sociedade escravocrata instrumentalizou o elemento servil, sob a forma dos cabras de bagaceira, verdadeiras tropas de choque que intervinham nos frequentes conflitos em torno de terras e de engenhos, como na disputa acerca do engenho do Meio, que, durante o governo de Montebelo, quase degenerou em batalha campal. A um sobrinho de André Vidal de Negreiros, Antônio Curado Vidal, acusava-se de ter sido mandante de onze mortes, inclusive a da madrasta, a de dois parentes dela e a de seu próprio genro. Afortunados haviam sido o cunhado, que escapara com vida de uns tiros que lhe mandara disparar, e certo letrado que sofrera cutiladas devido à redação de papéis desairosos para seu ilustre tio. Antônio Curado ordenou ademais a mutilação de um escravo tocador de charamela. Todos esses delitos, que ficaram impunes nem impediram seu mandan-

---

[119] Arthur W. Costigan, *Sketches of society and manners in Portugal*, 2 vols., Londres, 1788, ii, cartas xl e xli; conde da Povolide, *Portugal, Lisboa e a Corte*, pp. 422 e 424; V. G. Kiernan, *The duel in European history. Honour and the reign of aristocracy*, Oxford, 1988, pp. 61, 67, 73 e 110.

te de falecer no cargo de alcaide-mor de Olinda, haviam sido invariavelmente cometidos por escravos. A única atrocidade consumada pessoalmente por Antônio Curado consistiu em capar um mulato.[120] Não se conclua, porém, tratar-se de personalidade aberrante. Outras figuras do mesmo estofo desfilam impávidas pela documentação, como em vida desfilaram pela capitania.

Ao invés da sociedade burguesa, que individualiza a desavença, as sociedades do Antigo Regime, ao metamorfoseá-la em questão de honra, tornavam-na apta a envolver a parentela inteira. Atitude válida inclusive entre aqueles grupos de que não se presumia encarnassem o pundonor, mas seu oposto, a diligência e a manha, como eram os homens de negócio. Quatro mercadores importantes do tempo de Montebelo encontram-se implicados numa pendência à espada. Uma questão de propriedade, por exemplo, raramente continuava sendo uma questão de propriedade. A mutação pode ser observada mercê do acaso arquivístico que, entre tantos acontecimentos do gênero, preservou a devassa sobre o assassinato de Roque Gomes Pais (1687).[121]

Ele cavalgava pela estrada do seu engenho em Itamaracá, quando lhe dispararam uma espingarda. A tocaia fora bem planejada, pois na hipótese de errar-se o alvo, segunda cilada havia sido disposta mais adiante. Logo espalhou-se o rumor de que o mandante fora Leão Falcão de Melo, a cujo sogro pertencera a propriedade. Como "poderoso caballero es Don Dinero", o engenho, gravado de dívidas, fora arrematado por quem dera mais, vale dizer, Roque Gomes Pais, reinol e provavelmente mercador, razões adicionais para ofender os brios da família do antigo senhor. Desejando adquiri-lo por motivos sentimentais, Leão Falcão e sua mulher, Isabel de Moura, moveram-lhe processo, enquanto D. Isabel acomodava-se na casa-grande. Mas como Roque tivesse relações no Recife, obteve concurso de força armada a fim de expulsá-

---

[120] BNL, Pna., 239, fls. 113-4; Co.Uo. 26.xi e 12.xi.1676, AHU, PA, Pco., cx. 7; Co.Uo. 31.v.1688 e 21.i.1689, AHU, PA, Pco., cx. 9; "Memória das mortes que Antônio Curado Vidal mandou fazer", anexa à primeira das consultas citadas. Sua folha de serviços em Co.Uo. 10.iii.1689, AHU, PA, Pco., cx. 9.

[121] BNL, Pna., 239, fls. 13-13v, 87-9, 135-6 e 393-5; Co.Uo. 8.xi.1691, AHU, PA, Pco., cx. 10 e o anexo traslado da devassa feita pelo Dr. Melchior Ramires de Carvalho; "Breve compêndio", pp. 276-7.

-la. O despejo foi indecoroso, entoando-se cantigas debochadas e retirando-se D. Isabel sob apupos e descomposturas. Roque também compôs um soneto satírico em que, com a arrogância de novo-rico, chamava Leão de "fidalgo de borra", ou fidalgo de merda em português do século XVII.

O desacato levou a melhor sobre as hesitações de Leão Falcão de Melo, a quem a furibunda consorte pressionava: "enjoada, dizia que não havia de aparecer entre gente, assim afrontada", jurando ao marido que se Roque Gomes Pais não fosse eliminado, "não havia [de] meter mais o pé com ela na cama", eufemismo a que o magistrado preferiu a fórmula mais digna de que "se não havia de deitar com ele". Consoante a lógica do crime de honra, que exige a divulgação da autoria de modo a lavar a reputação do ofendido, Leão gabou-se publicamente do fato. Preso, o juiz municipal, devidamente subornado, acabou liberando-o, o que lhe deu a ocasião de praticar mais um desmando, ao reter em cárcere privado certo indivíduo que se recusava a casar com mulata de sua propriedade e particular estima. Intimado a soltá-lo, Leão e seus homens reagiram à mão armada. Câmara Coutinho assumira recentemente o governo de Pernambuco e o incidente vinha a calhar a quem se propunha a dar lição definitiva nos régulos da terra. Leão Falcão de Melo terminou a existência numa enxovia, vítima da febre amarela. Graças à posição de Roque Gomes Pais, seu assassinato e a escamoteação judiciária haviam chegado ao conhecimento da metrópole. Confiada nova devassa ao Dr. Ramires de Carvalho, ela indiciou os principais responsáveis. A D. Isabel, que voltara a casar-se, não foi difícil refugiar-se no interior, mas seu cunhado, Pedro Marinho Falcão, e um sobrinho, que tinham participado da empreitada, pagaram a fatura.

Questões de dívidas também se metamorfoseavam em questões de honra; e o credor que cometesse a imprudência de cobrá-las podia não regressar da perigosa jornada, mesmo quando munido de carta de seguro da autoridade judiciária. A um desses ousados, que fora a Penedo, derrubaram-lhe do cavalo a tiros e o acabaram a punhaladas. Daí que os mercadores preferissem ficar no Recife, recorrendo aos meios legais, apesar da sua ineficiência e lentidão, embora também ali ou em Olinda não se estivesse a salvo de vingança pessoal, mesmo quando se era o próprio bispo. O primeiro deles, D. Estêvão Brioso de Figueiredo, abandonou a diocese e regressou ao Reino depois de um tiro de espingarda disparado contra a janela do paço episcopal, onde costumava espairecer. Anteriormente, haviam atirado com bacamarte para o interior da residência do vigário-geral. Certo advogado do Recife, residente na "outra banda", como era conhecido o bairro de Santo Antônio, foi assassinado quando dormia tranquilamente numa rede que armara à noite, debaixo de umas parreiras, para aliviar-se do calor. Um dos primeiros atos oficiais dos governadores consistia em proibir o porte de arma na cidade e na praça, tal a frequência das rixas. Como houvesse a intenção de testar a disposição da autoridade recém-chegada, tais incidentes costumavam ocorrer poucos dias transcorridos da portaria ritual, donde o conselho do secretário do governo no sentido de que o novo governador não titubeasse em castigar severamente o primeiro que desafiasse a interdição, pois de tal reação dependeriam o temor e o respeito que lhe mostrariam no decurso da sua gestão.[122]

Da bagaceira dos engenhos, fulcro da violência senhorial (donde a expressão "cabra de bagaceira" para designar o indivíduo que servia de pau para toda obra), o uso e o abuso da força espalharam-se por todas as camadas, resultando no reforço circular da coação bruta. Na segunda metade de Seiscentos, a Coroa mostrou-se impotente para dominá-la, de onde quer que partisse, de modo que a casa-grande terminou tendo medo, malgrado guardar seu terreiro à ponta de punhal ou sob o cano da arma de fogo. Houve primeiro o medo dos Palmares, estes "holandeses de outra cor" a que aludia Brito Freyre, esmagados em 1695. Mas o fim da Troia negra não eliminou, antes terá incentivado, a ameaça cotidiana procedente da proliferação dos "mucambos", pequenos quilombos encravados nas matas da região açucareira, os quais sobreviveram até o século XIX, como no caso de Catucá, nas cercanias do Recife. Tais mucambos se haviam disseminado durante o governo de Francisco Barreto, graças à desordem e à desolação legadas pela guerra. Situados nas proximidades de povoações e engenhos, não se baseavam na autossuficiência de um modelo africano, mas, como seus congêneres baianos, parasitavam o setor dominante da economia local, assaltando viajantes, extorquindo moradores, roubando gados e víveres. Se Palmares, como se pretende, teve

---

[122] AUC, CA, 31, fls. 43, 146, 181-181v, 186v, 337, 371-3v, 403v, 445-445v e 492-492v; Co.Uo. 8.viii.1672, AHU, PA, Pco., cx. 6; BNL, Pna., 526, fl. 264v; Loreto Couto, *Desagravos do Brasil*, pp. 189-90.

efetivamente a veleidade de romper com a ordem colonial e de regressar a um impossível passado cultural, os mucambos viviam dela.[123]

Salvo no flanco oriental dos Palmares, imprensado entre eles e o mar, de Sirinhaém a Alagoas, o pavor gerado pelos mucambos é manifesto nos *faits divers* de escravos quinta-colunas, que retornavam a seus donos a fim de aliciarem ou coagirem os demais à fuga, promovendo toda a sorte de distúrbios. Na noite das senzalas, o que não poderiam aprontar? Os escravos restituídos ou capturados tornaram-se o objeto especial da paranoia da casa-grande, que desistiu muitas vezes de os reivindicar, como no caso dos palmarinos que mofaram na enxovia. Paranoia alimentada pelas surpreendentes conivências de que os mucambos dispunham na mata açucareira mediante o lucrativo comércio de armas, munições e ferramentas. Muitos colonos exploraram o trabalho de fugitivos que escondiam, malgrado ordens governamentais sobre a revista de engenhos suspeitos de atraírem escravos de terceiros. Destarte, a aniquilação dos Palmares não tranquilizou a capitania, tanto mais que a resistência dos sobreviventes prosseguiu por alguns anos, levando à criação de um sistema de arraiais de paulistas e índios mansos, encarregados de esmagar as tentativas de reconstituição do quilombo e de atalhar correrias pela região meridional de Pernambuco.[124]

Dos mucambos localizados na mata canavieira e até nos arredores do Recife, saíam bandos de assaltantes que atacavam e roubavam as casas dos moradores e os viajantes. Fenômeno conhecido na história do banditismo rural, muitos deles beneficiavam-se de importantes proteções. Em meados dos anos 1680, a agressividade destes grupos tornou-se incontrolável, convergindo com a das maltas de criminosos, brancos ou mestiços livres, que infestavam Pernambuco e Itamaracá. Não houve governador da época que não clamasse contra a alarmante criminalidade a que assistiam inermes. O procurador da Coroa pintava um quadro estarrecedor. Os sicários não respeita-

---

[123] Stuart B. Schwartz, "The mocambo: slave resistance in colonial Bahia", Richard Price (org.), *Maroon societies*, 2ª ed., Baltimore, 1979, pp. 211-2.

[124] AUC, CA, 31, fls. 17v, 49, 68v, 87v, 122v, 168v, 184v, 193v-194v, 233-4, 365, 375-375v, 378v, 379v-394, 506, 557 e 575; e CA, 33, fls. 262v-263, 323, 344 e 357v-359; BNL, Pna., 239, fls. 2-3 e 39; e A. J. V. Borges da Fonseca, *Nobiliarquia pernambucana*, 2 vols., Rio de Janeiro, 1935, ii, p. 408.

vam condição social alguma, sequer a dos eclesiásticos. Todos, já igualados pela morte, viam-se agora inadmissivelmente equiparados na maneira como morriam. Comparada à ocupação holandesa, a situação era "a paz que parece guerra e aquela foi guerra que parece paz". A um desses assassinos profissionais, ouvira-se a confissão de ser o seu o melhor negócio do mundo, pois comprava uma libra de pólvora por dois vinténs para praticar um crime que lhe rendia quatro mil-réis.[125]

Na repressão às quadrilhas, os governadores abstiveram-se de utilizar a tropa de linha, reservada à defesa das praças-fortes da marinha e orgulhosa de um *statu* que a impedia de dedicar-se a tarefas policiais. Embora esporadicamente eles permitissem o emprego de milícias rurais, tinham de levar em conta a impopularidade da sua convocação para missões externas às suas freguesias. Ao menos desde 1612, optara-se pelos capitães do campo, à frente de contingentes heteróclitos, subordinados ao capitão-mor de campo de toda a capitania. Peritos na "guerra do mato", eles tinham o conhecimento do terreno. Durante a guerra holandesa, haviam sido empregados na captura dos *bosch-neggers*, ou mucambeiros, e na *hot pursuit* aos campanhistas luso-brasileiros. De uma delas, de finais do século XVII, entrevê-se a composição: 27 indivíduos aparentados com o capitão e isentos da obrigação de servir na milícia e da jurisdição dos capitães-mores. Paralelamente, surgiram agrupamentos *ad hoc*, recrutados por particulares a quem os governadores concediam poderes para desbaratar os ranchos de meliantes e africanos insubmissos. Criou-se assim o modelo institucional para os "tundacumbes" que o governador Félix Machado (1711-1715) mobilizará não para reprimir mucambos mas para varejar as casas-grandes dos pró-homens implicados nas alterações pernambucanas.[126]

---

[125] AUC, CA, 31, fls. 43-43v, 122v, 225v-226, 254v, 279v-280, 300, 309-309v, 376v-377 e 495; BNL, Pna., 239, fls. 86-7; Co.Uo. 8.viii.1672, AHU, PA, Pco., cx. 6; Câmara de Olinda ao Regente D. Pedro, 2.x.1676, AHU, PA, Pco., cx. 8; procurador da Coroa em Pernambuco a D. Pedro II, s.d., AHU, PA, Pco., cx. 9; "Relação de como governou Francisco de Brito Freyre", BNL, FG, cx. 236, nº 51.

[126] AUC, CA, 31, fls. 10, 279v-280, 375-375v e 495; BNL, Pna., 239, fls. 54, 86-7, 95, 138, 156-7 e 179; J. A. Gonsalves de Mello, *Tempo dos flamengos. Influência da ocupação holandesa na vida e na cultura do norte do Brasil*, Rio de Janeiro, 1947, p. 215.

O engenho como valhacouto de criminosos sempre existiu. A prestação desses serviços era a contrapartida da sua proteção pela grande propriedade. Negar patrocínio a um morador equivalia a uma violação grave do código tácito que regia suas relações com o senhor, cuja autoridade e capacidade de recrutar aderentes ficariam comprometidas. No propósito de acabar com a prática nefasta dos homízios, Montebelo ameaçou os pró-homens com a perda dos seus postos na milícia e com prisão e degredo para Angola, mandando vasculhar seus engenhos. Mas a medida surtia efeito apenas pontual. Um indivíduo da posição social de José de Sá e Albuquerque, morgado de Santo André, fidalgo da Casa Real, cavaleiro da Ordem de Cristo, capitão-mor da Muribeca, provedor da Misericórdia, várias vezes vereador e juiz ordinário da Câmara de Olinda, não hesitou em intimidar e subornar testemunhas para proteger o parente que capitaneava uma quadrilha de malfeitores. A ousadia deu com ele na cadeia, onde, contudo, receberia a cortesia da visita da autoridade judicial despachada por El Rei para reprimir os criminosos de Pernambuco.[127]

A inação dos juízes municipais era escandalosa. Recrutados entre os senhores de engenho, seu interesse consistia em manter a isenção de fato das propriedades, embora no exercício daquelas funções fossem teoricamente os representantes da Coroa. Em vão, os governadores concitavam-nos a apurar e punir os crimes de morte, mas a inércia devia-se menos à condição de indivíduos destituídos de conhecimento jurídico (fenômeno comum à administração municipal no Reino e no Ultramar) do que à de parentes e parceiros dos criminosos. Em 1671, ano para o qual existem dados estatísticos, a justiça puniu apenas um punhado de delinquentes em nada menos de 202 devassas concluídas. No triênio anterior ao governo de Montebelo, ocorreram mais de quinhentos assassinatos, quase todos de emboscada a mando de terceiros; mas "o poder e o cabedal" haviam dado sumiço aos correspondentes inquéritos. Um desses assassinos, o Casaca, faleceu pacatamente na cadeia do Recife por falta de provas relativas a cerca de catorze homicídios. Montebelo punha a culpa por esta situação no dispositivo do regimento dos ouvidores-gerais da capitania que autorizava a concessão de alvarás de fiança, os quais,

---

[127] BNL, Pna., 239, fls. 17-8; BL, Add. 21.000, fls. 82-82v; e Cabral de Mello, *O nome e o sangue*, p. 188.

expedidos com pasmosa facilidade, deixavam os criminosos à solta afrontando os parentes da vítima. Os capitães-mores permitiam-se mesmo interceder por eles junto aos governadores, embora no tempo de Câmara Coutinho quem o fizesse se arriscava a levar tremenda bronca.[128]

---

[128] Co.Uo. 8.viii.1672, AHU, PA, Pco., cx. 6; BNL, Pna., 239, fls. 84v-85 e 113-113v; AUC, CA, 31, fls. 186v, 387v-388, 456v-457 e 489v-490.

3.

Clericus clerico lupissimus

A concatedral da Madre de Deus ergue-se na extremidade meridional do istmo do Recife. Entre sua edificação em finais do século XVII e a nacionalização dos bens do clero no período regencial, o templo pertenceu à Congregação do Oratório, fundada por São Felipe Néri na Itália e transplantada para a França, Espanha e Portugal. Nenhuma comunidade religiosa esteve tão identificada à fortuna da capital pernambucana, nem mesmo os carmelitas turões, que lhe deram Nossa Senhora do Carmo como padroeira. Os néris, também designados em Pernambuco por lóios (termo reservado na metrópole aos religiosos da ordem de São João Evangelista), por recoletos, ou reformados, e ainda por manigrepos, por analogia com uns ermitões do Pegu, seriam a força decisiva na conquista da autonomia municipal, tornando-se tão influentes que um governador de meados do século XVIII os acusará de quererem "governar esta capitania tanto no militar como no público e eclesiástico", intrometendo-se "em matérias que lhes não tocam".[129]

Contando, às vésperas da Independência, com cerca de 52 sacerdotes e com rendas superiores às das demais ordens, a Madre de Deus tornou-se a mais considerável da terra. Àquela época, autor anônimo mas insuspeito de simpatias nativistas, aludirá aos "anfíbios congregados do Oratório, que não são frades nem clérigos, mas são tudo no seu convento", por serem dotados, segundo a voz do povo, de "cinco grandes virtudes: primeiro, de servirem de empenho para tudo; segundo, assistirem aos moribundos; terceiro, darem esplêndidos banquetes; quarto, pagarem as suas dívidas; quinto, emprestarem dinheiro aos seus amigos" — características que os distinguiam de carmelitas, beneditinos e franciscanos, cujos conventos eram reputados "coutos ou ba-

---

[129] Henrique Luís Pereira Freire a D. João V, 5.iii.1743, AHU, PA, Pco., cx. 36.

luartes em que se acastelavam a ignorância, o atrevimento e a libertinagem de costumes".[130] A transformação do Oratório em instituição eminentemente recifense constituiu, porém, uma inversão do seu impulso original.

Seus primeiros tempos entre nós prestam-se a um estudo de caso das relações entre religião e nativismo. A sorte da congregação pernambucana, inicialmente menos promissora que a de outras ordens havia muito estabelecidas na capitania, achou-se retalhada por um conflito interno que correspondeu, no plano eclesiástico, a um ensaio das alterações de 1710-1711 por néris interpostos. Sem seu exame, não é factível compreendê-las. O triunfo dos religiosos da Madre de Deus, apoiados pela mascataria e em detrimento dos irmãos de Santo Amaro, sustentados pelos homens da governança de Olinda, abriu caminho à criação da vila do Recife. A tal propósito, não foi alheia a vocação dos néris pelo poder, a qual lhes vinha, por assim dizer, do berço.

Seu fundador em Portugal, o açoriano Bartolomeu do Quental, formou a seu redor, como capelão, confessor e pregador da capela real, um núcleo laico da nobreza cuja educação religiosa submeteu a uma disciplina diária de exercícios espirituais, baseada na oração mental, e quase tão rigorosa quanto a que impôs aos próprios clérigos que serviam no paço. Esboço do que será o Oratório português, Quental criou em 1659 uma congregação colocada sob a invocação de Nossa Senhora das Saudades e sob o patrocínio da Rainha Regente, que os néris não se cansarão de recordar aos filhos e netos de D. Luísa de Gusmão que se sentaram no trono. Quando a crise entre D. Afonso VI e o infante D. Pedro saldou-se pela deposição do monarca, Quental achava-se do lado certo da barricada, fundando, no ano seguinte (1668), a Congregação dos Clérigos do Oratório de Nossa Senhora da Assunção. D. Pedro II, cujo reinado será decisivo para a consolidação da entidade, demonstrar-lhe-á o interesse e o carinho particulares de quem certamente era reconhecido a Quental pelos serviços prestados na Corte quando da ascensão à Regência.[131]

---

[130] *Informação geral*, p. 301; "Revoluções do Brasil: ideia geral de Pernambuco em 1817", RIAP, xxix (1884), pp. 53-4. Para os vários aspectos da existência do Oratório pernambucano, ver Maria do Céu Medeiros, *Os oratorianos de Pernambuco: uma congregação a serviço do Estado português*, dissertação de mestrado, Universidade Federal de Pernambuco, Recife, 1981.

[131] Para a fundação do Oratório português, Eugênio dos Santos, *O Oratório no norte de*

O interesse de Quental pelo Brasil pré-datou a Congregação. Poderia mesmo tê-la abortado, pois, sabedor da situação lastimável a que o Catolicismo se vira reduzido pela ocupação holandesa, o padre cogitara missionar na antiga capitania duartina. Dissuadiram-no a inspiração divina e os conselhos dos amigos, que lhe representaram que "sua América era Lisboa". Em lugar de Quental, seguiu outro padre da capela real, João Duarte do Sacramento, o fundador do Oratório pernambucano. Precoce vocação, estimulada por um tio frade que o treinara nas técnicas espirituais de frei Luís de Granada, fizera--o, menino ainda, coroinha do altar-mor. D. João IV e a mulher notaram seu zelo e fervor, lendo neles os sinais de algum dote sobrenatural. Se os infantes enfermavam, convocavam-no para que, segurando a real criança nos braços, a alimentasse com as aparas das hóstias. As práticas de Quental avivaram a devoção do padre Sacramento; e quis ser capucho. Voz interior sussurrou-lhe diferente caminho. Falecido D. João IV (1656), como se tivesse metido numa nau para a Índia, foi retirado à força de ordem da Rainha Regente, que mandou vigiá-lo toda vez que, na ribeira de Lisboa, aprestava-se embarcação para Goa. Por fim, Quental logrou convencê-la a deixá-lo passar ao Brasil na companhia do padre João Rodrigues Vitória, seu companheiro de ordenação.[132]

A conversão do gentio foi o objetivo original do Oratório de Pernambuco. É o que indica a fundação da ermida de Santo Amaro pelos padres Sacramento e Vitória. Narra cronista da Madre de Deus que, decorridos os primeiros anos entre os índios do São Francisco, pareceu-lhes necessário dispor de hospício nas viagens periódicas ao Recife para suprirem-se de vinho, hóstias e outros artigos indispensáveis. As autoridades eclesiásticas deram-lhes para escolher entre as igrejas abandonadas de Olinda, mas eles preferiram uma capela nos mangues adjacentes de Água Fria, "tão pequena que do chão se chegava às telhas com as mãos". Conhecendo a valia dos religiosos na Corte

---

Portugal, Porto, 1982, pp. 15-36; Jean Girodon, "Introduction", *Lettres du père Bartolomeu do Quental à la Congrégation de l'Oratoire de Braga*, Paris, 1973, pp. xxxiii-li; Joel Serrão (org.), *Dicionário da história de Portugal*, 4 vols., Lisboa, 1963-1971, iii, pp. 202-5.

[132] "Notícia que dão os padres da Congregação de Pernambuco acerca da sua congregação desde a sua ereção", RIAP, lvii (1984), pp. 84-6; "Vida do venerável padre Bartolomeu do Quental", reproduzida por Eugênio dos Santos, *O Oratório no norte de Portugal*, pp. 342-5. A segunda parte da "Vida" conserva-se manuscrita em ANTT, Arquivo das Congregações, Ms. nº 251.

ou impressionado pelo seu ardor apostólico, o governador Brito Freyre mandou construir do seu bolso e pegado à igrejinha, que reformou, um "corredorzinho com uns cubículos muito estreitos e pequeninos" para servir aos padres no regresso do sertão. Brito Freyre, aliás, empregou o padre Sacramento na negociação de um *modus vivendi* com os quilombolas dos Palmares, pelo qual se lhes dariam terras onde vivessem livres contra o compromisso de não mais aceitarem escravos fugidos, proposta repelida pelos africanos que, após despedirem o religioso "com desprezo e palavras escandalosas", mandaram executar os companheiros que se haviam mostrado favoráveis à barganha.[133]

Desconhecem-se os estatutos redigidos por Sacramento para a casa de Santo Amaro, mas uma notícia da sua vida descreve-os como extremamente rigorosos, tanto no exterior como no cotidiano da comunidade, consagrando um "modo de vida eremítico", para usar as palavras de memorial de 1700. Os religiosos observariam um silêncio de Trapa; andariam descalços; jejuariam o ano inteiro e passariam a pão e água três vezes por semana; orariam as horas canônicas no coro e as matinas à meia-noite e nas sextas-feiras durante as horas da Crucificação; e se alojariam em celas providas apenas de esteira, cobertor e banco, além de tábua pregada na parede a modo de escrivaninha. Sustentando-se exclusivamente do pecúlio com que haviam ingressado na instituição, eram proibidos de efetuarem operações comerciais, de pedirem ou aceitarem óbolos, e de terem criados, encarregando-se por si mesmos do serviço doméstico, segundo rodízio de que não se isentava sequer o prior ou prepósito. Fundada a congregação, a Rainha Regente tomou-a sob sua proteção.[134]

Inicialmente, a existência do Oratório pernambucano resumiu-se a ascetismo e a trabalho missionário. Durante nove anos, a casa de Santo Amaro regeu-se pelos estatutos do padre Sacramento, provisoriamente aprovados pelo cabido de Salvador, pois, dada a carência de recursos, só em 1671 enviou-se a Roma o padre Vitória a fim de obter a confirmação da Santa Sé. Na sua passagem por Lisboa, Quental lhe confiou o encargo de obter também a

---

[133] "Notícia que dão os padres", pp. 47 e 88; AUC, CA, 31, fls. 86v, 91 e 93v-94v.

[134] "Notícia que dão os padres", p. 89; "Manifesto em que se relata tudo o que sucedeu na Congregação de Pernambuco desde sua fundação até o presente" (1700), AHU, PA, Pco., cx. 12. O autor anônimo do "Manifesto", que o redigiu de ordem do bispo de Olinda, D. Francisco de Lima, era sacerdote com experiência de cinco anos na Congregação do Recife, fl. 1.

aprovação do Vaticano às constituições que redigira para a recoleta de Lisboa. A missão foi difícil, em face da intransigência de Quental. Num primeiro momento, Vitória fracassou: se o papa aprovou a instituição, deu-lhe, porém, as constituições chamadas de Vallicella, do nome da casa-mãe dos néris italianos. Mas as regras portuguesas divergiam em pontos capitais dos estatutos da Congregação italiana, elaborados após a morte de São Felipe Néri; e Quental não abria mão das que julgava imprescindíveis ao bom funcionamento da filial lusitana. À Cúria, contudo, não agradavam novidades em matéria de disciplina e organização, receio histórico da Igreja perante os riscos de heresia doutrinal e de autonomia eclesiástica. No caso do recolhimento de Santo Amaro, pensava a Santa Sé que a disciplina do padre Sacramento pecava por excessiva austeridade.

Ao passo que em Pernambuco acatou-se a decisão pontifícia, Quental, provisoriamente anuindo, continuou a bater-se pela adaptação, invocando as exceções abertas em favor de outras casas, como a de Madri. Para ele, a flexibilidade disciplinar do regime de Vallicella desfecharia um golpe mortal no seu instituto, embora a Cúria o reprochasse de querer "chuva no nabal e sol na eira", isto é, levar a melhor em tudo. A Quental tanto se lhe davam as normas de São Felipe Néri quanto quaisquer outras, contanto que sua congregação dispusesse, consoante seus termos, da confirmação papal. Graças às gestões do embaixador de Portugal e de personalidades romanas, instadas pelo Regente D. Pedro e por D. Catarina de Bragança, realizou-se finalmente o desiderato quentaliano. Um breve de 1672 aprovou as constituições lisboetas para as Casas do Reino e de Pernambuco.[135]

Os estatutos de Lisboa iam muito além dos de Vallicella, incorporando normas que destoavam da inspiração eclética de São Felipe Néri. Este, por exemplo, previra a prática diária da oração mental, mas a deixara à discrição individual. Quental fixou-lhe tempo e hora, bem como a obrigação de ser feita em comum, estabelecendo deveres adicionais como o exame de consciência, o jejum todas as festas e sábados, os exercícios espirituais de nove dias por ano, a proibição de pregar fora da Congregação, a exigência de só se sair à rua na companhia de outro oratoriano e sempre a pé, nunca a cavalo, liteira ou

---

[135] "Notícia que dão os padres", pp. 52-3 e 89-90; Eugênio dos Santos, *O Oratório no norte de Portugal*, pp. 36-57; Girodon, *Lettres du père Bartolomeu do Quental*, pp. xlv-xlix.

coche, a de evitar festividades profanas ou alimentar-se ou pernoitar fora do recolhimento. Concessão importante à sociedade portuguesa de Seiscentos, Quental adotou também o requisito de "limpeza de sangue", que excluía os descendentes de cristãos-novos, mouros e índios. As espórtulas revertiam ao patrimônio do Oratório, o que não acontecia no regime de Vallicella, que permitia sua apropriação pelos religiosos. O sistema italiano tampouco previra a cura de almas, as "missões pedestres" na Europa ou as "missões de gentilidade" na América.[136]

Adotados os estatutos de Lisboa, surgiram as primeiras discórdias na casa pernambucana. Malgrado o padre Sacramento, a pequena comunidade de Santo Amaro rejeitou-os em favor dos de Vallicella, diligenciando em Roma a anulação, no que lhe tocava, do breve de 1672. Sacramento optou por dobrar diplomaticamente as resistências; e, pouco tempo depois, o recolhimento já se regia por uma miscelânea de regras tiradas de ambas as constituições, texto que, além de ilegal, era observado *pro viribus*, isto é, de acordo com a vontade de cada um. Durou pouco a transação, pois em breve passou-se a ler no refeitório a regra de Quental.[137] Mas foi a iniciativa de instalar-se outro recolhimento, desta vez no Recife, que conferiu dimensão secular à divergência. O exemplo partiu dos carmelitas de Olinda, que pleiteavam a aprovação régia para um hospício na praça, contando inclusive com o apoio, já de caso pensado, de Sacramento. Em ambos os casos, a tática não variou.

Inicialmente, edificou-se casa anexa a uma pequena igreja para uso exclusivo dos religiosos, destituída, portanto, de porta para a rua. Posteriormente, apresentou-se o fato consumado, arrancando-se à renitência da Coroa, oposta ao estabelecimento de novos conventos na colônia, a licença para o acesso dos fiéis. A fim de vencer os obstáculos opostos pela Câmara de Olinda, escarmentada pelo precedente dos carmelitas, os congregados contaram

---

[136] As constituições do Oratório de Lisboa em J. S. da Silva Dias, *A Congregação do Oratório de Lisboa*, Coimbra, 1966, pp. 7-38. Para a comparação com a disciplina de Vallicella, ver "Diferenças mais notáveis entre os dois estatutos", Ebion de Lima, *A Congregação do Oratório no Brasil*, Petrópolis, 1980, pp. 187-9. Para as origens do Oratório em Roma, L. J. Rogier e outros, *Nouvelle histoire de l'Église*, iii, *Réforme et Contre-Réforme*, Paris, 1968, pp. 277-8; e Marc Venard e outros, *Histoire du Christianisme*, viii, *Le temps des confessions* (1530-1620), Paris, 1992, pp. 537-8.

[137] "Notícia que dão os padres", p. 53; "Manifesto", fl. 2.

com a ajuda do bispo e do governador. Começava o longo dissídio entre o Oratório e os pró-homens de Olinda, que enxergaram na manobra o prelúdio da instalação definitiva no Recife. Quando por fim a Câmara cedeu, Sacramento pleiteou do Regente autorizar a porta aberta; e, terminada a construção, solicitou-se a mudança da casa de Santo Amaro para a praça, a pretexto de dar redobrado impulso à evangelização dos tapuias, a que os néris eram os únicos a se atreverem, devido à ferocidade daquele gentio e às paragens escabrosas onde habitavam. Na Corte, as dificuldades foram aplainadas pela influência da congregação de Lisboa, das freiras de Xabregas e do conde de Vila Flor. Em 1681, a Coroa confirmou o recolhimento no Recife, dedicado à Madre de Deus.[138]

A mudança nada tinha a ver com as necessidades do labor missionário, como alegado, atendendo, pelo contrário, à grande preocupação dos néris portugueses, que era a pastoral em áreas de alta densidade demográfica. O manifesto de 1700 confessará o motivo real ao aludir ao "pouco fruto que se fazia nas almas no lugar de Santo Amaro, entre matos, distante da praça quase uma légua". Destarte, abandonavam-se os fiéis de Água Fria e de Beberibe, gente marginal, pela freguesia numerosa e rica do Recife, criando-se neles o ressentimento ainda palpável ao tempo das alterações de 1710-1711. *Pro causa sua*, tanto o cronista setecentista da Madre de Deus quanto o autor de uma vida do padre Sacramento alteraram a sequência cronológica, apresentando a renúncia a Santo Amaro como decorrente da adoção dos estatutos de Lisboa, que só ocorreu uns vinte anos depois.[139] Não há dúvida de que a iniciativa correspondeu ao propósito deliberado de assegurar o crescimento do Oratório de Pernambuco mediante sua inserção numa praça de comércio.

No Reino, os congregados já privilegiavam as cidades em detrimento da primitiva vocação eremítica de alguns dos fundadores. Assim, os néris tomavam partido em favor do Recife, como indicam a hostilidade da Câmara de Olinda e a proteção que lhes foi dispensada por um mascate da projeção e da fortuna de Antônio Fernandes de Matos. Seguindo o exemplo do sogro, mé-

---

[138] "Notícia que dão os padres", pp. 56 e 98; Co.Uo. 28.v.1681, AHU, códice 48, fls. 335-335v; Co.Uo. 10.vi.1678 e 23.xi.1679, AHU, PA, Pco., cx.15; AUC, CA, 33, fls. 101v-102; J. A. Gonsalves de Mello, *Um mascate e o Recife*, 2ª ed., Recife, 1981, pp. 25 ss.

[139] "Manifesto", fl. 3; "Notícia que dão os padres", pp. 55 e 98.

dico reinol que outrora ajudara financeiramente os padres na construção da casa de Santo Amaro, onde viria a sepultar-se, Fernandes de Matos doou o terreno para a edificação da Madre de Deus, rematando uma bem-sucedida operação imobiliária que lhe assegurou a propriedade de uma área que, apesar da oposição da Câmara, aterrara e urbanizara na extremidade meridional do istmo. Por devoção de católico e por astúcia de negociante, Fernandes de Matos tornou-se o grande benfeitor do Oratório. A doação feita aos néris, dado significativo, só se consumou em 1687, delonga imputada à atitude de "alguns prelados do dito convento", alusão às reservas dos dissidentes de Santo Amaro à ampliação do hospício recifense.[140]

A primitiva Madre de Deus, toda de taipa, podia alojar doze religiosos, cifra indicativa da energia dos oratorianos no cultivo da sua nova vinha. A igreja, com sua capela-mor e dois altares laterais, era "forrada de esteira", na descrição do cronista, "porém toda pintadinha e devota". Antes ainda da autorização régia, o inconveniente da falta de porta pública fora contornado pelos padres, tão jesuíticos quanto seus concorrentes inacianos, de cuja ascendência pedagógica se apropriariam no século XVIII: de modo a propiciar aos leigos os regalos espirituais desfrutados pelos filhos de São Felipe Néri, permitiu-se-lhes entrar no templo pela portaria do recolhimento.[141]

A localização da Madre de Deus não poderia ser mais feliz em termos da conquista espiritual do Recife. Os néris alojaram-se no coração da póvoa primitiva e antiga urbe holandesa, a freguesia de São Frei Pedro Gonçalves, desservida apenas pela matriz do Corpo Santo. Vantagem considerável *vis-à-vis* das demais ordens instaladas na praça, que, como em Olinda, haviam seguido a tradição de se implantarem na periferia urbana, de modo a utilizar terrenos baratos onde levantar instalações suficientemente amplas para abrigar igreja, recolhimento, casa de noviços, horta, etc., e a atender os requisitos de profilaxia religiosa, como neste episódio narrado por Jaboatão a respeito dos franciscanos olindenses. Havendo-se acomodado em casa vizinha à Miseri-

---

[140] AUC, CA, 31, fls. 420-421v; "Notícia que dão os padres", pp. 49-51; Pereira da Costa, *Anais pernambucanos*, iii, p. 32; e Gonsalves de Mello, *Um mascate e o Recife*, pp. 34-5 e 46-9, que transcreve a "Escritura de doação e obrigação que faz o capitão Antônio Fernandes de Matos aos reverendos padres da Congregação do Oratório deste Recife", 10.viii.1687, pp. 116-8.

[141] "Notícia que dão os padres", p. 56.

córdia, no centro de Olinda, fora tal o concurso de gente que, ao custódio, passou a preocupar "o demasiado comércio e comunicação menos necessária que se ia introduzindo entre seculares e religiosos, traça que originalmente costuma intrometer o demônio para divertir as operações do espírito e embaraçar o sossego das almas". Veio-lhes em apoio certa viúva rica e beata, que lhe doou terreno e capela onde levantaram seu convento, apartado do casario urbano e excelentemente situado em colina sobre o mar.[142] Assim haviam feito as ordens do Recife, como a de São Francisco, o colégio da Companhia de Jesus, a Penha e os carmelitas, todas situadas do outro lado da maré, na "banda de Santo Antônio".

Ainda pouco tempo antes da sua morte (1686), Sacramento insistiu junto a Quental pelo envio de congregado que supervisionasse a aplicação das regras lisboetas. O fundador, porém, enfrentava problemas no Reino e receava que a preferência manifestada em Santo Amaro pela disciplina de Vallicella levasse a melhor sobre os desígnios do prepósito da casa pernambucana.[143] Sacramento faleceu no desgosto de deixar inconcluso negócio que tanto tivera a peito. Em dezembro de 1685, a febre amarela atacou pela primeira vez a capitania e, mais intensamente, o Recife. Com sonsice clerical, o hagiógrafo de Sacramento alude à fuga dos religiosos das demais ordens, que faltaram à obrigação de ministrar às necessidades religiosas de enfermos e moribundos. Destarte, a responsabilidade de socorrer a praça recaiu toda sobre os oratorianos, que, noite e dia, iam de porta em porta administrar os santos óleos, ajudados apenas pelos moleques de rua, que portavam as varas do pálio e as lanternas, como se fossem pessoas de condição. Aos néris, coube também o trabalho de enterrar os mortos, muitos deles largados pelo medo na portaria da Madre de Deus.

A tais deveres, entregou-se o padre Sacramento sem dar atenção às advertências respeitosas que lhe faziam autoridades e pessoas gradas, que lhe pediam se retirasse para Santo Amaro. O pouco tempo que se permitia de repouso passava-o a orar e chorar diante do Santíssimo Sacramento. Pregando no domingo de advento, previu a própria morte e a de quase todos os

---

[142] Antônio de Santa Maria Jaboatão, *Novo orbe seráfico brasílico*, 3 vols., Rio de Janeiro, 1858-1862, ii, pp. 132-8.

[143] "Manifesto", fl. 3.

presentes. A epidemia recrudesceu e o Recife achou-se também ameaçado pela fome, no isolamento do cordão sanitário que lhe impuseram Olinda e as freguesias rurais, ao sustarem o suprimento de víveres da terra. Nesse primeiro surto do mal, pereceram "quase todos os padres desta Congregação", afirma o cronista da ordem, "e foram os mais doutos e antigos dela". Padre Sacramento sucumbiu nos primeiros dias de janeiro de 1686, aureolado por signos sobrenaturais, inclusive a coincidência de ancorar no porto, no momento em que se rezava o ofício de corpo presente por sua alma, o navio que trazia a bula para sua consagração como segundo bispo de Olinda. Seu jazigo na Madre de Deus logo tornou-se objeto do culto recifense.[144]

O decano ascendeu à prepositura. Se Sacramento fora uma mistura judiciosa de religiosidade e senso prático, o padre Luís Ribeiro carecia de gosto administrativo. Em Portugal, apenas concluídos os estudos de teologia e filosofia nas célebres aulas de São Domingos de Lisboa, iluminadas, um século antes, pela santidade e pelo saber de frei Bartolomeu dos Mártires, fizera-se ermitão nas soledades agrestes da serra da Arrábida, de onde o resgatara o proselitismo de Quental para enviá-lo ao Brasil. Dez anos instruíra os índios do São Francisco nos mistérios da fé, ocupando-se depois da missão de Ipojuca, próxima do Recife. Um texto setecentista no-lo descreve tão casto que "nunca falou com mulher que não fosse ou no confessionário ou por respeito à sua salvação, e então era com tal modéstia e recato que nunca se soube pusesse os olhos em rosto de diverso sexo"; tão frugal que vivia num "perpétuo jejum", sustentando-se de mingau de farinha e de abóboras; tão desprezador de superfluidades que dormia num jirau de varas toscas e nodosas, possuindo apenas "instrumentos de penitência e uns poucos cabaços, cuias e surrões". Poupava-se às romarias e festas de igreja, detestava escrever ou receber cartas, sendo também (qualidade bem pouco luso-brasileira) "acérrimo inimigo do vício da murmuração".[145] Dessa existência ascética, Luís Ribeiro foi tirado pela decisão dos colegas de roupeta, quando, na realidade, o estado da Congregação pedia chefe dotado de propensões diferentes.

---

[144] "Notícia que dão os padres", pp. 55 e 99-102. Padre Sacramento já administrara o bispado de Olinda como procurador do primeiro bispo, D. Estêvão Brioso de Figueiredo, ocasião em que se indispusera com o cabido: *ibid.*, pp. 92-3.

[145] *Ibid.*, pp. 77-8.

Os partidários dos estatutos de Lisboa, que eram agora maioria, resolveram despachar os padres André Luís e Servan Louzel para os solicitarem a Quental. A procuração que levaram invocava os claros abertos pela febre amarela, a expulsão de alguns sacerdotes, cuja causa não explica, e o desejo de Sacramento e dos signatários, persuadidos pela experiência de que os estatutos de Vallicella não podiam ser observados no Brasil. Os emissários deveriam trazer de Lisboa quem os orientasse na aplicação das regras quentalianas e certo número de oratorianos em reforço dos quadros da Madre de Deus. Os néris do Recife sustentarão ter havido unanimidade na decisão. Contudo, o provável é que tal consenso só tenha ocorrido após a exclusão dos companheiros, que teria atingido os partidários do regime italiano. Ademais, faltavam à procuração as firmas dos recoletos em missão no Ararobá (São Francisco), que farão parte dos dissidentes, os padres Domingos Gonçalves e Felipe da Cruz. Quando consumar-se a ruptura, o contestatário-mor, padre João do Rosário, dará outra versão. A iniciativa da união com Portugal partira de alguns padres, "por causa da falta de sujeitos [...] para continuar os exercícios do Oratório no seu hospício do Recife", nada tendo a ver assim com os interesses do recolhimento de Santo Amaro. Tratando-se de questão que demandava o assentimento de todos, não se respeitara tal condição, pois estando a frota de partida para o Reino não haviam sido consultados os religiosos que se achavam pelas aldeias, só ouvidos posteriormente.[146] A cisão no Oratório de Pernambuco ocorrerá precisamente segundo a clivagem que separava os padres da Madre de Deus e os de Santo Amaro.

 Consoante o cronista oratoriano, o êxito da missão teria sido tal que os procuradores, desembarcando em Lisboa em dezembro de 1686, já se achavam de regresso ao Recife em março do ano seguinte. As coisas não se passaram bem assim, quando mais não fosse devido à lentidão das comunicações marítimas. Os emissários, que aportaram ao Reino em fins de setembro ou começos de outubro, não encontraram no padre Quental a receptividade esperada, pois a Congregação portuguesa atravessava momento delicado. Destarte, a pretensão da Madre de Deus só poderia ser discutida uma vez solucionado o melindroso problema das relações entre a casa de Lisboa e as reco-

---

[146] Procuração dos padres da Madre de Deus aos padres André Luís e Servan Louzel, 20. vii.1686, AHU, PA, Pco., cx. 12.Co.Uo. 7.i.1689, AHU, PA, Pco., cx. 12; "Manifesto", cit., fl. 4.

letas criadas em Freixo de Espada à Cinta, no Porto e em Braga. Elas governavam-se pelos estatutos quentalianos, mas, como ainda fossem autônomas, era necessário federá-las mediante convênio que estabelecesse direção comum, a cargo de prepósito-geral com amplos poderes — uma novidade relativamente ao modelo italiano, inspirada no Oratório francês, fundado por Bérulle, e no autoritarismo de Quental.[147] Ora, o prepósito portuense, padre Manuel Rodrigues Leitão (que tinha, aliás, um irmão que estará entre os dissidentes pernambucanos), movia oposição passiva ao projeto de centralização, resistência que não podia ser ignorada devido à sua influência de ex-desembargador da Casa da Suplicação e ao fato de estar exercendo papel decisivo nas negociações do segundo casamento de D. Pedro II.[148] Para obter seu consentimento, os procuradores da Madre de Deus tiveram de seguir para o Porto. Só então (7.vii.1686) pôde ser anunciada a adesão da casa do Recife mediante acordo bilateral com a de Lisboa, que não prejulgava, porém, a questão institucional, que ainda se arrastará por um bom tempo.

Em março de 1687, assinou-se o convênio: os emissários aceitavam não apenas os estatutos quentalianos mas também um compromisso anexo que subordinava a Madre de Deus ao Oratório de Lisboa, documento ainda ignorado em Pernambuco e dependente de confirmação pontifícia. Este abuso de poder estará também na raiz das dificuldades que irão surgir, tendo sido certamente o preço a pagar pela almejada união, embora, no tocante ao Oratório de Goa, Quental demonstrasse uma flexibilidade que não se mostrava disposto a conceder ao do Recife. Os padres André Luís e Louzel regressaram ao Brasil, em companhia do padre João Lobo, incumbido de superintender

---

[147] "Notícia que dão os padres", p. 53; *Lettres du père Bartolomeu do Quental*, pp. lviii-lix e 68; Eugênio dos Santos, *O Oratório no norte de Portugal*, p. 63; Girodon, "Introduction", *Lettres du père Bartolomeu do Quental*, lxi-lxii. Sobre Bérulle e o Oratório francês, ver Jacques Le Goff e René Remond (orgs.), *Histoire de la France religieuse*, ii, *Du Christianisme flamboyant à l'aube des Lumières*, Paris, 1988.

[148] *Lettres du père Bartolomeu do Quental*, pp. 72 e 77; Jean Girodon, "Le padre Manuel Rodrigues Leitão (1630-1691)", *Arquivos do Centro Cultural Português de Paris*, iii (1971), pp. 401-30. Sobre o padre Leitão no pensamento político da Restauração portuguesa, Luís Reis Torgal, *Ideologia política e teoria do Estado na Restauração*, 2 vols., Coimbra, 1981-1982. Para seu irmão, Domingos Leitão, Co.Uo. 28.iv.1672, AHU, PA, Pco., cx. 6, e Co.Uo. 10.xii.1674, AHU, PA, Pco., cx. 7.

a aplicação das regras lisboetas. Confessor, pregador e lente de teologia moral, Lobo ocupava a função de "corretor", ou censor, da casa de Lisboa, em que agia com tal mandonismo que o próprio Quental impacientara-se.[149] Para caracterizar o padre Lobo, basta mencionar que, ao tempo da fundação do recolhimento do Porto, ele e Rodrigues Leitão haviam sido repelidos pela Câmara local ao tentarem se apossar das instalações de um orfanato. A fim de manipular a sensibilidade religiosa dos portuenses, exibiram pelas ruas uma imagem de São Felipe Néri, que proclamavam haver casualmente encontrado numa capela. A Câmara cedeu e lhes doou o imóvel. Apenas designado para Pernambuco, João Lobo começou a recrutar sacerdotes já destacados para Braga e para o Porto, para irritação de Quental, que não estava a fim de enviar para o Brasil a fina flor dos seus professores. A única exceção que abriu foi a de certo rapaz que, malgrado sólidas proteções, não poderia ingressar em casa do Reino por ser filho do cocheiro de um fidalgo; em Pernambuco, suas origens ficariam ignoradas, não redundando em deslustre do Oratório. Se este foi o único religioso que João Lobo conseguiu aliciar, em compensação arrebanhou dezoito noviços a quem se devia lançar a roupeta no Recife, para onde só seguiram mercê de ajuda de custo concedida por El Rei.[150]

Em maio de 1687, a Madre de Deus ratificou o ato de união, firmado pela totalidade dos religiosos, salvo, outra vez, os que se encontravam no sertão. Passando-se à aplicação dos estatutos, elegeu-se a junta ordinária para administrar o cotidiano da comunidade. Luís Ribeiro foi confirmado como prepósito e João do Rosário, João Álvares da Encarnação e Manuel Néri, como deputados. A João Lobo coube a Prefeitura, na qual implementaria as novas regras. Escolhido procurador, um dos emissários pediu dispensa, registra a ata, devido à enfermidade de que padecia e a "outras mais coisas muito relevantes que sobrevieram", plausivelmente o protesto da minoria dissidente contra a aceitação do anexo. João Lobo encetou a reforma, mandando colocar rótulas nas janelas e limitando o acesso à casa, de modo a reduzir os contatos

---

[149] Termo de aceitação da Congregação de Pernambuco, 10.v.1672; termo de adesão da Congregação de Pernambuco, 11.iii.1687, e termo de aceitação dos estatutos e do apêndice, 13.iii.1687, AHU, PA, Pco., cx. 12; *Lettres du père Bartolomeu do Quental*, pp. 61, 77 e 104;

[150] Girodon, "Introduction", *Lettres du père Bartolomeu do Quental*, pp. lxiv-lxv; *Lettres du père Bartolomeu do Quental*, pp. 77-8.

moralmente poluidores com o mundo exterior. Entrou também a examinar os livros de contabilidade, decisão que, segundo seus partidários, teria constituído o verdadeiro pomo da discórdia, pois o Oratório pernambucano achava-se enormemente endividado, malgrado as inúmeras doações mascatais, mormente por ocasião da epidemia. Em breve, era visível o desgaste nas relações entre os recém-chegados e aqueles padres que os encaravam como intrusos. A atmosfera ficou tão pesada que muitos preferiram ausentar-se para Santo Amaro, para os engenhos da Congregação ou para a aldeia de Aratangi. Como prepósito, Luís Ribeiro delegou em João Lobo seus poderes, apesar de lhe desagradarem os seus métodos. O prefeito reuniu a ditadura do espiritual à do dia-a-dia.[151]

A cisão oficializou-se quando um grupo de religiosos, não conseguindo aliciar o apoio de Luís Ribeiro, tratou de depô-lo. A esta altura, finais de 1687, os padres das missões do interior juntaram-se aos dissidentes, elegendo João do Rosário prepósito de Santo Amaro, enquanto Luís Ribeiro, que tomara a iniciativa de separar consensualmente ambos os recolhimentos, permanecia como prepósito da Madre de Deus até seu falecimento ocorrido pouco tempo depois, quando foi substituído por João Lobo. No tocante às aldeias, a própria junta de missões (órgão colegiado que as supervisionava sob a direção do governador da capitania e de que participavam autoridades civis e prelados das ordens religiosas) as teria rateado entre as facções, embora a Madre de Deus ficasse ilegalmente recebendo a totalidade dos recursos destinados por El Rei à evangelização do gentio, recursos que João Lobo era acusado de aplicar irregularmente nas obras do templo recifense.[152] Verdadeira ou não a versão da separação consensual, a Madre de Deus não a aceitou, tanto assim que, eleito prepósito, João Lobo moveu céus e terras para esmagar a dissidência.

A rejeição aos estatutos de Lisboa procedia sobretudo dos padres que haviam optado, por vocação ou, como pretendiam os adversários, por interesse material, pelo trabalho nas aldeias; e que, havendo ingressado na fase heroica da instituição, não haviam sido submetidos a certas exigências da

---

[151] "Manifesto", cit., fl. 6; Co.Uo., 7.i.1689, cit.

[152] Atas das juntas de 13.v.1687 e 18.vii.1687, AHU, PA, Pco., cx. 12; "Manifesto" cit., fls. 4-5; Co.Uo. 7.i.1689, cit.

formação eclesiástica, tais como o noviciado. A disciplina quentaliana, formulada com vistas à atividade em meio urbano, relegava a evangelização a um papel menor, tanto assim que a regra 16, única que lhe dedicou tão minucioso texto, não previa sua obrigatoriedade. Tais diretrizes deviam parecer uma camisa de força para homens acostumados à vida sertaneja, bastante livre se comparada à rotina do recolhimento; e embora não fossem aplicáveis às aldeias, onde os religiosos assistiam isolados, deveriam vigorar em Santo Amaro, onde estagiavam periodicamente. Mais importante era a proibição dos estatutos lisboetas no tocante à propriedade de bens individuais, o que acarretaria a expropriação, pela comunidade, dos religiosos que haviam adquirido terra e gado no sertão, valendo-se da indefinição até então reinante entre o patrimônio da ordem e o dos membros.[153]

Esta diferença é mais útil à compreensão da gênese da disputa que aquela outra, embutida na mentalidade laica, cindindo os colonos em "filhos da terra" e "filhos do Reino", a qual só se tornou relevante a partir do momento em que o conflito extravasou o âmbito do Oratório. No tocante ao clero regular, a naturalidade dos seus membros não se baseava, como a dos leigos, no local de nascença mas na província em que haviam professado, assimilando-se a entrada em religião a um segundo e superior nascimento. Destarte, os oratorianos, fossem de Santo Amaro ou da Madre de Deus, consideravam-se filhos da Congregação de Pernambuco, inclusive os noviços trazidos por João Lobo para vestirem a roupeta entre nós, se bem, neste caso, o argumento não parecesse convincente. Se a dissidência compôs-se igualmente de sacerdotes nascidos na terra, como Gaspar da Silva, e de oriundos do Reino, como João do Rosário, o mesmo aplicava-se aos religiosos do Recife, o que, contudo, não obstou a que a divergência fosse cooptada pela dissensão maior entre mazombos e reinóis.

Por solicitação d'El Rei, instado por Quental, o núncio em Lisboa ordenou que os antigos religiosos fossem submetidos a três meses de noviciado, sob pena de expulsão, disposição que atingia sobretudo os dissidentes, que se recusavam a tal, alegando sua antiguidade na casa. Santo Amaro seria trans-

---

[153] "Estatutos da Congregação do Oratório", Silva Dias, *A Congregação do Oratório de Lisboa*, pp. 18-9 e 32; Maria do Céu Medeiros, *Os oratorianos de Pernambuco*, p. 167. Para os bens dos dissidentes, "Manifesto", fls. 29-30.

formado em hospital para os irmãos enfermos, e a Madre de Deus, em sede da Congregação. Encarregado de executar o breve, D. Matias de Figueiredo e Melo, sagrado bispo de Olinda pelo próprio Quental na igreja do Oratório lisboeta, tentou congraçar os religiosos; e, não o logrando, deu aos irredentos vinte e quatro horas para que obedecessem, sob ameaça de excomunhão maior. Os padres de Santo Amaro opuseram embargos, mas D. Matias não era homem de meias medidas. Aos que lhe foram expor sua justiça, mandou recolher ao aljube; e, decorrido o prazo, declarou os recalcitrantes por excomungados. Como ocupasse interinamente o governo da capitania, proibiu que os capitães de navio os transportassem ao Reino, onde pretenderiam defender sua causa. À ira episcopal, não teriam sido estranhos os ataques do advogado dos dissidentes, o Dr. David de Albuquerque Saraiva, que rascunhara nos autos comentários ferinos contra o prelado. A atitude de D. Matias será, aliás, criticada no Conselho Ultramarino, que persuadiu El Rei a estranhar-lhe o rigor.[154]

A questão dos estatutos era "todo o Aquiles em que se debate o ponto". Como os dissidentes não desejassem sujeitar-se nem às regras de Quental nem ao Oratório lusitano, redarguiam os padres da Madre de Deus não se tratar de subordinação administrativa, "somente [de] uma união política". Como as vocações eclesiásticas escasseassem no Brasil, "pela qualidade do clima e pelo que for", cumpria trazê-las do Reino, o que não seria factível sem a adoção das constituições lisboetas.[155] Argumento que correspondia à prática das ordens religiosas de recrutar número superior de noviços egressos de Portugal, de modo a manter em minoria os filhos dos colonos — medida cautelar em face do antagonismo manifestado desde meados do século XVII entre professos do Reino e professos do Brasil e pela aspiração de autonomia, já realizada no caso dos franciscanos ou almejada em outras congregações. A anexação do Oratório de Pernambuco pelo de Lisboa percorria o caminho oposto.

---

[154] AUC, CA, 33, fls. 150v, 165 e 172v-173; "Manifesto", fls. 7 e 83-5; Co.Uo. 7.i.1689, cit.; auto contra o padre Gaspar da Silva (1689), AHU, PA, Pco., cx. 12; AUC, CA, 31, fls. 467-467v; Loreto Couto, *Desagravos do Brasil*, p. 191.

[155] Procurador do bispo D. Francisco de Lima a D. Pedro II, s.d., mas de 1700, AHU, PA, Pco., cx. 12; "Manifesto", fls. 29-32.

A atuação de João Lobo, apoiado pela tropa de choque trazida do Reino, tinha de ser interpretada pelos dissidentes como um golpe de mão mediante o qual "os padres da Congregação de Lisboa os foram lançar fora de sua casa, fazendo-se senhores do que era seu". A contenda inseria-se assim no confronto entre os pró-homens e os mascates. Protestava a Câmara de Olinda contra a injustiça consistente em que, após haverem fundado o recolhimento de Água Fria à custa da sua fazenda, trabalho e da ajuda de terceiros, assistindo a população carente dos ermos do Beberibe ou ajudando a converter o gentio do sertão durante todos esses anos, os dissidentes viam-se agora perseguidos por João Lobo, cuja intenção era a de apossar-se da casa de Santo Amaro, valendo-se do favorecimento dos "homens do Recife", a quem o cabedal dava alento. Desde então, cessaram as esmolas da gente da terra à Madre de Deus.[156]

Acossados por D. Matias, os dissidentes acolheram-se a outras ordens, consumando-se sua expulsão. Mas tampouco a Madre de Deus estava imune à agitação. Uma carta de Quental resumia as notícias recebidas de Pernambuco, "não só dos padres que se não quiseram sujeitar às ordens que foram do núncio", vale dizer, os religiosos de Santo Amaro, "mas ainda dos que se sujeitaram, por se não acomodarem nem poderem sofrer o modo e aspereza do padre João Lobo", isto é, os néris da Madre de Deus, que requereram a Lisboa sua substituição. O Oratório português chamou-o de volta, desfazendo a união com a casa pernambucana, malgrado as reservas de Quental, inclinado a esperar que a poeira baixasse. O falecimento de João Lobo (1690) dispersou o núcleo de reformistas, que ingressaram no Carmo recifense ou regressaram ao Reino. Em 1691, Quental perdera as esperanças: "Segundo o bispo [de Olinda] me diz, creio que já os expulsos estarão admitidos [na Madre de Deus], e os que foram com o padre João Lobo [...] fora dela". "O padre Rosário fica já dentro [...] e já agora estão os mais expulsos [...] guardando os seus primeiros estatutos e tudo como dantes da ida do padre João Lobo, se não for pior. E temos acabado com aquela Congregação."[157]

---

[156] "Manifesto", cit., fl. 11; certidão da Câmara de Olinda, 20.ix.1688, AHU, PA, Pco., cx. 12; Maria do Céu Medeiros, *Os oratorianos de Pernambuco*, pp. 174-5.

[157] Termo de expulsão dos dissidentes, 14.ix.1688, AHU, PA, Pco., cx. 12; Co.Uo. 7.i.1689, cit.; *Lettres du père Bartolomeu do Quental*, pp. 178 e 277-8.

Num primeiro momento, os partidários dos estatutos de Lisboa que tinham levado a mal a ascendência dos reinóis entenderam-se com os companheiros de Santo Amaro, negociando-se um acordo que pôs termo à cisão e reorganizou a direção da casa. A transação previa que, na dependência de solução definitiva do problema, observar-se-iam no Recife as regras de Lisboa e em Santo Amaro as de Vallicella. João do Rosário foi eleito prepósito e dois outros dissidentes, deputados. Mas dada a fragilidade da nova situação, João do Rosário foi em breve deposto e recluído em sua cela, acusado de envolvimento na arrematação de contratos de dízimos, em violação da disciplina oratoriana. Feita nova eleição, o escolhido, padre Agostinho Nunes, enviou emissário a Lisboa. Quando João do Rosário logrou fugir para Salvador, o bispo, que provavelmente estimulara a reviravolta, procurou sem êxito atrair seus correligionários. Datam de então a tentativa da Madre de Deus de vender a casa de Santo Amaro e o projeto do governador Caetano de Melo e Castro de entregá-la aos franciscanos da Arrábida.[158]

Em Salvador, os dissidentes engajaram a batalha judiciária. O arcebispado da Bahia tomou conhecimento da causa, dando-lhes o vigário-geral sentença favorável. A Madre de Deus recorreu ao núncio, que reiterou sua decisão anterior, e à Santa Sé, que o instruiu a designar juiz para rever o processo. A escolha recaiu em desembargador da Relação eclesiástica de Lisboa, D. Manuel Álvares da Costa, futuro bispo de Olinda e governador interino de Pernambuco durante as alterações de 1710-1711. D. Manuel confirmou a sentença da Bahia, o que não lhe perdoaram os oratorianos do Recife, como se verá quando, dez anos depois, ele assumir seu ofício pastoral.[159]

A sentença mandou repor a situação anterior à deposição de João do Rosário, mas como a fórmula deixasse pairar alguma dúvida no tocante à questão dos estatutos e aos direitos dos primeiros expulsos, D. Matias propôs a reintegração dos dissidentes em troca da aceitação da disciplina lisboeta, fórmula que eles repudiaram. A execução da sentença de D. Manuel fora confiada ao vigário-geral de Olinda e ao deão do bispado, que recusaram o encargo, o que habilitou os dissidentes a tirarem da manga uma segunda co-

---

[158] "Manifesto", fl. 9; AUC, CA, 31, fls. 584v; e 33, fl. 225.

[159] "Manifesto", cit., fls. 9-10; BL, Add. 21.000, fl. 145v; Ebion de Lima, *A Congregação do Oratório*, p. 62.

missão do juiz eclesiástico de Salvador que designava o vigário-geral da Bahia. Este, por sua vez, subdelegou o mandato na primeira das pessoas seguintes que se dispusesse a implementá-lo: o guardião franciscano do Recife; frei Benedito de São Bernardo, da ordem de São Bento; o prior dos carmelitas descalços de Santa Teresa, de Olinda; e o visitador dos beneditinos. A lista parecia de encomenda, pois incluía três partidários dos dissidentes. A missão foi parar nas mãos de frei Benedito, que atuou com desenvoltura inaceitável para um religioso não constituído em dignidade, um simples monge graduado em teologia. Na loja de louças que era o direito canônico, frei Benedito agiu com a sutileza de um touro, incorrendo, segundo os entendidos, em cinco nulidades processuais.[160]

Frei Benedito bateu de frente com o novo bispo de Olinda, D. Francisco de Lima, também favorável à Madre de Deus. O prelado procurou dissuadi-lo da empreitada, à espera da frota anual, indício de que os oratorianos do Recife davam como favas contadas a solução que pleiteavam em Lisboa, razão a mais para induzir os dissidentes a criarem o fato consumado. Frei Benedito intimou a Madre de Deus a cumprir a sentença no prazo de três dias, mas a comunidade alegou erro de forma; e após ir muito lusitanamente queixar-se ao bispo, obteve do governador Fernando Martins Mascarenhas ajuda da força armada. Por sua vez, o bispo, considerando sua autoridade posta em xeque, exigiu de frei Benedito que lhe apresentasse a comissão; e de posse dela, ordenou ao beneditino que sustasse a execução enquanto aguardava o parecer solicitado ao vigário-geral. O frade escalou o conflito, excomungando por contumácia os religiosos da Madre de Deus; e, excomungado pelo bispo, não hesitou em reciprocar. A esta altura, os sequazes de ambos arrancavam as proclamações dos contrários dos lugares públicos em que eram afixadas.[161]

Seguiu-se uma daquelas guerras eclesiásticas do Antigo Regime, que nossas sociedades secularizadas já não conhecem. Forte do parecer de uma junta de altos funcionários da Coroa que concluíra em seu favor, D. Francisco de Lima propôs uma reunião de representantes das duas facções, comprome-

---

[160] "Manifesto", fls. 10-13; padre João do Rosário e outros a D. Pedro II, s.d., mas de 1700, AHU, PA, Pco., cx. 12.

[161] "Manifesto", fls. 13-18; padre João do Rosário e outros a D. Pedro II, cit.; e D. Francisco de Lima a D. Pedro II, 30.v.1700, AHU, PA, Pco., cx. 12.

tendo-se desde logo em aceitar seu veredicto. Mas frei Benedito rejeitou a proposta quando os "teólogos e juristas" de Olinda o advertiram de que os adversários dispunham de maioria; e de que ele, como delegado do papa, tinha precedência sobre a jurisdição ordinária do prelado. Perante o impasse e a comoção pública, só restava ao bispo requerer a intervenção do "braço secular", vale dizer, o uso da força contra os religiosos recalcitrantes. O bando governamental (9.x.1699) que o atendeu estabelecia, entre outras penas, o degredo dos laicos que se declarassem, por palavras ou atos, contra D. Francisco.[162]

A contenda ameaçava escapar ao controle das autoridades. D. Fernando Martins Mascarenhas aludirá às manobras de "alguns sujeitos" de "grande estado", que havia muito fomentavam as perturbações da capitania e que sustentavam agora os dissidentes, entenda-se, os homens da governança de Olinda. O historiador Ebion de Lima não tem razão quando assinala que "a camada superior da população afinava com o bispo", enquanto "o povo", instigado pelos frades, bandeara-se para frei Benedito. Como assinalou Maria do Céu Medeiros, a cisão manifestou-se no estrato superior segundo as linhas já conhecidas da clivagem entre a açucarocracia e os mercadores, ou seja, "as linhas de força que vão comandar o levante de 1710".[163] A novidade consistiu na dissensão entre religiosos seculares e regulares, aqueles tomando partido por D. Francisco, estes majoritariamente partidários do frade. Quanto aos agentes da Coroa, via de regra simpáticos aos congregados recifenses, sua grande preocupação consistia na possibilidade de alterações da ordem pública estimuladas pela aliança dos pró-homens, dos dissidentes e do clero regular, uns por ressentimento contra a Madre de Deus, outros por hostilidade ao bispo.

Às vésperas das festividades natalinas, o duelo de excomunhões entre D. Francisco de Lima e frei Benedito paralisou a vida religiosa. Boa parte dos

---

[162] Ata da junta de altos funcionários e letrados, 7.x.1699, Fernando Martins Mascarenhas a D. Pedro II, 28.vi.1700, D. Francisco de Lima a D. Pedro II, cit., e bando governamental de 9.x.1699, AHU, PA, Pco., cx. 12. Pretende o "Manifesto" que o bispo, não frei Benedito, é que teria desistido da reunião, no receio de tumultos, fl. 19.

[163] Ebion de Lima, *A Congregação do Oratório*, p. 67; Maria do Céu Medeiros, *Os oratorianos de Pernambuco*, p. 172.

fiéis respeitou as censuras contra o prelado, embora o cabido da Sé e o clero secular, que lhe estavam diretamente subordinados, lhe prestassem obediência. D. Francisco mesmo confessará seu receio de "uma grande ruína", só prevenida graças à intervenção do governador, pois, de outro modo, "grandes sedições e motins" se teriam verificado em Olinda, consoante previam os oratorianos. Refere o "Manifesto" que "se ia alterando o povo, uns pela parte do senhor bispo", outros contra, e nestes últimos "entrava muito vulgo", particularmente o da cidade. Ademais, a inquietação "se foi comunicando por todo o bispado e chegou a entrar pelos mesmos sertões".[164] A paz só foi garantida mercê da solidariedade no âmbito da troica composta do governador, do bispo e do ouvidor, o Dr. Manuel da Costa Ribeiro, coesão que virá a faltar dez anos depois quando o prelado e o magistrado da época se coligarem contra o governador Castro e Caldas.

Entre os laicos, os principais promotores da agitação foram os franciscanos e os carmelitas descalços. Os "menores" eram a ordem hegemônica na capitania, pelo número dos seus conventos, pela sua implantação rural, de que as demais "religiões" careciam, e pela sua popularidade em todos os estratos sociais. Os guardiães dos seus conventos do Recife e de Olinda eram os mais exaltados, negando-se, como igualmente o prior de Santa Teresa, a manter relações com D. Francisco e com os oratorianos, em acatamento à autoridade papal investida no frade. Do púlpito, os franciscanos não poupavam o bispo, exortando os fiéis, a bem da salvação das suas almas, a não frequentarem as igrejas interditas em decorrência da excomunhão pronunciada pelo frade. Tampouco D. Francisco perdoava os adversários: os terésios, também chamados marianos, não tinham qualquer utilidade em Pernambuco, aonde chegavam "despidos do espírito de Santa Teresa, para procurarem o temporal e para o inquietarem", apreciação que traduzia certo sectarismo, de vez que o bispo era carmelita calçado.

Quanto ao guardião do convento franciscano do Recife, fora ao ponto de acolher "clérigos criminosos e suspensos nas ordens, consentindo-lhes que usem delas como se não estivessem excomungados", além de praticar "outras coisas mais que me causam grande escândalo". Na sua "ignorância e atrevimento", pondo-se "à porta da sua igreja", "a todos os que sabia ou confessa-

---

[164] D. Francisco de Lima a D. Pedro II, cit.; "Manifesto", fls. 19-20 e 25.

vam tinham ido à Congregação, os não deixava entrar sem que prometessem de não tornar a ela, e com esta condição os absolvia com varas publicamente, para o que dizia ter licença de frei Benedito, o qual em Pernambuco representava o Papa". "E desta sorte, sendo frei Benedito o Papa em Pernambuco, cada um dos frades assim capuchos como descalços se considerava bispo." Outros regulares agitavam as "praças, casas particulares e os mesmos confessionários, persuadindo a todos que o bispo estava excomungado". De "tão crescida a tempestade [...], receei ver-me dela submergido". Outros conventos também comportaram-se de maneira irredenta, incentivados pelos priores, embora D. Fernando Martins Mascarenhas inocente o Carmo de Olinda (a cuja ordem pertencia o bispo) e também São Bento, que, graças à influência do visitador, havia tomado distância de frei Benedito. No tocante aos jesuítas, os do Recife haviam acompanhado frei Francisco.[165]

O advogado dos dissidentes era o assessor jurídico da Câmara de Olinda, o rábula reinol David de Albuquerque Saraiva, tido na conta de cristão--novo. No governo do bispo D. Matias de Figueiredo e Melo, fora degredado para Angola "por insolente, menos afeto à Igreja e animosamente loquaz". Além de redigir os arrazoados de frei Benedito, fazia da janela da sua casa nos Quatro Cantos palanque de comícios incendiários, razão pela qual o governador o mandou prender incomunicado; e, uma vez solto, tendo reincidido, foi expulso para a Paraíba. Entre os seus protetores, achava-se um dos mais belicosos dos pró-homens, Francisco Berenguer de Andrade, cunhado de João Fernandes Vieira e indivíduo reputado tão solerte que se dava ao desplante de escrever genealogias escabrosas das melhores famílias da terra. Denunciado havia muito como "mau homem e diabólico em fazer manifestos falsos", Berenguer respondia a nada menos de sessenta e dois processos, "sem pagar nem restituir o alheio", "um verdadeiro perturbador da república, semeando nela mil cizânias".[166]

---

[165] D. Francisco de Lima a D. Pedro II, cit.; Fernando Martins Mascarenhas a D. Pedro II, cit.; padre João do Rosário e outros a D. Pedro II, cit.; procurador de D. Francisco de Lima a D. Pedro II, cit.

[166] Pedro Lelou a D. João de Lancastre, 17.xii.1699, AHU, PA, Rio Grande do Norte [RGN], cx. 1; Co.Uo. 10.iii.1689, AHU, PA, Pco. cx. 9; Cabral de Mello, *O nome e o sangue*, pp. 60-2.

Enquanto os cabeças do movimento antiepiscopal, perseguidos pela justiça eclesiástica, tiveram de fugir para o sertão ou mesmo para fora do bispado, os dissidentes homiziaram-se entre os franciscanos do Recife e os descalços de Santa Teresa. Quando D. Francisco de Lima recorreu à Relação e ao arcebispado da Bahia, de que Olinda era sufragânea, a disputa deslocou-se para lá. O bispo e a Madre de Deus triunfaram em ambos os foros, que declararam nula a comissão de frei Benedito, mandando processá-lo em Olinda, onde concluiu-se pela sua culpabilidade. Procedeu-se então à sua excomunhão solene. Na dominga da Quaresma de 1700, o frade, refugiado em Salvador para escapar à ordem de prisão baixada pelo bispo, foi expulso da Sé e escorraçado pelos próprios beneditinos.[167]

O Oratório português não cruzara os braços, explorando o sentimento que a morte de Quental produzira em D. Pedro II para levá-lo a interceder junto ao papa Inocêncio XII. A frota de 1700 trouxe a Pernambuco a decisão final da Propaganda Fide (16.xi.1699). A Madre de Deus e a casa de Santo Amaro deveriam pautar-se pela disciplina de Lisboa; João do Rosário e os dissidentes seriam readmitidos e, caso não o desejassem, definitivamente expulsos, restituindo-se-lhes os bens com que haviam ingressado na Congregação. O bispo intimou-os a jurar as regras quentalianas mas eles não aceitaram a derrota, sustentando, como os capuchos e os terésios, que o decreto era sub-reptício, isto é, exarado sem pleno conhecimento das circunstâncias do litígio pela autoridade que o emitira.[168]

A agitação recomeçou nos conventos da capitania. Numa homilia da Quaresma, um capucho excedeu-se na retórica: "o menos que se disse do púlpito foi que, assim como por Ana Bolena entrou a heresia em Inglaterra, assim pelo bispo havia entrado um cisma em Pernambuco". D. Francisco foi acusado de oprimir os franciscanos, ordenando aos párocos não lhes permitissem dizer missa, pregar, confessar ou dar a comunhão; e de ameaçar de excomunhão maior os laicos que recebessem deles os sacramentos ou acudissem a atos por eles celebrados. Acusação que a mitra desmentiu: do prelado

---

[167] Padre João do Rosário e outros a D. Pedro II, cit.; D. Francisco de Lima a D. Pedro II, cit.; procurador de D. Francisco de Lima a D. Pedro II, cit.; "Manifesto", fls. 21-5.

[168] "Manifesto", fls. 27 e 36; D. Francisco de Lima a D. Pedro II, cit. O decreto da Congregação da Propaganda Fide pode ser lido em Biblioteca da Ajuda [BA], 51-IX-34.

não partira medida alguma contra os conventuais facciosos, salvo a suspensão do que o chamara de cismático; o natural zelo dos vigários é que lhes havia negado acesso às igrejas. Havendo tomado o pinhão na unha, os frades revéis persistiam em alimentar o litígio, fazendo circular pelo interior abaixo-assinados contra o bispo, que, aliás, reconhecia serem eles inúmeros.[169]

Ao que parece, a principal razão do antagonismo demonstrado por franciscanos e terésios tinha a ver com o controle das missões, grande motivo das discórdias entre regulares. Os terésios, por exemplo, haviam obtido em Lisboa que lhes fosse confiada a aldeia de São Caetano, um dos arraiais criados nos Palmares à raiz da destruição do quilombo. Localizado nos arredores de Porto Calvo, freguesia açucareira, era capaz de sustentar facilmente os religiosos. O bispo, contudo, lhes alocara outro arraial, situado no próprio outeiro da Barriga, sítio remoto e fragoso. A atitude de D. Francisco dever-se-ia à animadversão que, carmelita calçado, nutria contra os descalços. Estando fixados havia pouco na capitania, eles ainda se achavam na dependência de confirmação régia da sua casa dos Arrombados, cercanias de Olinda. Como a gestão de uma aldeia fosse essencial para justificar sua presença em Pernambuco, de vez que carta régia de 1687 estabelecera que as ordens religiosas que não se dedicassem à evangelização teriam seus conventos entregues àquelas que o fizessem, a questão tornara-se crucial para os terésios. Não fora outro o argumento usado por D. Francisco no propósito de excluí-los: não administrando aldeia alguma, eram desnecessários na diocese.[170]

Em fins de 1700, o Conselho Ultramarino, embora reconhecesse a validade da comissão de frei Benedito, concordava em que sua atuação estivera eivada de irregularidades. O Conselho aprovou a atuação do bispo mas condenou o governador Fernando Martins Mascarenhas por pronunciar-se publicamente sobre as excomunhões. David de Albuquerque Saraiva foi autorizado a regressar a Pernambuco contra a promessa de não mais se imiscuir no

---

[169] Procurador de D. Francisco de Lima a D. Pedro II, cit.; D. Francisco de Lima a D. Pedro II, cit.

[170] Frei Manuel de Santa Inês a D. Pedro II, 25.vi e 30.vi.1700, AHU, PA, Pco., cx. 12; *Informação geral*, p. 265; D. Francisco de Lima a D. Pedro II, cit. D. Francisco não logrou expulsá-los: em meados do século XVIII, os terésios administravam três aldeias na Paraíba e Rio Grande do Norte: *Informação geral*, pp. 303-6; Pereira da Costa, *Anais pernambucanos*, iv, pp. 280-3.

assunto. Para conciliar os religiosos sem necessidade de recorrer-se a meios judiciais, El Rei deveria convocar os procuradores da Madre de Deus e de Santo Amaro em Lisboa, que dispunham de poderes para negociar uma solução amigável, pela qual os dissidentes acatariam os estatutos portugueses em troca da sua reintegração, assumindo a casa do Recife os ônus financeiros em que tivessem incorrido ao tempo da expulsão, fórmula menos desfavorável aos dissidentes que a adotada pelo Vaticano.[171] Os rancores, porém, se haviam feito entranháveis. Segundo observador de passagem pelo Recife, néris da Madre de Deus e néris de Santo Amaro "atenderam mais aos caprichos particulares do que ao bem comum e, sem repararem no lícito ou ilícito dos meios, tudo o que fizeram e o que dizem se encaminhou e encaminha a [determinar] qual triunfará vencedor sem ficar vencido". Daí que El Rei rejeitasse a sugestão do Conselho, empenhando-se, através do embaixador no Vaticano, por uma decisão pessoal do Santo Padre.[172]

Havendo os dissidentes enviado a Roma o padre Gaspar da Silva, a fim de pleitear a revogação do decreto da Propaganda Fide, Clemente XI colocou ponto final na contenda com a bula *Ad futuram rei memoriam* (10.xii.1701), que, anulando as sentenças anteriores e as excomunhões mútuas, confirmou o decreto e impôs "perpétuo silêncio" sobre a matéria. Para consolidar a vitória dos aliados da Madre de Deus, o Oratório de Lisboa despachou-lhe outro pelotão de noviços. Quanto aos dissidentes, informa Loreto Couto que "largaram a recoleta e uns professaram em religiões aprovadas e outros, que ficaram no século, fizeram sempre uma vida exemplar e penitente". Mas o travo da derrota ainda será perceptível meio século depois em alguns passos dos *Desagravos do Brasil*. É certo que a disciplina eclesiástica não permitia ao autor aprofundar a crítica, tanto assim que tinha o cuidado de explicar que a rejeição dos estatutos de Lisboa devera-se a que "pessoas ainda que santas são sujeitas a temerários impulsos". Nas entrelinhas, contudo, a adoção da regra quentaliana e o conflito a que deu lugar resultaram da iniciativa dos procuradores da Madre de Deus mancomunados com o Oratório metropolitano e das manobras de João Lobo contra os primeiros congregados. Em Roma,

---

[171] Co.Uo. 11.xii.1700, AHU, PA, Pco., cx. 12.

[172] Miguel de Carvalho a Roque Monteiro Paim, 10.x.1701, AHU, PA, Pco., cx. 12; AUC, CA, 33, fl. 305v.

onde viria a falecer quando da sua malograda missão, Gaspar da Silva vira "suas diligências superadas de forças contrárias, senão mais naturais, mais poderosas".[173]

Como mencionado, o Oratório de Pernambuco constituía, no século XVIII, a principal ordem recifense. Ao eclodirem as alterações de 1710-1711, seu patrimônio concentrava-se em casas, sobrados e terrenos,[174] fazendo dele a comunidade religiosa mais rica da capitania. Neste começo de Setecentos, efetuaram-se as obras de reforma e aumento da igreja, que lhe deram o aspecto atual, viabilizadas graças a polpudo donativo da Coroa e às esmolas dos moradores da praça. Destarte, os néris passaram a sofrer a hostilidade das ordens mendicantes, que reclamaram a El Rei.[175] Dez anos passados da bula de 1701, a concessão da autonomia municipal ao Recife, mercê em máxima parte da sua influência junto à Coroa, equivalerá ao triunfo completo do Oratório, completando no século a obra encetada entre as paredes da Madre de Deus.

---

[173] Loreto Couto, *Desagravos do Brasil*, pp. 152-3 e 324-5; Maria do Céu Medeiros, *Os oratorianos de Pernambuco*, p. 181. O texto impresso da bula pode ser lido em BA, 51-IX-34.

[174] Maria do Céu Medeiros, *Os oratorianos de Pernambuco*, p. 186. Este foi também o caso do colégio dos jesuítas no Recife. Se nos começos do século XVIII o açúcar proporcionava 48% e o gado, 24% da receita da casa, quarenta anos depois o aluguel de imóveis urbanos já constituía a principal fonte de renda (50%): José Jorge da Costa Couto, *O colégio dos jesuítas do Recife e o destino do seu patrimônio (1759-1777)*, dissertação de mestrado, Universidade de Lisboa, 1990, p. 14.

[175] Maria do Céu Medeiros, *Os oratorianos de Pernambuco*, pp. 184-5; AUC, CA, 33, fls. 362-362v.

4.
Praça *x* engenho

As alterações de 1710-1711 foram uma dessas pugnas sem transações a cuja vertigem, na história política do Brasil, sucumbiram apenas os pernambucanos e os gaúchos. A confrontação entre a praça e o engenho, que apenas se vislumbra na deposição do Xumbergas, nas alterações de Goiana ou na questão dos néris, assumiu a forma de uma contenda jurídico-institucional entre o Recife e Olinda. Contudo, esta ingênua fachada municipalista não demorou a ruir, revelando o que operava verdadeiramente por detrás dela: a disputa pelo poder local entre o mercador reinol e o senhor de engenho mazombo, o qual manifestou-se de modo mais intenso em Pernambuco do que em outras partes da América portuguesa. "A divisão clássica entre o engenho e a cidade, entre o senhor rural e o mascate", como há muito salientou Sérgio Buarque de Holanda, "encheria mais tarde quase toda a história pernambucana." As fontes narrativas de uma e outra parcialidade não se deixaram enganar, fazendo ver sem rebuços que as alterações de 1710-1711 constituíram de maneira nua e crua uma luta de classes.[176]

Radical em Pernambuco, atual ou latente em outras áreas açucareiras da colônia, o conflito inexistiu nas ilhas, ecológica e economicamente aparentadas, de colonização inglesa do Caribe. Em Barbados, por exemplo, o *planter* era o negociante de si mesmo, seja diretamente, seja mediante seus comissários na Inglaterra, tanto mais que em sua grande maioria eles procediam de famílias mercantis especializadas no trato colonial. Por volta de

---

[176] Sérgio Buarque de Holanda, *Raízes do Brasil*, 3ª ed., Rio de Janeiro, 1956, p. 70; Rocha Pita, *História da América portuguesa*, p. 400; *Memórias históricas da província de Pernambuco*, 4 vols., Recife, 1844-1847, iv, pp. 56-8; *Calamidades de Pernambuco*, p. 16. Sobre as fontes narrativas da Guerra dos Mascates, ver anexo B.

1660, cerca de 40% dos *planters* barbadianos descendiam de famílias que ali se haviam fixado na fase pré-açucareira, dominada pelo fumo e pelo algodão; e que haviam logrado realizar com êxito a transição para o novo gênero. Com o *boom* açucareiro, firmas comerciais inglesas investiram diretamente nas *plantations*, encarregando-se também de fornecer mão de obra africana à ilha, em concorrência com os holandeses, que haviam sido os fornecedores iniciais.[177]

Várias razões foram alegadas para o fato de que, no Caribe açucareiro, os *planters*, livres do contrapeso de uma camada de homens de negócio domiciliada na terra, monopolizaram o poder local mediante grau de autogoverno desconhecido na América portuguesa: a existência prévia de uma classe de proprietários suficientemente capitalizados; o absenteísmo, que os habilitava a concentrar-se na etapa mercantil, entregando a agrícola a capatazes ou feitores; ou o fato de, desde meados do século XVII, o aprovisionamento das possessões antilhanas se ter tornado a *chasse gardée* dos núcleos setentrionais da costa leste da América do Norte, causando o desinteresse do comércio inglês pelo mercado das ilhas.[178]

Russel B. Menard chamou recentemente a atenção para outra diferença fundamental entre Barbados e o Brasil. Inicialmente, a produção de açúcar barbadiano seguiu o modelo do sistema disperso pelo qual os lavradores de cana abasteciam as fábricas da matéria-prima indispensável à moagem. Con-

---

[177] John J. McCusker e Russell R. Menard, "The sugar industry in the Seventeenth century. A new perspective on the Barbadian Sugar Revolution", Stuart B. Schwartz, *Tropical Babylons. Sugar and the making of the Atlantic world, 1450-1680*, Chapel Hill, 2004, pp. 294 ss.; Russell R. Menard, "Law, credit, the supply of labour, and the organization of sugar production in the colonial Greater Caribbean: a comparison of Brazil and Barbados in the Seventeenth century", John J. McCusker e Kenneth Morgan, *The early modern Atlantic economy*, Cambridge, 2000, pp. 154 ss.

[178] Richard Pares, *Merchants and planters*, Cambridge, 1970; Richard S. Dunn, *Sugar and slaves. The rise of the planter class in the English West Indies*, 1624-1713, Nova York, 1973, pp. 207-8; K. G. Davies, "The origins of the comission system in the West Indian trade"; Robert C. Batie, "Why sugar? Economic cycles and the changing of staples on the English and French Antilles, 1624-1654"; e J. R. Ward, "The profitability of sugar planting in the British West Indies, 1630-1834", reeditados por Hilary Beckles e Verene Shepherd, *Caribbean slave society and economy*, Londres, 1991.

tudo, com o *boom* açucareiro, os mercadores ingleses detectaram a maior rentabilidade a ser obtida da integração da parte agrícola e da industrial, sistema que por volta de 1680 passou a dominar na ilha. No Brasil, pelo contrário, o sistema disperso continuou a operar até o século XIX e mesmo posteriormente, com a transformação do lavrador de engenho em fornecedor da usina. A diferença deveu-se à maior disponibilidade de crédito e de mão de obra africana em Barbados. Um sistema integrado exigia um investimento substancial que estava ao alcance do *planter* barbadiano mas não do senhor de engenho brasileiro, obrigado a dividir os ônus da inversão inicial com os lavradores de cana na aquisição de escravos, utensílios agrícolas, animais de serviço e, no caso dos lavradores livres, na compra da terra.

Mas não eram apenas as relações estreitas entre o *planter* e a comunidade inglesa que explicam a disparidade. Ela decorreu sobretudo do sistema jurídico que, na Inglaterra, favorecia o credor, mas que no Brasil beneficiava o devedor, tornando escasso, por conseguinte, a oferta de capitais. Trata-se da distinção entre o que Jacob M. Price rotulou de "regra anglo-saxônica" e de "regra latina". Graças à primeira, o credor podia apossar-se não só da safra mas de todos os meios de produção, ao passo que no Brasil ele só podia ser reembolsado nos rendimentos da safra. O resultante encarecimento do crédito levou nossa economia açucareira à estagnação, ao passo que em Barbados o *planter* dispôs dos recursos para efetuar a totalidade do investimento, alijando os lavradores de cana do sistema de produção — e inaugurando assim o que P. C. Emmer chamou "o segundo sistema Atlântico", caracterizado pela maior escala das operações produtivas.[179]

Contudo, na fase inicial do povoamento, os núcleos canavieiros do Brasil tiveram em comum com os das Antilhas a associação entre o colono e o mercador, que, da metrópole, financiava o parceiro, parente ou mero sócio que se aventurava a fundar partido de cana ou erguer engenho de açúcar na nova terra, partilhando os lucros em proporções convencionadas. Tal sistema (*mateship* era a designação inglesa) tendeu a desaparecer em Pernambuco

---

[179] Menard, "Law, credit, the supply of labour, and the organization of sugar production", cit.; Jacob M. Price, "Credit in the slave trade and plantation economies", Barbara L. Solow, *Slavery and the rise of the Atlantic system*, Cambridge, 1991, p. 296; P. C. Emmer, "The Dutch and the making of the second Atlantic system", *ibid.*, pp. 75 ss.

quando o número de fábricas estabilizou-se nos decênios anteriores à ocupação holandesa. A primeira açucarocracia pernambucana recrutou-se entre indivíduos que lograram obter recursos graças à sua posição de funcionários da Coroa, de agentes de redes comerciais cristãs-novas, de pequenos fidalgos de província e até mesmo de pobretões cuja capacidade empreendedora conquistou-lhes a confiança de eventuais financiadores. O que muitas vezes não excluiu, no período *ante bellum*, a fusão do produtor e do comerciante, como no caso daqueles cristãos-novos que, pertencendo a redes familiares da metrópole, integraram verticalmente ambas as atividades. Mas a conflitividade decorrente da especialização já se faz sentir então, como no processo inquisitorial de João Nunes, mercador marrano de Olinda, impopularizado pela prática da onzena.[180]

Quando se salta dos fins do século XVI para a segunda metade do XVII, o cristão-novo sumiu da atividade produtiva como da mercantil. Ironicamente, os indivíduos suspeitos *agora* de sangue converso não são os negociantes do Recife mas os pró-homens de Olinda, muitos deles efetivamente descendentes de colonos sefarditas de Quinhentos. Cessara também a combinação, pelo mesmo agente econômico, do produtor e do comerciante, cujos afazeres se haviam especializado. O recrutamento dos homens de negócio verificava-se *agora* entre os escalões subalternos (artesãos e gente do campo) da população cristã-velha do Reino, majoritariamente das províncias do norte de Portugal. Como caixeiros ou mascateando pelos distritos rurais, eles acumulavam os recursos com que abrir loja no Recife, onde mediam e pesavam (exercícios manuais e portanto envilecedores) por conta própria ou mais frequentemente como agentes de comerciantes de Portugal, ascendendo por vezes a "mercador de sobrado", isto é, a mercador em grosso.

O cronista padre Gonçalves Leitão explica o enriquecimento destes reinóis. Na paráfrase oitocentista de Fernandes Gama:

> Em poder desses forasteiros ou mascates residia todo o comércio; eles, portanto, eram os que supriam os engenhos e também os únicos que recebiam as caixas de açúcar. No fim das safras, cada senhor de engenho devia

---

[180] Para o processo de João Nunes pela Inquisição, J. A. Gonsalves de Mello, *Gente da nação. Cristãos-novos e judeus em Pernambuco, 1542-1654*, Recife, 1989, pp. 51-79.

uma soma considerável ao mascate que o tinha suprido, e então este inflexível credor instantemente o apertava, dando-lhe a escolher ou pagar-lhe no ano seguinte o duplo do que devia, ou entregar o açúcar a 400 réis cada arroba, açúcar este que ele remetia aos seus correspondentes na Europa à razão de 1$400 réis. Qualquer destes dois negócios arruinava infalivelmente o miserável agricultor, mas tendo os mascates monopolizado a compra dos açúcares, outro remédio não tinham os tristes pernambucanos que se sujeitarem à vontade do opressor europeu. Desta sorte, em poucos anos tornaram-se os mascates grossos capitalistas.[181]

Previsivelmente, a praça do Recife oferecia versão bem diversa para o endividamento da nobreza. Se Gonçalves Leitão fazia finca-pé no crédito usurário, o cronista Dr. Manuel dos Santos, porta-voz da mascataria, assinalava que "os recifenses nunca devem aos senhores de engenho e raríssimo será o senhor de engenho que a eles não deva cabedal bastante", o que se devia, por um lado, ao desperdício inerente à ética senhorial, e, por outro, à capacidade de poupança e à ética de trabalho dos reinóis.

É o Recife o principal objeto da emulação (por lhe não chamar ódio) dos moradores de Olinda e da maior parte dos filhos da terra, sendo a causa o verem que vindo os filhos de Portugal, que nele habitam, pela maior parte pobres e por não perdoarem a trabalho, chegarem a adquirir pela sua indústria (a que eles chamam roubos) os cabedais que os filhos do Brasil pela sua ociosidade (para não dizer preguiça) costumam esperdiçar. E considerando depois disto que de força se há-de valer deles pelo seu remédio, tanto de fazenda como de dinheiro e de tudo mais que necessitam (porque entre os paisanos [i.é, conterrâneos] não acham este préstimo), como não medem os gastos pelos cabedais que possuem senão pela desordem de seus apetites, ajuntando dívidas sobre dívidas e fazendo-se remissos na paga, vem a resultar, depois de venderem os postos que ocupam e ficarem sem os bens por penhorado neles, tornarem a raiva desta sua incúria aos recifenses, a quem devem. E como a indigência lhes não faça perder os brios, têm por menos-

---

[181] *Memórias históricas*, iv, pp. 57-8.

cabo de sua fidalguia não o deverem mas sim a violência com que por justiça os fazem pagar.[182]

Na visão mascatal, a propensão ao endividamento representava uma tendência inata no comportamento dos pró-homens, tanto assim que, segundo outra fonte recifense, havendo a Companhia das Índias Ocidentais, ao tempo da ocupação batava, lhes adiantado crédito abundante, eles lhe haviam ficado devendo várias vezes o valor do que possuíam, não faltando quem pensasse que "foi esta a maior ruína dos holandeses para poderem mais brevemente ser expulsos". Daí que à açucarocracia fosse indispensável mudar de suserano a cada ciclo de trinta anos, de modo a livrar-se dos débitos contraídos no período, não porque os frutos da terra fossem insuficientes "aos lícitos e medianos estados", mas porque as suas despesas eram tão "sem medida nem conta que os cabedais de todo o mundo não podem bastar a tão desordenados gastos quais causam as influências do clima". Ao argumento ambiental, na América espanhola como na portuguesa, apelava frequentemente o discurso peninsular, secular ou eclesiástico, destinado a justificar a superioridade dos reinóis sobre os mazombos.[183]

Às autoridades da Coroa, impressionava a veemência da aversão recíproca. O governador Castro e Caldas pretendia que ela fosse ainda mais intensa do que a prevalecente entre castelhanos e portugueses nas povoações de fronteira da Península Ibérica, ou mesmo em outras partes da Europa. "Com o mesmo [rancor]", aduzia, "se criam os rapazes de uma e outra parte e se reconhece nos soldados de um e outro terço", isto é, dos regimentos de Olinda e do Recife. A entendimentos metropolitanos, o antagonismo parecia tão inusitado que, quando finalmente metamorfosear-se em guerra civil, recorrer-se-á aos precedentes célebres da história municipal italiana e aos "bandos antigos de guelfos e gibelinos", na falta de exemplos domésticos para efeito de

---

[182] *Calamidades*, pp. 16 e 84.

[183] "Tratado", fl. 7; Antonello Gerbi, *La disputa del Nuevo Mundo. Historia de una polémica, 1750-1900*, 2ª ed., México, 1982; D. A. Brading, *The first America. The Spanish monarchy, creole patriots and the liberal State, 1492-1867*, Cambridge, 1991, pp. 297-8; J. H. Elliott, *Empires of the Atlantic world. Britain and Spain in America, 1492-1830*, New Haven, 2006, pp. 234 ss.

comparação. O autor de um dos relatos das alterações de Pernambuco invocava a coeva rivalidade entre as cidades de Dinant e Bouvines, na França, que "tanto se aborrecem que não distando uma de outra senão um quarto de légua, tendo no meio o rio Mosa, não casam os de uma cidade com os da outra".[184]

Particularmente viva afigurava-se a animosidade dos olindenses, que os pró-homens exploravam para seus próprios fins, como acentuava o ouvidor João Guedes de Sá: ela seria tal que "os pais ensinam aos filhos como se fosse doutrina cristã e talvez primeiro". Por sua vez, a gente domiciliada "por fora", isto é, no interior, seguia o exemplo de Olinda "por opinião ou inveja dos cabedais do Recife e como se querem apropriar [i.é, monopolizar] as governanças [i.é, os cargos do poder local] empurram para eles os gravames e mais os agravos [...] Daqui vem que não lhes contenta o que não se encaminha a destruir o Recife e querem ter os governadores e ministros como aferrolhados em gaiola". "Ódio inextinguível que com o primeiro leite bebem logo em tenros anos os naturais do Brasil contra os filhos de Portugal", afirmará uma das fontes mascatais, o qual em Pernambuco era particularmente virulento, devido a que o Recife, "crescendo de limitados princípios a nobilíssimos progressos, se fez senhora do oceano brasílico, recebendo em suficiente porto dilatadas frotas, sem invejas da Bahia e Rio de Janeiro, que apenas lhe levam a primazia pelo ouro que as enriquece".[185]

Radicalização desconhecida na Bahia, onde haviam sobrevivido várias feições da fase quinhentista do açúcar brasileiro, como o exercício da agricultura e do comércio pelo mesmo indivíduo. Mercadores e proprietários do Recôncavo partilhavam as funções na Câmara de Salvador ou se ombreavam na Santa Casa e nas confrarias religiosas. Como assinalou David Grant Smith, "a própria facilidade com que os comerciantes ricos pularam a barreira

---

[184] Sebastião de Castro e Caldas a D. João V, 22.viii.1708, AHU, PA, Pco., cx. 14; "Gazeta composta em forma de cartas com algumas notícias desde o ano de 1703 até o ano de 1716 por José Soares da Silva", BNL, FG, 512, fl. 117 (existe edição feita em Oeiras, 1931); *Calamidades*, p. 243; "Notícia da expulsão do governador Sebastião de Castro e Caldas", IHGB, lata 24, documento 6, fl. 3.

[185] João Guedes de Sá a D. João V, 18.vi.1709, AHU, PA, Pco., cx. 14; "Notícia das alterações de Pernambuco", fl. 1v, coleção Pedro Corrêa do Lago.

para tornar-se parte da elite a impediu de se transformar numa corporação fechada que poderia ter marginalizado um grupo social economicamente poderoso e politicamente fraco, situação que quase certamente teria provocado conflito de classe". Destarte, "os homens de negócio continuaram a se tornar senhores de engenho-comerciantes e a casar na nobreza local", sem querer "suplantar a elite baiana mas aliar-se a ela", gerando "um processo permanente por meio do qual os comerciantes mais bem-sucedidos foram absorvidos na elite agrícola".[186] Processo que, em Pernambuco, não se verificará antes de meados do século XVIII.

Até então, a conflitividade entre nobres e mascates foi tanto mais aguda quanto o aparteísmo social (medido, por exemplo, pela endogamia de classe praticada por ambos os estratos, ou pela especialização de classe das ordens terceiras) impediu que o casamento e a convivência atenuassem a rudeza do embate. A nobreza costumava, aliás, ser mais flexível no tocante ao casamento das filhas, que via de regra não acarretava a transmissão hereditária do engenho, reservado aos filhos varões. Declarando um partidário de Olinda não haver no Recife "homem capaz de ser vereador, porque só podiam saber e dar voto nos negócios de venda e compra", retrucou-lhe o governador Castro e Caldas que tal raciocínio só "servia de aniquilar os filhos de Pernambuco, pois para casarem suas filhas antepunham a uns homens que na sua opinião não tinham préstimo para repúblicos, aos seus naturais, tão prezados de nobres".[187] Na realidade, a preferência matrimonial alegada pelo governador ainda esbarrou por muito tempo na resistência, inclusive dos mercadores, não menos endogâmicos que os pró-homens, embora por motivo diverso.

Privilegiar as alianças conjugais entre famílias mercantis representava a melhor maneira de acelerar a acumulação de capitais mediante os pingues dotes que os homens de negócio se podiam conceder reciprocamente, o que não acontecia com a nobreza; e de preservar a fortuna doméstica dos riscos

---

[186] David Grant Smith, "The mercantile class of Portugal and Brazil in the Seventeenth century: a socioeconomic study of the merchants of Lisboa and Bahia", University Microfilms International, Ann Arbor, 1975, pp. 401-2.

[187] *Calamidades*, p. 25. Para a comparação entre as situações baiana e pernambucana, Evaldo Cabral de Mello, *Rubro veio. O imaginário da restauração pernambucana*, 3ª ed., São Paulo, 2008, pp. 152-4.

pecuniários das conexões com a nobreza, reputada pródiga ou inepta na gestão dos bens. Tal estratégia só se relaxará a partir da terceira ou da quarta geração da progênie mascatal, com sua plena integração à sociedade local. Paralelamente, impôs-se a prática dos comerciantes confiarem seus negócios a parentes ou amigos especialmente trazidos do Reino e eventualmente transformados em genros, de maneira a garantir a continuidade e a solidez dos negócios, desta vez contra a incompetência e a tendência perdulária imputadas aos próprios descendentes já pernambucanos, que se encaminharam para as profissões liberais, o clero, o funcionalismo ou a carreira militar, estimulados pelas perspectivas de aquisição de *statu* que lhes eram intrínsecas.

A economia açucareira os parira xipófagos, mas nobres e mascates comportavam-se como inimigos. O autor do "Tratado da capitania de Pernambuco" era o primeiro a reconhecer a interdependência de ambas as camadas e a lamentar os estragos que a rivalidade lhes trazia, sublinhando "mui preciso ser, como sempre foi, que estes moradores da praça, filhos de Portugal, vivam e tenham trato com os moradores de fora, e sem estes nem um nem outro se poderão conservar e isto se deve ter por tão certo como infalível". Não se tratava de fenômeno recente. Pelo contrário, "sempre os homens da praça venderam as suas fazendas, escravos e mais misteres adjuntos ao comércio, aos homens de fora, para estes poderem viver e menear e pagar-lhes com os frutos da terra, havidos pela sua agricultura", embora ocorresse também que "nunca o produto dos frutos chegava a igualar o número do empenho".[188]

O endividamento da açucarocracia teria quebrado o frágil mecanismo do comércio e do crédito, mormente a partir da guerra de sucessão da Espanha. Os pró-homens "não viam receita e despesa, para o que não olham e somente para que se lhes dê o que pedirem para o seu uso e necessário". O crescimento dos seus débitos acabou afetando a posição dos comerciantes, já abalada, de outro lado, pelas "continuadas perdas que experimentou a praça [do Recife] nas frotas e nas demoras delas", causadas pelo conflito europeu. No quadriênio 1707-1710, tinham-se perdido nada menos de quinze ou dezesseis naus da carreira de Pernambuco. Na realidade, já ao tempo do governo de Montebelo, a situação não era boa. Solicitando El Rei que o comércio

---

[188] "Tratado", fls. 13-14v.

recifense participasse com seus cabedais para a recém-fundada Companhia da Índia, o governador exprimira ceticismo por "ser certa e geral a impossibilidade dos homens de negócio" não só em face da escassez de meio circulante como também do fato de que "não há nenhum que não deva mais do que tem" aos comerciantes da metrópole.[189]

Para o contraste entre continuidade na Bahia e ruptura em Pernambuco, terá contribuído decisivamente a dominação holandesa, na medida em que aprofundou a separação entre a etapa produtiva e a comercial da atividade açucareira, graças à maior especialização do capitalismo mercantil dos Países Baixos, a que cumpre acrescentar as circunstâncias específicas da implantação e da liquidação do poder batavo no Nordeste. A partir da ocupação (1630-1637), os senhores que permaneceram à frente das suas propriedades e os que adquiriram a prazo os engenhos confiscados pelo governo neerlandês encontraram-se numa dependência acentuada do crédito dos comerciantes holandeses e judeus do Recife, seja para reerguer e reparar as fábricas destruídas durante a primeira fase da guerra, seja para refazer os plantéis de mão de obra africana. O pesado endividamento então incorrido, agravado pela queda do preço do açúcar em Amsterdã desde 1638, explica em grande parte o levante restaurador deflagrado sete anos depois.

A produção e o comércio do açúcar segregaram-se em grupos nacionais, dando motivo à queixa de que os senhores luso-brasileiros se haviam tornado meros feitores dos negociantes estrangeiros do Recife; e capitais batavos financiaram até mesmo os setores de subsistência da economia local. De tudo isto procedeu também aquele divórcio entre a vida urbana e a vida rural, há muito assinalado pelos autores que nele enxergaram característica peculiar ao Brasil holandês, desconhecida, portanto, na América portuguesa.[190] A atitude neerlandesa entre nós não foi diferente da que assumiriam nas colônias açucareiras do Caribe: ali também os capitais neerlandeses, que atuaram de maneira crucial no seu desenvolvimento, restringiram-se ao financiamento e à comer-

---

[189] *Ibid.*; BL, Add. 21.000, fls. 105 e 141v.

[190] Gilberto Freyre, *Sobrados e mucambos. Decadência do patriarcado rural e desenvolvimento do urbano*, 8ª ed., Rio de Janeiro, 1990, pp. 4-6; e Sérgio Buarque de Holanda, *Raízes do Brasil*, pp. 70-2.

cialização do produto.[191] Por fim, a restauração pernambucana devolveu à Coroa lusitana uma região devastada pelo segundo ciclo bélico (1645-1654), colocando sua reconstrução na dependência dos modestos recursos de que dispunha então o comércio reinol, induzido agora a acantonar-se na esfera mercantil em função do declínio do preço do açúcar no mercado internacional.

Vale a pena citar o texto em que um historiador nativista do século XIX parafraseia a crônica de Gonçalves Leitão quando trata das origens do antagonismo entre a nobreza e a mascataria. Um "turbilhão de aventureiros aurissedentos [...] todos os anos, nus e miseráveis, aportavam no hospitaleiro Pernambuco". "Desta gente, pois, a mais abjeta de Portugal, ignorante e sobremaneira mal-educada, abundava esta província". Aqui desembarcados, "esses forasteiros conseguiam, a troco de algum trabalho pessoal, adquirir quatro ou seis mil réis", com os quais compravam toda sorte de gêneros que "saíam a vender pelas ruas e freguesias do interior". "Deste giro mesquinho [...] os seus patrícios (que tinham como eles principiado) os livravam, fiando-lhes fazendas para venderem aos moradores do campo, e assim, arvorados em mascates, em breve aqueles estúpidos que em Portugal nem para criados serviam, tornavam-se capitalistas e, esquecendo-se de seus princípios, julgavam-se superiores à nobreza do país, que tão benignamente os acolhera e que, entregue ao honorífico trabalho agrícola, os honrava e favorecia liberalmente em todas as ocasiões."[192]

O ressentimento exalado nestas linhas não compromete sua veracidade. As alusões depreciativas aos começos de vida dos comerciantes recifenses distam de ser o fruto do imaginário senhorial. Atendo-nos àqueles indivíduos que tiveram papel proeminente na comunidade mascatal do Recife, sabe-se de Miguel Correia Gomes, um dos chefes do levante de 1711, haver sido criado do futuro cunhado, Domingos da Costa de Araújo, quando "nos deu água às mãos e nos serviu à mesa", passando depois a mascatear, "carregado de alforjes de drogas que, apregoando, vendia pelas portas; e os nossos negros

---

[191] Jonathan I. Israel, *Dutch primacy in world trade*, 1585-1740, Oxford, 1989, pp. 205-6 e 236-40; Richard S. Dunn, *Sugar and slaves*, pp. 19, 65-6 e 231; Jean Meyer, *Histoire du sucre*, Paris, 1989, pp. 115 ss.; P. C. Emmer, "The Dutch and the making of the second Atlantic system", pp. 75-96.

[192] *Memórias históricas*, iv, pp. 56-7.

lhe davam agasalho em suas casas", vale dizer, na senzala, como rememorava um dos chefes da sedição da nobreza. Outro, Joaquim de Almeida, começara na terra como "moço de um mulato", isto é, serviçal de mercador, provavelmente Luís Cardoso, que, nascido escravo, alforriou-se, passando de caixeiro de negociante alemão da praça a mercador de sobrado.[193]

Ao invés dos seus sucessores de Setecentos, as primeiras gerações mascatais fixadas na capitania no decurso da segunda metade de Seiscentos não deixaram vestígios na história genealógica, indício flagrante de obscuridade social. As representações do corpo de comércio da praça, em 1670 e 1686, alinham assinaturas de indivíduos que jamais ultrapassariam o anonimato da loja ou a rotina dos tratos e contratos, numa confirmação do que alegava Gonçalves Leitão, no sentido de que esses pais fundadores "só do comércio cuidavam", sem alimentar, também ao contrário das gerações seguintes, ambições descabidas de promoção social ou política. Em tais listas, notam-se apenas os nomes de Joaquim de Almeida, que já se tornara uma espécie de patriarca do grêmio mercantil quando das alterações de 1710-1711, e o de Antônio Fernandes de Matos, que merecia ter, na história urbana do Recife, lugar não menos eminente quanto o atribuído ao conde de Nassau, ou, no século XIX, ao conde da Boa Vista.[194]

É certo que Fernandes de Matos não começou a vida pelo comércio ambulante, como a maioria dos seus pares, que não tiveram o mesmo êxito. Mas fê-lo sob a condição igualmente subalterna de pedreiro. Ao longo do terço final do século XVII, ele atuou em todos os setores da economia local: construção civil, especulação imobiliária, propriedade imóvel rural e urbana, navegação, tráfico de escravos, exportação e importação, comércio a grosso e a varejo, arrematação dos contratos de cobrança de impostos, agiotagem, provimento das frotas, criação de gado. Os monumentos civis, militares e religiosos que construiu ou reformou denotam, além do gosto do empreendimento e da paixão do ganho, um verdadeiro programa de promoção da urbe que o holandês fundara mas que Olinda forcejava em reduzir à posição

---

[193] *Ibid.*, p. 134; Cabral de Mello, *O nome e o sangue*, pp. 35-7. Para Luís Cardoso, J. A. Gonsalves de Mello, "Nobres e mascates na Câmara do Recife, 1713-1738", RIAP, 53 (1981), pp. 119 e 250.

[194] AUC, CA, 31, fls. 240-1 e 405-6.

anterior de anteporto. Programa que, ao representar a pujança comercial do Recife, não estava destituído de intenções políticas: igreja e convento do Carmo, igreja e hospital do Paraíso, colégio da Companhia de Jesus e a anexa igreja de Nossa Senhora do Ó, igreja e convento da Madre de Deus, capela da Ordem Terceira de São Francisco, o forte do Matos, o quartel do Paraíso, as obras do porto e das pontes, a casa da moeda, a reparação do palácio das Torres e o arco e capela do Bom Jesus.[195] No tocante a seus contemporâneos da praça, ignora-se a composição da fortuna e o espectro de suas atividades econômicas.

Está-se melhor informado sobre a segunda e a terceira gerações de mascates — as que promoveram o levante de 1711. Ao comércio de grosso trato, com ou sem loja aberta (mas frequentemente com ela), eles associaram-se à propriedade de embarcações de cabotagem ou destinadas ao comércio da costa da África; a exploração de trapiches e armazéns; a operação de curtumes e fábricas de atanados; a propriedade de bens de raiz no Recife, ou de engenhos situados nas suas vizinhanças, que muitas vezes lhes vieram às mãos através da execução de dívidas; e, desde o fim do século XVII, após a guerra dos bárbaros e a abertura da fronteira pecuária no Rio Grande do Norte e no Ceará, a obtenção de sesmarias e o estabelecimento de fazendas de gado. Tampouco descuidaram das oportunidades derivadas da administração fazendária, como a arrematação dos contratos de cobrança de impostos, o almoxarifado, a feitoria e a escrivania da alfândega e da fazenda, a tesouraria da junta de comércio e dos defuntos e ausentes, o juizado da balança, o cargo de patrão-mor da barra; ou da administração da justiça, como tabelionatos e cartórios, cuja retribuição efetuava-se sob a forma de emolumentos, gozando ademais de estatuto que permitia a transmissão aos parentes e a venda ou arrendamento a terceiros, o que tornava tais funções bem mais atraentes do que os empregos públicos assalariados.[196]

Na crônica de Gonçalves Leitão, o comércio ambulante é a criação do Recife no fito de estender seus tentáculos ao interior de Pernambuco e capi-

---

[195] Gonsalves de Mello, *Um mascate e o Recife*, passim.

[196] Gonsalves de Mello, "Nobres e mascates", *passim*; George Félix Cabral de Souza, *Elite y ejercicio del poder en el Brasil colonial: la Cámara Municipal de Recife (1710-1822)*, tese de doutorado, Universidade de Salamanca, 2007.

tanias vizinhas. Nem sempre, porém, fora assim. De início, muitos mascates haviam acumulado capitais em prejuízo do comércio local. Nos anos 1670, os mercadores, apoiados aliás pela Câmara de Olinda, reclamaram contra o aumento do número de bufarinheiros que lhes faziam feroz concorrência, com a oferta de ampla gama de artigos. Vendendo à vista, eles absorviam o numerário escasso da terra em detrimento do pagamento das dívidas da gente do campo no Recife e dos direitos devidos ao real fisco. Os governadores submeteram-nos a licença prévia, só lhes permitindo negociar com "fitas e linhas e outras coisas de menor importância", mas não com "fazendas de vara e côvado". Nos anos 1680, chegou-se finalmente a um *modus vivendi* mediante acordos de parceria ou pagamento de comissões que os transformaram em sócios volantes das firmas da praça. Outros haviam-se sedentarizado: o caso de José Rodrigues de Carvalho, que mascateara "com seus escravos, vendendo fazendas", chegando a possuir "lojas de mercador por sua conta, em que não assistia mas tinha caixeiros", de modo a poupá-lo ao mister de medir e pesar que comprometeria suas expectativas sociais.[197]

Igualmente veraz era Gonçalves Leitão ao afirmar que a segunda e terceira gerações de mascates buscaram a promoção política a que seus antecessores não se tinham atrevido. Frente a tal carreirismo, a açucarocracia adotara atitude benigna, concordando em que ocupassem postos administrativos, embora a título excepcional e posição minoritária; e até lhes fornecendo certidões falsas com que reivindicarem hábitos das ordens militares, fazendo-se passar por aparentados da nobreza local. Desta, muitas pessoas, reduzidas à pobreza, venderam-lhes os direitos às mercês herdadas de pais e avós por serviços prestados durante a guerra holandesa, prática contra a qual terminaria insurgindo-se a Câmara de Olinda e que motivou providências régias.[198]

A tática limitadamente cooptadora dos pró-homens revelou-se contraproducente. Em vez de moderar o apetite dos reinóis, teve o efeito de extremá-lo, de modo que "quiseram [desde então] abater e destruir toda a nobreza, por que isentos ficassem logrando as honras que pelo braço e sangue alheios

---

[197] AUC, CA, 31, fls. 288v-289, 356-356v, 372-372v e 399-400; Gonsalves de Mello, "Nobres e mascates", pp. 193-4; *Memórias históricas*, iv, p. 134.

[198] Cleonir Xavier de Albuquerque, *A remuneração de serviços da guerra holandesa*, Recife, 1968, pp. 105 ss.

foram adquiridas". Ademais, enriquecidos graças ao crédito usurário, os mascates acederam à privança dos governadores (que tinham seus próprios motivos pecuniários para cultivá-los) e passaram a intervir nos negócios políticos a fim de levar a cabo seu plano.[199] Os homens principais julgaram-se traídos; e, com efeito, um dos mais frequentes tópicos do discurso mazombo é a ingratidão mascatal.

O primeiro degrau na ascensão social do mascate era o ingresso nas irmandades e confrarias do Recife, criadas e dotadas pela comunidade mercantil. A partir daí, as portas estreitavam-se. A Santa Casa da Misericórdia de Olinda, clube nobiliárquico gerido pelo clero da cidade, não via com bons olhos a presença de mercadores, a menos que se contentassem com a posição de irmãos de "menor" ou de "segunda condição", no mesmo pé dos artesãos e da mais gente da plebe. Tratava-se de exigência no tocante à qual a Misericórdia da Bahia mostrava-se flexível, tanto assim que acolhia como irmãos de "maior" ou de "primeira condição" os comerciantes de sobrado, discriminando apenas contra os de loja.[200] Até a criação da Misericórdia do Recife (1737) e mesmo depois, a Ordem Terceira de São Francisco funcionou como a réplica praciana da entidade olindense, seja no plano do prestígio, seja no prático, dos serviços dispensados aos membros.

Outro degrau a galgar era o de familiar do Santo Ofício, título concedido pelo seu Conselho Geral em Lisboa com base em investigação rigorosa do candidato, da sua mulher e da ascendência de ambos. No século XVIII, ser familiar compensou a dificuldade da obtenção de hábitos das ordens militares, vedados à grande maioria dos mascates, de vez que El Rei só excepcionalmente relevava os "defeitos mecânicos", isto é, as incompatibilidades oriundas do exercício do trabalho manual. Embora no reinado de D. João V a Coroa estimulasse (inclusive por motivos fiscais) o acesso às ordens militares por parte do patriciado urbano que se decantava na América portuguesa, só no consulado de Pombal venceram-se as resistências finais. O alvará de 10 de fevereiro de 1757 e os estatutos da Companhia de Comércio de Pernambuco

---

[199] "Guerra civil ou sedições de Pernambuco", *Revista do Instituto Histórico e Geográfico Brasileiro* [RIHGB], xvi (1853), p. 7.

[200] A. J. R. Russell-Wood, *Fidalgos and philanthropists*, Los Angeles, 1968, p. 125.

e Paraíba consagraram a dispensa automática dos "defeitos mecânicos" aos primeiros acionistas ou àqueles que adquirissem mais de dez ações.[201]

Para opor-se à mascataria, a nobreza da terra precisou reconstruir sua unidade, abalada pelo domínio holandês. A açucarocracia *ante bellum* compusera-se dos descendentes dos povoadores desembarcados com Duarte Coelho e ao tempo do seu governo (1535-1554) e do da sua viúva (1554-1560); e de uma camada de reinóis que aportara no sulco do *boom* canavieiro do último quartel de Quinhentos e de começos de Seiscentos. Exceto uns raros pequenos fidalgos de província, todos procediam dos estratos médios das urbes marítimas de Portugal e das vilas da sua hinterlândia, sobretudo nortenha: funcionários, letrados, comerciantes cristãos-novos, artesãos. Socialmente heterogênea, a açucarocracia *ante bellum* também o foi quanto à fortuna pessoal, abrangendo, além dos senhores de engenho (isto é, de quem possuía a "fábrica", ou seja, o equipamento manufatureiro), os lavradores de cana, encarregados das fainas agrícolas, quatro ou cinco vezes mais numerosos. Mesmo entre senhores de engenho prevaleciam significativas disparidades de renda, como as derivadas da posse de um engenho ou de um simples molinote ou da condição de proprietário na várzea do Capibaribe ou nas Alagoas. Por fim, a açucarocracia *ante bellum* caracterizara-se pela instabilidade dos seus quadros, a qual decorrera da natureza comercial e por vezes especulativa da economia açucareira.[202]

Durante a guerra e ocupação holandesas (1630-1654), em 162 engenhos existentes no Nordeste, 38% (62 unidades) foram abandonados pelos senhores, que se retiraram do Nordeste. Muitas fábricas foram desmontadas, roubadas ou danificadas, enquanto a escravaria fugia. Mas a liberalização do comércio entre o Brasil holandês e os Países Baixos permitiu a reativação do sistema produtivo. As propriedades devolutas foram confiscadas e revendidas a crédito a comerciantes holandeses e judeus, a burocratas e oficiais do exército e também a colonos luso-brasileiros. Para repô-los moentes e correntes, crédito

---

[201] Fernanda Olival, *As ordens militares e o Estado moderno. Honra, mercê e venalidade em Portugal (1641-1789)*, Lisboa, 2001, p. 205. O preconceito contra o trabalho manual, embora tendo lançado raízes mais tenazes na península Ibérica, não constituía originalidade sua, mas ideologicamente tinha no Ocidente uma história que remonta pelo menos às formulações de Cícero: Paul Veyne, *La société romaine*, Paris, 1991, p. 44.

[202] Cabral de Mello, *Rubro veio*, pp. 127 ss.

fácil lhes foi adiantado, bem como aos lavradores de cana, embora a juros escorchantes. Segundo cronista batavo, "o comércio passou a fazer movimento em escala nunca dantes atingida", fechando-se "transações de muitos milhões [de florins] em curto espaço de tempo". Sobre a euforia do quinquênio 1638-1642, incidiu a crise do preço do açúcar em Amsterdã, parte do fenômeno mais largo de declínio dos preços dos produtos coloniais e de reversão da tendência secular à expansão. Quando os capitais da metrópole passaram a ser cobrados aos negociantes do Recife, o colapso comercial tornou-se iminente. Diante do problema, o governo do Brasil holandês recorreu à encampação das dívidas de uma parte da açucarocracia em troca de garantia hipotecária. Na realidade, ele fomentara, desde o confisco e revenda dos engenhos, as circunstâncias que facilitariam a eclosão da revolta de devedores luso-brasileiros destinada a restituir a região à suserania lusitana. Raciocinavam as autoridades do Recife que tais indivíduos, devendo-lhes sua ascensão pessoal, serviriam de esteio à dominação neerlandesa no interior. Erro de cálculo que só se revelará plenamente quando dentre os grandes devedores surgir o próprio chefe da insurreição de 1645, João Fernandes Vieira.

Imprensados entre a execução das dívidas e a trama da Coroa visando à restauração do domínio português, Fernandes Vieira e aliados decidiram-se pela insurreição, a fim de impedir que ela se fizesse sem eles, e, por conseguinte, contra eles e a favor dos antigos senhores. A manobra foi bem-sucedida. A guerra de restauração (1645-1654) levou-se a cabo graças à precária coalizão dos novos proprietários luso-brasileiros, dos senhores luso-brasileiros que, igualmente endividados, tinham permanecido à frente de suas fábricas e dos antigos donos exilados ansiosos por retomarem seus bens. Após a vitória, D. João IV recusou-se, por temor a uma guerra civil, a ordenar fossem restituídas as propriedades àqueles mesmos que as haviam perdido por acatarem as recomendações régias para se retirarem de Pernambuco. Deixou-se aos litigantes, em cada caso, a tarefa de chegarem a acordo mutuamente aceitável. A solução da querela levou vinte anos.[203]

Desde então, trataram os pró-homens de cerrar fileiras a fim de legitimar seu poder, passando a se apresentar como "nobreza da terra". No período *ante bellum*, eles se haviam designado por "principais" ou "homens principais",

---

[203] *Idem, Olinda restaurada*, pp. 317 ss.

vocábulos com que se nomeavam no Reino os indivíduos de cabedal e de influência. A partir da capitulação holandesa, "nobreza da terra" passou a denominar aqueles descendentes dos "homens principais" de outrora, cujo *statu* haviam logrado preservar, bem ou mal, no decurso da guerra. Conexamente, surgiram o discurso e a prática genealógicos bem como a noção do caráter aristocrático da colonização quinhentista da capitania. Destarte, aduzia-se a qualidade inata do sangue aos méritos adquiridos na conquista da terra e na resistência aos batavos.[204] Mutação vocabular que nada tinha de original, pois se acordava ao modelo das elites municipais do Reino, onde poder e riqueza traduziam-se, ao cabo de duas ou três gerações, no acesso aos escalões inferiores da nobreza. Entre nós, o interesse de tal transformação reside sobretudo na sua convergência cronológica com o conflito entre nobres e mascates.

Outras distinções ocorriam entre os naturais da terra de origem lusitana e os naturais de Portugal ou das ilhas. Nos idiomas bantos, "mazombo" designava o indivíduo taciturno ou macambúzio, acepção que se transmitira ao Reino e ao Brasil, mas que podia significar também pessoa mal-educada e rude.[205] Em Pernambuco, mazombo passou igualmente a indicar o filho do português nascido na terra, o equivalente do "*criollo*" da América espanhola, expressão que ali já se tornara ofensiva no século XVI, donde ser proibida nos colégios jesuítas do México. Seu equivalente lusitano, "crioulo", era reservado aos africanos nascidos no Brasil. No século XVIII, "mazombo" já era termo ofensivo, e com esta conotação recolheu-o Morais Silva na primeira edição do seu dicionário (1789). Malgrado Pereira da Costa, é provável que seu emprego entre nós tenha sido depreciativo desde o começo.[206] Só na segunda metade de Seiscentos, mazombo tornou-se orgulhoso coletivo, paralelamente ao outro apodo, "pés-rapados", que seguramente originou-se entre os reinóis radicados no Brasil para aludir ao costume do andar descalço. Aplicado

---

[204] *Idem, Rubro veio*, pp. 157 ss.

[205] Yeda Pessoa de Castro, *Falares africanos na Bahia: um vocabulário afro-brasileiro*, Rio de Janeiro, 2001, p. 281. José Ramos Tinhorão pretendeu, porém, que a etimologia de mazombo fosse a de donzela: *Os negros em Portugal: uma presença silenciosa*, Lisboa, 1988, p. 35.

[206] Anthony Pagden, "Identity formation in Spanish America", Nicholas Canny e Anthony Pagden (orgs.), *Colonial identity in the Atlantic world, 1500-1800*, Princeton, 1987, p. 79; Pereira da Costa, *Vocabulário pernambucano*, pp. 476-7.

aos pró-homens, "pés-rapados" visava evidentemente ridicularizar as pretensões sociais de indivíduos que, na percepção realista dos homens de negócio, não passariam muitas vezes de pobretões ou a caminho de sê-lo.

Reciprocamente, na ótica da nobreza da terra, os mercadores recifenses, a despeito da riqueza acumulada, não se livrariam jamais do opróbrio associado às atividades manuais, mormente a que consistira em mascatear. Aliás, foi somente em Pernambuco que o termo "mascate" extrapolou o significado estrito de regatão ou bufarinheiro para adquirir o sentido lato de comerciante reinol. A intenção injuriosa é intrínseca a todos esses epítetos, invariavelmente procedentes do estrato rival. Os naturais foram também chamados de "canelas pretas", expressão que parece ter sido reservada aos matutos, ou seja, às camadas pobres mas livres da população rural. Igualmente afrontosos tornar-se-iam os apelidos de "marinheiro" para o reinol e de "brasileiro" para o natural da América portuguesa, ambos postos a circular no decurso do século XVIII.

A nobreza também buscou redefinir seus vínculos com a Coroa, pretendendo que a restauração do domínio lusitano fora obra exclusiva sua, pois alcançada sem auxílio do Reino e até contra a vontade da Coroa. No papel que redigirá, a mandado de D. João V, sobre as alterações de 1710-1711, o secretário do governo de Pernambuco, Antônio Barbosa de Lima, referia-se ao motor ideológico dos acontecimentos como "a proposição temerária mas abusória", há muito introduzida na terra e segundo a qual "os nacionais daquela conquista são vassalos desta Coroa mais políticos do que naturais, por haverem restaurado seus pais e avós aquele Estado da tirânica potência da Holanda". Noção que raiava pela heresia política, "pois assim como a fé católica duvidosa não é fé, assim também lealdade disputada não é lealdade".[207]

Topos fundador do discurso nativista, a noção fora formulada pela primeira vez pela Câmara de Olinda numa representação a D. João IV (1651), em que solicitava a reserva dos cargos públicos da terra para seus "filhos e moradores", de vez que, "à custa de nosso sangue, vidas e despesas de nossas fazendas, pugnamos há mais de cinco anos por as [capitanias do Nordeste] libertar da possessão injusta do holandês". Afirmação fadada a grande sucesso: reiterada na segunda metade de Seiscentos e ao tempo das alterações de

---

[207] *Memórias históricas*, iv, p. 318.

1710-1711, perdurará, após a derrota da nobreza, no bolor das crônicas setecentistas para ressurgir na revolução republicana de 1817. O argumento tinha uma ambiguidade utilíssima. Na sua vertente conservadora, servia para proclamar a especial fidelidade dos mazombos à Coroa, sendo instrumentalizado também por funcionários régios; na vertente oposta, funcionou sediciosamente como base da concepção contratualista a que aludia Antônio Barbosa de Lima. Ao contrário dos demais vassalos da América portuguesa, meros "súditos naturais", os pernambucanos eram "súditos políticos" ao terem, de sua livre e espontânea vontade, restituído ao domínio português uma terra que haviam duplamente conquistado, primeiro aos índios, depois aos neerlandeses. Consequentemente, a gratidão de D. João IV concedera-lhes, à raiz da restauração, um elenco de foros, isenções e franquias, quer de natureza fiscal, como a dispensa de novos impostos, quer administrativa, como a reserva dos cargos locais, civis, militares e eclesiásticos. Argumentação inspirada nas concepções políticas do escolasticismo tardio que vegetavam na Península Ibérica, só irrompendo vez por outra graças à restauração da independência portuguesa (1640), a que serviu de justificação teórica.

Malgrado sua capacidade mobilizadora em prol das reivindicações oligárquicas ao poder local, tal discurso, como sói acontecer aos mitos constitucionais, carecia de fundamento histórico. Certamente, os ônus fiscais da guerra de restauração haviam recaído em especial sobre a açucarocracia, e o peso do recrutamento afetara principalmente os mazombos. Contudo, superado o momento inicial de indecisão política da Coroa, correspondente *grosso modo* ao período entre a eclosão do levante luso-brasileiro e a reação nacionalista na Corte contra a entrega de Pernambuco aos holandeses (1645-1648), a Coroa apoiou o movimento, a despeito da precariedade da sua situação financeira e da sua posição internacional. Em matéria fiscal, não houvera compromisso, mantendo-se inclusive os tributos criados ao tempo da guerra, aos que se havia acrescentado o donativo da rainha da Inglaterra e paz de Holanda (1662). Quanto à reserva de cargos, D. João IV estipulara apenas que os ofícios de guerra, fazenda e justiça fossem providos nos restauradores somente por aquela primeira vez e desde que não exigissem conhecimentos especializados.[208]

---

[208] Para os parágrafos precedentes, Cabral de Mello, *Rubro veio*, pp. 91 ss.

Já nos anos sessenta, El Rei deixou de escolher os governadores da capitania entre os oficiais que se haviam distinguido na guerra holandesa. Mas como esse tipo de reivindicação tomasse alento até mesmo em partes do Brasil que não haviam participado da luta, a Coroa estendeu a preferência à América portuguesa (1673). Na realidade, a concessão ficou letra morta, de vez que para Pernambuco continuaram a afluir até mesmo sargentos e meirinhos. Quando a Câmara de Olinda renovou a queixa contra a desobediência, o monarca instruiu frouxamente o governador a executar a antiga ordem "nos termos hábeis e não havendo inconveniente", sendo informado de que, na prática, os cargos "não se dão senão às pessoas que são capazes de os servir". Diálogo equívoco, o Rei aludindo aos naturais da terra e o governador, aos moradores, inclusive os reinóis domiciliados em Pernambuco.[209] O mesmo casuísmo reinava no provimento das igrejas, conezias e dignidades eclesiásticas, pleiteadas pelos mazombos com não menor empenho.

Quando da repressão desencadeada pelo governo de Félix Machado (1711-1715), a nobreza negará de pés juntos a existência, que se lhe atribuía, da "sofística proposição" acerca da vassalagem meramente política dos pernambucanos. Desmentido pouco convincente. Pela mesma época, outras regiões do Brasil ou da América espanhola invocavam noções contratualistas. Em São Paulo, o bandeirismo desempenhou a mesma função legitimadora que a guerra holandesa em Pernambuco a fim de justificar os privilégios reivindicados pelos pró-homens paulistas face aos forasteiros, fossem reinóis ou procedentes de outras partes da América portuguesa. Às vésperas da Guerra dos Emboabas, contemporânea das alterações pernambucanas, os paulistas pleiteavam a exploração exclusiva das minas que seu esforço secular de penetração descobrira no rio das Velhas, no das Mortes ou no Ribeirão do Carmo. Segundo representação da Câmara de São Paulo (1700), eles é que tinham sido "os descobridores e conquistadores das ditas minas, à custa de suas vidas e gasto de suas fazendas, sem dispêndio da fazenda real",[210] lin-

---

[209] D. João V a Manuel Rolim de Moura, 14.x.1724, e Manuel Rolim de Moura a D. João V, 19.vii.1725, AHU, PA, Pco., cx. 20.

[210] *Apud* Odilon Nogueira de Matos, "A Guerra dos Emboabas", Sérgio Buarque de Holanda (org.), *História geral da civilização brasileira. A época colonial*, 2ª ed., 2 vols., São Paulo, 1963, i, p. 297.

guagem, portanto, análoga à dos memoriais em que, meio século antes, a Câmara de Olinda exaltava os serviços dos naturais da terra na expulsão dos holandeses.

No México ou no Peru alegava-se a existência de um pacto com os "*criollos*" pelo qual a Coroa, recompensando as conquistas de seus avós, reconhecera-lhes a nobreza e reservara-lhes os cargos públicos, sustentando-se mesmo que aquelas possessões constituíam reinos à parte em pé de igualdade com os que na Europa formavam a monarquia espanhola, como Castela, Aragão, Sicília, Nápoles e os Países Baixos espanhóis. A preferência dos "*criollos*" no preenchimento das funções locais de qualquer natureza ficou reconhecida em princípio desde 1681 (na prática, a teoria seria outra) pela "Recopilación de leyes de los reinos de las Índias". As violações a este suposto pacto ainda será uma das justificativas para a Guerra da Independência, do mesmo modo como farão os revolucionários pernambucanos de 1817 e 1824.[211]

A reação da nobreza às pretensões mascatais raiou pela paranoia de classe. A representação da Câmara de Olinda contra a instituição do Recife em vila passa a impressão de que os pró-homens consideravam-se vítimas de um complô da história, que se obstinaria em privá-los do desfrute da terra, tanto mais legítimo quanto ela fora arrancada por seus pais e avós à indiada hostil e ao meio rude. Contudo, quando "começavam a lograr os frutos dos seus trabalhos [...] se viram atropelados de repente pelo inimigo holandês". Malgrado suas tentativas de captá-los mediante inclusive os casamentos mistos, "para que já os filhos bebessem o sangue no leite das mães com inclinação estrangeira", os pró-homens haviam dissimulado a opressão sofrida, no desejo de regressarem à vassalagem do seu rei natural. Conhecida a aclamação de D. João IV, "sem dinheiro, sem armas e sem poder algum, mais que cegos da sua afeição, publicam liberdade e acometem com atrevimento nunca visto ao inimigo, senhor absoluto de poderosas armadas, de todas as capitanias e fortalezas delas". E a despeito do padecimento de suas mulheres e filhos e da perda dos seus bens, "tanto fizeram até que viram, rendida, a soberba [neer-

---

[211] A respeito da América espanhola, ver Anthony Pagden, "Identity formation in Spanish America", pp. 60 e 63-4, e *Spanish imperialism and the political imagination*, New Haven, 1990, pp. 118-9; e também Brading, *The first America*, cit., e Jacques Lafaye, *Quetzalcóatl et Guadalupe. La formation de la conscience nationale au Mexique*, Paris, 1974.

landesa] sujeitar-se humilde ao rei português, sujeitando-lhe por este modo esta grande parte da América e conseguindo o que não pôde Ásia nem África".

Tendo voltado a usufruir, sob a proteção dos reis da Casa de Bragança, uma "terra povoada com tanto trabalho, recuperada com tanto sangue e sustentada com tanta fadiga", eis que novamente lhes pregavam uma peça: "Começou este turno de areia [o Recife], por descuido dos nossos antepassados, a povoar-se com uma tal gente, como é notório, vindo despidos, sem estimação nem lugar onde haviam nascido, com tanta humildade que mais se podiam reputar servos que senhores e, achando piedoso agasalho e urbanidade notável, ocuparam honras, lugares na república e estimações singulares". Tais forasteiros, porém, "quais ondas do mar, impelidas de soberbo vento, não guardando já os limites do seu território, rompem os rochedos mais duros e as balizas mais fortes e tudo inundam, sem respeito nem conhecimento do seu limitado princípio [...], levados desta infernal doutrina, pretenderam dar leis e não recebê-las", buscando "senhoriar com império e não com igualdade aqueles que os haviam agasalhado, não reconhecendo [estes] metiam no peito ao áspide. E para isso pretenderam dividir o Recife da cidade, querendo-o fazer vila".[212]

A ingratidão mascatal constituiu um dos tópicos mais caros ao discurso da nobreza, sendo reciclado pelo nativismo pernambucano ao tempo da Independência. Antes da elaboração que lhe deram a representação da Câmara de Olinda e a crônica de Gonçalves Leitão, ele já se exprimira em manifesto justificativo da sedição de 1710: "Começou o Recife a fazer-se um Pernambuco novo e alimentado à custa de Pernambuco velho", resolvendo "tirar a vida a este, esquecidos de sua obrigação, ingratos sempre e inimigos declarados, não vendo que os filhos de Pernambuco velho os receberam e os honraram, metendo-os na república, amparando-os e fazendo-os capazes de crédito e estimação". Gonçalves Leitão, por sua vez, utilizou os tópicos da culpabilização divulgados pela Reforma católica. Na sua prosperidade de novos-ricos, os mascates tinham-se excedido na prática dos pecados capitais. Pela usura, haviam arruinado a nobreza, "com destrezas tão gananciosas, que era

---

[212] "Papel em que o Senado da Câmara da cidade de Olinda e mais nobreza e povo desta capitania fazem presente as justificadas razões que têm para se não tratar na ocasião presente da vila do Recife, sem ordem de Sua Majestade", s.d., mas de 1711, AHU, PA, Pco., cx. 16.

um galarim cada negócio". Na gula, tinham chegado ao ponto de que, "em qualquer dia particular, a mesa de cada um [era] um esplêndido banquete de todas as iguarias e regalos mais deliciosos". E na soberba, "a si próprio desconheciam, vendo-se tão empinados, tão arrogantes e crescidos, sem nas ruas caberem por onde passavam e desconhecendo a quem os ajudou, lhes deu a mão e os fez gente".[213]

Como ao tempo da ocupação holandesa, o Recife dos mascates continuava a encarnar o domínio do capital mercantil, donde a aversão dos pró-homens pela praça, que "por influxo do lugar que foi morada e habitação de hereges, judeus e de várias outras seitas depravadas", tornara-se covil de usurários. O paralelo era, aliás, traçado de maneira favorável aos neerlandeses. Quando em 1711 encetar-se a repressão contra o partido de Olinda, um de seus próceres observará que a imputação de inconfidentes formulada contra eles pelos mercadores seria a prova de que, enquanto os batavos deram "o crédito aos pernambucanos no [re]nome que lhes deram, posto que lhes tirassem as fazendas [...], os moradores do Recife não só lhes tiraram as fazendas mas a honra, o crédito e os têm despojado de tudo". E a petição endereçada a D. João V por matronas da nobreza contra as tropelias desencadeadas pelo governo de Félix Machado contra os engenhos, lembrava que "não chegaram a mais os excessos do holandês [...], de que souberam despicar-se os pais e avós dos que agora se veem presos e afrontados".[214]

A distância física desempenhou função relevante no conflito, transformando em "rancor vicinal"[215] os antagonismos de classe e de naturalidade. Ao contrário da Bahia, Pernambuco, desde a ocupação holandesa, já não dispunha de centro urbano que cumprisse função socialmente integradora. Em Salvador, como na típica urbe portuguesa, a cidade alta, o espaço das autoridades, da gente principal e do clero, coexistia bem ou mal com a cidade baixa, ou seja, o espaço do comércio, do artesanato e das atividades portuárias, como, aliás, ocorrera na Olinda *ante bellum*, consoante indica o exame da sua topografia. Quando, após a restauração, o governo reinstalou-se ali, o

---

[213] "Manifesto que os de Pernambuco publicaram depois do levante que houve naquela capitania o ano de 1710", *Brasília*, vi (1951), p. 316; *Memórias históricas*, iv, pp. 164-5.

[214] *Memórias históricas*, iv, pp. 237-8 e 272.

[215] A expressão é de Gilberto Osório de Andrade, *Montebelo, os males e os mascates, passim*.

Recife reteve a função mercantil que lhe havia conferido o período holandês, rompendo-se assim o modelo lusitano. Mas ao passo que o Recife, sediando o comércio reinol, era praça "toda composta de homens filhos de Portugal", Olinda era apenas a fachada urbana da nobreza ruralizada, que só mantinha ali as instituições inescusavelmente citadinas, como a Câmara e a Santa Casa da Misericórdia.

Segundo o autor do "Tratado", "não vivia [ali] pessoa alguma daquelas a que chamam da nobreza, porque todas estas residem fora, uns nos seus engenhos, os que os têm, e outros em seus partidos [de cana], roças e mais lavouras de que vivem", razão pela qual só vinham à cidade esporadicamente ou só residiam nela durante o ano em que serviam os cargos municipais, a cujo exercício eram obrigados pelas *Ordenações*. Versão confirmada pelo governador Castro e Caldas ao acentuar que "em toda a dita cidade se não acha morador um só homem dos da governança, que fazer assistir nela os que servem na Câmara custa muito trabalho aos ministros [da Coroa]". Por conseguinte, "se não cuida como [se] deve no particular do bem comum e do serviço de Sua Majestade", do que nasciam as "notáveis perturbações" referidas pelo "Tratado" como se tendo tornado corriqueiras desde o retorno do governo a Olinda.[216]

As consequências de tal situação eram óbvias. Em 1715, o governador D. Lourenço de Almeida, após asseverar que "a gente nacional da terra é sumamente livre e revoltosa", atribuía tal propensão ao fato de ser "criada nestes sertões [i.é, no interior], aonde têm os seus engenhos e só falam uns com os outros", ignorando assim "a grande obediência que deve ter um vassalo às reais ordens de Vossa Majestade".[217] A ruralização da nobreza produzira uma sociabilidade restrita, na melhor das hipóteses, às vilas e povoações da Mata, impedindo assim o centro do poder colonial, onde residiam as autoridades monárquicas, de exercer a função de curializar os pró-homens, levando-os a conviverem com os outros grupos privilegiados da capitania, incutindo-lhes a cultura política da metrópole.

A rivalidade entre Olinda e o Recife era já centenária. Em começos do século XVII, o Recife continha apenas cerca de quatrocentos habitantes, fora

---

[216] "Tratado", fl. 9; Castro e Caldas a D. João V, 22.viii.1708, AHU, PA, Pco., cx. 15.

[217] D. Lourenço de Almeida a D. João V, 26.vii.1715, AHU, PA, Pco., cx. 17.

os embarcadiços, que podiam chegar a duzentos. Além da "paróquia muito bem ordenada e rica", onde se erguiam os armazéns de açúcar, existia apenas o convento franciscano situado na "outra banda", como ficará conhecida a ilha de Antônio Vaz, fronteira ao istmo do Recife e atual bairro de Santo Antônio. Em 1609, o sargento-mor do Estado do Brasil, Diogo de Campos Moreno, abordou o tema das vantagens comparativas em termos de segurança da colônia, afirmando enfaticamente que Olinda jamais poderia ser adequadamente fortificada, sua defesa dependendo, portanto, dos fortes da Lage e de São Jorge, sitos no Recife. A malquerença vicinal girava em torno da localização da alfândega: tendo a Coroa autorizado segunda aduana no Recife, tivera de voltar atrás a instâncias da Câmara de Olinda, embora as conveniências da fazenda real exigissem que ela permanecesse ali, a fim de pôr cobro ao descaminho dos artigos importados do Reino, carregados em barcas que subiam o rio Beberibe até o Varadouro. O sítio do Recife prestar-se-ia a fazer--se dele "um lugar mui honrado, mui rendoso e sustentado com mui pouca custa", necessitando apenas que se derrogasse a proibição de construções particulares baixada pelos vereadores de Olinda no objetivo de evitar a desvalorização das suas residências olindenses.[218]

Conquistada Olinda, os holandeses também se deram conta da sua indefensibilidade; e, malgrado a relutância das autoridades dos Países Baixos, terminaram por incendiá-la, optando pelo Recife, no qual, ademais de praça--forte reputada seguríssima, erigiram uma cidade de traçado condizente com sua cultura citadina, nela sediando a seu gosto o governo da colônia. O governador João Maurício de Nassau a enriqueceu com alguns dos monumentos da Europa coeva, palácios, um deles ao estilo palladiano, pontes, observatório, jardim botânico e zoológico. Durante seu governo, os luso-brasileiros começaram a reconstruir Olinda, que permanecia oficialmente a capital de Pernambuco, razão pela qual a Câmara de escabinos, onde acotovelavam-se

---

[218] Diogo de Campos Moreno, "Relação das praças-fortes, povoações e coisas de importância que Sua Majestade tem na costa do Brasil", RIAP, lvii (1984), pp. 200-1 e 237, e *Livro que dá razão do Estado do Brasil* (1612), (org. Helio Viana), Recife, 1955, pp. 177 e 181-2; Gilberto Osório de Andrade, *Montebelo, os males e os mascates*, pp. 135-7. O sargento-mor já previa então que uma força inimiga não teria dificuldade em desembarcar em Pau Amarelo e, marchando pela praia, apoderar-se de Olinda, exatamente o cenário seguido pelos holandeses em 1630.

os neerlandeses e os principais da terra, seguia funcionando na antiga vila. Obrigados a deslocarem-se para lá no trato dos seus afazeres, os neerlandeses curto-circuitavam a jurisdição municipal, recorrendo diretamente às autoridades recifenses.

Para não deixá-los em situação inferior à dos luso-brasileiros, o governo holandês desligou o Recife da subordinação a Olinda, dotando-o de sua própria Câmara. Contudo, a direção da Companhia das Índias Ocidentais em Amsterdã preferiu solução diferente, a de transferir a Câmara de Olinda para Antônio Vaz, cuja urbanização acelerava-se e que recebeu a denominação de Mauritstadt, ao mesmo tempo em que proibia a reconstrução de Olinda. No resumo de J. A. Gonsalves de Mello, "não houve, portanto, desmembramento de jurisdição, mas transferência somente da sede da Câmara".[219] O episódio antecipa o dilema que se colocará perante a Coroa portuguesa nos primeiros anos do século XVIII: duas Câmaras ou uma única Câmara sita no Recife? Mas enquanto a autonomia de Olinda era defendida pelos interesses de sempre, os da nobreza da terra, a do Recife foi sucessivamente fomentada pelos neerlandeses, e, restaurado o Nordeste, pela aliança entre os agentes da Coroa e a mascataria.

Após a capitulação holandesa, Francisco Barreto instalou a administração régia no Recife, na convicção de que "só o lugar donde o governo e os tribunais [i.é, as repartições públicas] residem se perpetuam e aumentam", antiga noção, herdada de Portugal, a que o Brasil permaneceu fiel ainda no século XX. Convencido da inferioridade militar de Olinda e do ônus que representaria sua reconstrução, o governador desatendeu o pleito dos seus proprietários, inclusive as ordens religiosas, que instavam pelo retorno das autoridades régias. O sucessor André Vidal de Negreiros determinou, contudo, a transferência (1657), que Barreto, já então governador-geral na Bahia, tentou inutilmente impedir, argumentando que se Olinda fosse fortificada não haveria gente bastante para guarnecê-la, proteger o Recife e opor-se a um desembarque inimigo. Era desaconselhável, portanto, "reedificar uma vila que nos prejudica e não conservar uma praça que nos defende". Além de que, ao cabo dos anos de guerra, soerguer Olinda estava fora do alcance dos cabedais privados, que seriam melhor empregados na recuperação dos enge-

---

[219] Gonsalves de Mello, *Tempo dos flamengos*, pp. 70-8.

nhos, de vez que "aquele Estado [do Brasil] mais pende das lavouras com que se perpetua o comércio que dos edifícios com que se consomem os frutos das lavouras".

Segundo Vidal de Negreiros, à transferência eram favoráveis "as pessoas de maior satisfação e autoridade", pois se tratava de resgatar "uma vila tão notável" pelos "suntuosos templos" e pelas "grandes conveniências do sítio em que está fundada", e cujas ruínas, valendo "mais de um milhão [de cruzados]", ofereciam "os materiais para se fabricarem edifícios a pouco custo", enquanto o Recife, encurralado pelas marés e manguezais, sequer dispunha de espaço físico para crescer. A controvérsia reprisava assim a divergência luso-brasileira do tempo da guerra holandesa entre os partidários da guerra de posição e da guerra volante. Em caso de conquista estrangeira de Olinda, o Recife não poderia resistir, sendo notório que "o melhor meio para se segurar as mais [praças-fortes] daquela capitania é meter-lhes a guarnição necessária e senhorear a campanha, de que dependem por causa dos mantimentos, indo buscar ao inimigo aonde desembarcar ou nas paragens por onde marchar e não esperá-lo dentro das fortificações". Ao contrário do que pretendia Francisco Barreto, Olinda seria a melhor garantia do Recife.[220]

Cientes da oposição que a mudança despertava, Vidal de Negreiros e os partidários de Olinda forçaram a mão à Coroa, criando o fato consumado a que se dobrou o Conselho Ultramarino. Este contentou-se em recomendar que se zelasse pela conservação do Recife, aquartelando ali a tropa de linha. Dois dos membros do Conselho expressaram reservas acerca de ato que o governador praticara sem consulta prévia a El Rei. Embora reconhecendo a legitimidade das reivindicações em favor de Olinda, o paraibano Feliciano Dourado opinava que a decisão final devia esperar pela conclusão das negociações diplomáticas entre Portugal e os Países Baixos, ao passo que Salvador Correia de Sá opôs-se à decisão de Vidal de Negreiros, se bem concordasse em que o fator decisivo na segurança da terra não estava no Recife mas no interior.[221] Ocorria apenas que então o incipiente comércio reinol não exercia qualquer influência junto à Coroa.

---

[220] *Documentos históricos*, iv, pp. 9-13 e 305-9; e Co.Uo. 19.vii.1663, AHU, PA, Pco., cx. 5; Vera Lúcia Costa Acióli, *Jurisdição e conflitos*, p. 79.

[221] Co.Uo. 19.vii.1663, cit.

Nomeado para o governo da capitania (1661), Brito Freyre procurou obter decisão régia. Tendo consultado Francisco Barreto, aderiu à sua opinião, e uma vez em Pernambuco, insistiu no assunto, que se tornara premente em decorrência da missão secreta que lhe fora atribuída. Para a eventualidade de ocupação espanhola do Reino, D. João IV previra outrora a retirada da monarquia para o Brasil; ademais, finda a primeira guerra anglo-neerlandesa (1654), os Países Baixos estavam com as mãos livres para acertar suas contas com Portugal. Em 1659, o acordo de paz franco-espanhol tornara a posição portuguesa sobremaneira precária. Foi então que a Regente D. Luísa de Gusmão encarregou Brito Freyre de tomar as providências relativas à acolhida dos Braganças na colônia, ordenando ao padre Antônio Vieira, que se achava no Maranhão, fosse coadjuvar o governador de Pernambuco.[222] Que tarefa de tal monta não fosse confiada ao governador-geral na Bahia, só se pode explicar pela opinião reinante de que a engenharia militar holandesa fizera o Recife mais seguro que Salvador na hipótese de ataque naval castelhano contra a dinastia exilada.

Contudo, pouco depois de Brito Freyre desembarcar na capitania, a conjuntura internacional desanuviou-se mercê da aliança anglo-lusitana consagrada pelo tratado de 1661 com o matrimônio de D. Catarina de Bragança e Carlos II. Segundo o governador, Olinda não proporcionava condições mínimas ao funcionamento da administração, pois, excetuando-se a alfândega, que os olindenses haviam reedificado com uma pressa suspeita, não se encetara sequer a reconstrução dos prédios mais importantes, como a casa da Câmara e a cadeia. A igreja do Salvador do Mundo, "mais Sé do que matriz pela reputação da sua antiga grandeza", encontrava-se "tão caída e assolada que ainda ao último descanso dos sepulcros e pedras dos altares, a que perdoara o fogo, não perdoou a impiedade holandesa, arrancando todas as campas e mármores de tão suntuoso templo para usos profanos". Destarte, "todo o chão da igreja [estava] coberto de árvores e mato silvestre, servindo de pasto aos animais, sem outro algum sinal do que foi".[223]

---

[222] AUC, CA, 31, fl. 50; e Co.Uo. 16.v.1663, AHU, PA, Pco., cx. 5; *Cartas do padre Antônio Vieira*, iii, p. 610. O jesuíta não pôde deslocar-se a Pernambuco devido ao motim de colonos maranhenses que o prendeu e despachou para Lisboa.

[223] AUC, CA, 31, fls. 96v-97; "Relação de Francisco de Brito Freyre sobre seu governo de

Brito Freyre residiu no Recife por quase todo o seu triênio, malgrado os protestos da Câmara de Olinda, que já em 1661 reclamava a El Rei que o governador preferia viver na praça, onde, por falta de espaço, as construções já prejudicavam o serviço do porto. Desestimulados pela sua ausência, os proprietários olindenses não reedificavam suas casas e até mesmo os religiosos tencionariam abandonar os conventos. O novo governador-geral, conde de Óbidos, concordava com o seu antecessor, embora não quisesse meter a mão em cumbuca. Os partidários de Olinda foram mais bem-sucedidos em Lisboa, onde D. Afonso VI aprovou a mudança em caráter definitivo, sob a condição de que se conservassem a guarnição e a alfândega no Recife. Em começos de 1664, Óbidos transmitia a carta régia a Brito Freyre, congratulando a Câmara pela vitória.[224]

A decisão foi sabotada no decurso do meio século seguinte. Aos agentes da Coroa, não encantava a perspectiva de se desterrarem entre as silenciosas ladeiras olindenses, por onde só transitava, de quando em vez, algum frade a

---

Pernambuco", BNL, FG, 236, nº 51. Em termos de história local, o trecho citado do relatório de Brito Freyre é, aliás, intrigante, por não conter qualquer referência ao palácio que André Vidal de Negreiros fizera erigir e cuja lápide latina, datada de 1660 e encontrada pelo historiador Varnhagen no decurso dos seus passeios por Olinda, encontra-se atualmente no museu do Instituto Arqueológico, Histórico e Geográfico Pernambucano. Um viajante estrangeiro, Kidder, transcreveu seus dizeres nos anos trinta do século XIX. Igualmente intrigante é o fato de que, em carta de 1662 a El Rei, Brito Freyre afirme que "tomara casas em uma e outra parte", tanto em Olinda como no Recife, "para assistir adonde mais conveniente fosse conforme o tempo e as ocasiões". Tomar casa significava obviamente requisitá-la ou alugá-la, e se ele se vira levado a fazê-lo, pode-se concluir que o paço vidaliano não se acharia ainda concluído. O sucessor de Brito Freyre, Jerônimo de Mendonça Furtado, tampouco dispôs de residência oficial na vila, tanto assim que, não sendo suficientemente espaçosas as instalações que a Câmara de Olinda pusera a seu dispor, encontrou-se na necessidade de "tomar outras que estão contíguas a ela". É plausível que Vidal de Negreiros tenha iniciado a edificação do palácio dos governadores ao tempo do seu primeiro governo mas que só o tenha rematado no decurso do segundo, datando, porém, a lápide de 1660. Para o que precede, F. A. de Varnhagen, *Correspondência ativa*, Rio de Janeiro, 1961, pp. 283-4; [J. A. Gonsalves de Mello], "O museu do Instituto Arqueológico. Roteiro de visita", RIAP, 57 (1984), pp. 284-5; Daniel P. Kidder, *Reminiscências de viagens e permanências no Brasil (províncias do Norte)*, São Paulo, 1972, p. 99; Co.Uo. 16.v.1663, AHU, PA, Pco., cx. 5; AUC, CA, 31, fl. 131.

[224] Câmara de Olinda a D. Luísa de Gusmão, 8.vii.1661, e Co. Uo. 19.vii.1663, AHU, PA, Pco., cx. 5; AUC, CA, 31, fls. 96v-97; *Documentos históricos*, ix, pp. 133 e 147.

caminho do convento ou algum escravo a mandado do senhor. Tampouco tinham a menor intenção de se privarem do conforto, dos recursos e da sociabilidade reinol que o Recife proporcionava. Nascia assim um dos motivos principais de conflito com a Câmara de Olinda. No triênio de Bernardo de Miranda Henriques, como os vereadores reclamassem de suas ausências prolongadas, respondeu-lhes o governador que só regressaria a Olinda quando bem lhe parecesse; e que não o importunassem mais com o assunto. Mas em Lisboa, em face do protesto do procurador-geral do Estado do Brasil, o regente D. Pedro reiterou a ordem de 1663.[225]

Desde então até 1670, os ouvidores permaneceram regularmente em Olinda, embora tivessem de se deslocar constantemente ao Recife, onde se concentrava a atividade judiciária e de onde procedia o quinhão polpudo dos emolumentos. A Câmara, porém, teimava pela sua presença, invocando as conveniências da população interiorana, a quem Olinda oferecia comodidades inexistentes no Recife, como água e lenha gratuitas, pasto para as cavalgaduras e víveres abundantes para o viajante e os escravos do seu séquito. Foi o Dr. João de Sepúlveda e Matos quem tomou a iniciativa de residir no Recife, a ponto de, na reclamação da Câmara, exercer a judicatura na mesma sala em que curtia os couros que comercializava, "como se sua ocupação só fora de comprar e vender", do que resultava que os advogados, escrivães e mais pessoal do judiciário viam-se levados a se domiciliarem no Recife, em dano de Olinda e em desrespeito à vontade régia.[226]

Nesta e em outras ocasiões, a Coroa interveio, ameaçando o recalcitrante de suspendê-lo do cargo, medida ociosa de vez que entre a denúncia da irregularidade e a reação de Lisboa transcorrera praticamente o triênio do ouvidor. Nos anos oitenta, a fim de coagi-los, a Câmara de Olinda chegou mesmo a recusar-lhes as chaves do anexo que ela mantinha na praça. Mas o esvaziamento de Olinda era irremediável. O Recife roubara-lhe a função comercial; e a nobreza da terra, ruralizada pelas vicissitudes financeiras, já não podia dar-se ao luxo *ante bellum* de manter residência olindense, deixando-se

---

[225] AUC, CA, 31, fl. 238; *Informação geral*, p. 14.

[226] Câmara de Olinda a D. Luísa de Gusmão, 8.vii.1661, cit.; Câmara de Olinda ao regente D. Pedro, 24.v.1670, Câmara de Olinda a João de Sepúlveda e Matos, 21.ii.1670, e Co.Uo. 26.xi.1670, AHU, PA, Pco., cx. 6.

ficar pelas casas-grandes de engenho. Ao próprio serviço régio, a residência dos ministros em Olinda resultava prejudicial.

No caso dos governadores, sabe-se que acabaram sendo autorizados a estagiarem no Recife duas vezes por ano, nas ocasiões de frota, o que lhes permitia ficarem por lá durante nada menos de seis meses, graças aos pretextos fornecidos pelas delongas dos aprestos navais. Em 1689, D. Pedro II voltou a recomendar o cumprimento estrito da regra; e quando da grita provocada pela reparação do paço nassoviano no governo de Montebelo, El Rei reiterou a ordem. Outras obrigações requereriam a presença do governador no Recife, mas quando Francisco de Castro Morais as alegou, foi intimado a guardar o preceito, salvo durante a exceção já permitida. Pelo seu valor simbólico, a residência dos governadores no Recife catalisava os agravos. Às vésperas da sedição da nobreza, ela constituía um dos inúmeros motivos para os entreveros entre a Câmara de Olinda e o governador Castro e Caldas.[227]

Como o antigo paço nassoviano proporcionasse instalações condignas que, na falta dele, a Câmara de Olinda se teria negado a custear, Brito Freyre mandou reparar os estragos produzidos durante a guerra de restauração, dispondo que o município fornecesse os recursos que despenderia com seu alojamento. Terminadas as obras, Brito Freyre habitou o já lusitanamente batizado palácio das Torres. A Câmara, porém, recusou-se a pagar, provocando a indignação do governador, já agastado com o rumor corrente de que a reforma do prédio visara favorecer o Recife. Protestava Brito Freyre que não se houvera com menos diligência na execução do projeto, tão caro aos olindenses, da reconstrução da sua matriz; e parafraseando a queixa histórica de Afonso de Albuquerque quando vice-rei da Índia ("mal com os homens por amor d'El Rei, mal com El Rei por amor dos homens"), assegurava não desejar que se dissesse dele "mal com Olinda por amor do Recife, mal com o Recife por amor de Olinda". Vinte anos depois, o palácio tornara-se um pardieiro; e receosos de um acidente, Aires de Souza e Castro e D. João de Souza não o ocuparam.[228]

---

[227] *Informação geral*, p. 14; J. A. Gonsalves de Mello, "Pernambuco ao tempo do governo de Câmara Coutinho", RIAP, 51 (1979), p. 296; e Pereira da Costa, *Anais pernambucanos*, v, p. 63; AUC, CA, fls. 430v e 432-3.

[228] AUC, CA, 31, fls. 82v-83, 85v e 88-9; *Documentos históricos*, x, pp. 228-9. Ver também

Quando o governador-geral vetou o projeto de Antônio Fernandes de Matos, que se propunha a edificar outro paço no recinto da fortaleza recifense com que presenteara El Rei, os governadores acharam-se diante da opção embaraçosa de terem suas estadias no Recife controladas pela Câmara de Olinda, a quem cabia pagar a "aposentadoria", ou de dependerem da hospitalidade das ordens religiosas. Montebelo aceitou a oferta de Fernandes de Matos de, às suas próprias custas, reformar o palácio das Torres. As obras concluíram-se com inusitada rapidez e a preço suspeitamente módico. Destarte, os mercadores promoviam o desenvolvimento da praça, incentivavam as autoridades a permanecerem nela e poupavam-se a si mesmos a despesa e o desconforto de ir a Olinda a trato de seus negócios. Como estivesse no auge a disputa entre Montebelo e o desembargador sindicante, o marquês recebeu desagradável interpelação régia, esclarecendo haver residido em Olinda todo o primeiro ano da sua administração devido à febre amarela que o atacara e ao estado deplorável do palácio das Torres. Feitos os consertos, habitara-o de maio a setembro de 1691, para despachar a frota e supervisionar o fardamento da tropa, só regressando em junho de 1692 ao Recife, onde não pusera os pés sequer durante a Páscoa para fazer a costumeira visita aos conventos. Concluía Montebelo confessando seus escrúpulos com os transtornos que sua permanência em Olinda criava aos moradores da praça, cuja população já era a segunda mais numerosa do Brasil.[229]

A reinstalação do governo em Olinda não logrou ressuscitar o burgo, a despeito da ordem régia de 1671 que obrigava os proprietários a reconstruírem seus prédios. É certo que em 1661 seus quatro conventos tinham sido restaurados; as aulas do colégio da Companhia de Jesus, reiniciadas; e o hospital da Santa Casa estava em pleno funcionamento. Contudo, a matriz do Salvador levou vinte anos para ser reedificada, tanto mais que fora mais atingida pelo incêndio de 1631 do que os demais templos, majoritariamente localizados na periferia urbana; e que os trabalhos encetados na gestão de Brito Freyre tinham sido interrompidos pelo lançamento do donativo da rainha da

---

Pereira da Costa, *Anais pernambucanos*, iv, pp. 184-8; e Joaquim de Sousa-Leão filho, "Palácio das Torres", *Revista do Patrimônio Histórico e Artístico Nacional*, x (1946), pp. 153-6.

[229] BL, Add. 21.000, fls. 84, 102v-104 e 140; BNL, Pna., 239, fl. 78; *Documentos históricos*, x, pp. 228-9; AUC, CA, 33, fls. 190-190v.

Grã-Bretanha e paz de Holanda, que desencorajou a contribuição dos fiéis. Só então a Câmara obteve licença para aplicar a receita do imposto do vinho, estabelecido no período *ante bellum* com vistas a custear o aumento e ornato da matriz, mas desviado desde o tempo da guerra para o sustento da tropa. Em 1669, pôde-se enfim terminar a capela-mor e dizer-se missa, embora não houvesse dinheiro para os sinos e ornamentos. As portas da fachada principal só seriam colocadas em 1676, ao erigir-se o bispado de Olinda, que, dando ao templo o *statu* de Sé, induziu a Coroa a fornecer recursos para a conclusão das obras.[230]

À vista do que ocorreu com a igreja matriz, bem se pode imaginar a demora na reedificação do casco urbano. Mais de trinta anos decorridos da restauração pernambucana, invocava-se a memória da Olinda *ante bellum* ("muito populosa, rica e autorizada, com grandes e formosas casarias de pedra e cal, todos de dois e de três sobrados [i.é, andares] e famílias muito nobres, donde havia grande e considerável negócio e muito abastada de riquezas") a fim de compará-la com o pobre burgo, agora episcopal, que se oferecia aos olhares neste final de Seiscentos: "quinhentos fogos de gente pobre e casas pequenas", de vez que "os ricos todos moram por fora, por suas fazendas"; muitas igrejas e conventos de "obra antiga admirável"; e uma massa de "arruinados edifícios que ainda hoje estão mostrando o que foram". A presença do governador não tinha qualquer utilidade, pelo que o panegirista de Câmara Coutinho aderia à convicção dos representantes da Coroa acerca da necessidade de transferir o governo para o Recife, cuja população era prejudicada pelas despesas, perda de tempo e incômodo das viagens a cavalo ou em canoa.[231]

O autor não economizava elogios ao Recife, "a corte de Pernambuco", onde "o flamengo [...] formou uma formosa cidade bem na pancada do mar, com ruas e casarias de três e quatro sobrados, com torres e capitéis". Malgra-

---

[230] AUC, CA, 31, fls. 251-251v; Câmara de Olinda a D. Luísa de Gusmão, 8.vii.1661, Câmara de Olinda a D. Afonso VI, 24.iv.1665, Jerônimo de Mendonça Furtado a D. Afonso VI, 8.v.1666, Câmara de Olinda a D. Afonso VI, 13.v.1666, e Co.Uo. 26.viii.1666, todos em AHU, PA, Pco., cx. 5; Fernão de Souza Coutinho ao regente D. Pedro, 2.ix.1671, e Co.Uo. 1.viii.1672, AHU, PA, Pco., cx. 6. Ver também José Luís Mota Menezes, *Sé de Olinda*, Recife, 1985, pp. 27-8, 31-2, 41-2 e 95 ss.

[231] "Breve compêndio", pp. 281-2.

do a estreiteza do istmo, "mora nele muita gente, com muitas riquezas, por ser a parte donde tudo acode e vêm as frotas de Portugal a buscar os açúcares e mais drogas da terra [e] donde estão as alfândegas e armazéns d'El Rei". Do outro lado da ponte de construção nassoviana, o bairro de Santo Antônio era "outra praça de casarias maior que o Recife, a qual o flamengo tinha por corte com o título de Cidade Maurícia, com ricas ruas e ricos arcos e virações, com muitas hortas e parreiras", além das igrejas e conventos, do colégio dos jesuítas e do palácio erguido por Nassau, "com duas eminentes torres, com grandes galerias e com muita largueza de aposentos", e com seus jardins de renques de "grandes coqueiros, que de verão fazem grandes sombrios, donde sempre há ricas virações". O Recife e Santo Antônio contavam então com cerca de 6 mil habitantes, cifra indicativa de que tinham readquirido a mesma população do apogeu do Brasil holandês. Malgrado a mortalidade provocada pela epidemia de febre amarela, depois endêmica, a urbe cresceu a ponto de alcançar, quando das alterações de 1710-1711, o nível de 12 mil ou 14 mil pessoas, ou mesmo de 15 mil habitantes, enquanto Olinda estagnara na faixa dos 2 mil a 2,5 mil moradores, se é que não regredira.[232]

Não há porque duvidar da veracidade da descrição de Olinda traçada pelo autor do elogio de Câmara Coutinho, mesmo dando-se o devido desconto a seu partidarismo recifense: "Nem o holandês nem o português fez nela aumento algum [...] e o maior que teve foi o de enobrecê-la Sua Majestade com o título de cidade [...], tempo em que se lhe mandou o primeiro bispo". E prosseguia Gregório Varela de Berredo Pereira: "no mais não teve

---

[232] *Ibid.*, pp. 282-3; "Tratado", fl. 13; *Calamidades*, p. 15; Pereira da Costa, *Anais pernambucanos*, v, p. 45; Gonsalves de Mello, *Tempo dos flamengos*, pp. 82-3. À luz dos dados de que se dispõe para meados e para fins do século XVII, Gilberto Osório de Andrade adverte contra estimativas exageradas da população do Recife neste período: *Montebelo, os males e os mascates*, p. 38. Pereira da Costa, *Anais pernambucanos*, v, p. 152, calcula uma população de 10 mil habitantes em 1710, o que deve estar mais próximo da realidade do que as estimativas do "Tratado" e do Dr. Manuel dos Santos, interessados em inflacioná-la. O Recife (não Olinda) constituía assim, com Salvador e o Rio de Janeiro, os três maiores aglomerados urbanos da América portuguesa (o que tornava sua subordinação a Olinda ainda mais insólita), compreendendo mais da metade da população do Porto, segunda cidade do Reino, que em 1732 somava 20 mil habitantes. Aliás, em 1801, Portugal só continha sete cidades com população superior a 10 mil moradores: Vitorino Magalhães-Godinho, *Estrutura da antiga sociedade portuguesa*, 3ª ed., Lisboa, 1977, pp. 36 e 42.

aumento em edifícios nem moradores e menos cabedais. E ainda que tem cinco conventos e várias igrejas, são de diminutos edifícios e o que a estes sustenta é a praça [i.é, o Recife], porque nela tiram esmolas e todos os mais alentos que têm e de que se sustentam". A esta altura, um dos terços de infantaria aquartelava-se em Olinda — "e o dinheiro que se dá ao socorro deste é somente o que ali aparece, que em breve tempo se torna a reconduzir à praça". Destarte, sem meneio, trato ou comércio algum, eram seus habitantes "pobríssimos, e o que mais os obriga a assistir ali é o não terem modos e meios de poder viver na praça, adonde além do sustento carecem de vestiário diverso; e ali estão sujeitos às conveniências que lhe oferece o sítio da cidade, que é com pouca diferença o mesmo que viver no campo".[233]

Ao tempo do seu governo, Castro e Caldas acusará a nobreza de ter maior culpa pelo abandono de Olinda do que os próprios holandeses, de vez que não reedificava suas antigas residências "por falta de cabedais e por estarem habituados a viverem em suas fazendas com mais cômodo e liberdade", acusando-a mesmo de lucrar com a venda dos entulhos, tanto assim que "em ruas inteiras nem alicerces lhe deixaram; e de tal sorte que ninguém sabe os chãos que lhe pertencem por se não acharem demarcados e [estarem] todos cobertos de mato". Quando ele escrevia, utilizavam-se os escombros nas obras da Ordem Terceira de São Francisco e no calçamento das "poucas ruas que tem"; e se excepcionalmente algum senhor rural instalava-se em meio urbano, preferia o Recife, "porque a ele vem fazer as suas contas e compras e vendas".

Nem se podia esperar da população olindense que tomasse a iniciativa da reconstrução, pois, sumamente pobre, compunha-se de muitos indivíduos que, por dificuldades financeiras, iam "viver na cidade como em um retiro por serem cômodas as casas e não lhes custar dinheiro, água e lenha". Aos atos religiosos mais solenes, só compareciam "meia dúzia de homens e outras tantas mulheres", que para não aparecerem em público "vão à missa da alva", ao passo que os leilões, ao não haver quem lançasse, realizavam-se no Recife. As ruas apresentavam-se de tal maneira desertas que se dizia "comumente que na cidade não há mais que ventos e conventos". Versão que era, aliás, confirmada pelo cabido da Sé, no propósito oposto de protestar a El Rei contra o abandono a que a cidade fora relegada: os fiéis já não compareciam aos ofícios

---

[233] "Tratado", fls. 8v-9.

religiosos e as próprias autoridades não frequentavam as procissões, ladainhas e festas de igreja, a começar pelo ouvidor Guedes de Sá, que "até o presente não assistiu a função alguma", embora embolsasse a correspondente gratificação paga pela Câmara de Olinda.[234]

Entrementes, no Recife, malgrado o solo sáfaro, edificavam-se nada menos de trinta ou quarenta edifícios, inclusive na parte continental da Boa Vista, onde, nos últimos anos, os terrenos se haviam valorizado quase dez vezes. "No concurso de gente, luzimento e trato dela, na assistência dos templos, ornatos e suntuosidades deles, no culto divino e casas nobres", concluía Castro e Caldas, o Recife é que merecia "o nome de cidade". Escusado assinalar que a Câmara de Olinda furtava-se a realizar ou reparar os melhoramentos a que estava obrigada pelo crescimento da praça. Quando Brito Freyre cogitou de criar contribuição voluntária para o conserto da ponte que ligava o Recife a Santo Antônio, "uma das coisas mais notáveis que tem este Estado do Brasil", foi prevendo ironicamente "o agradecimento" que havia de ter da parte dos olindenses. Mendonça Furtado deu prazo à Câmara para o início das obras, ameaçando-a de instalar-se no Recife só a fim de fiscalizá-las, mas os pró-homens negaram-se a contribuir. Somente pressionada pelos governadores, a municipalidade desincumbia-se dos seus deveres, recusando-se até mesmo em levantar a cadeia pública, com o argumento de que o Recife só precisava de um tronco por não ser cabeça de comarca.[235]

Tanta má vontade comprometeria mesmo a atividade portuária. Instados no governo de Caetano de Melo e Castro a colaborarem com a obra do molhe, a Câmara de Olinda e os mascates puseram-se de acordo sobre a cobrança de um cruzado por caixa de açúcar embarcada a fim de elevar o arrecife e reduzir a penetração das ondas no ancoradouro interno, causa do assoreamento do porto. A cobrança rendeu ao governador a imputação de conivência com

---

[234] Castro e Caldas a D. João V, 22.viii.1708, e cabido de Olinda a D. Pedro II, 6.iv.1704, AHU, PA, Pco., cx. 14. Em meados do século XVIII, as ordens religiosas já não conseguiam identificar muitos terrenos que lhes pertenciam por doação ou compra anteriores ao incêndio de 1631: Miguel Arcanjo da Anunciação, *Crônica do mosteiro de São Bento de Olinda até 1763*, Recife, 1940, passim.

[235] AUC, CA, 31, fls. 58-58v, 69v, 140v e 287; Pereira da Costa, *Anais pernambucanos*, iv, p. 302.

Antônio Fernandes de Matos, apontado como o testa de ferro não só dos seus negócios como dos de seus antecessores; o empreiteiro não teria, aliás, cumprido à risca as exigências técnicas do contrato. Tampouco a Câmara privou-se de estimular a exploração comercial da pedra dos arrecifes, já então largamente utilizada na construção civil, militar e religiosa. A acreditar-se no ouvidor João Guedes de Sá, "os de Olinda, como tinham quase sempre as governanças de Pernambuco, logo informam que os recifes têm pedra infinita e que se tira aonde não faz prejuízo", na intenção maquiavélica de deixarem o Recife "alagado e destruído". Semelhante alegação não parecerá excessiva quando se sabe que, por ocasião do surto de febre amarela de 1690, a Câmara recusou-se a ajudar a campanha profilática programada pelo marquês de Montebelo.[236]

Ela ademais procurava ressuscitar, desde os anos oitenta, o projeto do primeiro donatário, Duarte Coelho, que, no século XVI, cogitara de dotar Olinda de porto, abrindo uma saída que lançasse o rio Beberibe diretamente no mar, a jusante do Varadouro, na altura da barreta de Santo Antônio, agora utilizada por pequenas embarcações de cabotagem e pelos barcos que faziam por mar o transporte de passageiros entre a cidade e a praça, paralelamente ao percurso fluvial, a cargo das canoas que navegavam o Beberibe. A Câmara de Olinda advogava a construção de molhe que formasse fundeadouro seguro e espaçoso, o que teria, porém, o inconveniente que ela calava, de diminuir a profundidade do ancoradouro do Recife. De ordem régia, procedera-se a sondagens mas Montebelo opinou contra a viabilidade do plano, parecer endossado pela Coroa, que preferia concentrar recursos no melhoramento do porto do Recife. O plano voltará à baila às vésperas da sedição da nobreza mas Castro e Caldas também o desaconselhará, assinalando que nenhum dos pró-homens que o pleiteavam estaria disposto a concorrer para as despesas, que deveriam caber aos recifenses.[237]

---

[236] Castro e Caldas a D. João V, 22.viii.1708, cit.; João Guedes de Sá a D. João V, 18.vi.1709, AHU, PA, Pco., cx. 14; Gonsalves de Mello, *Um mascate e o Recife*, pp. 51 ss.; Gilberto Osório de Andrade, *Montebelo, os males e os mascates*, p. 63.

[237] AUC, CA, 33, fls. 186v e 297v; BL, Add. 21.000, fl. 114v; Castro e Caldas a D. João V, 22.viii.1708, cit., e João Guedes de Sá a D. João V, 18.vi.1709, AHU, cit.; J. A. Gonsalves de Mello, "O chamado foral de Olinda, de 1537", *Revista do Arquivo Público de Pernambuco*, xiii-xxviii (1983), pp. 345 e 347.

A comunidade mascatal já lograra igualmente torpedear o projeto de construir novo porto em Tamandaré, sabidamente o ancoradouro mais capaz de Pernambuco e apto a acolher regularmente a frota anual. Tratava-se de antiga reivindicação que datava da guerra holandesa mas que prejudicaria o controle do Recife sobre o comércio das freguesias meridionais, que eram também as principais produtoras de açúcar. Consultados em Lisboa, Aires de Souza e Castro e Montebelo mostraram-se reticentes, assinalando que a praça se recusaria a contribuir para a obra. Mas instruído pela Coroa, Melo e Castro mandou proceder aos estudos, que viriam a indicar que, além dos obstáculos técnicos, Tamandaré era sítio pouco saudável devido às maleitas que grassavam no entorno. O Conselho Ultramarino, inicialmente favorável à ideia, acatou as objeções levantadas, inclusive pelo sucessor de Melo e Castro, Fernando Martins Mascarenhas, para quem a obra custaria demasiado caro, além de ser militarmente inadequada.[238]

Nestes finais do século XVII, a fachada municipalista da contenda já não disfarçava sua natureza real. A ascensão socioeconômica da mascataria teria de culminar com seu acesso à Câmara de Olinda e aos postos de comando da milícia recifense, ao que a nobreza se opunha, invocando seus privilégios de filhos e netos dos restauradores de Pernambuco. O problema da representação política dos mercadores comportava três alternativas. A primeira, que fora a adotada pelo governo holandês em diferente contexto mas que não foi cogitada desta vez, consistia na mudança pura e simples da Câmara de Olinda para o Recife. A segunda, a concessão da autonomia municipal à praça, será consagrada em 1709, deflagrando o levante da nobreza. Por fim, alvitre que será ensaiado agora, os mascates teriam acesso à Câmara de Olinda em condições de igualdade com a nobreza.

Para tanto, era indispensável ampliar o colégio eleitoral, pondo fim à exclusão dos recifenses em consequência da praxe herdada alegadamente do período *ante bellum*, tanto do privilégio de "votantes", isto é, de sufragar em

---

[238] Parecer de Aires de Souza e Castro e do marquês de Montebelo, 17.ii.1694, Co.Uo. 23.viii,1697 e 5.ix.1699, AHU, PA, Pco., cx. 12; Pereira da Costa, *Anais pernambucanos*, iv, pp. 384 e 477; Cabral de Mello, *Olinda restaurada*, pp. 138-9.

primeiro grau os "eleitores", quanto do privilégio de "eleitores", a quem cumpria, numa segunda etapa, selecionar os nomes a serem finalmente incluídos no sorteio dos pelouros. Havia muito os governadores, desejando contar com apoio nas vereações, procuravam intervir nos prélios a fim de convencer os pró-homens a compartilharem a gestão municipal. Em 1671, as reclamações da Câmara de Olinda contra tais interferências haviam provocado a proibição do Regente,[239] a qual não vingou de vez que as disputas entre facções no âmbito da oligarquia municipal abriam perspectivas irresistíveis à atuação dos agentes da Coroa. Devido ao extravio ou destruição das atas da Câmara de Olinda correspondentes à segunda metade de Seiscentos, é impossível identificar essas facções ou reconstituir suas querelas. É certo também que, frente à intromissão alheia, a nobreza buscou escamotear suas divisões mediante certos recursos da tradição municipalista da península Ibérica, como o rateio ou o rodízio das funções camerárias entre clientelas.

Como mencionado, Montebelo foi um dos governadores intimados pela Coroa a não se intrometerem nas eleições municipais. Como seus pares, ele escudava-se na desculpa de se haver limitado a colocar uma companhia de soldados na porta da Câmara de Olinda, no intuito de zelar pela lisura do processo, impedindo "os conluios e subornos particulares" destinados a escolher indivíduos que mereciam antes "o nome de parlamentários do que de procuradores do povo".[240] A comparação já diz tudo. "Parlamentários" era expressão empregada na acepção da experiência revolucionária inglesa dos anos quarenta, ou da francesa do tempo da Fronda (1648-1653), para designar os partidários de limitações substanciais dos poderes da realeza, ao passo que "procuradores do povo", fraseologia casticamente lusitana, possuía, na tradição constitucional do Reino, o sentido de porta-vozes cujas reivindicações apresentadas em cortes podiam ser ou não atendidas, segundo o bel--prazer d'El Rei. Quanto às manigâncias vergonhosas que Montebelo dizia haver buscado prevenir, tratava-se, como salientou A. M. Hespanha, de algo corriqueiro decorrente do mecanismo de seleção dos vereadores, por ele descrito como "misto de cooptação pelos representantes da aristocracia da terra,

---

[239] *Informação geral*, p. 259.
[240] BL, Add. 21.000, fls. 98-98v.

de eleição aristocrática e de tiragem à sorte", não sendo, portanto, privativas do Brasil colonial, de vez que o Reino também conhecia os enfrentamentos armados de bandos antagonistas, que a Coroa não podia coibir devido à modéstia dos seus meios coercitivos nas províncias.[241]

A intervenção dos agentes régios nas eleições da Câmara de Olinda tornou-se intolerável quando, em vez de se limitar a apoiar esta ou aquela facção da nobreza, ela passou a promover o ingresso de negociantes do Recife, a cujas aspirações políticas as autoridades da Coroa haviam-se tornado crescentemente receptivas em função de parcerias comerciais nem sempre discretas, da solidariedade de reinóis ou do préstimo que se encontrava nos mercadores para o serviço d'El Rei. Contra a sua exclusão, porém, nada tinham podido fazer sucessivos governadores, a começar, já nos anos sessenta, por Brito Freyre, que advertia os homens da governação acerca da conveniência de elegerem também indivíduos com experiência prática, que, aduzia sibilinamente, era mais relevante para o desempenho das funções municipais que a experiência da guerra holandesa, em que a nobreza fundava suas pretensões a monopolizar o poder local.[242]

Por volta de 1690, os habitantes do termo de Olinda haviam protestado junto a El Rei contra os excessos praticados pelos representantes régios, ao atropelo das Ordenações e demais leis, "obrigando-os a elegerem nos cargos honrosos da república a homens mercadores que não eram naturais da terra nem tinham a qualidade que se requeria para ocuparem os ditos cargos, devendo ser providos em pessoas nobres e que serviram na guerra". D. Pedro II os atendeu, reiterando a interdição que baixara no tocante aos governadores. A discriminação contra os mascates não era descabida pois, segundo as concepções vigentes, a gestão dos negócios públicos competia à nobreza como grupo social que reunia maior soma de autoridade, quer graças aos dons congênitos que se julgavam transmissíveis pelo sangue ("virtude"), quer mediante os adquiridos pela educação ("doutrina"). Quanto à naturalidade, os pró-homens também pisavam terreno juridicamente firme, de vez que o regi-

---

[241] António M. Hespanha, *As vésperas do Leviathan. Instituições e poder político. Portugal, século XVII*, Coimbra, 1994, pp. 367 e 372-3.

[242] AUC, CA, 31, fl. 73.

mento eleitoral baixado pela Coroa em 1611 e a provisão de 1670, que o emendara, exigiam que a eleição dos oficiais camerários recaísse nos naturais da terra, ou seja, no Reino, do termo do município.[243]

Como proclamava a nobreza, os mascates sofriam segunda incompatibilidade legal, sua origem "mecânica", isto é, o trabalho manual de que tinham vivido ou ainda viviam ao executarem cotidianamente gestos como os de pesar e medir, ritualmente característicos da sua condição. A verdade, porém, é que os homens principais tampouco estavam isentos de outro tipo de mácula comprometedora. Nas veias de indivíduos aparentados por mais de século e meio de endogamia, circulavam suficientes gotas de sangue judaico para desqualificá-los também para o exercício dos "ofícios de honra", como eram os municipais, embora prevalecesse no Reino e particularmente no ultramar certa tolerância para com aqueles que houvessem subido na vida.[244]

Nesse ambiente de recriminações recíprocas em que, com segundas intenções políticas, nobres e mascates impugnavam-se mutuamente, cobra todo seu significado o vexame por que passou Felipe Pais Barreto no começo do século XVIII. Rebento de uma das mais ilustres linhagens da capitania, sua aspiração a vestir o hábito da Ordem de Cristo, como haviam feito vários dos seus parentes, foi aniquilada pela investigação de praxe, a qual, confiada a dois acaudalados mercadores, denunciou a ascendência cristã-nova da sua avó materna. Independentemente do acerto de contas pessoal, a denúncia era um golpe certeiro contra a nobreza. Se os mascates estavam impedidos de ascenderem aos cargos edilícios por causa dos seus "defeitos mecânicos", tampouco os pró-homens de Olinda poderiam ocupá-los devido a seus "defeitos de sangue". Se os fidalgos da terra eram limpos da mancha do trabalho manual, os comerciantes, oriundos da população rural do norte de Portugal, podiam jactar-se do sangue, segundo a concepção reinante na península Ibérica de

---

[243] *Informação geral*, p. 259; Hespanha, *As vésperas do Leviathan*, pp. 316 e 367-8.

[244] C. R. Boxer, *The Portuguese seaborne empire, 1415-1825*, Nova York, 1969, p. 282. Para a questão da incompatibilidade no tocante aos cargos municipais do Rio de Janeiro, ver *Obras de João Francisco Lisboa*, 4 vols., São Luís, 1864-1865, iii, p. 115; e, especialmente, Maria Fernanda Bicalho, *A cidade e o Império. O Rio de Janeiro no século XVIII*, Rio de Janeiro, 2003, pp. 367 ss.

que, frente aos sefarditas, os rústicos, não os citadinos, teriam preservado sua pureza étnica.[245]

Como uma facção da nobreza se mostrasse cordata a ponto de aceitar a participação minoritária da mascataria na Câmara de Olinda, os mercadores do Recife alcançaram, em finais de Seiscentos e começos de Setecentos, grau modesto de representação, reservando-se-lhes o cargo de procurador do Conselho, a quem cabia gerir os bens municipais, consoante a praxe de cidades do Reino como Braga, onde eram arrinconados nesta função condizente com suas habilidades mercantis e que, por isso mesmo, costumavam ser rejeitadas pelos pró-homens, a não ser numa remota possessão como Macau. Em Olinda, elegeram-se esporadicamente moradores do Recife não só como procurador do Conselho mas também como vereador mais novo, a exemplo de Domingos da Costa de Araújo e do médico Domingos Pereira da Gama.[246] Na impotência do seu isolamento, estes indivíduos perceberam que serviam apenas de álibi destinado a provar uma inexistente partilha do poder, permitindo à nobreza alegar liberalidade. Que não se falasse, contudo, em elegê-los em número igual ao que ocupavam os pró-homens nem para os ofícios de maior honra, o de juiz ordinário e vereador mais velho.

Mesmo as concessões limitadas provocavam reações que levavam ao embargo do prélio mediante recurso à Relação de Salvador, como em dezembro de 1693, quando a facção intransigente da nobreza e o juiz ordinário da Câmara de Olinda impugnaram as eleições. O ouvidor José de Sá Mendonça avocou o processo, dando o pleito por válido e ordenando o sorteio dos vereadores para 1694. A instâncias dos pró-homens, o governador Melo e Castro interveio. O magistrado recuou, sustando-se a abertura dos pelouros à espera de recurso na Bahia, mantendo-se em função os vereadores cujo man-

---

[245] Cabral de Mello, *O nome e o sangue, passim*; Américo Castro, *De la edad conflictiva*, 3ª ed., Madri, 1972, e *La realidad histórica de España*, México, 1954.

[246] Boxer, *Portuguese society in the tropics*, p. 78; Nuno Gonçalo Monteiro, "Os concelhos e as comunidades", José Mattoso (org.), *História de Portugal*, iv, *O Antigo Regime (1620-1807)*, Lisboa, 1993, p. 325; José Viriati Capela, "Braga, um município fidalgo", *Arqueologia do Estado. Primeiras jornadas sobre formas de organização e exercício dos poderes na Europa do sul, séculos XIII--XVIII*, 2 vols., Lisboa, 1988, i, p. 179; certidão do escrivão da Câmara de Olinda (1704), AHU, PA, Pco., cx. 14.

dato havia expirado. Bastara para tanto utilizar os expedientes da legislação, que impedia a posse dos eleitos enquanto a causa estivesse em julgado. Como reconhecia o procurador da Coroa, "nas terras em que há parcialidades, pode a malícia de qualquer delas proibir aos da contrária a ocupação dos ofícios da república". Mesmo em Portugal, onde as distâncias eram menores, o julgamento não requeria menos de um ano, prazo suficiente para anular automaticamente a eleição disputada. Daí que El Rei cassasse o efeito suspensivo dos embargos, abrindo-se os pelouros e empossando-se os sorteados até o recebimento da decisão judiciária.[247]

Nesses anos da virada do século, eram palpáveis o malogro das tentativas de dar representação aos recifenses e o irrealismo de manter-se o *statu quo*. Em 1699, a aliança das autoridades régias e da mascataria desfechou a primeira ofensiva em Lisboa. O governador Fernando Martins Mascarenhas, que um historiador nativista do século XIX descreverá rancorosamente como "fascinado pelo ouro dos mascates", advogou que ou se concedesse autonomia municipal ao Recife ou se adotasse a fórmula seguida em Goa desde 1688 e em Salvador desde 1696, que substituía o sistema de sorteio pela escolha do vice-rei ou do governador-geral com base na lista dos eleitos. Em Portugal, desde o tempo dos Felipes, era esse o método utilizado nas cidades mais populosas, com a diferença de que a seleção ficava a cargo do Desembargo do Paço.[248] Esta investida inicial foi frustrada por D. Pedro II, que repudiou enfaticamente ambas as alternativas. A ereção do Recife em vila "por nenhuma maneira se deve pôr em prática", de vez que contrariava repetidas decisões favoráveis a Olinda. Quanto à fórmula de Goa, "faz grande diferença o go-

---

[247] Francisco Berenguer de Andrade e outros a Caetano de Melo e Castro, s.d., e despachos anexos, Câmara de Olinda a D. Pedro II, 30.vii.1694, Caetano de Melo e Castro a D. Pedro II, [?].viii.1694, e Co.Uo. 12.xi.1694, AHU, PA, Pco., cx. 11; *Informação geral*, pp. 262-3.

[248] *Memórias históricas*, iv, p. 45; Boxer, *Portuguese society in the tropics*, pp. 16 e 74-5; Hespanha, *As vésperas do Leviathan*, pp. 369-70. Na Câmara do Recife, definitivamente criada em 1711, à raiz da repressão do levante da nobreza no ano anterior, o sistema de pelouros funcionará até 1815, sendo substituído pelas indicações feitas pelo Desembargo do Paço com base nas listas compiladas pelos ouvidores: Cabral de Souza, *Elite y ejercicio de poder en el Brasil colonial*, p. 264. Para as acusações de corrupção contra Fernando Martins Mascarenhas ao tempo do seu governo do Rio de Janeiro, ver Adriana Romeiro, *Paulistas e emboabas no coração das minas. Ideias, práticas e imaginário político no século XVIII*, Belo Horizonte, 2008, pp. 102-3, 129 e 280.

verno da Índia ao dessa capitania", embora o governador de Pernambuco e os mascates devessem pensar não ser tão grande assim a diferença com Salvador. Na realidade, a aplicação de tal mecanismo ainda teria deixado os mercadores do Recife sub-representados. Só sua incorporação maciça ao colégio eleitoral poderia atendê-los.[249]

El Rei, porém, autorizou a participação dos habitantes da praça na qualidade de votantes, mas não de eleitores. Aos magistrados da Coroa cabia selecionar, na pauta decorrente da eleição pelos "votantes", os eleitores de primeiro grau que sufragariam os vereadores. O ouvidor João Guedes de Sá agiu abertamente em prol dos mascates, não tendo o que temer da nobreza, pois estando nomeado desembargador da Relação da Bahia, já não se achava sujeito às represálias da residência tirada em Pernambuco. Em maio de 1703, ele convocou o prélio que normalmente só deveria ter lugar em dezembro, o que sem ser contrário à legislação violava o costume local, suposto deter no Antigo Regime força tão ou quase tão ponderável quanto o direito escrito. Consoante a explicação olindense, a pressa do magistrado dever-se-ia ao desejo de antecipar-se à chegada do novo ouvidor e ao regresso do escrivão da Câmara de Olinda. Foram assim qualificados eleitoralmente mais de duzentos moradores do Recife, "contra o uso inveterado", na queixa dos pró-homens, do que resultou a "novidade [de] serem quase todos os eleitores todos os mesmos mercadores".[250]

De acordo com a prática das cortes portuguesas, Guedes de Sá fez votar separadamente a nobreza e os mercadores, escolhendo os três mais votados de cada braço para formarem a junta de eleitores. Estabelecia-se assim a paridade formal entre a cidade e a praça. Nos termos da legislação, os seis eleitores sufragariam os nomes a serem sorteados em pelouros, para o que foram divididos em três grupos de dois, não vinculados por laços profissionais ou de parentesco: o primeiro era composto de dois nobres; o segundo, de dois negociantes; e o terceiro, de um nobre e de um negociante. Neste último, não

---

[249] AUC, CA, 33, fls. 260-260v e 343-343v; BL, Add. 21.000, fl. 134. Na mesma ocasião, El Rei também rejeitou proposta do governador para que os soldados doentes do terço da cidade passassem a ser tratados no hospital do Paraíso, no Recife, e não mais na Santa Casa de Olinda.

[250] Anônimo a João Guedes de Sá, 20.vi.1703, Biblioteca Nacional do Rio de Janeiro [BNRJ], seção de manuscritos [SM], II, 33, 5, 37, fls. 35v-36.

houve acordo possível. Em seguida, o ouvidor organizou a pauta final dentro da margem de arbítrio reconhecida pela legislação, que, ao confiar-lhe a confecção da lista, não o obrigava a seguir a ordem dos mais votados. Quando os pró-homens puseram embargos, Guedes de Sá tachou-os publicamente de "inconfidentes", acusação gravíssima na boca de um juiz. Um dos eleitores recifenses vangloriou-se de que "se até agora os homens do Recife despendiam meias de seda para serem almotacéis, daqui por diante haviam os homens de Pernambuco [de] dar-lhes caixas de açúcar se quisessem entrar na governança".[251]

O capitão-mor Bernardo Vieira de Melo, que tinha relações de família na Bahia, viajou para lá a fim de interpor recurso junto à Relação, que expediu a competente carta sustatória, à espera de que o agravo entrasse na sua sobrecarregada agenda. Como em dezembro de 1703 o assunto ainda não tivesse ido a julgamento, Guedes de Sá mandou proceder ao sorteio dos pelouros, de acordo com a decisão régia. Pela primeira vez, os mascates sentaram-se na Câmara de Olinda sem ser pela benemerência dos pró-homens, mas os nobres sorteados recusaram-se a comparecer às vereações, pretextando doença, de vez que pelas Ordenações ninguém podia-se escusar de servir a função exceto mediante isenção régia. Na cidade, em fins de 1703 e começos de 1704, viveram-se dias tensos. O juiz de fora, Roberto Car Ribeiro, coagiu os refratários pondo-lhes meirinhos à porta, com as despesas correndo por conta dos intimados. Quando estes exigiram certidão da medida a que tinham sido submetidos, Car Ribeiro recusou-se a passá-la, prometendo ele mesmo dar conta do sucedido a Sua Majestade e ordenando que, à espera da régia resposta, se pusesse silêncio sobre a disputa.[252]

Os magistrados também puseram alçada ao domicílio de outros pró-homens, por descumprimento de decisões judiciárias em matéria de dívidas. Mediante carta de diligência da Relação da Bahia, prendeu-se Francisco Berenguer de Andrade, que se refugiara na igreja da Misericórdia e que, como se recorda, fomentara a oposição secular aos padres da Madre de Deus. Tendo Car Ribeiro lhe dado voz de prisão, os clérigos da Santa Casa opuseram-se

---

[251] *Ibid.*, fls. 36-7.

[252] Homens nobres de Pernambuco a D. Pedro II, 25.iii.1704, e petição dos homens nobres à Câmara de Olinda (1704), AHU, PA, Pco., cx. 14.

"com tão grande escândalo e desordens que pôs este negócio em motim", o que valerá a um dos cônegos da Sé ser temporariamente afastado por determinação régia. Assim como os adversários de Montebelo, instigados outrora pelo desembargador sindicante, os homens da governança contavam com o incentivo do Dr. João Puga e Vasconcelos, que, achando-se na capitania a fim de resolver conflitos de terra, mantinha relações estreitas com a nobreza e não poupava críticas à atuação dos colegas de magistratura.[253] Os pró-homens envolvidos nesse episódio ou foram indivíduos da têmpera de Francisco Berenguer de Andrade, ou haviam participado da oposição a Montebelo, como Lourenço Cavalcanti Uchoa ou Jerônimo César de Melo, que terão papel de primeiro plano na sedição de 1710.

De Lisboa, D. Catarina de Bragança, no exercício da regência durante a doença de D. Pedro II, repreendeu Guedes de Sá por haver convocado "mais povo que o da cidade de Olinda e os da governança", quando, malgrado o excesso de zelo, só fizera cumprir a ordem d'El Rei. Por sua vez, os homens da governança resolveram enviar procurador encarregado de apresentar a suculenta representação de 1704, autêntico *cahier de doléances* da nobreza. Eles cogitaram inicialmente de viajar a Portugal para, incorporados, exprimirem sua indignação, ideia descartada em face das despesas e do inconveniente de se afastarem da gestão dos seus engenhos. A Câmara de Olinda mantinha na Corte um delegado permanente, mas como a indicação dera margem a discórdias, deputou-se Dionísio do Amaral e Vasconcelos, "pessoa nobre e nosso natural".[254]

O memorial recapitula "as vexações e injustiças" sofridas pela nobreza. Segundo seus signatários, mais de três dezenas de homens da governação, a iniciativa não tinha "o intento de caluniar alheias ações" mas o de evitar "o dano próprio, alegando a justiça que temos". Em primeiro lugar, solicitava-se que "nas eleições da Câmara, não vote o povo do Recife para os eleitores [e] só o faça o de dentro da cidade com os homens da governança de fora dela,

---

[253] Homens nobres de Pernambuco a D. Pedro II, 25.iii.1704, cit.; *Documentos históricos*, xxxix, p. 207; AUC, CA, 33, fls. 326v-327, 337v e 352; Co.Uo. 25.ii.1707, AHU, PA, Pco., cx. 14.

[254] D. Catarina de Bragança a João Guedes de Sá, AHU, códice 257, fl. 147; Homens nobres de Pernambuco a D. Pedro II, 25.iii.1704, cit. Há cópia da representação em BNRJ, SM, II, 33, 5, 37, fls. 31-34v.

como se observou sempre até o presente". Pleiteava-se também a interdição da escolha de mercadores como oficiais da Câmara ou mesmo almotacéis, de acordo com ordem régia já existente que tivera em vista remediar os prejuízos à fazenda real e à população decorrentes do acesso de tais indivíduos aos cargos municipais. A representação não mencionava que danos seriam esses, mas documento posterior aludirá aos conchavos na arrematação dos contratos de impostos e à fixação abusiva do preço dos gêneros de primeira necessidade.[255]

Argumento a que se pode atribuir boa parte da relutância com que até agora a Coroa encarara as reivindicações recifenses. Desde finais de Seiscentos, graças a seu maior poder de fogo financeiro, os principais comerciantes da praça arrebatavam esses contratos, alijando os competidores eventuais da nobreza que, influentes junto à Câmara de Olinda, haviam obtido vários deles. A cobrança do donativo do açúcar, por exemplo, criado durante a guerra holandesa e o mais rentável dos tributos administrados pela Câmara, foi atribuída no triênio 1698-1701 a Miguel Correia Gomes e Domingos da Costa de Araújo, que tinham mobilizado, além dos próprios recursos, as poupanças de moradores do Recife, inclusive funcionários da Coroa, prática corrente. Daí que, em 1704, ao renovar-se a avença, os pró-homens se propusessem a investigar as irregularidades cometidas três anos antes, quando, de ordem do governador Fernando Martins Mascarenhas, os contratadores se haviam beneficiado de prolongada mora no pagamento do montante que deviam recolher à Fazenda Régia, sob a alegação de prejuízos incorridos na execução do assento de 1698.[256]

No tocante à escolha de mercadores como almotacéis, a quem competia tabelar os preços dos gêneros importados e dos produtos da terra, os pró-homens escoravam-se na tradição jurídica do Reino, que, ainda compenetrada das noções de "bem comum" e de "preço justo", previa a interferência da autoridade na regulamentação da atividade mercantil de modo a obstar aos abusos da cobiça individual. Havia muito, a nobreza sentia na pele os

---

[255] "Razões que oferece o Senado de Olinda ao governador Félix José Machado de Mendonça e ao ouvidor-geral o Dr. João Marques Bacalhau contra a criação da nova vila do Recife", 20.x.1711, AHU, PA, Pco., cx. 16.

[256] Certidão do escrivão da Câmara de Olinda (1704), AHU, PA, Pco., cx. 14.

estragos que lhe causava o exercício de tais funções por negociantes, como indica o incidente ocorrido quando a Câmara de Olinda preteriu um mascate para o cargo.[257] Destarte, os pró-homens podiam posar de defensores das camadas subalternas da população livre urbana ou rural, com as quais partilhavam a condição de consumidores.

Nos primeiros anos do século XVIII, o abastecimento da capitania, sempre precário quanto aos gêneros de primeira necessidade, tornara-se especialmente deficiente em consequência do desenvolvimento da economia mineira, que atraía não só mão de obra escrava mas também bens de consumo oriundos de Pernambuco ou a ele destinados. Os homens de negócio do Recife eram acusados de exportarem para o Rio, de onde ganhavam as Minas, "todos aqueles gêneros que [...] lhes podem dar mais ganância, como é o sal, o azeite, a farinha do Reino e da terra e tudo o mais em que [se] interessam". Os lavradores de fumo de Itamaracá queixavam-se, por sua vez, de que o comércio recifense adquiria o produto a baixo preço para revendê-lo na costa da Mina.[258]

Particularmente alarmante era a carestia da farinha de mandioca, que supria igualmente as frotas anuais na viagem de regresso a Portugal. Como a escassez fosse atribuída a que muitos cultivadores se tinham transformado em lavradores de cana a fim de fugirem à execução por dívidas, determinara a Coroa (1701) que o senhor de menos de seis escravos não pudesse lavrar canaviais, segundo o módulo estabelecido para o Recôncavo baiano. Medida que ademais reduzia o fornecimento de matéria-prima aos engenhos, pois, segundo a Câmara de Olinda, não seriam muitos os lavradores de cana em Pernambuco com plantel superior, razão pela qual sugeria que a proibição se limitasse ao proprietário de três ou menos africanos. Solicitaram-se por fim fossem aplicadas aos açambarcadores as penas que puniam no Reino os atravessadores de farinha de trigo. Por então, El Rei aprovara as pretensões, estendendo aos lavradores de mandioca o privilégio da não execução por dívidas.[259]

---

[257] Cabral de Mello, *O nome e o sangue*, pp. 33-4.

[258] "Razões que oferece o Senado de Olinda", cit.

[259] Francisco de Castro Morais a D. Pedro II, 8.iii.1704, Câmara de Olinda a D. Pedro II,

Subsidiária da contenda em torno do acesso de mercadores à Câmara de Olinda era a que se travava acerca dos comandos das forças de milícia do Recife. O memorial dos homens da governança pleiteou a demissão dos mascates guindados a esses postos em violação do direito exclusivo da nobreza. Nos distritos rurais, ela os detinha desde sempre mediante a nomeação dos governadores em listas submetidas pelas câmaras, praxe só esporadicamente ignorada, embora no final das contas a indicação acabasse recaindo em algum pró-homem local, mesmo que não fosse da preferência do grupo que estava dando as cartas no município, de vez que, exceto em Goiana, inexistia alternativa mascatal, nos distritos da Mata, à dominação da açucarocracia. Acolitado pelo sargento-mor, o capitão-mor compunha desavenças, reprimia assuadas, executava as ordens governamentais e fiscalizava a preparação militar dos homens livres nas mostras anuais.[260]

Além de vitalícios na prática, eram cargos isentos de residência, sendo de fato transmitidos hereditariamente ou dentro da mesma família. Já o desembargador Ramires de Carvalho recolhera a reclamação geral de que os capitães-mores atuavam como "uns régulos absolutos, sem haver quem se lhes oponha a coisa alguma". Tais excessos tinham a mais variada natureza: interferência na administração das câmaras, usurpação de privilégios municipais e eclesiásticos, instrumentalização de tumultos populares para fins particulares, designação de oficiais subalternos (que também era regalia do governador), uso ou ameaça do uso da força na solução de litígios comerciais e cíveis, práticas mercantis em detrimento de terceiros, proteção a malfeitores, sedução de mulheres, cárcere privado, etc. À mascataria incomodava o vezo de muitos dos capitães-mores de não cumprirem sentenças judiciais relativas a pagamento de dívidas de parentes e amigos. Do prestígio social da função, testemunhou Montebelo ao constatar que "costumam muitas pessoas (não sendo oficiais de milícia) andarem com insígnias e trazerem-nas publicamente, com pouco respeito dos que o são e escândalo de todos". Mas como coibir tais

---

3.iv.1704, Co.Uo. 1, 21 e 29.viii.1704, AHU, PA, Pco., cx. 14. Para os cultivadores livres de mandioca e fumo em começos do século XVIII, ver Guillermo Palacios, *Cultivadores libres, Estado y crisis de la esclavitud en Brasil en la época de la Revolución Industrial*, México, 1998, pp. 23 ss.

[260] Para a descrição da *tournée* de um capitão-mor da mata pernambucana, Koster, *Travels in Brazil*, pp. 190 ss.

abusos quando os próprios navios mercantes desrespeitavam à luz do dia a interdição de arvorarem bandeiras com as armas reais?[261]

Fernando Martins Mascarenhas apoiara a proposta do desembargador sindicante no sentido de as nomeações passarem a ser trienais e sujeitas à residência. El Rei adotara a ideia (1701), sob a impressão de desconchavos ocorridos em Alagoas. No papel, parecia uma medida capaz de cortar o mal pela raiz, mas a grita dos pró-homens fez a Coroa recuar. Ilustrando o dito de Sá de Miranda de que em Portugal mal se fazia a lei, já se lhe criava a exceção, D. Pedro II autorizou a recondução dos capitães-mores, desde que isentados pela sindicância, o que lhes devolvia a vitaliciedade, pois no interior dificilmente se encontraria quem se atrevesse a denunciar seus desmandos. A ordem régia ficou incumprida, recordando-se ao ouvidor José Inácio de Arouche a urgência de implementá-la, o que tampouco ocorreu. Somente no governo de Félix Machado é que se procurou executá-la no contexto da repressão ao partido de Olinda. Outra determinação do monarca, relativa à elaboração de um regimento dos capitães-mores, permanecerá ignorada durante o quarto de século seguinte.[262]

O memorial da nobreza pretendia que a nomeação de mercadores para os comandos de milícia violava seus direitos neste particular, invocando o regimento dos governadores de Pernambuco, o qual, na realidade, utilizara a fórmula ambígua de que seriam escolhidas para ocupá-los as "pessoas mais idôneas e capazes". Há muito e a despeito de que El Rei atendera reclamação da Câmara de Olinda de 1689, designavam-se reinóis, radicados na capitania, gente de proa da comunidade mercantil. Para escândalo geral, concedera-se mesmo a um deles o comando da fortaleza da Madre de Deus e São Pedro, malgrado origem ignóbil e falta de experiência militar. Pleiteava o memorial

---

[261] Melchior Ramires de Carvalho a D. Pedro II, 22.vii.1689, AHU, PA, Pco., cx. 9; BNL, Pna., 239, fls. 40 e 210-2.

[262] AUC, CA, 33, fls. 287v, 304-304v e 307-307v; AUC, CA, 32, fl. 22; *Informação geral*, pp. 72-3 e 75. Os capitães-mores protestaram, aliás, durante o governo de Castro Morais contra a criação de contingentes recrutados entre as milícias rurais, compostos de soldados solteiros, que deviam acudir ao litoral em caso de ataque estrangeiro: Francisco de Castro Morais a D. João V, 4.iii.1708 e Co.Uo. 19.ii. 1709, AHU, PA, Pco., cx. 15.

que os postos indevidamente preenchidos fossem declarados vagos, mesmo quando já houvesse confirmação régia de tais nomeações. A segurança da terra não podia achar-se à mercê de indivíduos de quem não se podia esperar que se comportassem, em caso de ataque estrangeiro, com o valor e o desprendimento de que a nobreza dera provas na guerra holandesa.[263]

Quanto à preferência dos naturais da terra aos cargos de fazenda e justiça, segundo a antiga determinação régia jamais cumprida, o memorial requeria que o assunto fosse objeto de investigação por ocasião das residências dos agentes da Coroa, a quem cabia a execução da norma, insistindo na ampliação e aperfeiçoamento do mecanismo sindicante, segundo reivindicação formulada pela Câmara de Olinda desde os anos setenta. Confiado em que a sua residência seria tirada pelo colega que o sucedesse, o ouvidor gozava de impunidade, igual, aliás, à de que desfrutavam os juízes municipais, inquiridos tão *pro forma* quanto os magistrados régios. Por então, propusera a Câmara que a sindicância ficasse a cargo desses juízes, o que equivaleria ao controle da instância superior pela inferior, razão pela qual o regente D. Pedro confiara a tarefa a desembargadores da Relação da Bahia. Contudo, mesmo respeitosa da hierarquia judicial, a decisão foi sabotada pelo Desembargo do Paço.

Quando o ouvidor Lino Campelo tomou posse, a Câmara de Olinda recordou-lhe a ordem régia, recebendo em resposta o teor de outro despacho de Sua Alteza, expedido não pelo Conselho Ultramarino mas pelo Desembargo do Paço, autorizando-o a inquirir o desempenho do antecessor. A Câmara engoliu em seco, voltando a protestar contra o comportamento dos magistrados, que, sendo via de regra "pessoas pobres e julgadores que não têm lugar [i.é, oportunidades] nesse Reino", uma vez no Brasil tratavam apenas de amealhar uns cobres, fazendo-se "regatões" e pouco se lhes dando o direito das partes. Segundo a Câmara, "as pessoas a que Vossa Alteza faz mercê do lugar de ouvidor deste Pernambuco ordinariamente possuem pouco cabedal,

---

[263] Homens nobres de Pernambuco a D. Pedro II, 25.iii.1704, cit.; AUC, CA, 33, fl. 164v. A fortaleza da Madre de Deus e São Pedro, que ficou conhecida por forte do Matos, fora construída às expensas de Antônio Fernandes de Matos, a quem o governador D. João de Souza confiara o posto em reconhecimento do serviço prestado à defesa da praça: Gonsalves de Mello, *Um mascate e o Recife*, pp. 37-8.

[e] não se contentando com o que licitamente podem lucrar, em grande parte excedem o lícito".[264]

A solidariedade corporativa anulava o controle de funcionários arbitrários ou simplesmente corruptos. Na sindicância de João de Sepúlveda e Matos, aquele mesmo que comerciava às escâncaras, as testemunhas chamadas a depor haviam sido indicadas pelos sócios do magistrado, ao passo que "para os queixosos e os desinteressados que sabiam a verdade, se fecharam as portas", tudo com a conivência de Lino Campelo que, ao desembarcar, hospedara-se na casa do colega, o qual, por sua vez, irregularidade a mais, permanecera na comarca no decurso do inquérito. Neste episódio, o Conselho Ultramarino pediu a anulação da residência, exigindo que o Desembargo do Paço cessasse a prática de expedir ordens às colônias. Mas como em geral o Desembargo levava a melhor sobre o Conselho (onde, aliás, tinham assento magistrados com experiência ultramarina, como será o caso do próprio João de Sepúlveda), as residências continuaram tão inócuas como antes.[265]

Propunha também o memorial da nobreza que a residência passasse a ser tirada mediante o sorteio das testemunhas, não através de sua escolha pela autoridade judiciária. Outras modificações visavam dar à população a iniciativa de depor, em vez de ser chamada a fazê-lo; o cumprimento estrito da regra pela qual somente após a partida do funcionário investigado tivesse início a inquirição; a divulgação, durante prazo mínimo de dois meses, da sua realização; e, finalmente, a expedição da competente certidão aos depoentes resumindo o teor das suas declarações. O memorial solicitava ainda a imediata destituição e devassa de Guedes de Sá, cujo triênio chegava ao fim. A hostilidade da nobreza aos magistrados da Coroa foi tão frequente e até mais

---

[264] Câmara de Olinda ao regente D. Pedro, 12.viii.1673, AHU, PA, Pco., cx. 6; idem, 2.vii.1675, ibid., cx. 7.

[265] Homens nobres de Pernambuco a D. Pedro II, 25.iii.1704, cit.; soldados da guarnição de Pernambuco a D. Pedro II, 20.viii.1702, BA, 51-IX-32, fls. 360-362v. Ver também Schwartz, *Sovereignty and society*, pp. 108 e 259-60. No caso de Inácio de Morais Sarmento, fora-se mesmo ao ponto de se lhe fornecer a cópia do documento, antes mesmo de esgotado o período legal de trinta dias concedido a quem desejasse depor. Tempos depois circularia em Pernambuco que, em artigo de morte, o ouvidor sindicante teria manifestado o temor do inferno, tal a indulgência que dispensara às "enormidades, injustiças e roubos" praticados pelo antecessor.

virulenta do que a reservada ao governador, de vez que a eles competia tomar decisões cruciais para os interesses de uma classe cronicamente endividada. Ademais, o recrutamento dos funcionários da justiça fazia-se em meio mais próximo daquele de que procediam os mercadores. João Guedes de Sá, por exemplo, era filho de antigo piloto de navio da carreira do Brasil.[266]

Entre as reivindicações do memorial, não podia faltar a defesa de Olinda, "tão grande e nobre", com seus "templos acabados com perfeição e custosamente ornados e paramentados". A despeito da reiterada ordem régia para que os funcionários da Coroa residissem por lá, só "algumas vezes" eles a tinham cumprido, sendo que, de certo tempo a esta parte, ela ficara totalmente ignorada. Com o incentivo de Guedes de Sá, que só dava audiência na praça, o juiz de fora, Car Ribeiro, alegando suas responsabilidades de superintendente do tabaco, também vivia no Recife, onde há um ano presidia as vereações da Câmara de Olinda. Ao faltar-lhe "a frequência e trato das pessoas que precisamente seguem os tribunais", a cidade achava-se deserta.[267]

O memorial reabria também a controvérsia sobre a segurança da capitania, reatualizada pela participação portuguesa na guerra de sucessão da Espanha. Olinda carecia de fortificações pois todos os recursos destinados a tal fim eram aplicados apenas no Recife, sem, contudo, torná-lo mais seguro, de vez que, pelo lado da terra, continuava vulnerável às baterias, e que, pelo lado do mar, podia ser bombardeado sem oferecer resistência. Procedente era a alegação de que a falta de água potável tornava a praça dependente de Olinda, cujo sítio, pelo contrário, seria inexpugnável, por estar fora do alcance da artilharia de mar e de terra, além de dispor de mananciais e de rebanho para a eventualidade de um assédio, e de poder acolher em seu recinto a população do campo circunvizinho, o que no Recife "é impossível, porque no seu terreno mal cabem os que o habitam". Argumento a que a Câmara de Olinda retornará em 1710.[268]

---

[266] Homens nobres de Pernambuco a D. Pedro II, 25.iii.1704, cit.; Schwartz, *Sovereignty and society*, p. 289.

[267] Homens nobres de Pernambuco a D. Pedro II, 25.iii.1704, cit.; anônimo a Guedes de Sá, cit.

[268] Homens nobres de Pernambuco a D. Pedro II, 25.iii.1704, cit.; "Papel [em] que o Senado da Câmara da cidade de Olinda", cit.

Outro tema essencial abordado pelo memorial da nobreza dizia respeito às execuções por dívida. Ao menos desde 1636, isentaram-se as fábricas de açúcar e lavouras de cana, ficando apenas ao credor a possibilidade de ressarcir-se nos rendimentos do devedor. Era a aplicação de um velho precedente na Madeira, datando de 1496. Ao tempo do domínio holandês, o governo do Recife havia aceitado que, consoante a prática lusitana, o equipamento, a mão de obra servil, a tração animal dos engenhos de açúcar e lavouras de cana não fossem desmembrados para efeito de indenização aos credores, a execução só podendo ter lugar quando o total da dívida equivalesse ao valor do engenho ou do partido em causa. Desde os anos sessenta do século XVII, a Coroa passara sucessivas provisões a este respeito. O privilégio, destinado a vigorar por seis anos, tivera de ser renovado ao prolongar-se o declínio do preço do açúcar no mercado internacional.[269]

Concedido a Pernambuco em 1668 e reiterado, que se saiba, em 1676, 1683, 1690 e 1697, o dispositivo não funcionava a contento, de vez que os credores aproveitavam-se do hiato entre a expiração da anterior carta régia e a recepção da nova; ou o interpretavam em sentido estrito, excluindo os escravos do serviço doméstico e outros bens patrimoniais que não relevavam da atividade produtiva. Descartando os meios ordinários da justiça, governadores houve que utilizavam a tropa para esses fins, seja para se reembolsarem de créditos que haviam emprestado por intermédio de testas de ferro, seja para atender pedidos dos homens de negócio. A própria Coroa interferiu por vezes no sentido de agilizar as execuções, com vistas a favorecer fulano ou beltrano, que tinha boas ligações na Corte. Em 1700, por exemplo, a Câmara de Sirinhaém reclamava da "grandíssima perturbação" provocada pelas penhoras efetuadas pelos oficiais da milícia, tomando escravos ou prendendo devedores, a contrapelo dos trâmites legais.[270]

---

[269] Nótula diária do Alto Governo do Brasil holandês, 22.ii.1644, coleção José Higino Duarte Pereira, Instituto Arqueológico, Histórico e Geográfico Pernambucano; Gaspar Barleus, *História dos feitos recentemente praticados durante oito anos no Brasil*, 2ª ed., Recife, 1980, p. 202; Schwartz, *Sugar plantations in the formation of Brazilian society*, p. 195; Alberto Vieira, "Sugar islands. The sugar economy of Madeira and the Canaries, 1450-1650", em Schwartz, *Tropical Babylons*, p. 59.

[270] Co.Uo. 12.xi.1680, AHU, PA, Pco., cx. 7; Co.Uo. 10.iii e 17.xi.1682, D. Pedro II a João

Solicitava o memorial da nobreza que a isenção passasse a beneficiar indiscriminadamente todos os bens dos senhores de engenho e lavradores de cana, estendendo-a aos lavradores de mandioca. Pedia também que a execução ficasse exclusivamente a cargo dos oficiais de justiça, insistindo na reivindicação formulada desde 1690 no sentido de que o privilégio se tornasse automático, dispensando a renovação periódica; e de que ninguém pudesse ser preso por dívida. Por fim, à maneira do que se praticava com os débitos com a fazenda real, pleiteava-se que, na hipótese de os devedores acharem-se impossibilitados de operar suas fábricas, elas não fossem alienadas mas arrendadas a terceiros, de modo a serem restituídas ao dono quando da satisfação do compromisso.[271]

Nem o memorial da nobreza se queixa do preço do açúcar, nem os produtores pernambucanos instrumentalizaram o poder municipal a fim de fixá-lo. A Câmara de Salvador interferia no assunto desde 1626, com o apoio, desde os anos cinquenta, dos próprios comerciantes. Malgrado a proibição da prática, El Rei acabou cedendo, ordenando em 1689 o tabelamento do açúcar e dos gêneros de aprovisionamento dos engenhos. A Câmara de Olinda insurgiu-se contra a providência, representando o prejuízo para os senhores de engenho e lavradores de cana, protesto que se fez ouvir também na Bahia e no Rio, levando à derrogação da medida. Nos anos noventa, oficializou-se o sistema de "louvados", comissão paritária de senhores de engenho e de mercadores que combinavam o preço do açúcar, deixando à troica composta do governador, do bispo e do ouvidor a tarefa de arbitrá-lo quando as partes não chegassem a acordo. Entre nós, tais juntas funcionaram desde o governo de Montebelo, reunindo-se à chegada da frota quando se procedia ao acerto anual de contas entre produtores e comerciantes. Aliás, tampouco por ocasião do levante da nobreza, far-se-á ouvir qualquer reclamação contra o sistema de "louvados", podendo-se assim aplicar a Pernambuco a afirmação de Stuart B. Schwartz acerca do funcionamento da junta baiana: "ambos os

---

de Sepúlveda e Matos, 8.xi.1684, D. Pedro II à Câmara de Olinda, 8.xi.1684, AHU, PA, Pco., cx. 8; Co.Uo. 14.xi.1690, AHU, PA, Pco., cx. 10; Câmara de Olinda a D. Pedro II, [?].[?].1697, AHU, PA, Pco., cx. 11; AUC, CA, 33, fls. 61-61v, 67v-68v, 109-109v, 129 e 133; *Informação geral*, p. 234. Ver também Schwartz, *Sugar plantations in the formation of Brazilian society*, pp. 195-6.

[271] Homens nobres de Pernambuco a D. Pedro II, 25.iii.1704, cit.

lados provavelmente ganhavam algo, embora num ano particular um ou outro se considerasse prejudicado".[272]

No mercado internacional, o branco e o mascavado, após atingirem o mais baixo nível da sua história nos anos 1680, haviam passado por ligeira recuperação no decênio final de Seiscentos. Neste quinquênio inicial de Setecentos, a melhoria acentuara-se, com preços superiores aos de trinta anos atrás. Embora não se disponha de informação suficiente sobre os preços locais, elementos colhidos por J. A. Gonsalves de Mello deixam entrever um pico por volta de 1700, pouco antes da guerra da sucessão de Espanha, que teria adiado outra queda substancial. Quanto aos custos de produção, o item mais importante, o preço da mão de obra africana, não é encorajador. No Recife, entre 1695 e 1707, ele teria subido 2,5 vezes, algo como 1,5 a mais do que o preço do açúcar branco medido pelo patamar de 1700, segundo cronista coevo, que atribui a alta à concorrência do mercado mineiro. Por outro lado, Pernambuco não se beneficiava das mesmas relações privilegiadas que, graças ao fumo e à aguardente, a Bahia mantinha com a costa africana.[273]

O tratamento dispensado por El Rei ao memorial da nobreza indica que, neste final de reinado, tateava-se no escuro à procura de ponto de equilíbrio entre as facções da capitania. O procurador da Coroa opinava que a preferên-

---

[272] AUC, CA, 33, fls. 99v-100, 139-139v, 141v-142, 173-173v e 251v-252; AUC, CA, 31, fls. 490-1 e 493-493v; BNL, Pna., 239, fls. 109-10 e 335-340; BL, Add. 21.000, fls. 114v-115; *Informação geral*, pp. 130-1; Câmara de Olinda a D. Pedro II, 5.vi.1699, e Co.Uo. 13.x.1699, AHU, PA, Pco., cx. 12; Boxer, *Portuguese society in the tropics*, p. 107; Schwartz, *Sugar plantations*, p. 198. Em Pernambuco, o preço acordado ou fixado pela junta de louvados só era, contudo, aplicado ao final da safra, não às operações de compra e venda que podiam ter lugar entre uma e outra. Quando elas também foram submetidas à regra, a grita dos produtores sensibilizou o Conselho Ultramarino mas não El Rei, que exigiu a execução integral da decisão.

[273] N. W. Posthumus, *An enquiry into the history of prices in Holland*, 2 vols., Leiden, 1946-1965, I, pp. 57-8 e 503; J. A. Gonsalves de Mello, prefácio a *Calamidades*; "Tratado", fls. 3v-4; Schwartz, *Sugar plantations*, pp. 188-9 e 191. J. H. Galloway levou demasiado longe o impulso revisionista ao afirmar, baseando-se nas cifras do dízimo e das exportações de açúcar, que, no Nordeste, "os primeiros anos do século XVIII foram tempos de prosperidade para a indústria açucareira", carecendo assim de fundamento a alegação de autoridades da época, endossada pela historiografia, segundo a qual o surto da economia mineira empobrecera ou mesmo arruinara a economia canavieira: "Nordeste do Brasil, 1700-1750: reexame de uma crise", *Revista Brasileira de Geografia*, xxxvi (1974), p. 89.

cia dos naturais no preenchimento dos cargos públicos devia ser respeitada, assim como a reserva das patentes de milícia. A reclamação relativa ao domicílio das autoridades régias no Recife também lhe parecia justa, não se lhes devendo pagar ordenado caso persistissem na prática. A alçada posta à casa dos oficiais da Câmara de Olinda fora um abuso de poder, passível de criar para os prejudicados a expectativa jurídica de reparação. Ademais, havia precedentes para que o ouvidor Guedes de Sá não fosse isentado da sindicância de praxe. No tocante às eleições municipais de 1703, cumpria esperar o julgamento da Relação da Bahia. Por sua vez, o procurador da fazenda, por temor aos danos para o fisco régio, opunha-se enfaticamente à eleição de mercadores para a Câmara. Contudo, em matéria de execução por dívida, ambos os opinantes não aprovavam que se deixasse "os credores jejuando", manifestando-se contra o que reputavam derrogação perigosa do direito de propriedade, embora o procurador da fazenda não rejeitasse a aplicação do privilégio existente aos lavradores de farinha. Quanto às penhoras, deveriam ser feitas pelos meios da lei, só se recorrendo à força em caso de resistência dos devedores. O Conselho Ultramarino advogava a restrição do benefício para que se arrematassem em hasta pública as propriedades que já estivessem oneradas em mais da metade do seu valor, transferindo-as a quem as pudesse gerir competentemente, como convinha ao bem geral e ao erário público. No restante, o Conselho fez sua a opinião dos procuradores.[274]

A correspondente consulta data de outubro de 1704. Achando-se El Rei adoentado ao regressar da campanha militar na fronteira do Reino, a irmã, D. Catarina de Bragança, assumira a Regência, que exerceu até setembro de 1705. Coube-lhe assim despachar o memorial da nobreza. Não se pode afirmar que a interinidade no mais alto nível do Estado tivesse necessariamente alterado a decisão que D. Pedro II haveria tomado. A displicência com que o Conselho Ultramarino tramitara o assunto contrasta com a minúcia da resolução final exarada na Secretaria de Estado, que se empenhava em produzir solução equilibrada, por um lado, confirmando as concessões feitas outrora à nobreza, por outro, rejeitando suas reivindicações recentes. Foi assim que se reafirmou a vigência das ordens régias sobre o domicílio em Olinda, aduzindo a pena de não pagamento do ordenado à autoridade de

---

[274] Co.Uo. 13.x.1704, AHU, PA, Pco., cx. 14.

que não constasse por certidão da Câmara de Olinda residir efetivamente na cidade. Confirmadas foram também a exclusão dos mercadores do governo municipal e a preferência dos naturais na serventia dos ofícios de justiça e fazenda, reconhecendo-se a ilegalidade das sanções aplicadas aos vereadores e seu direito à indenização. Quanto à reclamação contra as vereações no Recife, a Regente já escrevera ao ouvidor, ao juiz de fora e à Câmara proibindo-as terminantemente.[275]

No mais, a Coroa rejeitava as reivindicações do memorial, como as alterações pleiteadas no processo de execução dos engenhos e lavouras de cana; ou as sugestões relativas à residência dos magistrados, permitindo-se apenas que o sindicante pudesse prolongar-lhe o prazo por quinze dias. O despacho da Regente confirmava a resolução de 1703 que habilitara os recifenses a participarem das eleições como votantes, com a reserva de que não poderiam ser eleitos para a Câmara de Olinda — emenda que teria sido pior do que o soneto. Por fim, não se anulavam as nomeações de mercadores para os postos da milícia, reconhecendo-se implicitamente seu direito a servir neles, recuo tanto mais imprevisível quanto, apenas um par de anos antes, El Rei reiterara a exclusão no tocante à Câmara de Goiana.[276]

Contudo, ao cabo de quinze dias, a Coroa recuou. O procurador dos mascates em Lisboa[277] não perdera tempo. "Têm havido grandíssimas dissensões [explicava], querendo os moradores da cidade de Olinda interpretar a resolução de Vossa Majestade [de 1703] diferentemente, arguindo dúvidas e contendas que têm chegado a demandas e, sem embargo de serem todas a

---

[275] *Ibid.*; A. D. Francis, *The Methuens and Portugal, 1691-1708*, Cambridge, 1966, pp. 261-2, 285-6 e 301. O despacho de D. Catarina de Bragança é de 24.iv.1705 e a correspondente provisão é do dia seguinte, AHU, códice 257, fls. 197 e 275.

[276] Co.Uo. 13.x.1704, cit., AHU, códice 257, fl. 125v.

[277] O procurador dos mascates em Lisboa era provavelmente frei Jácome da Purificação, outrora provincial franciscano na Bahia e guardião da casa do Recife, onde fundara a Ordem Terceira (1695), principal confraria mascatal. Preso pela facção conventual oposta, frei Jácome conseguira fugir para o Reino com a ajuda dos seus abastados parentes da praça, tornando-se em Lisboa, segundo a Câmara de Olinda, "o flagelo dos filhos de Pernambuco", vivendo à tripa forra, com a ajuda dos homens de negócio, e atuando com a desfaçatez de um laico, pois se achava desligado da sua Ordem: Câmara de Olinda a D. João V, 11.vii.1710, AHU, PA, Pco., cx. 15; Jaboatão, *Novo orbe seráfico brasílico*, i, pp. 326-8.

favor dos moradores do Recife, não é bastante para que os da cidade, desvanecidos de fidalgos, se queiram sujeitar à verdadeira inteligência da lei." Que a Regente esclarecesse o assunto de uma vez por todas, mandando "declarar que na palavra 'mercadores' se compreende somente as pessoas que assistem em loja aberta, vendendo, medindo e pesando ao povo qualquer gênero de mercancia atualmente, por ser essa a verdadeira significação e inteligência da palavra 'mercadores' expressada na lei". O Conselho Ultramarino concordou, recorrendo à primazia da "nobreza política", criação do príncipe, sobre a "nobreza natural", transmissão hereditária, frisando a conveniência de "os homens de grosso trato goz[ar]em de toda a nobreza, para que por este meio se vão ilustrando as famílias", de vez que mesmo as mais ilustres do Reino haviam tido origens obscuras, princípio a que meio século depois o marquês de Pombal dará aval pleno. D. Catarina de Bragança deferiu a revisão do despacho *pro forma*, pois já no dia anterior lavrara-se a provisão consagrando a interpretação favorável aos mascates.[278]

Charles R. Boxer sustentou que tal modificação teria sido uma vitória da nobreza, ao manter os mercadores fora da Câmara de Olinda, de vez que mesmo os mais abonados não desdenhavam o comércio a retalho. Pelo contrário, pode-se sustentar que, compondo-se a mascataria de uma nata de "mercadores de sobrado", grandes negociantes por atacado que se dedicavam também a outras atividades lucrativas, e de uma maioria de "mercadores de loja", negociantes a varejo, o defeito do trabalho manual não podia ser utilizado contra os primeiros, de vez que, possuindo embora lojas no andar térreo das suas residências da rua do Bom Jesus ou do largo do Corpo Santo, operavam através de caixeiros, sem medir ou pesar os gêneros com as próprias mãos, donde o papel estratégico desempenhado pelo advérbio *atualmente* no trecho acima citado. No Reino, tal interpretação já era aceita no tocante ao acesso às ordens militares não só por parte de mercadores como de lavradores que faziam granjear suas fazendas por terceiros, distinguindo-se, como fazia a Mesa da Consciência e Ordens, entre o exercício direto da atividade manual, e o indireto, por interposta pessoa.[279]

---

[278] Co.Uo. 4.v.1705, AHU, PA, Pco., cx. 14. A provisão é de 8.v.1705, AHU, códice 95, fl. 278v. Foi reproduzida em *Memórias históricas*, iv, pp. 49-50.

[279] C. R. Boxer, *The Golden Age of Brazil, 1695-1750*, Los Angeles, 1962, p. 110; Hespanha,

A provisão de 8 de maio de 1705 não assegurou representação adequada à mascataria, mas por outras razões. Em princípio, ela abria-lhe as portas da Câmara de Olinda, deixando o ouvidor à vontade para proceder, em sentido favorável à mascataria, à mesma manipulação das pautas executada por Guedes de Sá, como fará seu sucessor, José Inácio de Arouche, em favor da nobreza. Sob outro aspecto, contudo, a solução dada pela Coroa descontentava indivíduos eminentemente práticos que se veriam, com prejuízo dos seus tratos e negócios, obrigados a passar as quartas-feiras e os sábados em Olinda, para onde se tinham de deslocar a cavalo pelo istmo ou em canoa pelo rio Beberibe, a menos que se dispusessem a algo ainda mais inconveniente, como fosse habitar na cidade. Daí o rumo tomado pela questão nos anos seguintes. Tendo D. Pedro II descartado o projeto de dividir o termo de Olinda mediante a criação de segunda Câmara no Recife, os mascates e seus aliados passaram a cogitar da alternativa que consistiria na mudança da sede do poder municipal para a praça.

Em 1702, como parte da manobra visando realizar as vereações em caráter permanente no Recife, tão crescido que "faz de Olinda a mesma vantagem que faz Lisboa, de Sacavém", Guedes de Sá propôs a aquisição do prédio onde funcionara a Casa da Moeda, de vez que, nas ocasiões de frota, a Câmara reunia-se "numa casinha indecente que fica por cima da [casa da] balança". A tentativa foi frustrada pelo Conselho Ultramarino, ao recordar que em Olinda "há-de ser e devia ser perpétua a assistência dos vereadores e ministros; e só no tempo da frota [a Câmara] poderia estar no Recife; e para tão pouco tempo a casa que tem bastava". Mas como as pressões aumentassem, El Rei assentiu em 1706, pouco antes do seu falecimento, à sugestão de que se pedisse o parecer do governador sobre a representação em que Guedes de Sá e o juiz de fora Car Ribeiro haviam encarecido a urgência de se remediarem "os grandes inconvenientes" que para a administração da capitania resultavam da ordem que mandava as autoridades residirem em Olinda.[280]

A situação tornava-se fluida. A solidariedade nos negócios, a identificação cultural de reinóis e a convicção de que o poder dos pró-homens repre-

---

As vésperas do Leviathan, p. 315. Ver a respeito Fernanda Olival, *As ordens militares e o Estado moderno*, passim.

[280] *Informação geral*, pp. 14-5.

sentava um perigo para a autoridade da Coroa e também para mercadores e magistrados, contribuíam para associá-los estreitamente. Não se veja, porém, no processo o arremedo colonial da aliança monárquico-burguesa, que na Europa da baixa Idade Média e do Renascimento teria, segundo a historiografia liberal do século XIX, permitido a construção do Estado moderno sobre as ruínas da feudalidade. A concentração dos poderes da Coroa verificou-se de maneira menos linear e, em todo o caso, mais tardiamente do que supuseram aqueles historiadores. A administração local resistiu galhardamente até a segunda metade de Setecentos, vale dizer, até Pombal. Como indicou A. M. Hespanha, o êxito da centralização foi apressadamente confundido com diferentes momentos do passado lusitano: primeiro, o reinado de D. João II, depois o perecimento das cortes no século XVII e, por fim, a suposta generalização do cargo de juiz de fora.[281]

Como advertiu o mesmo autor, é indispensável distinguir entre a ação da burocracia régia, sobretudo nas suas vertentes judiciária e fiscal, e a atuação da Coroa, de vez que o funcionalismo "deve ser visto, nesta época, não como um instrumento na disponibilidade de um qualquer outro poder político, mas sobretudo como um centro autônomo de poder", mormente para a caracterização dos funcionários de carreira e letrados, como juízes de fora, ouvidores e provedores da fazenda. Recebendo os mais altos ordenados, eles gozavam de "um estatuto de insindicabilidade prática que os furta a qualquer controle exterior ao seu próprio círculo", como se constatou, páginas atrás, quanto à inviabilidade de ampliar e sofisticar o mecanismo da residência. Portadora de "um sentimento corporativo muito intenso", a magistratura controlava "todo o sistema de comunicação político-administrativa entre o centro e a periferia", instrumentalizando a Coroa para seus fins em vez de ser seu instrumento. A frequência com que El Rei e o Conselho Ultramarino a desautorizaram em suas disputas com a Câmara de Olinda corresponde à asserção de A. M. Hespanha quanto ao interesse da monarquia em preservar o poder local como contrapeso ao dos letrados.[282]

É visível a defasagem entre a atitude arbitral do soberano e o ativismo dos seus representantes em Pernambuco, frequentemente mais realistas que

---

[281] Hespanha, *As vésperas do Leviathan*, pp. 21-36.

[282] *Ibid.*, pp. 162 e 276-7.

El Rei. A aliança da magistratura régia e da mascataria constituiu a variável crucial, tanto mais que, nesses derradeiros anos do reinado de D. Pedro II e primeiros de D. João V, não se consegue detectar alteração sensível nos quadros da alta administração metropolitana, capaz de explicar a mudança de atitude da Coroa. Seus magistrados, mais que seus governadores, foram os que, invocando o serviço régio, passaram a interferir abertamente no antagonismo entre a praça e o engenho, aprofundando o contencioso subjacente entre poder real e poder local — o que vinha a calhar para os homens de negócio. O pacto entre funcionários e mercadores funcionou também na América espanhola; e de maneira bem mais nítida. O sistema dos *repartimientos del comercio* fundou a cumplicidade dos negociantes espanhóis, que lhes adiantavam dinheiro, e dos magistrados da Coroa, que, por sua vez, emprestavam-no a juro ou em gêneros comerciais, utilizando seus poderes para executar impiedosamente os devedores. De início, o recrutamento da maior parte dos agentes régios (ao contrário da prática portuguesa que o reservava ao monarca) cabia aos vice-reis, que os escolhiam na sua clientela, situação que só fez piorar quando de Madri o Rei Católico chamou a si a incumbência, passando a vender as nomeações. Destarte, os beneficiados, que já aportavam endividados, tinham pressa em reembolsar quem na Espanha lhes havia antecipado recursos para a aquisição do cargo.[283]

---

[283] Brading, *The first America*, pp. 230-1, 294-6 e 398.

Segunda parte:
Alterações pernambucanas

5.

O desgoverno de Castro e Caldas

O fidalgo minhoto Sebastião de Castro e Caldas assumiu o governo de Pernambuco a 9 de junho de 1707, em cerimônia que teve lugar, como de praxe, na Sé de Olinda, indo ocupar o palácio que ainda hoje espia pelas janelas a praça Monsenhor Fabrício. Como tudo sempre lhe ocorresse fora do habitual, Castro e Caldas aportara ao Recife da mesma forma que partirá três anos mais tarde: inesperadamente. Passageiro da nau capitânia em que viajavam as altas autoridades ultramarinas, a embarcação desgarrara-se, em alto-mar, da frota anual de comércio procedente de Lisboa. Sendo junho, sopravam suestes rijos, chovia e trovejava sem cessar, de modo que o navio teve de ser rebocado, conduzindo-se o recém-chegado em braços à terra. A circunstância, somada à da investidura em dia aziago, deu margem a prognósticos sombrios acerca dos males que sobreviriam à capitania. Apenas empossado, Castro e Caldas começou a fazer das suas, destratando o antecessor, Francisco de Castro Morais (o mesmo que viria a governar o Rio de Janeiro por ocasião do ataque dos franceses), proibindo que se lhe pagasse o ordenado, mandando invadir seus alojamentos para prender certo indivíduo ali homiziado por delito leve e cessando todas as relações, até as de mera cortesia, que eram de regra entre o governador que saía e o que entrava.[284]

Entre os vilões da história pernambucana, Castro e Caldas desfruta um lugar indisputado a que não podem aspirar nem Calabar, reabilitado pelo nativismo de fins do século XIX, nem Luís do Rego Barreto, nosso último capitão-general, cuja gestão ficou emoldurada pela repressão da república de 1817 e pelo triunfo do levante de Goiana (1821). Ninguém foi tão execrado entre nós quanto este produto típico da pequena nobreza lusitana de provín-

---

[284] "Relação do levante de Pernambuco em 1710", *Brasília*, vi (1951), pp. 309-10.

cia. "Homem despótico, imoral, sem religião e cuja ambição não tinha limites": excessivo ou não, o julgamento do historiador Fernandes Gama fixou de uma vez por todas os contornos com que Castro e Caldas ingressou em nossos anais. Filho segundo ou terceiro de um morgado de Arcos de Valdevez, entrou ainda garoto para o serviço militar, graças à proteção de um tio, alto oficial do exército. Ei-lo nos derradeiros anos da Guerra de Independência (1640-1668), na rotina dos sítios e entreveros com o castelhano, primeiro na fronteira úmida da Galiza e depois nas charnecas do Alentejo, onde participou da batalha decisiva de Montes Claros (1665). Desde então, escalou todas as patentes até chegar a mestre de campo, ganhando a reputação de ser um dos melhores comandantes de cavalaria e obtendo a ambicionada comenda da Ordem de Cristo.[285] A carreira aguçou seu ânimo marialva e façanhudo de fidalgo nortenho.

O Brasil é que nunca lhe foi propício. Nomeado para o governo da Paraíba (1695), não veio a exercê-lo, preferindo assumir interinamente o do Rio de Janeiro, onde, a despeito de ser tido na conta de "um dos melhores governadores que conheceu aquela capitania" (Conselho Ultramarino *dixit*), foi encarcerado no seu regresso a Lisboa devido a acusações de inimigos poderosos, inclusive o cônsul de Sua Majestade Britânica, queixoso da proteção dispensada por Castro e Caldas à esquadra francesa do almirante Gennes, com a qual teria comerciado. À espera das conclusões da sindicância, El Rei concordou em que se alargasse o âmbito da sua prisão à capital, para que se pudesse desincumbir de outro governo, o da sua casa e patrimônio. Os resultados da investigação lhe terão sido favoráveis, como geralmente ocorria, mesmo em se tratando de autoridades arbitrárias e corruptas. Sua reabilitação não tardou. Havendo retornado ao serviço militar com o início da guerra de sucessão da Espanha (1704-1712), pleiteou novamente o governo da Paraíba. Ofereceram-lhe o da colônia do Sacramento, entrementes conquis-

---

[285] *Memórias históricas*, iv, p. 58. A fé de ofício de Castro e Caldas em Co.Uo. 19.viii.1705, AHU, PA, Pco., cx. 14, parcialmente reproduzida por Mário Mello, *A Guerra dos Mascates como afirmação nacionalista*, pp. 65-8. Ver também Rocha Pita, *História da América portuguesa*, p. 400; Pereira da Costa, *Anais pernambucanos*, v, pp. 99-100; Ross Bardwell, *The governors of Portugal's South Atlantic empire in the Seventeenth century*, 1974, University Microfilms International, Ann Arbor, p. 145.

tada pelos castelhanos do rio da Prata. Tendo-o recusado, deram-lhe o de Pernambuco.[286]

Seu currículo não destoava do da grande maioria dos governadores designados para capitanias importantes. Recrutados nas camadas médias e inferiores da nobreza, hereditária ou adquirida (excepcionalmente entre os detentores dos títulos do Reino), sua experiência militar resumia-se a Portugal e ultramar. Castro e Caldas tinha ambas e até na carência de conhecimentos administrativos correspondia, sem tirar nem pôr, a seus pares. Ainda em meados do século XVIII, o cônego da Sé de Olinda, Veríssimo Roiz Rangel, criticava os critérios de escolha dos governadores ultramarinos, militares inábeis para o trato dos assuntos civis, traçando esta sugestiva vinheta da gestão colonial:

> Provê-se um governo como é hoje este de Pernambuco em um cavaleiro bem morigerado e bem capaz, porém sem experiência nem estudo algum de direito, que foi um bom ajudante de sala ou um valente capitão de cavalos. E apenas toma a sua posse e empunha o seu bastão, recebe uma carta da Câmara de tal parte em que lhe dá conta de que se há-de fazer um inventário de um defunto clérigo. Não sabe o governador nesta matéria para onde se vire. Chama ao ministro secular para instruir-se, mas que responderá este que, por uma parte, ainda lhe não passou pela mão semelhante contenda, porque é ministro de primeira entrância, ou talvez estará envolvido na mesma matéria [...] Deseja o governador ouvir ao bispo, de quem se supõe mais capacidade e mais experiência, e acodem os áulicos dizendo: por nenhum modo, que é parte interessada. Toma-se a resolução de um de dois modos: ou se responde a carta em termos abstratos, fugindo com o corpo à dificuldade, persuadindo sossego *ut sic*, prudência *ut sic*, quietação *ut sic*, sem resolver coisa alguma sobre as circunstâncias de um caso particular. Ou, aliás, se recomenda ao ministro também *in abstracto* que defenda a jurisdição real, o qual é um juiz ignorante que despacha por um assessor idiota e entra a obrar de maneira que é preciso [à autoridade eclesiástica] proceder contra ele com censuras, as quais ele despreza, entrando a vexar o vigário de quantas maneiras pode. Levantam-se duas parcialidades que mutuamente se capitu-

---

[286] AHU, códice 51, fls. 134-134v, e códice 176, fl. 131v; Vivaldo Coaracy, *O Rio de Janeiro no século XVII*, 2ª ed., Rio de Janeiro, 1965, pp. 231-5.

lam [i.é, que redigem manifesto] e aí temos a terra revolta, cheia de pecados e embrulhadas por se haver respondido tão mal àquela carta.

E o prebendário prosseguia na sua descrição da rotina governamental:

> Ainda esta carta não está respondida, quando chega outra em que o Senado da Câmara de tal terra lhe dá conta e pede remédio das dissensões e embrulhadas que correm entre o ouvidor e o vigário, por este lhe não querer consentir cadeiras de espaldas na capela-mor nas solenidades e festas da igreja. Lida a carta, toca-se a campainha, entra o ajudante da sala, pergunta-se-lhe: que diz Vossa Mercê a esta carta? Bacharela um pouco aquele rapaz sem acertar com coisa alguma. Manda-se chamar o ouvidor da terra, que ainda não viu a decisão do Temudo [autoridade em direito canônico] sobre a cadeira do corregedor de Torres Vedras e aliás lhe parece que por representar a pessoa d'El Rei se lhe deve levantar dossel na igreja e quer para si outro tanto [...] Que dirá o bispo nesta matéria? Nada, porque nem se ouve nem se consulta pois é inimigo das justiças seculares e esta é a primeira coisa em que se assenta. Finalmente destas e maiores questões se resolvem muitas por pareceres e informações de quem nada sabe destas matérias.[287]

A inexperiência administrativa dos governadores, inclusive nas relações com as autoridades religiosas, protegidas pelo direito canônico (que era o aspecto que interessava o Dr. Veríssimo), resultava tanto mais prejudicial quanto, a seu modo, a gestão das colônias também dispunha de um sistema, escrito ou não, de equilíbrio de poder, sistematizado no caso de Pernambuco pelo regimento de 1670. Este codificara a prática governamental, resolvendo as questões que suscitavam conflitos de jurisdição com o governador-geral na Bahia, sobretudo no tocante à nomeação do pessoal civil e militar. Aos governadores incumbiam, ademais das tarefas militares de defesa externa e ordem pública, inerentes à função de capitão-general, poderes atinentes à fazenda real, à proteção do clero, à evangelização do gentio, ao povoamento e à concessão de sesmarias, à proibição do comércio estrangeiro, etc. Cabia-lhes, por

---

[287] Veríssimo Roiz Rangel, "Discurso apologético e notícia fidelíssima das vexações e desacatos cometidos pelo Dr. Antônio Teixeira da Mata contra a Igreja e jurisdição eclesiástica de Pernambuco", ANTT, LB, códice 34, fls.73-73v.

outro lado, uma ampla competência supervisória do conjunto do governo civil, a cujo respeito deviam manter a Coroa informada.[288]

Jurisdição tão abrangente colocava-os em contato permanente com os demais agentes da Coroa, operando nas suas respectivas esferas: as câmaras municipais, que encarnavam o poder local mas também derivavam sua legitimidade diretamente do monarca; as autoridades judiciárias e financeiras de nomeação régia, como o ouvidor e o provedor da fazenda, ou o juiz de fora; e as eclesiásticas, o bispo e seu cabido, com foro privilegiado concorrente do civil, muito embora, em decorrência do padroado real, eles também fossem, a seu modo, funcionários públicos. El Rei difundira sua autoridade por todos estes titulares, que gozavam da regalia de se corresponderem com ele, num jogo de pesos e contrapesos por trás de linhas de competência intencionalmente vagas e fluidas. Em teoria, o governador era um *primus inter pares*; na prática, tudo dependia da inclinação que demonstrasse para respeitar as atribuições das outras autoridades; e da destas, de as preservarem, cerceando-lhe as investidas. Para tais manejos, que demandavam sutileza e paciência, Castro e Caldas era visceralmente despreparado.

Do alto da sua experiência de trinta anos como secretário do governo pernambucano, Antônio Barbosa de Lima expunha o sistema a um candidato a governador.[289] Tendo começado a vida como soldado e alferes em Setúbal, veio a servir na embaixada do conde do Prado, depois marquês das Minas, a Roma (1669-1671), quando foram reatadas as relações entre Portugal e a Santa Sé após o longo interregno da guerra com a Espanha. Graças seguramente à proteção do conde, veio para Pernambuco ao tempo do governo de D. João de Souza (1682-1685), irmão do marquês, obtendo aqui a paten-

---

[288] O texto do regimento de 1670 em *Informação geral*, pp. 5-11. Para a elaboração dos regimentos dos governadores, ver Dauril Alden, *Royal government in colonial Brazil*, Los Angeles, 1968, p. 38. Sobre o papel dos governadores coloniais, ver as observações de Caio Prado Júnior, *Formação do Brasil contemporâneo. Colônia*, 7ª ed., São Paulo, 1963, pp. 299-300.

[289] Ainda em Lisboa, ele teria sido "um pobre barbeiro de navalhas", segundo Gonçalves Leitão, que provavelmente confundia maliciosamente a profissão do avô paterno com a primeira atividade do neto: *Memórias históricas*, iv, p. 181. É indubitável, porém, que Antônio Barbosa de Lima partilhava com os mascates a origem subalterna, pois tivera por ascendentes um "caminheiro", ou meirinho, e uma padeira: ANTT, Habilitações à Ordem de Cristo [HOC], A, 47, 60.

te de capitão de infantaria e o cargo de secretário do governo. Associado a um parente, adquiriu engenho em Itamaracá, permanecendo nas suas funções até o regresso definitivo ao Reino em 1712 e procedendo, na avaliação do Conselho Ultramarino, "com grandes virtudes de modéstia, inteligência e limpeza de mãos", embora circulassem na terra rumores acerca da sua parceria com os mascates em negócios de exportação de farinha de mandioca, dependentes de autorização governamental.[290]

Às vésperas da deposição de Castro e Caldas, Barbosa de Lima redigiu, sob o pseudônimo de "Anônimo secreto", um comprido papel destilando sua experiência como secretário. Sua doutrina, ele a resume num aforismo de efeito: "Quem governa em Pernambuco muito pessimamente governa; e quem nada governa, otimamente governa". Não se trata de *bon mot* de burocrata cínico, mas da adaptação à terra da concepção arbitral do poder real vigente no Reino, que naturalmente tinha a ver com as concepções teológico-políticas. Como El Rei, de quem era a encarnação, o governador não devia passar de um superintendente, imitando "o exemplo do maior governador do céu e da terra, que sempre deixa obrar as causas segundas e raríssimas vezes se intromete a fazer um milagre por não perverter a ordem e harmonia da natureza". A regra de ouro era a de respeitar a jurisdição dos demais representantes régios. Pairando sobre essa relojoaria institucional, cingir-se-ia "a observar os movimentos de todos para os louvar ou advertir e, se não bastar, passar a repreendê-los asperamente, e, se forem incorrigíveis, dar conta a Sua Majestade para que remedeie".[291]

É impossível não enxergar nestes conselhos a crítica, dissimulada mas contundente, de tudo o que Castro e Caldas e vários dos seus antecessores haviam praticado; ou inversamente o elogio dos raros que, como D. João de Souza ou Caetano de Melo e Castro, se tinham abstido de interferir no funcionamento da justiça, nas decisões das câmaras ou nos negócios eclesiásticos. Devem-se, aliás, a Melo e Castro, que depois do seu governo de Pernambuco

---

[290] Co.Uo. 23.i e 2.vi.1686, Co.Uo. 6.xii.1687, AHU, PA, Pco., cx. 9; Co.Uo. 16.xi.1695, AHU, PA, Pco., cx. 11; "Relação do levante", p. 324.

[291] "Anônimo secreto" a Félix Machado, 7.viii.1710, BNL, Pna., 526, fls. 263-5. Com o mesmo pseudônimo, Barbosa de Lima assinara vinte anos antes uma carta laudatória ao marquês de Montebelo, BL, Add. 21.000, fls. 182 ss.

foi vice-rei da Índia, alguns preceitos úteis para a administração da capitania, como o de procurar o governador ser "amigo de todos" sem, contudo, manter "amizade particular [...] com ninguém"; de ficar atento ao que ocorria por meio de olheiros que o pusessem a par "de tudo o que se dizia, o que se falava e o que se obrava", fosse na ouvidoria, no paço episcopal ou nos quartéis; de cultivar sempre como aliado um dos membros da Câmara de Olinda, por quem devia manifestar particular inclinação; e de tratar com toda consideração os prelados dos conventos, pois não se urdia intriga ou maquinação em que não entrasse algum religioso.[292]

Castro e Caldas violou todas as regras enunciadas por Barbosa de Lima, começando pela de manter "uma amigável e política correspondência com o Senhor Bispo", chefe do outro poder, o eclesiástico; e também com as ordens religiosas, pelas quais deveria demonstrar "muita veneração, porque nelas, apesar dos tempos, sempre se acham os melhores e mais doutos homens da república", em particular, a Companhia de Jesus, de cuja amizade "sempre resulta utilidade conhecida pelo conselho, pela prudência e pela fineza e préstimo que sempre nesta religião se achou". Em segundo lugar, vinham as relações com os altos funcionários civis, o ouvidor-geral, o provedor da fazenda e o juiz de fora, de quem o governador devia ser "defensor para lhes conservar o respeito" mas "também censor quando cometam ação ou ações indignas". Em terceiro lugar, havia a força armada, de quem se devia fazer "muita conta e muito caso", pagando-se-lhe pontualmente, pois "sem eles nada se faz e são os que conciliam todo o respeito aos governadores; e a não se conservarem estes presídios [i.é, fortalezas] nas conquistas, a representação real na pessoa dos seus governadores se veria a cada passo escarnecida e ultrajada". Barbosa de Lima alertava também contra a prática dos mestres de campo de negociarem os postos sob seu comando, o que comprometia a autoridade do governador.[293]

Quanto à Câmara de Olinda, aconselhava o secretário que, ao assumir, solicitasse o governador a apresentação das ordens régias que lhe concediam privilégios e isenções, de modo a evitar que os vereadores procurassem ampliá-los. Convinha também examinar os diplomas dos advogados, concitando-os

---

[292] BNL, Pna., 526, fl. 265.

[293] "Anônimo secreto" a Félix Machado, 7.viii.1710, cit.

a não defenderem "causas injustas", seguindo a mesma praxe com os tabeliães, escrivães e meirinhos, a quem se deveria lembrar o dever de reserva. Aos capitães-mores, ordenaria o governador que informassem pontualmente acerca de qualquer crime ou questão de importância no respectivo distrito, chamando-os à sua presença caso se descuidassem da obrigação, mas fazendo-os esperar alguns dias antes de recebê-los, de maneira a patentear seu desagrado. Outra recomendação referia-se à pompa e circunstância das aparições públicas do governador: ao sair de palácio, deveria dar a senha, geralmente o nome de um santo, e acompanhar-se de séquito luzido que impressionasse o povo, costume negligenciado mas útil. As "ações aparatosas e resplandecentes conduzem muito para o respeito e para a autoridade", sendo tanto mais válidas quanto "dizia um discreto que Pernambuco tinha o entendimento nos olhos, devendo ter os olhos no entendimento". As jornadas governamentais entre Olinda e o Recife fossem sempre feitas "no seu bergantim e não em canoa, que causa desprezo por ser vulgaridade". Quanto às festas religiosas, comparecesse apenas às dos conventos em honra dos seus patriarcas, e no tocante às demais, somente às da freguesia da sua residência e assim mesmo depois de "muito rogado e importunado". Cuidado especial devia ter o governador no acompanhamento das procissões, devido à esperteza de certos indivíduos que, para exibir prestígio, procuravam ombrear-se com ele.[294]

A escolha de Castro e Caldas, com suas maneiras desabridas de oficial de cavalaria, era no mínimo imprudente face à conflitividade pernambucana, ao dissídio entre os agentes da Coroa e o poder local e ao antagonismo ainda mais explosivo entre o comércio recifense e a nobreza da terra, os quais tendiam a confundir-se. D. Pedro II parece ter-se dado conta da inconveniência da escolha, tanto assim que não assinou a nomeação do governador, de agosto de 1705, quando lhe foi apresentada, até seu falecimento em dezembro de 1706, malgrado a recomendação unânime do Conselho Ultramarino em favor de Castro e Caldas. A demora parece excepcional, mesmo quando se dá o devido desconto à lentidão burocrática, à enfermidade d'El Rei e à premência das questões relativas à guerra de sucessão da Espanha. É provável que o monarca se tivesse lembrado do desempenho do pretendente no governo do Rio de Janeiro. Mas Castro e Caldas, casado com dama da Corte, devia con-

---

[294] *Ibid.*

tar com fortes apoios; e transcorridos dois meses da ascensão de D. João V ao trono, apôs-se a real firma no ato que o pai engavetara.[295]

Que influências teriam atuado sobre o filho? Duas hipóteses insinuam-se. A primeira, a de uma cabala de altos funcionários destinada a ressuscitar a linha dura, ensaiada por Câmara Coutinho e Montebelo, embora, que se saiba, semelhante objetivo só volte a ser declaradamente perseguido à raiz da sedição da nobreza contra Castro e Caldas. Mais certeira é a hipótese de que a escolha tenha resultado de maquinação do comércio recifense (por intermédio de seus patrões e sócios metropolitanos) e pelos padres da Madre de Deus. Em passado recente, o concurso de Montebelo ou de Fernando Martins Mascarenhas havia sido crucial para os mascates. Já o antecessor de Castro e Caldas, Castro Morais, mantivera prudente distância das facções, no momento em que a disputa em torno do acesso de mercadores à Câmara de Olinda tornara-se mais acesa. Natural, pois, que os homens de negócio tivessem procurado "fazer" o novo governador, como "farão" seu sucessor.[296]

A primeira das regras violadas por Castro e Caldas foi a do respeito às ordens regulares, que se haviam antecipado à sociedade laica ao constituírem-se em focos de agitação autonomista perante as casas-mãe da metrópole, a exemplo da América espanhola. Ali, desde o século XVI, os franciscanos do México dividiam-se em partidos: o dos religiosos nascidos e professos na Espanha; o dos "filhos da província", nascidos na Espanha mas professos no México; e o dos *criollos*, nascidos e professos no México, razão pela qual adotara-se a "alternativa" ou rodízio das facções nos cargos de direção.[297] No Brasil, os franciscanos cindiram-se igualmente em três grupos (portugueses,

---

[295] A consulta do Conselho Ultramarino propondo o nome de Castro e Caldas para o governo de Pernambuco, datada de 19.viii.1705, foi redigida ainda ao tempo da regência de D. Catarina de Bragança. O despacho de D. João V é de 12.ii.1707: ver o texto em Mário Melo, *A Guerra dos Mascates como afirmação nacionalista*, pp. 65-8. A mulher de Castro e Caldas era filha de um moço do guarda-roupa de D. Pedro II quando ainda príncipe: Loreto Couto, *Desagravos do Brasil*, p. 211.

[296] Tudo ainda se encontra por fazer na historiografia portuguesa no tocante à reconstituição das clientelas da Corte, cujo conhecimento permitiria certamente esclarecer aspectos essenciais da ação dos mascates junto à Coroa. Ver, a respeito, Ângela Barreto Xavier e Antônio Manuel Hespanha, "As redes clientelares", José Mattoso, *História de Portugal*, iv, pp. 381-93.

[297] D.A. Brading, *The first America*, p. 298.

baianos e pernambucanos), cogitando-se também de seguir a rotatividade. Como no caso dos néris, tais conflitos tendiam a extrapolar a intimidade dos claustros para ganhar as ruas. Uma querela interna em torno do prior, como a recusa pela comunidade regular do prelado designado em Portugal, transferia-se para o círculo eclesiástico, envolvendo bispo, cabido, clero secular e as outras ordens e provocando as medidas disciplinares do direito canônico, que podiam chegar à interdição dos templos e à paralisação da vida religiosa. Alcançava-se assim o último círculo, o da agitação civil, com a ameaça ou a intervenção do "braço secular" por parte dos governadores.

Para os agentes da Coroa, nem era fácil nem do seu gosto manterem-se alheios a essas bulhas conventuais, de vez que, embora ciosos da imunidade clerical, os prelados não hesitavam em recorrer a eles contra o partido adverso. No início das desavenças, ainda era possível fazer como Brito Freyre, que lavara as mãos quando das discórdias entre os franciscanos.[298] Mas, face ao risco de desordem pública, não era factível ao governador escapar à engrenagem, na medida em que os religiosos contavam com o apoio material de parentes ou de laicos poderosos, que lhes emprestavam séquitos armados para impor o controle físico dos conventos. A despeito de bandos severos proibindo, sob pena de degredo, a intromissão de seculares nessas disputas, os governadores não tinham como ignorá-las, sobretudo se o próprio monarca já lhes recomendara dar ajuda militar a este ou aquele prior, destituído por frades amotinados. As rivalidades do claustro foram assim importante elemento de instabilidade da ordem colonial; mas curiosamente continuam sem ser estudadas.

Em meados do século XVIII, o cônego Veríssimo Roiz Rangel procurava compreender, numa ótica de reinol, a causa do declínio das "religiões", como se dizia então, a qual consistiria nas frustrações de carreira decorrentes dessas rivalidades internas:

> Se perguntarmos aos mesmos religiosos a causa da sua decadência, da sua pouca paz e alterações em que é necessário entremeter-se o braço real tantas vezes, o porquê dos empenhos, os crimes dos encarcerados e a origem das apostasias, veremos que nos respondem procederem das suas parcialida-

---

[298] AUC, CA, 31, fls. 83-83v.

des, porque a que ficou superior submergiu a contrária. Daí veio que aquele reverendo tão benemérito nunca o fizeram prelado, pelo que vivendo desgostoso caiu naquela hipocondria de que morreu. Outro, que era tão aplicado, não entrou no curso, pelo que toda a vida chora desconsolado o seu idiotismo. Aquele, a quem lhe parecia que seria um Santo Tomás se entrasse a ler as cadeiras, anda afligido, chocalhando com as chaves da portaria. Caiu outro em um descuido e como é da parcialidade contrária à dominante, o carregaram de tantos pães e águas que uma noite, saltando os muros, desapareceu do convento. E se estas religiões não houveram estas parcialidades, haveriam estas desordens? É certo que não. E que meio haverá para evitá-las? Nenhum se tem descoberto até agora porque é sumamente difícil arrancar do coração dos homens o desejo de maiorias [i.é, de melhorias].[299]

Daí a multiplicação nas colônias daquela categoria de frades que a Idade Média denominara "girovagos", religiosos desgarrados dos seus mosteiros e desajustados da rotina conventual, a cuja existência irregular, sem rei nem roque, repetidas ordens da Coroa procuraram em vão remediar. Entre tais "vagantes", sobressaíam os filhos de São Francisco, que surgem aqui e ali na correspondência oficial, errando pelos caminhos, "esquecidos de sua religião", alguns até mesmo "feitos apóstatas e em trajes seculares, vagando por diversas partes destas capitanias, declarados por públicos excomungados".[300]

Os problemas de Castro e Caldas não começaram com a Câmara de Olinda nem com o ouvidor Arouche, mas com o mosteiro de São Bento, cujos frades tanto tinham de ricos quanto de rixentos. Sua fortuna procedia de engenhos, terras, fazendas de gado e prédios urbanos, sendo reputado pelo governador o convento mais acaudalado do Brasil, embora arruinado pela má administração dos abades. Sem entrar nas arruaças a que esses religiosos eram dados, como no episódio em que atacaram uma patrulha à mão armada a fim de soltar o mestre de campo do terço dos henriques, preso sob acusação de homicídio, os bentos viveram numa espécie de revolução permanente durante a maior parte da segunda metade de Seiscentos. Nos anos setenta e oitenta, haviam-se mesmo separado em duas comunidades que levavam vida à

---

[299] Veríssimo Roiz Rangel, "Discurso apologético", ANTT, LB, códice 34, fl. 54v.

[300] AUC, CA, 31, fls. 497-497v; e CA, 33, fls. 46v-47 e 85v-86.

parte.[301] Um movimento secessionista, acaudilhado por frei João da Ressurreição, alcunhado "frei Poeira" desde os tempos da sua militância na guerra holandesa, propunha-se a imitar o precedente franciscano, criando uma província do Brasil independente da Congregação de Portugal, apta, portanto, a reunir seu capítulo e a prover os cargos de direção nos monges que, havendo professado na terra, consideravam-se discriminados. Quando a reivindicação empolgou a casa olindense, uma dissidência retirou-se para a igreja de Nossa Senhora do Monte, mas o abaciado geral conseguiu ordem régia para que o governador garantisse a posse do prelado vindo da metrópole. As alterações repercutiram nos mosteiros beneditinos da Bahia e do Rio mas finalmente o Poeira e sequazes foram expulsos do Brasil.[302]

A deportação gerou o descontentamento dos pró-homens que tinham seus próprios motivos para apoiar o movimento. Nos anos oitenta, a contenda reabriu-se ao elegerem a província do Brasil e a Congregação de Portugal diferentes abades para Olinda. O governador D. João de Souza recebeu instruções da Coroa para sustentar o pretendente reinol, tendo de reprimir "alterações escandalosas", com "parcialidades e séquitos", fomentadas pelo cabido, pela Câmara de Olinda e por seculares influentes. No governo seguinte, a Câmara foi à forra, aproveitando-se da dissensão entre João da Cunha Souto Maior e o ouvidor Dionísio de Ávila Vareiro. Tudo culminou no sítio do mosteiro pela tropa, que, levantado uma primeira vez, voltou a ser posto semanas depois, "o qual cerco [declarava a respectiva ordem] perseverará enquanto o Senado da Câmara assim o quiser, para que o povo fique relevado da opressão e notório escândalo que os ditos religiosos causam com armas ofensivas, ferindo e molestando aos que passam pelas ruas". Incidentes que demonstram o grau de animadversão entre os bentos e os olindenses, que, aliás, não titubearam em trazer peças de artilharia do Recife a fim de abocá-las contra as janelas que davam para o mar.[303]

---

[301] Câmara de Olinda a D. Pedro II, 26.vi.1700, AHU, PA, Pco., cx. 10; e Castro e Caldas a D. João V, 19.viii.1708, AHU, PA, Pco., cx. 15; Bernardo de Miranda Henriques ao regente D. Pedro, 24.v.1669, e Co.Uo. 29.vii.1669, AHU, PA, Pco., cx. 6. Ver também Stuart Schwartz, "Os engenhos beneditinos do Brasil colonial", RIAP, 55 (1983), pp. 29-51.

[302] Cabral de Mello, *Rubro veio*, pp. 116 e 213-4.

[303] AUC, CA, 31, fls. 380-380v e 409.

Os mazombos diziam-se alvo de discriminação por parte da Ordem beneditina, que os rejeitava malgrado não serem "menos religiosos nem menos doutos que os mais" e malgrado a fortuna do convento provir, consoante a Câmara de Olinda, da generosidade dos seus pais e avós, alegação vigorosamente contestada pelos frades. Desde o começo do século XVII, os beneditinos repeliam o ingresso de brasileiros em seus claustros, interdição que, visando originalmente os índios e os mestiços, terminou por se aplicar aos mazombos, muitos deles com sua pinta de sangue ameríndio ou africano. Em face das reclamações, D. Pedro II expedira ordens terminantes para que cessasse a prática, cumpridas parcialmente e a contragosto. Decorrido meio século do protesto, a Câmara voltará à carga, desta vez para queixar-se também dos franciscanos e dos jesuítas, embora os beneditinos continuassem mais rigorosos na matéria.[304]

Foi em tal vespeiro que Castro e Caldas meteu alacremente a mão. Àquela altura, os beneditinos estavam "quietos e sossegados", como reconhecia a Câmara de Olinda, situação que se alterou com a chegada de frei Luís da Piedade, designado abade pela Congregação de Portugal. Sua nomeação fora condicional, na dependência do processo contra frei Bernardo da Trindade, suspenso da prelazia sob a acusação do assassinato de um marido que enganara. Segundo seus partidários, ele já se achava eleito e empossado quando frei Luís aportou à capitania, mas na versão de Castro e Caldas, a quem frei Luís viera recomendado do Reino, frei Bernardo, sabedor da sua vinda, reassumira com falso diploma. Com o apoio da grande maioria da comunidade, frei Bernardo negava-se a reconhecer frei Luís. Consoante o estilo dessas guerrilhas conventuais, as facções divulgaram manifestos e passaram aos atos. Armados pelas ruas, os sectários de frei Bernardo substituíam pelas suas as pastorais afixadas em favor de frei Luís, criando a cizânia entre os seculares. As tentativas de negociação fracassaram, de vez que frei Bernardo rejeitava a fórmula de compromisso pela qual o cabido julgaria a validade das patentes.

---

[304] Câmara de Olinda a D. Pedro II, 26.vi.1700, cit.; Miguel Arcanjo da Anunciação, Crônica do mosteiro de São Bento de Olinda, p. 27; Co.Uo. 23.ix.1700, AHU, PA, Pco., cx. 10; Câmara de Olinda a D. João V, 22.viii.1725, AHU, PA, Pco., cx. 20; Câmara de Olinda a D. José I, 5.v.1757, AHU, PA, Pco., cx. 49. Ver também Stuart B. Schwartz, "The formation of a colonial identity in Brazil", Canny e Pagden, *Colonial identity in the Atlantic world*, pp. 41-2.

Estando a sede vacante, os cônegos da diocese alinharam-se com frei Luís, confirmando as censuras e interditos baixados por ele.[305]

Frei Bernardo e os seus amigos fizeram ao edital do cabido o mesmo que às proclamações de frei Luís. Sob o comando de certo beneditino da Paraíba, que se declarava comissário provincial, os frades, montados e brandindo armas, arrancaram a cópia pregada no corpo de guarda do palácio do governo. Era uma desfeita a Castro e Caldas. Quando a pastoral do cabido foi aposta no mesmo lugar, os frades surgiram à porta do paço, na companhia de conhecido desordeiro; barrados pelas sentinelas, reagiram à altura; e teriam provocado incidente mais sério se o governador, assomando à janela, não desse ordem de prisão ao tranca-ruas, mandando reconduzir os religiosos ao mosteiro. Queixar-se-á Castro e Caldas de que o castigo que lhes deram no convento foi o de enviá-los ao Recife a fim de rasgarem também as pastorais ali afixadas. Por sua vez, outros monges procuravam amotinar os seculares, acorrendo às igrejas, sob o pretexto de dizerem missa, na realidade para utilizarem os púlpitos em favor da sua causa em desrespeito dos párocos.[306]

Castro e Caldas pôs tropa à disposição de frei Luís e do cabido, segundo dizia no fito de acatar a jurisdição do ordinário, mas segundo seus inimigos, porque fora subornado. As Ordenações previam que a ajuda do "braço secular" dependia da decisão dos magistrados, mas o governador alegou a ausência do ouvidor, o Dr. José Inácio de Arouche, e impugnou o juiz de fora, o Dr. Luís de Valençuela Ortiz, como simpatizante de frei Bernardo. O mosteiro foi sitiado, de modo a forçar os bentos a capitularem. Embora consciente da ilegalidade do ato, Castro e Caldas argumentava não haver outra maneira de acomodar a contenda, que já ameaçava estender-se às demais ordens religiosas, invocando o precedente de outros cercos e a frequência dos motins conventuais no Brasil. Ao contrário, porém, do que desejava evitar, tudo terminou em bulha e estrondo. Pode-se imaginar o rigor do assédio pelo que, vinte anos atrás, pusera João da Cunha Souto Maior: os soldados impediam o acesso de quem quer que fosse, religioso ou laico, até mesmo dos escravos

---

[305] *Calamidades*, p. 18; Castro e Caldas a D. João V, 19.viii.1708, e cabido de Olinda a Castro e Caldas, 4.i.1708, AHU, PA, Pco., cx. 15.

[306] Castro e Caldas a D. João V, 19.viii.1708, cit.

do serviço da casa, como também a entrada de víveres. As sentinelas vigiavam dia e noite, fazendo rondas incessantes em torno dos muros, com ordem de repelir à força qualquer sortida que os monges intentassem.[307]

Decorridos nove dias do sítio, como os bentos não se rendessem, Castro e Caldas mandou os soldados saltarem a cerca, cortarem a água das cacimbas e trancarem por fora as portas da clausura. Só então a comunidade resolveu abandonar a casa, e o fez de maneira aparatosa a fim de captar a simpatia popular, retirando-se em procissão pela porta principal da igreja, com o Santíssimo Sacramento debaixo de pálio. Seguiu-se a *mêlée*. De ordem de frei Luís, a tropa apreendeu os escravos do convento, que transportavam os objetos de uso pessoal dos religiosos; e com tanta fúria que, na queixa do provincial da Ordem, "parecia esta Olinda uma Holanda", não cidade católica mas covil de hereges. A um preto que se abraçara ao frade que conduzia a custódia, puxaram com tamanha violência que a cruz desprendeu-se e por pouco não caiu por terra para indignação dos fiéis. Um padre que estranhou o excesso foi sumariamente preso. O cortejo pôde enfim partir, descendo em direção ao Carmo e subindo a ladeira de São Francisco para dispersar-se no alto da Sé, diante do colégio da Companhia de Jesus, a cuja igreja recolheu-se a sagrada presença. Para gente tão comodista como os beneditinos, percorrer as encostas empinadas do burgo sob o sol de verão não era propriamente um passeio agradável; e como nenhuma outra ordem se tivesse oferecido para abrigá-los, seja por rancor clerical, seja para não meter a mão em cumbuca, eles decidiram buscar as casas da Congregação na Paraíba e na Bahia.[308]

Da briga, pouco mais se sabe, exceto que frei Luís assumiu o abaciado; que frei Bernardo interpôs agravo perante a Relação da Bahia; e que, consultado pelo tribunal a respeito dos fatos, foi o juiz de fora, Valençuela Ortiz, injuriado e difamado publicamente. Não logrando a adesão dos frades, frei Luís regressou a Portugal, levando consigo, segundo corria, tudo o que havia de valor no mosteiro, inclusive a prata da igreja, rumor registrado pelo Dr.

---

[307] "Relação do levante", p. 312; *Calamidades*, p. 19; AUC, CA, 31, fl. 409.

[308] Castro e Caldas a D. João V, 19.viii.1708, cit., Câmara de Olinda a D. João V, 23.xi.1708, frei Cosme de São Damião a D. João V, 1.ix.1708, AHU, PA, Pco., cx. 15; "Relação do levante", p. 312; *Calamidades*, p. 20.

Manuel dos Santos, fonte insuspeita neste particular. O monge pereceria afogado quando sua embarcação naufragou na barra do Tejo.[309] A exemplo do ocorrido com as folhas correspondentes a 1658-1684, as páginas da *Crônica do mosteiro de São Bento de Olinda* relativas ao período 1707-1723 foram arrancadas ao original, no propósito de sepultar a memória de desavenças prejudiciais ao bom nome da Ordem beneditina, o que induz a crer que as discórdias continuaram por mais algum tempo. Contudo, ao referir a gestão do abade anterior à crise, o cronista registrará que, desde então, começara a "ambição do célebre Patarata a desolar terceira vez" a tranquilidade da casa, "a mais vexada" da província beneditina do Brasil.[310] Patarata era sinônimo de fanfarrão, mas a quem pertenceria o apodo? A frei Luís ou a frei Bernardo, como parece mais provável? Ou a outro frade subversivo que houvesse puxado os cordéis desta guerra que nada tinha de santa?

Ao baixar a poeira desse bochornoso episódio, já se vislumbra um alinhamento insólito: de um lado, Castro e Caldas e a mascataria; de outro, o ouvidor Arouche, o juiz de fora Valençuela Ortiz e a Câmara de Olinda. A querela superpunha-se simetricamente, polarizando-os, ao antagonismo entre comércio e nobreza, reinóis e mazombos. A Câmara e o juiz de fora representaram a El Rei contra o governador, por interferir na competência judiciária de dar a ajuda do braço secular. Que a Câmara viesse agora romper lanças em favor dos beneditinos é sintomático de que percebera inimigo mais alto a abater. A invasão da esfera eclesiástica, com a violação maciça das franquias gozadas pelos monges, fornecia pretexto utilíssimo para abrir as hostilidades duma campanha que já se preparava. Em Lisboa, embora o procurador da Coroa opinasse em favor de repreensão a Castro e Caldas, o Conselho Ultramarino pôs panos quentes, sugerindo que fosse apenas admoestado, parecer que D. João V adotou. O Dr. Manuel dos Santos procurará, aliás, inocentar o governador, que apenas pagara a fatura dos desmandos de frei Luís, afirmação pouco convincente à luz do feitio de Castro e Caldas. A partir de então, ele terá no clero muitos dos seus inimigos mais ferozes. Quanto aos beneditinos, assevera o mesmo autor, "lhe desejavam beber o sangue, chegando a

---

[309] Co.Uo. 28.ix.1709, AHU, PA, Pco., cx. 15; *Calamidades*, p. 20.

[310] Miguel Arcanjo da Anunciação, *Crônica do mosteiro de São Bento de Olinda*, p. 84.

tanto a liberdade de alguns deles que religioso houve que, passando o governador pela rua, o descompôs publicamente de palavras".[311]

A aliança, que se esboçava, entre a magistratura régia e o poder local contra o governador constituiu exceção em nossa história colonial. Obviamente, os pró-homens tentavam sempre que possível explorar as rivalidades entre os representantes d'El Rei. Mas raramente conseguiram levá-las ao extremo, pois via de regra os agentes do monarca atuaram de concerto para limitar os poderes da Câmara de Olinda e dos homens principais, numa solidariedade institucional nem sempre entusiástica ou destituída de escaramuças burocráticas ou de ressentimentos pessoais, mas que, no frigir dos ovos, funcionou a contento quando o que eles consideravam o interesse da Coroa era posto em xeque pelos homens da governança. É certo que, no passado, haviam ocorrido conflitos de jurisdição entre governadores e magistrados régios, como nos governos de Mendonça Furtado e de João da Cunha Souto Maior. Contudo, somente quando do dissídio entre Montebelo e o Dr. Ramires de Carvalho, lograram as influências locais atrair a adesão de um magistrado régio à maneira do que voltará a ocorrer na gestão de Castro e Caldas. A diferença era, porém, evidente: o Dr. Ramires encontrava-se no exercício de função *ad hoc*, não podendo assim propiciar apoio sólido aos manejos dos pró-homens.

A confrontação entre Castro e Caldas e Arouche submergiu o dique que até então represara as tensões acumuladas na capitania desde a restauração do domínio português. É bem revelador que, num conflito como este, de tal maneira polarizado que o historiador dispõe quase sempre de versões simetricamente opostas para cada episódio, por pequena que seja sua função explicativa na economia dos acontecimentos, as narrativas de ambos lados coincidam em assegurar que tudo começou com a desinteligência entre o governador e o ouvidor, embora, uma vez de acordo neste ponto, passem imediatamente a discordar no tocante à cota de responsabilidade de cada protagonista. Como afirmará em meados do século XVIII D. Domingos do Loreto Couto, Castro e Caldas e Arouche eram "antípodas um do outro, andando mutuamente opostos e às avessas". "Este funesto princípio se uniu coligado e formou uma cadeia que, com os fuzis da vingança, ira e ódio, compuseram

---

[311] Câmara de Olinda a D. João V, 23.xi.1708, cit., e Valençuela Ortiz a D. João V, 30.iii.1708, AHU, PA, Pco., cx. 15; Co.Uo. 28.ix.1709, cit.; *Calamidades*, p. 19.

uma corrente de absurdos, que se foram seguindo uns aos outros, imitando sempre as mesmas desordens e metendo os súditos em uma guerra doméstica, em bandos perniciosos e em contendas cruentas."[312] Repare-se, aliás, que o frade cronista limita a responsabilidade pelas alterações de 1710-1711 às duas autoridades da Coroa, como se não preexistisse um contencioso de escopo incomparavelmente mais amplo.

Unha e carne com a Câmara de Olinda desde sua posse em 1705, Arouche subverteu a santa aliança dos magistrados e dos mascates. A atitude insólita foi atribuída ao temor de que os homens da governança lhe atrapalhassem a carreira, dando-lhe residência desfavorável, como haviam feito a seu odiado antecessor, o Dr. Guedes de Sá. E assim, assevera fonte mascatal, "deu de mão a tudo o que pertencia ao Recife e em tudo foi seu contrário [...] mas esta mesma doutrina intimou e fez observar ao juiz de fora", o Dr. Valençuela Ortiz. Esta será também a explicação dada por Castro e Caldas: os principais de Olinda "dizem que façam os ministros o que quiserem; e que sendo amantes e defensores da cidade não têm de recear as suas residências, porquanto os do Recife não são capazes de fazer pendor nesta matéria". A liga de Arouche e dos pró-homens permitiu inclusive enterrar as conquistas políticas da mascataria em 1703. Durante o triênio 1707-1709, nenhum dos mercadores de sobrado serviu na Câmara, sequer como almotacel, apesar de deterem outros títulos com que legitimar tal pretensão: seja o de já o haverem feito anteriormente, seja o de exercerem cargos da milícia, ostentarem hábitos da Ordem de Cristo e se tratarem à lei da nobreza, com criados e cavalos à sua disposição.[313]

Em teoria, uma residência desfavorável podia prejudicar as aspirações de um funcionário régio, mormente se não dispusesse de apoios sólidos. Oriundo da pequena burguesia de Setúbal, onde seus pais e avós haviam penosamente ascendido de pescadores a armadores de barcos de pesca, Arouche passara de obscuro juiz de fora nos confins do baixo Alentejo (Almodóvar), a uma posição judiciária no Porto, quando se destacara na repressão ao contrabando com a Espanha. Ademais, só teria aceito a ouvidoria-geral de Per-

---

[312] Loreto Couto, *Desagravos do Brasil*, p. 548. Cabe lembrar que o ouvidor-geral de Pernambuco atuava também como auditor da gente de guerra, juiz dos índios, corregedor do Ceará e (até a criação do cargo de juiz de fora anos antes) provedor dos defuntos e ausentes.

[313] "Tratado", fls. 17-17v; Castro e Caldas a D. João V, 22.viii.1708, AHU, PA, Pco., cx. 15.

nambuco contra a promessa de posterior ascenso à Relação da Bahia ou do mesmo Porto. Como mencionado, o corporativismo da magistratura anulava a eficácia da sindicância, mas Arouche deu-se provavelmente conta de que a nobreza, ressabiada desde as eleições de 1703, estava decidida a reprisar as retaliações contra Guedes de Sá. Quaisquer que tenham sido os motivos de Arouche, inclusive o medo físico, sua aliança com os pró-homens causou grande descontentamento entre a mascataria. Como observará o autor do "Tratado", o Recife é que sempre garantia residências favoráveis aos magistrados, e não a nobreza, que só por vingança se dava ao trabalho de sair de seus engenhos para vir testemunhar, como havia feito contra Guedes de Sá.[314]

Ambições de carreira podem ser também invocadas quanto à participação do juiz de fora na liga anti-Castro e Caldas. O Dr. Luís de Valençuela Ortiz, baiano de nascença, formado havia pouco por Coimbra e casado em Pernambuco com enjeitada formosa e rica mas prejudicada por uma relação pré-matrimonial escandalosa para a época,[315] herdara também os atritos do antecessor, Car Ribeiro, com a Câmara de Olinda. Esta não vira com bons olhos a criação do cargo de juiz de fora, de vez que não só seu ordenado corria por conta da municipalidade como também cabia-lhe presidir as vereações, realizadas até então sem a tutela de representante d'El Rei. Por fim, o magistrado de nomeação régia preteria o juiz ordinário da Câmara na substituição do ouvidor durante os períodos de vacância do cargo; e isto no momento em que o acesso do magistrado municipal à ouvidoria transformara-se num ingrediente sensível do conflito entre os agentes da Coroa e o poder local.

No governo de Caetano de Melo e Castro, o juiz ordinário foi impedido de assumir a ouvidoria, sendo preso em 1697. O governador seguinte, Fernando Martins Mascarenhas, tentou reeditar a manobra, consentindo por fim na posse mas com base em portaria sua. A Câmara de Olinda protestou contra a violação das Ordenações mas Fernando Martins justificara-se perante El Rei com o argumento de serem os juízes ordinários "indoutos, aparentados, nacionais e apaixonados", usando do cargo em benefício dos familiares e dos

---

[314] ANTT, HOC, J, 97, 23; "Tratado", fls. 17-17v.

[315] Borges da Fonseca, *Nobiliarquia pernambucana*, i, p. 245. Para a nomeação de magistrados brasileiros para funções no Brasil, ver Boxer, *Portuguese society in the tropics*, pp. 87-8, e sobretudo Schwartz, *Sovereignty and society in colonial Brazil*, pp. 306-7 e 352-6.

naturais da terra e em detrimento dos filhos de Portugal, indo ao ponto de engavetarem os processos por dívidas encetados pelos mercadores do Recife e de expedirem cartas de seguro e alvarás de fiança em favor de criminosos de morte, tudo isto numa capitania notória pela violência endêmica. Às partes em litígio, resultaria menor dano esperarem pelo regresso do ouvidor. Propunha por fim o governador que ao menos se proibisse a tais homens passarem cartas de seguro quando no exercício da ouvidoria.[316] El Rei rejeitara tais sugestões, mas a criação do cargo de juiz de fora resolvera o problema.

A tentativa de Castro e Caldas de reabrir a questão dos impostos administrados pela Câmara de Olinda selou a *entente* entre os homens da governança, o ouvidor e o juiz de fora. Tirando a contenda do banho-maria a que fora relegada desde a gestão de Montebelo, Castro e Caldas denunciou irregularidades cometidas com a conivência de Arouche, redundando em aumento das despesas e diminuição da receita da Coroa. Na arrematação dos contratos de impostos e no pagamento da tropa, consertos de pontes e outros gastos, a Câmara atuava com tal prepotência que não lhe comunicava sequer suas decisões. A denúncia custou uma interpelação régia a Arouche. Como se lhe transmitisse, consoante a praxe, a carta de Castro e Caldas a respeito, o ouvidor comunicou-a à Câmara, que a fez circular entre a gente da governança. A tática de Arouche consistia em evitar a confrontação com o governador, agindo por meio de interpostas autoridades ou instituições (a Câmara, o juiz de fora, o bispo quando chegasse do Reino, a Santa Casa da Misericórdia), numa sucessão de manobras sinuosas tanto mais eficazes quanto dirigidas contra indivíduo inapto a sutilezas e propenso a desmandar-se, aceitando a provocação dos adversários. Como escreverá cronista mascatal, Arouche "sempre estudou como atiraria a pedra que pudesse esconder a mão".[317]

Em inícios de 1708, decorridos seis meses da posse de Castro e Caldas, suas relações com a Câmara de Olinda já se haviam irremediavelmente azedado. Os vereadores acusavam-no de violar competências judiciárias, imiscuindo-se na administração da justiça, tanto cível como criminal, invadindo

---

[316] Câmara de Olinda a D. Pedro II, 5.vi.1699 e 26.vi.1700, Fernando Martins Mascarenhas a D. Pedro II, 22.vi e 24.vi.1700, Co.Uo. 28.ix.1700, AHU, PA, Pco., cx. 12; *Informação geral*, p. 232; AUC, CA, 33, fls. 273v-275.

[317] *Documentos históricos*, xcviii, p. 222; *Calamidades*, pp. 17-8.

a jurisdição do ouvidor, do juiz de fora e dos juízes ordinários; de, a contrapelo das Ordenações, mandar prender devedores por solicitação de credores, sem haver precedido sentença, só os libertando contra fiança; de autorizar empréstimos a juros com os recursos do cofre dos órfãos; de desrespeitar decisões da Relação da Bahia; e de ordenar a soltura de presos que se achavam em julgamento. A Câmara imputava-lhe também o desrespeito das franquias que lhe haviam sido outorgadas pelos monarcas. Cominado-o a acatá-las, Castro e Caldas retrucou-lhe que lhe fizessem o obséquio de exibir-lhe as correspondentes provisões régias, de modo a mandá-las registrar nos livros da secretaria do governo, onde não constavam. Caso contrário, rematava sarcástico, "ficarei entendendo que insinuam Vosmecês mais do que têm ou que não têm o que insinuam; e ficarei desobrigado de atender a privilégios supostos e insinuações sem fundamento".[318]

Outra razão de discórdia era o tratamento oficial, questão particularmente melindrosa no Antigo Regime. Castro e Caldas exigia que a Câmara de Olinda usasse o vocativo "Senhor" (reservado a El Rei) nas comunicações que lhe dirigia; e, igualmente afrontoso, convocara-a a comparecer ao Recife para ratificar a decisão da junta de louvados que fixava os preços do açúcar. A intimação infringia a regra segundo a qual os atos de vereação só podiam ter lugar na cidade, como cabeça do termo, embora os vereadores fossem os primeiros a ignorá-la quando lhes convinha, comparecendo às instalações da Câmara no Recife, se bem que tomando a precaução de datarem de Olinda as respectivas atas. A Câmara protestava por fim contra o fato de que, por ocasião do regresso ao Reino da frota de 1708, o governador tivesse permanecido na praça mais tempo que o necessário à expedição dos navios.[319]

Amiudando-se as escaramuças entre Arouche e Castro e Caldas, este pretendeu participar das reuniões do Juízo da Coroa, criado recentemente para julgar as contendas que envolvessem os foros civil e eclesiástico em Pernambuco, Itamaracá e Paraíba. O Juízo, presidido pelo ouvidor, compunha-se também do juiz de fora e de um dos advogados do auditório, desde que

---

[318] AUC, CA, 32, fls. 41-41v, e CA, 33, fls. 393v-394; *Memórias históricas*, iv, p. 58; *Informação geral*, pp. 233-4.

[319] D. João V a Castro e Caldas, 18.v.1709, e Castro e Caldas a D. João V, 26.v.1710, AHU, PA, Pco., cx. 15; CA, 33, fls. 389v-390.

formado e não mero rábula. Havendo Arouche recebido resposta negativa d'El Rei à consulta sobre a pretensão, o governador passou a incitar as partes a levantarem suspeições. Segunda vez o monarca o advertiu. Outra disputa reportava-se à precedência do ouvidor sobre os mestres de campo nas reuniões em palácio, mas a Coroa deu resposta salomônica, a de que Arouche devia ter preferência somente nas juntas de caráter civil ou político, não nas que se ocupassem de assuntos militares. Por último, Castro e Caldas denunciou o ouvidor por escusar-se de fazer a correição do Ceará, como era da sua obrigação, alegando a distância e as dificuldades de comunicação, o que levará a Coroa a desmembrar a capitania da ouvidoria de Pernambuco, subordinando-a à da Paraíba.[320]

O conflito entre Castro e Caldas e a Câmara de Olinda também teve a ver com a arrematação da cobrança dos dízimos por Leonardo Bezerra Cavalcanti, valendo-se dos seus parentes da governança em detrimento de mercadores recifenses. Pretextando irregularidades no transporte do açúcar em que era pago o dízimo, ordenou o governador que se varejassem os armazéns de modo a verificar o estoque do produto, negando-lhe praça nos navios caso se recusasse a permitir a vistoria. A versão oferecida por fonte da nobreza é outra: como assentista, Leonardo Bezerra tinha prioridade na carga das naus em demanda do Reino, mas como o espaço alocado fosse excessivo, solicitara-lhe Castro e Caldas abrisse mão da diferença a favor de terceiros, seus amigos e sócios; e porque Leonardo Bezerra não concordasse, prejudicara-o seriamente no tocante ao fardamento da tropa de primeira linha, que corria por conta do contrato.[321]

Leonardo Bezerra era o cabeça da "irmandade de Cavalcanti e seus parciais", que, segundo Castro e Caldas, fazia e desfazia na Câmara de Olinda. Um cronista do começo do século XIX o ornará com o epíteto de "o primeiro pernambucano livre" devido ao papel que desempenhou na sedição da nobreza. Na verdade, tratava-se de alguém tão prepotente e arrebatado quanto o governador. No tempo de Câmara Coutinho, estivera preso por recusar-se a emprestar escravos para as obras da fortaleza do Brum, como era obriga-

---

[320] *Informação geral*, pp. 231-2 e 338; AUC, CA, 33, fls. 389 e 406v.
[321] AUC, CA, 32, fls. 556-556v, e CA, 32, fl. 41; "Relação do levante", pp. 317-8.

do a fazer; e no governo de Caetano de Melo e Castro, fora também encarcerado devido a uma pendência à espada com o comandante da frota anual.³²² Vocação que nada tinha de singular. Toda família de prol dispunha do parente truculento que se encarregava de resolver pela ameaça, pelo espancamento ou pela eliminação física certas questões delicadas de honra e de patrimônio. Por trás de Leonardo Bezerra, havia uma extensa parentela tanto mais turbulenta quanto seu *statu* socioeconômico viera deteriorando-se para desdouro de umas origens que remontavam a dois ricos colonos de meados do século XVI. Pelo lado materno, ele era neto de Antônio Cavalcanti de Albuquerque, cognominado "o da guerra", um dos chefes do levante de 1645 contra os holandeses e depois marginalizado por Fernandes Vieira, que o teria mandado envenenar. No seu ressentimento de *hobereaux*, a parentela cultivava a versão de que o avô mazombo e não o rival madeirense fora o verdadeiro restaurador de Pernambuco, de que concebera o audacioso projeto.

O ódio aos portugueses, rescaldo muitas vezes de rancores clânicos, reponta nos atos e palavras de Leonardo Bezerra, quando, por exemplo, escrevia a Lourenço Gomes Ferraz que nunca se enganara a seu respeito, pois "é filho do Reino e basta para ser velhaco". Nem ele nem os irmãos tinham a solidez patrimonial de outros pró-homens envolvidos nas alterações de 1710-1711, como Bernardo Vieira de Melo e João de Barros Rego. Açucarocratas pela ascendência, não o eram pelo meio de vida: dispersos pela Várzea, Olinda e Goiana, senhoreavam fazendas de gado no Açu (Rio Grande do Norte), enquanto Leonardo Bezerra andava metido, entre outras atividades pouco nítidas, com a arrematação de contratos de impostos, no que se tinha de chocar com os mascates, com quem compartilhava, aliás, a condição de morador do Recife, domicílio excepcional em indivíduo da nobreza. Com uma única exceção, os irmãos haviam-se casado em famílias obscuras, sendo que Leonardo Bezerra consorciara-se na de um veterano da guerra holandesa que ocupara o governo de Angola mas que não fora homem abastado. Quanto aos filhos, um destinara-se à Ordem carmelitana; dois outros, à carreira militar. Desta precariedade de *statu*, Leonardo Bezerra e parentes buscavam com-

---

³²² Dias Martins, *Os mártires pernambucanos*, Recife, 1853, p. 143; "Breve compêndio", p. 277.

pensar-se, agarrando-se com unhas e dentes aos comandos da milícia e aos cargos municipais. Em 1710, ele e quatro dos irmãos ocupavam postos de ordenanças; destes quatro, três acumulavam-nos com as funções de vereadores de Olinda e Goiana.[323]

Às reclamações contra Castro e Caldas, D. João V reagiu repreendendo-o "muito asperissimamente" (para usar o superlativo da carta régia) por suas interferências indébitas na órbita do judiciário, admoestando-o a que não voltasse a praticá-las, pois nesta hipótese "mandarei usar convosco daquele rigor de castigo que pedem semelhantes casos tão graves". El Rei estranhava-lhe ademais a pretensão descabida de ser tratado por "Senhor" nas comunicações escritas, quando tinha direito apenas a um "Senhor Governador", e os vereadores a um "Senhores oficiais da Câmara". Quanto à presença destes no Recife pelas ocasiões de frota, mandava D. João V que de nenhuma maneira fossem constrangidos a comparecer, pois os mercadores é que deviam ir a Olinda como sede da capitania. Não se podia dar satisfação mais cabal à Câmara. A Coroa tinha, aliás, outro motivo de desagrado, censurando igualmente o governador pela criação de nova companhia de ordenanças no Recife, sem que tivesse precedido a indispensável consulta a Lisboa.[324]

Castro e Caldas não se deu por achado. Durante seu governo, ele colecionou, fato inédito na história da capitania, nada menos de sete ou oito repreensões oficiais pelos mais variados motivos: demorar-se desnecessariamente no Recife; interferir na disputa dos beneditinos; desobedecer ordens do governador-geral; dilatar prazos de pagamento de devedores da fazenda real; intrometer-se na administração da justiça; obrigar a Câmara de Olinda a deslocar-se para o Recife; e intervir na eleição da Santa Casa da Misericórdia. Tais reprimendas, por desagradáveis que fossem, não o inibiram, de vez que não se traduziam em sanções, como a exoneração, embora pudessem chegar ao conhecimento público, quer devido à indiscrição dos amanuenses da secretaria do governo, quer mediante a satisfação que o monarca dava às partes queixosas. No resguardo da sua autoridade, a Coroa jamais admitia haver-se

---

[323] Borges da Fonseca, *Nobiliarquia pernambucana*, i, pp. 35-43; *Calamidades, passim*; Dias Martins, *Os mártires pernambucanos*, pp. 87, 93, 136, 143 e 288.

[324] *Informação geral*, pp. 233-4 e 260; D. João V a Castro e Caldas, 23.ix.1709, e Castro e Caldas a D. João V, 5.iv.1710, AHU, PA, Pco., cx. 15.

equivocado na escolha dos seus representantes; e até mesmo João da Cunha Souto Maior pudera terminar seu agitado triênio, uma vez descartada a alternativa de recambiá-lo imediatamente para o Reino.

Os desmandos de Castro e Caldas decorriam também dos seus métodos expeditivos na gestão dos negócios particulares. Quando do levante que o enxotou para a Bahia em 1710, a nobreza recapitulou tais arbitrariedades: atividades comerciais por intermédio de testas de ferro mascatais, cuja atuação cobria com seus poderes de capitão-general, fazendo executar os devedores *manu militari*; interferência na arrematação dos contratos de impostos, no fito de favorecer mercadores seus amigos e parceiros; coação sobre os criadores de gado para que aceitassem os preços ditados pelos contratadores da venda de carne verde no Recife e em Olinda; venda de cargos subalternos civis e militares cujo provimento cabia ao governador, que costumaria, aliás, acusar funcionários de irregularidades inexistentes para obrigá-los a se homiziarem nos conventos, de modo a prover seus ofícios em terceiros; violação da ordem régia que proibia a exportação de escravos para o Rio de Janeiro, de onde eram revendidos para as Minas; e intervenção na Câmara de Goiana, que se recusara a permitir a saída de farinha de mandioca produzida no distrito (como lhe permitiam as Ordenações), de maneira a fechar a venda de 2 mil alqueires. Nesta negociata seria interessado não só o mercador Joaquim de Almeida, que "untava as mãos ao governador", mas também o secretário do governo, Antônio Barbosa de Lima, e um irmão seu, senhor de engenho em Itamaracá.[325]

Castro e Caldas teria mesmo tirado vantagem das suas inclinações francófilas. Repetindo a irregularidade que praticara no governo do Rio de Janeiro, permitiu que ancorasse no Recife embarcação suspeita de ser francesa, com a qual negociou e a quem emprestara os serviços de piloto experiente no litoral, a pretexto de que ela demandava as salinas do Rio Grande do Norte. Por outro lado e a despeito da ordem régia de expulsão dos franceses residentes no Brasil, em decorrência da guerra da sucessão de Espanha, autorizou sua permanência na terra, licença que teria sido concedida a peso de ouro. Embo-

---

[325] "Relação do levante", pp. 314-5, 318-9 e 324; AUC, CA, 32, fl. 67v; "Notícia da expulsão do governador Sebastião de Castro e Caldas", IHGB, 24, 9; BNL, Pna., 526, fls. 221-2. Neste último caso, a Coroa aceitará a explicação de Castro e Caldas de que se tratava de serviço real, de vez que a farinha destinava-se ao abastecimento da frota anual de regresso ao Reino.

ra seja impossível provar-se a alegação, é fato que o governador interveio junto à Coroa em favor dos súditos do Rei Cristianíssimo, invocando a circunstância de que, além de serem poucos e pobres, estavam casados com luso-brasileiras de quem tinham filhos, razões pelas quais El Rei aprovou sua decisão.[326]

As imputações não eram infundadas, ao menos na sua grande maioria; e o próprio Castro e Caldas não fizera mistério das suas intenções ao aceitar o governo da capitania. Há anos, estando em Portugal, mantivera um agente comercial na Paraíba, e como este encontrasse dificuldades para cobrar certas dívidas, Castro e Caldas escrevera ao governador Francisco de Abreu Pereira. Comentando o rumor de sua nomeação para a colônia do Sacramento, confessava que o lugar não o atraía, de vez que, tendo-se derrogado o privilégio da exportação de couros que tinha o governador, "não é governo mais que de merecimento; e era necessário que fosse também de proveito". E confidenciava preferir suceder a Abreu Pereira na Paraíba, "onde tenho a minha fazenda", isto é, onde tinha empregado seus capitais, "porque sair um homem de sua casa e tornar como foi, [apenas] com a esperança de mercês, não é bom nem seguro". Por fim, ao solicitar a ajuda de Abreu Pereira, prometia-lhe que, caso o substituísse, não esqueceria de retribuir o favor, conhecendo "por experiência o que pode um governador, que valem mais o seu respeito e intervenção do que quantas sentenças se possam alcançar por todos os caminhos".[327] Não se podia ser mais explícito.

Sob este aspecto, ele não se desviou do comportamento dos seus pares. Como compensação pelos baixos ordenados das autoridades ultramarinas, a Coroa fazia vistas grossas às suas atividades mercantis. Bastava que agissem com um mínimo de discrição, o que nem sempre acontecia; e que não se metessem com a fazenda real, nem participassem da arrematação dos contratos de impostos, de que estavam proibidos pelas Ordenações, exigência que a carta régia de 1678 reforçou com penas adicionais. O regimento dos governadores de Pernambuco fora omisso a respeito, e como quem cala, consente, os agentes régios mercadejavam às escâncaras ou circunspectamente. Em 1670, a Câmara de Olinda representara ao Regente contra "os governa-

---

[326] "Relação do levante", p. 325; AUC, CA, 33, fl. 403v.

[327] "Livro de cartas e respostas de Francisco de Abreu Pereira, governador da Paraíba", ANTT, Manuscritos da Livraria [ML], nº 1797, fls. 12v-13, 150v-151 e 161.

dores usarem de mercancia tão absolutamente, que serve de estanque a todo o comércio, assim aos moradores da terra como aos de mar em fora". Era indispensável proibir expressa e formalmente que "nenhum governador trate de negócio nem mande abrir loja de vara e côvado em que assista pessoa de sua casa e não moleste as pessoas que lançam e arrendam os impostos aplicados para o sustento dos soldados", práticas de que se deveria sindicar nas residências.[328] Não só os governadores e magistrados entregavam-se a elas: os próprios oficiais militares e a soldadesca das frotas haviam transformado os quartéis em casas de comércio, impedindo a fiscalização dos agentes da Coroa, que fechavam os olhos, desde que se pagassem os impostos.[329]

A carta régia de 1671 proibira aos governadores e funcionários da fazenda, justiça e guerra "comerciar com lojas abertas em suas casas nem atravessar fazenda alguma, nem pôr nelas e nos frutos da terra estanque", participar na arrematação dos contratos de impostos ou ainda fixar os preços aos gêneros e aos fretes. A lei de 10 de janeiro de 1678 vedara a associação direta ou indireta da burocracia régia com tais atividades no Reino e no ultramar. As ordens não foram obedecidas mas ao menos terão servido para moderar os apetites. Quando Caetano de Melo e Castro reclamou da modéstia do ordenado, apenas suficiente ao sustento da sua casa, El Rei autorizou aos governadores do Brasil "aquele comércio lícito para dele se ajudarem para os gastos que fazem na assistência dos seus governos". A permissão, reiterada em 1709, produziu consequências tão negativas que onze anos depois D. João V restabelecerá a interdição, combinada desta feita a uma melhoria substancial dos ordenados. Mesmo assim os governadores ultramarinos continuaram a negociar, havendo quem comandasse verdadeiras redes mercantis. Ao tempo do governo de Castro e Caldas, Duarte Sodré Pereira, que também virá a governar Pernambuco, operava do Funchal um sistema baseado no eixo Lisboa-Londres, que abrangia o Atlântico, desde Boston, Nova York e Filadélfia até a Bahia, o Recife e o Rio de Janeiro, passando por Curaçau, Barbados e Ja-

---

[328] *Informação geral*, p. 216; Câmara de Olinda ao regente D. Pedro, 20.v.1670, AHU, PA, Pco., cx. 6. No mesmo sentido, exprimia-se a representação da Câmara solicitando a nomeação de Fernandes Vieira para o governo de Pernambuco: Gonsalves de Mello, *João Fernandes Vieira*, ii, pp. 258-9.

[329] *Informação geral*, p. 23.

maica, Angola, os Açores, Hamburgo e Amsterdã. Além de escravos, seu negócio abrangia variedade de produtos: cereais, vinho, tecidos, açúcar, azeite, material de construção naval, armas e munições, sendo que no Recife seu comissário era um dos mascates mais ativos da praça.[330]

Eis alguns episódios escandalosos. Não bastassem as tropelias de Jerônimo de Mendonça Furtado, seu sucessor, Bernardo de Miranda Henriques, apossou-se, como pagamento de dívida, de quantidade de açúcar confiscada pela Câmara de Itamaracá a um senhor de engenho em falta com o donativo da rainha da Inglaterra e paz de Holanda; e levou ao despudor o costume de adquirir pela metade do preço o couro das reses abatidas para consumo de Olinda e do Recife. Quando a Câmara alegou que a prática provocara a retração dos pecuaristas e a escassez de carne verde, Miranda Henriques replicou truculentamente que, "quanto a isto de couros, hei-de comprá-los como os comprei até agora, pois meus antecessores assim o faziam, e com não ficar devendo nada a ninguém me contento". El Rei mandou cessar o abuso, concordando com o Conselho Ultramarino em que se tratava de "ato mui indecente". Tanto Miranda Henriques quanto Fernão de Souza Coutinho tiveram os bens sequestrados pela Coroa a título de se ressarcir dos danos que causaram à fazenda real. João da Cunha Souto Maior não hesitou em despachar tropa para arrecadar uma partida de açúcar, em prejuízo dos demais credores; e ao regressar a Portugal deixou atrás de si uma briga feia entre a provedoria da fazenda e os negociantes do Recife, a quem estava endividado. O próprio Brito Freyre regressou preso a Portugal em decorrência de ordem régia que o incriminava por certo descaminho de pau-brasil.[331]

---

[330] AUC, CA, 33, fls. 61v-62, 102v-103 e 157v-158; Pereira da Costa, *Anais pernambucanos*, iv, p. 380; *Informação geral*, pp. 18-9; Maria Júlia de Oliveira e Silva, *Fidalgos-mercadores no século XVIII. Duarte Sodré Pereira*, Lisboa, 1992. Ver também C. R. Boxer, *The Portuguese seaborne empire*, 1415-1825, Nova York, 1969, p. 324.

[331] AUC, CA, 31, fls. 238v-239v; AUC, CA, 33, fls. 27v, 63v-64, 100 e 196v; Câmara de Itamaracá ao regente D. Pedro, 18.iv.1670, Miranda Henriques ao regente D. Pedro, 15.vi.1670, e a anexa devassa de 19.iii.1670, e Câmara de Olinda ao regente D. Pedro, 27.vi.1670, todos em AHU, PA, Pco., cx. 6; Câmara de Olinda a Miranda Henriques, 3.viii.1669 e 20.iii.1670, Miranda Henriques à Câmara de Olinda, 4.viii.1669 e 20.iii.1670, Câmara de Olinda ao regente D. Pedro, 27.vi.1670 e Co.Uo. 26.xi.1670, AHU, PA, Pco., cx. 6; BNL, Pna., 239, fls. 316 e 340-1; BL, Add. 21.000, fls. 100v-101 e 107v; *Os manuscritos da Casa de Cadaval*, i, p. 239; Antônio de

No tempo de Castro e Caldas, a coisa passara a fazer-se com discrição e profissionalismo, sem deixar de ser rentável. Papéis redigidos para informação de seu sucessor, Félix Machado (um dos quais na mesma caligrafia do memorando em que Caetano de Melo e Castro lhe prodigara conselhos políticos hauridos na sua experiência pernambucana), descrevem pormenorizadamente as oportunidades de ganho, lícito ou não, que se ofereciam aos governadores da capitania. Além do ordenado, reconhecidamente modesto, eles recebiam, à partida de Lisboa, víveres para si e seus criados, os quais podiam ser comutados por dinheiro; e ajuda de custo ao chegarem ao Recife. No exercício do governo, percebiam comissão sobre o valor dos contratos de arrematação de impostos, regalia destinada a incentivá-los a fazerem subir os respectivos montantes (o que explica inclusive o interesse que manifestavam pela gestão dos tributos cobrados pela Câmara de Olinda) e a desestimulá-los de participar de tais operações por intermédio de testas de ferro.

Os governadores já partiam do Reino com parcerias combinadas com homens de negócio de Lisboa e do Porto:

> Entram os mercadores *verbi gratia* com vinte ou trinta ou quarenta mil-réis por ano, que se obrigam a mandar desta Corte e do Porto, e este número largam aos ditos senhores [governadores] ou uma terceira ou uma quarta parte ou a metade; e por lhes assistirem lhes pagam juros de 6 a 4 por 100 até cobrir o principal, obrigando-se os ditos senhores a cobrar tudo o que se vender no tempo do seu triênio.

Uma vez desembarcados no Brasil,

> têm os ditos senhores [governadores] ou metido por eles (que é melhor) ou pelos mercadores [locais] um caixeiro que vende as fazendas e têm esta obrigação de dar ao dito senhor [governador] a tempo hábil róis de todos os devedores a que têm vendido as fazendas, e estes [róis] se entregam a sargentos e ajudantes, e estes tais vão pelos distritos dos ditos devedores a pôr em arrecadação, tudo à custa dos mesmos devedores e se não pagam [fazem] diligências porque é uso naquelas partes.

Sousa de Macedo, *Afonso* VI, Porto, 1940, p. 151; Pereira da Costa, *Anais pernambucanos*, iv, pp. 11-14.

O pagamento era "em caixas e fechos de açúcar e tabaco e sola"; e para transportá-los a Portugal, os governadores "tomam as praças dos navios em que lhes parece carregá-los, sem que lhe prejudique a sua residência, por ser uso fazer-se, pagando as despesas [de frete] na forma dos mais mercadores da praça". A mesma informação assinalava os grandes lucros obtidos no comércio com Minas Gerais através do Rio de Janeiro, malgrado o perigo dos corsários no percurso entre a cidade e Parati, donde ser preferível o trajeto por terra. O autor das recomendações não esquecia de mencionar os homens de negócio de que o governador se poderia valer tanto no Rio como no Recife. Neste último caso, coincidência nada surpreendente, tratava-se dos mesmos indivíduos que capitaneavam o partido mascatal.[332]

Outras vantagens advinham das prerrogativas do cargo, como a nomeação para empregos civis que não requeriam provisão régia, ou que o governador estava autorizado a preencher por prazo limitado, na dependência de confirmação pelo governador-geral e por El Rei. Tais cargos eram rateados pelos fâmulos que de Portugal viajavam em sua companhia e que deviam transferir-lhe uma parcela dos respectivos proventos. No primeiro decênio do século XVIII, o governador dispunha, ademais de Pernambuco, de ofícios existentes no Rio Grande do Norte, Ceará e Itamaracá. Igualmente rentável era a regalia de prover os postos militares subalternos dos terços de Olinda e do Recife. Enfim, desde os anos noventa, com a criação dos contingentes de paulistas sediados no Rio Grande e nos Palmares, o governador gozava também da competência de designar todas as suas patentes até capitão de infantaria, sem necessidade de aprovação da Coroa.[333]

Uma representação dos soldados de Pernambuco exprimia em 1702 a insatisfação gerada pela "grande sede da cobiça e ambição com que estes últimos governadores, principalmente este que acabou [Fernando Martins Mascarenhas], puseram por instituição de se venderem os postos militares, tirando a justiça e o direito aos pobres soldados beneméritos, dando os postos aos mais vis e ignorantes" ou fazendo "dotes para as suas concubinas". Certo reinol analfabeto, que aportara à terra como moço de pé de D. João de Souza, fora promovido a sargento, alferes e ajudante do terço de Olinda median-

---

[332] BNL, Pna., 526, fls. 266v-267.

[333] *Ibid.*, fl. 267.

te a intercessão de uma rameira. Outro, que viera degredado, comprara o lugar de sargento para o filho, que seria, na realidade, um bastardo do governador. Ainda outro, despedido de caixeiro de engenho, galgara os postos de alferes e ajudante; e, mediante falsos papéis de serviço, tornara-se capitão de infantaria, obtendo o hábito da Ordem de Cristo.[334]

Outras fontes de renda reportavam-se aos ganhos oriundos do exercício pelo governador da superintendência das fortificações, o que lhe rendia comissões dos empreiteiros; do controle sobre a partida das embarcações que fundeavam no Recife; e do poder de desterrar os vassalos da Coroa para outras partes do ultramar, para não mencionar os inúmeros favores que podia dispensar em esferas que escapavam à sua jurisdição mas não à sua influência. Após observar que "este governo é pobríssimo", vale dizer, oferecia reduzidas oportunidades de ganho, o secretário Antônio Barbosa de Lima recomendava ao sucessor de Castro e Caldas que regateasse as finezas, "vendendo-as mui caras, e se puder, com um só favor, obrigar a muitos intercessores", pois era "política de que usaram alguns governadores destros". Era indispensável, contudo, preservar as aparências, não aceitando presente algum de quem quer que fosse, "exceto bagatelas de algumas pessoas religiosas e de outras mais aditas a Vossa Senhoria".[335]

Quando o segredo tornara-se a alma do negócio, Castro e Caldas insistia em comportar-se à velha maneira. É, aliás, revelador que nenhuma das recomendações resumidas acima encarecesse a conveniência de o governador cultivar a nobreza da terra ou seus pró-homens, ao passo que frisavam a utilidade dos mercadores do Recife. Notava fonte olindense que Castro e Caldas "bem pudera [...] amar a mascataria sem querer destruir a nobreza", como muitos dos seus antecessores haviam feito com engenho e arte. "E se o seu gênio e o seu interesse era mercanciar, em que lho impedira a nobreza? Antes, se este governador tivera alguma prudência, lá [com os mercadores] lucrara os interesses com as usuras que lhe parecesse, e nestes [nos pró-homens] ganhara os corações, que é melhor fazenda, com palavras que custam pouco."[336]

---

[334] Soldados da guarnição de Pernambuco a D. Pedro II, 20.viii.1702, BA, 51-IX-33, fls. 360-362v.

[335] BNL, Pna., 526, fls. 264v e 267v.

[336] "Relação do levante", p. 316.

Foi, contudo, a autonomia municipal do Recife que pôs fogo ao paiol pernambucano. Ironicamente, Castro e Caldas interveio na questão não por iniciativa própria mas atendendo a consulta da Coroa. Tendo em vista as representações de Guedes de Sá e de Car Ribeiro, a carta régia de 1706 solicitara ao governador que, após informar-se junto a "pessoas principais, de toda a verdade e zelo e mais capazes", desse seu parecer sobre os inconvenientes do domicílio em Olinda das autoridades da Coroa. A ordem veio na mesma frota em que viajou Castro e Caldas, razão pela qual seu antecessor, Castro Morais, não tivera tempo de respondê-la. Quando, pela frota do ano seguinte, Castro e Caldas opinou, já suas relações com a Câmara de Olinda e com os novos magistrados andavam estremecidas. Aconselhando a mudança, ele comparava o abandono e pobreza a que estava relegada a cidade com o crescimento e a pujança da praça, além de invocar os interesses da administração da justiça e da segurança pública. O concurso de embarcações do Reino e de outros portos do Brasil tornava o Recife especialmente inseguro, exigindo a presença constante dos magistrados, ao passo que Olinda não tinha este problema. Em cem litígios e demandas se não achariam duas que dissessem respeito aos olindenses.[337]

No Reino, o Conselho Ultramarino também ouviu Castro Morais e Guedes de Sá. O primeiro manifestou-se em favor da autonomia do Recife, atribuindo-se-lhe por termo tão somente as povoações de Santo Antônio e Boa Vista, "porque como em Pernambuco há muita nobreza e nas praças do Recife e Santo Antônio haja já bastantes [homens] que Vossa Majestade tem honrado com postos, hábitos e foros, se pode neste princípio armar tal inimizade que em próximos anos se não possam sossegar". Enquanto o juiz de fora permaneceria em Olinda, o ouvidor se instalaria no Recife. Guedes de Sá, porém, desaconselhou a separação do termo, julgando mais conveniente a mudança da Câmara de Olinda para a praça, tendo sobretudo em vista que El Rei já autorizara a participação eleitoral dos seus moradores.[338]

---

[337] D. João V a Castro e Caldas, 31.viii.1706, e Castro e Caldas a D. João V, 22.viii.1708, AHU, PA, Pco., cx. 14.

[338] Castro Morais a D. João V, 30.v.1709, e Guedes de Sá a D. João V, 18.vi.1709, AHU, PA, Pco., cx. 14.

A Coroa debatia-se com o mesmo dilema que atanazara os holandeses setenta anos antes. O domicílio das autoridades régias acarretava a capitalidade, de vez que a lei exigia que elas residissem na cabeça da comarca, embora o procurador da Coroa acentuasse que El Rei podia permitir no interesse público que se fixassem em outro lugar do termo. Mas sendo de prever que a mudança da Câmara para o Recife resultaria na extinção de Olinda, ele sugeriu o compromisso pelo qual o juiz de fora residiria no Recife, "como magistrado mais ordinário e cuja jurisdição tem exercício mais contínuo", devendo achar-se, portanto, "aonde há maior frequência do povo", permanecendo na cidade o ouvidor, "cuja jurisdição é menos contínua", juntamente com o governador, só assistindo no Recife no tempo da frota.[339]

A 4 de setembro de 1709, o Conselho Ultramarino emitiu sua consulta, documento lacônico em que, após indicar consenso entre os membros, propunha que, "para se evitarem estas desuniões entre os moradores", Sua Majestade criasse a vila do Recife, cabendo ao governador e ao ouvidor fixarem o respectivo termo. O juiz de fora daria audiências semanais alternadas em Olinda e no Recife, como era prática em certas vilas do Reino. A 16 de novembro, D. João V firmava o "como parece" de estilo; e a 19, o Conselho expedia a correspondente carta régia.[340] Embora qualquer modificação do *statu quo* fosse de natureza a provocar a resistência dos homens da governação, a verdade é que, ao se inclinarem pela divisão do termo, o Conselho e El Rei acreditavam tratar-se de fórmula menos traumática do que a transferência pura e simples da Câmara. Graças a essa solução salomônica, a Coroa poderia sustentar que Olinda continuaria a ser o local de domicílio do governador e do ouvidor.

O que D. Pedro II negara outrora aos mascates, dava-lhes agora D. João V, sob a influência do *lobby* mascatal e do Oratório de Lisboa, estes novos jesuítas, não só nos métodos pedagógicos que renovaram em Portugal em detrimento do ensino dos inacianos, mas na habilidade de atrair a simpatia de laicos poderosos e o patrocínio do monarca e da família real. Em 1709, El Rei declarou-se (como outrora seu pai) protetor da Congregação. Nesta

---

[339] Parecer do procurador da Coroa, s.d., anexo a Castro e Caldas a D. João V, 22.viii.1708, cit.

[340] Co.Uo. 4.ix.1709, AHU, PA, Pco., cx. 12.

altura, ela já exercia sua ascendência na Corte por intermédio do padre Francisco Pedroso, que se tornará confessor de D. João V, em detrimento do monopólio secular dos jesuítas sobre tão importante função. A Pedroso, segundo fonte coeva, El Rei confiava "os maiores negócios", eclesiásticos e seculares, tais como a escolha dos governadores do Reino e do ultramar, e até diplomáticos, como a grande ambição do soberano de obter da Santa Sé a transformação da capela real em patriarcal. Destarte, pôde-se dizer que Pedroso "governou esta monarquia". O sacerdote estava aliás perfeitamente a par da querela entre Olinda e o Recife, pois ajudara a Madre de Deus com a redação de parecer favorável na controvérsia entre o bispo D. Francisco de Lima e frei Benedito.[341]

A autonomia do Recife era ainda mais desastrosa para a nobreza do que as medidas anteriores visando a promover o ingresso de mascates na Câmara de Olinda. Ela manifestava à vista de toda a gente da terra a impotência dos pró-homens para influenciar as decisões da Coroa relativas a seus interesses mais cruciais. Para fazer face à ofensiva mascatal na Corte, eles só tinham contado com uma combinação de circunstâncias aleatórias em que haviam entrado a gratidão do falecido monarca, a inércia operacional da monarquia, encarnada sobretudo pelo Conselho Ultramarino, e as vagas vinculações de família e de clientela entretidas por meia dúzia de homens da governação melhor relacionados em Lisboa. Na realidade, graças às conexões religiosas e comerciais, os mercadores do Recife tinham, havia anos, aliados bem mais eficazes.

O conflito escalou com a passagem da frota do Reino (5.ii.1710), que trazia o inesperado alvará criando a vila do Recife. Igualmente grave para o partido da nobreza, não viera o almejado sucessor de Castro e Caldas, cujo triênio findar-se-ia em junho. Destarte, o governador teria pelo menos mais um ano de governo. Ademais, o ouvidor Arouche, cujo prazo já se tinha esgotado, recebeu a ordem de transmitir o cargo ao juiz de fora. Por fim, aportava com a frota o novo bispo de Olinda, que em breve emprestaria à luta contra Castro e Caldas o peso da sua autoridade. A designação de D. Manuel Álvares da Costa era conhecida havia muito; contudo, lisboeta da

---

[341] Girodon, "Introduction", *Lettres du père Bartolomeu do Quental*, pp. xxii-xxiv; conde da Povolide, *Portugal, Lisboa e a Corte*, pp. 201 e 315.

gema, pois nascera em Santa Justa ao pé do Rossio, ele não se apressara em assumir a diocese, vaga havia seis anos, deixando-se ficar pela Corte. Formado em direito canônico por Coimbra, uma carreira bem-sucedida fizera-o vigário-geral de Setúbal e desembargador do tribunal eclesiástico de Lisboa, onde o surpreendera em 1705 a apresentação régia para o bispado de Olinda, quando seguramente tinha os olhos postos em posição mais amena ou eminente no Reino.[342]

Quando da estada às margens do Sado, D. Manuel tornara-se amigo do ouvidor Arouche, setubalense de nascença, que agora vinha dar-lhe as boas-vindas a bordo da nau no ancoradouro do Recife. Cortesia de que Castro e Caldas absteve-se, ou porque já o soubesse amigo do magistrado e em correspondência com ele, ou porque preferisse deixá-la para quando o prelado se aposentasse na praça, antes de viajar para Olinda. Mas por arte ou parte de Arouche, D. Manuel seguiu imediatamente para a cidade, em companhia do magistrado. Contou-se, aliás, que, contemplando o Recife do bergantim que o conduzia, o bispo teria exclamado "Formosa vila, Deus a guarde", para enfado do ouvidor, preocupado em impedir a divulgação imediata da existência do alvará, tanto assim que lhe suplicou não falar no assunto por enquanto.[343] D. Manuel tinha também seus próprios motivos para evitar o Recife, como procurará fazer na medida do possível durante sua permanência na capitania. Como desembargador eclesiástico, coubera-lhe há tempos dar sentença desfavorável aos congregados da Madre de Deus no litígio com os de Santo Amaro, a qual lhe valera o rancor daqueles.

Ao assumir a diocese, D. Manuel já estava conquistado pela habilidade de Arouche. O cabido de Olinda fora até então controlado por Castro e Caldas, que, aproveitando-se do período de Sé vacante, punha e dispunha na administração do bispado por intermédio do oratoriano Antônio de Castelo Branco, ex-desembargador da Relação eclesiástica de Braga. Dela expulso, Castelo Branco viera para Pernambuco, onde advogava junto à justiça diocesana; e graças à privança com os cônegos, embolsava comissões em troca de dispensas matrimoniais no segundo grau canônico de consanguinidade e da

---

[342] BNL, Pna., 526, fls. 229-229v; Pereira da Costa, *Anais pernambucanos*, v, p. 85.

[343] "Tratado", fls. 18-18v; *Calamidades de Pernambuco*, p. 23.

solução de conflitos judiciais entre as ordens religiosas e seus inquilinos, frequentes numa época em que elas detinham boa parte dos bens de raiz no Recife e em Olinda. Castelo Branco também articulara a substituição do vigário-geral pelo deão da Sé, embora a Relação da Bahia houvesse restituído o cargo ao dono. D. Manuel tratou naturalmente de restaurar a autoridade episcopal, tarefa em que teve pleno êxito. Quando por fim manteve contato com o governador, este o alertou contra o ouvidor e o juiz de fora, segundo dizia os principais responsáveis pela desordem reinante na diocese, mas D. Manuel não se deixou levar, tomando, entre outras providências, a de repor em seu sagrado mister o vigário de Igaraçu, destituído por obra e graça da facção pró-Castro e Caldas.[344]

Desavenças entre governador e bispo eram costumeiras no Brasil colonial. Em Pernambuco, Montebelo desentendera-se com D. Matias de Figueiredo e Melo por uma questão de protocolo. Ao atacar os privilégios da Câmara de Olinda, Câmara Coutinho abolira o costume antigo de os vereadores sentarem-se, no decurso das solenidades, em cadeiras de espaldar, idênticas às usadas pelos governadores. Relegando-os a um banco de encosto, Câmara Coutinho buscara tornar visível a todos, ricos e pobres, a preeminência do seu cargo, noção que os vereadores recusavam-se a aceitar, de vez que, ao menos teoricamente, eles eram tão representantes d'El Rei como quem mais o fosse, como reconhecera a Coroa quando o governador D. Pedro de Almeida tentara tomar o lugar em que desfilavam nas procissões. A Câmara retaliou contra Montebelo por bispo interposto: D. Matias proibiu que, nas igrejas, os governadores se acomodassem em cadeiras de braço com genuflexório almofadado. Sua Majestade arbitrou em favor do marquês, mas D. Matias ignorou a decisão régia e a divergência quase chegou ao desforço físico, escândalo só evitado mercê da compostura de D. Matias, grosseiramente interpelado pelo marquês.[345] Entretanto, contrariamente ao que ocorrerá entre Castro

---

[344] "Tratado", fl. 19; Câmara de Olinda a D. João V, 11.vii.1710, D. Manuel Álvares da Costa a D. João V, 20. viii.1710, certidão do padre Pedro Ferreira Brandão, 14.vii.1710, Augusto Nunes a D. Manuel Álvares da Costa, 18.viii.1710, Castro e Caldas a D. João V, 16.vii.1710, todos em AHU, PA, Pco., cx. 15; *Memórias históricas*, iv, p. 187.

[345] Pereira da Costa, *Anais pernambucanos*, iv, p. 77; Gilberto Osório de Andrade, *Montebelo, os males e os mascates*, pp. 123-6.

e Caldas e D. Manuel Álvares da Costa, a discórdia não ultrapassara o plano simbólico, sem colocar em risco a ordem pública.

A notícia da emancipação do Recife espalhou-se rapidamente graças a outros passageiros, como o capitão André Dias de Figueiredo, que regressava de Lisboa com a patente de comandante de uma companhia do terço da praça. Como aludido, a carta régia de 19 de novembro encarregava o governador e o ouvidor de fixarem de comum acordo a área a ser desmembrada do termo de Olinda onde se exerceria a jurisdição da nova Câmara. Pretende fonte mascatal que, lida a ordem, Castro e Caldas apressou-se em cumpri-la, mandando registrá-la na secretaria do governo e na Câmara de Olinda. As coisas não se passaram bem assim. O governador agiu à socapa nos dias que transcorreram entre a chegada da frota e a inauguração do pelourinho (15.ii.1710), ato formal de criação da vila, comportando-se com dissimulação imprevista em pessoa tão impulsiva. Inicialmente, ele se absteve de comunicar a decisão à Câmara de Olinda; e quando procurado pelos vereadores que lhe pediam vista do alvará, recusou-se a atendê-los, ou, segundo outra versão, negou havê-lo recebido, a fim de evitar a ação de embargo junto à justiça e de ganhar tempo para providenciar fossem lavradas, em sigilo, as pedras do obelisco. A transmissão da ordem régia à Câmara só teve lugar após a ereção clandestina do pelourinho na noite de 14 para 15 de fevereiro, na principal praça do Recife, que era a do Corpo Santo, procedendo-se na manhã de 15 à cerimônia oficial.[346]

As fontes mascatais, as únicas de que dispõe o historiador para esses dias, induzem a pensar que já teriam então sido tomadas as providências conexas, como a demarcação do termo do novo município e a eleição da sua primeira Câmara. Nada mais falso, pois elas exigiam uma publicidade que contrariaria o fato consumado que Castro e Caldas se propunha a criar mediante a edificação do pelourinho. Visando impedir a nobreza de obstruir juridicamente a execução do alvará, o governo também deixou para depois a demarcação do termo. Aliás, a ordem régia finalmente comunicada à Câmara de Olinda o

---

[346] *Calamidades*, p. 23; *Informação geral*, p. 235; "Tratado", fls. 20v e 22; Rocha Pita, *História da América portuguesa*, p. 401; AUC, CA, 32, fl. 72; Robert Southey, *História do Brasil*, 4ª ed., 3 vols., São Paulo, 1977, iii, p. 54. Para a fonte coeva em que se apoiou o historiador inglês, ver anexo B, "As fontes narrativas das alterações pernambucanas de 1710-1711".

foi mediante carta datada de São Sebastião do Recife, rebatizado com o onomástico do governador em detrimento de Santo Antônio. O atrevimento custará a Castro e Caldas outra repreenda da Coroa, que mandou anular a designação por não tolerar culto da personalidade que não fosse a d'El Rei, como se vira quando da proibição de se aporem na Câmara os retratos dos governadores.[347]

A Câmara de Olinda recusou-se a registrar a carta régia, devolvendo-a a Castro e Caldas. A sequência dos acontecimentos não se apresenta incontroversa, e por um motivo evidente: todo mundo tinha interesse em embaralhar a cronologia. Os vereadores foram incorporados interpelar o governador, pleiteando sustasse a implementação da ordem, obtida d'El Rei, segundo alegavam, mediante informações falsas ou incompletas, até nova decisão que tencionavam solicitar a Sua Majestade. Castro e Caldas escusou-se com o argumento de que só lhe competia cumprir o que D. João V mandara. Os interlocutores insistiram no adiamento, desta vez até o exame pela justiça dos embargos que pretendiam impetrar, argumentando que, se concordasse, Castro e Caldas arriscava-se apenas a uma leve repreensão, mas caso se negasse, a nobreza se encarregaria de enxovalhar-lhe a residência. Não havendo entendimento possível, a audiência terminou como transcorrera, em clima tenso. O juiz mais velho da Câmara, Lourenço Gomes Ferraz, teve mesmo uma ríspida troca de palavras com o governador.[348]

Nos dias seguintes, esteve-se à beira de graves acontecimentos. Fontes mascatais sustentam que os olindenses, com Lourenço Gomes Ferraz à cabeça, reuniram gente armada para derrubar o pelourinho durante a noite, só desistindo ao encontrar o monumento sob proteção de escolta. Ademais, a Câmara de Olinda tentou articular uma reação quando do encontro anual dos homens da governança, marcada para 26 de fevereiro e destinada a escolher os louvados que representariam a nobreza nas negociações sobre o preço do açúcar, ocasião em que, consoante os rumores, deveria discutir-se a construção de porto de mar na cidade, libertando-a da praça. Segundo Castro e

---

[347] AHU, códice 265, fls. 253v-254; *Informação geral*, p. 260.

[348] "Tratado", fls. 22-22v; AUC, CA, 32, fls. 44v-45 e 62-62v; Castro e Caldas a D. João V, 28.xi.1710, transcrito por Mário Melo, *A Guerra dos Mascates como afirmação nacionalista*, p. 94; Southey, *História do Brasil*, iii, p. 54.

Caldas, proferiram-se declarações subversivas e faziam-se conventículos a fim de organizar a marcha das milícias rurais sobre o Recife, a mesma operação que virá a ter lugar em finais de outubro. O governador prometia reprimir qualquer manifestação, jactando-se de que, para enfrentar a nobreza de Pernambuco, era suficiente o bastão de capitão-general que recebera d'El Rei.[349]

Castro e Caldas cominou à Câmara de Olinda a adiar a reunião da junta de louvados para a data do regresso da frota, autorizando o mestre de campo do terço da cidade a colocar à disposição do ouvidor a soldadesca necessária a efetuar a prisão dos descontentes e a manter a ordem pública. O Dr. Arouche foi advertido de que, caso a agitação continuasse, o governador viria do Recife para reprimi-la. O magistrado negou a existência de qualquer ajuntamento anormal, verificando-se apenas o afluxo de gente das freguesias de fora, costumeiro nesta quadra do ano devido à escala da frota. Mas Valençuela Ortiz admitiu que o alvoroço visara escolher procurador para pleitear em Lisboa a derrogação do alvará de criação do Recife, explicação mais convincente que a da Câmara ao pretextar assuntos de rotina, como a eleição de um vereador de barrete, o que requeria tão somente a presença de um punhado de homens da governança.[350] A despeito das intrigas mascatais e da má-fé ou da paranoia de Castro e Caldas, não há dúvida de que se passou algo menos inocente.

Com a cumplicidade de Arouche e de Valençuela Ortiz, o partido da nobreza recorreu ao arsenal de estorvos processualísticos da legislação. Ao acarretar a amputação do termo municipal, a elevação de povoações à categoria de vila era considerada grave violação de privilégios jurisdicionais, gerando no Reino acaloradas contendas. O procurador da Câmara de Olinda citou a recém-instalada Câmara do Recife por esbulho de posse mediante alvará obtido falsa e sub-repticiamente, intimando-a a dissolver-se. Previam as Ordenações que não se executasse ordem régia derrogatória de ordem anterior que não mencionasse expressamente a resolução derrogada, defeito que viciara o alvará de criação do Recife ao omitir a carta de D. Pedro II rejeitando a proposta de divisão do termo. Era legítimo concluir que D. João V assinara o alvará sem conhecimento da decisão precedente e das razões que a

---

[349] "Tratado", fl. 22; *Calamidades*, p. 24; AUC, CA, 32, fls. 44v-46.

[350] AUC, CA, 32, fls. 43v, 44v-45, 46 e 62-62v.

inspiraram. Embora Castro e Caldas procurasse frustrar a manobra, arrebatando a citação das mãos do notário que, temeroso, fora avisá-lo, Valençuela Ortiz notificou a Câmara do Recife, que exigiu a anexação de sua réplica ao texto da intimação.[351]

O arrazoado olindense expunha os motivos que desaconselhavam a autonomia do Recife e que teriam sido maliciosamente ocultados a El Rei. O primeiro tinha a ver com os inconvenientes advindos do controle da Câmara da nova vila pelos mercadores, que administrariam os negócios municipais de acordo com seu interesse privado. Como arrematantes dos contratos de impostos, manipulariam montantes e condições; como mercadores de grosso trato, comprometeriam o abastecimento da terra, exportando para outras partes do Brasil os artigos que lhes rendessem maiores ganâncias, fossem os do Reino, fossem os locais, fossem os escravos africanos; como lojistas e merceeiros, utilizariam o poder dos almotacéis para aumentar o preço dos gêneros, provocando a carestia e a inflação de custos da produção rural. Por fim, asseveravam os vereadores de Olinda que a emancipação do Recife redundaria na ruína física da cidade e na perda de posição estratégica mais valiosa que as fortificações recifenses, como haviam experimentado os holandeses e sabiam os monarcas portugueses que tinham reiteradamente ordenado a conservação da urbe.[352]

As táticas dilatórias da nobreza buscavam também protelar a demarcação do termo do Recife e a eleição da sua Câmara, providências ambas dependentes dos magistrados da Coroa. Arouche expôs a Castro e Caldas as

---

[351] "Tratado", fls. 30v-32; *Ordenações filipinas*, ii, 44; AUC, CA, 32, fls. 55-55v e 74. Para os problemas jurídicos decorrentes da elevação de povoados a vilas, Hespanha, *As vésperas do Leviathan*, pp. 93-4.

[352] "Razões que oferece o Senado de Olinda", 20.x.1711; e "Papel [em] que o Senado da Câmara da cidade de Olinda e mais nobreza e povo desta capitania fazem presente as justificadas razões que têm para se não tratar na ocasião presente da vila do Recife", s.d. mas de 1711, AHU, PA, Pco., cx. 16. Tudo indica que ambos os textos haviam sido redigidos ao tempo da ereção do Recife em vila, sendo posteriormente copiados para obter do governador Félix Machado o adiamento da restauração da autonomia recifense. O argumento segundo o qual os holandeses teriam outrora reconhecido a importância estratégica de Olinda era completamente falso, pois, pelo contrário, seu incêndio e abandono fora decidido em vista da sua indefensibilidade.

dificuldades que se antepunham, em arrazoado que "eu não pedi a Vosmecê e Vosmecê quis dar". Instava o governador por uma reunião que resolvesse tais questões, para cujo fim armou-se com uma bateria de pareceres para agastamento do ouvidor, que se dizia desrespeitosamente tratado nesses papéis. A conferência teve finalmente lugar, na presença do procurador do Recife, o médico Domingos Pereira da Gama, e de letrados convidados pelo governador. Arouche não pensava atribuir à nova vila mais do que o território correspondente aos atuais bairros do Recife, Santo Antônio, São José e Boa Vista; Castro e Caldas, porém, desejava incorporar-lhe freguesias da Mata. Retrucava Arouche que em vista do propósito da Coroa de atalhar as desavenças entre a nobreza e os mascates, a concessão de área rural à Câmara do Recife seria contrária ao espírito do alvará, pois ensejaria as ocasiões de conflito que ele procurava evitar. Replicavam os interlocutores que, ao prever a fixação do termo, El Rei tivera o intuito de dotar a nova vila de alfoz, não o de reduzi-la ao perímetro urbano. Arouche foi voto vencido, embora sua interpretação fosse a correta.[353]

Quando contemplada em mapa, a área fixada por Castro e Caldas dá a impressão de excrescência cartográfica, configurando um corredor meridional que compreendia as freguesias do Cabo, Muribeca e Ipojuca, limitado ao sul pela jurisdição da Câmara de Sirinhaém. A Olinda, restariam as freguesias de Jaboatão, da bacia do Capibaribe (Várzea, São Lourenço, Nossa Senhora da Luz, Tracunhaém) e, a norte, a de Maranguape, entestando com o distrito da Câmara de Igaraçu. A partilha deixava também a Olinda a zona a oeste do Recife, inclusive o atual bairro da Boa Vista, distorção só corrigida no século XIX quando o crescimento da urbe houver incorporado os distritos a poente. À Coroa, Castro e Caldas apontava "o moderado termo e distrito" que concedera à nova Câmara, calando o fato de que ele equivalia à região de grande importância açucareira na capitania; e recordando o precedente de uma vila criada durante seu governo no Rio de Janeiro, a qual fora pacificamente aceita pelos fluminenses, cujo comportamento exemplar comparava à belicosidade dos olindenses. A organização territorial no Antigo Regime era, aliás, a antítese da que se impôs em finais de Setecentos e começos de Oitocentos,

---

[353] AUC, CA, 32, fls. 45v-46; *Memórias históricas*, iv, p. 60; *Calamidades*, pp. 23-4.

na esteira da reestruturação do espaço francês imposta pela Revolução de 1789. Em Portugal, o território de municípios e de comarcas inteiras, especialmente no norte do país, mais afetado pela dispersão dos privilégios eclesiásticos e senhoriais do couto e da honra, podiam apresentar descontinuidades incompreensíveis em nossos dias, assumindo configurações bem mais bizarras do que as conferidas ao Recife.[354]

Por trás do debate jurídico, escondiam-se naturalmente considerações outras. Segundo o padre Gonçalves Leitão, não se tratava apenas de que, "igualando-se os nobres aos mercadores ou mascates, e sendo estes muito maiores em número", aqueles viriam a ser excluídos da Câmara da nova vila, resultando em perdas "para as rendas públicas na arrematação dos contratos, porquanto sendo os arrematadores os mascates e compondo estes o Senado, perante quem se arrematavam, vinham eles a ser juízes e partes e a seu salvo podiam arredar da arrematação os nobres que quisessem lançar". Também sairia perdendo "toda a população produtora, porquanto competindo então aos almotacéis o taxarem [i.é, fixarem] os preços dos víveres e sendo o almotacé do Recife mascate, seguia-se (como se seguiu) que os gêneros conduzidos a mercado pelos matutos se taxassem em preço mui baixo e os que vendiam os mascates taberneiros se estimassem em subido preço".[355] Na avaliação do ex-governador Caetano de Melo e Castro, as razões da Câmara de Olinda seriam menos desinteressadas: nenhum, entre todos os danos decorrentes da autonomia da praça, "foi tão sensível à nobreza de Pernambuco, que há muitos anos se achava de posse do governo da Câmara de Olinda e da administração de suas rendas, como verem o Recife vila e com três capitanias [i.é, distritos dotados de capitão-mor] das menos distantes dadas por limite e termo da dita vila, o que resultava em grave prejuízo dos interessados no domínio

---

[354] "Tratado", fl. 21v; Castro e Caldas a D. João V, 24.vii.1710, AHU, PA, Pco., cx. 15; "Papel [em] que o Senado da Câmara de Olinda" etc., cit.; Hespanha, *As vésperas do Leviathan*, pp. 94-5. Somente após a Revolução de 1817 é que a parte leste do bairro da Boa Vista foi transferida ao termo do Recife; em 1833, anexaram-lhe também as freguesias da Várzea e de São Lourenço, bem como (1843) a do Poço da Panela e a parte oeste da Boa Vista que ainda pertencia a Olinda: J. M. Figueira de Melo, *Ensaio sobre a estatística civil e política da província de Pernambuco*, 2ª ed., Recife, 1979, p. 82.

[355] *Memórias históricas*, iv, p. 60.

da Câmara de Olinda e dos arrendamentos e particulares conveniências que sempre costumam se achar nestas administrações".[356]

Quando da eleição da primeira Câmara do Recife, a que acudiram pró-homens das freguesias rurais atribuídas ao novo município, assegura o autor do "Tratado" que se teria estabelecido paridade numérica entre os eleitores da vila e os do termo. É provável que ele se referisse à composição dos votantes, de vez que outra fonte mascatal, o Dr. Manuel dos Santos, assegura que os eleitores escolhidos eram todos do Recife. A eles, conforme o estilo, coube a preparação da pauta com os nomes a serem sorteados para o primeiro triênio. Seja por ânimo conciliatório, seja para dar prova de imparcialidade, foram escolhidos para o primeiro ano dois moradores da praça, filhos do Reino, inclusive o patriarca da comunidade mascatal, Joaquim de Almeida; e dois moradores do Cabo e de Ipojuca, filhos da terra. E remata o autor das *Calamidades de Pernambuco*: "ao contrário do que se praticava nas eleições da cidade, pois para admitirem um filho de Portugal era necessário um jubileu, que lhes parece não haver em todo o Recife sujeito capaz de ser vereador".[357]

Em março de 1710, a nobreza já contabilizava as derrotas consequentes à construção do pelourinho, à fixação do termo da nova vila e à instalação da sua Câmara. Em maio, Arouche desligou-se da ouvidoria, de modo a ter sua residência tirada pelo ouvidor da Paraíba, Gonçalo de Freitas Baracho, o qual, malgrado ser natural do Recife, realizou a investigação da maneira mais favorável ao colega, caracterizado como "um dos melhores ministros que haviam servido o dito lugar", tanto assim que, "confederando-se contra ele o governador Sebastião de Castro e Caldas e fazendo conventículos em sua casa com os da sua facção e pondo todo o empenho em o culpar, o não puderam conseguir". Fontes mascatais acusam Freitas Baracho de tomar somente os depoimentos favoráveis e assim mesmo à noite e em lugares incertos e afastados, versão, aliás, confirmada pela gente de Olinda, que justificava tal procedimento pela necessidade de obstar aos manejos do governador, que teria subornado e intimidado testemunhas.[358]

---

[356] BNL, Pna., 526, fl. 229.

[357] "Tratado", fl. 23; *Calamidades*, pp. 24-5.

[358] "Tratado", fls. 27-27v; requerimento de Valençuela Ortiz, s.d., e sentença da Relação de Lisboa, 17.i.1711, AHU, PA, Pco., cx. 15.

O desligamento de Arouche presenteou a nobreza com uma manobra revanchista. Competindo a Valençuela Ortiz assumir interinamente a ouvidoria, ascendia automaticamente a juiz de fora o juiz ordinário da Câmara de Olinda, Lourenço Gomes Ferraz. Como coubesse ao juiz de fora presidir alternadamente as vereações de ambas as Câmaras, os vereadores recifenses achar-se-iam sob a tutela do adversário até a chegada do novo ouvidor dali a um ano. Minhoto e filho de lavrador pobre, Lourenço Gomes Ferraz, um dos raros mascates cooptados pela nobreza, que o escolheu por mais de uma vez vereador de Olinda, "foi sempre o maior contrário que o Recife teve e por quantos caminhos se lhe ofereciam", pois, detendo outrora o privilégio da exploração dos jogos de azar, envolvera-se em pendência à espada contra gente da praça. Com Castro e Caldas mesmo, ele também se desentendera por uma obscura questão de herança. Daí que a Câmara do Recife se recusasse a aceitar que Lourenço Gomes Ferraz dirigisse seus trabalhos, requerendo ao governador não consentisse na renúncia de Arouche.[359]

Castro e Caldas consultou a respeito sua junta de letrados. A maioria teria reconhecido o direito de Lourenço Gomes Ferraz, mas outra fonte pretende que ela opinou pela separação das varas, solução adotada pelo governador ao ordenar que em Olinda e no Recife os respectivos juízes ordinários exercessem à parte a função de juiz de fora. Estimulado por Arouche e Valençuela Ortiz no intuito de provocar tumultos populares passíveis de induzirem a Coroa a anular a autonomia da nova vila, Lourenço Gomes Ferraz dispôs-se a comparecer perante a Câmara do Recife à frente de gente armada, capitaneada por Leonardo Bezerra Cavalcanti e seu irmão Manuel Cavalcanti, que declarara publicamente que "ou havia de haver cidade, ou Recife; ou acabar-se o mundo". Mas Castro e Caldas antecipou-se mandando prender Lourenço Gomes Ferraz, que se homiziou no mosteiro de São Bento, de onde seus pares conduziram-no à Câmara de Olinda para empossá-lo como juiz de fora, sendo finalmente detido e degredado para o Ceará. Quanto a Manuel Cavalcanti, foi também encarcerado a pretexto de dívida com a fazenda real.[360]

---

[359] ANTT, HOC, L, 17, 49; *Calamidades*, p. 27; AUC, CA, 31, fl. 425; BNL, Pna., 239, fls. 135-6; Castro e Caldas a D. João V, 8.vii.1710, AHU, PA, Pco., cx. 15; "Tratado", fls. 27v-28; *Informação geral*, p. 345.

[360] Castro e Caldas a D. João V, 8.vii.1710, cit., José Inácio de Arouche a D. João V, 30.

O governador foi além. Com a ascensão de Valençuela Ortiz à ouvidoria, vagara a provedoria dos defuntos e ausentes e o juízo dos resíduos e capelas, que constituíam funções conexas à de juiz de fora, além de cobiçadíssimas, por gerirem os bens *causa mortis*, dando ocasião a lucrativas irregularidades, como o adiamento das remessas de heranças, desviadas para negócios particulares. Castro e Caldas nomeou o procurador da Coroa, Antônio Rodrigues Pereira, e tendo o tesoureiro da provedoria se recusado a entregar o cofre e a contabilidade, fê-lo também prender, rateando os lugares da repartição por seus protegidos, que, em troca, teriam rachado os rendimentos com os criados do governador. Este, por sua vez, passou a exercer o cargo de provedor dos defuntos e ausentes, despachando petições e intervindo em disputas sucessórias consoante seu interesse pessoal. Valençuela Ortiz lavou as mãos, explicando não desejar "ter controvérsias com o dito governador, das quais sei não hei-de sair nunca bem, porque sempre com [pre]potências leva a sua [vontade] avante e só quer prevaleçam as suas disposições".[361]

O partido da nobreza ainda julgava ter uma carta na manga: o tombamento dos bens da Câmara de Olinda. A carta régia que autorizara Arouche a desligar-se da ouvidoria encarregara-o de proceder ao levantamento dos bens do município, consistentes nas terras doadas por Duarte Coelho quando da fundação da vila. A Coroa só confirmara a doação em 1678, dando ocasião à Câmara para abrir o contencioso dos terrenos devolutos e aterros ocupados no Recife, sem pagamento de foro. Para embrulhar o problema, a toponímia mudara desde a época do primeiro donatário, as designações primitivas já não correspondendo em muitos casos às denominações vigentes nos princípios do século XVIII.[362]

Designado outrora para a missão, Guedes de Sá cruzara os braços. Arouche encetou-a com desusada energia, provocando a acusação de "entrar a tombar todo o Recife e dar-lhe tombo que nunca mais pudesse dele levantar-

---

vi.1710, certidão do padre Pedro Ferreira Brandão, 14.vii.1710, Câmara de Olinda a D. João V, 12.vii.1710, e "Fundamentos com que a Câmara de Olinda satisfaz as dúvidas da vila do Recife", s.d. mas de 1710, AHU, PA, Pco., cx. 15; "Tratado", fls. 29-30; *Calamidades*, p. 26; "Relação do levante", p. 318.

[361] Valençuela Ortiz a D. João V, 10.vi e 14.vii.1710, AHU, PA, Pco., cx. 15.

[362] Gonsalves de Mello, "O chamado foral de Olinda, de 1537", p. 40.

-se", vistoriando inclusive Santo Amaro das Salinas e a ilha de Joana Bezerra, onde os negociantes ricos possuíam casas de sítio; e identificando a "ilha do porto dos navios", mencionada pela carta de doação quinhentista, como sendo o bairro de Santo Antônio. Temendo a cobrança judicial dos foros em atraso, os recifenses alegaram a suspeição do juiz tombador. Em setembro, às vésperas da sedição da nobreza, Arouche concluía a investigação, habilitando a Câmara de Olinda a processar os usurpadores.[363]

Na esfera eclesiástica, a contraofensiva olindense, apoiada por D. Manuel Álvares da Costa, teve início com a procissão das Cinzas. Havia anos, a Ordem Terceira de São Francisco, do Recife, propunha-se a organizar na praça solenidade idêntica à que se fazia habitualmente na cidade com pouco lustre e menos pompa, como se vê da sátira que lhe dedicou Gregório de Matos. O projeto era invariavelmente vetado pelo cabido da Sé, que sustentava a exclusividade da Ordem Terceira de Olinda. Os terceiros recifenses recorreram inutilmente ao juízo eclesiástico; e o provincial de São Francisco tentou uma fórmula de compromisso pela qual ambas as procissões teriam lugar em diferentes dias, proposta rejeitada pelos cônegos, que proibiram a presença do clero no desfile do Recife, ameaçando de excomunhão os leigos que assistissem à sua passagem. Ao assumir D. Manuel a mitra, estando-se à espera de sentença do tribunal eclesiástico de Lisboa, o bispo reiterou a interdição baixada anteriormente.[364]

Outra intriga clerical teceu-se em torno da procissão de Corpus Christi, que as câmaras portuguesas tinham o dever de organizar. A nova Câmara do Recife não poderia deixar de promovê-la, sem comprometer sua posição jurídica. A Câmara de Olinda obteve de D. Manuel o cancelamento do préstito, mas o prelado teve de recuar ao provarem os recifenses que ele datava da fundação da paróquia em fins do século XVI. Contudo, na antevéspera, os preparativos foram sustados em face de segunda interdição episcopal, a pre-

---

[363] "Tratado", fls. 26-26v; Gonsalves de Mello, "O chamado foral de Olinda", pp. 42-3 e 52-3.

[364] *Calamidades*, pp. 20-1; "Tratado", fl. 27; Castro e Caldas a D. João V, 16.vii.1710, AHU, PA, Pco., cx. 15; J. A. Gonsalves de Mello, "O quinto volume dos Anais", Pereira da Costa, *Anais pernambucanos*, v, p. xviii. Somente em 1720 o Recife logrou realizar sua primeira procissão das Cinzas.

texto de que os clérigos do Recife eram indispensáveis à procissão de Olinda, desculpa esfarrapada em vista da quantidade de sacerdotes ociosos que habitavam na cidade. Desta vez. D. Manuel fincou o pé e o clero da praça não ousou desobedecê-lo, embora a Câmara do Recife recorresse ao Juízo da Coroa, que lhe deu ganho de causa. D. Manuel, porém, apelou à Relação da Bahia, onde o assunto ficaria em suspenso, em consequência dos acontecimentos que sobreviriam em Pernambuco.[365]

A tensão escalou em decorrência de tremenda sova aplicada por um grupo de embuçados no Dr. Domingos Pereira da Gama, procurador da Câmara do Recife. Na manhã seguinte, circulou um pasquim prometendo sorte idêntica a outros cabeças da mascataria. Castro e Caldas mandou abrir devassa, que, confiada a Valençuela Ortiz, não produzirá resultado algum. Dias antes do incidente, o Dr. Domingos mantivera uma ferina troca de gracejos, daqueles que matavam (como na novela de Camilo Castelo Branco), com Leonardo Bezerra Cavalcanti. "Boa é a terra [chasqueara Leonardo] em que vosmecê, senhor doutor, é procurador do povo", ao que o interlocutor replicara: "Na minha terra, onde eu melhor o podia ser, se vosmecê lá estivesse talvez que o não fora". Leonardo Bezerra ficou suspeito de ser o mandante da surra, embora se desconfiasse também de Arouche, que discutira acaloradamente com a vítima na reunião de palácio sobre o termo a ser dado ao Recife. Poucos dias depois, foi a vez de um oficial do terço de infantaria de Olinda receber uma cutilada no rosto. O juiz da Câmara da cidade, que era um dos irmãos de Leonardo Bezerra, improvisou investigação que incriminará Castro e Caldas, acusado de ter relação amorosa com a mulher do militar.[366]

Mas a grande contenda que precedeu as alterações de 1710-1711 verificou-se durante a eleição do provedor e da Mesa diretora da Santa Casa da Misericórdia de Olinda, que servia de banco de crédito aos ricos e de previdência social aos pobres.[367] A Câmara e a Misericórdia eram os grandes re-

---

[365] *Calamidades*, p. 27; "Tratado", fls. 25-6. Para a competência municipal no tocante à procissão de Corpus Christi, Boxer, *Portuguese society in the tropics*, p. 39.

[366] AUC, CA, 32, fls. 54 e 72v-73; *Calamidades*, p. 28; "Tratado", fls. 23v-24; Domingos Bezerra Cavalcanti a D. João V, 25.i.1711, AHU, PA, Pco., cx. 15.

[367] A. J. R. Russel-Wood, *Fidalgos and philanthropists. The Santa Casa da Misericórdia of Bahia*, 1550-1755, Los Angeles, 1968; Isabel dos Guimarães Sá, "As Misericórdias", em Francisco

dutos institucionais da nobreza, a qual, recolhida em seus engenhos, delegara a gestão da entidade a um grupo de sacerdotes que, segundo Castro e Caldas, controlavam-na a tal ponto que ela mais se assemelhava a uma irmandade de clérigos do que a uma associação de leigos. Com os irmãos de primeira condição residindo pelas freguesias de fora e os de segunda, artesãos e gente subalterna da cidade, carentes de autoridade, os religiosos, embora "pobres e de humilde nascimento", punham e dispunham na Santa Casa, sobretudo em matéria orçamentária, pois ninguém controlava suas contas, propalando-se mesmo de um deles ter construído casa assobradada para a mulher com quem vivia. Havendo exercido a provedoria no seu primeiro ano de triênio, cortesia comumente feita aos governadores, Castro e Caldas indispusera-se com os padres, ao procurar, segundo ele, corrigir-lhes os abusos, não conseguindo, porém, sequer pôr em dia a contabilidade, tal a sabotagem que sofrera.[368]

Em julho de 1710, concluía o mandato o provedor Luís de Mendonça Cabral, senhor do engenho da Madalena e descendente de rica e antiga família conversa. Como se tratasse de aliado de Castro e Caldas, o partido da nobreza procurou reconquistar a posição. As relações entre o cabido e a Misericórdia não eram das mais cordiais: tempos antes, os cônegos haviam negado ao provedor o lugar de honra nos funerais, prerrogativa de que gozara por mais de século, consoante a prática do Reino. El Rei os desaprovara mas o bispo D. Manuel tomou-lhes as dores, atribuindo a Luís de Mendonça posição secundária na procissão do Enterro, que estava a cargo da confraria da Misericórdia. Esta recusou-se a realizá-la na Sé, programando-a para o recinto da Santa Casa. Ofendido, D. Manuel resolveu interferir na eleição do novo provedor.[369]

O clero olindense considerava a cidade uma espécie de feudo, pois como ela não tinha economicamente vida própria, só subsistia graças à condição de cabeça da diocese e de sede sazonal do governo. Os religiosos seculares, mais indisciplinados que os regulares, agiam com insolência corporativa, arrogan-

---

Bethencourt e Kirti Chaudhuri (orgs.), *História da expansão portuguesa*, ii, *Do Índico ao Atlântico (1570-1697)*, Lisboa, 1998, pp. 351-60. A Misericórdia de Olinda gozava desde 1672 dos privilégios da Misericórdia de Lisboa, já anteriormente concedidos à Santa Casa de Salvador: AHU, códice 47, fls. 172-172v.

[368] Castro e Caldas a D. João V, 7.vii.1710, AHU, PA, Pco., cx. 15.

[369] AUC, CA, 33, fls. 151-151v; Castro e Caldas a D. João V, 16.vii.1710, cit.

do-se, por exemplo, a preferência no fornecimento de carne verde. Nos prolongados períodos de Sé vacante, como o que vinha de se encerrar, o próprio cabido comportava-se com uma desenvoltura que ficara célebre, como no caso do chantre que, mantendo mulher e filhos, abandonava as obrigações do coro para passar temporadas em Ipojuca com a família.[370] Castro e Caldas não foi, aliás, o primeiro provedor a se desentender com os clérigos da Misericórdia: predecessores seus haviam chegado a puxar da espada em pleno consistório. No tempo de Castro Morais, os padres haviam desacatado e ameaçado fisicamente o juiz de fora Car Ribeiro, que, como aludido, apresentara-se na Santa Casa para prender certo pró-homem envolvido na disputa em torno das eleições municipais. Visando conter tais "fúrias eclesiásticas" é que El Rei criara na capitania o Juízo da Coroa, competente para conhecer as vexações praticadas pelos clérigos.

A perspectiva de revanche contra Castro e Caldas uniu, porém, o bispo D. Manuel, o cabido e o clero da Misericórdia, que lançaram a candidatura de Arouche à provedoria, no propósito, segundo proclamavam, de confiar a instituição a magistrado íntegro, que restaurasse seu dissipado patrimônio. A Santa Casa tinha um montante elevado de dívidas a cobrar de senhores de engenho e lavradores de cana, que haviam levantado a juros módicos os recursos que os mercadores do Recife só lhes teriam emprestado a taxas exorbitantes; e muitos desses débitos eram já antigos quando do governo de Montebelo, que procurara em vão executá-los.[371] Em represália, Castro e Caldas apoiou a reeleição de Luís de Mendonça, malgrado ser contrária à praxe; mas, prevendo a derrota, preparou-se para intervir, anulando os resultados do prélio, sob a alegação da assuada que sua intromissão provocaria.

As eleições da Santa Casa, que tinham lugar na nave da sua igreja, realizavam-se anualmente a 2 e 3 de julho, vésperas da festa de Santa Isabel, padroeira das Misericórdias. À maneira dos pleitos municipais, eram de dois graus: os irmãos sufragavam os eleitores e estes escolhiam a nova Mesa. No dia 3, apurados os primeiros resultados, tratou-se de reunir os eleitores para

---

[370] AUC, CA, 31, fl. 199v; Francisco Barreto a D. Pedro II, 12.v.1695, e Co.Uo. 8.viii.1695, AHU, PA, Pco., cx. 11.

[371] BNL, Pna., 239, fl. 34; Misericórdia de Olinda a D. João V, 14.vii.1720, AHU, PA, Pco., cx. 15.

se proceder ao segundo escrutínio, constatando-se, porém, que a maioria se ausentara, homiziando-se pelos conventos ou retirando-se para seus engenhos, ao difundir-se a falsa notícia de que Castro e Caldas mandara prender o tesoureiro. Foi necessário organizar a junta eleitoral sem os leigos de primeira condição, na base apenas dos irmãos clérigos, os quais, graças à imunidade do foro que os submetia à autoridade episcopal, podiam desempenhar neste caso o papel de tropa de choque do partido da nobreza.[372]

Resolvido a impedir a eleição de Arouche, Castro e Caldas despachou na manhã do dia 3 força armada para a porta da Santa Casa no fito de intimidar os eleitores. Mas como Arouche e o bispo tivessem o mesmo número de votos e o compromisso da instituição previsse que, em caso de empate, preferia-se o cabeça da lista, o escrivão convocou Arouche para que viesse empossar-se, comunicação que o provedor cessante, Luís de Mendonça, recusou-se a assinar, alegando a ilegalidade do ato por não ser o ex-ouvidor sócio da entidade. Arouche, que residia na cidade mas se achava no Recife cadastrando os bens da Câmara de Olinda, aceitou imediatamente. Os estatutos proibiam efetivamente que a escolha recaísse sobre quem não estivesse associado há pelo menos um ano, mas havia os precedentes dos governadores, inclusive Castro e Caldas, e de um dos pró-homens da capitania, exceções que também se abriam na Santa Casa baiana.[373]

Confrontado pela derrota aparatosa, Castro e Caldas deferiu requerimento de Luís de Mendonça solicitando a anulação do pleito, com base no regimento dos governadores, o qual, em termos gerais, lhes recomendava a proteção da Misericórdia e dos hospitais e obras de caridade da capitania. Por seu lado, os clérigos invocavam os privilégios concedidos à Santa Casa por El Rei, sob cujo patrocínio imediato a instituição se achava. Consoante tais franquias, não se podia recorrer de resoluções da Mesa pelos meios ordinários

---

[372] Certidão do padre João Mendes, 10.vii.1710, Manuel Freire de Andrade a Antônio Cardoso de Sousa Coutinho, s.d., e Misericórdia de Olinda a Castro e Caldas, 6.vii. 1710, AHU, PA, Pco., cx. 15.

[373] Castro e Caldas a D. João V, 16.vii.1710, Misericórdia de Olinda a D. João V, 6 e 14.vii.1710, Câmara de Olinda a D. João V, 12.vii.1710, Valençuela Ortiz a D. João V, 13.vii.1710, e certidão dos padres Manuel Cardoso de Abreu, Francisco de Souza Carneiro e Manuel de Ornelas Travassos, 9.vii.1710, AHU, PA, Pco., cx. 15.

da justiça, mas unicamente mediante recurso direto a Sua Majestade. Rejeitaram-se, portanto, as imposições de Castro e Caldas, elegendo-se para os demais cargos de gestão os partidários do arcediago Manuel Freire de Andrade, que era a alma da resistência. A acreditar-se no provedor cessante, uma escolta de vinte clérigos defendia Manuel Freire, dando tantas vozes e fazendo tamanho alarido que o mesmo Luís de Mendonça resolvera retirar-se; "e não fiz pouco [escrevia] em salvar-me, à vista do motim e modo com que estes clérigos usam em semelhantes ocasiões".[374]

Na boca da noite, a tropa pôs sítio à Santa Casa. Arouche ficava impedido de assumir mas os clérigos trancaram-se no prédio, evitando toda comunicação com o exterior. Sucederam-se dias de impasse. Castro e Caldas exigia do bispo que punisse os padres, acusando o arcediago e o capelão do terço de Olinda de provocarem a alteração, mediante boatos difundidos por mascarados misteriosos que espalhavam a notícia de ordem de prisão contra vários irmãos da Misericórdia. D. Manuel prometeu abrir devassa na justiça eclesiástica. Por seu lado, a Mesa intimou judicialmente o governador a pôr fim ao cerco. Mas o bispo acabou cedendo. Na tarde do dia 6, os padres reabriram o edifício, devolvendo as chaves do consistório. Juntando uns poucos parciais, Luís de Mendonça anulou a eleição e fez nova Mesa. Como previsível, o inquérito levado a cabo pelo vigário-geral isentou os clérigos, transformando-se numa peça acusatória contra Castro e Caldas.[375]

Desta vez, o partido da nobreza fora derrotado no seu *sanctum sanctorum*. A El Rei, apelaram o bispo, o ouvidor interino, os clérigos da Misericórdia (mas não os laicos, "pelo temor que lhes faz o governador"), os beneditinos, que tinham contas a ajustar, e, obviamente a Câmara de Olinda, que

---

[374] Misericórdia a Castro e Caldas, 3, 5 e 6.vii.1710, Luís de Mendonça Cabral a D. João V, 6.vii.1710, certidão do padre João Mendes, 10.vii.1710, e Misericórdia de Olinda a D. João V, 9.vi.1710, AHU, PA, Pco., cx. 15.

[375] D. Manuel Álvares da Costa a D. João V, 9.vii.1710, Câmara de Olinda a D. João V, 12.vii.1710, Valençuela Ortiz a D. João V, 13.vii.1710, Misericórdia de Olinda a Castro e Caldas, 6.vii.1710, Castro e Caldas a D. Manuel Álvares da Costa, 4 e 5.vii.1710, D. Manuel Álvares da Costa a Castro e Caldas, 4 e 5.vii.1710, "Termo do acordo e resolução que se tomou em Mesa para se proceder a nova eleição", 6.vii.1710, e "Traslado da devassa que por ordem vocal do Ilmo. Sr. Bispo D. Manuel Álvares da Costa mandou fazer o muito reverendo Sr. Vigário-Geral, o Dr. Antônio Cardoso de Souza Coutinho", todos em AHU, PA, Pco., cx. 15.

rematava sua verrina solicitando a D. João V autorização para depor Castro e Caldas, lembrada certamente da que lhe dera outrora em surdina o vice-rei, conde de Óbidos, para depor Mendonça Furtado. D. Manuel Álvares da Costa frisava que o comportamento arbitrário do governador, pondo sítio a templos e conventos, afetava o prestígio da Igreja aos olhos das ovelhas da diocese, e em especial dos neófitos, os pretos e os índios apenas convertidos à verdade de Cristo, argumento passível de calar fundo na consciência régia. O clero olindense dará rédea solta à desforra, criando para Castro e Caldas a duradoura fama de impiedade de um Nero luso-tropical. Muitos anos decorridos desses acontecimentos, frei Agostinho de Santa Maria, que redigia em Portugal o seu *Santuário mariano*, ainda se benzia à simples menção de um indivíduo que reputava "indigno de se lhe saber o nome".[376]

O frade cronista devia ter em mente as estórias que circulavam em Pernambuco, como a de certo soldado pardo a quem, numa festa de igreja em Olinda e na presença de autoridades e de famílias gradas, o governador, aos gritos canalhas de "mostra, mostra o pistolete", mandara arriar as calças, no momento exato em que se desvelava uma imagem de Nossa Senhora. Os fiéis dissimularam a ofensa mas não a Mãe de Deus, que caiu, quebrando um braço. Quanto a Castro e Caldas, não se mostrou impressionado pela manifestação sobrenatural e, na companhia do tal pardavasco, não se poupou o espetáculo de reprisar pelas ruas a cena debochada. Reconduzida à igreja de São João, a imagem afrontada, que era a de Nossa Senhora do Ó, suaria tão copiosamente que, "em a limpar se molhou muito algodão e vários corporais, como bem se viu e autenticou por todos os moradores desta capitania".[377]

Mazombos e reinóis estavam, aliás, de acordo em que o sucedido à imagem era signo eloquente de que a Divina Providência aprestava-se a punir a terra, embora Nossa Senhora se empenhasse junto ao Filho para evitar as calamidades que se iam abater. As fontes mascatais, contudo, se abstêm de ligar o episódio ao governador, utilizando-o, pelo contrário, contra a nobreza. O prodígio repercutiu em todas as camadas sociais, dando motivo a penitên-

---

[376] Misericórdia a D. João V, 14.vii.1710, cit.; Câmara de Olinda a D. João V, 12.vii.1710, cit.; D. Manuel Álvares da Costa a D. João V, 9.vii.1710, cit.; Agostinho de Santa Maria, *Santuário mariano*, 10 vols., Lisboa, 1707-1723, ix, p. 308.

[377] "Relação do levante", pp. 310 e 312; "Tratado", fls. 15-16v.

cias públicas em que se distinguiram as ordens religiosas, com suas procissões, novenas, missas, sermões, terços cantados pelas ruas, de que resultaram muitos arrependimentos sinceros, inúmeras confissões e o fim de vários concubinatos. Já era tarde, porém, pois o castigo teria de vir, estando "já muito merecido pelas culpas antecedentes e os ódios dos homens da cidade e os seus aliados contra os moradores do Recife". Rocha Pita mencionará, aliás, outro presságio, um eclipse parcial da lua, que se avistou certa noite "em duas iguais partes separadas, mostrando o que lhe havia de acontecer na desunião dos seus moradores, em prova de que o reino em si dividido é desolação".[378]

Os padres de Olinda e os outros padres não se cansaram de divulgar a irreligião de Castro e Caldas, alegando faltas que, via de regra, eram imputadas aos cristãos-novos nas denunciações ao Santo Ofício. Ninguém em Pernambuco o vira jamais confessar-se e comungar, nem ainda orar, sequer durante a Quaresma, quando declarava na cidade que comungara na praça e na praça que comungara na cidade. Nas igrejas, estando o Senhor exposto, não acompanhava os ofícios, inquieto, falando o tempo todo, indagando quem era esta ou aquela, se tinha amante, quantas prostitutas havia na paróquia e outras indecências. Na luxúria, excedia a todos os Leogobaldos, exibindo suas inclinações fesceninas até mesmo junto aos criados e subalternos; ou usando o poder do cargo para cevar seus apetites sexuais. Ao convento do Carmo do Recife pusera cerco para vingar-se do marido de uma mulher que cobiçava. Um manifesto do partido de Olinda refere que, se achando Castro e Caldas em palácio, em conversa com pessoa sisuda, levantou-se para levar à camarinha certa parda que lhe apresentara uma petição, voltando a tempo de confiar ao interlocutor: "Cuidei que a moça era outra coisa". Hostil ao clero, fosse regular ou secular, promovia apupos e vaias aos religiosos com quem cruzava na rua. Seu bate-boca com os beneditinos, da janela de palácio, quando da briga com a Ordem, fora de fazer corar frades de pedra.[379]

Os inimigos exploravam, com intenções políticas, o veio inesgotável da curiosidade e da malícia dos governados pela vida privada dos governadores e autoridades da Coroa, tanto mais picante quanto, mesmo casados, nunca

---

[378] *Ibid.*; Rocha Pita, *História da América portuguesa*, p. 407; *Calamidades*, p. 22; *Memórias históricas*, iv, p. 174.

[379] "Relação do levante", pp. 310 e 312.

traziam suas mulheres do Reino. Como tantos outros, Castro e Caldas utilizou a função para arrancar favores femininos. Apenas, fiel a si mesmo, comportou-se, também neste particular, de maneira ostensiva, sem a sonsice, por exemplo, de outro governador setecentista, Luís José Correia de Sá, grande carola que não perdia novena, mas em cujo diário rastreiam-se alusões crípticas a certa I. P. Foi pensando nas trapalhadas de Castro e Caldas e de outros capitães-generais que o secretário Barbosa de Lima aconselhava Félix Machado a guardar a castidade em Pernambuco. Não lhe sendo possível, "não falta no país caça do mato e braba", entenda-se, mulheres de condição subalterna e rústica, cujo trato não comportava os riscos da outra, isto é, "da mansa e da que tiver dono", mulheres de condição, casadas ou amigadas, de quem deveria fugir como o diabo da Cruz, pois sua conquista ensejava as vinganças inevitáveis em questões de honra.[380]

Por aqueles dias de julho de 1710, estando a frota anual prestes a levantar ferro rumo à metrópole, o governador, o bispo, o ouvidor, as câmaras aviavam sua correspondência para a Coroa e para os amigos no Reino. Como mencionado, a Câmara de Olinda solicitou autorização para depor Castro e Caldas. Uma petição a D. João V contra a autonomia do Recife angariava assinaturas pelas freguesias da Mata, devendo ser levada a Lisboa pelo escrivão da municipalidade, que viajava a trato de negócio particular. Sendo proprietário do cargo, a elevação do Recife à vila tirava-lhe a porção côngrua dos proventos, donde pretender direitos à escrivania da nova Câmara, pretensão que Arouche deferira mas que os mascates vetavam, para impedir que os olindenses penetrassem o sigilo das suas vereações. Tampouco Castro e Caldas desejava perder a ocasião de prover interinamente a função. Ameaçado de prisão, o autor do memorial, Afonso de Albuquerque Melo, teve de se homiziar no Carmo de Olinda, enquanto o irmão, Antônio de Sá e Albuquerque, capitão-mor da Muribeca, fugia para a Paraíba. Para contra-arrestar a ofensiva da nobreza, os recifenses enviaram Castelo Branco, ao passo que a Câmara da cidade, o bispo e o ouvidor pediam a El Rei que proibisse o padre de regressar à capitania, onde se tornara "o motor de todas as desordens", com seus pareceres e conselhos ao governador.[381]

---

[380] Gonsalves de Mello, "Diário do governador Correia de Sá", p. 14; BNL, Pna., 526, fl. 264.

[381] *Calamidades*, p. 29; AUC, CA, 32, fls. 56v-57, e CA, 33, fl. 408; Castro e Caldas a D.

Muita gente devia perguntar-se o que se passaria após a partida da frota, quando Pernambuco voltasse ao isolamento da estação morta. Espreitando a ocasião de desfechar o golpe definitivo na "irmandade de Cavalcanti e seus parciais", Castro e Caldas prometia fazer e acontecer tão logo a última vela desaparecesse no horizonte; e o ânimo dos adversários não era menos pugnaz. Fabricada ou não, a oportunidade não se fez esperar. Nos derradeiros dias de julho, um mascate proeminente, Antônio Rodrigues da Costa (homônimo do conselheiro ultramarino da época), levou um tiro de bacamarte, de que veio a falecer. Outra vez, culpou-se Leonardo Bezerra, pois que houvera entre eles "uma leve causa antecedente", a qual, segundo outra versão, não teria sido tão leve assim. A devassa, realizada pelo juiz ordinário da Câmara do Recife, incriminou-o e a seu filho Cosme Bezerra Monteiro, com provas tão convincentes que Valençuela Ortiz não pôde cumprir a promessa de dar provimento ao recurso que ambos impetraram na ouvidoria. Pai e filho foram para trás das grades, como já ocorrera a Manuel Bezerra Cavalcanti; e Castro e Caldas não os poupou em matéria de mau trato carcerário, "metendo-os em correntes, mandando-lhes botar grilhões pregados em cepos, pôr guardas dobradas à cadeia, ordenando não lhes falasse ninguém, nem ainda os religiosos da Companhia de Jesus, que em razão de seu ofício deviam visitar os encarcerados; vigiar-lhes o comer, se levava cartas e, por repetidos recados à mulher do morto, que o acusasse e lhes fosse parte".[382]

A grita contra o governador sensibilizou a Coroa quando em Pernambuco o momento de uma intervenção régia já havia passado. Em fins de novembro, começos de dezembro, as autoridades em Lisboa concordaram em que houvera interferência indébita nos assuntos da Misericórdia, com uso ilegal de tropa. El Rei anulou a reeleição de Luís de Mendonça Cabral, impedido para sempre de ocupar o cargo. Ademais, D. João V repreendeu mais uma vez Castro e Caldas pela "grande perturbação, confusão e prejuízo da república" que o seu comportamento vinha causando. O monarca também atendia a solicitação de que o padre Castelo Branco não regressasse a Pernambu-

---

João V, 24.vii.1710, Câmara de Olinda a D. João V, 11 e 12.vii.1710, Valençuela Ortiz a D. João V, 15.vii.1710 e D. Manuel Álvares da Costa a D. João V, 20.viii.1710, AHU, PA, Pco., cx. 15.

[382] Castro e Caldas a D. João V, 28.xi.1710, transcrito por Mario Melo, *A Guerra dos Mascates como afirmação nacionalista*, p. 95; "Tratado", fls. 24-24v; *Calamidades*, p. 318.

co. Em começos de janeiro de 1711, o Conselho Ultramarino, tendo examinado a destituição de Lourenço Gomes Ferraz e concluído pela ilegalidade praticada contra ele, sugeria que se enviasse imediatamente o sucessor de Castro e Caldas, cujo triênio, aliás, já se esgotara, pois não via outro "meio para que cesse o clamor mui repetido que há nos povos de Pernambuco". O monarca concordou, prometendo para breve a nomeação de novo governador.[383] O que ainda não se sabia em Lisboa é que, dois meses antes, Castro e Caldas fora apeado do poder pela sedição da nobreza.

---

[383] Co.Uo. 29.xi 9.xii.1710 e 12.i.1711, AHU, PA, Pco., cx. 15.

6.

A sedição da nobreza

No Recife, ao entardecer da sexta-feira, 17 de outubro de 1710, Castro e Caldas, acompanhado de uma comitiva de mais de vinte pessoas, recolhia-se ao palácio do governo, de regresso da ladainha dos barbadinhos italianos na igreja da Penha, quando, em plena rua das Águas Verdes, dispararam-lhe um bacamarte do interior de uma casa térrea. Apesar de ferido, o governador, que num primeiro momento bradara "Confissão, que me mataram", puxou o espadim e mandou atacar o prédio. Já os malfeitores haviam fugido pela traseira, ganhando os manguezais que principiavam na altura da rua das Hortas e do convento do Carmo. Os soldados ainda avistaram uns indivíduos de ceroulas e descalços, os rostos pintados para não serem reconhecidos ou se fazerem passar por índios, abalando na direção da ilha de Joana Bezerra e voltando-se para atirar em quem lhes saíra ao encalço. Reconduzido Castro e Caldas a palácio, constataram-se quatro lesões, descritas pelo Dr. Manuel dos Santos, que o examinou: "uma bem em cima do espinhaço, outra em uma pá, outra em um cotovelo e outra em uma ilharga". O futuro cronista reputava milagroso o fato de que, havendo os disparos traspassado o casaco, o colete e a camisa, apenas um deles houvesse irrompido pelo corpo, assim mesmo sem afetar órgão vital algum. Outra explicação, esta pragmática: por serem envenenadas, as balas haviam perdido impulso.[384]

---

[384] *Calamidades*, pp. 31-2; "Tratado", fls. 33v-34v; "Relação do levante", pp. 293-4; *Memórias históricas*, iv, p. 61; Southey, *História do Brasil*, iii, p. 55; "Notícia da expulsão do governador Sebastião de Castro e Caldas", IHGB, lata 24, documento 6; Castro e Caldas a D. João V, 5.ii.1711, transcrito por Mario Melo, *A Guerra dos Mascates como afirmação nacionalista*, pp. 116-28. Não se conhece a devassa tirada na ocasião por Valençuela Ortiz, que, aliás, não chegou a ser concluída.

A autoria do atentado nunca foi objeto de investigação imparcial. A devassa realizada posteriormente pelo ouvidor João Marques Bacalhau concluiu que, da cadeia, Leonardo Bezerra mandara praticar o crime, com a cumplicidade do capitão André Dias de Figueiredo. Trata-se da versão mais provável. Mas em vista do exército de inimigos que Castro e Caldas fizera, qualquer conjectura adquiria ares de plausibilidade, inclusive a infalível versão salaciosa de vingança de marido enganado; ou a tortuosamente maquiavélica de que o próprio governador encomendara o tiro para jogar a culpa na nobreza e justificar a repressão que planejava. Como a casa de onde haviam atirado pertencesse à confraria de São Pedro dos Clérigos, que a alugara semanas antes a uns desconhecidos, houve quem visse o dedo do clero ou mesmo quem avistasse um sacerdote que, cometido o delito, cavalgara às pressas na direção de Olinda.[385]

Ao arrolar os cabeças da sedição que em breve terá lugar, Castro e Caldas indigitou Leonardo Bezerra como "o autor e motor do tiro" (achando-se entre os emboscados um filho seu), os irmãos de Leonardo, Pedro Cavalcanti e Domingos Bezerra, que tiveram a precaução de recolherem-se previamente ao convento do Carmo da cidade, bem como Leandro e Cosme Bezerra, que teriam sumido anteriormente; além destes, o Dr. Arouche e os irmãos André Dias de Figueiredo, que alugara a casa da rua das Águas Verdes, e José Tavares de Holanda, que em seu sítio da Piranga, nos arredores do Recife, havia abrigado os facinorosos. De intermediário, atuara certo matuto sinistro cujo gado, consoante fonte mascatal, o governador mandara apreender.[386]

Embora o envolvimento de Leonardo Bezerra fosse dado de barato, o Dr. Manuel dos Santos era de opinião que nem todos os irmãos estavam a par da trama. Contra André Dias de Figueiredo, alegou-se que tremera como vara verde ao saber que Castro e Caldas escapara com vida. Outros indícios mais convincentes o comprometiam. Entre os executores, estariam um sobrinho e o cabo de esquadra de sua companhia; da sua casa fora mandado sus-

---

[385] João Marques Bacalhau a D. João V, 9.vi.1714, AHU, PA, Pco., cx. 17; "Tratado", fl. 36; "Relação do levante", p. 322.

[386] Castro e Caldas a D. João V, 5.ii.1711, cit.; texto anônimo, sem título nem data, cuja linha inicial reza "O governador Sebastião de Castro e Caldas teve ocasião de prender etc.", coleção Pedro Corrêa do Lago (São Paulo).

tento para os delinquentes durante os dias em que durara a tocaia, pois ali se encontrou louça sua. Como não se conhecessem razões de malquerença entre André Dias, José Tavares de Holanda e o governador, a participação dos irmãos no complô foi levada à conta da militância política com que se comportaram antes e depois da sedição. Embora descendessem de família fixada na Paraíba antes do domínio holandês e que tinha dado um vigário-geral de Olinda, André Dias e José Tavares careciam do ranço açucarocrático dos cabeças da revolta, prefigurando, na formação e na profissão, os militares e os letrados da revolução de 1817. Tendo pendenciado com irmãos de Leonardo Bezerra no tempo de Montebelo, só haviam sido soltos após assinarem termo de compromisso pelo qual juravam "conservar uma verdadeira amizade".[387]

Ao regressar há pouco a Pernambuco, André Dias de Figueiredo trouxera o despacho de capitão do terço do Recife. Tratava-se de prêmio de consolação por não lhe confiarem o comando da fortaleza do Brum, malgrado sua folha de serviços. Quanto a José Tavares, o padre Dias Martins o dá como formado em direito, embora seu nome não conste do repertório de bacharéis brasileiros por Coimbra. É possível que tenha estudado fora de Portugal, donde o idioma estrangeiro que falava e as convicções republicanas de que fazia garbo. No tocante a Arouche, nada se alegou de concreto, salvo o ter-se ausentado ao saber do atentado, precaução justificável em quem era alvo de inimigo atrabiliário. Castro e Caldas sustentará que D. Manuel Álvares da Costa e o ex-ouvidor estavam a par da conspiração, motivo pelo qual viajariam à Paraíba, o bispo a pretexto de visita pastoral, "ficando todo mundo entendendo", afirma fonte mascatal, "que não podia este prelado ignorar ou deixar de saber desta desatinada conjura".[388]

O atentado foi o segundo ou mesmo terceiro desfecho frustrado do complô contra Castro e Caldas. Desde fins de fevereiro, maquinava-se sua deposição, de acordo com a velha noção de que a Câmara de Olinda tinha o direito de desfazer-se de governador arbitrário. "Era público e notório [ele

---

[387] *Calamidades*, p. 34; "Tratado", fl. 36v; BNL, Pna., 239, fls. 234 e 239; ANTT, HOC, S, 3, 1; Borges da Fonseca, *Nobiliarquia pernambucana*, i, p. 344.

[388] *Calamidades*, p. 23; Castro e Caldas a D. João V, 5.ii.1711, cit.; "Tratado", fl. 39v; Dias Martins, *Os mártires pernambucanos*, p. 302; Francisco Morais, "Estudantes da Universidade de Coimbra nascidos no Brasil", *Brasília*, suplemento ao vol. vi (1949).

escreverá] intentarem prender a ele, governador, porquanto depois da prisão do governador Jerônimo de Mendonça sempre usaram de semelhantes ameaças." Inicialmente, tudo deveria ter sido feito conforme o figurino de 1666. A destituição do Xumbergas ainda estava viva na memória da nobreza: da Bahia, já Câmara Coutinho prevenira a Coroa contra a repetição do precedente, opinando que os arreganhos dos pró-homens pernambucanos deviam ser levados muito a sério, pois, não havendo sido castigados outrora, "poderão dar em outro excesso maior porque são capazes para isso", palavras proféticas, escritas menos de vinte anos antes da tentativa contra Castro e Caldas. Aliás, em matéria de lealdade brasílica, Câmara Coutinho só confiava nos baianos, os únicos "verdadeiros vassalos" que Sua Majestade possuía em toda a América portuguesa, pois "os mais são por força e não de coração".[389]

Em carta a El Rei anterior ao atentado, referiu Castro e Caldas que os pró-homens "são mui acostumados a estas intentonas e falácias há muitos anos contra os governadores que lhes não servem", tendo "por brasão os filhos dos que prenderam a Jerônimo de Mendonça". Quando ainda em Pernambuco, Câmara Coutinho fora advertido pelo oratoriano João Duarte do Sacramento de que "vivesse com cautela e recato e que, por nenhum modo, chegasse de noite à janela, porque o queriam matar". Fernão Cabral e o marquês de Montebelo "foram avisados de que não fossem nem viessem pelo rio à cidade, porque lhe fariam esperar de entre os mangues, e, com efeito, se fizeram e constou ao dito marquês". Quanto ao descendente do descobridor do Brasil, "ainda hoje se gloriam de que [o] mataram com peçonha". Calúnia de Castro e Caldas? O certo é que o mesmo rumor já pode ser captado na correspondência de Montebelo, embora o falecimento do senhor de Belmonte fosse oficialmente atribuído à febre amarela que grassava. O Xumbergas mesmo acusara seus inimigos de procurarem matá-lo na prisão, só escapando com vida porque se recusara a ingerir os alimentos que lhe serviam.[390]

---

[389] Castro e Caldas a D. João V, 5.ii.1711, cit.; "Livro de cartas que escreveu o Sr. Antônio Luís Gonçalves da Câmara Coutinho", cit. fl. 33v.

[390] Castro e Caldas a D. João V, 8.vii.1710, AHU, PA, Pco., cx. 15; Pereira da Costa, *Anais pernambucanos*, iv, p. 325; "Representação de Jerônimo de Mendonça Furtado", p. 137. Castro e Caldas equivocava-se quanto à identidade de quem advertira Câmara Coutinho, de vez que, quando este chegou a Pernambuco, já o padre Sacramento era falecido.

Segundo Castro e Caldas, o verdadeiro propósito da manobra visando ascender Lourenço Gomes Ferraz a juiz de fora teria consistido precisamente em dar cunho oficial à sua deposição. Devido ao encarceramento do juiz municipal, tivera-se de reformular o plano que já estaria amadurecido pelo São João de 1710, antes, portanto, da eleição da Santa Casa, de vez que a partida da frota constituía o prazo limite da empreitada, a fim de se embarcar nela o governador preso. Castro e Caldas seria detido pelo alcaide-mor de Olinda, a quem se entregaria o governo. Felipe de Moura Acióli era o chefe de uma das linhagens mais antigas da capitania, ademais de muito respeitado por seus pares, a ponto de ser o único nome consensual indicado para a missão.[391]

O partido da nobreza ainda ignorava que a antiga disputa em torno da sucessão governamental havia sido finalmente regulada pela Coroa, mediante carta régia (1707) que, guardada debaixo de sete chaves em palácio, continha a lista tríplice das autoridades a serem consecutivamente chamadas ao poder, em caso de falecimento, ausência ou incapacitação do governador. Houvessem-na conhecido, os conspiradores teriam provavelmente desistido de instrumentalizar o alcaide, que ocupava cargo meramente honorífico havia muito na posse da sua família, em favor do bispo de Olinda, que fora o designado por El Rei. Com a deposição de Castro e Caldas aprazada para 30 de junho, Felipe de Moura cavalgara, na véspera, do seu engenho de Ipojuca para o sítio suburbano de José Tavares de Holanda. Aí, acometeu-lhe o mal súbito de que veio a falecer em menos de duas horas. A execução do projeto teve de ser suspensa.[392]

É difícil imaginar que houvesse dado certo. Como indicará o levante dos mascates no ano seguinte, as circunstâncias eram bem diversas das do tempo do Xumbergas. Passada a surpresa inicial, o golpe de mão teria certamente provocado a reação do Recife, onde Castro e Caldas era popular e onde contava com as milícias urbanas chefiadas por mascates, e com a guarnição comandada por oficiais reinóis ou mazombos afetos à causa mascatal e que detinham o controle das fortalezas do Brum e das Cinco Pontas e das fortificações menores. A nobreza só podia contar com as milícias rurais, bisonhas e indisciplinadas, e com o terço sediado em Olinda, mas não com os regimen-

---

[391] "Tratado", fls. 32v-33; *Calamidades*, p. 28.

[392] *Ibid., ibid.*; Pereira da Costa, *Anais pernambucanos*, iii, p. 444.

tos de pretos e mestiços. Em resumo, 1710 não era 1666. À época da destituição de Mendonça Furtado, os mestres de campo eram gente da nobreza, e a maioria dos oficiais, veteranos da guerra holandesa. Tampouco os mercadores de sobrado constituíam grupo capaz de subsidiar um levante. Que se prendesse o Xumbergas mas fosse necessário eliminar Castro e Caldas deixa entrever o desgaste a que fora submetido desde então o poder dos pró-homens.

Em meio ao desânimo produzido pelo falecimento do alcaide-mor, os conjurados persistiram certo tempo na opção pelos meios razoáveis, tanto assim que, em julho, a Câmara de Olinda rematou a missiva em que dava conta a El Rei da eleição da Santa Casa com esta proposta sumária: "Nisto e no mais que este governador está fazendo e promete fazer depois da partida da frota, com que ameaça aos homens, deve Vossa Majestade pôr os olhos para nos mandar depor a este governador do governo".[393] Os acontecimentos não permitiram, porém, que se esperasse, pela frota de 1711, a resposta da Coroa ou a chegada do substituto de Castro e Caldas. A "irmandade dos Cavalcanti" não estaria disposta a consentir que até lá dois dos seus membros mais atuantes ficassem mofando na cadeia do Recife, expostos à zombaria de quem se dispusesse a espiá-los através das grades. O fracasso do plano de junho gerou a solução desesperada.

O assassinato de um governador estava avalizado pela cultura política do Reino. Ali, a Restauração de 1640 fora justificada em termos da doutrina medieval, revigorada pela escolástica tardia, segundo a qual os povos tinham direito a destituir o monarca tirânico, podendo, como derradeiro recurso, assassiná-lo, concepção que só desaparecerá de todo no século XVIII quando, sob o marquês de Pombal, aclimatar-se a planta exótica do "direito divino dos reis". A parenética restauradora apresentara o domínio castelhano (1580-1640) como um duplo despotismo que usurpara os direitos da casa de Bragança e que violara os direitos dos vassalos. Se um soberano opressor podia ser deposto, como fora Felipe IV, por que *a fortiori* não o seria um mero representante seu como o governador da capitania? Em Lisboa, em dezembro de 1640, uma facção da nobreza fizera justiça pelas próprias mãos, defenestrando o secretário Miguel de Vasconcelos, *fac totum* da Corte madrilena, cujo corpo foi atirado à sanha da multidão amotinada no terreiro do Paço,

---

[393] Câmara de Olinda a D. João V, 12.vii.1710, AHU, PA, Pco., cx. 15.

ao tempo que se prendia a governadora do Reino, a duquesa de Mântua. Na ocasião, o ato fora vindicado como tiranicídio.[394]

Ao invés da deposição, só convinha executar a alternativa da eliminação física de Castro e Caldas após a partida da frota, de modo a assegurar aos conjurados o período de isolamento que lhes permitisse regular as coisas à sua maneira. Desde julho, o governador conhecia, pois a levara ao conhecimento d'El Rei, a existência do complô contra sua vida, delatado por religiosos que o informaram até mesmo dos locais onde o atentado ocorreria, muito provavelmente no trajeto entre o Recife e Olinda, que Castro e Caldas, bom cavalariano, preferia percorrer montado, desprezando o transporte fluvial que muitos homens de prol, funcionários da Coroa e até governadores reputavam mais cômodo. Tanto os areais do istmo quanto a solidão da carreira dos mazombos, atual estrada de Belém, eram paragens muito apropriadas a uma emboscada, para não mencionar as ladeiras íngremes e desertas da cidade. Fonte mascatal refere outras ocasiões que teriam sido avaliadas, como a primeira missa a ser dita por um dos filhos de Leonardo Bezerra em Olinda; uma comédia com que D. Manuel obsequiaria o governador no paço episcopal; e algo mais ousado, o assassinato em palácio, no dia em que André Dias de Figueiredo e seus soldados estivessem de guarda.[395]

A princípio, julgou-se que os rumores teriam apenas o intuito de amedrontar Castro e Caldas, de vez que a gente da terra era useira e vezeira em aproveitar o segredo da confissão, que sabia seria traído pela indiscrição dos religiosos, para intimidar os governadores com a revelação de conjuras inexistentes. Mas Castro e Caldas levou a sério os avisos, fazendo-se desde então acompanhar de numerosa escolta, como a que tinha a seu lado por ocasião do atentado, composta de oficiais da milícia e pessoas gradas. Na suposição de que seus desafetos não se atreveriam a atacá-lo no Recife, ele ficara ali após a partida da frota, motivo pelo qual os conjurados reviram o plano inicial, tanto mais que na praça os riscos eram bem maiores. Certo sacerdote ouviu a revelação de já se terem armado duas ciladas do interior de casa vizinha à

---

[394] João Francisco Marques, *A parenética portuguesa e a Restauração, 1640-1668*, 2 vols., Porto, 1989, ii, pp. 23 e 31-83.

[395] Castro e Caldas a D. João V, 5.vii.1710, cit.; "O governador Sebastião de Castro e Caldas teve ocasião de prender etc.", cit.

igreja e convento da Penha, de propriedade de indivíduo ligado a Leonardo Bezerra e seus irmãos.[396] A escolha da Penha e da adjacente rua das Águas Verdes, situadas na periferia oeste do Recife, respondia precisamente à preocupação de, cometido o delito, facilitar a fuga dos delinquentes.

A conspiração também previa que, morto Castro e Caldas, as milícias rurais ocupariam o Recife; e que os oficiais da nova Câmara seriam detidos ou assassinados, e a autonomia da vila, abolida, à espera de que El Rei reconsiderasse a decisão de criá-la, à luz de memorial a lhe ser endereçado pela nobreza insurreta. Por medo ou facciosismo, os mascates conferiram à trama as dimensões catastróficas de uma "noite de São Bartolomeu", tanto mais cruel quanto destinada a massacrar não hereges empedernidos mas católicos fiéis. A memória local proporcionava, aliás, o precedente da insurreição contra os holandeses (1645), originalmente concebida sob a forma do assassinato das principais autoridades durante um ágape, como nas "vésperas sicilianas", ou durante os festejos de uma boda, como no "casamento parisiense". O Recife seria saqueado e destruídos os livros de contabilidade dos homens de negócio, consoante o "grande medo" do comércio lusitano ao longo do período entre a deposição do Xumbergas e a rebelião Praieira (1848).[397]

---

[396] Castro e Caldas a D. João V, 10.i.1711, transcrita por Mario Melo, *A Guerra dos Mascates como afirmação nacionalista*, pp. 102-15.

[397] Johan Nieuhof, *Memorável viagem marítima e terrestre ao Brasil*, 2ª ed., São Paulo, 1951, p. 124. A expressão "fare um vespro siciliano", na acepção de organizar um massacre político, no caso de franceses, surgiu quando da expedição de Carlos VIII, de França, à Itália, em fins do século XV, vale dizer, mais de dois séculos decorridos das "vésperas sicilianas" (1282), revolta local que liquidara o domínio da Casa de Anjou e deflagrada, segundo sinal combinado, a partir de incidentes entre soldados franceses e cidadãos de Palermo, no decurso de inofensivo piquenique de famílias burguesas: Steve Runciman, *The Sicilian vespers*, Cambridge, 1958. Ver também Leonardo Sciascia, "Le mythe des vêpres siciliennes", Henri Bresc (org.), *Palerme, 1070-1492*, Paris, 1993, pp. 229-39. Neste sentido de chacina programada, a expressão será empregada para descrever a matança de forasteiros das Minas Gerais, maquinada pelos seus inimigos de São Paulo quando da Guerra dos Emboabas, contemporânea das alterações pernambucanas: Rocha Pita, *História da América portuguesa*, pp. 389-90. Quanto ao "casamento parisiense" ou "noite de São Bartolomeu", trata-se das festividades nupciais de Henrique de Navarra, futuro Henrique IV, e de Margarida de Valois, as quais passaram à história como tendo sido diabolicamente preparadas com vistas à eliminação dos protestantes. Na realidade, foi já no decurso das comemorações que se decidiu a sinistra medida: Emmanuel Le Roy Ladurie, *L'état royal, 1460-1610*, Paris, 1987, pp. 308-11.

Como indicam os acontecimentos de novembro de 1710, prevalecia, da parte dos chefes da nobreza, o firme propósito de ocupar o Recife, embora a pilhagem não se devesse necessariamente seguir. Na noite de 17 para 18 de outubro, quando a vida de Castro e Caldas ainda estava em perigo, grupos armados foram vistos nos arrabaldes da praça, onde muitos homens a cavalo chegaram a entrar para partir em seguida, uma vez certificados do insucesso da empreitada. Há menção igualmente à presença de cinquenta indivíduos armados em casa pertencente a Lourenço Gomes Ferraz na rua do Vigário, do lado oposto da maré, em São Frei Pedro Gonçalves.[398]

Recebidos os cuidados médicos, Castro e Caldas passou a agir, o que fez sem peias, exceto, é claro, no tocante ao clero. André Dias de Figueiredo recebeu voz de prisão no próprio palácio das Torres, aonde fora colher notícias acerca da vítima. No sítio do irmão, contudo, já não se encontrou vivalma, pois José Tavares fugira para Santo Antão, pondo-se sob a proteção do cunhado, o capitão-mor Pedro Ribeiro da Silva. Os irmãos de Leonardo Bezerra que ainda estavam livres haviam desaparecido também, bem como seu parente, Lourenço Cavalcanti Uchoa, capitão-mor de São Lourenço, cujo engenho foi varejado. Além de André Dias, somente Afonso de Albuquerque Melo, vereador de Olinda, seria encarcerado e assim mesmo por falta de cautela. Na presunção de que o governador morrera, Afonso, homiziado desde julho no convento do Carmo da cidade, regressara a casa, onde os esbirros o capturaram.

Manuel Cavalcanti e Lourenço Gomes Ferraz foram transferidos do forte do Mar para a cadeia pública do Recife, onde se reuniram a Leonardo Bezerra e filho, e também postos a ferro, sob cerrada vigilância. Ao passo em que se abocavam peças de artilharia com que obstar tentativa de resgate, preparou-se a polé, dando a entender que seriam publicamente castigados, como se fossem pessoas de qualidade subalterna. O governador também prometeu generoso prêmio a quem revelasse o paradeiro dos homens de mão; ampliou a proibição do porte de armas ao raio de dez léguas de Olinda e do Recife, medida impopular para quem dependia da caça ou tinha de se defender dos salteadores de estrada; e interditou a venda de munições aos distritos rurais. Por fim, ordenou ao ouvidor interino a abertura de devassa, mas Valençuela

---

[398] *Calamidades*, p. 32; "Tratado", fls. 34 e 35-35v; "Relação do levante", p. 299.

Ortiz protelou-a quanto pôde, tanto assim que, quando da fuga de Castro e Caldas, apenas dez ou doze depoimentos haviam sido tomados. Mesmo inconclusa, ela teria sido suficiente para incriminar os inimigos do governador, razão por que ele a levará consigo para a Bahia.[399]

A prisão de Arouche, refugiado no mosteiro de São Bento, também constava das represálias. Quanto a D. Manuel Álvares da Costa, estava de partida marcada para a Paraíba no sábado, 18 de outubro, a instâncias do governador João da Maia da Gama, embora Castro e Caldas pretendesse que a viagem só teria sido programada em função do atentado. A despeito da gravidade da situação, o bispo não mudou seus planos, limitando-se a dar um pulo ao Recife para desejar as melhoras do governador — a primeira vez, notavam os mascates, em que visitava a praça, onde sequer estivera a passeio e muito menos na acepção eclesiástica do verbo, isto é, para informar-se da moralidade e da ortodoxia católica dos habitantes, como era da sua obrigação de prelado e como se aprestava a fazer agora na capitania vizinha. Em palácio, procuraram em vão dissuadi-lo de partir. À saída de Olinda, esperava-o Arouche, que combinara agregar-se à comitiva para escapar das retaliações, pois não se sentia seguro no claustro. A tropa despachada por Castro e Caldas no encalço do magistrado já não conseguiu capturá-lo, de vez que, na tarde do domingo, 19, ele recolheu-se à capela do engenho Tapirema (Goiana), em cuja casa-grande o prelado pernoitaria.

Posto cerco à ermida, D. Manuel escreveu a Castro e Caldas para protestar contra "a desatenção e a descomposição" que se lhe fazia, lembrando haver-lhe comunicado no Recife que Arouche o acompanharia à Paraíba, sem que tivesse ouvido qualquer objeção à ideia. Pedia o bispo fosse o assédio levantado imediatamente, comprometendo-se, no regresso a Pernambuco, "dar conta do Dr. José Inácio de Arouche à ordem de Vossa Senhoria e de Sua Majestade, de quem é ministro". Castro e Caldas não se deixou persuadir. "Isto que se me fez [respondeu] é um crime de lesa-majestade, e se [se] lhe fizera [a] ele, sendo ouvidor, ou a outro qualquer ministro, fizera a seu respeito o que agora faço ao meu." Arouche não se podia valer da imunidade eclesiástica, e, caso fosse inocente, ele, governador, possuía bens com que

---

[399] *Calamidades*, pp. 33-4; "Tratado", fls. 36v-38v; "Relação do levante", pp. 294-6; *Memórias históricas*, iv, pp. 61-2; Southey, *História do Brasil*, iii, p. 55.

indenizá-lo da ofensa e cabeça com que responder a El Rei por ela. O ex-ouvidor permanecera na capitania "ou por pecados da terra ou pelos meus, pois não só embaraçou o meu governo mas pôs a Vossa Senhoria em ódio com as suas ovelhas [...] pois todos reconhecem as letras e virtudes de Vossa Senhoria e atribuem aos seus conselhos e vinganças tudo quanto se tem visto e experimentado". E enviou a Tapirema um reforço de soldados, com ordem de trazer Arouche vivo ou morto.

Enquanto durava a troca de mensagens, os padres da comitiva episcopal não perdiam tempo. À sua convocação, convergiram para o engenho nada menos de duzentos religiosos, franciscanos de Igaraçu, carmelitas de Goiana e beneditinos de Olinda, muitos deles armados, pois se as ordens religiosas viviam às turras, o reflexo corporativo falava mais alto. D. Manuel, por sua vez, lançou mão dos poderes canônicos, excomungando a soldadesca, o que não teve o menor efeito, pois o capitão lhe respondeu que mais obedecia a Castro e Caldas do que a ele, bispo, e ao próprio Deus. Ao ouvirem tamanha heresia, provavelmente fabricação dos clérigos, D. Manuel e o escrivão da Câmara eclesiástica abraçaram-se ao incréu e os religiosos, aos soldados, ardil destinado a dar tempo a Arouche para montar a cavalo e abalar para a Paraíba. A tropa regressou ao Recife e o prelado prosseguiu a jornada.[400]

Ao saber do atentado, o governador da Paraíba, João da Maia da Gama, escrevera a Castro e Caldas, oferecendo ajuda a fim de castigar os criminosos e prender Arouche, pondo-o na Paraíba à disposição de Sua Majestade ou da Relação da Bahia; e ao bispo, sugerindo o adiamento da visita de modo a apaziguar os ânimos. Pouco depois, João da Maia recebia comunicação de Arouche, relatando o cerco da capela e pedindo proteção, a qual lhe foi negada a pretexto de evitar incidente entre a tropa paraibana e a pernambucana. A D. Manuel, João da Maia apelou para que permanecesse no engenho, concitando o capitão da patrulha despachada do Recife a manter o assédio com respeito da pessoa do bispo. Malgrado a colaboração prometida a Castro e Caldas, João da Maia ignorou a solicitação de captura dos envolvidos no atentado que se achassem foragidos na Paraíba, nem se deu ao trabalho de

---

[400] *Calamidades*, pp. 34-6; "Tratado", fls. 39-41; "Relação do levante", p. 295; *Memórias históricas*, iv, p. 62, que publica a correspondência entre o bispo e o governador, pp. 62-4, reproduzida também por Mario Melo, *A Guerra dos Mascates como afirmação nacionalista*, pp. 99-101.

encarcerar Arouche quando ele chegou à Paraíba, limitando-se a tratá-lo com frieza.[401]

Consumada a tentativa contra Castro e Caldas, o partido da nobreza já não podia voltar atrás, dedicando-se a insurrecionar as milícias de São Lourenço e de Santo Antão, de que eram capitães-mores um primo de Leonardo Bezerra, Lourenço Cavalcanti Uchoa, e o cunhado de André Dias de Figueiredo, Pedro Ribeiro da Silva. O levante dessas unidades, marcado para 5 de novembro, teve de ser antecipado devido à decisão de Castro e Caldas de prender os capitães-mores envolvidos. A tropa enviada a este fim compunha-se principalmente de naturais da terra, o que a tornava pouco confiável. Ademais, não se lhe forneceram provisões, autorizando-a a requisitar víveres pelos engenhos e roças do percurso, com o resultado que "pior o fizeram do que se lhes disse". Em Santo Antão, o capitão João da Mota não pôde atuar em face da força superior de que dispunha Pedro Ribeiro da Silva, tendo de render-se, a despeito do reforço expedido pelo governador. Tampouco em São Lourenço as coisas saíram a contento de Castro e Caldas: atacado pelos milicianos, o contingente da praça capitulou.[402]

Com a revolta de Santo Antão e de São Lourenço, a insurreição das milícias rurais alastrou-se por Jaboatão e Muribeca, pela ribeira do Capibaribe e pelos distritos da mata meridional e da capitania de Itamaracá. O autor do "Tratado", que não tinha o menor interesse em atenuar a responsabilidade dos pró-homens, observou com espanto que "o povo estava todo levantado e indo a alguns engenhos a obrigar aos senhores deles concorressem para o mesmo levante e não [em] uma, senão em todas as freguesias". À porta das igrejas, afixaram-se proclamações em nome do "povo de Pernambuco", alegando a tirania de Castro e Caldas e declarando traidores quem não concorresse para o movimento, sob pena de prisão e confisco dos bens, "conforme for o arbítrio do povo".[403] E, com efeito, nos dias que se seguiram à fuga de

---

[401] João da Maia da Gama a D. João V, 16.xii.1710, AHU, PA, Paraíba [Pb.], cx. 2.

[402] *Memórias históricas*, iv, pp. 65-7; "Relação do levante", p. 296; *Calamidades*, pp. 36-7; "Tratado", fls. 41-41v; "Relação do levante", p. 296.

[403] *Calamidades*, pp. 37-8; "Tratado", fl. 41v; "Relação do levante", p. 296; *Os manuscritos da Casa de Cadaval*, ii, p. 354.

Castro e Caldas, pode-se detectar inúmeras alusões à mobilização da população livre da mata canavieira.

Contudo, este gênero de indício deve ser aceito com reserva, de vez que invocar o povo ou falar em seu nome era a maneira pela qual os pró-homens precaviam-se para a eventualidade de punição régia, como ocorreu nas alterações de Goiana. Parecer anônimo pretenderá que os moradores de engenho que haviam engrossado as fileiras da sedição e depois do sítio do Recife teriam sido induzidos pelos grandes senhores rurais, que utilizavam "uma política verdadeiramente muito prejudicial ao real serviço e bem comum de todos estes povos". Timbrando em não lhes aforar suas terras incultas, de modo a trazê-los "subordinados" e a ter "mais liberdade [...] para expulsá-los delas", havia quem "acomode duzentos, que são como seus servos". Os moradores que não seguiram o partido da nobreza teriam sido alvo de perseguições atrozes, pois "a alguns derrubaram as casas e aos mais os fazem despejar das terras em que vivem".[404]

O partido de Olinda também utilizou a palavra de ordem da "liberdade da pátria", ameaçada por um ataque francês com a conivência de Castro e Caldas, acusação, como se recorda, lançada outrora contra o Xumbergas, com a diferença de que, desta vez, ela se tornara mais crível devido às atividades do corso no litoral brasileiro e ao fato de que Portugal, aliado da Inglaterra na guerra de sucessão da Espanha, era alvo de hostilidades de Luís XIV em São Tomé e Príncipe (1706 e 1709) e em Benguela (1705). O autor anônimo do relato da deposição de Castro e Caldas referiu os episódios da balandra francesa que, fazendo-se passar por portuguesa, deu fundo em pleno ancoradouro do Recife, apoderando-se do patacho em que almoçavam tranquilamente o capitão e o patrão da barra; e do assalto de corsário a uma sumaca, na altura do cabo de Santo Agostinho. Por fim, em agosto, a esquadra de Du Clerc surgira diante do Rio de Janeiro na tentativa frustrada de ocupar a cidade.[405]

Os frequentes alarmes de ataque estrangeiro despertavam os reflexos de autodefesa do "tempo dos flamengos". Mas se o perigo francês era real, a ale-

[404] BNL, Pna., 526, fls. 269-269v.

[405] "Notícia da expulsão do governador Sebastião de Castro e Caldas", IHGB, lata 24, documento 6.

gação de conivência de Castro e Caldas já demonstrara sua utilidade contra o Xumbergas, embora se possa ter inspirado também no que lhe sucedera quando governador do Rio. Além de inimigo da nobreza e perseguidor do clero, ele seria um perigoso francófilo, pois, como asseverava fonte olindense, tinha "o corpo em terras de Portugal" mas "o coração e a vontade [...] na França", de cujo monarca esperava "granjear valimento, se tivesse ocasião oportuna, ainda que fosse despedaçando a monarquia". Citava-se como prova que ninguém jamais o ouvira exprimir o menor pesar pelos infortúnios das armas lusitanas na guerra da sucessão de Espanha, ou sequer lamentar a prisão de dois filhos seus pelo inimigo. Como se não bastasse zombar dos avisos do Reino, do Rio ou da Bahia no sentido de reforçar a defesa da terra, Castro e Caldas, mesmo depois do ataque de Du Clerc à Guanabara, continuara ignorando a carta régia que mandara expulsar os franceses residentes na capitania. Tendo sido efetivamente informado em tempo útil acerca da expedição contra o Brasil, não se conhecem providências suas no tocante à segurança da colônia.[406]

As suspeitas de francofilia contra autoridades da Coroa eram correntes em vista da influência em Lisboa do outrora poderoso partido francês formado à raiz dos casamentos de Afonso VI e do Regente D. Pedro com D. Maria Francisca de Sabóia (1668). Como muitos veteranos da Guerra da Restauração portuguesa, Castro e Caldas não teria visto com bons olhos a reviravolta da política externa de Portugal que resultara no abandono da aliança com a França (1703). Sua sogra pertencera à casa da infanta Isabel de Sabóia, que após o falecimento da mãe tornara-se o ponto de apoio da facção pró-Luís XIV, à qual pertencia inclusive o primeiro fidalgo do Reino, o duque de Cadaval, casado por duas vezes com senhoras francesas. Mesmo depois da adesão de Portugal à liga com a Inglaterra e com a Holanda, a francofilia continuou atuante em certos meios lisboetas como o salão da célebre madame Amanda, irmã do cônsul francês, única mulher de sociedade pela qual se interessara D. Pedro II, já que sua preferência dirigia-se sabidamente às mulheres do povo. Madame Amanda, aparentemente uma espiã a serviço da França, seria posteriormente presa, malgrado suas ligações com o duque de Cadaval.[407]

---

[406] "Relação do levante", pp. 321-3; AUC, CA, 33, fls. 403-5.

[407] Francis, *The Methuens and Portugal*, pp. 32 e 292.

O malogro da expedição punitiva contra Santo Antão e São Lourenço abriu aos insurretos o caminho do Recife. Como eles tivessem de atravessar a freguesia da Várzea, Castro e Caldas ordenou ao coronel Manuel Carneiro da Cunha, senhor do engenho do Brum (Caxangá), impedir a passagem dos insurretos. A ordem foi ignorada, pois, segundo o governador, Carneiro da Cunha teria sido um dos conspiradores mais influentes graças à sua ascendência local e à amizade com o capitão-mor de São Lourenço, lavrador de cana em suas terras. Entre o atentado e o levante, haviam-se feito reuniões noturnas na casa-grande do Brum; e a pessoas da governança de Olinda Carneiro da Cunha teria assegurado que, uma vez partida a frota, a autonomia do Recife seria suprimida, atitude que Castro e Caldas atribuía "ao muito que deve" e que até então eximira-se de pagar pelo temor em que era tido, a ponto de ninguém atrever-se a lançar nos seus bens caso levados a leilão por decisão judiciária.[408]

Na quinta-feira, 6 de novembro, aos brados de "Viva El Rei D. João, o Quinto, viva o povo e morra o governador", as milícias de Santo Antão, de São Lourenço e de Jaboatão acamparam na entrada meridional do Recife. As notícias desencontradas sobre o número e as intenções dos levantados levaram o pânico à praça. Eles seriam tantos que não caberiam na campina dos Afogados, além de trazerem consigo os temidos tapuias, no propósito de saquear e massacrar os habitantes. Famílias inteiras saíam às ruas, não fazendo menos alarido, segundo um cronista, do que "na entrada dos holandeses", e metendo nos conventos seus bens mais valiosos. A esta altura, Castro e Caldas deu-se conta da precariedade da sua posição, mas cometeu outro erro ao expedir cerca de trezentos soldados para impedir a adesão da freguesia de Muribeca.[409] Destarte, já não contava praticamente com os efetivos do terço do Recife — e os do terço de Olinda estavam pela causa dos revoltosos.

Encastelado no velho paço nassoviano, Castro e Caldas ordenou às milícias recifenses, maciçamente reinóis e enquadradas por mascates, a missão de presidiarem as principais fortificações, como o Brum, que guardava a vila

---

[408] Castro e Caldas a D. João V, 10.i.1711, cit.

[409] *Calamidades*, pp. 38-9; "Tratado", fl. 42v; "Relação do levante", pp. 296-7. Castro e Caldas alegou posteriormente haver sido traído por alguns dos oficiais que mandara ao interior: *Os manuscritos da Casa de Cadaval*, ii, p. 350; e Castro e Caldas a D. João V, 10.i e 5.ii.1711, cit.

pelo lado de Olinda, ao longo do istmo, e as Cinco Pontas, que a defendia pelo sul. Pondo de prontidão o regimento de soldados negros, os henriques, no seu quartel da Estância, mandou erguer nos fundos do convento do Carmo uma trincheira artilhada para o caso de ataque através do Capibaribe. Reforçou-se a porta do Bom Jesus, acesso norte da vila; e assegurou-se o palácio das Torres com a tripulação dos navios que haviam ficado da frota. Castro e Caldas também solicitou ao governador da Paraíba e ao capitão-mor de Itamaracá socorro de gente e mantimentos. Mas toda sua resolução dissipou-se ao receber na tarde do dia 6 a notícia de que Muribeca passara à insurreição. "Bastantemente descoroçoado, pois se via sem infantaria e com pouca saúde", o governador decidiu partir para Salvador, não sem tentar um entendimento com os revoltosos através do capitão-mor da Várzea, propondo em troca do fim do levante a libertação dos responsáveis pelo atentado.[410]

Valençuela Ortiz e o reitor do colégio jesuíta do Recife seguiram para os Afogados, regressando à meia-noite com a resposta dos sediciosos, que ademais da libertação dos pró-homens exigiam a prisão de Castro e Caldas e dos principais mascates. Às suas ordens, diziam ter nada menos de 10 mil homens, número inflacionado mesmo contando com a chegada das milícias restantes. "Conhecendo a demasiada paixão e ódio daquele povo, que apanhando-o às mãos ludibriosamente o fariam em pedaços", o governador "determinou por terra em meio", aconselhado inclusive por alguns dos pró-homens, que teriam sugerido também a partida dos chefes do partido reinol. Na madrugada da sexta-feira, 7 de novembro, a bordo de uma sumaca, Castro e Caldas viajou na companhia de Joaquim de Almeida, juiz ordinário do Recife, do vereador Simão Ribeiro Ribas, dos negociantes Domingos da Costa de Araújo e Miguel Correia Gomes, do sargento-mor do terço do Recife e do Dr. Domingos Pereira da Gama.[411]

---

[410] *Calamidades*, p. 39; "Tratado", fls. 43v-44v; "Relação do levante", p. 297; "Notícia da expulsão do governador Sebastião de Castro e Caldas", fl. 2v; Castro e Caldas a D. João V, 10.i e 5.ii.1711, cits., João da Maia da Gama a D. João V, 16.xii.1710, AHU, PA, Pb., cx. 2.

[411] *Calamidades*, pp. 39-41; "Tratado", fl. 44; "Relação do levante", pp. 297-8; "Notícia da expulsão do governador Sebastião de Castro e Caldas", fl. 2; Southey, *História do Brasil*, iii, p. 56. O médico Domingos Pereira da Gama fixou-se no Rio de Janeiro: Luís Cardoso a Domingos Pereira da Gama, 26.iv.1713, Copiador de Luís Cardoso, ii (1711-1724), Ordem Terceira de São Francisco (Recife), gentileza de J. A. Gonsalves de Mello.

Na manhã da sexta-feira, Valençuela Ortiz retornou aos Afogados para pedir aos insurretos o término do ajuntamento, que perdera a razão de ser com a fuga do governador. Não quiseram acreditar na notícia, desconfiando de algum estratagema; mas depois requereram ao magistrado, que assentiu, a libertação dos pró-homens, a posse de Lourenço Gomes Ferraz como juiz de fora e o perdão do movimento, a ser confirmado por El Rei. Os presos vieram reunir-se aos rebeldes, que os acolheram como a heróis de outra guerra holandesa. O equívoco instalou-se: na suposição de que as coisas entravam nos eixos, Valençuela regressou ao Recife, ordenando a desmobilização das milícias urbanas. Que não agiu de má-fé ou por espírito partidário, reconhecem-no as próprias fontes mascatais. O problema consistia em que os sediciosos tinham outras ideias, tanto assim que, ainda no dia 7, fizeram guarnecer o Brum e as Cinco Pontas com tropas suas, sem que as sobras da desmoralizada guarnição da praça se opusessem. Soou por fim a hora almejada por duas ou três gerações da nobreza: a de ajustar as contas com a mascataria e de arrancar da Coroa as promessas que ela não cumprira, à raiz da restauração pernambucana.[412]

Com a fuga de Castro e Caldas, cumpria escolher quem governaria provisoriamente a capitania à espera da chegada do sucessor de nomeação régia. No passado, como ficou aludido, a questão causara ásperas disputas; agora, soube-se da existência, na secretaria de palácio, da carta régia de 8 de abril de 1707, que estabelecia, em caso de vacância, a posse do mestre de campo do terço de Olinda, João de Freitas da Cunha, e, na impossibilidade deste, de D. Manuel Álvares da Costa. Como João de Freitas houvesse já falecido, avisou-se ao bispo na Paraíba. A ironia do episódio reside em que, ao receber a real provisão, Castro e Caldas propusera a inversão da ordem de sucessão em favor do prelado, que ainda se achava em Portugal, acentuando que, além de idoso, João de Freitas era "um soldado mui pobre", que vivia modestamente; e, sendo filho da terra, tinha "muitos parentes pobres e humildes", que se aproveitariam da sua mandância. Em nenhuma hipótese, porém, devia-se admitir a Câmara de Olinda no governo.[413] A proposta, ignorada pela Coroa, visava

---

[412] *Calamidades*, pp. 41-2; "Tratado", fls. 44v-45; "Relação do levante", pp. 298-9; Southey, *História do Brasil*, iii, pp. 56-7; Cabral de Mello, *Rubro veio*, pp. 107 ss.

[413] *Calamidades*, pp. 41-2; "Tratado", fl. 46; "Relação do levante", p. 298; *Memórias histó-*

impedir a ascensão de gente da terra, na presunção equivocada de que um bispo reinol oferecia melhores garantias.

Enquanto D. Manuel não chegava, o levante ganhava contornos inquietantes, ao contrário do ocorrido meio século antes quando, preso Furtado de Mendonça, tudo voltara à santa paz de Deus. O arraial dos Afogados não se dispersava, malgrado as gestões de Valençuela Ortiz, de João do Rego Barros, provedor da fazenda real, e do Dr. João Mendes de Aragão, ouvidor do Pará, de passagem por Pernambuco. A chefia do movimento foi colocada contra a parede por setores das milícias rurais, a quem, segundo os mascates, se havia prometido a pilhagem do Recife em troca da adesão ao levante. Nas palavras do Dr. João Mendes, "responderam uns que o negócio não havia de parar ali; outros, que havia de ser de sorte que o povo ficasse bem (palavras que entendera se encaminhavam ao saque)". Por sua vez, muitos dos pró-homens pensariam, como o padre Nicolau de Figueiredo, que não se deviam coibir os excessos populares, pois, caso contrário, "em outra ocasião não os hão de achar, que ainda nos falta outra", entenda-se, a vinda do novo governador, cuja posse pretendia-se submeter à aceitação de umas tantas condições. Tratava-se de dar uma satisfação à plebe da mata, especialmente às milícias da ribeira do Capibaribe, particularmente reivindicatórias? Ou, como sustentará o Dr. Manuel dos Santos, tudo não passava de instigação dos pró-homens, no propósito de destruírem os livros de contabilidade da mascataria inerme?[414]

Na bacia do médio Capibaribe, entre Camaragibe e Paudalho, sobressaíam os lavradores de subsistência e os "brasileiros", isto é, os cortadores de pau-brasil. Entre eles, tinham-se recrutado outrora os contingentes de base da insurreição de 1645 contra os holandeses. O Dr. Manuel dos Santos deitava a agressividade das suas milícias à conta de serem "a gente mais indigente de todo o Pernambuco, cujo exercício pela maior parte é plantar mandioca, de que fazem farinha [...] milhos e legumes". Consoante a descrição de

---

ricas, iv, p. 67; D. João V a Francisco de Castro Morais, 8.iv.1707; e Castro e Caldas a D. João V, 18.vi.1708, AHU, PA, Pco., cx. 15.

[414] *Calamidades*, pp. 42 e 53; "Tratado", fls. 46v-47; "Relação do levante", p. 299; resumo da correspondência procedente de Pernambuco redigido por José de Carvalho Abreu, membro do Conselho Ultramarino (1712), AHU, PA, Pco., cx. 17.

outro cronista mascatal, não passavam de "pés rapados e canelas pretas e caras bastantemente amarelas de quem não come mais que feijão". É muito provável que o partido de Olinda houvesse ganhado seu apoio mediante a permissão de pilhagem da praça.[415] A impopularidade dos mascates entre esses estratos torna-se compreensível à luz do açambarcamento a que ali, como em Itamaracá, o comércio recifense submetia a farinha de mandioca. Daí a prontidão com que acorreram ao serviço militar, em contraste com a proverbial indisciplina e falta de assiduidade com que respondiam à convocação dos capitães-mores em se tratando de atacar os Palmares ou perseguir as quadrilhas de malfeitores que infestavam a mata açucareira.

Receosos das consequências, as autoridades relutavam em aceitar a entrada das milícias rurais no Recife. Valençuela Ortiz e Rego Barros só concordaram sob a condição de que tudo se reduziria a um mero desfile militar, ao fim do qual elas se retirariam da praça sem causar dano aos recifenses — promessa que será cumprida, malgrado as previsões apocalípticas da mascataria. Tal era a preocupação que, como admitem fontes mascatais, até mesmo radicais do feitio de Leonardo Bezerra puseram água na fervura, pedindo, "com lágrimas, se não ofendesse coisa alguma dela", praça. "Se eram verdadeiras [aduz o autor da 'Relação'] ou de crocodilo, Deus é que conhece corações." Mas como o seguro morrera de velho e o desconfiado ainda vivia, o provedor da fazenda, que já tomara medidas de segurança no tocante aos armazéns da Coroa, preparou o espírito dos pracianos, recomendando-lhes fecharem-se em suas casas e convocando as ordens religiosas do Recife (mas não as de Olinda, inconfiáveis, nem os padres do Oratório, aliados dos mascates) a fim de enquadrarem a marcha.[416]

No domingo, 9 de novembro, a primeira de três passeatas marchou por um Recife aterrorizado: cerca de mil homens de São Lourenço e de Santo Antão, que, tendo descido pelo caminho de Apipucos, haviam acampado na Boa Vista. Atravessando a ponte entre o continente e a ilha, fizeram alto na praça da Polé, também conhecida por campina do Crespo, atual praça da Independência, onde os esperavam o ouvidor, o provedor e um grupo de

---

[415] *Calamidades*, pp. 38 e 63; "Tratado", fl. 42; "Relação do levante", pp. 299-300.

[416] *Calamidades*, pp. 42-3; "Tratado", fl. 47; "Relação do levante", pp. 299-300; papéis de serviço de João do Rego Barros, AHU, PA, Pco., cx. 16.

religiosos. Antes, porém, de cruzarem outra vez o rio para penetrar no centro da urbe, enviaram um grupo de doze mamelucos, "emplumados de várias penas", para derrubarem o pelourinho, aos quais outra fonte refere como "uns mascarados". Seria excessivo, contudo, enxergar-se na escolha de tais emissários o significado de uma identificação como a que já cultivavam os *criollos* mexicanos relativamente a seus ascendentes ameríndios, embora, em termos de elitismo genealógico, já se esboçasse a propensão a invocar avós indígenas por parte da nobreza como título de legitimidade do seu domínio.[417] Tratava-se apenas de liquidar o símbolo da autonomia municipal da nova vila, sem acarretar para os chefes da sedição as consequências de um ato capitulado nas Ordenações como crime de lesa-majestade. O monumento já não era, aliás, o mesmo que Castro e Caldas erguera em fevereiro, mas o que fora inaugurado em caráter definitivo em março, "obra bem valente, vistosa e forte", a qual, malgrado ser feita de pedra dos arrecifes, material pouco resistente, não se esfarinhou sob os golpes desfechados, mas partiu-se pelas juntas, o que foi interpretado como mau presságio, menos pelos índios, autênticos ou não, que arrancaram a inscrição de cobre encimada pelas armas régias, arrastando-a pelo chão.[418]

Finalmente, o desfile transpôs a ponte de pedra construída por Nassau, entrando no centro do Recife. Abrindo a marcha, cobrindo-a com sua autoridade para melhor controlá-la, cavalgavam Valençuela Ortiz, o provedor da fazenda, o vigário do Recife e os prelados dos conventos; seguiam-nos os oficiais da milícia, empunhando as espadas; e por fim o tropel dos matutos. Muitos traziam espingardas, pistolas, azagaias, chuços e dardos; outros vinham de mãos abanando, numa amostragem da composição étnica da capitania cujo interesse não escapou ao Dr. Manuel dos Santos, que, reinol recém-chegado, admirou a variedade de tipos físicos. Em cada ala, caminhavam frades encarregados de prevenir os desbordamentos de itinerário e os comportamentos desviantes. Por iniciativa do vigário, agregou-se um séquito de meninos recifenses, entoando o terço de Nossa Senhora. Espraiando-se pelo

---

[417] Pagden, "Identity formation in Spanish America", p. 68; Cabral de Mello, *Rubro veio*, pp. 176-7.

[418] "Notícia da expulsão do governador Sebastião de Castro e Caldas", fl. 3; "Tratado", fls. 47v-48.

largo do Corpo Santo, o cortejo prosseguiu pela rua da Cruz, rente às lojas da mascataria amedrontada, até o arco do Bom Jesus, além do qual já se estava em Fora-de-Portas, na estrada de Olinda, por onde continuaram, sempre ao som de caixas e de clarins marciais, com muitas vozes de "Viva El Rei D. João e viva o povo" e muitos gracejos pesados contra Castro e Caldas e os mascates.[419]

O pesadelo recifense repetiu-se na segunda-feira, 10, com a passagem das milícias dos distritos meridionais. Tudo transcorria em paz quando, para consternação do ouvidor, o capitão André Dias de Figueiredo exigiu as chaves da cadeia pública, soltando os presos: criminosos de morte, devedores do comércio e da fazenda real e até indivíduos sob a mira do Santo Ofício. Dando a volta ao Recife, o troço recolheu aos Afogados. Na terça-feira, 11, foi a vez da gente de Goiana, mais temida de todas, com os Cavalcanti à frente. Armados, em bandos, a pé e a cavalo, fazendo grandes estrondos, quebraram a disciplina prevalecente até então, praticando desacatos e assinalando a giz as portas dos mascates fugidos e os restos do pelourinho. Apesar da tensão dessas jornadas em que "chegou-se a ver esta praça entre a cruz e a água benta", não se concretizaram as previsões da propaganda mascatal. As marchas, embora ruidosas, não causaram prejuízos materiais (exceto para o erário régio no caso do pelourinho), nem mortes, nem sequer pancadaria, pois as autoridades e os pró-homens cooperaram na contenção dos ânimos.[420] É pouco provável, aliás, que tivessem podido evitar algo mais grave, caso os sediciosos alimentassem efetivamente a intenção de saquear o Recife.

As crônicas coevas designam por "plebe" a população livre e pobre, a fim de distingui-la de "povo", noção mais abrangente que incluía também as camadas médias, como os mascates, e era, por outro lado, empregada na acepção da totalidade do corpo político. Plebe que os cronistas abstêm-se de descrever não só por preconceito elitista mas até pela miopia ideológica que os impedia de conceitualizá-la. Ainda em meados do século XVIII, D. Domingos do Loreto Couto, ao dedicar um capítulo do seu calhamaço à "plebe de Pernambuco", caiu na maior perplexidade. "Não é fácil", confessava, "de-

---

[419] *Calamidades*, p. 43; "Tratado", fls. 47v-48; "Relação do levante", p. 300.

[420] *Calamidades*, pp. 43-4; "Tratado", fls. 49-50v; "Relação do levante", p. 301; *Memórias históricas*, iv, p. 67; Southey, *História do Brasil*, iii, p. 57.

terminar nestas províncias quais sejam os homens da plebe", de vez que ninguém queria ser plebeu: nem os brancos de condição modesta, para quem "o mesmo é ser alvo que ser nobre", nem os pardos, que, no seu "imoderado desejo das honras", repeliam distinções desairosas, nem sequer os negros livres ou forros, que cuidavam que "nada mais lhe[s] falta para ser como os brancos". De modo que o nosso frade terá de limitar o frustrante tema a dois parágrafos mofinos, o menos anêmico dos quais relativo à plebe da Antiguidade clássica, que invocou retoricamente para preencher o vazio da outra, a plebe colonial.[421] Quanto aos escravos, e ao contrário da guerra holandesa, não há notícia de que tenham sido mobilizados, pró-homens e mascates mantendo-os ciosamente à margem de acontecimentos que só diziam respeito a homens livres, embora não se possa assegurar que muitos deles não tenham infiltrado as colunas de milicianos rurais.

À sedição de 1710 não faltou sequer um arremedo de "festa revolucionária", com sua mistura de terror e de burla, embora os cronistas não se detenham em assunto indigno de suas penas, próprio somente a cevar os baixos instintos da populaça. Pelas ruas de Olinda, correu-se um boneco figurando Castro e Caldas, a quem os moleques tratavam desrespeitosamente de "pai Sebastião", chamando-lhe nomes vis e dando-lhe bordoadas, à semelhança da festa do Judas, quando nos sábados de Aleluia espancava-se e queimava-se um fantoche de pano ou de palha. O espetáculo não era certamente trivial numa sociedade que contemplava ou devia contemplar na pessoa do governador o lugar-tenente de um rei, que, por sua vez, era lugar-tenente de Deus. No Recife, exibiu-se um rancho de goianistas, tendo à cabeça o alcaide da nova vila e o escrivão da sua Câmara, coagidos a participar do espetáculo. Fez-se troça dos mascates fugidos, imitando-se Joaquim de Almeida, caracterizado por indivíduo com um parche preto no olho e uma taboca na mão, à maneira de vara de juiz ordinário. Umas décimas compostas nesta ocasião vituperavam "o torto [i.é, caolho] paciente", o "maior ladrão" da praça, que "se se livra por ausente,/ pois lá [na Bahia] se deixe quedar/ e se ao Recife tornar,/ ferva o bordão, minha gente".[422]

---

[421] Loreto Couto, *Desagravos do Brasil*, pp. 226-7.

[422] *Calamidades*, p. 47; "Tratado", fls. 52v e 54v; "Relação do levante", pp. 302-3, "Notícia da expulsão do governador Sebastião de Castro e Caldas", fl. 5.

Quando a 7 de novembro apeara-se na Paraíba o portador de Castro e Caldas com o pedido de soldados e mantimentos com que resistir à sedição, o governador João da Maia da Gama, os pró-homens da capitania e a Câmara da cidade recepcionavam D. Manuel Álvares da Costa com uma comédia em palácio. João da Maia resolveu partir imediatamente para o Recife, a fim de atuar como mediador, propondo a libertação dos pró-homens em troca do regresso das milícias a seus distritos. D. Manuel, entre outros, instou-o, porém, a ficar, a fim de prevenir que a rebelião se estendesse à Paraíba. Como o governador insistisse, o bispo concordou em viajarem juntos, mas não podendo D. Manuel, obeso e achacado, cavalgar com a rapidez necessária, pararam na aldeia da Jacoca para arrebanhar uns índios que o transportassem em rede. Foi então que receberam uma carta do mestre de campo do terço de Olinda, Cristóvão de Mendonça Arrais, comunicando a fuga de Castro e Caldas e a provisão régia que confiava ao prelado o governo da capitania. Mais adiante, nas cercanias de Goiana, a comitiva topou com emissário de Valençuela Ortiz, com a notícia de que a situação entrava nos eixos, regressando João da Maia à Paraíba.[423]

Na realidade, ela não se normalizara por falta de consenso entre os chefes acerca da entrega do governo ao bispo nem da alternativa a adotar. Segundo Antônio Barbosa de Lima, os sediciosos "começaram a duvidar como se haveriam na eleição de quem os havia de governar, se seria por república que de novo fariam [i.é, se se procederia à eleição de nova Câmara de Olinda], se pelo mesmo Senado da Câmara que existia, com [a adição de] dois conselheiros mais principais, sujeitos daquela terra, sem cujos votos nenhuma ação se resolveria". Como "cada um dos principais fazia séquito para pôr o governo em si [...] foram tantas as desuniões que delas resultou uma total confusão". Ouviam-se ademais declarações de teor subversivo, como a de que "o bispo não havia de ser governador, porque queriam [os levantados] capitular [i.é, negociar] com El Rei com as armas na mão", ou seja, em posição de força que os habilitasse a arrancar concessões da Coroa, pois "na mão tinham a faca

---

[423] João da Maia da Gama a D. João V, 16.xii.1710, AHU, PA, Pb., cx. 2. Para João da Maia, ver Boxer, *The Golden Age of Brazil*, pp. 365-7; e também F. A. Oliveira Martins, *Um herói esquecido (João da Maia da Gama)*, 2 vols., Lisboa, 1944, que infelizmente despacha em um único parágrafo o governo do seu biografado na Paraíba (1708-1717).

para cortar por onde lhes parecesse". Segundo o médico cronista e o autor do "Tratado", "lá chegou o negócio a termos que quase tomam as armas uns contra os outros".[424]

Ao ouvidor do Pará, que lhes explicava "não ser lícito aos vassalos capitular com o seu soberano e só rogar-lhe humildemente o que fosse conveniente ao bem público", retrucaram com "algumas palavras licenciosas [i.é, sediciosas], como fizeram a outros que lhes diziam as verdades". Havia manifestações de descontentamento da parte dos paulistas, vale dizer, dos soldados do terço dos Palmares, inclusive a de que, já havendo cometido o delito de rebelião, não mais poderiam recuar nem sequer fiarem-se no perdão real, "porque debaixo dele os haviam de castigar como em muitas partes tinha acontecido". Alguns desses paulistas extremados eram plausivelmente veteranos da Guerra dos Emboabas que, derrotada a causa por que se haviam batido nas Minas, teriam escapado à repressão da Coroa juntando-se aos parentes e amigos que se encontravam em Alagoas desde o tempo de Domingos Jorge Velho.[425] Insatisfação que tinha a ver com o fato de que suas reivindicações fundiárias na região ainda se arrastavam em Lisboa, muitos anos decorridos da supressão do quilombo.[426]

---

[424] *Memórias históricas*, iv, pp. 319-20; *Calamidades*, pp. 45-6; "Tratado", fl. 51.

[425] Resumo de José Carvalho de Abreu, cit. Na direção oposta, sabe-se que o cabo dos paulistas, Gabriel de Góis, vitimado no massacre do capão da Traição, fora alferes de infantaria do terço dos Palmares: José Soares de Mello, *Emboabas. Crônica de uma revolução nativista*, São Paulo, 1929, p. 64.

[426] Para o assunto, ver Barbosa Lima Sobrinho, *O devassamento do Piauí*, São Paulo, 1946.

Ainda está por se fazer a história do intercâmbio inter-regional na acepção social e humana da palavra (e não apenas no econômico ou político) que teve lugar no período colonial. Quando das alterações de Goiana, por exemplo, o leitor já se deparou com Nicolau Bequimão, cujo patronímico exótico sugere parentesco com Manuel Bequimão (ou Beckman), que encabeçara a revolta dos colonos maranhenses contra o governador Sá de Menezes e a Companhia de Comércio (1682). É sabido que um irmão de Manuel, Tomás Bequimão, advogado e poeta satírico, fora naquela oportunidade exilado em Pernambuco: F. A. de Varnhagen, *História geral do Brasil*, 8ª ed., 5 vols., São Paulo, 1975, iii, pp. 250, 252 e 275. O Nicolau Bequimão que surgiu em Goiana em 1692 devia ser parente de ambos. Outros exemplos dos efeitos subversivos destas trocas subterrâneas dizem respeito à participação na Revolução Pernambucana de 1817 de vários brasileiros de

A Coroa era criticada desinibidamente nos Afogados. "Não era razão estar[em] pagando tributos a título de chapim e comendo sal por estanco", leia-se, segundo o preço do monopólio régio de um gênero de primeiríssima necessidade que a região produzia abundantemente. Quanto ao "chapim", tratava-se de referência ao tributo criado, meio século antes, para custear o dote de D. Catarina de Bragança e a indenização aos Países Baixos pela perda do Brasil holandês. No tocante ao sal, o contrato em vigor previa que o produto natural das salinas de Itamaracá, Rio Grande e Rio de Janeiro deveria ser consumido apenas localmente, não podendo ser comerciado entre as capitanias, nem exploradas novas jazidas. Como essas regras fossem violadas em prejuízo do contratador e da fazenda real, El Rei resolvera anos antes punir os transgressores, reservando ao Rio de Janeiro o privilégio do consumo *in loco* e ordenando a extinção das demais salinas. Em 1710, o preço do alqueire importado passava de 320 a 720 réis, gerando desagrado Brasil afora, como nos distúrbios de Santos e no motim do Maneta em Salvador.[427]

Nos Afogados, também se dizia alto e bom som que o governo devia ser entregue à "república", isto é, aos homens da governança, que escolheriam entre si o governador interino, seleção crucial em termos da política a seguir até a chegada do governador de nomeação régia. Ninguém recolheria tantas preferências como João de Barros Rego, parente do provedor da fazenda João do Rego Barros e filho de André de Barros Rego que, como juiz ordinário, prendera Mendonça Furtado em nome da Câmara de Olinda. De tal pai, explica o autor do "Tratado", herdara João de Barros a condição de "infidelíssimo vassalo", tornando-se "o maior opositor [i.é, candidato] a querer ser o governador e que se não se entregasse [o governo] ao bispo, para o que fez notável número de gente por si". Neto do oficial alemão Gaspar van der Ley,

---

outras regiões, como os capixabas Domingos José Martins e seu irmão Francisco José, o paulista Antônio Carlos Ribeiro de Andrada, o fluminense João Antônio Rodrigues de Carvalho, os mineiros José Carlos Mairinque da Silva Ferrão (irmão da Maria Doroteia que o poeta Gonzaga transfigurara em Marília de Dirceu), Silvestre José da Costa Ferraz e Luís Fortes de Bustamante. Acerca deste último, registrou Dias Martins a suspeita de não haver sido estranho à Inconfidência Mineira, donde a militância revolucionária com que se distinguirá, juntamente com os filhos, no movimento republicano de Pernambuco: *Os mártires pernambucanos*, p. 105.

[427] AUC, CA, 33, fls. 336-336v; Myriam Ellis, *O monopólio do sal no Estado do Brasil (1631-1801)*, São Paulo, 1955, pp. 84 e 155.

cavaleiro da Ordem de Cristo, benfeitor da Misericórdia, de que fora provedor e que dotara de uma colegiada de seis sacerdotes, vereador e juiz ordinário de Olinda, ocasião em que fora preso por Montebelo, senhor dos engenhos Moreno e Pinto, nos quais instituiu morgadio, Barros Rego tinha uma dessas biografias convencionalmente associadas a um "pai da pátria". A mascataria temia-lhe o "gênio sumamente inquieto e revoltoso", razão pela qual buscara inutilmente atraí-lo.[428] Os cabeças do partido da nobreza talvez desejassem mantê-lo à distância, pois não se sabe que tenha participado da conjura contra Castro e Caldas.

Na noite da segunda-feira, 10, D. Manuel chegou a Olinda, passando, na manhã seguinte, ao arraial dos Afogados, onde se deparou com a situação crítica. Como os pró-homens, ao cabo de intermináveis discussões, continuassem em desacordo, adiou-se o problema da sucessão governamental para uma assembleia a ter lugar em Olinda, segundo sugestão dos moderados. Estes, favoráveis à posse do bispo, desejavam astutamente retirar o debate da atmosfera passional do acampamento dos Afogados, ao mesmo tempo em que marcavam outro ponto, obtendo o retorno das milícias rurais às suas terras. Já havendo desempenhado seu papel de massa de manobra, não convinha que permanecessem apartadas dos engenhos nestes meses de moagem — explicação oficial, embora se calasse uma outra razão real, a de que cumpria evitar que fossem engrossar em Olinda as hostes dos próceres que ambicionavam o lugar de governador. Foi assim que as fortalezas do Recife voltaram ao controle da tropa de primeira linha, o que será decisivo para o rumo do movimento.

A Olinda regressaram, portanto, D. Manuel e os pró-homens. Ali, entre a quarta-feira, 12 de novembro, e o sábado, 15, jogou-se a sorte do movimento. Acerca do que se passou, já correu demasiada tinta. A principal fonte narrativa a referir as deliberações do conclave é a crônica do padre Luís Correia, oratoriano da Madre de Deus, conhecida graças ao resumo de Robert Southey. Segundo a paráfrase do historiador inglês, que convém citar *ipsis litteris*,

---

[428] "Tratado", fl. 51; ANTT, HOC, J, 88, 66; Borges da Fonseca, *Nobiliarquia pernambucana*, ii, pp. 206-7; Joaquim de Sousa-Leão filho, *Morenos (Notas históricas sobre o engenho no centenário do atual solar)*, Rio de Janeiro, 1959, pp. 8-10; *Calamidades*, p. 237.

deliberaram os grandes proprietários como procederiam. Era sabido achar-se o bispo nomeado para governador nas cartas de sucessão; alguns, porém, aconselharam que a isto se não atendesse, confiando-se antes provisoriamente a administração a uma junta de seis ou sete pernambucanos, até que de Lisboa chegasse um governador; se este trouxesse pleno perdão e viesse autorizado a conceder as condições em que se havia de insistir, entregar-lhe-iam eles o poder, continuando na obediência à mãe-pátria como até aqui; quando não, estabeleceriam um governo próprio como o da Holanda ou de Veneza [...] mas a ir tão longe não estava disposta a maioria, que criada em sentimentos de lealdade a toda prova, esperava ainda justificar-se perante a Coroa.[429]

As outras fontes mascatais são unânimes em afirmar que um punhado de pró-homens pretendeu assumir a governação em junta ou individualmente. Outras informações acerca das deliberações de Olinda foram recolhidas na obra do padre Dias Martins, intitulada *Os mártires pernambucanos*, redigida em 1823 na euforia da Independência, sob cujo título, reminiscente da leitura de Chateaubriand, abriga-se um dicionário biográfico dos protagonistas da sedição de 1710 e da revolução de 1817, que haviam tido, na concepção do autor, a mesma inspiração emancipacionista. O mais provável é que os elementos reunidos por Dias Martins tenham sido recolhidos na mesma crônica do padre Luís Correia de que se valeu Southey, pois o original pertencia ao acervo da Congregação do Oratório, de que Dias Martins foi prepósito. Dias Martins alude várias vezes à reunião olindense, que designa por "junta da nobreza", "congresso de Olinda", "eleição de Olinda", "conferência geral da Câmara", "sessão geral da nobreza em Câmara" e "congresso geral".[430]

Tal hesitação terminológica parece indicar a dificuldade experimentada por Dias Martins para enquadrar o conclave nas formas institucionais do municipalismo português do Antigo Regime. Em circunstâncias excepcionalíssimas, as Câmaras no Brasil costumavam realizar sessões extraordinárias a

---

[429] Southey, *História do Brasil*, iii, pp. 57-8.

[430] Dias Martins, *Os mártires pernambucanos*, pp. 94, 194, 288, 303, 339 e 365.

que eram convocados os homens principais, precedente ainda seguido em Pernambuco até a Confederação do Equador (1824). Embora pensasse Rodolfo Garcia que a prática não fora transplantada da metrópole, sabe-se dela que vigia em Goa, onde "eram designadas como reuniões de claustro pleno", podendo envolver "outros municípios"; e que vigia sobretudo na América espanhola, onde eram chamados *cabildos abiertos*, que já se contrastou com os *town meetings* das colônias inglesas.[431] Ora, a reunião de Olinda congregou muito mais do que os pró-homens da sua governação, pois atraiu os de outras vilas e até da vizinha capitania de Itamaracá, algo correspondente a uma representação em escala provincial e mesmo supraprovincial. De iniciativa de tal escopo, só se tem notícia no tocante à célebre Assembleia organizada pelo conde de Nassau (1640), a qual se compôs dos vereadores luso-brasileiros das câmaras de escabinos das capitanias de Pernambuco, Itamaracá e Paraíba, bem como de homens principais dos seus termos, num total de 56 indivíduos, reunidos "a modo de concílio ou Cortes". Precedente adotado pelo governador Brito Freyre (que conhecia a crônica de Barleus sobre o governo nassoviano), ao convocar um conclave, limitado aos oficiais das Câmaras de Pernambuco, a fim de combinarem os procedimentos relativos à cobrança do donativo da rainha da Inglaterra e paz de Holanda.[432]

Consoante Dias Martins, a assembleia de 1710 visou consultar os pró-homens "sobre a forma de governo", objeto tanto mais insólito quanto em princípio não havia o que discutir a respeito, do momento em que a carta régia mandara entregar o governo ao bispo. Os dados reunidos por Dias Martins acerca do conclave estão dispersos pela sua obra, mas o essencial encontra-se no verbete alusivo a Bernardo Vieira de Melo. Da sua leitura, colige-se que ele propusera que "se declarassem em república *ad instar* dos venezianos,

---

[431] Rodolfo Garcia, *Ensaio sobre a história política e administrativa do Brasil (1500-1810)*, Rio de Janeiro, 1956, p. 104; Francisco Bethencourt, "As Câmaras e as Misericórdias", em Francisco Bethencourt e Kirti Chaudhuri (orgs.), *História da expansão portuguesa*, ii, *Do Índico ao Atlântico (1570-1697)*, Lisboa, 1998, p. 346; J. H. Elliott, *Empires of the Atlantic world*, pp. 145 e 311-2.

[432] Southey, *História do Brasil*, iii, p. 58; J. A. Gonsalves de Mello (org.), *Fontes para a história do Brasil holandês*, 2. *A administração da conquista*, Recife, 1985, pp. 301 ss.; AUC, CA, 31, fl. 81v.

cortando [i.é, atalhando] todas as dificuldades [i.é, as objeções à sua proposta] com a pintura dos recursos que havia, assim para resistirem como para se retirarem em caso de desgraça, sem lhe esquecerem os mesmos Palmares do recente Zumbi". Bernardo Vieira de Melo "concluía afinal ser melhor, em caso de desgraça, entregar-se aos polidos e guerreiros franceses do que servir aos grosseiros, malcriados e ingratíssimos mascates". Até aqui, o teor da proposição, aduzindo Dias Martins que "a discussão durou longo tempo; mas a pluralidade [i.é, a maioria], aturdida com a magnitude e audácia do projeto e estremecendo das consequências, decidiu que se chamasse o bispo [...] e se lhe entregasse o governo em nome d'El Rei e assim se executou".[433]

Dos registros feitos por Dias Martins em outros passos da sua obra, infere-se que houve duas votações consecutivas. A primeira incidiu sobre a proposta de mudança do regime formulada por Bernardo Vieira de Melo, a qual recolheu apenas, entre os sufrágios identificados, oito favoráveis, entre os quais os de Leonardo Bezerra, André Dias de Figueiredo, José Tavares de Holanda, Pedro Ribeiro da Silva e João de Barros Rego, que formavam o núcleo radical do partido da nobreza. Rejeitada a moção, passou-se a discutir a escolha do governador, triunfando a opção por D. Manuel, apoiada não só pela maioria contrária à proposta antecedente mas também pelos que a haviam sustentado.[434] Sem desistir do intento original, a minoria passaria a explorar as possibilidades de ação oferecidas pelo governo interino, preparando o terreno para a confrontação que teria lugar quando da chegada do governador de nomeação régia.

Quando da repressão contra o partido de Olinda, os pró-homens fornecerão naturalmente uma versão expurgada dos acontecimentos: tudo se resumira, primeiro, à disputa entre eleger ou não nova Câmara de Olinda, e segundo, à alternativa entre empossar a Câmara ou D. Manuel no governo da capitania, o que à primeira vista compaginava-se com a velha reivindicação do Senado olindense de assumir o poder nas vacâncias governamentais. Segundo representação da nobreza a D. João V, a qual pode ser datada de 1715, "a dúvida que então se excitou sobre a forma do governo nada teve de ser

---

[433] Dias Martins, *Os mártires pernambucanos*, pp. 272-3.
[434] *Ibid.*, pp. 16, 73, 75, 94, 132, 143, 194, 214, 276-7, 288, 303, 339 e 365.

crime, por ser em ordem a resolver, para melhor conservação, o que fosse mais acert[ad]o, sendo de alguns o seu voto se fizessem novos pelouros, elegendo-se para a Câmara os homens mais maduros do conselho, por fiarem menos na prudência dos eleitos, por modernos, sobre cujos ombros havia de carregar tão grande peso". E prosseguia a representação da nobreza:

> Muitos deram parecer se desse ao Reverendíssimo Bispo o governo e se conservasse o Senado do mesmo modo que era. Outros tinham por inconveniente anexar a jurisdição profana à pessoa eclesiástica. E nesta desinteressada contenda, só atenta ao bem comum, houve vários pareceres primeiro que se resolvessem. E estando assim indiferente, se deu notícia de uma carta de Vossa Majestade do ano atrás, que ordenava que, faltando o governador Sebastião de Castro, governasse em seu lugar o mestre de campo João de Freitas e em sua falta o Reverendíssimo Bispo. E como se viu esta carta e o mestre de campo fosse morto, sem controvérsia mais alguma, se lhe deu logo o governo, mandando-se-lhe aviso à Paraíba.[435]

Esta variante, a mesma que adotará Rocha Pita,[436] não resiste a exame minimamente atento. Não é verdade que ao saberem da existência da carta régia nomeando D. Manuel os pró-homens tivessem docilmente cessado o debate, acatando a ordem da Coroa. A existência do documento foi revelada pela secretaria do governo já no decurso do dia 7, isto é, à raiz da fuga do governador.[437] E, contudo, a controvérsia nos Afogados teve lugar até o dia

---

[435] *Memórias históricas*, iv, pp. 327-8.

[436] Rocha Pita, *História da América portuguesa*, p. 403.

[437] Castro e Caldas foi acusado de haver levado consigo na fuga para a Bahia o livro de registro das cartas régias, comprometendo seriamente o funcionamento do governo, razão pela qual El Rei ordenou ao governador-geral que providenciasse a restituição junto a Castro e Caldas: *Documentos históricos*, xxxix, p. 274; Arlindo Rocha Nogueira, Heloísa Liberalli Bellotto e Lucy Maffei Hutter, *Inventário analítico dos manuscritos da coleção Lamego*, 2 vols., São Paulo, 1983, i, p. 287; BNRJ, 5, 3, 1, nº 121; Pna., 526, fl. 273. Pretenderia Castro e Caldas escamotear a existência da carta régia que dispunha sobre a sucessão governamental na capitania, de maneira não só a impedir a ascensão de D. Manuel mas deixá-la em perigosa acefalia que induzisse o recurso pelos pró-homens a uma solução ilegal que os comprometesse aos olhos da Coroa? Se este foi o caso e se o livro de registro por ele escamoteado continha a carta régia de 1707, das duas, uma: ou deve-

12, quando D. Manuel e os pró-homens retornaram a Olinda, onde a resistência à sua posse durou até o dia 15, quando ela finalmente se efetuou. É inegável que os sucessos de novembro de 1710 ultrapassaram o escopo de mera crise sucessória, como as ocorridas no passado, marginalizando até mesmo a Câmara de Olinda. As pretensões dos principais candidatos ao poder, João de Barros Rego ou Bernardo Vieira de Melo, advinham da sua participação no levante, só podendo ser satisfeitas mediante o desrespeito à ordem régia e a instituição de governo insurrecional que negociasse com El Rei "com as armas na mão", como dizia Rego Barros.

Um historiador paraibano da segunda metade do século XIX, Maximiano Lopes Machado, afirmou haver lido a ata da reunião da Câmara de Olinda durante a qual Bernardo Vieira de Melo formulou seu ousado projeto. Desejando posteriormente copiá-la, já não encontrara o livro das vereações (experiência por que teriam passado outros pesquisadores), o que, contudo, não o inibiu de reconstituir, de memória, o teor da proposta, o qual, na realidade, não passa de paráfrase de Dias Martins (como denota inclusive o latinismo *ad instar*) e de documentos da época, em que a nobreza encarecia os sacrifícios que fizera na restauração de Pernambuco. Segundo Lopes Machado, Bernardo Vieira teria declarado que

> os mascates obravam como quem contava com o apoio do governo de Lisboa, pois não se compreendia como indivíduos de tão baixa extração, sem família e sem amigos, tivessem a pretensão de querer dominar a terra, como se fossem legítimos senhores. Que, sendo assim, era ocasião de se lembrarem todos dos grandes sacrifícios de seus pais, que por certo não restauraram a formosa pátria pernambucana à custa do seu sangue, das suas vidas, da sua fortuna, do desemparo das suas famílias, suportando frios, fomes, sedes, calmas, vigílias e todos os mais trabalhos de uma guerra viva e prolongada, para dá-la a gente tão vil, com a escravidão dos filhos do país. Que isto certamente não podia estar nos seus intuitos. E assim era melhor constituir-se Pernambuco em república *ad instar* de Veneza, e que, neste sentido, se combatesse por toda a parte e por todo modo contra o ingrato Senhor, que tão depressa esquecia o valor e a benevolência de vassalos leais, para entregá-los em cega

---

ria existir cópia previamente feita na secretaria do governo, ou agiu-se tão somente com base em informação oral do secretário Antônio Barbosa de Lima ao ouvidor Valençuela Ortiz.

obediência a forasteiros não menos ingratos. E se por ventura a sorte da guerra lhes fosse contrária, era preferível buscar o apoio dos polidos franceses a se submeterem aos malcriados mascates.[438]

O problema deste texto reside nas datas que Lopes Machado atribuiu sucessivamente à moção de Bernardo Vieira de Melo, 10 de novembro de 1710 e 27 de junho de 1711. Em trabalho de tom panfletário, Vicente Ferrer de Barros Wanderley pôde impugnar a veracidade da proposta, sustentando ser fantasiosa a célebre ata, de vez que Bernardo Vieira não se encontrava em Olinda em qualquer daquelas datas: quando da fuga de Castro e Caldas, ele se achava nos Palmares à frente do terço dos paulistas; e a 27 de junho, já se encontrava preso no Recife, onde o surpreendera o levante dos mascates, ocorrido no anterior dia 18. Destarte, ele não poderia haver formulado na Câmara de Olinda a sediciosa proposição.[439] Para complicar o assunto, ignora-se o paradeiro das atas da municipalidade relativas a este período.

No tocante à asserção de Vicente Ferrer de que Bernardo Vieira de Melo só teria alcançado Olinda depois do dia 10, as fontes não fornecem resposta conclusiva, mas pode-se dar por assentado que ele já se achava presente nos primeiros dias que se seguiram à fuga de Castro e Caldas e pela altura da chegada de D. Manuel ao acampamento dos Afogados, vale dizer, na manhã do dia 11. Consoante o "Tratado", que Vicente Ferrer não conheceu, "logo que teve notícia da retirada do governador para a Bahia, [Bernardo Vieira] deixou o seu terço, desceu para baixo e se meteu na praça do Recife com uma larga escolta de soldados seus e da sua facção". E Mário Melo chamou a atenção para o trecho da crônica do Dr. Manuel dos Santos, que menciona a participação de Bernardo Vieira, "chamado (segundo dizem) do governador Sebastião de Castro, antes de ausente", no propósito de utilizar os paulistas na defesa do Recife.[440]

---

[438] Maximiano Lopes Machado, *História da Paraíba*, Paraíba, 1912, p. 366; J. A. Gonsalves de Mello, "Pereira da Costa e suas fontes históricas", Pereira da Costa, *Anais pernambucanos*, i, s.n.p.; J. A. Gonsalves de Mello, "Alguns aditamentos e correções", ibid., v, pp. dvi-dvii.

[439] Vicente Ferrer [de Barros Wanderley], *Guerra dos Mascates (Olinda e Recife)*, 2ª ed., Lisboa, 1915, pp. 149-54.

[440] "Tratado", fl. 65; *Calamidades*, p. 59.

Pode-se concluir que Bernardo Vieira de Melo deixou os Palmares dia ou dias antes da fuga do governador, com quem mantinha relações pessoais, pois não só ajudara a carreira militar do filho, André Vieira de Melo, de quem era compadre, como também obtivera do sogro do rapaz o pagamento do dote que recusava dar-lhe, "por se casar com sua filha contra seu gosto".[441] Ademais, as referências do ouvidor do Pará à presença de paulistas nos Afogados confirmam a suposição de que Bernardo Vieira de Melo já ali se encontrava, antes mesmo do conclave de Olinda. Quanto à outra data aventada por Lopes Machado, 27 de junho de 1711, Vicente Ferrer teve toda razão em impugná-la.

Embora disponha-se de textos coevos que abonam a versão de que, em novembro de 1710, um punhado de pró-homens bateu-se pela cesura da dependência colonial (o que é o ponto essencial), nenhuma outra fonte alude nominalmente ao autor da iniciativa. É, portanto, precipitado afirmar, como fez Vicente Ferrer, que tudo não passou de falsificação nativista do padre Dias Martins, que era, aliás, português de nascimento. Segundo Ferrer, Dias Martins só se teria baseado em informações procedentes da tradição oral, quando, na verdade, *Os mártires pernambucanos* citam a "história ou memórias que nos guiam" e a "história manuscrita que nos tem servido de guia". E no verbete relativo ao deão da Sé de Olinda, Nicolau Pais Sarmento, identificou-o como "compositor do primeiro volume das memórias daquela guerra e do violento manifesto, apenso ao mesmo volume".[442]

Quer na sua forma original, quer na paráfrase de Fernandes Gama, o relato do padre Gonçalves Leitão não refere, *et pour cause*, a reunião de Olinda e muito menos a proposta de Bernardo Vieira de Melo. Redigindo-o com

---

[441] *Calamidades*, p. 58.

[442] Dias Martins não dá os motivos para a atribuição. Talvez a fama de radicalismo que ganhou Pais Sarmento, embora agisse de maneira dúplice, como sugere sua correspondência com Castro e Caldas refugiado na Bahia. O fato é que o texto atribuído ao deão é o mesmo que Fernandes Gama divulgará como sendo da lavra de Gonçalves Leitão e que imprimiu, com alterações de estilo, no livro IX das *Memórias históricas da província de Pernambuco* (1844-1847): Vicente Ferrer, *Guerra dos Mascates*, pp. 143-8; Dias Martins, *Os mártires pernambucanos*, pp. 2, 37, 114, 288, 297 e 354; Nicolau Pais Sarmento a Sebastião de Castro e Caldas, 18.ii.1711, AHU, PA, Ba., cx. 4; *Memórias históricas*, iv, pp. 56-330. Ver anexo B, "As fontes narrativas das alterações pernambucanas de 1710-1711".

o fim de justificar a atuação do partido da nobreza frente à ameaça de repressão régia, seu autor calou qualquer alusão às divergências em torno da posse de D. Manuel. Dias Martins, porém, incorporou várias informações que não constam de Gonçalves Leitão. Pode-se supor que Dias Martins tivesse tido em mãos um manuscrito mais completo que o parafraseado por Fernandes Gama, que contém um intrigante hiato na altura em que a narrativa transita do levante da nobreza (capítulo 1) para a insurreição dos mascates (capítulo 2). A respeito dos sete meses intervenientes, guarda-se o mais completo e suspeito silêncio. Tal lacuna, que escamoteava os acontecimentos do governo de D. Manuel, poderia ter derivado seja de omissão intencional de Gonçalves Leitão, seja de censura realizada quando da escala feita no Recife por Antônio de Albuquerque Coelho de Carvalho em dezembro de 1713, ocasião em que lhe confiou o manuscrito a fim de utilizá-lo na defesa dos pró-homens junto à Coroa.

A probabilidade maior, contudo, é a de que Dias Martins tenha recorrido ao arquivo da Congregação do Oratório, pois, vivendo no Recife desde fins do século XVIII e se autointitulando "luso-pernambucano", ele pertenceu à instituição, de que chegou a ser prepósito (1815). Pode-se, aliás, asseverar que *Os mártires pernambucanos*, embora só viesse a ser publicado em 1853, foi redigido no propósito de reconciliar a Madre de Deus, tradicional esteio eclesiástico da mascataria, com o seu inimigo histórico, o nativismo pernambucano, no momento em que, com a Independência, ele por fim triunfara. Em meados do século XVIII, a Madre de Deus possuía, no seu rico e bem organizado acervo, infelizmente desaparecido após a dissolução da Ordem, "vários papéis pertencentes às coisas dos levantes", vale dizer, às alterações de 1710-1711.[443]

Entre tais papéis achava-se certamente a crônica do oratoriano Luís Correia, que, sendo filho de Miguel Correia Gomes, um dos chefes do partido mascatal, estava em posição privilegiada para informar-se dos acontecimentos.

---

[443] "Termo de eleição das mesas da irmandade de Santana na igreja da Madre de Deus, 1798-1835", arquivo da Concatedral da Madre de Deus (Recife), fls. 4, 6v, 7v e 10v (gentileza de J. A. Gonsalves de Mello); A. V. A. Sacramento Blake, *Dicionário bibliográfico brasileiro*, 10 vols., Rio de Janeiro, 1970, iv, p. 123; "Notícia que dão os padres da Congregação de Pernambuco acerca da congregação desde a sua ereção", RIAP, lvii (1984), p. 64.

Um indício de que Dias Martins também se baseou na narrativa de Luís Correia reside na menção que nela se faz a que as decisões da reunião de Olinda haviam sido tomadas mediante votação. Ao resumi-las, Robert Southey terá eliminado as alusões nominais em nome da brevidade da exposição. No mesmo ano em que Dias Martins ocupou a prepositura da Madre de Deus, o inglês Henry Koster, que vivia em Pernambuco, enviava a Southey cópia da crônica de Luís Correia, largamente utilizada pelo historiador inglês. A prova de que o padre Correia atribuía papel decisivo a Bernardo Vieira de Melo vem à tona no protagonismo que lhe atribui Southey, a de "arvorar-se em chefe do partido republicano". Donde sua curiosidade pelo personagem, que o levou por duas vezes a escrever a Koster, insistindo por que averiguasse se Bernardo Vieira tivera parentesco com João Fernandes Vieira, pormenor genealógico que poderia ser historicamente significativo das conexões entre a restauração pernambucana e as alterações de 1710-1711.[444]

Mesmo que a informação de Dias Martins acerca da proposta de Bernardo Vieira de Melo procedesse da tradição oral, Vicente Ferrer não poderia recusá-la *in limine*. Como os etnógrafos e os antropólogos sabem melhor do que os historiadores, não há por que repudiar em princípio a veracidade de toda e qualquer informação de origem verbal. Trata-se de preconceito pseudocientífico herdado da historiografia positivista, que era a dominante quando Vicente Ferrer redigiu seu opúsculo. Se a oralidade é muitas vezes o instrumento da mistificação, em outras pode ser o refúgio do interdito. Não se deve, portanto, refugá-la mas submetê-la à crítica histórica, julgando sua autenticidade em função do conjunto de elementos disponíveis. Não é crível que Dias Martins houvesse inventado o voto de nada menos de treze dos pró-homens presentes em Olinda, alguns dos quais foram figuras de segundo ou terceiro plano no movimento e já inteiramente esquecidas ao tempo da redação de *Os mártires pernambucanos* em 1823. Ademais, nem Dias Martins era historiador nem deixou testemunho de conhecimento maior da história local. Seu livro ocupava-se no essencial da revolução de 1817, não das alterações de

---

[444] Borges da Fonseca, *Nobiliarquia pernambucana*, i, p. 177; Loreto Couto, *Desagravos do Brasil*, p. 321; Southey, *História do Brasil*, iii, pp. 58 e 60; Joaquim de Sousa-Leão filho (org.), "Cartas de Robert Southey a Theodore Koster e a Henry Koster", RIHGB, clxxviii (1943), pp. 45 e 54.

1710-1711, encaradas de maneira ancilar. E, contudo, sem ser do ramo, eis que o cronista teria fabricado uma lenda surpreendentemente tautócrona. Se falsificação houve, estamos diante da falsificação perfeita.

Quando se repassam os trechos de *Os mártires pernambucanos* relativos à moção de Bernardo Vieira de Melo, três tópicos retêm a atenção do leitor: a proposta de um sistema republicano à moda de Veneza; os recursos de que disporia Pernambuco para sua realização; e a alternativa de recorrer à França na eventualidade de fracasso do movimento. No tocante ao primeiro, a narrativa do padre Correia, parafraseada por Southey, imputou a uma minoria dos pró-homens reunidos em Olinda o projeto de estabelecer "um governo próprio como o da Holanda ou de Veneza". Que não se trata de comparação aduzida pelo historiador inglês mas de acusação constante do texto do padre Correia, é o que indica a afirmação do capuchinho italiano frei Felipe de Alteta, do convento da Penha, no Recife, para quem o propósito do partido de Olinda "era fazer como fez a Holanda em Flandres".[445]

O propósito de "fazer como fez a Holanda em Flandres", ou, mais precisamente, nos antigos Países Baixos espanhóis, equivalia à independência sob a forma de república oligárquica. A aspiração nada tinha de descabida ou de anacrônica. No pensamento político do século XVII, Veneza era o paradigma republicano por excelência, mesmo comparativamente à República romana. A noção, formulada por Guicciardini e outros autores florentinos, segundo a qual a república veneziana gozava de estabilidade superior à de muitas monarquias, devido a que sua constituição encarnava o modelo polibiano de governo misto, influenciou todo o pensamento político europeu, até mesmo na Holanda, onde o republicanismo pragmático da oligarquia municipal recebeu justificação teórica tardia, em decorrência de que o regime republicano não fora adotado por opção ideológica mas em decorrência do desaparecimento das alternativas monárquicas inicialmente aventadas. O chamado "mito de Veneza" inspirou o parlamentarismo inglês de Seiscentos, inclusive a facção da nobreza britânica que se propunha a transformar o rei numa espé-

---

[445] Southey, *História do Brasil*, iii, pp. 57-8; "Relatório de frei Felipe de Alteta sobre a guerra dos mascates", 2.vi.1713, transcrito por Pietro Vittorino Regni, *Os capuchinhos na Bahia*, 2 vols., Porto Alegre, 1988, ii, p. 569.

cie de doge, antes de influenciar no século XVIII os *Founding Fathers* norte-americanos.[446]

Quando se fala em republicanismo, é preciso não esquecer que ele comporta duas definições distintas. A primeira, ideológica e difusa, refere-se à vigência dos valores republicanos do que já se chamou o "humanismo cívico"; a segunda, institucional e precisa, alude à adoção de um regime em que a chefia do Estado é eletiva e não hereditária. Toda a dificuldade consiste em que frequentemente o republicanismo de valores pode achar-se latente num regime monárquico, como numa monarquia eletiva (a Polônia seiscentista) e mesmo numa monarquia hereditária, como a Inglaterra elisabetana. De modo recíproco, um regime formalmente republicano pode comportar elementos monárquicos, como o doge veneziano ou o protetorado de Cromwell, embora este nunca se tenha apresentado como república mas como *Commonwealth* ou Estado livre, de modo a acentuar seu caráter representativo e a soberania do Parlamento reduzido à Câmara dos Comuns após a dissolução da Câmara dos Lordes.[447]

O autor anônimo da "Notícia das alterações de Pernambuco" pretendia que a inclinação turbulenta dos Cavalcanti ("móveis principais" da sedição da nobreza) seria herança genética, tanto assim que, "expulso pelo seu príncipe, da cidade de Florença", o fundador da estirpe, Felipe Cavalcanti, passara ao Brasil, trazendo consigo os germes da "cizânia perniciosa" da política

---

[446] J. G. A. Pocock, *The Machiavellian moment. Florentine political thought and the Atlantic republican tradition*, Princeton, 1975; Eco Haitsma Mulier, "The language of Seventeenth century republicanism in the United Provinces: Dutch vs. European?", Anthony Pagden (org.), *The languages of political theory in early modern Europe*, Londres, 1987, pp. 179-95; Martin van Gelderen, *The political thought of the Dutch revolt, 1555-1590*, Cambridge, 1992, pp. 276 ss.; John Adamson, *The noble revolt. The overthrow of Charles I*, Londres, 2007, *passim*. Para o assunto, ver também Evaldo Cabral de Mello, "O mito de Veneza no Brasil", *Um imenso Portugal. História e historiografia*, São Paulo, 2002, pp. 156 ss.

[447] Blair Worden, "Republicanism, regicide and republic: the English experience", Martin van Gelderen e Quentin Skinner, *Republicanism. A shared European heritage*, 2 vols., Cambridge, 2002, i, pp. 307-27; Markku Peltonnen, "Citizenship and republicanism in Elizabethan England", *ibid.*, pp. 85-106. Para a presença de ambas as concepções de republicanismo na cultura política do tempo da Independência, ver Evaldo Cabral de Mello, *A outra Independência. O federalismo pernambucano de 1817 a 1824*, São Paulo, 2004, pp. 107-8.

municipal italiana. Essa "natural propensão [...] para tumultos e para discórdias" contaminara a terra através do casamento com famílias de extração lusitana. Devido à "multiplicação de enxertos, nos quais dura o apelido com os costumes", os Cavalcanti se tinham constituído em foco de instabilidade política, "de sorte que de alguns anos a esta parte não conta Pernambuco governador ou ministro a quem semelhantes homens ou não custassem cuidados ou não fizessem oposições, porque o pouco sangue que ainda lhes resta de seus indignos avós lhes influi naturais desvanecimentos, com que sem olharem para a razão, se inclinam para as solturas". Donde a sugestão do autor no sentido de que não admitisse El Rei em seus domínios "estas plantas cortadas de outros reinos, porque os ramos nunca são leais se foram infiéis os troncos".[448]

Oliveira Lima teve a intuição de que o interesse da minoria radical pelo modelo veneziano não devia ser "uma lenda sem fundamento: a aristocrática república era o figurino egoísta que naturalmente ocorreria à nobreza enfurecida [...] visto que ainda não se experimentara a independência das colônias americanas", que servirá de figurino no século XIX. Ademais, os movimentos revolucionários europeus de meados de Seiscentos haviam flertado, em diferentes graus, com o republicanismo, como na Catalunha sublevada contra Felipe IV, que se declarou república sob a proteção da França; ou o haviam adotado, embora efemeramente, como em Nápoles; ou haviam-no instaurado por vários anos, como a Inglaterra de Cromwell. Em 1640 e em Portugal mesmo, a nobreza só teria vencido as hesitações do duque de Bragança em aceitar a Coroa mediante a ameaça de restaurar a independência da nação sob forma republicana.[449]

Os exemplos de Veneza e da Holanda nada tinham de subversivos, dominadas que se achavam, aquela, por uma antiga nobreza de origens mercan-

---

[448] "Notícia das alterações de Pernambuco", fls. 21v-22, coleção Pedro Corrêa do Lago (São Paulo).

[449] Conde da Ericeira, *História de Portugal restaurado*, i, pp. 101 e 109; Manuel de Oliveira Lima, "Anotações", em Francisco Muniz Tavares, *História da Revolução de Pernambuco de 1817*, 3ª ed., Recife, 1969, p. 273; Xavier Gil, "Republican politics in early modern Spain: the Castilian and Catalano-Aragonese traditions", van Gelderen e Skinner, *Republicanism*, i, pp. 263-288, e Vittor Ivo Comparato, "From the crisis of civil culture to the Neapolitan Republic of 1647", *ibid.*, pp. 169-194.

tis mas já convertida em boa parte aos investimentos rurais na *terra ferma*, isto é, na área continental da república; esta, por um patriciado de grandes comerciantes, que se decantava em elite política. Aos olhos das camadas bem pensantes, a imagem do regime republicano ainda não se achava comprometida pela Revolução Francesa, gozando da respeitabilidade política que adquirira ao se livrar das conotações de instabilidade crônica e de insubordinação popular geradas pela história das cidades gregas da Antiguidade e das italianas da Idade Média. As repúblicas existentes na Europa (Gênova, Veneza, Holanda, os cantões suíços) eram vistas como excentricidades constitucionais, não como focos de subversão antimonárquica. E a objeção fundamental que se levantava contra o sistema republicano era a da sua inadequação aos grandes Estados territoriais, que só poderiam ser administrados monarquicamente.

Mesmo as fontes das alterações de 1710-1711 que não aludem à instauração de regime republicano não deixam de registrar a inspiração emancipacionista manifestada na reunião de Olinda, inspiração que, em sistemas coloniais, tinha de amadurecer em regimes republicanos, como julgava Southey. Em estudo há muito publicado, Mario Melo recompilou vários registros neste sentido. Já se aludiu ao que reportou o secretário do governo, Antônio Barbosa de Lima: com a fuga de Castro e Caldas, os pró-homens "começaram a duvidar como se haveriam na eleição de quem os havia de governar, se seria por república, que de novo fariam, se pelo mesmo senado da Câmara".[450] Em português, ainda ao tempo da Independência, como também em outras línguas, a palavra "república" era comumente empregada tanto no sentido de comunidade política em geral como no de forma específica de governo, a interpretação mais segura para a afirmação do secretário é a de que os chefes do levante contra o governador hesitaram apenas entre proceder a novas eleições municipais ou entregar à Câmara existente a administração da capitania. Mesmo neste caso, ambas as alternativas já comportavam um desafio ao poder da Coroa, que previra, mediante a posse do bispo, a solução a ser dada ao problema da sucessão ao governo da capitania.

Contudo, outros textos invocados por Mario Melo apontam para o estabelecimento de regime republicano, a começar pela missiva do capitão João

---

[450] Mario Melo, *A Guerra dos Mascates como afirmação nacionalista*, pp. 30-40; *Memórias históricas*, iv, p. 319.

da Mota resumindo os acontecimentos de novembro de 1710. Com a fuga do governador, os sediciosos "chegaram ao infiel extremo de pôr em consulta o darem ou não darem o governo ao reverendo bispo", propondo que "se levantasse república nestas capitanias de Pernambuco", sob o governo dos "naturais delas, absoluta e isenta da jurisdição de Vossa Majestade, ainda que sujeita ou tributária a rei estranho". Ademais, "para sustentarem a guerra que podiam recear na conquista que o poder de Vossa Majestade lhes podia fazer, se preveniriam com o saque geral desta praça, onde haveria em ouro, prata e fazendas mais de 8 milhões [de cruzados], e muito mais entrando a prata das igrejas". O governo só fora entregue a D. Manuel devido a que "os mais racionais da nobreza" opuseram-se à "temerária resolução".[451]

Mario Melo lembrou também certas indiscrições relatadas na crônica do Dr. Manuel dos Santos. Por ocasião de convescote oferecido por José Tavares de Holanda, notara um dos presentes que os brindes eram feitos em língua estrangeira;

> e desejando o tal sujeito saber o que queriam dizer com semelhante linguagem que ele não entendia, lho perguntou, porque como seu compadre tinha confiança para isso. Ao que José Tavares, depois de uma grande risada, lhe respondeu: 'Não me dirá você para que queremos nós rei?'. E replicando o compadre: 'Isso há-de Vossa Mercê dizer, há povo que possa passar sem rei?', tornou ele: 'Sim, senhor, há os pernambucanos, que são muito capazes de se governarem a si'. E ficou o tal sujeito tão admirado de ouvir semelhante liberdade que, contando o caso em uma casa, donde me veio a notícia, acrescentou que o deporia por juramento, se necessário fosse.[452]

A estas manifestações, cabe aduzir as que Mario Melo desconheceu. Consoante o autor do "Tratado", o desígnio dos sediciosos "era de todo negarem obediência a Portugal e erigirem entre si república e domínio próprio". Para tal fim, em se fazendo "senhores da terra", eles disporiam dos seus re-

---

[451] João da Mota a D. João V, 30.xi.1711, transcrito por Mario Melo, *A Guerra dos Mascates como afirmação nacionalista*, pp. 81-90.

[452] *Calamidades*, p. 72. A língua estrangeira a que se refere a testemunha seria provavelmente o francês, que se tornara na segunda metade do século XVII a *lingua franca* da Europa culta: Paul Hazard, *La crise de la conscience européenne, 1680-1715*, Paris, 1961, pp. 54-5.

cursos, inclusive fiscais e eclesiásticos, "e, com poder de tudo, se lhes facilitava o dominarem toda a América". Caso El Rei aceitasse suas condições, "comerciariam com ele; e na falta, o fariam outros, que em qualquer deles achariam a proteção que a eles lhes acomodasse". E comentava a mesma fonte: "e ainda mal que não faltou quem ouvisse conferências tratadas sobre esta matéria".[453]

Falta citar a interpretação dada por Antônio Rodrigues da Costa, o membro do Conselho Ultramarino melhor informado dos negócios do Brasil: "estas alterações procederam de que a maior parte da nobreza de Pernambuco tem grande aversão e ódio ao governo de Portugal e aborrecem os naturais deste Reino, que têm comumente por homens vis e baixos", ao mesmo tempo em que se tinham na conta de "muito ilustre em razão dos nobres apelidos que têm ou usurparam muitas famílias, chamando-se Albuquerques, Cavalcantis, Aciólis, etc., e tendo-se pelos únicos conquistadores daquelas capitanias". Destarte, consideravam que, "por aquelas terras que possuem, não devem nada nem ao Reino nem ao Rei, como se eles as houvessem conquistado e depois restaurado do poder dos holandeses só por si e sem forças, cabedais e empenhos deste Reino e lhes ficassem pertencendo por direito de conquista". Em tais noções, originou-se o "haverem entrado em pensamentos desleais e cuidarem nestas últimas alterações em se erigirem em república livre ou buscarem a proteção de algum príncipe em Europa mais poderoso, falando com grande desprezo nas forças deste Reino".

Noutra reunião do Conselho Ultramarino, Rodrigues da Costa afirmou que

> os ânimos dos naturais da terra, que eles chamam nobreza, estão totalmente despidos do amor e temor de Vossa Majestade, e, possuídos do espírito de soberba, desobediência e rebelião, só cuidam em sacudir o jugo do governo de Vossa Majestade e de seus governadores e justiças, e fundar uma república a seu arbítrio, como consta expressamente do que avisam a Vossa Majestade e afirmam as pessoas que têm melhor conhecimento daqueles povos e mais dignas de fé e crédito.[454]

---

[453] "Tratado", fl. 64v.

[454] *Documentos históricos*, xcviii, pp. 140 e 230.

Todas estas alegações oscilam numa faixa que abrange desde a vaga aspiração de autogoverno até a intenção precisa de estabelecê-lo sob forma republicana. É certo que elas procedem de fontes recifenses ou simpáticas ao Recife, o que as teria desqualificado caso a crítica histórica ainda se pautasse pelos critérios da historiografia positivista. A favor de todos esses depoimentos, pode-se argumentar, pelo contrário, com o estranho e completo mutismo das narrativas olindenses acerca da semana de 7 a 14 de novembro, e, em particular, da demora em empossar o bispo. Não se pode impugnar os textos mascatais, cujo facciosismo não era superior ao dos adversários, de vez que constituem testemunhos bastante convincentes quando analisados no âmbito do processo insurrecional que se trata aqui de reconstituir. Muitos dos próceres que acorreram à assembleia de Olinda acreditavam piamente no mito constitucional acerca da natureza contratual das relações entre Pernambuco e a Coroa, surgido a partir da expulsão dos holandeses. Ora, entre a restauração da capitania e o governo de Castro e Caldas, a nobreza julgava haver tolerado a violação sistemática dos compromissos pretendidamente assumidos pela Coroa. Não tendo o monarca cumprido sua parte da barganha, a nobreza considerava-se desobrigada com ele.[455]

Não é decerto coincidência se a única fonte recifense a calar a intenção emancipacionista dos radicais de Olinda é a crônica do Dr. Manuel dos Santos, embora ela assinale as vantagens que os pró-homens tirariam da ruptura da ordem colonial, como a de se verem livres do castigo real e das dívidas aos mercadores da praça. O texto das *Calamidades de Pernambuco* é tardio, quando comparado ao das demais fontes narrativas, mas sabe-se que ele passou por três versões (em 1712, em 1738 e em 1749), das quais só se conhece a última.[456] O silêncio do autor não se deve ao fato de que ele se podia dar ao

---

[455] Cabral de Mello, *Rubro veio*, pp. 91 ss. Coincidentemente, a justificação teórica da revolução catalã de 1640 contra Felipe IV basear-se-ia numa releitura da emancipação da Catalunha do domínio árabe. Em vez de pretender que ela se devera à intervenção do Império Carolíngio, passou-se a sustentar haver sido realizada exclusivamente pelos catalães, que só após se haviam voluntária e contratualmente submetido a Carlos Magno: Xavier Gil, "Republican politics in early modern Spain", pp. 280 e 283.

[456] *Calamidades*, p. 84. Para as sucessivas redações desta crônica, ver anexo B, "As fontes narrativas das alterações pernambucanas de 1710-1711".

luxo de uma objetividade que teria faltado ao padre Luís Correia, ao autor do "Tratado" e a todos os demais cronistas, que escreveram no torvelinho dos acontecimentos ou pouco depois. Ao concluir a terceira versão do seu relato, o Dr. Manuel dos Santos podia indagar-se da conveniência, para um lusitano então há muito fixado na terra, de reacender as brasas das antigas contendas civis, tanto mais que os filhos e netos dos sediciosos de 1710 comportavam-se com o bom senso e a fidelidade monárquica que haviam faltado aos pais e avós. Para que desenterrar a acusação de inconfidência contra os troncos de várias famílias posteriormente ligadas pelo casamento aos comerciantes do Recife, famílias que ademais estavam livres de toda imputação infamante por ato da Coroa?

Da indulgência reinante em meados do século XVIII, quando o Dr. Manuel dos Santos procedia à redação final das *Calamidades*, é bem reveladora a obtenção, pelo filho homônimo de Bernardo Vieira de Melo, do hábito da Ordem de Aviz. As provanças para seu ingresso foram-lhe inteiramente favoráveis.[457] E, contudo, entre as perguntas de praxe feitas às testemunhas pelo comissário da Ordem, constava a indagação relativa a ascendentes acusados de crime de lesa-majestade. O velho Bernardo Vieira, é certo, falecera antes de ser sentenciado. Por conseguinte, nada impedia que, durante a investigação sobre o filho, se mencionasse a atuação do pai vinte e tantos anos antes. Malgrado os velhos ódios, de que se diz equivocadamente que não cansam, ninguém aludiu ao escabroso assunto, sequer de raspão, apesar de se encontrarem entre os depoentes nada menos de quatro mercadores do Recife, todos residentes na terra em 1710. Dois deles, Miguel Correia Gomes e Antônio Rodrigues Campelo, se haviam visto então na contingência de fugirem de Pernambuco devido à sedição da nobreza, sendo que um filho de Miguel, o padre Luís Correia, fora, como mencionado, o autor da relação que incriminava Bernardo.

O segundo elemento da proposta de Bernardo Vieira de Melo na citação do padre Dias Martins refere-se aos recursos de que disporia o projeto emancipacionista. O exemplo da guerra dos Palmares é o que ocorreria naturalmente a quem, como era seu caso, havia participado dela. Ademais, os argumentos que lhe são atribuídos correspondiam efetivamente às noções pre-

---

[457] ANTT, Habilitações à Ordem de Aviz [HOA], B, 2, 9.

dominantes na terra em matéria de defesa contra uma agressão estrangeira, noções a cujo respeito Dias Martins, escrevendo mais de cem anos depois, dificilmente estaria a par, de modo a reproduzi-las de modo tão veraz. Ao tempo da guerra holandesa, arraigara-se a convicção, inclusive entre os próprios neerlandeses, segundo a qual Pernambuco contava com recursos para uma resistência prolongada a uma investida externa. Uma vez perdidas as fortificações costeiras e cortadas as comunicações com a metrópole em decorrência do bloqueio naval inimigo, a população recolher-se-ia com segurança ao interior, de onde sustentaria uma guerra "volante" ou de guerrilhas. Num plano de defesa do Nordeste redigido após a restauração pernambucana, João Fernandes Vieira previra mesmo a fundação de duas vilas em pontos distantes da marinha, destinados a servirem de base à resistência.[458]

Se a vitória sobre os batavos fora alcançada contra a primeira potência marítima da época, ela seria *a fortiori* repetível frente a Portugal, cuja notória pobreza de meios bélicos era objeto, como mencionado, do escárnio dos pró-homens. Por sua vez, a experiência recente da guerra dos Palmares parecia dar razão às concepções militares herdadas do período holandês. Durante meio século, o quilombo da serra da Barriga sobrevivera tenazmente aos ataques neerlandeses e luso-brasileiros, só sucumbindo diante de sertanistas de São Paulo tão versados quanto os quilombolas na chamada "guerra do mato". Os colonos da marinha haviam-se mostrado tão impotentes frente à Troia negra quanto outrora os holandeses frente à "guerra volante" que lhe haviam movido os avós desses mesmos colonos. Os pareceres dos chefes que comandaram a ofensiva contra os Palmares aludem com admiração indisfarçável ao sistema de defesa que protegia o quilombo. E quando finalmente ele capitulou (1695), o governador Caetano de Melo e Castro transmitiu a notícia a El Rei, informando ter sido o acontecimento comemorado como uma segunda restauração pernambucana.[459]

Era tanto mais natural para Bernardo Vieira de Melo louvar-se no precedente dos Palmares quanto ele conhecia a região como a palma de sua mão, por haver participado nas campanhas contra o quilombo e ultimamente as-

---

[458] Gonsalves de Mello, *João Fernandes Vieira*, ii, p. 272.

[459] Caetano de Melo e Castro a D. Pedro II, 18.ii.1694, transcrito em Ernesto Ennes, *Os Palmares (Subsídios para a sua história)*, Lisboa, 1938, p. 59.

cendido à posição de mestre de campo do terço dos paulistas. A noção de resistência armada no recesso das matas não constituía uma quimera em termos da experiência de quem representou esta raridade na história regional, a do senhor de engenho convertido em sertanista, exatamente o trajeto inverso do seu grande rival, Manuel Álvares de Morais Navarro, bandeirante paulista sedentarizado em açucarocrata. Descendente de colonos fixados na mata canavieira anteriormente à ocupação holandesa, Bernardo Vieira fora "militar desde a infância", vocação de que não o desviara a herança do engenho Pindoba (Ipojuca).[460] De 1675 a 1704, galgara os postos da milícia, fora capitão-mor de Igaraçu e exercera os cargos da governança civil, como vereador e juiz ordinário de Olinda.

Seu conhecimento do sertão começara ao tempo da guerra contra os tapuias do Ararobá, no São Francisco, região de que seu avô materno, alcaide-mor de Penedo, fora um dos principais povoadores. Por sua vez, seu pai recebera extensa sesmaria em Garanhuns e em Cimbres, nos flancos dos Palmares. O próprio Bernardo Vieira de Melo comandara a expedição final que aniquilara o quilombo, sendo premiado com a nomeação de governador do Rio Grande do Norte, cargo que desempenhou por dois triênios consecutivos (1695-1701), a pedido da Câmara de Natal e dos moradores da capitania. Seu conflito com Morais Navarro, mestre de campo do terço dos paulistas, culminou na destituição e prisão do rival, responsabilizado pelo massacre dos paiacus da ribeira do Açu, onde Bernardo Vieira tornara-se também sesmeiro. Nos primeiros anos do século XVIII, Bernardo Vieira recolhera-se ao governo da sua casa, mas em 1709 obteve a nomeação para o lugar que pertencera a Morais Navarro, encartando-se também na escrivania dos defuntos e ausentes, capelas e resíduos, da cidade do Salvador, a qual pertencera a seu sogro.[461]

---

[460] Dias Martins, *Os mártires pernambucanos*, p. 272; Borges da Fonseca, *Nobiliarquia pernambucana*, i, p. 68.

[461] Co.Uo. 15.vii.1707, AHU, PA, Pco., cx. 14; papéis de serviço de Bernardo Vieira de Melo, AHU, PA, RGN, cx. 1; AUC, CA, 31, fl. 437. Ver também Pereira da Costa, *Anais pernambucanos*, iv, pp. 57-9, o qual menciona que um irmão de Bernardo, Antônio Vieira de Melo, povoador das terras de Garanhuns e Cimbres, seria preso em idade avançada por denúncia de

Por fim, Dias Martins atribui a Bernardo Vieira de Melo um plano B pelo qual os sediciosos recorreriam à intervenção francesa na hipótese de fracasso da resistência armada a Portugal. Como os argumentos anteriores, este também era eminentemente tautócrono. A ideia de colocar a capitania sob a proteção do Rei Cristianíssimo circulava entre os pró-homens havia mais de sessenta anos, nem era incompatível com um regime republicano, de vez que, como mencionado, Luís XIII não hesitara em colocar a república catalã sob sua proteção. Ao tempo do levante contra os holandeses, os insurretos haviam pressionado um D. João IV hesitante em apoiá-los com a advertência de que poderiam buscar em outro príncipe da Europa a ajuda militar que El Rei lhes negava, indo mesmo ao ponto de escreverem ao rei da França por intermédio de um capuchinho bretão residente em Pernambuco. Com o apoio finalmente dispensado pelo Reino à insurreição, dissiparam-se tais veleidades mas D. João IV nunca perdoou a ousadia de Fernandes Vieira. E quando, reconquistado o Nordeste, a Coroa o cumulou de benesses e honrarias, jamais satisfez-lhe a mais cara ambição, a de governar a capitania.

A hegemonia de Luís XIV no sistema europeu vigente até a Paz de Utrecht (1713) tornou-se naturalmente um pesadelo português em termos da segurança do Brasil. A própria gente da terra fomentava as apreensões. Quando governador-geral do Brasil, Câmara Coutinho recebia informes de fontes pernambucanas, uma delas o reitor do colégio da Companhia de Jesus em Olinda, segundo as quais os pró-homens "tratavam de se comunicar com El Rei [de França] para se entregarem", colocando-se sob sua proteção. Câmara Coutinho escrevia para Lisboa não fazer muito caso destes avisos, pois quando administrara Pernambuco pudera averiguar que "estes povos são costumados a deitar semelhantes novas [...] para intimidarem os governadores daquela capitania para que os não apertem com o castigo que merecem suas insolências". O método predileto consistia em deputarem um dos seus para comunicar a novidade a algum sacerdote, na previsão de que o religioso, ate-

---

conspiração, que "não sabemos a que fins visava, ou mesmo se era real". Para o conflito entre Bernardo Vieira e Morais Navarro, ver John Hemming, *Red gold. The conquest of the Brazilian indians*, Londres, 1978, pp. 363-6; Ebion de Lima, *A Congregação do Oratório no Brasil*, pp. 91-116; e Pedro Puntoni, *A guerra dos bárbaros. Povos indígenas e a colonização do sertão. Nordeste do Brasil, 1650-1720*, São Paulo, 2002.

morizado pela gravidade da denúncia, correria a transmiti-la às autoridades. Dessa feita, Câmara Coutinho atribuía o manejo ao temor do corretivo pelas alterações de Goiana, mas pelo sim, pelo não, achou mais prudente informar de tudo o secretário de Sua Majestade.[462]

Se Bernardo Vieira de Melo propôs a seus pares o apelo ao Rei Cristianíssimo, há-de se reconhecer que o fez em ocasião particularmente oportuna. Em novembro de 1710, pairava sobre o litoral brasileiro a ameaça naval francesa. Em agosto, a frota de Du Clerc surgira na baía da Guanabara; em setembro, atacara o Rio de Janeiro. Quando da assembleia de Olinda, a notícia já era conhecida, embora ainda se ignorasse o fracasso da expedição, ocorrida em outubro. Os temores de assalto francês, já existentes em tempo de paz, como no episódio da escala da armada do marquês de Mondvergue, haviam-se tornado ainda mais agudos desde que Portugal aderira à aliança anglo-neerlandesa na guerra de sucessão da Espanha, depois de haver abandonado o pacto firmado com o governo de Paris. Não haviam sido outras as razões da Coroa ao determinar o encerramento das atividades dos capuchinhos bretões no Brasil (1701), instalados no Recife ao tempo do governo do conde de Nassau.

As suspeitas lusitanas aumentaram igualmente devido à atuação do Vaticano através da Congregação da Propaganda Fide no sentido de solapar o padroado da Coroa no ultramar. Em 1648, na esteira dos entendimentos dos capuchinhos bretões com Fernandes Vieira, D. João IV os mandara retirar do Brasil, e embora viesse a recuar da ordem, congelou os efetivos da missão que mantinham em Pernambuco. Falecido o primeiro Bragança, as reservas desapareceram por algum tempo, mercê da influência francesa na Corte, o que lhes permitiu construir no Recife o convento de Nossa Senhora da Penha de França, estabelecendo-se também na Bahia e no Rio de Janeiro, com vistas à evangelização do gentio. Embora mantendo-se à margem dos conflitos locais, os capuchinhos eram encarados como quinta-colunas, como se viu quando da deposição de Mendonça Furtado, e até acusados de armarem os índios. O imperialismo de Luís XIV lhes será fatal: nos anos 1680, D. Pedro II co-

---

[462] "Livro de cartas que escreveu o Sr. Antônio Luís Gonçalves da Câmara Coutinho", fl. 33v.

meçou uma ofensiva para obrigá-los a abandonar o Brasil, proibindo a renovação dos seus quadros e entregando aldeias suas a ordens portuguesas.[463]

O exame da argumentação atribuída a Bernardo Vieira de Melo confere à versão de Dias Martins a probabilidade que Vicente Ferrer lhe negou, por amálgama, inclusive, com as tentativas ingênuas de Maximiano Lopes Machado e de José Domingues Codeceira de fixar data precisa à proposta emancipacionista, brandindo a alegada ata da Câmara de Olinda que a teria registrado. Semelhante esforço pode parecer desperdício de tempo a quem, como o historiador atual, está impregnado da displicência cronológica resultante do predomínio da história econômica, social e das mentalidades. Lopes Machado e Codeceira trabalhavam, contudo, sob a égide da história política de cunho factual, exigente em matéria de datação, tanto mais que Codeceira sustentava, à raiz da instalação do regime de 1889, a tese, perfeitamente válida, da prioridade pernambucana sobre a mineira no tocante à aspiração republicana.[464] Quando cotejado às fontes coevas, Dias Martins não diz nada de novo, nem mesmo na atribuição a Bernardo Vieira da moção emancipacionista, constante da crônica do padre Luís Correia.

A família Vieira de Melo mantivera relações estreitas com a Congregação do Oratório no tocante ao Ararobá; e por ocasião do massacre dos paiacus do Rio Grande do Norte (1699), Bernardo Vieira de Melo e o oratoriano João da Costa haviam juntado suas vozes para denunciar Morais Navarro. Tais relações, porém, se haviam tornado litigiosas; ademais, Bernardo Vieira concebeu outra razão de queixa contra os padres, que haviam pressionado o bispo D. Manuel para que defendesse a nora de Bernardo, acusada de adultério.[465] Mas quando Dias Martins redigiu *Os mártires pernambucanos*, a obscuridade rural já engolira a linhagem. Caso tivesse a intenção de agradar os pró-homens do seu tempo, o provável é que houvesse escolhido outrem, um Cavalcanti de Albuquerque, por exemplo.

---

[463] Francisco Leite de Faria, *Os barbadinhos franceses e a Restauração pernambucana*, Coimbra, 1954, pp. 30, 34-5 e 37-8; Pietro Vittorino Regni, *Os capuchinhos na Bahia*, i, *passim*.

[464] José Domingues Codeceira, *A ideia republicana no Brasil*, Recife, 1894.

[465] *Calamidades*, pp. 67-8; Ebion de Lima, *A Congregação do Oratório no Brasil*, pp. 35-6, 42 e 46; Maria do Céu Medeiros, *Os oratorianos de Pernambuco*, pp. 69-71, 78 e 94-8.

Ainda relativamente a Bernardo Vieira de Melo, Dias Martins assevera: "desde que, no fim do reinado de D. Pedro II, os mascates se lembraram de tornar-se independentes da nobreza pela ereção da vila do Recife, imputou-se-lhe [a Bernardo Vieira] o projeto de sacudir com os mascates o jugo de Portugal". Para este fim, ele se teria apalavrado com o mestre de campo João de Freitas da Cunha (o mesmo que Castro e Caldas desaconselhou para encabeçar a lista de sucessão ao governo da capitania), com o capitão-mor Pedro Ribeiro da Silva e com outras figuras da nobreza. A asserção tem a seu favor algo que Dias Martins e que os historiadores desconheceram: em 1707, Bernardo Vieira, André Dias de Figueiredo e Francisco Lopes Galvão candidataram-se ao comando da fortaleza do Brum, que controlava o acesso marítimo ao Recife. André Dias era cunhado de Pedro Ribeiro da Silva, capitão-mor de Santo Antão, que será o primeiro a levantar-se com suas milícias em novembro de 1710 e com quem, segundo Dias Martins, Bernardo Vieira teria conspirado. Mas o nomeado foi o *tertius* obscuro.[466] É legítima a suspeita de que Bernardo Vieira e André Dias projetaram assenhorear-se da principal fortificação do Recife; e quando em 1711 os mascates sublevarem-se contra o governo de D. Manuel, invocarão a necessidade de impedir que Bernardo Vieira, instalado na praça com uma tropa de paulistas, tomasse o Brum, obstando a entrada da frota que trazia o novo governador.

Resumindo uma incontornável digressão de crítica histórica: as fontes narrativas das alterações pernambucanas atestam o plano republicano de uma minoria do partido da nobreza, independentemente da querela acerca da data de 10 de novembro ou da existência da ata da Câmara de Olinda. Como Barbosa Lima Sobrinho e J. A. Gonsalves de Mello conjecturaram com toda razão, caso tal documento houvesse sido lavrado, teria sido infalivelmente destruído na época, de modo a não comprometer os sediciosos perante a Coroa.[467] O mais provável, porém, é que a ata nunca tenha existido. Se o conclave de Olinda ultrapassou os quadros institucionais do município, como ficou in-

---

[466] Dias Martins, *Os mártires pernambucanos*, p. 272; Co.Uo. 15.vii.1707, AHU, PA, Pco., cx. 14.

[467] Barbosa Lima Sobrinho, *Guerra dos Mascates*, Recife, 1962, p. 24; J. A. Gonsalves de Mello, prefácio a Pereira da Costa, *Anais pernambucanos*, i, e "Aditamentos e correções", v, p. dvi.

dicado, não havia razão para que a Câmara da cidade a exarasse. Trata-se, portanto, como assinalou Barbosa Lima Sobrinho, de um falso problema. Com ou sem a ata, há provas suficientes para afirmar que, em novembro de 1710, um punhado de pró-homens propôs a secessão da capitania *vis-à-vis* de Portugal. Não se pode misturar a reivindicação emancipacionista e republicana com a questão da ata, nem impugnar a realidade daquela mediante o infundado desta.

Em face das restrições a que a ideologia do Império sujeitou nossa historiografia oitocentista, coube a autores estrangeiros acentuar as conotações republicanas da sedição da nobreza. Robert Southey, que acreditava na "tendência natural de todas as colônias para o republicanismo", pensava que no caso das alterações pernambucanas era indispensável levar em conta "a longa convivência do povo com os holandeses", ideia fadada a grande aceitação na medida em que estabelecia uma conexão muito ao gosto do dia, o do ideário liberal, entre o período batavo e a tradição revolucionária de Pernambuco. Mas foi Handelmann que na sua *História do Brasil* (1864) tirou todo o partido possível de semelhante ligação. Enquanto isso, por oportunismo de alto funcionário ou por sincera convicção monárquica, Varnhagen reduziu os acontecimentos ao aspecto convencional de um conflito pela autonomia municipal, embora ao referir-se à alegada segunda sedição da nobreza assinale que a repressão desencadeada pela Coroa criara "um partido sinceramente revolucionário".[468]

* * *

Somente na sexta-feira, 14 de novembro, decorrida uma semana da fuga de Castro e Caldas, D. Manuel foi finalmente empossado no governo de Pernambuco, graças inclusive à intervenção dos magistrados que haviam acorrido da Paraíba: Arouche, os desembargadores Cristóvão Soares Reimão e Manuel Velho de Miranda e o ouvidor Jerônimo Correia do Amaral. João da Maia reivindicará o mérito de tê-los enviado, mas a verdade é que, mesmo sem sua iniciativa, os ministros da Coroa não se podiam dar ao luxo de igno-

---

[468] Southey, *História do Brasil*, iii, p. 58; H. Handelmann, *História do Brasil*, Rio de Janeiro, 1931, pp. 396-407; Varnhagen, *História geral do Brasil*, iii, p. 322. Ver a respeito Cabral de Mello, *Rubro veio*, pp. 301-3.

rar os acontecimentos, cônscios de que, caso a situação desandasse, El Rei cobrar-lhes-ia a injustificável omissão. Em Olinda, eles constataram a existência entre os pró-homens de um grupo oposto a que o bispo assumisse, pretendendo que só o fizesse depois de recebida não apenas a confirmação régia do perdão mas também a aceitação das exigências que iam ser formuladas, o que teria acarretado de imediato ou o estabelecimento de junta governativa ou a entrega do poder à Câmara de Olinda.[469]

Tais resistências só foram afastadas após uma série de reuniões no mosteiro de São Bento, nas quais os magistrados expuseram à Câmara e aos homens da governança a gravidade dos delitos cometidos, alertando para as consequências de acrescentar-lhes o da rejeição do prelado. Destarte, pôs-se água fria na fervura sediciosa, reforçando-se a posição da facção moderada do partido da nobreza, já suficientemente atemorizada. O "Tratado" é enfático quando se refere a Soares Reimão e a Velho de Miranda como "a principal causa e instrumento de se entregar o governo nas mãos do bispo, pois contra este parecer estava a maior parte daquele povo levantado, que queriam governador em si mesmo". Atuação que valeu, aliás, a ambos os ministros descomposturas e sátiras.[470]

Sábado, 15, por proposta do juiz do povo, D. Manuel Álvares da Costa recebeu o governo das mãos da Câmara de Olinda e na sua sede. O detalhe é significativo, de vez que a praxe consistia em que os governadores se empossassem na Sé; e muito menos na base de moção de autoridade ilegal, como era o juiz do povo, cujo cargo fora improvisado nos dias antecedentes. A aceitação do bispo ficava dependente de várias condições. A primeira o perdão, a ser dado em nome de Sua Majestade, do delito de sedição, concedido ainda no mesmo dia 15. Atendendo ao estado insurrecional provocado por Castro e Caldas, D. Manuel indultou "o crime da dita sublevação, revolução e tiro dado ao dito governador, confiado na grandeza d'El Rei Nosso Senhor, que [...] o haja de confirmar". A necessidade da confirmação

---

[469] *Calamidades*, pp. 50-2; "Tratado", fls. 55v-56; "Relação do levante", p. 303; João da Maia da Gama a D. João V, 16.xii.1710, AHU, PA, Pb., cx. 2. "Tratado", fl. 56. De ordem do governador João da Maia da Gama, viera também para Olinda o sargento-mor Matias Vidal de Negreiros, suspeito de conspirar para repetir na Paraíba o levante pernambucano.

[470] "Tratado", fls. 55v-56.

régia e a incerteza sobre a reação do monarca explicam em grande parte a atuação dos chefes do levante nos meses seguintes. Quando o assunto for debatido no Conselho Ultramarino, apontar-se-ão duas irregularidades de forma: a falta da assinatura do prelado, que espertamente se absteve de firmar, bem como a adição à palavra "revolução" da entrelinha "e tiro dado ao dito governador".[471]

Outra condição imposta a D. Manuel foi a elaboração de uma lista de reivindicações, os "capítulos", vocábulo que, no Reino, designava as solicitações apresentadas à Coroa pelos três braços das Cortes, clero, nobreza e povo. O bispo comprometia-se a transmiti-la a El Rei e a interceder em seu favor. D. Manuel devia avaliar que se o perdão tinha chances de confirmação, malgrado os excessos praticados, não era previsível que o soberano assentisse às exigências dos vassalos, de vez que "capitular" já adquiria também a acepção de ceder às suas vontades — noção intragável para as monarquias coevas. Ao prelado e às autoridades régias convinha, porém, entreter uma ilusão que lhes permitiria ganhar tempo, dissipar a exaltação reinante e restabelecer a normalidade na cidade e no campo. D. Manuel tratou, portanto, de "dissimular", no sentido consagrado pela "política cristã", que desempenhava nos países católicos o papel de equivalente funcional do maquiavelismo, condenado pela Igreja. Graças à dissimulação, os governantes podiam, sem perder a alma, protelar, ludibriar e mistificar quando estavam em jogo a segurança do Estado e da dinastia bem como a tranquilidade dos povos.[472]

---

[471] "Relação do levante", p. 303; *Memórias históricas*, iv, p. 68; *Documentos históricos*, iic, p. 224. Observe-se o emprego da palavra "revolução", pois foi no decurso do século XVII que ela adquiriu conotação política, só sendo utilizada até então para significar o movimento dos astros. Na França, a acepção ficara consagrada a partir da publicação das *Mémoires* do cardeal de Retz, em que narrou seu protagonismo durante a Fronda (1648-1653): Alain Rey, *Révolution. Histoire d'un mot*, Paris, 1989, pp. 33-53. Na Inglaterra, "revolução" havia assumido não só a conotação astrológica de retorno ao ponto inicial (restauração) como também de ruptura e mudança sem retorno à situação anterior: Tim Harris, *Restoration. Charles II and his kingdoms, 1660-1685*, Londres, 2005, pp. 32-8. Na língua portuguesa, as expressões mais empregadas ainda em começos do século XVIII eram "sedição", "sublevação" e "alteração", embora o *Vocabulário* de Bluteau já registrasse o sentido político de revolução.

[472] "Relação do levante", p. 303; *Calamidades*, p. 52; "Tratado", fls. 56-56v; Peter Burke, "Tacitism, scepticism and reason of State", J. H. Burns (org.), *The Cambridge history of political*

Enquanto se debatera em Olinda a sucessão no governo, o partido da nobreza aproveitara-se do vazio de poder para implementar as medidas que tinha a peito, a começar pela abolição da autonomia do Recife. Como se já não bastasse a demolição do pelourinho, o cofre dos pelouros da Câmara da nova vila foi aberto e queimado publicamente na cidade. Em nome do povo, intimaram-se os reinóis que ocupavam postos da milícia a renunciarem; a maioria obedeceu, passando pelo vexame de ter as insígnias arrancadas por escravos. Em seu lugar, designaram-se filhos da terra. Tratava-se de outro ato de natureza insurrecional, de vez que a nomeação dos destituídos recebera confirmação régia. A Câmara de Olinda e Valençuela Ortiz abriram devassas contra Castro e Caldas, solicitando-se sua prisão à justiça da Bahia. Desterrou-se meia dúzia de letrados que haviam sustentado a causa do Recife, o que não pôde ser cumprido à risca, pois vários deles se haviam posto a salvo pelos conventos da praça. Valençuela demitiu os protegidos do ex-governador na provedoria dos defuntos e ausentes. E Leonardo Bezerra e irmãos destruíram os inquéritos que os incriminavam, procedendo-se a nova averiguação, que os inocentou. Anulado foi também o processo contra Lourenço Gomes Ferraz.[473]

Arrombaram-se e saquearam-se lojas, extorquiram-se dinheiro, gêneros e quitações de dívidas. Mazombo houve que, em pleno Recife e à luz do dia, arrancou os anéis e as patacas a um indefeso mascate. Grupos de embuçados deslocavam-se de noite pelas ruas, moendo este ou aquele a pancadas, a menos que se remisse. Como já não houvesse força pública que impedisse os desaforos, os recifenses não se atreviam a sair de casa a partir da Ave-Maria. André Dias de Figueiredo teria mesmo cominado mercador dos mais prósperos a dar-lhe a filha em casamento, antecipando-se com este ato a um dos chefes da revolução de 1817. Outro teria entregue, sob ameaça, cerca de 2.500 cruzados. Governando havia apenas uma semana, D. Manuel já reconhecia "os inconvenientes e danos que já se experimentam com a dissimulação de se trazerem armas de fogo e puxar por espadas, adagas e facas [...] dando-se feridas e fazendo-se mortes violentas". O bispo reiterou a medida

---

thought, 1450-1700, Cambridge, 1991, pp. 482 e 485; Rosario Villari, *Elogio della dissimulazione. La lotta politica nel Seicento*, Roma, 1993, pp. 3-48.

[473] *Calamidades*, pp. 46-7, 49 e 50; "Tratado", fls. 51-52v; "Relação do levante", pp. 302-3.

contra o porte de armas na cidade e na praça; e, a fim de congraçar os espíritos, fez novena na matriz recifense do Corpo Santo.[474]

Tais providências tiveram algum efeito, pois umas décimas trasladadas em relação coeva queixavam-se de que até mesmo o "corregedor", isto é, o cacete punitivo dos olindenses, "grande férias tem tomado", donde o apelo a que voltasse a atuar: "ferva o bordão, minha gente", vingando "nosso pé-rapado" contra "o Recife ousado", que "contra nós, tiranamente/ obrou o que foi patente". Muito utilizado na guerra holandesa, quando, segundo pretendeu cronista da nobreza, Pernambuco fora restaurado graças aos "paus tostados", o cacete, de preferência de quiri, madeira muito resistente, tornara-se a arma "nacional" dos mazombos. Anos depois, do seu desterro baiano, Leonardo Bezerra recomendará aos parentes e amigos não cortarem "um só quiri das matas [...] para em tempo oportuno quebrarem-se nas costas dos marinheiros", isto é, dos portugueses.[475]

Não tem a menor veracidade a alegação das fontes olindenses segundo as quais entre a posse de D. Manuel e o levante do Recife, em junho de 1711, Pernambuco achava-se pacificado. No interior, expulsaram-se aqueles reinóis que haviam arrendado engenhos ou se assenhoreado deles mediante a execução de dívidas, reintegrando-se os antigos donos. Reputado traidor por haver cultivado a amizade dos governadores e fornecido o cepo a que se haviam atado ignominiosamente os pró-homens detidos por ordem de Castro e Caldas, o provedor da Misericórdia, Luís de Mendonça Cabral, teve de fugir para a Paraíba. Fonte mascatal pretenderá que a frustração popular decorrente do veto das autoridades ao saque do Recife foi canalizada no campo para a pilhagem dos bens de portugueses e de seus aliados.[476]

Soltaram-se também os presos de Olinda, com exceção de um escravo, "o Feijão" ou "o Aferventa", arcabuzado por crime de morte há muito dependente do julgamento da Relação da Bahia. Em face da massa de negros, índios

---

[474] *Calamidades*, pp. 48, 54 e 58; "Tratado", fls. 53-4 e 60v; "O governador Sebastião de Castro e Caldas teve ocasião de prender", cit.

[475] "Notícia da expulsão", fl. 5; Cabral de Mello, *Rubro veio*, pp. 97-8. A atribuição aos reinóis do apodo de "marinheiro" data com efeito do século XVIII.

[476] *Calamidades*, pp. 46 e 49; "Tratado", fls. 51-51v e 53-4; "Relação do levante", p. 302.

e mestiços vadios que transitava entre a capangagem a soldo dos pró-homens e os assaltos e homicídios por conta própria, o ato foi uma forma de protesto contra a recusa da Coroa em conceder à justiça da capitania a competência para aplicar a pena de morte. Desde os anos setenta, a Câmara de Olinda pleiteava alçada especial ou junta composta do governador, do ouvidor e do provedor, com o poder, de que gozava o Rio de Janeiro, de condenar à morte sem apelação os escravos, índios ou peões, homens livres de condição subalterna, de vez que, consoante as concepções penais da época, o efeito dissuasivo das execuções públicas era bem maior ali onde o delito fora cometido. Malgrado opinião favorável do Conselho Ultramarino, D. Pedro II mostrara-se reticente, o castigo sumário comportando o risco de erro judiciário para a régia consciência. El Rei permitiu apenas que os ouvidores também devassassem os homicídios, a despeito de tratar-se até então de competência privativa dos juízes ordinários das Câmaras; e que, julgada a causa pela Relação da Bahia, fosse a sentença executada em Pernambuco.[477]

Já se mencionou haverem os sediciosos consagrado outra antiga reivindicação, a eleição de juiz do povo, função inexistente em Olinda mas não em outros municípios importantes do Reino e colônias, cuja criação já fora pleiteada durante a ocupação holandesa. No triênio de Montebelo, tentara-se outra vez instituir o cargo, o que ele desaconselhara vivamente com o exemplo da experiência espanhola: o juiz do povo tornava-se menos o representante da plebe do que o instrumento de particulares poderosos em busca de uma fachada popular para legitimar seus próprios fins. Em Pernambuco, ele seria ainda mais daninho por ser "a gente desta terra, entre toda a do Brasil, a mais fácil e pronta para os motins e desobediências aos governadores". Ao apoiar a pretensão, o único propósito da Câmara de Olinda era o de obstruir o controle que o marquês lhe vinha impondo. Dentro em pouco, as alterações de Goiana deram razão a Montebelo: por trás do juiz do povo eleito pelos levantados, os homens principais é que puxavam os cordéis.[478]

---

[477] Co.Uo. 8.viii.1672, AHU, PA, Pco., cx. 6; Câmara de Olinda ao regente D. Pedro, 22.viii.1672 e 2.x.1676, AHU, PA, Pco., cx. 7; Francisco Berenguer de Andrade, "Advertências sobre alguns particulares a que se deve acudir para conservação e maior utilidade da capitania de Pernambuco", 13.i.1689, e Co.Uo. 17.ii.1689, AHU, PA, Pb., cx. 5.

[478] *Calamidades*, p. 51; BL, Add. 21.000, fl. 99; "Atas da Assembleia convocada pelo conde

Em 1710-1711, o juiz do povo, certo pedreiro que se tornara proprietário de olaria, não influenciou os acontecimentos, embora sua aclamação possa ter servido para contentar a plebe olindense. Ele se ateve a solicitar a expulsão dos néris, a redução do preço do sal e a tapagem do Varadouro de Olinda. Devido às preamares no delta do Capibaribe-Beberibe, o Recife abastecia-se de água potável no Varadouro, para onde era trazida em canoas dos portos fluviais a montante. No governo de João da Cunha Souto Maior, a Câmara construíra um dique que, isolando o Beberibe das marés, assegurava a qualidade da água e colocava um viveiro à disposição dos olindenses, num burgo onde o clero era numeroso. Os moradores do Recife puseram no que chamavam o "pântano de Olinda" a culpa pela epidemia de febre amarela e de "febres podres", modalidades da malária endêmica que grassavam na capitania.

Como os recifenses obtivessem da Coroa a ordem de demolição, o ressentimento explodira em Olinda, cuja Câmara negara-se a fornecer recursos para o desmonte, finalmente executado por conta de Antônio Fernandes de Matos. Na gestão de Montebelo, ele próprio vítima dos "males", a Câmara brandira o parecer de sumidade médica, o reinol João Ferreira da Rosa, que então redigia seu *Tratado da constituição pestilencial de Pernambuco* (1694) e para quem a represa do Varadouro era apenas um inofensivo açude, do qual não se podia suspeitar que fosse foco de insalubridade. A Coroa mantivera-se inabalável mas a questão continuara a mobilizar a plebe olindense contra o Recife. À raiz do levante contra Castro e Caldas, "os povos da cidade, ainda os meninos e todo o gênero de mulheres, com os mantos à cabeça, concorreram ansiosos a carregar pedra e faxina para a tal tapagem, emprego principal da sua desordenada paixão".[479]

Abolida a autonomia do Recife, a Câmara de Olinda voltou a exercer sua autoridade sobre a praça, com redobrado rigor. Condenaram-se moradores a pesadas multas, baixaram-se posturas e criaram-se impostos, o que provocou certo êxodo de famílias mascatais. Tentando corrigir o erro cometido com a partida das milícias rurais e com o retorno da tropa de linha às forta-

---

de Nassau e Alto Conselho (1640)", Gonsalves de Mello, *Fontes para a história do Brasil holandês*, ii, p. 365.

[479] Gilberto Osório de Andrade, *Montebelo, os males e os mascates*, pp. 139-46; AUC, CA, 31, fls. 417v-419 e 449v-450; "Tratado", fl. 49.

lezas do Recife, procurou-se colocá-las sob o comando de oficiais da nobreza. Estes faziam as vezes de polícia política, vigiando os movimentos da população e varejando as embarcações de cabotagem, a fim de interceptar a correspondência com a Bahia e com a Paraíba e de impedir a saída do numerário já escasso, transferido por mercadores em pânico a título do pagamento de dívidas e de encontro de contas com negociantes daquelas praças. As comunicações terrestres foram também submetidas a controle, tudo no propósito de colocar o Recife "em estado de que nem na Bahia nem em parte alguma se pudesse saber o que nela se padecia".[480]

Não se exagere, porém, o terror açucarocrático; o que virá depois, o terror da Coroa, tinha de ser bem mais eficaz. Por intensa que fosse a hostilidade entre mazombos e reinóis, a interdependência da praça e do engenho preservava, bem ou mal, a teia de relações entre mercador e produtor. Muitos pró-homens não se negariam a dispensar, por amizade ou cálculo, ajuda e proteção aos mascates das suas relações. A nobreza não desejava destruir o comércio recifense nem substituir-se a ele, mas ditar as condições de relacionamento, afastando-o do mando, não do negócio, de acordo com as noções predominantes no Antigo Regime acerca da natureza complementar das funções que desempenhavam. Resignando-se os mascates ao lugar que lhes cabia na ordem das coisas, cumpria tratá-los como os sócios menores que eram, ou seja, indivíduos que, embora não possuíssem a distinção do nome ou a qualidade do sangue, tinham em comum com a nobreza algo que, no final das contas, era igualmente crucial: a posse dos bens deste mundo, de que estavam destituídas as demais camadas sociais da capitania.

Mesmo ao homem de negócio carente de proteção restavam a astúcia e o tino, valores negativos na ótica senhorial, mas característicos de uma categoria de indivíduos visceralmente incapacitada para representar os valores opostos da honra e da bravura, monopólio dos pró-homens. O Dr. Manuel dos Santos narrou, com intuição sociológica, episódio revelador. O cirurgião-mor do terço do Recife, cordato reinol, emprestava dinheiro a juros nas horas vagas, o que lhe devia trazer maiores benefícios que o ordenado. Tendo adiantado importante quantia a um dos figurões da terra, provavelmente da-

---

[480] *Calamidades*, pp. 58-9; "Tratado", fls. 60v-61 e 62-63v; Nicolau Pais Sarmento a Castro e Caldas, 18.ii.1711, AHU, PA, Ba., cx. 4.

queles que arrotavam a valentia de um avô que expulsara os holandeses, apareceu-lhe o devedor na companhia de amigos, a fim de arrebatar-lhe o recibo que passara. O cirurgião o atendeu com a humildade que as circunstâncias aconselhavam. Após reler o documento, o visitante rasgou-o em pedacinhos, atirando-os ao chão e descendo imperturbável a escada. Dando-se por satisfeito de não haver sofrido violência física, o credor aplicou-se pelo resto da noite ao trabalho penoso de reconstituir o documento, que guardou para o tempo em que, restaurada a ordem d'El Rei, pôde tranquilamente cobrar em juízo o que se lhe devia, acrescido de mora e custas.[481]

Empossado D. Manuel, a maioria dos pró-homens retornou às suas terras, mas permaneceu em Olinda uma junta de "definidores" composta de dois delegados por cada freguesia, com a missão de redigir o memorial a ser submetido a D. João V mas sobretudo "para aí regerem e encaminharem o governo e suas disposições em tudo aquilo que a eles estivesse bem e lhes acomodasse". Tratou-se em especial de fazer o expurgo dos capitães-mores julgados pouco confiáveis. Durante sua gestão de onze meses, D. Manuel prestou-se ao jogo, fazendo vistas grossas a muitos dos abusos praticados pelos triunfadores da hora, no intuito de conter os excessos facciosos, ou simplesmente por temor, como sustentariam os mascates. Comportamento que lhe custará o favor real, prejudicando-lhe a carreira, quando, na realidade, sua atuação, por precária que fosse, ofereceria doravante o derradeiro obstáculo institucional à ruptura com a metrópole. Não é crível, porém, a imputação de que, por ambição pessoal, estivesse animado pelos propósitos da vanguarda sediciosa.[482]

A junta procurou conciliar num único texto a lista de exigências entregue ao bispo por ocasião da posse além de várias outras reivindicações, muitas delas já formuladas na representação da nobreza de 1704. Empresa dificultosa, de vez que "cada um pedia o que desejava, fosse ou não lícito, que como tinham a faca e o queijo na mão, sem que ninguém os impedisse, cortava[m] a seu gosto".[483] Logrou-se consenso a respeito de quinze artigos relativos aos

---

[481] *Calamidades*, p. 48.

[482] "Tratado", fls. 60 e 64v; "Relatório de frei Felipe de Alteta", 2.vi.1713, cit.

[483] *Calamidades*, pp. 54-7; "Tratado", fls. 56v-59v; "Relação do levante", pp. 304-7.

fins políticos da sedição e a objetivos de natureza econômica e social. Na verdade, este elenco depurado ainda passou pelo crivo dos moderados, reduzindo-se a sete, por insistência dos delegados do Cabo. Desconhece-se esta versão definitiva, o que, aliás, não faz muita diferença, de vez que matreiramente D. Manuel jamais transmitiu os "capítulos" a El Rei, sequer mencionando sua existência no relato que lhe fez acerca da sedição da nobreza, no qual limitou-se a pedir a confirmação do indulto. Os quinze "capítulos" só são conhecidos graças a que foram enviados a título particular, em anexo a uma narrativa pró-recifense do levante. Ou D. Manuel, com a ajuda dos moderados, conseguiu dissuadir os exaltados, ou, o que é mais provável, enganou-os a todos, prevendo certeiramente que o documento só complicaria o essencial que, para ele, era a validação da anistia e o endosso régio à sua atuação. Compreensivelmente, tampouco os cronistas olindenses dizem uma única palavra a respeito.[484]

O primeiro dos quinze "capítulos" era a abolição da autonomia do Recife e a eliminação dos seus moradores do rol dos votantes nas eleições municipais de Olinda, com a interdição de servirem na Câmara da cidade, mesmo quando mercadores de sobrado. Os mascates ficariam também inabilitados a ocupar os comandos da milícia. El Rei deveria confirmar o perdão de todo o sucedido a partir do atentado contra Castro e Caldas, inclusive os danos praticados nos bens de particulares. Ficariam proibidos de regressar à capitania os parciais do Recife que haviam acompanhado o governador deposto, além de se desterrarem vários parceiros seus. A administração judiciária seria modificada com a extinção do cargo de juiz de fora, restituindo-se seus poderes ao juiz ordinário da Câmara de Olinda, que se veria livre da tutela de agente da Coroa. A ouvidoria seria desmembrada entre um ouvidor do cível e outro, do crime.

A isenção das execuções por dívida dos senhores de engenho e lavradores de cana e de roças tornar-se-ia permanente, sem necessidade de renovação periódica, aplicando-se também aos débitos à fazenda real, ademais de proteger os bens que relevassem da fortuna do proprietário e não da sua atividade. Os credores seriam exclusivamente reembolsados nos rendimentos dos

---

[484] *Calamidades*, p. 54; "Relação do levante", p. 308.

devedores, mediante açúcar ao preço vigente, suprimindo-se a arrematação dos bens dos senhores de engenho e lavradores que devessem soma superior ao valor deles. Reorganizar-se-ia o abastecimento de escravos a fim de que o preço de cada "peça" não ultrapassasse 70 mil-réis, modificando-se o sistema de cotas de importação adotado em 1703 para as principais capitanias.[485] A moeda do Reino circularia em Pernambuco com valor acrescido, de modo a evitar sua fuga e a resultante insuficiência de numerário, antiga providência de que cogitara outrora o governo holandês.[486] A Coroa concederia licença para que comerciassem anualmente duas naus estrangeiras, uma inglesa, outra holandesa, as quais navegariam fora das frotas, destinando-se exclusivamente ao transporte de açúcar.[487] El Rei autorizaria a construção do porto de Olinda, enviando-se os peritos necessários, ficando o custo da obra a cargo dos moradores. Ao dique do Varadouro dar-se-ia seu anterior traçado, arcando os recifenses com as despesas.

Por fim, o Recolhimento da Conceição em Olinda seria transformado em convento de freiras professas, a exemplo dos que já existiam em Salvador e no Rio de Janeiro. Esta antiga reivindicação, apoiada outrora pelo bispo Matias de Figueiredo e Melo, havia sido defendida pelo próprio Castro e

---

[485] Para o sistema de cotas e o aprovisionamento de escravos, Boxer, *Portuguese society in the tropics*, pp. 130-1; e Schwartz, *Sugar plantations*, p. 189.

[486] AUC, CA, 33, fls. 383-383v. Para as vicissitudes monetárias da economia açucareira no período colonial, Schwartz, *Sugar plantations*, p. 188. Para o caso pernambucano, *Documentos históricos*, xxxviii, pp. 381-2, 389, 427-8 e 440-1; Severino Sombra, *História monetária do Brasil colonial*, Rio de Janeiro, 1938, pp. 93 ss., o qual repertoria a legislação a respeito; e também Pereira da Costa, *Anais pernambucanos*, iv, pp. 61-6. Quanto a tais problemas à escala do Império português, ver Vitorino Magalhães-Godinho, "Portugal and her empire, 1680-1720", *The new Cambridge modern history*, vi, *The rise of Great Britain and Russia, 1688-1720*, Cambridge, 1971, pp. 509 ss. Texto capital do mesmo autor relativo ao período: "Portugal, as frotas do açúcar e as frotas do ouro (1670-1770)", *Ensaios*, 3 vols., Lisboa, 1968-1971, ii, pp. 293 ss.

[487] Tal reivindicação suscitará em Lisboa o comentário irônico: "Parece que gostaram dos ingleses do ano passado e dos franceses", José Soares da Silva, "Gazeta composta em forma de cartas", BNL, FG, 512, fl. 177. Trata-se de alusão ao patacho inglês que em maio de 1710 dera entrada no Recife com autorização de Castro e Caldas e aos seis navios holandeses que em 1707 haviam arribado à baía Formosa, no Rio Grande do Norte, negociando com os moradores: AUC, CA, 32, fls. 54-54v e 66v-67.

Caldas junto à Coroa, secundando a Câmara de Olinda e os homens da governança. Mas El Rei descartara mais uma vez a ideia, com o costumeiro argumento de que os conventos de religiosas freavam o crescimento populacional. Quando da expulsão dos capuchinhos franceses, a Câmara de Olinda solicitara estabelecer na Penha um recolhimento de professas ou de órfãs. Mas os beneditinos alegaram direitos sobre o prédio, também reivindicado pela Congregação do Oratório, que de 1701 a 1709 gerira o hospício, finalmente entregue por decisão régia aos capuchinhos italianos.[488]

Entre os papéis do arquivo da Casa de Cadaval (Muge, Portugal) existe um texto com dezenove itens, remetido pelo capitão-mor de Una, Cristóvão Pais Barreto de Melo, o que permite conhecer as reivindicações apresentadas inicialmente e reformuladas ou eliminadas quando se procedeu à triagem que resultou nos quinze "capítulos". Algumas tinham-se tornado inatuais, como a que previa não empossar D. Manuel, ou supérfluas, como a de se devassar o governo de Castro e Caldas, o que caberia à residência de praxe, ou a mera reiteração de ordens régias, como a que mandava os governadores habitarem em Olinda, exceto nas ocasiões de frota. A primeira das pretensões descartadas pretendia que o governador de Pernambuco só fosse escolhido doravante entre os títulos, isto é, a alta aristocracia do Reino. Neste particular, aliás, a capitania não tinha muito do que se queixar, tanto assim que, de 1654 a 1702, Pernambuco fora administrado por nada menos de oito indivíduos da primeira nobreza e de sete fidalgos, embora a seleção fosse compreensivelmente menos aristocrática do que para Salvador, sede de governo-geral.[489]

---

[488] AUC, CA, 33, fls. 307 e 415v; Pereira da Costa, *Anais pernambucanos*, iv, p. 307; Regni, *Os capuchinhos na Bahia*, i, pp. 252-4.

[489] *Os manuscritos do arquivo da Casa de Cadaval*, ii, pp. 352-4; Mafalda Soares da Cunha, "Governos e governantes do Império português do Atlântico (século XVII)", em Maria Fernanda Bicalho e Vera Fellini, *Modos de governar. Ideias e práticas políticas no Império português. Séculos XVI a XIX*, São Paulo, 2005, pp. 83 e 92; Nuno Gonçalo Monteiro, "Governadores e capitães-mores do Império Atlântico português no século XVIII", *ibid.*, p. 103. A partir de 1702, enquanto, segundo Nuno Gonçalo Monteiro, a participação de "descendentes de titulares da primeira nobreza de Corte e de fidalguia inequívoca" no governo de capitanias não dependentes no Brasil chega a 82%, em Pernambuco ela passou de 60% no século XVII a 84% no XVIII.

Outras reivindicações repelidas consistiam na supressão da competência dos governadores de nomearem criados seus para funções públicas e de escolherem capitães-mores não residentes no distrito; a conservação do recém-criado cargo de juiz do povo da Câmara de Olinda, a ser eleito a cada ano pelos mesteres; a abolição da residência dos comandantes das milícias; o congelamento das cobranças judiciais durante os dois anos seguintes e a supressão definitiva dos juros de mora; o limite da execução dos débitos dos proprietários rurais a dois terços do rendimento, destinando-se o terço restante ao sustento dos devedores, que se beneficiariam também da isenção de encarceramento por dívida; a proibição do estabelecimento de novos tributos; a arrematação dos contratos dos impostos em Olinda, sem interferência do governador; a não circulação fora da capitania das moedas nela cunhadas, podendo o devedor pagar em letras; a adoção da moeda divisionária de cobre; o retorno do preço do sal ao nível de 320 réis por alqueire; a vigência do anterior calendário das frotas, que correspondia melhor aos interesses de senhores de engenho e lavradores de cana, isto é, partida de Lisboa em setembro ou outubro, chegada ao Recife em dezembro ou janeiro e retorno a Portugal em março ou abril; o envio de duas naus anuais a Tamandaré, para atender diretamente as freguesias meridionais, reivindicação que datava da guerra holandesa; e a liberdade para os comerciantes fixarem o preço das suas mercadorias e para os senhores de engenho e lavradores de cana, o do açúcar.

A insurreição triunfara mas os meses seguintes demonstrarão sua fragilidade. O poder dos pró-homens residia nas milícias rurais, que só podiam ser instrumentalizadas temporariamente. Com seu regresso ao campo, a tropa de linha, como aludido, voltou a guarnecer as fortalezas, embora enquadrada por oficiais da nobreza. A disputa sucessória indicara suficientemente a falta de coesão. Tampouco o interior da capitania encarava o sucedido de maneira consensual. As freguesias centrais (Jaboatão, Santo Antão, São Lourenço e Nossa Senhora da Luz), as freguesias do norte (Maranguape e Igaraçu), e a capitania de Itamaracá (salvo Goiana), em resumo a bacia do Capibaribe e *grosso modo* a área que os geógrafos designam por "mata seca", sustentaram a sedição com uma firmeza que não lhe dispensou a "mata úmida", isto é, os distritos meridionais de Pernambuco. Embora quando do levante dos mascates em 1711 a geografia insurrecional se tornasse mais complexa, pois quisera Deus que "em todas as freguesias e capitanias houvesse parcialidades", pode-se vislumbrar desde já os contornos de uma dicotomia regional, que, aliás, se tornará mais nítida cem anos depois.[490]

Exceto a vila e termo de Porto Calvo, a comarca de Alagoas negou-se a apoiar a rebelião. Penedo repeliu o capitão-mor designado por D. Manuel, mantendo no posto o nomeado de Castro e Caldas, que a Câmara da vila, cujas simpatias "sebastianistas" eram evidentes, tratou de proteger, reconduzindo às funções e transmitindo ao governador-geral na Bahia declaração firmada pelos homens da governança e milícia, protestando não haverem concorrido para a sublevação e prometendo defenderem na região do São Francisco a causa de Sua Majestade. Malgrado as tentativas de obter a adesão das suas milícias, as vilas de Alagoas e de São Miguel não se mexeram. Nas Alagoas, o capitão-mor Sebastião Dias Maneli, parente dos Cavalcanti, fez jogo duplo, confessando depois: "sempre baralhei as cartas em modo que não houvesse resposta e nos recolhêssemos ao silêncio", pois Câmara e povo estavam concordes em rejeitar "os convites de semelhantes ruínas". Este foi igualmente o caso de São Miguel, onde prevaleceu uma paz armada entre as parcialidades, à raiz de conflitos e mortes que se saldaram pela fuga do capitão-mor; e onde o capitão João da Mota, que comandava interinamente o terço do Recife, dispunha de parentela influente.[491]

Porto Calvo, o mais importante distrito açucareiro da comarca, constituiu, portanto, o único foco insurrecional naquelas bandas, o que o autor do "Tratado" explicava pelo fato de seus próceres descenderem de "famílias não de menor lote de Pernambuco e as mais delas aparentadas com os aliados na governança presente", isto é, no governo do bispo. A sedição, encabeçada pelos irmãos Rocha Wanderley, manteve no cargo o capitão-mor, José de Barros Pimentel, que reputado partidário de Olinda veio a mudar de posição persuadido pelo seu vizinho do norte, o capitão-mor de Una, Cristóvão Pais Barreto de Melo, tendo de fugir, de vez que seus parentes "o buscavam para

---

[490] "Tratado", fl. 90v.

[491] *Ibid.*, fls. 65v-69; *Calamidades*, pp. 60-2; "Cópia de um termo que se fez na Câmara da capitania do rio de São Francisco", 3.v.1711, e Sebastião Dias Maneli a Castro e Caldas, 4.iv.1711, AHU, PA, Ba., cx. 4; Castro e Caldas a D. João V, 10.i.1711, cit.

o matar", pois, como a solidariedade de classe, a de família também tem limite. Na sua ausência, Porto Calvo seguiu o partido da nobreza.[492]

São Gonçalo do Una, freguesia meridional da comarca de Pernambuco, tinha a vantagem de controlar o porto de Tamandaré. Dela partiu a contrarrevolução na mata açucareira, chefiada pelo capitão-mor Cristóvão Pais Barreto de Melo, a quem Deus, assegura fonte mascatal, "tinha destinado para ser o único e fiel vassalo" com que contaria El Rei entre a nobreza, fidelidade monárquica transmitida pelo sangue, de vez que ao tempo da insurreição contra o domínio holandês seu pai fora o primeiro dos pró-homens a obedecer a ordem régia de pôr fogo no engenho e canaviais e recolher-se à Bahia. D. Manuel suspendeu Cristóvão Pais do cargo mas teve de recuar em face da contestação das milícias do Una e sobretudo da necessidade de preservar as relações com a família Pais Barreto. Cristóvão Pais, que se correspondia com Castro e Caldas na Bahia, foi a pedra no sapato da insurreição. Embora sua tentativa de ganhar Porto Calvo tivesse fracassado, sua aliança com o governador dos índios, D. Sebastião Pinheiro Camarão, será o grande trunfo mascatal no interior da capitania; e com a partida de Bernardo Vieira de Melo para o Recife, ele obterá a adesão dos oficiais do terço dos Palmares.[493]

À exceção do Cabo, o partido da nobreza não teve maiores dificuldades nas freguesias meridionais da comarca de Pernambuco. Em Sirinhaém, os pró-homens depuseram o capitão-mor, reinol e fiel a Castro e Caldas, substituindo-o por um dos seus. Também Ipojuca apoiou solidamente a insurreição e o governo de D. Manuel. Em Muribeca, o capitão-mor Antônio de Sá e Albuquerque, de regresso da Paraíba após a fuga do governador, era reputado parcial seguro da nobreza. Fonte mascatal refere-se a seu pai e antigo capitão-mor do distrito, o velho José de Sá e Albuquerque, o "Olho de Vidro", como uma espécie de guru da sedição, "protetor e conselheiro de todos os aliados [da nobreza], a quem todos tinham muito respeito [e] veneração e aparentado com todos".[494] A defecção do filho só ocorrerá ao tempo do le-

---

[492] *Calamidades*, p. 216; "Tratado", fls. 69-70.

[493] Papéis de serviço de Cristóvão Pais Barreto, AHU, PA, Pco., cx. 16; "Tratado", fls. 70-72 e 74v-75; Castro e Caldas a D. João V, 10.i.1711, cit.

[494] "Tratado", fls. 71v-72 e 74v-75.

vante dos mascates, por persuasão dos seus parentes, mas sem afetar o alinhamento de Muribeca com a administração do bispo.

O Cabo constituiu o calcanhar-de-Aquiles do partido de Olinda devido ao apoio de D. Francisco de Souza e do seu filho, o segundo D. João de Souza, à causa do Recife, a que estavam vinculados sentimental e patrimonialmente desde que o primeiro D. João de Souza erigira e dotara a igreja e o hospital de São João de Deus e do Paraíso. Sendo o Cabo "a principal freguesia de todas as de Pernambuco, tanto no território como fazendas e melhores engenhos", contava com uma milícia de mil homens, sob as ordens do capitão-mor João Pais Barreto, quinto morgado do Cabo, e do sargento-mor, Felipe Pais Barreto, seu irmão, que tinha sérios motivos de queixa contra os mascates que haviam torpedeado suas pretensões ao hábito da Ordem de Cristo. O morgado, contudo, inclinava-se pelo Recife, participando a contragosto do levante contra Castro e Caldas, segundo reconhecem as fontes mascatais, inclinação sustentada pela população do Cabo, que procurou atalhar os excessos da gente de outras freguesias.[495]

Para o bispo e aliados, era essencial garantir o apoio do Cabo, que situado no flanco meridional do Recife dava acesso aos distritos do sul. A família Pais Barreto ocupara desde sempre o comando da milícia, o que tornava desaconselhável a exoneração do morgado. Mas em maio de 1711, ele foi assassinado numa estrada do seu engenho, ato de vingança privada ordenado por André Vieira de Melo, cuja mulher era suspeita de ligação amorosa com a vítima. A justiça doméstica agiu implacavelmente: por ordem de Bernardo Vieira de Melo e da mulher, a pretensa adúltera foi estrangulada. Segundo as versões mascatais, porém, o motivo verdadeiro consistira em eliminar um poderoso adversário potencial do partido da nobreza. O crime, no entanto, não removeu a dificuldade. Tendo D. Manuel nomeado substituto a quem se atribuía culpa principal no delito, o Cabo negou-se a aceitá-lo, pegando em armas para assegurar a sucessão no sargento-mor Felipe Pais Barreto, de vez que o sexto morgado, filho do morto, era ainda menino. O governo de Olinda teve de ceder, nomeando Felipe Pais.[496]

---

[495] *Ibid.*, fls. 72-72v; *Calamidades*, pp. 52 e 62; Castro e Caldas a D. João V, 10.i.1711, cit.; Cabral de Mello, *O nome e o sangue*, p. 43.

[496] *Calamidades*, pp. 62-9; "Tratado", fls. 72v-74v; Cabral de Mello, *O nome e o sangue*, p. 45.

Nas freguesias centrais, prevaleceu a unanimidade sediciosa que conferiu ao movimento a tintura populista perceptível no entusiasmo com que Santo Antão e São Lourenço se haviam amotinado, na insatisfação manifestada no arraial dos Afogados e nas reivindicações mais radicais apresentadas a D. Manuel. Mas se os milicianos da chamada "mata do pau-brasil" foram "em tudo os primeiros e mais apaixonados e apostos a todo o mal que geralmente se fez", a região contava também com vários Cavalcanti, "principais cabeças e origens de tudo o que se tem visto em Pernambuco". Um dos ramos da família, que detinha os comandos da milícia local, radicara-se ao longo da ribeira do Capibaribe, entre a Várzea e Tracunhaém. Outro estabelecera-se em Fornos de Cal (Olinda) e em Goiana. Antes e depois da sedição da nobreza, diversos irmãos de Leonardo Bezerra ocupavam postos da tropa de primeira e segunda linha ou serviam de vereadores em Pernambuco e Itamaracá.[497]

Em Santo Antão baseava-se a parentela de André Dias de Figueiredo, cujo cunhado, Pedro Ribeiro da Silva, capitão-mor do distrito, jactava-se de que "ele e seus parentes foram os que mais obraram pela liberdade da sua pátria e os primeiros que pegaram em armas", linguagem que permite entrever as rivalidades clânicas que vieram à tona quando da tentativa de escolher-se governador entre os pró-homens. Quanto às freguesias do norte de Pernambuco (Maranguape e Igaraçu), o autor do "Tratado" afirma haverem sustentado sem reservas o governo de Olinda. É certo que Castro e Caldas denunciou o capitão-mor de Maranguape, Jerônimo César de Melo, como cúmplice de Lourenço Cavalcanti Uchoa, de quem fora aliado na oposição a Montebelo. Na realidade, Jerônimo nem desfilou com sua milícia pelo Recife nem apoiou o projeto de Bernardo Vieira de Melo, votando em favor da pos-

---

[497] "Tratado", fls. 76v-77. Dos irmãos de Leonardo Bezerra, Cosme Bezerra Monteiro era capitão das ordenanças de Goiana e juiz ordinário da vila; Domingos Bezerra Cavalcanti, vereador de Olinda e coronel das ordenanças; Manuel Cavalcanti Bezerra, comissário-geral da cavalaria; Leandro Bezerra Cavalcanti, tenente-coronel das milícias de Itamaracá; e Antônio Cavalcanti Bezerra, capitão de ordenanças da Várzea. Um primo de Leonardo Bezerra, Antônio da Rocha Bezerra, era governador dos índios no Rio Grande do Norte. Dois dos filhos de Leonardo Bezerra, Cosme Bezerra Monteiro II e Manuel Bezerra Cavalcanti, eram alferes do terço do Recife; um sobrinho, capitão do terço de Olinda; um cunhado, tenente-coronel da milícia; e um consogro, capitão das ordenanças da Várzea: Dias Martins, *Os mártires pernambucanos*, pp. 10, 16, 87, 90-1, 93, 135-7, 142, 229, 288, 312 e 383.

se do bispo. No tocante ao capitão-mor de Igaraçu, Antônio da Silva Pereira, Castro e Caldas o incluiu entre os pró-homens que lhe haviam sido fiéis, motivo pelo qual D. Manuel procurara substituí-lo, só desistindo, como no Cabo, mercê da resistência dos seus comandados, versão que o comportamento posterior do capitão-mor tende a endossar.[498]

Na capitania de Itamaracá, as coisas se tinham de passar de maneira muito mais trepidante, devido à existência de um núcleo de mercadores reinóis em Goiana, guarda avançada do comércio recifense nesta porta do sertão. Desde as alterações de 1692, o funcionamento da justiça só fizera piorar. O ouvidor de nomeação donatarial era tão mal remunerado que, por dinheiro, violava os pelouros substituindo os nomes dos vereadores eleitos. A despeito da ordem régia que fizera da ilha a sede da guarnição, o capitão-mor e a tropa residiam em Goiana. Invocando o perigo externo, Castro e Caldas propusera que a Câmara e o judiciário voltassem à vila da Conceição, mas a Coroa determinou a ereção de Goiana em vila, da mesma maneira salomônica pela qual, no dia anterior, resolvera o dissídio entre Olinda e o Recife.[499]

O novo município foi instalado e seu termo, fixado, na dependência da régia confirmação. À Câmara de Goiana foi dado o correspondente alfoz, a que se reuniu a Taquara, ao passo que à vila da Conceição pertenceria, além da ilha, o distrito de Tejucopapo, na terra firme. O ouvidor da capitania residiria não em Conceição mas em Goiana, onde sua presença era mais necessária, por ser "a maior povoação [e ter] o maior número de engenhos", além de residir ali "a maior parte da nobreza". A vila da Conceição repeliu a fórmula com o apoio da guarnição e dos habitantes da ilha, recorrendo ao governador-geral, D. Lourenço de Almada, que se limitou a recomendar às partes que procurassem compor a divergência, conselho inútil, de vez que os ilhéus continuaram a hostilizar o governo de D. Manuel.[500]

---

[498] "Tratado", fl. 76v-77v; Castro e Caldas a D. João V, 10.i.1711, cit.; Dias Martins, *Os mártires pernambucanos*, pp. 37, 119, 125, 226-7, 302 e 365. O "Tratado" assinala, porém, que Igaraçu e seu capitão-mor seguiram o partido de Olinda.

[499] Devassa do Dr. Francisco Pereira Álvares (1711), AHU, PA, Pb., cx. 6; AUC, CA, 32, fls. 44 e 55v-56, e CA, 33, fl. 314v.

[500] AUC, CA, 32, fls. 76, 78v-79 e 80; Nicolau Pais Sarmento a Castro e Caldas, 18.ii.1711, AHU, PA, Ba., cx. 4; *Documentos históricos*, xxxix, pp. 272-4; "Tratado", fl. 77v; Castro e Caldas

O bispo não se podia dar ao luxo de antagonizar os Cavalcanti de Goiana, numerosos e influentes, "e por esta razão é bem sabido o quanto esta freguesia [...] foi sempre revoltosa e quase voluntária, obrando sempre o que quiseram, à medida do seu desejo".[501] Os Cavalcanti de Itamaracá eram chefiados por Francisco de Barros Falcão de Lacerda, senhor dos engenhos Mussumbu e Pedreiras e genro do antigo capitão-mor. Amargando o rigor com que a Coroa se houvera consigo e com os irmãos implicados no assassinato de Roque Gomes Pais e em outras malfeitorias, Francisco de Barros promoveu a adesão da capitania ao levante contra Castro e Caldas, aliciando também o morgado de Cunhaú e capitão-mor de Goianinha, no Rio Grande do Norte, Afonso de Albuquerque Maranhão. Outro parente implicado no levante da nobreza era Manuel Cavalcanti de Lacerda, alcaide-mor de Goiana e senhor do engenho Tapirema, em cuja casa-grande pernoitara D. Manuel no decurso da sua viagem à Paraíba.

A geografia insurrecional remete, portanto, a outro nível de explicação, o parentesco. A atitude das freguesias rurais e das milícias dependeu menos da insatisfação reinante entre os estratos subalternos da população livre, em que se recrutava a força de segunda linha, do que das alianças dos pró-homens e das redes de solidariedade clânica e clientelística. Dos 161 indivíduos incluídos no dicionário biográfico de Dias Martins por sua atuação nos acontecimentos de 1710-1711, nada menos de 74 (46%) eram aparentados agnada ou cognatamente, como indica cotejo sumário com a *Nobiliarquia pernambucana*, de Borges da Fonseca. Comparação mais abrangente, que acrescentasse à parentela, noção sincrônica, a linhagem, conceito diacrônico, permitiria decerto ampliar substancialmente aquela percentagem, embora a diacronia não ofereça, neste caso, a mesma relevância da sincronia. A afirmação de Joseph Schumpeter segundo a qual "a família, não a pessoa física, é a verda-

---

a D. João V, 10.i.1711, cit. O argumento dos ilhéus era o de que Goiana fora feito vila sem ordem régia, AHU, códice 257, fl. 338v; e Pereira da Costa, *Anais pernambucanos*, v, pp. 247-8. Contudo, a portaria de D. Manuel, de 4.ii.1711, afirma categoricamente que a carta régia de 20.xi.1709 ordenara a elevação de Goiana: AUC, CA, 32, fl. 80. Por sua vez, carta régia de 1714 refere-se à Câmara de Goiana, AHU, códice 258, fl. 34, ficando claro assim a existência de dois municípios. Ver a respeito Figueira de Mello, *Ensaio sobre a estatística civil e política*, pp. 89-90.

[501] "Tratado", fl. 78.

deira unidade de classe e da teoria das classes",[502] afigura-se plenamente adequada à nossa sociedade colonial.

O controle do poder local (instituído nas Câmaras e nos comandos da milícia rural) e a feição clânica assumida pela açucarocracia em decorrência do período prolongado de autossegregação que se impusera desde a ocupação holandesa, fizeram da sedição da nobreza uma revolução de parentes. Mas ao examinar o impacto das alianças domésticas sobre as alterações de 1710-1711, urge ter presente as limitações da sua utilidade explicativa. Parentesco não significa apenas solidariedade mas também conflito, o qual pode assumir cariz até mais virulento, em consequência de rancores oriundos de disputas sucessórias ou da disparidade de posições patrimoniais. E também há-de levar-se em conta as querelas particulares de origem exógena, derivadas da permeabilidade da vida privada às lutas políticas.

---

[502] Joseph Schumpeter, *Imperialism. Social classes*, Nova York, 1955, p. 113.

7.

O levante dos mascates

As primeiras notícias da sedição da nobreza alcançaram Lisboa nos últimos dias de fevereiro de 1711 através de cartas enviadas da Bahia pelo governador-geral, D. Lourenço de Almada, e pelo próprio Castro e Caldas. A 28 daquele mês, José Soares da Silva registrava na sua "Gazeta" os acontecimentos ocorridos até a posse do bispo: a ereção do Recife em vila, o atentado contra o governador, sua fuga, as condições apresentadas a D. Manuel Álvares da Costa, além de "outras insolências que podem deixar o temor de outras maiores em tal tempo com o castigo longe e os inimigos perto".[503]

A reação na Corte foi de alarme. O Conselho Ultramarino, que discutiu o assunto no dia 26, concordou em que "este caso não é só gravíssimo mas o maior que até agora aconteceu à nação portuguesa, cheia de tanto amor e fidelidade incontrastável para com os seus reis, sendo este encômio o maior timbre com que sempre se exaltou entre todas as do mundo". "Sublevação formal e abominável, de que não há exemplo na nação portuguesa, sempre fiel e obediente a seus legítimos príncipes", indignava-se o conselheiro Antônio Rodrigues da Costa, que representava o ponto de vista da repressão sem condescendência do partido de Olinda.[504] A rebelião golpeava a crença no

---

[503] "Gazeta composta em forma de cartas com algumas notícias desde o ano de 1703 até o de 1716 por José Soares da Silva", BNL, FG, 512, fl. 117.

[504] Co.Uo. 26.ii.1711, AHU, 265, fls. 245-249v. A consulta de 26.ii.1711 foi reproduzida por Gonsalves de Mello, "Nobres e mascates", pp. 229-39. Durante o período que se iniciava, o Conselho Ultramarino, majoritariamente formado de letrados, compreendia cerca de nove membros: além do presidente, conde de São Vicente, tinham assento Alexandre da Silva Correia, Antônio Rodrigues da Costa, Francisco Monteiro de Miranda, Francisco Pereira da Silva, João de Souza, João Teles da Silva, José de Carvalho Abreu e José Gomes de Azevedo.

entranhado amor que os lusitanos devotavam aos seus monarcas, o qual contrastava com as propensões revéis dos vassalos de outros monarcas, a começar pelos do Rei Católico, às voltas com o separatismo de catalães e aragoneses e até de andaluzes. A exceção pernambucana parecia tanto mais perigosa quanto procedia dos filhos e netos daqueles que, meio século antes, haviam restituído as capitanias do norte à sujeição do seu verdadeiro senhor.

Por volta de 1710, a América portuguesa era encarada com pessimismo entre a gente informada da Corte, onde se pressentia que "todo o Estado do Brasil ameaçava uma civil ruína".[505] Na área dinâmica da economia brasileira, as Minas e o Rio de Janeiro, os agentes da Coroa apenas logravam apagar as chamas ateadas pelo conflito entre paulistas e emboabas em torno do controle das jazidas de ouro. Mais preocupante era o partido que a França poderia tirar, tendo em vista que ainda se arrastava a guerra de sucessão da Espanha. Confrontado pelas coalizões rivais, Portugal não conseguira manter a neutralidade adotada durante os conflitos da segunda metade de Seiscentos. Desta vez, Portugal fora atraído pelo vórtice, pois ou apoiava a candidatura do arquiduque austríaco ao trono da Espanha, expondo-se à hostilidade da França, ou sustentava Felipe de Anjou, incorrendo nas retaliações navais da Inglaterra e da Holanda contra seu litoral e contra as possessões ultramarinas. Alinhado de início com a França, o peso dos interesses comerciais e das considerações estratégicas fez o Reino voltar atrás, aderindo à grande aliança anti-Luís XIV.

Em Portugal, os aliados obtinham a cabeça-de-ponte com que estorvar o poderio francês no Mediterrâneo e sobretudo abrir uma frente terrestre contra a Espanha, dando por um momento aos portugueses a satisfação de amor-próprio que consistiu na ocupação de Madri (1706) e na marcha sobre Valência, onde os surpreendeu a derrota de Almanza (1707). Em termos da preservação dos interesses imperiais, Portugal fez a escolha certa, pois a marinha francesa não lhe podia fazer o mal que a ofensiva combinada das forças

---

[505] "Gazeta composta em forma de cartas", fl. 223. Ver a respeito Luciano Figueiredo, "Antônio Rodrigues da Costa e os muitos perigos de vassalos aborrecidos", Ronaldo Vainfas, Georgina Silva dos Santos e Guilherme Pereira das Neves (orgs.), *Retratos do Império. Trajetórias individuais no mundo português nos séculos XVI a XIX*, Niterói, 2006, pp. 187 ss., em especial o quadro sinóptico das contestações coloniais de 1707 a 1731, p. 190.

navais inglesas e holandesas lhe teria custado. Era flagrante a disparidade entre o poderio terrestre da França e sua inferioridade marítima; e até mesmo o controle do Mediterrâneo foi-lhe arrebatado (1704), o que não significa que, do ponto de vista português, a ameaça estivesse neutralizada, pois a França continuava a contar com a capacidade de infligir danos intoleráveis às linhas de comunicação com o ultramar mediante a guerra de corso.[506]

Quando o Conselho Ultramarino reuniu-se para debater pela primeira vez as alterações pernambucanas, sua grande preocupação dizia respeito ao partido que a França poderia tirar da situação, ofendendo o sócio menor da coalizão inimiga na base da sua independência, o comércio colonial. Mesmo a boa-nova do fracasso de Du Clerc no Rio de Janeiro em setembro de 1710, conhecida em Lisboa em começos do ano seguinte, não reduziu as apreensões. Já em 1709, por ocasião da guerra civil em Minas, o Conselho havia demonstrado desassossego com a possibilidade de intervenção francesa e com o risco que se corria no Rio com a partida do grosso da sua guarnição para impor a ordem nos arraiais do ouro. Somente Antônio Rodrigues da Costa minimizara a eventualidade, estimando que os franceses não se encontravam em condições de se lançarem a uma conquista tão importante quanto a da Guanabara.[507]

O ataque de Du Clerc abriu os olhos de Rodrigues da Costa, que desde então passou a prever um cenário catastrófico em que a Guerra dos Emboabas incendiaria Minas, perderia o Rio e desestabilizaria o Brasil. Quando o Conselho tratou da sedição da nobreza, foi Rodrigues da Costa quem enfatizou a possibilidade de intervenção francesa,

> porque chegando à França a notícia desta alteração de Pernambuco, se pode recear que mande El Rei de França àquele porto uma esquadra a fomentá-la e introduzir-se por este modo naquela capitania, o que é muito próprio do orgulho e ambição da nação francesa e muito para temer da desesperação daqueles vassalos que abracem a proteção d'El Rei de França e

---

[506] A. J. Veenendaal, "The war of the Spanish sucession in Europe", *The new Cambridge modern history*, vi, *The rise of Great Britain and Russia, 1688-1725*, Cambridge, 1971, p. 412.

[507] Co.Uo. 3.viii.1709, reproduzido por Soares de Mello, *Emboabas*, pp. 271-8.

[...] que passe o seu desatino a mandar convidar a Corte de Paris, a qual é infalível que aceitará a proposição; e com a celeridade que tem nas suas operações, corra a preocupar [i.é, a antecipar-se] as nossas disposições, se não forem prontíssimas.[508]

Aos brasilianistas da Coroa não atemorizava somente a hipótese de ingerência francesa. Quando do debate do problema mineiro, Antônio Rodrigues da Costa, que então subestimara as possibilidades de ação da França, não escondera sua apreensão com o efeito dominó que a Guerra dos Emboabas poderia desencadear, abrasando "não só aquele distrito das minas" e causando a perda do "inestimável tesouro delas", mas também a da capitania do Rio de Janeiro, pondo "em perigo todo o Estado do Brasil". As notícias de Pernambuco vieram agravar seu pessimismo, caso "este fogo de sedição, o qual já não é faísca pequena mas incêndio grande [...] passe a abrasar o Recôncavo da Bahia, cujos moradores se acham sumamente escandalizados e quase alterados pelas vexações que se lhes fazem no tabaco". Da Bahia, o ânimo sedicioso poderia também "passar aos paulistas que, ainda que se mostrem reduzidos à razão, tem-se por entendido que interiormente conservam o mesmo ódio aos reinóis, porque os reputam por usurpadores daquelas riquíssimas minas, que eles entendiam firmemente serem patrimônio seu". Se as alterações vingassem naquelas partes, "comunicando-se de uma a outra, o que Deus não permita, como ficam compreendendo todo o Brasil, pelo sertão e em parte pela marinha, bem se deixa ver qual será o dano desta monarquia".[509]

Alarmismo endossado pelo Conselho Ultramarino, a quem perturbava também a hipótese de guerrilhas no interior de Pernambuco. No sertão, ou seja, para além da fronteira canavieira e pecuária, os insurretos estariam à vontade para recrutar escravos, índios aldeados e quilombolas dispersos após a queda dos Palmares, a fim de promover "uma guerra doméstica e contínua, que poderá ser ajudada de alguma nação da Europa, que chamem a seu favor". Precisamente o cenário esboçado por Bernardo Vieira de Melo em Olinda. Os conselheiros concordavam sobre a necessidade de ação imediata, "por-

---

[508] Co.Uo. 3.viii.1709 e 26.ii.1711, cit.

[509] *Ibid.*

que", sentenciava Rodrigues da Costa, "é muito provável que se esta sublevação se não reduzir prontamente, depois será quase impossível consegui-lo".[510]

Mas não havia consenso sobre as medidas a adotar. O procurador da Coroa propôs a revogação da autonomia de Olinda e do seu foro de cidade, o que teria acarretado também a perda da condição de sede da diocese. Se à nobreza repugnava a separação do Recife, que se voltassem a fundir os municípios, ficando a praça como "cabeça e cidade", de modo que "estes poderosos fiquem entendendo que só Vossa Majestade tem poder não só para separar ou unir jurisdições, mas para fazer de lugares cidades e reduzir estas a nada". Mas na ignorância das circunstâncias reais da capitania, "uma terra que se acreditou tanto nas guerras que tivemos com os holandeses e os filhos dela executaram ações tão heroicas que deram tanto brado no mundo", o Conselho Ultramarino contornou a proposta.[511]

O plano finalmente submetido a El Rei foi no essencial formulado por Antônio Rodrigues da Costa, cuja reputação de perito em questões brasileiras permitia-lhe exercer influência talvez só inferior à de Salvador Correia de Sá no século anterior, ou à de Alexandre de Gusmão nos últimos anos do reinado de D. João V. Mas ao passo que ambos podiam gabar-se de experiência do Brasil, a que os ligavam a fortuna da família ou o nascimento, não se sabe que Rodrigues da Costa tenha estado jamais na América portuguesa. Filho de um barbeiro-sangrador que servira ofícios de estimação na Corte, Rodrigues da Costa estudara no colégio jesuíta de Santo Antão, tornando-se latinista emérito e ilustrando-se no grego, italiano, francês e castelhano. A vocação de poliglota levou-o a oficial-maior de línguas da secretaria de Estado, assessorando a embaixada do primeiro marquês de Alegrete que negociara o casamento de D. Pedro II com a filha do Eleitor Palatino (1686). Ademais, mercê da leitura dos historiadores clássicos, Rodrigues da Costa desenvolvera "a grande capacidade que nele se admirava para os negócios políticos", a "prudência dos arbítrios e madureza dos votos", e a compreensão dos interesses europeus em jogo. Daí sua ascensão ao primeiro posto da secretaria de Estado (1696) e sua presença na missão de 1707 a Viena sob a chefia do segundo marquês de

---

[510] Co.Uo. 26.ii.1711, cit.

[511] *Ibid.*

Alegrete, que negociou o matrimônio de D. João V com D. Mariana, filha do imperador da Áustria.[512]

Recompensado com a nomeação para o Conselho Ultramarino (1709), Rodrigues da Costa demonstrou, nas palavras de Barbosa Machado, "as ilustres qualidades alcançadas pela longa diuturnidade dos seus estudos, sendo a independência, retidão e profundidade com que votava semelhante à prudência, zelo e liberdade com que aconselhava ao seu príncipe nas matérias em que era consultado". A quem compulsa as atas do Conselho, não escapa a superioridade intelectual sobre seus pares. Sua atuação inaugurou, aliás, uma fase de maior compreensão dos pontos de vista da mascataria, de quem ele se tornou o advogado, por considerá-la o único apoio sólido com que a Coroa contaria em Pernambuco, e por quem estava informado do que ocorria por lá, de vez que mantinha relações de família ou de amizade com mercadores recifenses e também com a Congregação do Oratório, a quem ele e o irmão foram tão dedicados que se fariam enterrar na igreja das Necessidades. Ademais, um sobrinho seu se fixará na terra, onde será figura de proa da comunidade mascatal.[513]

O Conselho Ultramarino mostrou-se mais enérgico em relação a Pernambuco do que a Minas. Ao saber da Guerra dos Emboabas, a Coroa mandara o governador Antônio de Albuquerque Coelho de Carvalho dirigir-se à área conflagrada com uma tropa da guarnição do Rio de Janeiro, autorizando-o a conceder anistia, salvo a dois dos cabeças.[514] Em Pernambuco, as providências foram mais drásticas, numa diferença de tratamento que provavelmente teria a ver com a mediterraneidade das Minas, que impossibilitava a intervenção estrangeira, e com a talassidade de Olinda-Recife, que os tornava vulneráveis. Ademais em Minas não se verificara sedição; a autoridade da

---

[512] ANTT, HOC, A, 52, 74; Diogo Barbosa Machado, *Biblioteca Lusitana*, Lisboa, 1741, i, pp. 374-7. A respeito de Rodrigues da Costa, ver Boxer, *The Golden Age of Brazil*, pp. 367-8; Jaime Cortesão, *Alexandre de Gusmão e o tratado de Madri*, Rio de Janeiro, 1950-1959, parte I, tomo I, p. 344; e Luciano Raposo de Almeida Figueiredo, "Antônio Rodrigues da Costa e os muitos perigos de vassalos aborrecidos", em Vainfas e Pereira das Neves, *Retratos do Império*, pp. 187 ss.

[513] Barbosa Machado, *Biblioteca lusitana*, cit.; Borges da Fonseca, *Nobiliarquia pernambucana*, i, p. 182.

[514] Boxer, *The Golden Age of Brazil*, pp. 74-6.

Coroa fora desrespeitada mas não contestada. O elenco de medidas assentadas pelo Conselho Ultramarino no tocante a Pernambuco foi, com os retoques sugeridos por informações posteriores, o mesmo que será executado pelo sucessor de Castro e Caldas.

De início, cogitou-se de enviar esquadra de guerra com contingente capaz de jugular o levante, a qual viajaria de comboio com a frota anual. Rodrigues da Costa pensava em termos de uma expedição de oito ou nove vasos de guerra, o que estava além das possibilidades da marinha real, que já modesta em tempo de paz para a defesa do litoral português, o era especialmente agora, tanto assim que, para concentrar recursos na proteção da fronteira com a Espanha e reservar seu poderio marítimo para as comunicações com o Brasil, a Coroa dependia da proteção inglesa. A frota que partirá em 1711 compunha-se de apenas cinco naus de guerra. O plano de Rodrigues da Costa previa que eles, de conserva com os vasos mercantes destinados a Pernambuco, navegariam em direitura à Paraíba, onde se informariam do estado da vizinha capitania. Caso a insurreição persistisse, singrariam sem tardança, e com a vantagem da surpresa, buscariam ancoradouro acomodado ao norte de Olinda, como Pau Amarelo, onde os batavos haviam desembarcado outrora. Enquanto punha-se em terra tropa apetrechada de duas ou três peças de artilharia ligeira, a força naval cruzaria ao longo do litoral, bloqueando o Recife. Olinda seria investida; uma vez empossado o novo governador, marchar-se-ia sobre o Recife e, caso se mostrasse indispensável, solicitar-se-ia ao governador-geral o envio de tropa da Bahia.[515]

O primeiro ato governamental seria a confirmação do indulto dado pelo bispo, que não foi criticado no Conselho Ultramarino. Segundo a concepção de Sebastião César de Menezes na "Suma política", os monarcas portugueses, cientes de que os vassalos se deixavam mais facilmente governar pela clemência que pelo rigor, tratava-os "como filhos", ao que acrescentava a conveniência de não se punirem certos crimes políticos para "não perpetuar sua memória", divulgando maus exemplos. No espírito do Conselho, o perdão constituía, ademais de gesto de magnanimidade paternal segundo a homologia entre a autoridade real e a autoridade paterna, uma medida de grande utili-

---

[515] Co.Uo. 26.ii.1711, cit.; Francis, *The Methuens and Portugal*, pp. 77, 178, 268 e 304; Conde da Povolide, *Portugal, Lisboa e a Corte*, p. 233.

dade prática, ao encorajar as delações e ajudar a averiguação das responsabilidades. Do benefício só ficariam excluídos os cabeças de sedição, que seriam presos e teriam os bens confiscados, bem como os funcionários civis e oficiais militares que se houvessem omitido. O novo governador também levaria cartas de D. João V às autoridades e pessoas gradas, exortando-as à fidelidade, ao apaziguamento e à manutenção da ordem pública. Por fim, a autonomia do Recife seria restabelecida.[516]

Na esfera judicial, abrir-se-ia ampla e rigorosa devassa. No Conselho Ultramarino, não havia, porém, acordo sobre a etapa seguinte. A primeira alternativa consistia em enviar os réus presos à Corte onde ficariam entregues à competência da Casa de Suplicação. A segunda alternativa confiava o julgamento a alçada especial, composta dos ouvidores de Pernambuco e da Paraíba e de terceiro juiz. Rodrigues da Costa propunha acrescentar o desembargador Cristóvão Soares Reimão, que se achava na Paraíba, o ouvidor de Alagoas e o juiz de fora de Olinda, derrogando-se as *Ordenações* para que a sentença fosse aprovada por três votos. A pena capital não deveria recair sobre mais de oito indivíduos nem as punições, como o degredo, sobre mais de vinte. A maioria dos conselheiros opinou pela alçada com poder de condenar à morte, sob a presidência de desembargador do Reino, com dois juízes da Relação da Bahia, além de Cristóvão Soares, do desembargador Manuel Velho de Miranda, do ouvidor de Pernambuco e do juiz de fora de Olinda. Como se previsse para o presidente a recompensa de maiores postos e honrarias, os membros do Conselho já se apressavam em indicar amigos e clientes.[517] Desta consulta de 26 de fevereiro, não consta qualquer despacho de Sua Majestade.

À margem dos debates no Conselho Ultramarino, tratava-se da substituição de Castro e Caldas e da nomeação de ouvidor e de juiz de fora. Como mencionado, quando ainda se desconheciam em Lisboa as alterações pernambucanas, El Rei resolvera apressar a designação de governador. Em fins de fevereiro, o Conselho sugeria fosse escolhido de preferência candidato com *statu* nobiliárquico, pois nas suas pretensões aristocráticas os pró-homens teriam mais respeito a quem somasse às qualidades requeridas o "ser do san-

---

[516] *Documentos históricos*, xcviii, p. 129; Co.Uo. 26.ii.1711, cit.; Reis Torgal, *Ideologia política e teoria do Estado*, ii, pp. 204-5 e 210.

[517] Co.Uo., 26.ii.1711, cit.

gue" e a "circunstância do título". A 13 de março, com base em parecer do Conselho de 13 de agosto de 1710, D. João V nomeou Félix José Machado de Mendonça Eça Castro e Vasconcelos, um destes nomes quilométricos que só os portugueses têm o dom de memorizar. Tratava-se do primogênito do marquês de Montebelo.[518]

A escolha causou surpresa em Lisboa, embora o nomeado, "ainda que moço, tem muita sisudeza e capacidade". Aos 34 anos, a experiência de Félix Machado estava longe de recomendá-lo, sendo, como a de Castro e Caldas, limitadamente castrense. Na infância, o pai procurara corrigir-lhe os pendores de marialva, incutindo-lhe o valor do estudo na formação dos fidalgos, inclusive dos que, como ele, destinavam-se à carreira das armas. Servindo na guerra da sucessão da Espanha desde 1703, fora promovido a mestre de campo do terço velho da guarnição de Chaves (Trás-os-Montes), comodamente aquartelado nas proximidades das suas terras de Entre Homem e Cávado; posteriormente, recolhera-se à gestão dos seus bens. Ao candidatar-se ao governo de Pernambuco, teve de concorrer com outros fidalgos, inclusive Pedro de Vasconcelos, que obterá o prêmio maior do governo-geral do Brasil. Consultado a respeito, D. Nuno da Cunha, inquisidor-geral do Reino e muito influente junto à Sua Majestade, não demonstrara preferência por Félix Machado, cuja nomeação terá recebido, contudo, o apoio decisivo do sogro, vedor da casa da rainha D. Mariana de Áustria. Em julho, às vésperas da partida da frota, El Rei deu-lhe o título de membro do seu conselho, mercê de caráter honorífico a que estavam anexas algumas prerrogativas.[519]

Na nomeação houve o dedo dos aliados mascatais na Corte, a fim de garantir a indicação de alguém identificado com a causa do Recife. Quem melhor para isto do que o filho do marquês de Montebelo? Anteriormente ao atentado contra Castro e Caldas, o secretário do governo de Pernambuco,

---

[518] *Ibid.*; ANTT, Chancelaria de D. João V, 37, fls. 71-71v.

[519] José Soares da Silva, "Gazeta composta em forma de cartas", fl. 177v; Correspondência de Félix Machado, ANTT, ML, 830; Antônio Caetano de Souza, *História genealógica da Casa Real portuguesa*, 13 vols., Lisboa, 1735-1749, x, p. 355; ANTT, Conselho Geral do Santo Ofício, 201 (1707-1714), Despachos e pareceres de D. Nuno da Cunha, fl. 19 (gentileza de Tiago C. P. dos Reis Miranda); ANTT, Chancelaria de D. João V, 37, fl. 91v. Félix Machado já possuía então o hábito da Ordem de Cristo, ANTT, HOC, F, 33, 36.

Antônio Barbosa de Lima, escrevera a Félix Machado, de vez que, pela frota de 1710, soubera-se em Pernambuco da sua candidatura. Barbosa de Lima, que servira o marquês vinte anos antes, incentivara o filho a completar a obra do pai, mandando-lhe um papel de conselhos que redigira no fito de "contemporizar com os meus vagares e retiros para onde me empurram sempre os naturais achaques e os políticos do tempo". Ademais, o portador da carta, o oratoriano Antônio de Castelo Branco, descreveria de viva voz a Félix Machado a verdadeira situação de Pernambuco, "sempre perturbado por uns homens que eram dos conciliábulos contra o Senhor Almotacé Maior [i.é, Câmara Coutinho], que foram a causa de não levar sua residência o mais católico, discreto e reto governador que viram as conquistas [i.é, Montebelo], e os que capitularam ao Sr. Caetano de Melo e Castro, enfim, os que perseguem, se os não seguem, a todos os governadores e ministros de Pernambuco".[520]

Por sua vez, Félix Machado consultara pessoa de suas relações na capitania, que o aconselhara a recusar o governo, "se é que não está zombando de mim ou comigo [...] porque está em termos que ao cabo de Santo Agostinho se pode chamar o das Agulhas, onde nordesteiam os entendimentos, e as pedras do Recife se converteram em pedras de escândalo pela depravação das vontades". Os governadores não passavam de "uma estátua ou figura ridícula" enviada por El Rei "para ser de todos escarnecida e ultrajada", sob o fogo cruzado da colônia e do Reino: "cá as ações indecentes e lá paleadas; de cá escrevendo-se as mentiras, e lá passando por verdades; de cá levantando-se testemunhos falsos, de lá vindo as repreensões acres e rigorosas". O correspondente anônimo, porém, não confiava no seu poder de dissuasão, tanto assim que, após haver pintado este bicho de sete cabeças, apressurava-se em indicar como enfrentá-lo, com a presença de "fidalgo de primeira qualidade" que trouxesse consigo "o respeito, primeiro móvel de todas as ações políticas e militares". Era indispensável ademais que lhe outorgasse El Rei jurisdição mais ampla que a existente; e que "nos não venha cá com as mãos atadas e que de lá sempre lhe façam costas".[521]

Em fins de março ou começos de abril de 1711, surgiram no Tejo os navios que haviam partido de Pernambuco nos últimos dias de janeiro e que,

---

[520] Antônio Barbosa de Lima a Félix Machado, 7.viii.1710, BNL, Pna., 526, fl. 265.

[521] Papel anônimo endereçado a Félix Machado, *ibid*.

não havendo velejado na companhia da frota devido à necessidade de reparos, traziam a correspondência em que as autoridades reportavam os últimos acontecimentos, inclusive a posse de D. Manuel Álvares da Costa. Na Corte, ouviu-se um suspiro de alívio: as coisas não estavam tão pretas quanto haviam parecido à primeira vista; o prelado havia logrado controlar as alterações. Pouco depois, um navio de aviso procedente da Bahia confirmava a obediência em que se achava Pernambuco, "contanto que se lhes mande o perdão geral".[522] O alarme passou. Em sua carta a El Rei, o bispo aludia ao perdão que concedera na dependência da confirmação real, sem dizer uma palavra sobre concessões aos levantados, como inicialmente se divulgara, nem sobre os "capítulos" apresentados por eles.

O Conselho Ultramarino, que voltou ao assunto em abril, modificou substancialmente o plano de fevereiro. El Rei confirmava a anistia mas Félix Machado seguiria normalmente pela frota anual, sem acompanhamento de esquadra, nem desembarque em Pau Amarelo ou marcha sobre Olinda. A repressão far-se-ia não à espanhola, dramaticamente, mas à portuguesa, manhosamente. O governador assumiria seu posto como se nada tivesse ocorrido, encetando sua administração à maneira dos antecessores, ignorando as alterações e embalando a nobreza com a cantilena do amor que lhe votava D. João V, da preocupação que entretinha pelo seu bem-estar e da expectativa de que ela continuaria a servi-lo tão dedicadamente quanto fizera a seus ancestrais. Uma vez ganha a confiança dos homens principais, Félix Machado deveria informar a El Rei em segredo os responsáveis pela revolta. Destarte, a repressão, com a prisão dos cabeças, ficaria adiada até decisão régia a ser tomada com base em tais averiguações. Protelada ficou também a decisão sobre os trâmites judiciários a serem adotados. A 1º de junho, D. João V aprovou este segundo parecer do Conselho Ultramarino, o que, como se recorda, não fizera com o anterior.[523]

---

[522] José Soares da Silva, "Gazeta composta em forma de cartas", fl. 181. Que três embarcações partiram do Recife em janeiro de 1711 depreende-se da carta do mercador Luís Cardoso ao Dr. Luís Nunes de Aguiar, 25.i.1711, Ordem Terceira de São Francisco (Recife), copiador de Luís Cardoso, i (1687-1711), gentileza de J. A. Gonsalves de Mello.

[523] Co.Uo. 8.iv.1711, AHU, 265, fls. 250-1, também reproduzido por Gonsalves de Mello, "Nobres e mascates", pp. 240-3.

Em 1715, quando o governo de Félix Machado já tocava ao fim, correspondente seu em Lisboa lhe recordará as opiniões conflitantes que se haviam feito ouvir nos conselhos da Coroa quatro anos antes. Sempre entendera o missivista (provavelmente o secretário de Estado, Diogo de Mendonça Corte Real) que "nenhuma república se podia conservar faltando nela prêmio para os bons e castigo para os maus". Ele não alimentava qualquer dúvida a respeito de que a esta última categoria pertenciam, "como a experiência tem mostrado [...] muitos dos moradores dessa capitania". Motivo pelo qual propusera então que as medidas punitivas, deixadas a critério do governador ou prescritas por El Rei, em nenhuma hipótese fossem diferidas. E acrescentava:

> deste parecer foram muitos, porém a opinião contrária foi mais [bem] recebida, tomando-se a ela por fundamento que, se [se] procedesse com rigor contra os delinquentes, se poderia aumentar a sublevação, e que o embaraço em que o Reino se achava com a guerra [na Europa] não dava lugar a que o procedimento fosse rigoroso, por ser necessário no caso de continuar a sublevação usar de meios rigorosos; e que assim persuadia a prudência que por ora se dissimulasse com o castigo.[524]

Félix Machado preparou-se também para o governo por outros meios. Além dos textos legais indispensáveis ao exercício da função, como o regimento dos governadores, leu pareceres, consultou o códice em que seu pai preservara os papéis da sua administração e anotou as conversas que manteve com o secretário de Estado, Diogo de Mendonça Corte Real, e com o ex-governador e seu parente, Caetano de Melo e Castro. Entre esses documentos figura, aliás, curiosa relação das personalidades da capitania, caracterizadas satiricamente mediante a atribuição de título ou expressão tirada às peças de teatro e à literatura espanhola do Século de Ouro, artifício em voga em Portugal desde os meados de Seiscentos.[525]

---

[524] AUC, CA, 33, fls. 455-455v.

[525] BNL, Pna., 526, fls. 231-236v; Gastão de Melo de Matos, "Nota sobre a difusão do teatro espanhol em Portugal", *Anais da Academia Portuguesa da História*, 2ª série, 11 (1961), pp.

Consoante a linha de ação aprovada por El Rei, a secretaria de Estado redigiu as instruções para Félix Machado. Infelizmente, elas não constam dos seus papéis, o que talvez se explique pelo caráter confidencial, extensivo, aliás, a uma parte da correspondência oficial, que dispunha de cifra. Mas como lhe houvessem lido um rascunho, Félix Machado anotou suas dúvidas, conferindo-as com Diogo de Mendonça. Esses apontamentos referem-se a pontos específicos, muitos de menor interesse, pois o essencial já estaria delineado nas instruções. Um dos problemas que levantou com o secretário de Estado foi o da atitude a seguir caso encontrasse o Recife em poder dos sublevados e caso eles condicionassem seu desembarque à aceitação prévia de determinadas exigências. Foi-lhe respondido que, em tal hipótese, deveria tomar o porto de Tamandaré ou outro ancoradouro capaz em Pernambuco, de onde recrutaria tropa auxiliar para reprimir os amotinados, deixando-se a seu critério os meios com que fazê-lo.

Opinando Félix Machado não ser difícil reconquistar "as praças e o povoado", isto é, os núcleos populacionais do Recife, Olinda e da mata canavieira, mas que se "os levantados se valerem do sertão, pode ser a guerra dilatada", recomendou-lhe Diogo de Mendonça "prudência" e que se reportasse às instruções, as quais lhe davam latitude no tocante às operações militares. Dessas notas, infere-se também não lhe competir negociar quaisquer concessões com vistas a garantir sua posse, eventualidade que só se contemplava em caso de conflito bélico. De qualquer modo, o governador não deveria usar o perdão geral como instrumento de barganha mas divulgá-lo amplamente tão logo pusesse os pés em terra. Questões conexas diziam respeito ao tratamento a ser dispensado aos presos soltos por ocasião do movimento da nobreza,

---

71-82. Eis algumas das caracterizações: Antônio Barbosa de Lima, "El sabio en su retiro" e "Solo en Dios la confianza"; o provedor João do Rego Barros, "Amor hace hablar los mudos"; a Câmara de Olinda, "El laberinto de Creta"; o cabido da Sé, "La confusión de Babel"; Luís de Mendonça Cabral, "El perfecto caballero" e "El galán sin dama"; Leonardo Bezerra, "El monstruo de la fortuna", "Verse e tenerse por muerto" e "Hasta el fín nadie es dichoso"; o ex-ouvidor Arouche, "Abrir el ojo"; o ex-juiz de fora e ouvidor interino Valençuela Ortiz, "Las mocedades de Bernardo del Carpio" e "Antes que todo es mi dama"; Antônio Rodrigues Pereira, "El licenciado Vidriera"; Félix Machado, "Sufrir más por querer más" e "Servir para merecer"; D. Francisco de Souza, "Um yerro hace ciento"; seu filho D. João de Souza, "La fuerza del natural" e "El marido hace mujer"; o comandante do contingente de henriques, "El valiente negro en Flandres".

à devassa que Castro e Caldas levara consigo para a Bahia, à punição dos oficiais de primeira linha e à restituição dos bens roubados.[526]

Entre os papéis de Félix Machado, encontram-se por fim as recomendações de Caetano de Melo e Castro, que de regresso em 1708 do seu vice-reinado da Índia, fizera escala em Pernambuco, pondo-se a par das novidades locais, atualizadas recentemente por cartas de Castro e Caldas e de outros correspondentes da Bahia. O motor do levante tinham sido "as famílias dos Bezerras, Cavalcanti e alguns homens nobres que depois se lhes agregaram", ressentidos com o governador e frustrados com que não se lhe enviara sucessor pela frota de 1710. A autonomia do Recife foi a gota d'água, pois nada sensibilizava tanto a oligarquia municipal quanto perder a gestão dos impostos criados ao tempo da guerra holandesa. Do fato de que os cabeças controlavam as fortificações, podia-se inferir que sua intenção fosse perversa, de vez que, achando-se muito endividados, "são mui capazes [...] de oferecer à França aquelas capitanias, sem que nisso tenha parte a mais nobreza e povo [...] nem ainda os parentes dos tais cabeças". Por ocasião do levante, muitos senhores de engenho se haviam comportado dubiamente, sem participar dele mas permitindo que o fizessem seus escravos e moradores. Caso Sirinhaém, Una e a comarca de Alagoas se mostrassem obedientes, propunha Melo e Castro que Félix Machado desembarcasse em Tamandaré, onde disporia de uma excelente base caso a rebelião prosseguisse.[527]

Félix Machado também consultou Melo e Castro sobre alguns pontos que lhe ocorreram à raiz da conversa com Diogo de Mendonça: os livros da secretaria do governo que Castro e Caldas levara para a Bahia; e a atitude a adotar para com os oficiais e soldados sediciosos, a cujo respeito pensava Melo e Castro que seria conveniente decisão régia mas que, na hipótese de serem incluídos no perdão, não deveriam ser promovidos ou receberem missões importantes. Sugeria ainda o ex-governador que, no tocante à restituição dos bens roubados, devia-se fazer todo o possível, inclusive indenizando os prejudicados, com base em resolução de Sua Majestade. Outras indicações refe-

---

[526] BNL, Pna., 526, fls. 232-236v.

[527] *Ibid.*, fls. 229-229v; Pereira da Costa, *Anais pernambucanos*, iv, p. 382. Melo e Castro não se esquecia de recomendar seus afilhados, inclusive os principais colonos; "e assim me admira o que hoje se diz" de que se haviam levantado contra El Rei: BNL, Pna., 526, fls. 228-228v.

riam-se à mudança para o Recife do terço do exército sediado em Olinda, deixando-se apenas na cidade uma companhia que servisse de polícia.[528]

Por sugestão do Conselho Ultramarino, D. João V escreveu a várias pessoas gradas da capitania para agradecer-lhes os serviços prestados e estimulá-las a outros: aos magistrados que se achavam na Paraíba, cuja atuação fora decisiva na entrega do governo ao bispo; ao vice-reitor da Companhia de Jesus e aos prelados do Carmo, de São Francisco e da Penha, cuja intervenção moderara o ânimo dos sediciosos. A D. Manuel, o monarca anunciou a confirmação do indulto real, concordando com as razões que tivera para dá-lo e recomendando que se esforçasse por reduzir as discórdias, recorrendo a sacerdotes de vida exemplar que atuassem, nos púlpitos ou fora deles, em prol da amizade e da boa correspondência que deviam prevalecer nas relações entre os vassalos. Nada lhe informava, contudo, acerca das orientações dadas ao novo governador.[529]

Em Salvador, a notícia da sedição da nobreza foi levada pelo próprio Castro e Caldas, que de Pernambuco, semanas antes, já comunicara ao governador-geral a situação crítica da capitania, responsabilizando Arouche e Valençuela Ortiz. D. Lourenço de Almada prometera-lhe transmitir à Relação da Bahia as queixas contra os magistrados. À Câmara do Recife que, em setembro de 1710, o pusera a par do conflito de jurisdição com Olinda, ordenara D. Lourenço que a exercesse separadamente enquanto consultava El Rei. A grande preocupação do governador-geral era naturalmente a expedição de Du Clerc contra o Rio de Janeiro, não essas quizílias pernambucanas nem os tumultos de Vila Nova no rio de São Francisco. Mas nos primeiros dias de novembro, D. Lourenço foi surpreendido pela nova do atentado contra Castro e Caldas, ocasião em que se comprometeu com o governador e com a Câmara do Recife a se empenhar na Relação para que se fizesse justiça à vila recém-criada no processo que, por iniciativa dos olindenses, já tramitava no tribunal. Quando imaginava decerto que Pernambuco voltara à normalidade, eis que na manhã de 12 de novembro fundeava em Salvador a sumaca que trazia Castro e Caldas e os mascates fugidos.[530]

---

[528] BNL, Pna., 526, fls. 273-274v.

[529] Co.Uo. 8.iv.1711, cit.

[530] *Documentos históricos*, xxxix, pp. 248-9, 251-8 e 261.

Revelando-lhe o ex-governador a ordem régia sobre a sucessão no governo, D. Lourenço de Almada concitou D. Manuel a promover a reconciliação geral. À Câmara de Olinda, advertiu habilmente: não podendo crer que a nobreza seguisse caminho oposto ao das obrigações do seu nascimento, esperava que se abstivesse de perturbar a capitania. A El Rei, pela nau de aviso que chegou a Lisboa em fins de fevereiro, D. Lourenço assinalava a gravidade do ocorrido: "este negócio do levantamento é um dos maiores que têm acontecido no Brasil e quase igual ao da entrada dos franceses no Rio de Janeiro". A Valençuela Ortiz, ele comunicou haver a Relação deferido seu agravo contra o ato de Castro e Caldas que o destituíra da provedoria dos defuntos e ausentes; e a Arouche garantiu não ter jamais alimentado qualquer dúvida sobre sua inocência no tocante ao atentado. Nestas primeiras semanas, o governador-geral confiou em que o tirocínio político de D. Manuel permitiria superar as dificuldades. Dizia-se mesmo que a cabeça de D. Lourenço teria sido feita pelos jesuítas, em especial por Martinho Calmon, que, visitador dos colégios da Companhia, o mantinha informado acerca de Pernambuco, e por certo parente de Leonardo Bezerra, provavelmente Bernardo Vieira Ravasco, secretário do governo-geral e sobrinho do padre Antônio Vieira.[531]

Castro e Caldas, porém, tinha outros planos, assegurando a El Rei que, uma vez curado, reassumiria o governo de Pernambuco com a ajuda do governador-geral. No que se enganava redondamente pois em breve sua operação de retorno foi abortada por D. Lourenço de Almada, que, depois de ter-lhe prometido ajuda, mudou de ideia com o argumento de que nada se devia fazer sem instruções do monarca, chegando mesmo a obrigá-lo a desembarcar da sumaca em que já se tinha metido. O governador-geral desmentia taxativamente haver jamais concordado com o regresso, confessando às autoridades pernambucanas sua surpresa com a "orgulhosa astúcia" com que Castro e Caldas fomentava um movimento revanchista, quando sua experiência já deveria tê-lo convencido da inconveniência do projeto. Nunca lhe passara pela cabeça concorrer com força armada para restituí-lo a um governo que abandonara por covardia e que só desejava reassumir por vingança.[532]

---

[531] *Ibid.*, pp. 260-6; *Documentos históricos*, xxxiv, p. 325; *Calamidades*, p. 102.

[532] Castro e Caldas a D. João V, 28.xi.1710, e Castro e Caldas a André Lopes do Lavre,

Não faltavam, contudo, a Castro e Caldas propostas de cooperação. O deposto capitão-mor de Sirinhaém foi a Salvador entender-se com ele; o capitão-mor do São Francisco ofereceu o concurso de 5 mil a 6 mil sertanejos e índios aldeados, sem despesa para a fazenda real; e o deão de Olinda, Nicolau Pais Sarmento, afirmava ao ex-governador: "louve Vossa Senhoria a Deus que tem muitos amigos em Pernambuco", inclusive entre os pró-homens. Embalado por tais cantigas, Castro e Caldas concluiu que no São Francisco conseguiria levantar gente bastante para reconquistar Pernambuco, sem falar nos aliados de que disporia em Alagoas, Itamaracá e Igaraçu, os quais se alçariam em armas logo que ele desse as caras no Recife.[533] Iniciativa que lhe devia parecer tanto mais necessária à sua reputação quanto a fuga podia ser assimilada a crime de lesa-majestade, por importar em entrega de praça-forte.

Castro e Caldas e os mascates começaram a agir; e o governo do bispo prestou-se involuntariamente às manobras. Sabedor de que eles já se desentendiam, responsabilizando-se mutuamente pelo insucesso de novembro, e no intuito de dar aparência de normalidade à capitania, D. Manuel estimulou os homens de negócio a regressarem a Pernambuco. O convite, que podia ser uma armadilha, oferecia, porém, uma oportunidade. Dissipadas as expectativas de auxílio militar do governo-geral, restava o projeto de sublevar o Recife, para o que era imprescindível a articulação *in loco* junto aos oficiais da tropa, aos comandos das milícias urbanas e aos mercadores que haviam permanecido na praça. Se a Bahia mostrava-se indiferente, aí estavam o governador da Paraíba e os recifenses ali homiziados. Embora alegassem falta de embarcação, os companheiros de fuga de Castro e Caldas terminaram acedendo. Em fins de janeiro e começos de fevereiro de 1711, partiam para o Recife Simão Ribeiro Ribas, Miguel Correia Gomes e Domingos da Costa

---

29.vi.1711, AHU, PA, Ba., cx. 4, transcritos por Mario Melo, *A Guerra dos Mascates*, pp. 94-8 e 129-32; *Documentos históricos*, xxxix, pp. 275-6, 279 e 283-4.

[533] Castro Caldas a D. João V, 10.i.1711, e Castro e Caldas a André Lopes do Lavre, 29.vi.1711, cit. Ao final da sua missiva ao ex-governador, Nicolau Pais Sarmento solicitava que fosse ela queimada. O destinatário não atendeu ao pedido na intenção de anexá-la à papelada comprometedora para a nobreza que estava reunindo na Bahia. Tal indiscrição nada custou ao deão da Sé de Olinda, mas permite ao historiador pôr em dúvida a fama de radicalismo nativista que, graças ao jogo duplo, adquiriu em Pernambuco e que ainda ressoa em Dias Martins, *Os mártires pernambucanos*, p. 354.

de Araújo, recebidos com alvoroço. Desculpando-se com os achaques da idade, Joaquim de Almeida viajou à Paraíba, onde, estimulada pelo governador João da Maia, a conjura tomava vulto.[534]

Para financiar o levante, arrecadaram-se 50 mil cruzados, algo como 10% da fortuna atribuída à comunidade mascatal. Parte do dinheiro destinou-se ao suborno dos chefes militares da praça e ao pagamento do soldo atrasado da tropa. Não foi difícil atrair o capitão João da Mota, que, na falta de mestre de campo e de sargento-mor, ocupava interinamente o comando da guarnição. Se o regimento de Olinda e as ordenanças rurais achavam-se sob o controle da nobreza, os contingentes de henriques e de camarões, isto é, as forças auxiliares africanas e ameríndias criadas durante a guerra holandesa, podiam ser seduzidas. Dispersos pelas freguesias da Mata, a atuação dos henriques será apagada; o capitão Domingos Rodrigues Carneiro só contou com os efetivos no Recife. O governador dos índios, D. Sebastião Pinheiro Camarão, e o capitão-mor de Una, Cristóvão Pais Barreto, também se dispunham a ajudar, o primeiro em troca de dinheiro, e o segundo, da quitação de avultada dívida com os mercadores. Em Goiana e com o governador da Paraíba, também se teria repartido boa soma de cruzados. Alegações que o Dr. Manuel dos Santos negará de pés juntos: a finta destinada à defesa do Recife servira apenas para ajudar as despesas militares de Cristóvão Pais, pagar aos soldados da praça uma parcela dos atrasados e adquirir farinha e outros mantimentos, não ultrapassando 3 mil cruzados.[535]

Embora não se deva supor que tais indivíduos se prontificassem a se arriscar à toa, seria simplista atribuir unicamente ao suborno a adesão ao movimento mascatal. Entre os oficiais do Recife terá atuado o impulso de redimir seus ofendidos brios militares pela capitulação frente às milícias rurais, desprezadas pela tropa de linha. Malgrado a maioria do terço do Recife ser composta de naturais da terra, a disciplina castrense podia ser manipulada contra a solidariedade local. Quanto aos henriques e camarões, caberia talvez entendê-los à luz da convicção, difusa entre as camadas subalternas da população

---

[534] *Calamidades*, pp. 72-3; *Memórias históricas*, iv, pp. 68-9.

[535] *Memórias históricas*, iv, pp. 69-70; Estêvão Soares de Aragão a D. João V, 4.xi.1711, AHU, PA, Pco., cx. 16; *Calamidades*, pp. 86 e 165-6. Sobre João da Mota, ver Loreto Couto, *Desagravos do Brasil*, pp. 441-2.

colonial, de que El Rei constituía sua proteção natural contra os poderosos da terra; ou levar em conta o peso das recordações corporativas da guerra holandesa, a que ambos regimentos deviam sua criação. É bem revelador o que refere o autor do "Tratado" acerca do espanto de certo capitão de índios com a falta de respeito por El Rei da parte dos "brancos" ao sustentarem que "a terra era sua, [o] que não diziam bem", pois "a terra era e seria eternamente de Sua Majestade e, que havendo de ser de outrem, era dos caboclos". Entre os camarões, é provável que tenha atuado igualmente sua aversão ao terço de São Paulo, nascida ao tempo das guerras dos Palmares e do Açu, pois parecia "ser mais fácil unirem-se lobos com ovelhas que os índios aos paulistas". As reivindicações sobre o território do famoso quilombo eram de molde a criar tais prevenções, na medida em que, baseadas no contrato entre o governador João da Cunha Souto Maior e Domingos Jorge Velho, ameaçavam tanto as aldeias indígenas ali existentes quanto os direitos dos primitivos sesmeiros. Há pouco, uma sentença da Relação da Bahia reintegrara Cristóvão Vieira de Melo na posse de terras que haviam sido dadas aos camarões. Neste conflito de interesses a três, o comando do terço dos paulistas por Bernardo Vieira de Melo pode ter empurrado Camarão e seus homens para o lado dos mascates.[536]

    Outra parcela do caixa arrecadado entre os mascates foi gasta na aquisição de víveres, transportados do interior em caixas de açúcar, de modo a não provocar suspeita. "E com tal resguardo se houveram que, sabendo muitos do segredo, nunca os naturais do país o souberam", segundo Gonçalves Leitão. Ao constituir-se o estoque, não se podia prever a excepcional tardança da frota anual, motivo pelo qual será insuficiente para os meses de sítio a que o Recife ficará submetido. Por outro lado, os conjurados haviam previsto que, somente ao despontarem as velas, eles se apoderariam do comando das fortalezas a fim de assegurar a entrada dos navios, pois antes disto, colocar-se-ia a praça num aperto; e depois, o partido de Olinda poderia negar acesso às

---

[536] AUC, CA, 31, fls. 564v-565, CA, 33, fls. 341, 357, 369 e 371; Pereira da Costa, *Anais pernambucanos*, iv, p. 408. Camarão, que militara contra os Palmares, fora nomeado governador dos índios pelo marquês de Montebelo, o que lhe conferia jurisdição sobre os indígenas aldeados em todo o território compreendido entre o Ceará e o São Francisco, embora, na prática, seus poderes estivessem limitados aos de Alagoas e do sul de Pernambuco, que controlava desde o seu quartel na aldeia do Una. Os índios da Paraíba e do Rio Grande do Norte achavam-se às ordens de outro governador, Antônio da Rocha Bezerra, que, ao invés de Camarão, seguirá o partido da nobreza.

embarcações. Mas a demora do comboio, as desconfianças entre as facções e a impressão de que o impasse não podia durar precipitaram a execução do plano mascatal. Pesou também a fraqueza do governo de Olinda, em que D. Manuel mandava pouco, apenas o indispensável para preservar a fachada de legalidade que cobria a dominação dos pró-homens.[537]

É sintomático do mal-estar predominante que até mesmo uma personalidade da nobreza, o provedor-mor João do Rego Barros, não se sentisse seguro. Durante os conciliábulos nos Afogados, ele fora xingado por gente vil e até agredido com uma coronhada. Que alguém na sua posição e com seus laços de família tratasse de obter autorização do bispo para retirar-se para o seu engenho da Paraíba, indica a instabilidade reinante no governo de Olinda. Se Rego Barros, como se alegou, não desejaria aliar-se aos chefes do levante contra Castro e Caldas, por que deixou para partir em março? Provavelmente o motivo foi outro: os moderados que haviam empossado D. Manuel perdiam terreno à medida que se aproximava a data fatal da chegada da frota, em vista da possibilidade de que ela não trouxesse a confirmação do indulto ou de que trouxesse um perdão seletivo com exclusão dos cabeças. Crescia assim em Olinda a influência dos que queriam negociar com o esperado governador com as armas na mão; e que, para tanto, teriam de apossar-se do material bélico dos armazéns reais, que Rego Barros administrava.[538]

Pois ademais da conspiração mascatal, há indícios de que algo se tramava em Olinda. Ao justificar a El Rei o levante dos mascates, o capitão João da Mota refere que, por ódio a Castro e Caldas, ou por temor ao partido da nobreza, D. Manuel entregara-se à vontade dos pró-homens, que receosos de não serem beneficiados pelo perdão real, buscaram "o remédio na temeridade", preparando segunda insurreição para depor o bispo, saquear o Recife e guarnecer novamente as fortalezas com as milícias rurais, de modo a negar posse ao novo governador, caso não assentisse às condições que lhe seriam

---

[537] *Memórias históricas*, iv, pp. 69-70.

[538] Papéis de serviço de João do Rego Barros, AHU, PA, Pco., cx. 16. A deserção de Rego Barros provocou ressentimento em Olinda, de onde lhe exigiram que regressasse, sob pena de degredo para Angola, e até o ameaçaram de morte. O próprio bispo governador escreveu-lhe para que viesse reassumir o cargo, mas o provedor preferiu unir-se às autoridades paraibanas e à conjura mascatal.

apresentadas, eventualidade em que se poria em execução o projeto de "isenta [i.é, independente] república".[539] Trata-se de argumento tão interesseiro quanto qualquer dos outros utilizados na época; nem por isso soa menos convincente quando se leva em conta a ameaça que pairava sobre o punhado de indivíduos que, no vácuo criado pela fuga de Castro e Caldas, se havia oposto à posse do bispo e advogado solução excepcional para a crise.

Em teoria, o comboio deveria, como no ano anterior, ter zarpado de Lisboa em dezembro de 1710 ou janeiro de 1711, alcançando o Recife, sua primeira escala, em fevereiro ou março. Mas no mundo que o português criou, a prática distava da teoria: raramente os prazos eram cumpridos, devido às delongas de apresto, agravadas, desde o começo da guerra na Europa, pelas urgências bélicas e pela carência de recursos navais. Daí que a frota de 1711 só tenha aportado em outubro, sete meses depois do prazo previsto. Por conseguinte, em junho daquele ano a capitania já se achava há quinze meses sem comunicações regulares com a metrópole. Nada impedia a Coroa de despachar navio-aviso a Pernambuco, como era costume nas emergências e como, pela mesma época, se fez para a Bahia, salvo que ela podia utilizar suas dificuldades marítimas para colocar os sediciosos de quarentena, intimidando-os.[540]

A segregação imposta à capitania era de molde a alimentar as piores suspeitas entre os radicais de Olinda, incertos da reação do monarca. Ao cabo de longos anos de reinado, D. Pedro II tornara-se previsível, mas o filho ainda era uma incógnita. A um parente, o padre Nicolau de Figueiredo traduzia o receio generalizado na cidade: "Havemos [de] ficar por traidores e vencidos, [por] que a frota a eles [mascates] há-de socorrer e não a nós". A expectativa e a tensão criavam ou o derrotismo ou a tentação da fuga em frente, como ocorria, aliás, com o sacerdote, que considerava preferível "perder a vida e fazenda que ficar com labéu de traidores". Esta sensação de isolamento generalizou-se ao saber-se que a fragata do infante D. Francisco fizera escala em Salvador, sem trazer correspondência para Pernambuco, embora difundisse a

---

[539] João da Mota a D. João V, 30.xi.1711, AHU, PA, Ba., cx. 4, transcrito por Mario Melo, *A Guerra dos Mascates*, pp. 80-90.

[540] Co.Uo. 26.ii.1711, cit.

notícia de que Sua Majestade, tendo levado a mal a sedição da nobreza, já providenciava seu merecido castigo. Tal rumor teria levado os radicais a se decidirem pela antecipação do projeto de retomarem o controle das fortalezas antes da chegada da frota prevista para junho, substituindo D. Manuel no governo por Bernardo Vieira de Melo.[541]

De acordo com tais cálculos, este *putsch* seria levado a efeito a 20 de junho, quando Bernardo Vieira de Melo ocuparia o Recife e impediria a entrada da frota caso não trouxesse o perdão geral. Para este fim, já se encontrava ali, antes mesmo do dia 18, bom número de pró-homens que vieram a se dispersar após a quartelada mascatal, versão descartada por Gonçalves Leitão como invencionice plantada pelos mercadores para justificarem a própria sublevação. O plano ficara conhecido na praça por intermédio de moradores do interior, provavelmente do Cabo, que haviam denunciado os preparativos de remobilização das milícias rurais. Informado do fato, D. Manuel teria reagido fingindo incredulidade mas interpelando Bernardo Vieira de Melo, a quem haveria intimado o regresso aos Palmares.[542]

A existência desse segundo complô olindense faz perfeitamente sentido. Consoante o secretário Antônio Barbosa de Lima, ainda "ressentidos" com a escolha de D. Manuel, "os mais empenhados no colégio da república [i.é, na governança de Olinda] ajustaram, como se diz e sabem muitos por lá, tirar o governo ao Reverendíssimo Bispo, senhoreando-se das fortalezas para seguirem o que melhor lhes estivesse". A ideia de negar posse ao futuro governador caso não trouxesse a confirmação do indulto geral fora aventada desde novembro. Àquela altura, como se recorda, Bernardo Vieira de Melo trouxera dos Palmares uma tropa de paulistas, a maior parte da qual instalara-se no seu engenho de Ipojuca, a dois dias de marcha do Recife. Enquanto isto, para desespero dos recifenses, uma escolta precursora de trinta homens aboletara-se na praça, sem maiores cerimônias, deslumbrados talvez com a vista do mar. Foi esta tropa que começou a semear o terror entre os mercadores, proibindo-lhes usar perucas ou cingir espadas de prata e obrigando-os a vestirem

---

[541] *Calamidades*, p. 53; João da Mota a D. João V, 30.xi.1711, cit.

[542] *Calamidades*, p. 225; João Marques Bacalhau a D. João V, 11.xii.1711 e 8.i.1712, AHU, PA, Pco., cx. 16; Southey, *História do Brasil*, iii, p. 61; *Memórias históricas*, iv, pp. 70, 320.

trajes modestos e capas de baeta, de acordo com a legislação que fixava, tão repetida quanto inutilmente, a especialização social do vestuário.[543]

Bernardo Vieira de Melo contava apoderar-se da fortaleza do Brum (cujo comando, como aludido, pleiteara anos antes) mediante o concurso dos paulistas, aguerridos e bem treinados (mais, em todo o caso, que os soldados da guarnição, na sua maioria recrutas inexperientes), os quais tinham ademais a vantagem de, na sua condição de adventícios, serem menos porosos às sugestões do meio. A presença de Bernardo Vieira e dos paulistas no Recife parecia tão insólita que se procurou justificá-la com o pretexto de que ele viera apenas acompanhar o processo contra o filho pelo assassinato do morgado do Cabo. Tendo a esta altura descoberto a conjura mascatal, Bernardo Vieira, a pretexto de guerrear o gentio do Açu ou os quilombolas, teria recolhido nos armazéns da Coroa quantidade de armas e de pólvora, sem, contudo, partir para o sertão, preparando-se, pelo contrário, para varejar as residências do Recife à procura de armamento escondido. Sua tentativa de apossar-se da Casa da Pólvora só teria falhado devido a que o capitão João da Mota, avisado a tempo, fora queixar-se ao bispo, que mandou reforçar a guarda do prédio. Ao mesmo tempo, André Dias de Figueiredo e Leonardo Bezerra viajavam às freguesias meridionais, no intuito de colocar de prontidão as milícias rurais para que, chegada a frota, descessem para o Recife a fim de presidir as fortalezas.[544]

A alegação das fontes olindenses de que o partido da nobreza fora surpreendido pelo levante dos mascates torna-se inaceitável à luz da devassa realizada por Valençuela Ortiz em abril, a qual redundou na prisão do procurador da Coroa, acusado de fomentar a revolta do Recife por instigação de Castro e Caldas. Por outro lado, a tensão aguçara-se na primeira quinzena de junho, ao circularem boatos de que as milícias rurais teriam sido convocadas a se apresentar no Recife no dia 20, e de que se preparavam a deposição do bispo e a entrega do governo a Bernardo Vieira de Melo. Os pró-homens estavam evidentemente a par desses e de outros murmúrios, embora lhes conviesse posar de vítimas da perfídia mascatal. A mesma presença de D. Manuel no Recife parecia significativa. A Câmara de Olinda pretenderá que ele fora

---

[543] *Calamidades*, pp. 59, 78; "Tratado", fl. 79v.

[544] *Memórias históricas*, iv, p. 81; *Calamidades*, p. 69; "Tratado", fls. 79v-80.

atraído pelos mascates como parte da conspiração, mas havia também quem a imputasse ao desejo de ficar de olho nos manejos de Bernardo Vieira de Melo.[545]

Era natural que a desconfiança entre o bispo e os radicais se acentuasse. Para se livrar deles, D. Manuel tentara mesmo organizar uma expedição de socorro ao Rio de Janeiro. Embora Rocha Pita pretenda que a antecipação do levante mascatal para 18 de junho devera-se à notícia de que o retorno de Castro e Caldas ao Recife estaria iminente (àquela altura, ele já era carta fora do baralho), tudo leva a crer que tal decisão tenha sido precipitada pela urgência de prevenir o golpe de mão de Bernardo Vieira de Melo.[546] Se duas conspirações corriam paralelamente, uma patrocinada pelo governador da Paraíba, pelos mascates e pelos padres da Madre de Deus, outra pelos radicais do partido da nobreza, elas se alimentavam dos receios recíprocos, interagindo conforme às intenções mutuamente imputadas. As naus d'El Rei deveriam surgir a qualquer momento; e se os homens de Bernardo Vieira abocassem contra elas a artilharia dos fortes, a praça estaria perdida. Uma dialética de receios induz sempre à tentação de almoçar o rival antes que ele vos jante.

Foi o que aconteceu no Recife a 18 de junho de 1711.[547] O complô previa que D. Manuel e Valençuela Ortiz seriam detidos no forte do Mar, para onde deveriam deslocar-se a fim de fiscalizar os aprestos de defesa em caso de ataque francês. Só a casualidade de uma ventania que agitou as águas do porto levou o bispo a desistir da ideia, o que obrigou os conjurados a improvisarem um motim castrense, manipulando incidente, ocorrido dias antes, entre elementos da infantaria da praça e paulistas do terço dos Palmares, ocasião em que Bernardo Vieira de Melo ameaçara os soldados da guar-

---

[545] *Memórias históricas*, iv, p. 81.

[546] *Documentos históricos*, xxxix, pp. 268-9; "Diário e notícia certa acerca do que sucedeu neste levante que fizeram os soldados e moradores desta praça do Recife", s.d., coleção Pedro Corrêa do Lago (São Paulo); Rocha Pita, *História da América portuguesa*, p. 405.

[547] Os sucessos de 18 de junho e dos dias subsequentes são aqui reconstituídos mediante o cotejo das principais fontes que os narraram: D. Manuel Álvares da Costa a D. João V, 7.xi.1711, e João da Mota a D. João V, 30.xi.1711, ambos em AHU, PA, Ba., cx. 4, e reproduzidos em Mario Melo, *A Guerra dos Mascates*, pp. 69-78 e 81-90; *Calamidades*, pp. 75 ss.; "Tratado", fls. 80-86; *Memórias históricas*, iv, pp. 71 ss.; "Diário e notícia certa", cit.; Southey, *História do Brasil*, iii, pp. 61-2; AUC, CA, 32, fl. 77.

nição com a polé, solicitando sua punição a D. Manuel. Como este mandasse prendê-los, eles se refugiaram no convento do Carmo, onde receberam armas e o reforço de quinze ou vinte colegas. O capitão João da Mota intercedeu mas como Bernardo Vieira se mostrasse inflexível, resolveu-se castigar dois deles. Os amotinados responderam que a punição seria para todos ou para ninguém. A meio-dia de 18, abandonaram o convento, constrangeram o tambor-mor a tocar o sinal de recolher e correram à casa onde se hospedava Bernardo Vieira, aos brados de "Viva El Rei Nosso Senhor e morram traidores". Neste ínterim, já se lhes haviam reunido nada menos de cinco companhias, num total de mais de mil homens. Quando o mestre de campo assomou à janela, desfecharam-lhe uns tiros. João da Mota aparentou aquietá-los, enquanto Valençuela Ortiz salvava Bernardo Vieira, encenando sua prisão.

O sertanista foi conduzido à cadeia pública, onde estaria mais seguro do que na fortaleza das Cinco Pontas, a que tinha o direito de ser recolhido mercê da sua patente. Com ele, foram detidos oficiais e soldados do terço dos paulistas. Preocupados com a própria segurança, D. Manuel e Valençuela Ortiz rumaram para o colégio da Companhia de Jesus, em Santo Antônio, constatando no percurso que os moradores saíam de suas casas armados e faziam causa comum com os soldados que, aos gritos, exigiam munição e clamavam pela morte dos traidores. Em vão, foram exortados a cessar a assuada, que já não tinha razão de ser graças à prisão de Bernardo Vieira de Melo. Quando interpelados sobre a identidade dos inconfidentes, retrucaram serem "todos os naturais da terra". Acuado, o bispo autorizou o fornecimento de pólvora e, juntamente com o ouvidor, abrigou-se no colégio da Companhia, onde já estavam refugiados alguns pró-homens, inclusive Leonardo Bezerra.

A D. Manuel, os sublevados arrancaram uma ordem convocando o governador dos índios, D. Sebastião Pinheiro Camarão, a vir acampar com sua tropa nos Afogados; e cominando os capitães-mores a permanecerem em seus distritos, de modo a garantir o transporte regular de víveres para a praça. O consentimento do bispo a estas e outras demandas serviu para que os levantados sustentassem depois terem agido com sua plena autorização. Na tarde de 18, eles controlavam o Recife, com a ajuda das milícias urbanas e de contingente do terço dos henriques, providenciando a construção de trincheiras. Os canhões, habitualmente virados para o lado do mar, foram assestados para o lado da terra, o que tinha conotação gravíssima. D. Manuel ficou sob a guarda de sentinelas mas deram-lhe por fim garantias para regressar à casa em que se aposentava. Prisioneiros de fato, o prelado e o ouvidor permaneceram no Recife até a manhã do dia 21, sem a menor influência sobre o que se passava, embora em nome do bispo se expedissem ordens e se lançasse manifesto prometendo restaurar a autonomia municipal e chamar de volta Castro e Caldas. Diante desses desacatos, D. Manuel comportava-se com estudada naturalidade, respondendo à Câmara de Olinda, que o concitara a retornar, como se estivesse normalmente governando.

A dissimulação do prelado não logrou apaziguar os ânimos, segundo queixa sua, por causa do clero do Recife, motor da desordem, alusão velada aos padres da Madre de Deus. No sábado, 20, o bispo viu-se desautorizado por um pelotão que, em meio à turba capitaneada pelos néris, retirou Bernardo Vieira de Melo da cadeia pública, conduzindo-o à fortaleza das Cinco Pontas, onde, segundo admite fonte mascatal, deveria ser assassinado. Temendo pela sua segurança, D. Manuel decidiu-se a regressar a Olinda, pretextando aquietar os ânimos belicosos dos pró-homens, muitos dos quais já estariam desconfiados das suas intenções reais. Aos chefes do levante, não interessava destituí-lo, apenas utilizá-lo para seus fins, como fizera o partido da nobreza. Embora sua presença no Recife conferisse legitimidade à sublevação e representasse garantia contra um ataque dos olindenses, que pensariam duas vezes antes de se atreverem a cometer segundo delito de sedição, os levantados não podiam obrigá-lo a permanecer sem prejudicar o argumento de que agiam por fidelidade monárquica. A despeito dos rogos, D. Manuel, acompanhado de Valençuela Ortiz, partiu no domingo, 21, contra a promessa de não se demorar em Olinda; e ao desembarcar no Varadouro, onde foi acolhido pela Câmara incorporada, ainda insistia na farsa do seu próximo retorno à praça.

Com o regresso do bispo, o partido da nobreza estava de mãos livres para atuar contra o Recife. No mesmo dia 21, os vereadores e homens da governança de Olinda, proclamando sua fidelidade a El Rei, exigiram o desarmamento da praça e a reposição da artilharia na posição costumeira, contra a promessa de não lhe causarem dano. A disposição dos canhões tinha maior valor simbólico do que bélico: virados para o Atlântico, apontavam contra os inimigos externos, mas abocados contra a terra insultavam a nobreza, pois, como assinalava a Câmara da cidade, "a traição é um caráter infame, que dura para filhos e netos", de vez que as *Ordenações* (v, 6) assimilavam este delito lesa-majestade à lepra, donde preverem que os descendentes dos réus de tal crime não pudessem herdar quaisquer bens nem ingressar nas dignidades, honras e ofícios públicos. D. Manuel intimou João da Mota a entregar as fortalezas, sob pena de os recifenses serem tidos por traidores, notificação reiterada outras duas vezes. Quanto ao protesto da Câmara de Olinda contra os brados de "morram traidores" que se haviam feito ouvir, respondiam os levantados que eles eram o verdadeiro esteio da Coroa em Pernambuco, pois tinham na praça suas famílias e bens, nem haviam cometido delitos (como o de desejar submeter-se a outro príncipe) que os fizessem temer o castigo régio.[548]

O bispo reportará a Lisboa que, a fim de evitar luta armada, apelou aos meios persuasivos e às gestões confiadas a religiosos de virtude, nada conseguindo, porém, da obstinação mascatal. Em vão, D. Manuel escreveu a João da Mota em segredo para que lhe viesse falar, garantindo sua segurança pessoal. Só então, Valençuela Ortiz acusou formalmente os recifenses de sedição, no fito de legitimar a "guerra justa" que se declarou, enquanto o prelado excomungava os cabeças do levante, que lograram impedir sua divulgação na praça mas não no interior, onde "a cada pé de pau se achava uma excomunhão". O Dr. David de Albuquerque redigiu extenso manifesto, capitulando os crimes cometidos pelos mascates. Justificavam-se assim a convocação das milícias rurais para sitiarem o Recife e as represálias contra os bens da mascataria situados fora da praça. A esta altura, já o capitão-mor de Jaboatão, João de Barros Rego, acampara com seus homens nos Afogados, sondando o padre João da Costa, que, como prepósito do Oratório, era um dos mentores da sublevação, sobre a possibilidade de acordo pelo qual se devolveriam ao partido da nobreza o Brum e o Buraco. As fortalezas (respondeu o sacerdote) só seriam entregues ao governador que viesse do Reino.[549]

Nos dias seguintes, chegou a maior parte das milícias rurais, dispostas em meia-lua pelo lado do continente, ordenando-se a descida dos paulistas aquartelados no engenho de Bernardo Vieira de Melo e dos que haviam per-

---

[548] *Memórias históricas*, iv, pp. 85 e 88-9; "Tratado", fls. 87-88v.

[549] D. Manuel Álvares da Costa a D. João V, 7.vi.1711, cit.; AUC, CA, 32, fl. 78; *Calamidades*, pp. 88-90; "Tratado", fls. 89-90; "Diário e notícia certa", cit. O texto do manifesto redigido por David de Albuquerque em "Guerra civil ou sedições de Pernambuco", pp. 116-30.

manecido nos Palmares. Nos distritos canavieiros, registrou-se apenas a defecção do Cabo. A despeito de Felipe Pais Barreto ter substituído o irmão assassinado no posto de capitão-mor, seu primo, D. Francisco de Souza, era agora a principal influência no distrito e, aliado notório dos mascates, metera-se no Recife na expectativa de prestar à Coroa os préstimos que lhe garantissem a ambicionada nomeação de mestre de campo, com a qual culminar, à maneira do pai, a carreira militar. Sua posição social e as relações de parentesco em Lisboa conferiam respeitabilidade ao 18 de junho; e no transcurso do sítio, ele teve papel crucial (que lhe valeu o incêndio dos seus engenhos), no sentido de atrair Cristóvão Pais Barreto e Camarão e persuadir as milícias do Cabo a não arredarem o pé. Na sua casa do Recife é que se fizeram as reuniões que decidiram da sorte do movimento.[550]

O novo capitão-mor do Cabo, Felipe Pais Barreto, hesitou entre D. Francisco de Souza e o tio materno, José de Sá e Albuquerque, o "Olho de Vidro", cujo filho, Antônio de Sá e Albuquerque, capitão-mor da Muribeca, também vacilava. Felipe Pais preferia manter-se neutro mas de prontidão a fim de proteger o distrito, mas não resistiu a um sacerdote de Olinda, que o chantageou com a inquirição *de genere* de um filho, cuja pinta de sangue cristão-novo o incompatibilizava para a Igreja. A adesão de Felipe Pais foi uma vitória de Pirro para a nobreza, de vez que sua tropa o abandonou. Nos Afogados, onde se apresentou com apenas trinta soldados, ele se viu na contingência de fazer as pazes com André Vieira de Melo, mandante do assassinato do irmão. Em Muribeca, a situação era oposta à do Cabo: o sentimento favorável a Olinda induziu Antônio de Sá a seguir o partido da nobreza, que o destituiu, contudo, sob a acusação de ter permitido a passagem de mantimentos para o Recife. Quanto ao governador da Paraíba, suas tentativas de mediação foram repelidas pelos pró-homens.[551]

D. Manuel autorizou a entrega aos aliados das armas e munições existentes nas fortificações do litoral; e tendo em vista seu estado sacerdotal, delegou o governo militar numa junta composta por Valençuela Ortiz, pelo mestre de

---

[550] *Memórias históricas*, iv, p. 75; *Calamidades*, pp. 80, 105 e 133; papel sobre D. Francisco de Souza, s.d., AHU, PA, Pco., cx. 10.

[551] *Calamidades*, pp. 92, 115-23; *Memórias históricas*, iv, pp. 77-86; Cabral de Mello, *O nome e o sangue*, pp. 51-2.

campo do terço de Olinda, Cristóvão de Mendonça Arrais, e pelos oficiais da Câmara, nomeando João de Barros Rego comandante do exército. Segundo o prelado, os canhões do Recife abriram finalmente as hostilidades, fazendo fogo contra Olinda e contra o sítio. Nos três meses de assédio, 5 mil projéteis teriam sido disparados contra a cidade, sem provocar dano, o que leva a crer que se buscasse apenas intimidá-la e que o alcance das peças fosse limitado. Seria tal a abundância de munição na praça que, numa transgressão chocante de papel, os mascates saudavam-se com tiros de mosquete, como se quisessem desvencilhar-se da inofensividade atribuída à sua condição. Por sua vez, os olindenses assestaram baterias em face da ponte da Boa Vista e da fortaleza do Brum, as quais tampouco causaram maiores prejuízos, devido à imperícia e ao estado do material.[552]

Gonçalves Leitão credita haver ficado Olinda imune à artilharia inimiga à intercessão de Santo Amaro, feito seu padroeiro de ocasião, escolha politicamente motivada, pois era de esperar que os olindenses recorressem ao mais popular dos oragos, Santo Antônio, que outrora os protegera dos holandeses. Mas como santo nacional dos portugueses, o culto a Santo Antônio não tinha o exclusivismo requerido pelo momento, ao passo que Santo Amaro contava com modesta tradição nos arredores de Olinda desde que, em princípios do século XVII, erigira-se em meio aos mangues circunvizinhos a capela entregue posteriormente aos néris recém-chegados, que não tardaram em organizar romarias anuais em seu louvor antes da transferência para o Recife. "Este santo quis o povo da cidade que fosse o general dos seus exércitos" — e sua imagem foi conduzida em procissão para o arraial da Boa Vista, onde se lhe edificou uma cabana de palha de coqueiro.[553]

As esperanças do Recife depositavam-se no capitão-mor de Una, Cristóvão Pais Barreto, e no governador dos índios, Sebastião Pinheiro Camarão. Cristóvão Pais Barreto de Melo, que começara a vida militar na guarnição do Recife, tornara-se senhor do engenho das Ilhetas (Una), em consequência do parricídio cometido por um irmão. De acordo com a carreira convencional

---

[552] D. Manuel Álvares da Costa a D. João V, 7.xi.1711, cit.; *Calamidades*, pp. 93-4 e 97-8; *Memórias históricas*, iv, p. 96.

[553] *Memórias históricas*, iv, p. 95; Cabral de Mello, *Rubro veio*, pp. 272 ss. Outra imagem de Santo Amaro já fora trazida de Jaboatão, de cuja matriz era padroeiro desde fins do século XVI.

de um pró-homem, foi juiz ordinário de Sirinhaém, capitão das ordenanças, sargento-mor e enfim capitão-mor do distrito, postos em que participou das lutas contra os quilombos e dos rebates contra corsários. Nunca escondeu suas simpatias recifenses, agindo com uma nitidez que faltou aos primos do Cabo. Devido à sua recusa em aderir à sedição da nobreza, tivera de fugir para o mato, escapando ao assassinato mas não à pilhagem da sua casa.[554]

Após jurarem fidelidade recíproca diante da imagem do Senhor Crucificado, Cristóvão Pais e Camarão marcharam com seus homens para atacar a retaguarda dos sitiadores, contando arrebanhar de passagem as milícias do Cabo. Em Ipojuca, reuniu-se-lhes Paulo do Amorim Salgado com cinquenta homens. A expedição foi um fiasco. Os Prazeres, acesso meridional do Recife, achavam-se bloqueados por mil soldados sob o comando de Barros Rego, a quem a junta militar de Olinda confiara a missão de cortar o passo a Cristóvão Pais e a Camarão. Daí que eles desmentissem espertamente a intenção de socorrer o Recife, declarando-se prontos a se incorporar ao sítio da praça, na realidade regressando a Una e privando Barros Rego da oportunidade de desferir golpe vital na causa contrária.[555]

A versão mascatal deste episódio é mais circunstanciada. Nos Prazeres, Cristóvão Pais e Camarão tiveram acalorado debate com Barros Rego e Leonardo Bezerra, em que se gastou, para usar a expressão do governador dos índios, "bastante bateria de razões". Camarão e Cristóvão Pais negaram-se a participar do sítio, propondo compromisso pelo qual, alijando os reinóis, assumiriam o comando das fortalezas, preservando a praça e desfazendo os receios da nobreza. Rejeitada a fórmula, seus interlocutores tentaram suborná-los, oferecendo uma antiga propriedade da família a Cristóvão Pais; e os engenhos de D. Francisco de Souza, a Camarão, que replicou lacônico: "como caboclo que era, não carecia de engenho". Intimados a comparecer à presença

---

[554] Papéis de serviço de Cristóvão Pais Barreto, cit.; Castro e Caldas a D. João V, 10.i.1711, cit.; "Batalhas e sucessos de Camarão, Cristóvão Pais, Paulo de Amorim e Pedro de Melo Falcão", 25.i.1712, e "Sucessos da campanha no tempo em que durou o sítio da praça do Recife", 10.iv.1712, coleção Pedro Corrêa do Lago (São Paulo); Noêmia Pais Barreto, *Os Pais Barreto de Rio Formoso*, Rio de Janeiro, 1992, pp. 45-6. Por motivos óbvios, seus papéis de serviço nada dizem da sua atuação na conjura que precedeu o levante dos mascates.

[555] *Memórias históricas*, iv, pp. 97-8.

de D. Manuel, Camarão e Cristóvão Pais partiram para o sul a fim de agenciar reforços, embora Paulo de Amorim Salgado, na expectativa de negociar um acordo, seguisse para Olinda, onde foi sumariamente recolhido à prisão.[556]

Segundo a devassa inconclusa de Valençuela Ortiz, o levante dos mascates fora articulado por Castro e Caldas, por intermédio do procurador da Coroa no Recife, com a coadjuvação do governador da Paraíba, dos mercadores ali asilados, do provedor Rego Barros, dos padres da Madre de Deus e dos principais moradores da praça. Em João da Maia da Gama, que "se supôs governador-geral do Estado do Brasil", passou D. Lourenço de Almada severíssima repreensão, dando toda razão à Câmara de Olinda. Para D. Lourenço, os recifenses eram apenas o instrumento de "ódios e paixões particulares", donde anunciar sua intenção de tomar na Relação da Bahia, de que era presidente, as providências judiciárias contra os responsáveis pelo 18 de junho. Havendo um patacho de Lisboa trazido a notícia de que El Rei concedera o perdão geral pela sedição da nobreza, D. Lourenço apressou-se em transmiti-la a D. Manuel, recomendando também a anistia dos cabeças do levante mascatal, de modo a que "estejam esses povos unidos para qualquer sucesso que possa acontecer".[557] A guerra europeia terminava com a ascensão dos *tories* na Inglaterra e do arquiduque Carlos ao trono imperial, mas ainda não se podia baixar a guarda no Brasil, como demonstrou a ocupação do Rio de Janeiro em setembro pela esquadra sob Duguay-Trouin.

Não obtendo resposta de D. Manuel, o governador-geral enviou-lhe o texto do perdão régio acompanhado de segundo indulto, assinado do seu próprio punho, em favor dos levantados da praça. Já então, D. Lourenço de Almada revia a opinião favorável que tinha do prelado, parecendo-lhe inaceitável que houvesse intimado a restituição das fortalezas e ordenado a entrega

---

[556] *Calamidades*, pp. 95-7; "Tratado", fls. 91-93v; papéis de serviço de Cristóvão Pais Barreto de Melo, AHU, PA, Pco., cx. 16; "Batalhas e sucessos de Camarão, Cristóvão Pais etc.", cit.; "Sucessos da campanha no tempo em que durou o sítio da praça do Recife", cit. Cristóvão Pais alegará ter sabido posteriormente que Leonardo Bezerra tivera a intenção de matá-lo. Solto após a chegada do novo governador, Paulo de Amorim morreu "de desgosto e pesar [...] do mau trato que teve na prisão, e os seus engenhos [...] lhos mandaram destruir, ficando sem coisa alguma do que neles tinha": "Tratado", cit.

[557] *Documentos históricos*, xxxix, pp. 276, 279-80, 283, 285-9 e 290-3.

de artilharia e munição para o sítio da praça. D. Lourenço estranhava também que D. Manuel se tivesse demitido do governo militar quando tinha o dever de preservar íntegra a jurisdição que lhe delegara El Rei. Além de recomendar-lhe que recobrasse a totalidade dos seus poderes, D. Lourenço ordenou-lhe a suspensão do cerco à espera do novo governador, cuja chegada era questão de dias. Pela mesma ocasião, atendeu o pedido de ajuda que lhe enviara João da Mota, fazendo embarcar uma sumaca com mantimentos para o Recife.[558]

Como ocorrera à comunicação anterior do governador-geral, D. Manuel tampouco recebeu esta segunda missiva, igualmente interceptada por João da Mota, que enviou a Salvador um par de emissários para expor os temores de que o perdão resultasse no desarmamento unilateral do Recife, tornando-o alvo de represálias sangrentas. D. Lourenço de Almada aceitou a explicação, dando como motivo o haver-se à nobreza agregado "gente popular". Não deixou, porém, de repreender João da Mota. Neste ínterim, aportara à Bahia a fragata precursora da frota anual, o que levava a crer que Félix Machado já se encontrasse em Pernambuco. Na dúvida, D. Lourenço enviou ao bispo segunda via dos perdões. Embora as fontes olindenses sublinhem a retenção das cartas, é improvável que, caso tivessem chegado às mãos do destinatário, o partido de Olinda houvesse suspendido o assédio. D. Lourenço também escreveu a Félix Machado, enfatizando a dificuldade de pôr um termo a "uma guerra civil, e a mais bárbara que houve nestas conquistas entre vassalos portugueses".[559]

Em termos militares, o sítio do Recife reprisou toscamente o impasse da guerra holandesa. Assim como as tropas luso-brasileiras com os neerlandeses, o partido da nobreza reduziu os mascates ao Recife, que só resistiu graças às comunicações marítimas, isolado que se achava por uma linha de redutos em forma de crescente, que corria de norte a sul, em distância de duas léguas e meia, desde Olinda ao Pina, cortando os acessos da praça. Ao longo dessa linha, patrulhavam, como oitenta ou sessenta anos antes, grupos volantes destinados a repelir as sortidas inimigas. As milícias rurais constituíam a grande maioria dos sitiadores, embora os soldados do terço de Olinda também

---

[558] *Ibid.*, pp. 298-303 e 306-7; BNRJ, 5, 3, 1, nº 33.

[559] *Documentos históricos*, xxxix, pp. 311 e 313-8; *Memórias históricas*, iv, pp. 153-5.

participassem. Somados uns e outros, não passaram nunca de 1.500 homens, devido à necessidade de deslocar tropas para as operações contra Cristóvão Pais e Camarão ou contra os aliados dos mascates em Goiana.[560]

O Recife edificou um sistema de defesa, cujo exame ajuda, aliás, a compreensão de sua história urbana, tendo em vista que, após a expulsão dos holandeses, a cartografia da terra passou por duradouro jejum.[561] Uma linha de trincheiras cingia os atuais bairros do Recife e Santo Antônio-São José, começando, a norte, na porta do Bom Jesus, cruzando o rio na altura do palácio das Torres, infletindo a oeste para incorporar a ponte da Boa Vista, acesso ocidental da praça. Dali, o entrincheiramento tomava a direção do convento do Carmo, rumando para a fortaleza das Cinco Pontas e terminando na Cabanga. Em toda a extensão dessa linha levantaram-se, a pequenos intervalos, baluartes guarnecidos de soldados e artilharia. Na margem oposta ao lagamar, na extremidade meridional do bairro do Recife, o forte do Matos defendia a praça de ataque através da ilha do Nogueira, ocupada pelos olindenses. Destarte, o crescimento do Recife a oeste havia estourado as costuras do *groot kwartier* do tempo de Nassau, o qual correspondera ao triângulo formado pelo convento de Santo Antônio, pela atual matriz de Santo Antônio e pela igreja do Espírito Santo (atual praça Dezessete).[562]

No Recife, julgava-se que uma ofensiva através do istmo constituiria uma operação impolítica, uma afronta a D. Manuel e à Coroa, em cujo nome ele governava. Preferiu-se, por conseguinte, realizar incursões a oeste e a sul destinadas a paliar o rigor do assédio, incursões que se revelaram inócuas, pois não lograram reabrir as comunicações terrestres, resultando apenas em mortos

---

[560] *Calamidades*, pp. 97-8; "Tratado", fls. 111v-112; "Guerra civil ou sedições de Pernambuco", p. 21; *Memórias históricas*, iv, pp. 93-4, 118-20, 125 e 129-30.

[561] Basta dizer que entre o último mapa neerlandês, que é o de C. B. Golijath (1648), e o primeiro levantamento português, que é o de Diogo da Silveira Veloso (1733-1739), transcorrera quase um século de crescimento intenso do Recife, donde o interesse da descrição do Dr. Manuel dos Santos acerca do sistema defensivo de 1711, que pode, de algum modo, contribuir para preencher a lacuna das fontes cartográficas. Ver a respeito José Luís Mota Menezes (org.), *Atlas cartográfico do Recife*, Recife, 1988; e J. A. Gonsalves de Mello, *A cartografia holandesa do Recife*, Recife, 1976, pp. 17-8.

[562] *Calamidades*, pp. 182-5.

e feridos.[563] Em Olinda, por outro lado, nunca se alimentaram ilusões a respeito de um ataque ao Recife, contando-se sempre com sua sujeição pela fome mediante o bloqueio terrestre e marítimo. Mas ao passo que o sítio por terra foi razoavelmente eficaz, era inviável impedir o acesso por mar, graças aos canhões das fortalezas da praça, nem se dispunha de meios com que interceptar a navegação de cabotagem que a supria em escala modesta. Quando os estoques reunidos durante a preparação do levante se esgotaram, a penúria dos moradores só foi atenuada por suprimentos vindos da Paraíba e de portos do litoral. Em resumo: sitiadores e sitiados optaram pela guerra defensiva, uns na perspectiva de levar o Recife a capitular; outros, na da chegada da frota.

A situação tornou-se penosa a ponto de provocar um motim castrense contra João da Mota e a tentativa de fuga de dois dos principais mascates. Para complicar as coisas, o inverno foi rigoroso; e o preço da farinha de mandioca disparou. Ainda se pôde lançar mão de carregamentos consignados ao Rio de Janeiro, mas houve ocasiões em que os recifenses sustentaram-se à base de uma dieta de mariscos cozidos no açúcar que se achara estocado pelos trapiches, embora aos privilegiados, como os padres do Oratório, não faltasse o pão de farinha do Reino com que, de certa feita, procuraram enganar emissário de D. Manuel, exibindo-o como prova da fartura reinante. Como a subsistência da população do Recife e de Olinda dependia em boa parte dos crustáceos colhidos nas coroas dos rios pelas marés baixas, as escravas dos moradores que se encarregavam da faina eram alvos frequentes das hostilidades. Como ao tempo da guerra holandesa, floresceu o negócio de apresar africanos: os soldados de Olinda escondiam-se nos mangues e apanhavam-nos aos magotes.[564]

Com a escassez e os preços exorbitantes, a gente pobre do Recife socorreu-se da sopa dos conventos, sobretudo da sopa dos néris, havendo ocasiões em que a portaria da Madre de Deus atendeu a mais de oitenta necessitados.

---

[563] *Ibid.*, pp. 125-7, 132-5, 169 e 185-7; *Memórias históricas*, iv, pp. 118-20, 125 e 136-7; "Diário e notícia certa", cit. As perdas incorridas nessas sortidas não passaram de dezenove ou vinte mortos; e de 25 no decurso do sítio.

[564] *Memórias históricas*, iv, pp. 100, 115-6, 125 e 150; *Calamidades*, pp. 130 e 160; "Diário e notícia certa", cit.; "Notícia da expulsão", fls. 7-7v e 9. As fontes referem ora em trezentos ora em cem o número de escravos capturados.

O sítio foi ainda mais severo no tocante ao suprimento de água potável, de vez que a vila achou-se privada de sua fonte regular, a água do Beberibe, e até mesmo da água das cacimbas da Boa Vista ou da levada do engenho do Monteiro, também sob o controle dos olindenses. Dada a insuficiência das cacimbas existentes no interior das fortificações, os soldados da guarnição competiam com a população civil pela água disponível. Menos mal que o assédio coincidiu com os meses de chuva, mas quando o verão repontou em setembro, já não se bebia sequer a água salobra da praça.[565]

Somente após a batalha de Sibiró, o abastecimento melhorou. Apesar de Olinda ter proibido às freguesias litorâneas o envio de gêneros à praça, não faltaram a farinha de mandioca, o peixe seco e até a carne de boi que os oratorianos mandavam adquirir pelos portos meridionais da capitania. Tais diligências foram ajudadas pelos ventos de sudeste, e, com a vinda em setembro dos primeiros alíseos, o Recife socorreu-se de mantimentos agenciados na Paraíba, mercê igualmente da atividade dos néris. *Grosso modo*, porém, a interdição governamental foi respeitada no litoral norte de Pernambuco e em Itamaracá. Nesta área, já então a mais povoada da marinha pernambucana, destruíram-se barcos e até jangadas de pesca para impedir que fossem empregados no socorro aos recifenses. De Salvador, aportaram em setembro os mantimentos despachados pelo governador-geral.[566]

No interior, o choque armado só ocorreu nas duas vezes em que Cristóvão Pais Barreto e Sebastião Pinheiro Camarão procuraram levantar o sítio da praça. Em julho, ao regressarem dos Prazeres, ambos haviam parado em Tamandaré, a fim de assegurar a fortaleza e organizar o suprimento marítimo do Recife. As tropas que os acompanhavam, milícias do Una e índios mansos

---

[565] *Memórias históricas*, iv, pp. 137-8; *Calamidades*, pp. 90, 106 e 123-5; "Tratado", fl. 99v; Southey, *História do Brasil*, iii, p. 63; "Diário e notícia certa", cit.; certidão de João da Mota, 9.xii.1711, transcrita por Manuel Cardozo, "Os padres do Oratório do Recife e a Guerra dos Mascates", *Revista Portuguesa de História*, xi (1968), p. 236; João do Rego Barros a D. João V, 20.iv.1712, AHU, PA, Pco., cx. 16; João de Macedo Corte Real e Diogo da Silveira Veloso a Félix Machado, 20.vi.1713, AHU, PA, Pco., cx. 17.

[566] *Memórias históricas*, iv, pp. 138 e 304; *Calamidades*, pp. 123, 166-7, 171 e 178; "Tratado", fl. 101; papéis de serviço de Cristóvão Pais Barreto, cit.; certidão de João da Maia da Gama, 8.xii.1711, e certidão de João da Mota, 9.xii.1711, Manuel Cardozo, "Os padres do Oratório do Recife", pp. 235-6; João da Mota a D. João V, 30.xi.1711, cit.

da aldeia, não passavam de quatrocentos homens. Levantado o arraial das Mambucabas, destinado a repelir um ataque da nobreza de Sirinhaém, Cristóvão Pais partiu para Rio Formoso, repelindo no caminho o assalto de um troço comandado por um cunhado seu. Dali, despachou para a praça as embarcações de mantimentos que haviam sido retidas pelos parciais de Olinda, juntando-se-lhe muitos moradores das redondezas, de Ipojuca e do Cabo como também os efetivos paulistas que tinham permanecido nos Palmares. Soube então que marchava a seu encontro um contingente de Olinda, capitaneado por Cristóvão de Mendonça Arrais, mestre de campo do terço da cidade e ex-sargento-mor do terço dos paulistas.[567]

A expedição foi desastrosa. Devendo Mendonça Arrais atrair Cristóvão Pais e Camarão para o partido da nobreza ou ao menos neutralizá-los, D. Manuel o proibira de pelejar. Partindo de Olinda a 6 de agosto, com quatrocentos soldados para os 1.300 homens que o inimigo conseguira reunir, Mendonça Arrais solicitou reforços, que não chegaram a tempo de evitar a derrota de Sibiró (18.viii.1711). Consoante as instruções do bispo, ele ofereceu a Cristóvão Pais e a Camarão o perdão pelo apoio dispensado à causa mascatal, "porque parece lástima, sendo Vossas Mercês ramos de tão ilustres troncos, sigam uma opinião tão errada e fora de toda a razão, que não consiste mais que na opinião de quatro homens do Recife". E aduzia: "Não sei como me não dá uma volta o miolo em ver que [...] tão discretos e fidalgos, estejam brigando com seus cunhados, irmãos, primos e parentes e toda a nobreza desta terra". Como o oferecimento não tivesse êxito, Mendonça Arrais recorreu à intriga primária de persuadir o governador dos índios que a ele, e não ao capitão-mor de Una, devia caber o comando dos revoltosos, afagando a vaidade de D. Sebastião com a lembrança dos feitos dos antepassados na guerra holandesa. Mas o caboclo manteve-se firme.[568]

A 18 de agosto, Cristóvão Pais e Camarão atacaram as forças de Olinda no engenho Sibiró (Ipojuca), pondo-as em debandada após quatro horas de luta. Mesmo levando em conta as restrições impostas por D. Manuel, a atuação de Mendonça Arrais e de outros oficiais foi, como reclamavam seus mes-

---

[567] Papéis de serviço de Cristóvão Pais Barreto, cit; *Calamidades*, pp. 136-7.

[568] *Memórias históricas*, iv, pp. 121-2; *Calamidades*, pp. 138-41.

mos comandados, um misto de inépcia e de apatia, que suscitou a suspeita de querer-se passar para o inimigo. Aos soldados, não se repartiu a tempo a munição necessária, nem se tratou de guarnecer os arredores do acampamento; e, a pretexto de trégua, deu-se aos adversários o tempo de irem buscar uma peça de artilharia em Tamandaré. Durante o embate, Mendonça Arrais, irresoluto, permaneceu sentado num barril de pólvora e assim teria continuado, se um dos sacerdotes do seu séquito não o arredasse de lá para suprir a soldadesca. Capturado e amarrado com cordas, Mendonça Arrais foi mandado para o Recife com os pró-homens de Sirinhaém que o acompanhavam, ficando encarcerados até o final do conflito.[569]

Em Olinda, o insucesso criou o receio de ataque iminente. Para a segurança de D. Manuel, criou-se uma escolta de clérigos, o "batalhão sagrado", sob as ordens do deão Nicolau Pais Sarmento e a que se reuniram Matias Vidal de Negreiros, com quarenta dos seus escravos, e contingentes de estudantes e de serventuários da justiça. Enquanto o governo militar punha a prêmio a cabeça dos chefes, o bispo lançou mão dos seus poderes espirituais, excomungando Cristóvão Pais e sequazes. A medida teve grande repercussão entre os soldados, como indicam o exemplo dos paulistas que se foram penitenciar ao Santo Cristo de Ipojuca, e a intervenção do prepósito do Oratório e do prior do Carmo do Recife no propósito de dissipar os efeitos da excomunhão.[570]

Com dificuldade, aprestou-se a tropa confiada a João de Barros Rego, cuja maior parte, como em Sibiró, compunha-se de milícias rurais. No percurso, descobriu-se a conspiração de alguns pró-homens, como Felipe Pais Barreto e Antônio de Sá e Albuquerque, para mudarem de lado. Seguindo o exemplo dos historiadores clássicos, Gonçalves Leitão pôs na boca de Barros Rego fervoroso apelo à solidariedade de classe e de sangue. Após lembrar as origens dos homens do Recife e a gentilidade de Camarão, indagava: "Que

---

[569] *Memórias históricas*, iv, pp. 122-4; *Calamidades*, pp. 141-2; papéis de serviço de Cristóvão Pais Barreto, cit. Gonçalves Leitão não alude ao número de baixas, ao passo que o Dr. Manuel dos Santos declara não ter podido saber, informando apenas que do lado dos vencedores houvera dois mortos e oito feridos. O autor do "Tratado", que corrobora a versão do médico, adianta que o contingente de Olinda teve "bastantes mortos e feridos", fl. 94.

[570] *Memórias históricas*, iv, pp. 130-1; *Calamidades*, pp. 126 e 165; Dias Martins, *Os mártires pernambucanos*, pp. 166-7, 299, 354 e 377.

espera [a nobreza]? Consentir que em vil escravidão nos ponha aquela pícara canalha?". Os conjurados abjuraram, reconciliação oportuna, mas o governo militar substituiu Barros Rego por um oficial de primeira linha, Francisco Gil Ribeiro, que havia pouco esmagara a revolta pró-mascatal de Goiana.[571]

Cristóvão Pais e Camarão já avançavam para socorrer o Recife quando, na altura do engenho São José, souberam que os olindenses, num total de cerca de 1.800, os aguardavam, com duas peças de campanha. Na manhã de 7 de setembro, Francisco Gil Ribeiro deu a ordem de ataque à propriedade, prolongando-se a refrega até a madrugada do dia seguinte. Malgrado conquistar posições e bater os adversários com a artilharia, a tropa de Olinda não conseguiu completar o cerco da casa-grande e da moita do engenho. Mas faltos de munição, Cristóvão Pais e Camarão tiveram de desistir. Às quatro da manhã, um forte aguaceiro permitiu aos sitiados retirarem-se no escuro e na chuva. Entre os olindenses, as baixas foram de oito mortos, dando-se crédito a Gonçalves Leitão; mais de vinte, segundo o Dr. Manuel dos Santos; ainda perto de sessenta, optando-se pela versão do chefe indígena, ou algo como cento e tantos, conforme o "Tratado". Entre os partidários da praça, segundo fonte da nobreza, houve onze mortos, além dos que pereceram afogados na travessia de uma lagoa; apenas três, consoante fonte mascatal.[572]

Aliás, as fontes das alterações pernambucanas não são fiáveis no tocante às baixas ocorridas ao longo do conflito. Uma consulta do Conselho Ultramarino chega a aludir a mais de setecentos mortos para todo o período. Dias Martins, que parece ter procedido a investigação detalhada, contabilizou 154 mortos e 83 feridos. Em vista, porém, de que ambas as facções procuraram ocultar suas perdas e exagerar as do inimigo, as informações colhidas pelos cronistas não permitem uma conclusão. Escusado aduzir ser impossível formar ideia mesmo aproximada do número de mortes e assassinatos que tiveram lugar no interior de Pernambuco e capitanias anexas.[573]

---

[571] *Memórias históricas*, iv, pp. 131-6, 138-41; "Guerra civil ou sedições de Pernambuco", pp. 74-5.

[572] *Memórias históricas*, iv, pp. 141-5; *Calamidades*, pp. 167-8; "Tratado", fls. 95-95v; papéis de serviço de Cristóvão Pais Barreto, cit.; "Batalhas e sucessos de Camarão, Cristóvão Pais etc.", cit.

[573] *Documentos históricos*, xcviii, p. 143; *Os mártires pernambucanos*, p. 367; "Tratado", fl. 90; João Marques Bacalhau a D. João V, 8.i.1712, AHU, PA, Pco., cx. 16.

Enquanto Francisco Gil desistia de sair no encalço do inimigo, que se havia dispersado em pequenos grupos, Camarão voltava à sua aldeia e Cristóvão Pais retirava-se a pé para Porto de Galinhas a fim de recrutar novos efetivos. Mas como a tropa de Olinda viesse sitiar Tamandaré, ele teve de passar a Alagoas, com dois oratorianos encarregados de organizar o aprovisionamento do Recife. Na barra do Camaragibe, repeliu um troço das milícias de Porto Calvo; e na vila das Alagoas, encontrou Câmara e capitão-mor hesitantes, devido à ordem de neutralidade recebida do governador-geral. Cristóvão Pais continuou a jornada, em que foi alvo de duas ou três tentativas de morte. Em Penedo, a situação estava confusa; e, ameaçado de prisão, regressava a Tamandaré quando lhe chegou a notícia de que o novo governador desembarcara no Recife. Dissolvida a tropa, encontrou seu engenho saqueado e incendiados a moradia e o armazém que possuía na povoação do Una. Havendo empenhado seus bens, achara-se "pobre e sem remédio", segundo os padres do Oratório, que exprimiam a gratidão mascatal por um indivíduo que se fizera "em todas as suas ações igual aos melhores heróis que a fama celebra", tornando-se merecedor do real prêmio.[574]

O papel de Cristóvão Pais não o pôde desempenhar o governador da Paraíba, que projetara levantar o cerco do Recife à frente de 3 mil homens, inclusive tapuias e paulistas do Rio Grande. Mas tendo descoberto uma conjura do partido da nobreza para sublevar a capitania, cuja guarnição não recebia soldo ou farda havia ano e meio, João da Maia da Gama limitou-se a enviar auxílio e a pressionar D. Manuel, as Câmaras e os capitães-mores de Pernambuco. Providenciou ademais do seu bolso o pagamento da tropa paraibana e ordenou a prisão dos suspeitos, tendo o cuidado de mandar a pólvora e a artilharia da cidade para o forte do Cabedelo, custodiado por reinóis e a que se recolheu, na previsão de tumultos.

Estando a ponto de irromper um levante em Maranguape, João da Maia procurou ganhar tempo, mas como lhe exigissem, em nome do povo, a substituição do capitão-mor do distrito, "tanto que o dito governador ouviu falar em povo, cheio de cólera, metendo a mão a uma faca", investiu contra os requerentes, gritando aos soldados da guarda que "passassem corda à polé,

---

[574] Papéis de serviço de Cristóvão Pais Barreto, cit.; "Batalhas e sucessos de Camarão, Cristóvão Pais etc.", cit.

que os havia de polear", só mudando de propósito a rogo de alguns religiosos. Tal reação intimidou os pró-homens da capitania, que passaram a cooperar, informando-o dos manejos dos parentes pernambucanos e ajudando-o na expedição contra Pernambuco, só cancelada ao saber-se que o movimento mascatal fora esmagado em Goiana. A atuação de João da Maia foi fundamental para impedir a ajuda do Rio Grande ao partido de Olinda, seja da parte dos paulistas da guarnição do Açu, seja da parte do governador dos índios, Antônio da Rocha Bezerra, cuja tentativa de sublevar Natal foi prontamente neutralizada. No final das contas, somente o capitão-mor de Cunhaú, Afonso de Albuquerque Maranhão, logrou enviar contingente em apoio a D. Manuel.[575]

Em Itamaracá, o conflito estava condenado a ser especialmente virulento. Por ocasião do cerco do Recife, os Cavalcanti e aliados garantiram a retaguarda, convocando as milícias de Goiana, que seria arriscado deixar controlando a vila, onde era preocupante a posição da Câmara, quase toda composta de reinóis. Outra medida cautelar consistiu na prisão dos mercadores recifenses que ali se encontravam. Tais medidas causaram o motim de 3 de julho, como o de 18 de junho feito também aos gritos de "Viva El Rei e morram traidores". Eleito o juiz do povo, resolveu-se que a tropa de segunda linha não poderia sair da freguesia e prenderam-se os pró-homens que a comandavam, os quais só foram soltos em troca da promessa de que não marchariam contra o Recife. Durante uns dias, os Cavalcanti não se mexeram dos seus engenhos, mas acabaram escapulindo para Olinda, onde obtiveram efetivos para restabelecer a ordem senhorial.[576]

Ao divulgar-se que eles regressavam à frente de força armada, o partido mascatal convocou a população e os índios da aldeia de Aratangi, congregando a custo uns cem homens, pois boa parte dos portugueses de Goiana se

---

[575] *Memórias históricas*, iv, pp. 156-7; *Calamidades*, pp. 107-8, 181; João da Maia da Gama a D. João V, s.d., mas de 1712, AHU, PA, Pb., cx. 6; "Tratado", fls. 107-10, 114v-5 e 124-124v; "Depois que se ausentou o Sr. Governador de Pernambuco, correu nova nesta cidade da Paraíba etc.", relato sem assinatura nem data mas redigido em 1711 ou 1712, coleção Pedro Corrêa do Lago (São Paulo).

[576] *Calamidades*, pp. 187-99; "Tratado", fls. 116v-117. O padre Gonçalves Leitão trata de forma suspeitamente breve os acontecimentos de Goiana: *Memórias históricas*, iv, pp. 115 e 125-6.

haviam refugiado no campo. Os cavalcantistas entraram na vila como triunfadores, "com penachos de ramos verdes nos chapéus", pondo cerco ao convento do Carmo. O juiz do povo, o vereador mais velho e vários outros foram submetidos a vexames e humilhações, como ocorreu a certo ancião a quem se dizia arrancaram os bigodes e as cãs. Ranchos percorriam as ruas aos brados de "Viva os Cavalcanti e seus aliados e morram os seus opostos e traidores". Os índios, acampados no arrabalde, revidaram com aclamações de fidelidade a El Rei. Mas a prudência prevalecendo, os caboclos retiraram-se para suas terras, na companhia do troço despachado pelo governador da Paraíba. Goiana foi posta a saque, não se poupando as moradas de pequenos comerciantes, de vez que na frase atribuída a um dos Cavalcanti, "nas casas destes se acham muitas vezes melhores coisas que nas dos ricos".[577]

Os Cavalcanti praticaram em Goiana o que seus parciais não tinham podido fazer no Recife. Da pilhagem, não escapou o convento do Carmo, onde os moradores haviam depositado seus bens mais preciosos, ouro, prata e alfaias, não se poupando cela alguma, e cometendo-se violências contra os leigos que se tinham acoitado na igreja. Segundo fontes mascatais, o produto da rapina teria sido dividido dentro do estrito respeito às hierarquias sociais: a parte dos soldados era medida à vara e côvado; e a que cabia aos Cavalcanti era levada em carros de boi para seus engenhos. Devassas comprometedoras desapareceram nas chamas; emitiram-se cartas de seguro em favor de criminosos; apreendeu-se o arquivo da municipalidade e substituíram-se os oficiais da milícia urbana, tudo no estilo da sedição contra Castro e Caldas. A reconquista de Goiana culminou na escolha de nova Câmara, sendo "todos primos e cunhados uns de outros, sem mais eleição nem solenidade que o seu [dos Cavalcanti] gosto".[578]

O saque de Goiana não foi, aliás, o único a verificar-se no meio rural, sendo apenas o mais notório e rentável por se tratar de vila importante. Segundo o "Tratado": "a torto e a direito e a pobres e a ricos, se roubou a todo o mundo, sem se perdoar a ninguém e uma e outra parcialidades o faziam",

---

[577] *Calamidades*, pp. 187-99; "Tratado", fls. 117-24.

[578] *Calamidades*, pp. 187-99; João da Mota a D. João V, 30.xi.1711, transcrito por Mario Melo, *A Guerra dos Mascates*, p. 88.

com o que "uns que não tinham nada, ficaram ricos, e os que tinham ficaram pobres". Pior ainda: "os engenhos e mais lavouras tudo [ficou] destruído para em muitos anos não tornar a ser o que eram". Destarte, o autor tirava a conclusão de que a guerra só visara à pilhagem, de vez que não se havendo podido saquear o Recife, as frustrações do povo do campo tiveram de ser satisfeitas mediante os "roubos por fora".[579]

Como no Recife, a mascataria de Goiana preparou a revanche. Data de então o aparecimento dos "homens do cipó", tropa de choque dos reinóis da vila e cuja designação originou-se no costume de cingirem a cabeça com uma liana, que lhes servia de divisa. Intimados a se retirarem da localidade, os Cavalcanti obtiveram outro reforço de Olinda, trezentos homens sob o comando de Francisco Gil Ribeiro, que acabara de reprimir o partido mascatal na ilha de Itamaracá. Vencida a resistência dos "homens do cipó", executou-se seu sargento-mor, cuja cabeça foi enviada ao coronel Francisco de Barros Falcão de Lacerda, patriarca dos Cavalcanti da capitania, cuja consorte teria feito a bíblica exigência. Espetada em lugar público, ali permaneceu por insistência dos parentes da vítima, que protestavam só retirá-la quando pudessem substituí-la por "outras muitas cabeças".[580]

Nesta primeira aparição, o rancho do Cipó não demonstrou a eficácia com que operou no governo de Félix Machado. Dele sobrou uma dúzia de sujeitos, capitaneados por um lusitano, Manuel Gonçalves de nome, ou Tundacumbe de alcunha, o qual organizará à base desse núcleo uma força que espalhará o terror na nobreza de Itamaracá. Manuel Gonçalves chegara à terra já homem feito, os modos truculentos, a cicatriz de uma cutilada no rosto delatando seu passado de valentão de aldeia, cicatriz que procurava esconder sob fartos bigodes de português de caricatura. Empregou-o como feitor Matias Vidal de Negreiros, cujos pretos, tão turbulentos quanto o senhor, moeram o Tundacumbe a pancadas, donde o apelido que lhe deram: "tunda", ou surra, e Cumbe, o local onde ela lhe fora aplicada. "Sendo por este nome de todos conhecido", narra Gonçalves Leitão, "como quem faz do sambenito gala, quis, do modo que era apelidado, apelidar-se". Tornou-se negociante de pescado, que comprava no litoral para revender, em lombo de

---

[579] "Tratado", fls. 90v-91.

[580] *Ibid.*

besta, pelos engenhos.[581] Não se conhece a razão do ódio de Manuel Gonçalves aos Cavalcanti; talvez não lhe terão pago algum fornecimento de peixe. O certo é que logrará reunir cerca de quinhentos marginais que, tendo vivido a serviço da violência privada dos pró-homens, serão cooptados em força paramilitar destinada a reprimir os antigos patrões.

O antagonismo entre nobres e mascates afetou as relações de toda ordem. Gonçalves Leitão afirma que "uma das coisas em que o demônio apurou mais os ardis de seus enredos para continuarem os ódios e as guerras em Pernambuco foi a divisão em que duas parcialidades deixaram toda a gente desta terra". O sectarismo foi geral, pois "tanto a que seguia a parte do Recife como a outra da nobreza moveram para isto os ânimos de todos, de tal sorte que pais e filhos, maridos e mulheres, irmãos, enfim amigos e parentes, e do mesmo modo brancos e pretos, grandes e pequenos, machos e fêmeas eram nas opiniões por uma e outra parte tão diversos e encontrados que se não dava meio de poderem concordar". E o autor do "Tratado" assevera ser vontade de Deus que "em todas as freguesias e capitanias houvesse parcialidades [...] pessoas umas a favor da praça e outras a favor do cerco", de maneira que, "querendo uns socorrer a praça com mantimentos e outros a impedi-los, uns com os outros em toda a parte travaram as guerras e entre eles [i.é, os naturais da terra] é que as veio a haver, tão fortes e desumanas que entre bárbaros não poderia haver semelhantes guerras, porque não resultou delas somente muitas e lastimosas mortes mas incompreensíveis perdas em destruições de fazendas".[582]

As ordens religiosas tampouco ficaram imunes, assumindo posições correspondentes *grosso modo* às da sua clientela de fiéis. As "religiões" que possuíam estabelecimentos tanto em Olinda como no Recife procuraram equilibrar suas simpatias, mal disfarçando, contudo, certa inclinação pela causa da nobreza. A tendência dos filhos de São Francisco transparece na crônica de Jaboatão, que endossando a versão de Rocha Pita, compara a eficácia com

---

[581] *Memórias históricas*, iv, pp. 186-7. A "Notícia da expulsão" contém explicação diferente para o apelido, que teria sido dado a Manuel Gonçalves devido a que, possuindo "um moleque que costumava fugir para um lugar chamado Cumbe, quando o açoitava lhe dizia 'Tunda Cumbe', que quer dizer em língua de Angola 'Vai para o Cumbe'", fl. 10.

[582] *Memórias históricas*, iv, p. 189; "Tratado", fl. 90v.

que haviam atuado para controlar os pró-homens com a sua inoperância quando do levante dos mascates, dando a entender a moderação dos partidários da cidade e o radicalismo dos recifenses. Jaboatão não esconde o ressentimento da sua Ordem pela iniciativa de dar o nome de São Sebastião à nova vila, preterindo Santo Antônio, que tinha melhores títulos desde que se edificara na antiga ilha de Antônio Vaz, cem anos antes, o convento de que era patrono. Embora o cronista ressalte que os minoritas partilharam com os moradores as agruras e sobressaltos do sítio, fonte mascatal assevera, pelo contrário, que eles se haviam refugiado pelos outros conventos franciscanos da capitania.[583]

No tocante aos jesuítas, que, como recorda o Dr. Manuel dos Santos, "sempre costumaram seguir os mais poderosos", o vice-reitor do colégio recifense coadjuvara o ouvidor e o provedor-mor na missão de moderar o ardor das milícias reunidas nos Afogados, oportunidade em que, "arvorando o seu crucifixo, lançou-se aos pés dos mais exaltados que desejavam assolar o Recife". Nem por isso deixaram de ser reputados na praça por "traidores e amigos dos olindenses" e acusados de intrigarem o governador-geral D. Lourenço de Almada com a mascataria. Os religiosos da casa do Recife que criticaram a atitude dos pró-homens sofreram punições, como a reclusão e a transferência para a Bahia, de onde o reitor Andreoni os despacharia para o Rio de Janeiro ou para o sertão.[584] No governo de Félix Machado os inacianos demonstrarão abertamente sua preferência, a que não estava alheia a competição que mantinham em Portugal com os oratorianos pela influência no paço real e junto às elites da metrópole.

As ordens exclusivamente recifenses, néris e carmelitas reformados, sustentaram a causa da praça. A Madre de Deus participou ativamente do levante de 18 de junho e, mais que coadjuvante, foi o verdadeiro organizador da resistência do Recife, sob a liderança do padre João da Costa (que fon-

---

[583] Jaboatão, *Novo orbe seráfico*, iii, pp. 788-9; "Notícia da expulsão do governador de Pernambuco", cit.

[584] Mateus de Moura ao Geral da Companhia de Jesus, 21.xi.1711, Serafim Leite, *História da Companhia de Jesus no Brasil*, 10 vols., Rio de Janeiro, 1938-1950, v, pp. 454-5; *Calamidades*, p. 102; *Documentos históricos*, xxxix, pp. 271-2 e 283-4; Castro e Caldas a André Lopes do Lavre, 29.vi.1711, cit.

te olindense refere como "o congregado-mor dos levantados"). Daí que os oratorianos fossem a única ordem a receber agradecimentos régios pelos serviços prestados, como "coluna da fé e lealdade para com Deus e para com Sua Majestade, a cujas diligências se deve muita e grande parte do bom sucesso de estarem na obediência de Sua Majestade estas capitanias". Para eles, a autonomia do Recife era a continuação da luta contra os antigos dissidentes e dos seus protetores da nobreza, que projetavam reabrir a casa de Santo Amaro. No governo de D. Manuel, a Câmara de Olinda embargou a ampliação da Madre de Deus e propôs a El Rei que se restituísse aos expulsos sua antiga igreja e hospício, transformados pelo abandono em "covil de negros e de negras fugidos". No mesmo propósito, revitalizou-se o culto de Santo Amaro, feito padroeiro dos sitiadores. Embora o exigisse o desterro dos néris e os olindenses ameaçassem "arrasar o seu convento e fazê-los em picado", o bispo preferiu recursos menos drásticos, como a suspensão dos sacerdotes mais atuantes.[585]

A identificação dos carmelitas reformados com os mascates resultou do antagonismo que os opunha aos observantes olindenses. Nos anos oitenta do século XVII, a chamada reforma turônica consagrara a cisão dentro da Ordem, culminando no acordo pelo qual se haviam atribuído aos reformados, senhores do recolhimento de Goiana (cabeça da reforma e casa de noviciado), os conventos existentes no Recife e na Paraíba, ao passo que aos observantes deixara-se apenas a casa de Olinda. Logo, porém, os turões começaram a campanha para apossar-se do último reduto dos rivais, contando com a proteção ostensiva da Coroa, que recomendara ao governador e ao cabido que os favorecessem. Às vésperas da sedição da nobreza, a Câmara de Goiana denunciara o Carmo da vila como foco de intrigas inspiradas pelo prior, frei Miguel da Assunção, que, com suas "pretensões de fidalgo e de estadista [...] se constitui oráculo para os seculares seus aliados". A mascataria local tentara

---

[585] *Memórias históricas*, iv, pp. 77-82; "Guerra civil ou sedições de Pernambuco", p. 21; "Tratado", fls. 99-99v; certidões de D. Francisco de Spuza, 29.xi.1711, e de João da Maia da Gama, 8.xii.1711, transcritas por Manuel Cardozo, "Os padres do Oratório do Recife", pp. 234-5; João da Costa a D. João V, 20.xi.1711, e Câmara de Olinda a D. João V, 31.xii.1711, AHU, PA, Pco., cx. 16; Castro e Caldas a D. João V, 5.ii.1711, cit.; certidão de João da Maia da Gama, 8.xii.1711, cit.; *Documentos históricos*, xcviii, p. 146; *Calamidades*, p. 248.

impedir a posse dos vereadores, fazendo necessária a intervenção de força armada de Pernambuco para acalmar os ânimos. D. Manuel endossara a queixa junto a El Rei, que aceitou sua sugestão de transferir frei Miguel para o Carmo do Recife. Mas irrompendo o movimento contra Castro e Caldas, o frade deixou-se ficar em Goiana, a instâncias do governador da Paraíba, que contava com sua ascendência sobre a mascataria. Quanto aos carmelitas de Olinda, "seguiram os levantados, induziram, alteraram e foram causa de muitas ruínas e desordens", além do que "pregavam a doutrina dos levantados [...] para envolverem a todos para a parte dos inconfidentes, debaixo do nome da nobreza e naturais".[586]

Os recém-chegados capuchinhos italianos dividiram-se. Enquanto frei Bernardino de Saracena apoiava D. Manuel, de quem se tornou confessor, frei Felipe de Alteta bandeou-se para os mascates, denunciando as propensões emancipacionistas do partido de Olinda. Na sua interpretação, a revolta nobiliárquica devera-se a um complô dos cristãos-novos da terra, entenda-se, a nobreza, ressentida com o poder da Inquisição, donde suspeitar que o próprio D. Manuel fosse marrano, como outrora em Roma "o pérfido Molina, da nação portuguesa". O bispo teria grande influência em Lisboa, graças ao apoio de autoridades régias subornadas com "muitas moedas de ouro, furto feito no tempo da guerra; e estas foram tão poderosas que se Nossa Senhora da Penha de França não contribuísse a abrir os olhos do rei, este havia de perder toda a América".[587]

---

[586] D. João V a Castro e Caldas, 28.iii.1707, despacho do procurador da Coroa em consulta extraviada do Conselho Ultramarino, de 1709, D. Manuel Álvares da Costa a D. João V, 2.vii.1710, Co.Uo. 10.xii.1710 e 15.ii.1714, João da Maia da Gama a D. João V, 22.vii.1712, e frei Miguel da Assunção a D. João V, 19.ix.1713, todos em AHU, PA, Pco., cx. 15; Gonsalves de Mello, *Um mascate e o Recife*, pp. 25 ss.; Pereira da Costa, *Anais pernambucanos*, v, pp. 193-5, e *A Ordem Carmelitana em Pernambuco*, Recife, 1976, pp. 36-9.

[587] Regni, *Os capuchinhos na Bahia*, ii, pp. 49-55; "Relatório de frei Felipe de Alteta", *ibid.*, pp. 569-70. "O pérfido Molina" é alusão ao jesuíta Luís de Molina (1535-1600), o qual, nas controvérsias teológicas entre inacianos e dominicanos em torno da predestinação e do livre arbítrio, formulou a doutrina, depois conhecida por molinismo, que sustenta que Deus confere a cada indivíduo graça suficiente para salvar-se, mas que esta só se torna operativa mediante o livre consentimento humano: Alain Milhou, "La peninsule ibérique", J. M. Mayeur e outros (orgs.), *Histoire du Christianisme*, viii, *Le temps des confessions (1530-1620)*, Paris, 1992, pp. 625-6. Molina

As ordens exclusivamente implantadas em Olinda, beneditinos e carmelitas descalços, adotaram a posição de alheamento que correspondia a seus interesses. Os bentos congratularam-se com a fuga de Castro e Caldas, mas não tinham motivos para comemorar a sedição da nobreza e o triunfo da sua velha inimiga, a Câmara da cidade. Por outro lado, como proprietária de terrenos e de casas no Recife, não lhes convinha hostilizar a mascataria. Os terésios ou marianos mostraram-se igualmente discretos, embora partidários da mesma política de discriminação contra os nascidos no Brasil, política que lhes valeu a duradoura impopularidade que no tempo da Independência levará à sua expulsão.

era, aliás, espanhol, e frei Felipe de Alteta lhe dá nacionalidade portuguesa por equívoco, provavelmente devido à longa permanência do jesuíta em Portugal, onde lecionou em Coimbra e Évora e publicou sua obra fundamental, o *Concordia liberi arbitrii*.

8.

O acerto de contas

Na manhã de 6 de outubro de 1711, avistaram-se ao norte de Olinda as velas da frota anual que trazia finalmente o novo governador de Pernambuco. Na companhia de Félix Machado, viajavam os recém-designados ouvidor-geral, o Dr. João Marques Bacalhau, e juiz de fora, o Dr. Paulo de Carvalho.[588] Num compreensível rompante de entusiasmo, um partidário do Recife definiu a data como "o dia mais alegre que aquela praça teve nunca". Na realidade, a alegria mascatal só virá depois de muitas dúvidas e ansiedades. Seguindo as instruções recebidas em Lisboa, Félix Machado não devia abrir o jogo imediatamente, tendo de afetar no começo uma imparcialidade que, aos olhos dos mascates, beirava pela hostilidade. À tarde, a frota ancorou a uma légua ao largo do Recife, fora do alcance da artilharia dos fortes, medida elementar de prudência, pois ainda ignorava o estado da terra.

Da nau capitânia, o governador começou a tomar o pulso à situação, atualizando as informações, velhas de vários meses. Às quatro da tarde, uma jangada trouxe de Olinda cartas de boas-vindas de D. Manuel para Félix Machado e da junta militar para o comandante da armada, escusando-se de não

---

[588] Para os primeiros dias de Félix Machado em Pernambuco, *Memórias históricas*, iv, pp. 167-8; *Calamidades*, pp. 205-9; "Tratado", fls. 103-5; "Notícia da expulsão", fls. 10v-11; D. Manuel Álvares da Costa a D. João V, 7.xi.1711, cit.; João da Mota a D. João V, 30.xi.1711, cit.; Félix Machado a D. Lourenço de Almada, 20.x.1711, "Livro dos assentos da Junta de missões, cartas ordinárias, ordens e bandos que se escreveram em Pernambuco no tempo do governador Félix José Machado", BNL, Pna., 115, fls. 239-240v (transcrito por Vicente Ferrer sob o título de "O governo de José Machado na capitania de Pernambuco", RIAP, xvi (1914), pp. 212-74 e 359-450; João Marques Bacalhau a D. João V, 1.xii.1711 e 8.i.1712, e Paulo de Carvalho a D. João V, 8.i.1712, AHU, PA, Pco., cx. 16; certidão de João da Mota, 29.x.1711, Manuel Cardozo, "Os padres do Oratório do Recife", p. 234.

poderem ir a bordo cumprimentá-los por não disporem de escaler na cidade. A acreditar Gonçalves Leitão, os recifenses, ao notarem que os adversários se haviam antecipado, teriam disparado contra a jangada para obrigá-la a retroceder. Pouco depois, Félix Machado recebia missiva do capitão João da Mota e segunda mensagem de D. Manuel, civilidades reforçadas com as costumeiras ofertas de doces e frutas tropicais, especialmente de caju, rico em vitamina C, com que se obsequiavam passageiros ilustres após a travessia marítima deficiente em alimentos frescos. Só então Félix Machado soube do levante do Recife e do que ocorrera desde então, o prepósito do Oratório indo pessoalmente colocá-lo a par de tudo.

O governador devia tomar sua primeira decisão crítica. Reunido com o comando da frota, resolveu exigir dos recifenses a entrega das fortalezas, e dos olindenses, a suspensão do cerco, deixando claro a uns e outros que seu desembarque dependia do fim das hostilidades. A João da Mota ameaçou, em caso de desobediência, de seguir viagem para a Bahia; e a D. Manuel mandou informar do perdão régio pela sedição da nobreza, que ainda se desconhecia em Olinda, pois, como se recorda, a carta do governador-geral que o anunciara havia sido interceptada no Recife. Ao anoitecer, acenderam-se luminárias na praça e na cidade, mas nenhum dos lados parecia disposto a dar o primeiro passo. O bispo instava por que Félix Machado fosse desembarcar em Pau Amarelo ou em Itamaracá, como se a nau capitânia "fosse alguma sumaca, que só estas ali entram", no comentário do "Tratado". A proposta foi secundada pelo administrador da Junta de Comércio, protestando não se responsabilizar pelo que acontecesse aos navios caso fundeassem no Recife. Fazer-se à vela para o norte contrariava as intenções do novo governador de empossar-se de maneira regular, podendo ademais ser interpretado como uma opção por Olinda.

Na manhã de 7, retomaram-se os entendimentos. João da Mota apresentou-se a bordo; e D. Manuel e aliados tornaram a escrever por intermédio de um pajem. Insistindo Félix Machado em desembarcar no Recife, cumpria adotar a única solução decorosa para a autoridade da Coroa: a entrega das fortalezas da praça ao prelado, governador interino, como condição à entrada da frota no ancoradouro e ao fim do assédio. A exigência era uma satisfação moral ao bispo e colocava os recifenses sob uma luz desfavorável; mas, se repelida, criaria sérios problemas à praça. Devolver as fortalezas sem a suspensão do cerco comportava graves riscos: quem garantiria que, senhores das fortificações, os olindenses não ditariam condições inaceitáveis? Os argumentos de João da Mota não demoveram Félix Machado, o que criou grandes desconfianças entre os mascates. Desobedecer era, porém, impensável. Ruim com Félix Machado, pior sem ele, haviam de concluir os principais do Recife.

É sintomático que D. Manuel tenha enviado à capitânia não um dos pró-homens mas um pajem, alguém da sua domesticidade e estrita confiança. Sua posição era difícil face à demanda de que não se levantasse o cerco antes da prisão dos chefes do levante de junho. Mas para o bispo, Félix Machado aportara em momento oportuno ao coincidir com a ausência dos radicais, que, ocupados no sítio de Tamandaré, calculavam que o governador só chegaria em começos de 1712. Não fosse esta circunstância, dirá o Dr. Bacalhau, "sabe Deus o que hoje seria feito de Pernambuco à vista dos danados intentos que houve na primeira sublevação em muitos inconfidentes". Se Leonardo Bezerra e André Dias de Figueiredo estivessem presentes, D. Manuel não teria agido com desenvoltura, pois eles teriam procurado testar Félix Machado, colocando outras condições ademais da concessão do indulto; o novo governador não teria podido aceitá-las, e o conflito assumiria contornos ainda mais alarmantes. Com Bernardo Vieira de Melo na prisão e Leonardo Bezerra e André Dias em Tamandaré, D. Manuel contornou as últimas resistências em Olinda, explorando o alívio gerado pela anistia e o cansaço dos sitiadores, ansiosos por regressarem a suas terras nesses meses iniciais de moagem.

Na tarde do dia 7, as fortalezas do Recife foram ocupadas por tropas do terço de Olinda, embora no forte do Buraco tenha-se estado à beira de preocupante incidente. A nau capitânia fundeou por fim no ancoradouro interno, subindo a bordo D. Manuel e Valençuela Ortiz, que acompanharam Félix Machado na sua entrada na praça, indo desembarcar, sob as salvas da artilharia, no cais do Colégio da Companhia, onde pernoitaram. O espetáculo perturbou grandemente a mascataria, prevendo que a inexperiência do governador seria manipulada pelo maquiavelismo do bispo e que os olindenses não se apressariam em levantar o cerco. A dificuldade foi superada, embora os espíritos não desarmassem. Tomaram-se as primeiras providências a fim de normalizar a situação, comunicando-se aos distritos rurais a chegada de Félix Machado e ordenando-se a desmobilização das milícias. Bernardo Vieira de Melo e os vencidos de Sibiró foram postos em liberdade, gesto que Olinda recalcitrou em reciprocar, só o fazendo após a posse do governador e de ordem sua.

Dia 8, na "hora da maré", D. Manuel e Félix Machado seguiram de bergantim para a cidade. O novo governador alegará que "fez a sua jornada pelo rio com grande perigo" devido ao estado em que se encontrava a terra, acusando a Câmara de Olinda e o bispo de procurarem retardar sua posse. Era praxe que, ao pisarem em terra, os governadores passassem um dia ou dois no Recife, à espera de que se completassem os preparativos da cerimônia, passando depois à cidade como hóspedes da Companhia de Jesus. Descendo a encosta da igreja da Graça e do Colégio, caminharam debaixo de pálio até a Sé, acompanhados pelos oficiais da Câmara. No adro, formava um batalhão de infantaria, com as bandeiras desfraldadas à brisa marinha. Ao som das trombetas, flautas e charamelas, somava-se o repicar dos sinos. No templo, na presença das autoridades civis, militares e eclesiásticas, tinha lugar a transferência de poderes, de vez que o essencial, o ato pelo qual o governador dava menagem da capitania nas mãos d'El Rei, verificara-se meses antes em Lisboa. Ao final, todos deslocaram-se para o colégio dos jesuítas, onde participaram de banquete, para o qual, desta vez, foram convidadas personalidades de ambas as facções.[589]

Para desapontamento da nobreza, Félix Machado regressou em seguida ao Recife, hospedando-se na casa do vigário de São Frei Pedro Gonçalves, na praça do Corpo Santo, a fim de tratar das providências relativas à frota. Durante três noites, os mascates comemoraram sua presença com luminárias. O objetivo prioritário nestas primeiras semanas de governo residia em repor as coisas no pé em que se achavam antes da fuga de Castro e Caldas. Ainda em Olinda, além de comunicar oficialmente à Câmara a confirmação do indulto, sem qualquer exclusão, Félix Machado e D. Manuel ordenaram a cessação das hostilidades no interior, escrevendo para o Rio Grande, onde os parciais

---

[589] *Memórias históricas*, iv, p. 170; Defesa de Félix Machado, 1715, coleção Pedro Corrêa do Lago (São Paulo); "Notícia da expulsão", fl. 10v. Félix Machado desculpou-se aos convivas por seu serviço de mesa ser todo de estanho, assinalando que mais não permitiam "as posses de um soldado que fora prisioneiro na campanha". Para a cerimônia de transmissão do cargo, ver a descrição da posse de Câmara Coutinho que fez Gregório Varela, "Breve compêndio", cit., p. 259; e Pereira da Costa, *Anais pernambucanos*, v, p. 304.

da praça sitiavam a fortaleza dos Reis Magos; para Sirinhaém, onde os olindenses estavam a ponto de render Tamandaré; para Goiana, mandando o Tundacumbe dispersar sua tropa de sicários; e para Cristóvão Pais Barreto e Camarão, que reuniam gente para desforrarem-se da derrota do engenho São José.[590]

Félix Machado devia desincumbir-se também das tarefas de rotina em capitania desorganizada por duas sublevações. A fazenda régia fora especialmente prejudicada: não se haviam arrematado a tempo todos os contratos de cobrança de impostos ou os contratadores estavam impossibilitados de quitarem suas dívidas com o erário. Os dízimos do açúcar, que dez anos antes rendiam mais de 70 mil cruzados, a muito custo tinham sido arrendados por 40 mil. Embora os engenhos tivessem recomeçado a moer, parte da safra anterior ficara estocada pelas casas de purgar, devido às dificuldades de transporte para o Recife; outra parte, a que já se achava nos armazéns da praça, fora consumida por ocasião do sítio. Sequer havia carga de couros e de madeiras, porque "a sedição ocupou os homens". Cumpria também ao governador passar revista aos terços, fiscalizar o estado das fortalezas e instaurar o imposto de 10% sobre as importações, recentemente criado para financiar a defesa do Brasil, o qual, na Bahia, deu lugar em novembro ao motim do Maneta.

Como se não bastasse, Félix Machado devia solucionar uma série de questões legadas pelo conflito, aptas a criarem dificuldades de monta, como a reposição dos capitães-mores e oficiais da milícia destituídos durante o governo do bispo. O atraso na remuneração da tropa era também fator de desassossego, passível de ser explorado pelas facções. O governador realizou o pagamento, salvo dos três meses do levante e sítio do Recife, o que dependia de consulta a El Rei. Baixou também o costumeiro bando proibindo o porte de armas no Recife e em Olinda, mais oportuno do que nunca. Era também mister recolher as armas e munições da Coroa dispersas em mãos de particulares, muitas das quais haviam sido vendidas ou escondidas, e reaver as peças de artilharia retiradas das fortificações.

A tarefa mais delicada e que já preocupava Félix Machado em Lisboa era a restituição dos bens, inclusive escravos, tomados por ocasião das alterações

---

[590] *Calamidades*, p. 209; Félix Machado a D. Lourenço de Almada, 20.x.1711, cit.; D. Manuel Álvares da Costa a D. João V, 7.xi.1711, cit.

ou roubados pelos engenhos da mata e nas vizinhanças do Recife. As queixas a tal respeito procediam sobretudo dos mascates. Apesar da renitência dos possuidores, a devolução teve lugar com referência aos cativos e aos bens móveis, não havendo, porém, indenização quanto aos bens fungíveis e aos danos à propriedade, razão pela qual a mascataria não ficou de todo feliz. O novo ouvidor, que concordava com o governador em que "não convém por ora consentir-se em semelhantes demandas, que darão causas a maiores perturbações", também se absteve, pelo mesmo motivo, de abrir devassas dos assassinatos, que não seriam poucos, cometidos durante o cerco da praça.[591]

Transcorridas duas semanas da posse, Félix Machado gabava-se a D. Lourenço de Almada de haver reposto as coisas nos eixos, em missiva que transpira desconfiança para com o destinatário. Afirmando não alimentar dúvidas acerca da fidelidade dos vassalos pernambucanos de um e de outro partido, concluía que as alterações haviam sido obra de cinco pró-homens, "se é que os houve". Manipulando a rivalidade entre Olinda e o Recife com a ajuda de gente atraída por promessas, eles só tiveram em vista seus interesses particulares. O governador escusava-se de ainda não lhes saber os nomes, devido a informações desencontradas que tocava ao ouvidor Bacalhau apurar.[592] Félix Machado não abria o jogo com o governador-geral, seja por ciúme jurisdicional, seja devido ao segredo que se lhe recomendara em Lisboa, seja porque não o reputasse confiável, em vista da simpatia que demonstrara pelo governo de D. Manuel e o soubesse aconselhado por indivíduos afetos aos pró-homens.

O governador constatava que a gente da terra, persistindo nos seus rancores, proferia "vocábulos malsoantes e palavras ofensivas", em prejuízo inclusive do respeito e decoro das autoridades. Como olindenses e recifenses continuassem a trocar insultos numa "universal perturbação da paz e sossego público", com mortes e ferimentos, Félix Machado proibiu nobre ou plebeu, eclesiástico ou secular, de utilizar expressões afrontosas e "ditos escandalosos ou picantes", ou de se entreterem em conversações ociosas, sob pena de prisão

---

[591] *Memórias históricas*, iv, pp. 168-9; *Calamidades*, pp. 210-11; João Marques Bacalhau e Paulo de Carvalho a D. João V, 8.i.1712, e Félix Machado a D. João V, 4.ii.1712, AHU, PA, Pco., cx. 16; BNL, Pna., 115, fls. 1-2, 30, 39 e 173-173v; AUC, CA, 32, fl. 91v.

[592] Félix Machado a D. Lourenço de Almada, 20.x.1711, cit.

e de multa. Quanto aos escravos, seriam punidos com cinquenta açoites. Havia também resistência passiva às suas ordens, como a da restituição dos bens usurpados, sob o argumento especioso de que, tendo sido sua apropriação legitimada por D. Manuel, só poderia ser anulada na justiça eclesiástica. Neste particular, a mascataria mostrava-se insatisfeita com a hesitação das autoridades, considerando que "pouco foi o que se restituiu a respeito do muito que se furtou". Particularmente espinhosa foi a devolução das embarcações de cabotagem apresadas por ocasião do sítio.[593]

De ambos os lados, muitos queriam prosseguir a guerra por outros meios. A Câmara de Olinda exigia a expulsão dos néris e dos turões, malgrado a decisão régia que acabara de conceder auxílio financeiro ao Oratório para a conclusão das obras da Madre de Deus, em derrogação da ordem municipal que as suspendera. D. Manuel tinha suas contas a ajustar com o clero favorável ao Recife e, embora Félix Machado o dissuadisse de represálias disciplinares, não podia impedir que excomungasse os autores de sátiras contra sua sagrada pessoa. Vítima privilegiada do ressentimento prelatício foi o oratoriano Afonso Broa da Fonseca, que servira de capelão e conselheiro a Cristóvão Pais e a Camarão e a quem este último encomendara a narrativa dos seus feitos bélicos.[594] Preso na batalha de São José, o sacerdote fora conduzido, sob as vaias e doestos dos moleques de rua, ao aljube de Olinda; solto, ficou interditado de exercer seu ministério. Aos mascates, por sua vez, ainda preocupava a atribuição de caráter sedicioso ao levante de 18 de junho, na esteira da devassa tirada por Valençuela Ortiz. Para obter sua anulação é que se teria planejado a assuada a ter lugar por ocasião da revista do terço do Recife, frustrada por Félix Machado, que ordenou o desembarque da infantaria da frota.[595]

A normalização parecia desandar. O sítio de Tamandaré só foi levantado após segunda e enérgica intimação governamental. Tampouco desmontaram-

---

[593] BNL, Pna., 115, fls. 9-10; *Memórias históricas*, iv, p. 168; *Calamidades*, p. 210; Dias Martins, *Os mártires pernambucanos*, pp. 344-5.

[594] Crônica que, se veio a ser redigida, não parece ser qualquer das conhecidas ou menos conhecidas, como as narrativas que pertencem à coleção Pedro Corrêa do Lago (São Paulo): ver anexo B, "As fontes narrativas das alterações pernambucanas de 1710-1711".

[595] Câmara de Olinda a D. João V, 6.xi.1711, e padre João da Costa a D. João V, 20.xi.1711, AHU, PA, Pco., cx. 16; *Calamidades*, pp. 213-4; *Memórias históricas*, iv, pp. 144 e 172.

-se de imediato as trincheiras e plataformas erigidas para a defesa do Recife. Procrastinou-se quanto pôde a restituição da artilharia e do armamento da Coroa. Problemas surgiam nesta ou naquela freguesia da Mata. A reintegração dos oficiais da milícia afastados por D. Manuel causou descontentamento em Sirinhaém. Félix Machado teve de advertir Camarão, cujos índios faziam protestos contra a nobreza. Em Porto Calvo, as disputas não cessavam. E em Goiana, a atmosfera continuava tensa: os partidários do Recife embargaram as eleições municipais e, com o apoio do corregedor, reconquistaram a administração local. Instado pelos pró-homens, o governador recusou-se a intervir. Amiudavam-se outros sinais de desordem: os bandos das autoridades eram arrancados dos lugares públicos; os Cavalcanti recebiam ameaças; corriam rumores sobre um motim de pardos e pretos ou detectavam-se reuniões suspeitas nas cercanias da vila.[596]

Sobretudo, a cada dia que passava, Félix Machado tinha maiores dificuldades para dissimular o escopo da sua missão. Embora suas relações com D. Manuel fossem inicialmente corretas, a ponto de escrever a El Rei que o bispo se fizera credor de melhor diocese, o prelado não se deixara enganar desde que em Olinda, na véspera da posse, seu sucessor lhe observara maliciosamente que "cuidava estava sua Ilustríssima governando; porém, que achava o contrário, pois via tantos governadores", numa alusão à junta de chefes que conduzira as operações militares. Quando mais não fosse, seus correspondentes metropolitanos lhe teriam reportado os boatos da Corte. Indício significativo era a impunidade a que se achava relegado o levante mascatal. Quem de Olinda, em meados de novembro, alimentasse ainda alguma esperança sobre o que estava por vir, perdeu-a de todo quando o ouvidor Bacalhau rejeitou as representações da Câmara contra a autonomia do Recife, e mandou reedificar o pelourinho e proceder à eleição da Câmara da nova vila.[597]

Os olindenses recorreram aos meios legais, os títulos 43 e 44 do livro 2º das *Ordenações*. Como se recorda, D. Pedro II havia rejeitado em 1700 a proposta do governador Fernando Martins Mascarenhas de promover o Re-

---

[596] *Calamidades*, pp. 209-11; *Memórias históricas*, iv, p. 169; BNL, Pna., 115, fls. 17, 20, 175, 180v-181, 183v, 187-187v, 189-189v e 192.

[597] *Calamidades*, pp. 208-9; resumo da correspondência de Pernambuco (1712), AHU, PA, Pco., cx. 17; *Memórias históricas*, iv, pp. 171, 173.

cife a vila. Ocorrera que a ordem régia trazida pelo Dr. Bacalhau não derrogava expressamente a provisão do falecido monarca, o que juridicamente configurava hipótese de sub-repção, argumento que fora aplicado também à carta régia de 1709 criando o município. A Câmara solicitou, como fizera a Castro e Caldas, fosse sustada a execução da ordem até que D. João V pudesse revê-la, uma vez informado do precedente. Pretensão que tinha de ser ignorada à luz das instruções taxativas trazidas por Félix Machado e Bacalhau, embora o partido da nobreza pretendesse que eles agiam por conta própria, por terem sido subornados pelos mascates. A Câmara de Olinda apelou a El Rei. "É intolerável a vila do Recife", pontificava, "nem ainda com o termo da sua freguesia", isto é, limitada territorialmente à área urbana, "porque ainda de ser assim se seguem os mesmos prejuízos que são em dano comum de todo o Pernambuco, além de ficar a cidade destituída de tudo e de todas as honras que as majestades dos senhores reis passados lhe concederam e aos seus cidadãos".[598]

O partido da nobreza fechava assim a porta à possibilidade, alvitrada em carta régia a Bacalhau, de rever-se o termo imposto por Castro e Caldas, atendendo-se ao pleito das freguesias da Muribeca, Cabo e Ipojuca contra a anexação ao Recife. Mandando a citada ordem que o ouvidor não inovasse coisa alguma sem consulta prévia a El Rei, a Câmara de Olinda interpretava a recomendação no sentido lato de que não cabia proceder ao restabelecimento da vila, admitindo apenas que se lhe atribuísse a condição de vila *ad honorem*, à maneira de Vila Nova de Gaia, fronteira ao Porto, a cuja administração continuava sujeita, como se praticava no Reino com os ajuntamentos urbanos crescidos à ilharga de um conselho. Somente em último caso a Câmara de Olinda aceitava reunir-se alternadamente cada mês na cidade e na praça. Em meados de novembro, Bacalhau aboliu o cargo de juiz do povo e reinaugurou o pelourinho do Recife, procedendo a nova eleição para sua Câmara e excluindo dos pelouros os cabeças do levante de 18 de junho, de modo a apla-

---

[598] "Razões que oferece o Senado de Olinda ao governador Félix José Machado de Mendonça e ao ouvidor-geral o Dr. João Marques Bacalhau", 20.x.1711; e "Papel [em] que o Senado da Câmara da cidade de Olinda e mais nobreza e povo desta capitania fazem presente as justificadas razões que têm para se não tratar na ocasião presente da vila do Recife", s.d., AHU, PA, Pco., cx. 16.

car os pró-homens. De acordo com o real desejo, os vereadores oficializaram o nome de Santo Antônio do Recife.[599]

Um irritante a mais era o descaso com que o ouvidor e o juiz de fora tratavam as devassas tiradas por Valençuela Ortiz acerca do levante dos mascates. A primeira delas, de abril de 1711, antes portanto da sublevação do Recife, incriminara o procurador da Coroa, Antônio Rodrigues Pereira, e dois comerciantes da praça. A segunda devassa, realizada na esteira do 18 de junho, foi transmitida a Bacalhau, que, pressionado por D. Manuel, enviou-a a Lisboa, assinalando, porém, os defeitos que a viciariam, por ter sido realizada em Olinda com base em testemunhas que haviam fugido do cerco da praça, suspeitas, portanto, de simpatia pela cidade. Por sua vez, os olindenses representaram a D. João V contra Bacalhau, que teria fornecido cópia do documento aos mascates, o que redundara em ameaças aos depoentes.[600]

A entrada triunfal de Camarão e de Cristóvão Pais Barreto no Recife desfez as apreensões mascatais. Embora se assegurasse que a iniciativa partira de Félix Machado, os recifenses lhe forçaram a mão, tanto assim que ele só veio a saber da jornada quando já se tornara imprudente cancelá-la, em vista do fato de que os capitães-mores e até o Tundacumbe (este por pressão do governador da Paraíba) haviam sido autorizados a apresentar seus respeitos ao novo governador. Uma multidão esperava os dois heróis nos Afogados, onde receberam os cumprimentos dos principais mascates. Félix Machado os acolheu no palácio das Torres, levando-os a uma janela de onde corresponderam aos vivas da populaça, enquanto as figuras da nobreza eram relegadas a segundo plano. Sob ovações, Camarão e Cristóvão Pais foram hospedar-se com os néris; e no trajeto para a Madre de Deus, pelas ruas alcatifadas, "as mulheres dos mascates, das janelas de que pendiam custosas tapeçarias, lhes lançavam águas de Córdova, flores e confeitos e mãos cheias de vinténs, com grandes vivas ao novo governador, a que o mais povo mascatal correspondia".

---

[599] *Ibid.*; Câmara de Olinda a D. João V, 7.xi.1711 e 12.i.1712, AHU, PA, Pco., cx. 16; *Calamidades*, pp. 211-2; *Memórias históricas*, iv, pp. 173 e 177-8; João Marques Bacalhau a D. João V, 1.xii.1711, AHU, PA, Pco., cx. 16.

[600] João Marques Bacalhau a D. João V, 1.xii.1711, cit.; Câmara de Olinda a D. João V, 11.i.1712, AHU, PA, Pco., cx. 16; Valençuela Ortiz a D. João V, 6.xi.1711, transcrita por Mario Melo, *A Guerra dos Mascates*, p. 79.

E rematava incrédulo o autor da descrição: "mulher houve tão louca que pediu licença a seu marido para ir abraçar ao Camarão". Aclamado "redentor de Pernambuco", Cristóvão Pais foi homenageado pelas crianças do Recife, a quem durante o sítio mandara feixes de cana para mitigar a sede. Ao cabo de oito dias, ambos regressaram a Una discretamente, de modo a não agravar os brios ofendidos dos pró-homens.[601]

As instruções a Félix Machado previam que, identificados os cabeças da sedição contra Castro e Caldas, informasse o Conselho Ultramarino a fim de que El Rei tomasse a decisão final. Assim procedeu o governador, embora não se conheça a lista fatal, nem a partida de navio destinado a levá-la a Lisboa, a qual, porém, pode-se inferir da sequência dos acontecimentos. Tampouco se conhece registro das consultas confidenciais que o governador manteve a respeito, se bem quando do seu desentendimento com os jesuítas, venha a responsabilizá-los pela indecisão em que se achara antes de desencadear a repressão da nobreza, o que leva a crer que eles haviam estado a ponto de persuadi-lo da inocência dos pró-homens.[602]

Mas em dezembro Félix Machado já preparava o terreno. Para a eventualidade de reação armada do partido de Olinda, Bacalhau atraiu o capitão-mor de Igaraçu, Antônio da Silva Pereira (que dera sinais de divergência com o governo de D. Manuel), e seu cunhado, José Camelo Pessoa, capitão-mor da Várzea, que participara da sedição da nobreza e do sítio da praça. Na calada da noite, eles vieram confabular com o governador e com o ouvidor, afiançando Gonçalves Leitão que "entre estes quatro celerados se conferiu e concluiu a trama", da qual procedeu "todos os males e ruínas que nesta história se irão vendo".[603] Félix Machado conseguiu também a adesão do capi-

---

[601] *Calamidades*, pp. 215, 220-1; *Memórias históricas*, iv, pp. 173-4; BNL, Pna., 115, fls. 178 e 181v.

[602] Defesa de Félix Machado, cit.; Félix Machado a Mateus de Moura, s.d. mas de fins de fevereiro ou começos de março de 1712, BNL, Pna., 115, fl. 236.

[603] *Memórias históricas*, iv, p. 179. Da importância da colaboração prestada pelo capitão-mor de Igaraçu, deu testemunho Antônio Rodrigues da Costa ao propor ao Conselho Ultramarino que, juntamente com o capitão-mor de Tracunhaém, recebesse carta de agradecimento d'El Rei, à maneira das que estavam sendo endereçadas a Camarão, Cristóvão Pais e aos néris: *Documentos históricos*, xcviii, p. 146. O colaboracionismo de José Camelo Pessoa foi ao ponto, julgado escandaloso, de dar uma sobrinha em casamento a um filho de Domingos da Costa de Araújo e de repar-

tão-mor de Maranguape, Jerônimo César de Melo, de Felipe Pais Barreto no Cabo e de Antônio de Sá e Albuquerque em Muribeca, conquistados pela promessa de confirmação nos postos graças à intermediação de D. Francisco de Souza e Cristóvão Pais Barreto. Destarte, o governador interpunha as milícias dos distritos adjacentes a Olinda-Recife de modo a barrar a marcha de potenciais sublevados vindos das freguesias mais distantes.

Em meados de dezembro, Félix Machado transmitiu instruções precisas aos capitães-mores cooptados, com a recomendação de guardá-las sob o maior sigilo: na hipótese de insurreição, deveriam sufocá-la no nascedouro, cominando os levantados a se dispersarem e, não sendo atendidos, mandando atirar para matar. Vigiariam também para que não se agregasse ao seu comando nenhuma outra gente que não fosse da sua mais estrita confiança. O rigor destas ordens destinadas a uns poucos contrastava com a displicência de outra circular, posterior de duas semanas, expedida a todos os capitães-mores, na qual, a pretexto de se proceder à captura de soldados da frota que houvessem desertado, providência de rotina, o governador aduzia casualmente que, na eventualidade de desordem, prendesse os responsáveis, comunicando-lhe imediatamente.[604]

As celebrações religiosas que tiveram lugar em Olinda e no Recife são um exemplo de como utilizar o sagrado para fins profanos, atraindo ânimos arredios com a cenografia de uma falsa neutralidade. Comemorava-se na cidade, a 7 de dezembro, a festa de Nossa Senhora do Ó, cuja imagem fora transferida da igreja de São João para a capela do Santo Cristo na Sé, à raiz do milagroso suor que dela escorrera, em premonição dos acontecimentos penosos que se haviam seguido. Deliberou agora sua irmandade trazê-la de volta, na companhia de Nossa Senhora do Rosário dos Pretos, cuja igreja era vizinha à de São João. Félix Machado deslocou-se a Olinda, onde não punha os pés desde a posse, sendo recepcionado por cinco figuras alegóricas montadas a cavalo, representando as quatro partes do mundo e seu presumível umbigo, Olinda, as quais deleitaram o governador com um recitativo. Terminada a

---

tir com os ministros d'El Rei toda uma safra do seu engenho, generosidade que, se realmente ocorreu, não o livrou da devassa do Cutia: *Memórias históricas*, iv, p. 257; Dias Martins, *Os mártires pernambucanos*, p. 322.

[604] BNL, Pna., 115, fls. 190v-192.

missa de pontifical em louvor da santa, encenaram-se comédias na rua de São Bento e organizaram-se cavalhadas no alto da Sé. Félix Machado passou o Natal na cidade, juntando-se a D. Manuel para banquetear a nobreza. De regresso ao Recife, recebeu as homenagens da mascataria, que retribuiu com um convescote oferecido aos principais da vila.[605] A rivalidade vicinal parecia haver reassumido a feição, nem sempre inofensiva, das disputas de prestígio.

Durante o Natal e o Ano-Novo, Félix Machado julgava-se perante o dilema de esperar pelas ordens de Lisboa, correndo o risco de enfrentar segundo levante da nobreza; ou antecipar-se a ele, incorrendo na reprovação da Coroa. Os magistrados, o secretário do governo e o comandante do corpo da frota que ficara em Pernambuco instavam-no a agir, mas ele saía pela tangente, "dizendo-nos", relata o juiz Paulo de Carvalho, "que não nos seria possível prender a todos [os cabeças] e ficando alguns de fora, seria excitar de novo guerras civis". O argumento indica a dificuldade de atrair simultaneamente ao Recife todos os indivíduos visados. Félix Machado vangloriava-se, aliás, de sua lentidão no decidir e de sua rapidez no atuar. "Ao pouco tempo que gasto em uma ação", explicava, "lhe precedem muitas semanas e ainda meses de ponderação, ouvindo ministros, consultando doutos e folheando livros". Vagaroso, impressão para que muito contribuía sua obesidade, o sucessor de Castro e Caldas era o oposto do antecessor. Mas o Dr. Manuel dos Santos, que privou da sua intimidade, reconhecerá com incontida admiração que Félix Machado era supremo na arte cortesã de "disfarçar, esperando ocasião; e, em esta lhe chegando, não a perdia".[606]

O governador devia incorporar aos seus cálculos não só o que ocorria na terra mas também em outros pontos do litoral brasileiro. Em fins de novembro, recebera-se a notícia inquietante de que, no Rio de Janeiro, no mesmo dia em que Félix Machado tomara posse, a cidade capitulara diante da armada de Duguay-Trouin. O novo governador-geral, Pedro de Vasconcelos e Souza, escreveu-lhe em pânico. Com a perda do Rio, "nenhuma [praça] da parte do sul fica segura, nem esta da Bahia está", de vez que, a partir da cabeça de ponte fluminense, os franceses poderiam abrir hostilidades contra

---

[605] *Memórias históricas*, iv, pp. 174-5.

[606] Paulo de Carvalho a D. João V, 8.i.1712, cit.; Félix Machado a Mateus de Moura, 10.vi.1672, BNL, Pna., 115, fl. 236v; *Calamidades*, p. 233.

Salvador. E indagava o que devia fazer "neste governo, sem forças competentes à sua defesa, sem dinheiro para as despesas da guerra e sem gente para guarnecer as fortalezas e lugares mais importantes da marinha", no momento em que "a maior parte dos moradores desta cidade e do seu Recôncavo foram e estão indo continuamente para as minas".[607]

Em Salvador, que o comandante da frota anual descrevia como segunda "torre de Babel", a situação era preocupante sob outro aspecto. Em outubro, verificava-se o motim do Maneta contra o aumento do preço do sal e a cobrança do imposto de importação de 10%, movimento de que participara a tropa, inclusive a que desembarcara do corpo principal da frota. Haviam-se afixado cartéis com ameaças à Coroa de entregar a terra a outro soberano europeu. Pedro de Vasconcelos e Souza só conseguiu apaziguar os amotinados mediante a suspensão daquelas medidas e de um perdão que, não prevendo a régia confirmação, lhe virá a custar o cargo. A 2 de dezembro, novos tumultos sacudiram Salvador exigindo o envio de apoio ao Rio de Janeiro, o que deixaria os sediciosos locais com as mãos livres. O governador-geral fez o ar de anuir e até solicitou a Félix Machado e à Câmara de Olinda ajuda naval e gente de guerra. Dias depois, circulou na Bahia o rumor de que, resgatado o Rio, a armada francesa velejava contra Salvador, projeto de que só veio a desistir devido a percalços da navegação.[608] Félix Machado havia de tirar a conclusão de que, em caso de reação em Pernambuco à prisão dos cabeças, não contaria com auxílio baiano para reprimi-la e até enfrentaria uma intervenção estrangeira.

Em dezembro, quando Duguay-Trouin singrava ao longo do Nordeste, Félix Machado alertava os capitães-mores dos distritos da marinha no sentido de ficarem atentos a qualquer sinal do inimigo, tomando as providências necessárias, como o apresto de jangadas e barcos. O temor de ataque francês persistiu no decurso de todo o primeiro ano da sua gestão, de vez que, ainda em outubro de 1712, ele teve de colocar o Recife em pé de guerra e de guarnecer os pontos estratégicos da costa com as milícias rurais, que só puderam

---

[607] *Documentos históricos*, xxxix, pp. 318-21.

[608] *Documentos históricos*, xxxix, pp. 323-6; AUC, CA 33, fl. 461; Laura de Mello e Souza e Maria Fernanda Baptista Bicalho, *Virando séculos, 1680-1720. O império deste mundo*, São Paulo, 2000, pp. 74-7.

regressar às suas casas em março do ano seguinte. Mesmo após a divulgação da trégua entre as Coroas de Portugal e da França, preliminar à negociação de paz de Utrecht (20.iv.1713), ou mesmo já publicadas as pazes entre ambas as monarquias, celebradas com luminárias em Olinda e no Recife (6.xi.1713), corsários franceses continuaram a agir desenvoltamente, como a balandra que tentou fazer aguada em Sirinhaém em finais daquele ano.[609]

Como mencionado, nos primeiros meses do novo governo, o partido da nobreza concluíra que o governador, o ouvidor e o juiz de fora estavam a soldo da mascataria. Segundo Gonçalves Leitão, Félix Machado aceitara "peças de ouro" durante o banquete que oferecera no Recife. À casa do Dr. Paulo de Carvalho, os néris haviam levado cartuchos de moedas, um dos quais desfizera-se na presença de várias pessoas. O Dr. Bacalhau recebera ricos presentes, embora seu método predileto de enriquecimento consistisse em extorquir os acusados, declarando sem pejo que "a todos que morassem das pontes do Recife para fora, se não pudesse tirar a pele, havia [de] tirar a camisa", razão pela qual despachou na primeira frota após sua chegada cinquenta caixas de açúcar e 5 mil cruzados em espécie, cabedal que veio a perder quando a nau foi apresada por corsários franceses, signo eloquente de retribuição divina. As autoridades já teriam sido compradas em Lisboa, juntamente com certos personagens da Corte que se comprometeram a apoiar a causa dos mascates, tudo por intermédio do procurador do Recife, o capuchinho frei Jácome.[610] De acordo com a noção cultivada pela monarquia do Antigo Regime, a qual fazia do soberano a eterna vítima das maquinações de validos soezes, os pró-homens isentavam El Rei. Com o tempo, a ilusão se desvanecerá mas o argumento continuou a ser utilizado pelos olindenses devido à sua conveniência política.

Pelo Natal e Ano-Novo, os pró-homens convenceram-se da iminência da repressão. A D. João V, a Câmara de Olinda denunciou Bacalhau por mostrar-se "inclinado aos homens do Recife e displicente aos da nobreza", engavetando as devassas tiradas por Valençuela Ortiz. Paulo de Carvalho comportava-se de maneira ainda mais facciosa. Além de não ter realizado uma única audiência em Olinda, desrespeitava as ordens régias que o mandavam

---

[609] AUC, CA 32, vl. 102; BNL, Pna., 115, *passim*; Boxer, *The Golden Age of Brazil*, p. 103.

[610] *Memórias históricas*, iv, pp. 177-9.

residir ali e interferia com a jurisdição da Câmara, sendo preferível, portanto, não haver "república na cidade para vermos se de alguma maneira nos vemos quietos no ermo". Hóspede da Madre de Deus, os néris lhe haviam feito a cabeça, continuando o Oratório a ser o centro nervoso do partido mascatal; e seus religiosos, os "mais empenhados em destruir a nobreza de Pernambuco", estando "naquele convento como em uma fortaleza, disparando, em lugar de balas, conselhos e papéis para nos destruírem, sem que lhes sirva de freio e moderação o seu estado sacerdotal". O final da missiva transpira o desespero que se apossara dos pró-homens às vésperas do golpe que os atingirá: fosse El Rei "servido por os olhos nesta terra e favorecer aos naturais de Pernambuco, que estão sem culpa, pois o que obraram foi em defesa própria".[611] Dois dos signatários do apelo estarão em breve a monte.

Na segunda quinzena de fevereiro, Félix Machado dispôs-se a agir, persuadido de que "correria perigo o Estado se dilatasse as prisões por mais tempo que aquele em que esperou as respostas dos avisos que fez a Portugal", de vez que a terra achava-se "em tanta desordem com desatenção aos seus bandos e com tantos indícios e notícias de que se conspirava contra o governo, de que não eram pequena prova as desordens que antes se haviam cometido".[612] O governador convenceu-se, ou mais provavelmente foi convencido pelo ouvidor e pelo juiz de fora, de que, em se tratando de caso de força maior, já se encontrava suficientemente autorizado pelas instruções recebidas em Lisboa. Daí a acusação da nobreza acerca de um conluio entre Félix Machado, os magistrados, os mascates e a Madre de Deus, visando a forçar a mão d'El Rei. Entre os argumentos que o levaram a decidir-se estavam alguns dos que utilizará em sua defesa ao retornar a Portugal em 1715.

Segundo afirmará então, os delitos decorrentes do levante contra Castro e Caldas não podiam ser considerados juridicamente perdoados, tanto assim que se lhe ordenara averiguar a identidade dos cabeças; ademais, o indulto baseara-se em informação falsa de D. Manuel, segundo a qual não teria havido responsáveis. O perdão fora concedido por motivos puramente políticos, sem intervirem considerações de natureza legal. Por fim, as instruções de Lisboa deixavam-lhe uma margem de arbítrio ao confiar-lhe a restauração da

---

[611] Câmara de Olinda a D. João V, 6. e 11.i.1712, AHU, PA, Pco., cx. 16.

[612] Defesa de Félix Machado, cit.

ordem pública numa capitania em meio a uma guerra civil, propósito que só podia ser alcançado mediante o encarceramento dos chefes. Pernambuco achava-se idealmente situado do ponto de vista geográfico e político para ser o alvo de ataque francês, com a conivência, caso permanecessem soltos, dos pró-homens, que continuavam a temer a punição régia malgrado a anistia geral; e a que acrescia a insatisfação reinante na terra com o monopólio colonial e com o peso da fiscalidade, que, até a descoberta das minas, fora maior ali do que em qualquer outro rincão da América portuguesa.[613]

Cabe a indagação: a iminência de segundo levante da nobreza foi fabricada pelas autoridades régias com vistas a justificar a repressão que iam desencadear; ou, pelo contrário, havia fundamento para a suspeita de que em Olinda articulava-se uma reação? É impossível dar resposta conclusiva. Desde finais de novembro, circulavam rumores, verdadeiros ou plantados, na esteira da abolição do cargo de juiz do povo e do decorrente protesto da Câmara da cidade. O juiz de fora escrevera então a El Rei que, receosos do castigo pelo sítio posto ao Recife, os pró-homens "andam maquinando ainda maiores ruínas para ver se podem de terceiro assalto levar esta praça". E Bacalhau confirmava: "Há notícia de que se promete terceira sublevação e que se jactam de que já sabem como se atira aos governadores". Félix Machado não saía sem escolta e aquartelara em palácio os soldados reinóis da infantaria naval. E o comerciante Luís Cardoso, que não era português mas um ex-escravo alforriado de mercador alemão, queixava-se de que os pró-homens continuavam a proferir ameaças e a "falar o que querem".[614]

Seriam sinceros os receios oficiais ou induzidos pelas intrigas dos mascates e dos oratorianos, ansiosos de precipitar a punição do partido de Olinda, ainda dependente de decisão da Coroa, a quem a passagem do tempo poderia tornar leniente? No Recife, garantia-se a existência de complô, pois a moderação do governador fora interpretada como sinal de fraqueza. Para ilustrar a atitude desses escravocratas rebeldes, o Dr. Manuel dos Santos ape-

---

[613] *Ibid.*

[614] Paulo de Carvalho a D. João V, 23.xi.1711, e João Marques Bacalhau a D. João V, 1.xii.1712, AHU, PA, Pco., cx. 16; Luís Cardoso a José de Araújo Rocha, 14.xii.1711, Arquivo da Ordem Terceira de São Francisco (Recife), Copiador de Luís Cardoso, ii (1711-1724), gentileza de J. A. Gonsalves de Mello.

lava para um exemplo corriqueiro, tirado da experiência cotidiana da escravidão: se o escravo comete uma falta, foge e é apreendido, sendo imediatamente castigado, "acomoda-se [...] por ficar sem susto de por aquele crime ser mais punido". Mas se constata que o recebem de volta sem corrigi-lo e até lhe "fazem algum mimo fora do costumado", logo tornará a fugir, pelo temor de que o tratamento tolerante seja estratagema para emendá-lo depois com mais rigor. Conscientes da verdadeira intenção de Félix Machado, os pró-homens tinham decidido atacar primeiro.[615]

Embora não se possa descartar a possibilidade de que cogitassem de nova sedição, como ainda virá a acontecer, o mais provável é que a versão de segundo levante da nobreza tenha sido suscitada pelo temor das autoridades, dos mascates e dos oratorianos. Nos primeiros dias de fevereiro, espalhou-se a notícia de que os irmãos Bezerra Cavalcanti tramavam o assassinato das autoridades régias quando fossem a Olinda no dia 19 para a procissão dos Passos, a que tinham sido convidados por D. Manuel. O atentado seria sincronizado com a hora da missa na matriz do Recife, de modo a capturar os principais mascates, que seriam trucidados pelos destacamentos de André Dias de Figueiredo e de André Vieira de Melo, incumbidos naquela ocasião da guarda do palácio das Torres e das portas do Bom Jesus. Os conjurados estariam presidindo o Brum e o Buraco com infantaria olindense, graças à cumplicidade de soldados do terço do Recife. Tudo foi delatado a Félix Machado por "pessoas confidentes"; e precedido por boatos relativos a um iminente levante dos recifenses contra o governador, maliciosamente postos a circular pelos olindenses nas freguesias da mata, a fim de mobilizar suas milícias para o projetado golpe.[616]

Na ordem de prisão que passou a Bacalhau, o governador alegou a iminência de

---

[615] *Calamidades*, p. 228.

[616] *Ibid.*, p. 229; Francisco de Andrada Jardo a Antônio Jorge Martins, 12.iii.1721, BNL, Pna., 672, fl. 172, reproduzida por Vicente Ferrer, "Notícia de Pernambuco da conjuração contra o governador Félix Machado e rol dos presos", RIAP, xvi (1914), pp. 37-40, e por Pereira da Costa, *Anais pernambucanos*, v, p. 235. Versão análoga foi veiculada em missiva de outro comerciante: Manuel Nunes Sardo a Francisco Pinheiro, 7.iv.1712, Luís Lisanti (org.), *Negócios coloniais*, 5 vols., São Paulo, 1973, i, p. 12.

novas alterações nestas capitanias, corrompendo [com] dádivas, promessas e ameaças alguns soldados da infantaria paga desta capitania e outras pessoas, atraindo-os à sua parcialidade para o danado fim não só de perturbar a quietação pública e negar obediência ao muito alto e poderoso Senhor D. João V [...], coligados com outras pessoas que nas sublevações destes povos mostraram desobediência e infidelidade ao dito Senhor e sempre foram desobedientes e intentaram conspirar contra as vidas dos seus governadores.

A lista incluía quinze indivíduos: Leonardo Bezerra Cavalcanti, seus filhos Cosme e Manuel Bezerra Cavalcanti, seus irmãos Cosme Bezerra Monteiro, Manuel e Pedro Cavalcanti Bezerra; André Dias de Figueiredo e José Tavares de Holanda; João de Barros Rego; Bernardo Vieira de Melo e seu filho André; Matias Vidal de Negreiros, João de Barros Correia, Matias Coelho Barbosa e Sebastião de Carvalho de Andrade.

Os presos seriam recolhidos à nau capitânia e às fortalezas do Recife, devendo o ouvidor investigar "as sobreditas maquinações e quem para elas concorreu e, na primeira e segunda sublevação destes povos, mostraram desobediência e deslealdade ao dito Senhor". O juiz de fora procederia ao sequestro dos bens, prévio a qualquer julgamento, de acordo com o que estabeleciam as *Ordenações* (livro 5, vi, 10) em caso de crime de lesa-majestade.[617] No tocante à confirmação real do perdão pelo levante da nobreza, Félix Machado, como mencionado, já se convencera da sua ilegalidade. Quanto ao que chamava "segunda sublevação destes povos", não era o levante dos mascates, para o qual ainda não havia ratificação régia do indulto concedido pelo ex-governador-geral, D. Lourenço de Almada, mas o sítio do Recife. Os chefes do partido mascatal não serão incomodados nem pela devassa de Bacalhau nem pela do Dr. Cristóvão Soares Reimão.

Na manhã de 17 de fevereiro, Leonardo Bezerra e André Vieira de Melo foram detidos no palácio das Torres, enquanto piquetes de soldados bloqueavam as saídas do Recife. A redada colheu, no mesmo dia, os filhos de Leonardo Bezerra, alferes do terço da praça. Como temera Félix Machado, não foi possível capturar todos os cabeças. André Dias de Figueiredo, por exemplo,

---

[617] BNL, Pna., 115, fl. 45.

teve tempo de homiziar-se no colégio da Companhia em Olinda. O edifício foi cercado de ordem do governador enquanto os jesuítas divergiam sobre a atitude a tomar. Alguns não só delataram a presença de André Dias no prédio como até recorreram, no decurso das buscas, ao ardil de negá-la de boca e de confirmá-la por gestos. O reitor, Paulo Carneiro da Cunha, rebento da nobreza da terra, retirou-se para a casa do Recife com seus companheiros de roupeta, entregando as chaves do colégio à Câmara de Olinda. O visitador Francisco Camelo não hesitou em acatar as ordens governamentais, mandando abrir a clausura, pois o provincial da S. J. em Salvador, Mateus de Moura, o enviara para conter as simpatias olindenses de muitos inacianos. André Dias foi levado para o Recife, por onde desfilou algemado, sendo posto a ferros no forte do Mar. Os protestos do vigário-geral contra a violação da imunidade clerical foram rejeitados pelas autoridades; e D. Manuel queixou-se a El Rei do cerco do colégio e do "pouco decoro" com que o tratavam os ministros da Coroa, o que lhes valerá reprimenda *pro forma*.[618]

A prisão de André Dias de Figueiredo provocou o primeiro conflito entre Félix Machado e o clero, que, à sombra dos privilégios canônicos, podia oferecer um mínimo de oposição. O governador solicitou ao provincial na Bahia a expulsão para o Rio de Janeiro ou outro lugar remoto do padre João Nogueira, que protegera o homiziado; e queixou-se de que vários jesuítas criticavam publicamente as decisões do monarca e defendiam os culpados, enviando falsos testemunhos ao Reino ou espalhando boatos acerca do que ocorria em Pernambuco. Tardando a resposta, Félix Machado obteve do visitador a punição de João Nogueira, recebido em Salvador com demonstrações de apoio, ao passo que Francisco Camelo era severamente repreendido. O governador reagiu indignado: devendo o clero coadjuvar a Coroa em tudo que não ofendesse seu sagrado ministério, constatava surpreendido que a Companhia de Jesus, mais devedora que nenhuma outra Ordem aos reis de Portugal, castigava os realistas e favorecia os parciais dos inconfidentes.[619]

---

[618] *Memórias históricas*, iv, pp. 180-4; *Calamidades*, pp. 229-32.

[619] Félix Machado a Mateus de Moura, s.d., e 10.vi e 12.vii.1712, BNL, Pna., 115, fls. 236-237v. Ver também Serafim Leite, *História da Companhia de Jesus*, v, pp. 453 e 456-8. Sobre o padre João Nogueira, ver Loreto Couto, *Desagravos do Brasil*, p. 279.

A proteção do provincial aos partidários de Olinda seria estimulada pelo padre João Antônio Andreoni, o autor de *Cultura e opulência do Brasil*. Segundo o governador da Paraíba, Andreoni movia uma cabala de jesuítas italianos, alemães e brasileiros contra os portugueses, malgrado a intervenção de Antônio Vieira, a quem Andreoni, seu ex-secretário, imputava "gênio muito nacional contra os brasileiros", que o temiam. João da Maia da Gama lera mesmo uma carta do geral da Companhia mandando punir os religiosos que haviam resistido ao governo de D. Manuel, sob a inspiração da doutrina de Andreoni segundo a qual a amizade dos bispos era mais útil que a dos governadores, limitados pela regra trienal. O Conselho Ultramarino era avesso a intrometer-se nessas pendengas eclesiásticas, mas como a denúncia tocasse a fibra lusitana, exprimiu a conveniência de se reiterarem as recomendações contrárias à presença de religiosos estrangeiros nas colônias. Também Castro e Caldas fez coro contra Andreoni.[620]

Em março de 1712, ainda estando à solta vários dos pró-homens nomeados na ordem de prisão, Félix Machado divulgou um bando proibindo a ajuda da população aos foragidos, sob pena de confisco de bens e degredo para Benguela, ameaçando outras penas drásticas a quem não viesse denunciá-los. Prometeu também o prêmio de 200 mil-réis a quem os prendesse ou revelasse seu paradeiro: se delinquente, seria perdoado; se militar, promovido; e se escravo, alforriado. Mas em vista dos excessos que poderiam ser praticados no decorrer das buscas, proibiu a invasão dos domicílios que não fossem os dos procurados ou em que não constasse estarem homiziados, ordem que, no interior, ficou letra morta. O governador também pôs o clero de sobreaviso contra a concessão de asilo aos culpados do delito de lesa-majestade.[621]

As diligências levaram meses a fio. Pouco depois da posse de Félix Machado, Bernardo Vieira de Melo retirara-se para seu engenho da Pindoba, a lamber as feridas morais do encarceramento. Dali, dera conta ao governador dos distúrbios ocorridos entre os índios dos Palmares, fomentados pelo Ca-

---

[620] *Documentos históricos*, xcviii, pp. 246-8; Castro e Caldas a André Lopes do Lavre, 29. vi.1711, transcrito por Mario Melo, *A Guerra dos Mascates*, p. 131; Serafim Leite, *História da Companhia de Jesus*, viii, p. 45; Boxer, *The Golden Age of Brazil*, p. 370; Alfredo Bosi, "Antonil ou as lágrimas da mercadoria", *Novos Estudos Cebrap*, xxxiii (1992), pp. 45-9.

[621] BNL, Pna., 115, fls. 47-8 e 67.

marão contra sua autoridade. Félix Machado recomendara-lhe restaurar a disciplina em arraial tão necessário a impedir a reconstituição do antigo quilombo. Em fevereiro de 1712, ao saber da ordem de prisão, Bernardo Vieira cavalgou para o Recife a fim de entregar-se, mas receoso de que Camarão lhe saísse no caminho para inflingir-lhe uma humilhação, rendeu-se ao capitão--mor de Porto Calvo, que o conduziu à praça, onde foi recolhido à fortaleza do Brum.[622] Sua rendição pareceria indicar que, se conjura houvera contra Félix Machado, ele estaria alheio; e que supunha poder prová-lo.

Os demais pró-homens visados esconderam-se no interior ou abandonaram a capitania pelo rumo do sertão. As veleidades de resistência armada desvaneceram-se, se é que existiram nesse momento, embora circulasse em maio a notícia de que João de Barros Rego reunia gente no seu engenho de Jaboatão, próximo do Recife. A patrulha enviada por Félix Machado foi descobri-lo em lugar fragoso e desabitado, graças à confissão arrancada a um dos seus homens de confiança. A prisão aliviou as autoridades, "porque", consoante o Dr. Manuel dos Santos, "como este sujeito era do povo da mata mui respeitado e temido e dotado de gênio sumamente inquieto e revoltoso, servia de grande obstáculo para o sossego e quietação que o dito governador pretendia".[623]

Em fins de maio, já se achavam detidos os pró-homens de maior ascendência social e capacidade de ação: Leonardo Bezerra, André Dias de Figueiredo, Bernardo Vieira de Melo e João de Barros Rego. Tendo Cosme Bezerra Monteiro, irmão de Leonardo, logrado pôr-se a salvo no Ceará, a tropa investiu sua fazenda, sem encontrá-lo, mas dois dos seus filhos reagiram à bala, só se rendendo ao fogo posto à casa de vivenda. José Tavares de Holanda, que era então vereador de Olinda, fugiu para o Rio Grande do Norte, na companhia de outros parentes de Leonardo. Posteriormente, Pedro Cavalcanti resolveu regressar mas Manuel Cavalcanti, José Tavares e Sebastião de Carvalho de Andrade seguiram para Minas Gerais. De caminho, adoentado, Manuel foi preso; e José Tavares e Sebastião de Carvalho depararam-se no Ararobá (São Francisco) com o capitão Manuel Marques. Suspeito de ter

---

[622] *Ibid.*, fls. 181v-182; *Memórias históricas*, iv, p. 184; *Calamidades*, pp. 232-3.

[623] *Memórias históricas*, iv, p. 193; *Calamidades*, pp. 236-7; AUC, CA 32, fl. 123.

tomado parte no atentado contra Castro e Caldas, Marques regressava ao Recife a fim de limpar sua ficha. A captura de José Tavares e do sobrinho oferecia-lhe ocasião propícia. José Tavares pôde ser colhido mas não Sebastião de Carvalho.[624]

A inclusão de Matias Vidal de Negreiros no rol dos indiciados parece surpreendente pois sua atuação no levante da nobreza estivera longe de credenciá-lo como cabeça de sedição. Detentor de uma das maiores fortunas da terra na qualidade de gestor do vínculo de Nossa Senhora do Desterro, criado pelo pai, André Vidal de Negreiros, Matias tivera outrora sérias complicações com o bispo D. Matias de Figueiredo e Melo e com o governador Caetano de Melo e Castro. Ambos haviam procurado afastá-lo da administração do patrimônio sob as alegações de que o dissipava, de que mandara assassinar um visitador da justiça eclesiástica encarregado de lhe tomar as contas, e de que vivia maritalmente com uma irmã. El Rei ordenara sua prisão mas ele evadira-se, pondo as autoridades em polvorosa ao divulgar-se que se achava nas suas propriedades do sertão a fim de levantar o gentio. Na realidade, ele reapareceu em Lisboa, onde se entregou à justiça régia. Como o novo bispo, D. Francisco de Lima, tivesse tomado suas dores, pudera regressar a Pernambuco.[625]

Em 1712, ao ter conhecimento da ordem de prisão, Matias Vidal de Negreiros, protegido de D. Manuel e do cabido da Sé, tratou de ordenar-se às pressas de modo a beneficiar-se da proteção eclesiástica. Segundo a explicação do bispo, o pai muito desejara que Matias imitasse o exemplo do irmão, carmelita reformado, tanto assim que D. Estêvão Brioso de Figueiredo dera--lhe outrora ordens menores enquanto solicitava a Roma a dispensa de bastardia para efeito de consagrá-lo. A verdade é que, com o endosso dos cônegos de Olinda, Matias sempre resistira a realizar o desejo paterno, só se decidindo

---

[624] *Memórias históricas*, iv, pp. 197-8 e 205-7; Dias Martins, *Os mártires pernambucanos*, p. 303.

[625] AUC, CA, 31, fl. 351v; representações de Matias Vidal de Negreiros, s.d., Cristóvão Soares Reimão a D. Pedro II, 1.ix.1697, e Co.Uo. 16.xi.1694, 17.xii.1696 e 3.iii.1698, AHU, PA, Pb., cx. 5. Para a fortuna deixada por Vidal de Negreiros, ver J. A. Gonsalves de Mello, *Testamento do general Francisco Barreto de Menezes*, Recife, 1976, p. 24; para a instituição do vínculo de Itambé, Pereira da Costa, *Anais pernambucanos*, iii, p. 485.

a atendê-lo quando da visita de D. Manuel à Paraíba. Félix Machado, contudo, empenhou-se junto ao bispo para que indeferisse a pretensão de quem era acusado de crime de lesa-majestade. D. Manuel cedeu e Matias acoitou-se nas matas de També, onde estará seguro por algum tempo, até que, atraído para fora do esconderijo, pôde também ser preso.[626]

As arbitrariedades cometidas durante a captura dos indiciados exacerbaram as tensões. Em Goiana, a repressão tornou-se uma guerra particular contra os Cavalcanti, capitaneada por Manuel Gonçalves, o Tundacumbe, que efetuava diligências por conta própria desde que Félix Machado recuara da decisão de dissolver seu bando. Como tivesse trazido presos para o Recife três pró-homens de Itamaracá que não estavam incluídos na lista dos pretensos conjurados, Manuel Gonçalves foi recolhido à cadeia, o que descontentou a mascataria. Os excessos dos tundacumbes estavam criando dificuldades para as relações entre Félix Machado e a facção moderada da nobreza, já suficientemente assustada pelas dimensões que a repressão tomara. Para controlar a situação em Goiana, o governador despachou João da Mota com um contingente do terço do Recife.[627]

O terror tundacumbe causou o levante de Tracunhaém, comandado por Leão Falcão de Sá, o que veio a calhar para Félix Machado, confirmando suas acusações de revanchismo contra o partido de Olinda. Leão pertencia a uma família de Itamaracá com uma história crônica de conflito com os agentes da Coroa. Seus tios, Leão Falcão de Melo e Pedro Marinho Falcão, haviam terminado a vida na cadeia por crimes cometidos ou encomendados. Seu pai, Francisco de Barros Falcão de Lacerda, senhor dos engenhos Mussumbu e Pedreiras, também estivera às voltas com a justiça régia, que o destituíra da vara de juiz ordinário de Goiana. Quando da sedição contra Castro e Caldas, dois dos seus filhos haviam desacatado o desembargador Manuel Velho de Miranda, que seguia para o Recife, na companhia de outros magistrados, a fim de persuadirem os pró-homens a empossarem o bispo: além de verberá-lo por haver tirado "a vara de juiz ao dito seu pai, quando ele era para ser conde, marquês, se não duque", chamaram-no de "velhaco, magano, patife, filho da

---

[626] *Calamidades*, p. 232; D. Manuel Álvares da Costa a D. João V, 17.vii.1712, AHU, PA, Pco., cx. 16; BNL, Pna., 115, fl. 197; *Memórias históricas*, iv, pp. 198-9.

[627] *Memórias históricas*, iv, pp. 184-5; *Calamidades*, pp. 233-5; BNL, Pna., 115, fl. 280.

puta e outros nomes injuriosos", o que lhes valera havia pouco uma breve detenção.[628]

Leão Falcão de Sá não desempenhara papel de relevo nas alterações, mas em fevereiro de 1712 tentou amotinar Goiana, na companhia de José Fernandes, com quem se refugiou nos Cariris. Ao saberem das tropelias dos tundacumbes, abandonaram o esconderijo para articular a resistência, julgando contar com João de Barros Rego, ainda escondido nas brenhas de Jaboatão; com Matias de Vidal de Negreiros (embora este só tratasse "esconder-se e de nada mais"); e com João Cavalcanti de Albuquerque, cunhado de Leão e capitão-mor de Tracunhaém, nos confins da mata canavieira. Segundo Félix Machado, o propósito era o de marchar sobre o Recife para "fazer-me certos requerimentos com mão armada", provavelmente o fim da repressão e a dissolução dos bandos de irregulares. Captado pelas boas graças governamentais, João Cavalcanti (que na ocasião do levante da nobreza manifestara simpatia por Castro e Caldas) repeliu a proposta. Contudo, em junho, soube-se no Recife que Leão, José Fernandes e o padre Antônio Jorge Guerra, capelão da nobreza por ocasião do sítio da praça, concitavam Tracunhaém à revolta. O temor de Félix Machado parecia enfim materializar-se. Despachou-se um contingente de soldados, ao qual agregaram-se as milícias de Igaraçu e de Nossa Senhora da Luz, além dos tundacumbes, cujo chefe havia sido posto em liberdade. À aproximação da tropa, os levantados, apenas cerca de 120 homens, dispersaram-se pelos matos. Vinte deles ainda foram capturados mas Leão Falcão de Sá escapuliu com os outros cabeças.[629]

O "imaginário levante" a que se referiu Gonçalves Leitão não foi tão imaginário assim, embora não tivesse as proporções alarmantes que lhe atribuiu Félix Machado, na sua espera ansiosa pelas instruções régias sobre como proceder com os presos de fevereiro. Como a iniciativa de reunir gente constituísse delito, o capitão-mor de Igaraçu tirou devassa, na sua condição de juiz ordinário da vila; e o ouvidor Bacalhau procedeu à averiguação dos culpados. Nos três anos seguintes, salvo ocasião em que esteve incógnito em Olinda,

---

[628] *Documentos históricos*, xcviii, pp. 122-3; certidão de Cristóvão Soares Reimão, 23.xi.1710, AHU, PA, Pco., cx. 15.

[629] *Memórias históricas*, iv, pp. 193-5; *Calamidades*, pp. 237-9; BNL, Pna., 115, fls. 133-4; Nicolau Pais Sarmento a Castro e Caldas, 18.ii.1711, AHU, PA, Ba., cx. 4.

Leão Falcão de Sá vagou pelo interior, sempre à noite, feito alma penada, ocorrendo-lhe mesmo topar com outros foragidos, como o padre Guerra, cuja família foi perseguida e o engenho, destruído. José Fernandes caiu nas garras dos tundacumbes.[630]

O fiasco de Tracunhaém sepultou as derradeiras veleidades de resistência. Parte da nobreza assumiu uma atitude oportunística, à maneira do pró-homem que justificou a hospedagem com que obsequiara Félix Machado no seu engenho: fizera apenas o que faria qualquer matuto em defesa de seu roçado, entretendo as formigas com folhas para que não estragassem a plantação.[631] Muitos, por prudência, conformismo ou fidelidade monárquica, tinham calado suas dúvidas quando do levante contra Castro e Caldas e quando do sítio do Recife, enxergando nos mascates menos os inimigos de classe do que os indispensáveis parceiros comerciais. É lícito supor que tais casos tenham sido mais copiosos do que deixa entrever o estrépito dos acontecimentos. Como na revolução de 1817 e na Confederação do Equador (1824), seriam provavelmente mais numerosos nas freguesias meridionais, isto é, na mata úmida, mais resistente às vicissitudes da economia açucareira do que o norte da capitania e Itamaracá, e mais solidamente monocultora e escravocrata do que a mata seca ou a bacia do Capibaribe.

Acuada por Félix Machado, a açucarocracia tinha preocupações mais imediatas. Com as costas quentes das autoridades régias, os mascates contestavam o regime de fixação do preço do açúcar. Desde a chegada da frota de 1711, os homens de negócio vinham ignorando o preço combinado para o produto a fim de se compensarem dos prejuízos incorridos com as alterações, tendo em vista que a maior parte a ser exportada em 1712 era de "açúcares velhos". A Câmara de Olinda representou a El Rei que, graças à conivência dos agentes da Coroa, os mercadores vendiam os artigos importados pelos preços que entendiam, compravam o açúcar a preço ínfimo e só utilizavam o preço arbitrado ao efetuar os pagamento à fazenda real. Retrucava Félix Machado que os insatisfeitos embarcassem seu açúcar diretamente para o Reino, o que não estava ao alcance da grande maioria de endividados, que teriam sua

---

[630] *Memórias históricas*, iv, pp. 193-5.

[631] *Ibid.*, pp. 310-1.

carga embargada. A mascataria também insistia em que a junta paritária de senhores de engenho e comerciantes se reunisse não mais na Câmara da cidade mas na do Recife.[632]

Outra disputa referia-se à renovação da ordem que proibia as execuções por dívidas. Havendo-se esgotado o prazo fixado na última provisão régia, o juiz de fora encetou os trâmites judiciários. Preocupado com as repercussões, Félix Machado interveio proibindo que se empregassem soldados de primeira linha nesse gênero de diligência, resolvendo que, em vista da "grande miséria em que se achava a terra", as penhoras fossem feitas apenas nos rendimentos, nos termos da expirada provisão, enquanto demorasse a renovação da medida, desta vez em caráter permanente, que a Câmara de Olinda pleiteava em Lisboa, embora fonte da nobreza indique que a decisão do governador ficou letra morta. A Câmara de Olinda requeria igualmente que se reduzisse a execução à metade dos réditos e que o açúcar entregue em pagamento o fosse ao preço fixado pelos louvados, o qual, em princípio, vigia apenas para a estadia da frota. Como demorasse a reiteração da ordem régia, o novo governador-geral, marquês de Angeja, resolveu baixá-la em caráter provisório.[633]

No tocante à punição dos pró-homens, Félix Machado continuava em posição embaraçosa, insistindo pela prometida resposta régia e advogando que o julgamento se realizasse em Pernambuco, "para que o castigo fosse mais galhardo e mais exemplar". O governador invocava o precedente de Henrique Jaques de Magalhães, que durante sua gestão em Angola (1694-1697) mandara arcabuzar sumariamente os cabeças de levante ocorrido na guarnição de

---

[632] Paulo de Carvalho a D. João V, 30.i.1712, Câmara de Olinda a D. João V, 6.i.1712, D. João V a Félix Machado, 13.iii.1713, e Félix Machado a D. João V, 19.vii.1713, todos em AHU, PA, Pco., cx. 16; AUC, CA, 32, fls. 102v-103 e 192v; e 33, fl. 466v; BNL, Pna., 115, fls. 232-3. No tocante à disputa relativa à reunião anual da junta paritária, a Coroa determinará que ela tivesse lugar em palácio, na presença do governador, "para se evitar algum inconveniente ou perturbação que pode haver entre esses moradores a respeito dos ódios em que estão esses povos uns com os outros". Quanto à queixa referente à exportação de farinha de mandioca para o Rio de Janeiro e para a Bahia, o que provocará uma crise de subsistência no final do triênio de Félix Machado, El Rei rejeitou-a, pois "se não deve com justa causa coarctar a liberdade do comércio".

[633] BNL, Pna., 115, fls. 54, 118 e 200; *Memórias históricas*, iv, p. 296; Câmara de Olinda a D. João V, 22.vi.1712, AHU, PA, Pco., cx. 16; *Documentos históricos*, xcviii, pp. 218-21 e 248.

Luanda. Opinava também que se desterrassem aqueles indivíduos que, sem se terem colocado à frente da sedição da nobreza, a haviam estimulado ou sustentado, posição que era também a do secretário de Estado, Diogo de Mendonça Corte Real. Em julho de 1712, alarmado com o silêncio da Coroa e pelo motim de Tracunhaém, Félix Machado cogitou mesmo de organizar uma junta destinada a sentenciar os réus, composta por Bacalhau e pelos ouvidores da Paraíba e de Alagoas. Como estes últimos objetassem com a falta de ordens expressas, o governador desistiu da ideia, mantendo os presos nas Cinco Pontas em vez de enviá-los a Portugal no retorno da frota daquele ano.[634]

Félix Machado também incumbiu o secretário do governo, Antônio Barbosa de Lima, de explicar de viva voz em Lisboa a situação de Pernambuco. O oratoriano José Ferrão, emissário dos mascates, e um comissário dos terceiros da Ordem do Carmo, despachado pelo governador da Paraíba, também seguiram naquela ocasião. Embora fontes da nobreza aleguem que os métodos policiais reinantes não lhe teriam permitido corresponder-se com o Reino, a afirmação parece exagerada quando se sabe que também viajaram então a Portugal o cônego Pedro Ferreira Brandão e o Dr. Valençuela Ortiz, a quem Dias Martins creditará haverem logrado pôr em suspeição a devassa realizada por Bacalhau, de cujo texto não se dispõe mas cujas conclusões podem ser reconstituídas mediante as comunicações oficiais.[635]

Bacalhau fez uma investigação em regra de todo o ocorrido desde a sedição contra Castro e Caldas, movimento que não resultara de arbitrariedades governamentais e cujo "motivo original" fora a prisão de Leonardo Bezerra, "régulo e cabeça principal de todas as sublevações e ruínas desta capitania". Não podendo livrar-se, ele organizara, de dentro da cadeia, o atentado contra o governador, com a cumplicidade material de André Dias de Figueiredo, e moral, de Arouche e de Valençuela Ortiz. Leonardo e parentes tinham promovido também "as insolências de derrubar pelourinho, soltar presos, roubar cartórios, queimar pelouros e livros da nova Câmara, arcabuzar presos, suspender oficiais de justiça e de milícia confirmados por patentes reais, tapar o

---

[634] Félix Machado a D. João V, 20.ix.1713, AHU, PA, Pco., cx. 16; *Memórias históricas*, iv, pp. 196-7; Pna., 115, fl. 268; Ralph Delgado, *História de Angola*, Lisboa, s.d., iv, pp. 161-8.

[635] *Memórias históricas*, iv, pp. 199-201; *Calamidades*, pp. 239-40; Dias Martins, *Os mártires pernambucanos*, p. 102.

rio [Beberibe] contra as mesmas ordens de Vossa Majestade, desfazer o contrato real do sal e todos os mais insultos que costumam fazer régulos". Bacalhau endossava a versão recifense de que, em junho de 1711, os pró-homens dispunham-se a ocupar as fortalezas a fim de negociarem a posse do novo governador, como indicava o comportamento de Bernardo Vieira de Melo, "homem astuto e soberbo", que tivera "séquito na sublevação [da nobreza] que o aclamava governador".

Prosseguia Bacalhau assinalando que tais crimes, "posto que gravíssimos", não haviam ficado nisto. "O tomar fortalezas e guarnecê-las com gente sublevada da sua facção, o negar a posse do governo ao reverendo bispo por espaço de oito dias, depois de lhes ser apresentada a real carta de Vossa Majestade pela qual o substituía na falta do dito governador, não sei que seja outra coisa senão uma formal inconfidência." Os cabeças da sedição da nobreza não haviam dado posse a D. Manuel por acatamento às ordens régias mas "porque como eram muitos os ambiciosos ao governo e não podiam tê-lo todos", decidiram pôr a votos a questão, condicionando-a a "propostas e capítulos, sendo um deles não admitirem governador se lhes não trouxesse perdão". D. Manuel, Arouche e Valençuela Ortiz haviam mantido El Rei na ignorância de todos estes atos, fazendo-lhe crer, como se inferia do texto do indulto, que a sublevação terminara com a fuga de Castro e Caldas, embora os acontecimentos antes e depois da fuga fossem notórios "a todos e ao mesmo reverendo bispo e ministros", o que implicava a obtenção de anistia de maneira sub-reptícia e a tornava inválida.[636]

Além dos relatos dos emissários e da devassa de Bacalhau, a Coroa dispunha da correspondência de Félix Machado e de outras autoridades locais, a qual formava dossiê tão volumoso que o Conselho Ultramarino ordenou fosse resumido para informação dos membros. O Conselho também estava a par da situação por meio de cartas particulares do governador a seu presidente, o conde de São Vicente, e ao secretário de Estado, Diogo de Mendonça Corte Real, cartas cujo paradeiro é ignorado mas que deviam referir o que se passara com a minúcia e a franqueza incompatíveis com a brevidade e

---

[636] João Marques Bacalhau a D. João V, 8.i.1712, AHU, PA, Pco., cx. 16, e 9.vi.1714, AHU, PA, Pco., cx. 17.

o formalismo dos expedientes oficiais. Por fim, o Conselho tinha à mão os sucessivos pareceres que, a seu pedido, redigiu o procurador da Coroa.[637]

A Coroa oscilava ao sabor das notícias de Pernambuco. Ao inteirar-se do levante dos mascates, julgou-o o procurador da Coroa como "mais escandaloso e mais prejudicial que o primeiro, de Olinda". O argumento do propósito preventivo parecia-lhe especioso e pouco crível. Mesmo na hipótese de ameaça real da parte da nobreza, não cabia aos recifenses recorrerem às armas mas protestar perante D. Manuel, que era o delegado de Sua Majestade na capitania. Os insurretos de junho deviam ser severamente castigados por magistrado de hierarquia elevada que lhes devassasse a sublevação, sequestrando os bens dos culpados e pronunciando-os perante a Relação da Bahia. O procurador pisara em falso: no parecer seguinte, ele já dava o dito por não dito, exprimindo súbita compreensão do ponto de vista dos recifenses, cuja rebelião devia ser relegada ao limbo jurídico, de vez que o indulto os ofenderia por entenderem que haviam agido em defesa das prerrogativas da Coroa, além de que o recurso repetido ao perdão redundava em desgaste da autoridade régia e em incitamento a novas alterações.

Quanto à investigação da alegada conspiração contra Félix Machado em janeiro de 1712, sugeria o procurador da Coroa fosse confiada a magistrado de suposição, que embarcasse os indiciados para Lisboa, onde seriam sentenciados pela Casa da Suplicação, de modo a evitar a influência de parentes poderosos na hipótese de julgamento proferido no Brasil. Caso absolvidos, deveriam continuar detidos por ato de soberania do monarca, como previsto pela lei para circunstâncias de extrema necessidade, tendo em vista que seu retorno a Pernambuco poria em risco a ordem pública. Após a leitura da correspondência de Bacalhau, o procurador mudou mais uma vez de opinião, propondo que os indiciados fossem traduzidos não mais diante da Casa da Suplicação, mas perante o Juízo da Inconfidência, dados seus propósitos subversivos de se organizarem em república sob a proteção da França ou de só empossarem governador em troca de concessões da Coroa.[638]

---

[637] O resumo redigido pelo conselheiro José de Carvalho Abreu em AHU, PA, Pco., cx. 17; Félix Machado a D. João V, 28.vii.1713, AHU, PA, Pco., cx. 16.

[638] *Documentos históricos*, xcviii, pp. 123-4 e 128-36.

Em dezembro de 1712, catorze meses decorridos da posse de Félix Machado e cerca de um ano da remessa da lista secreta, o Conselho Ultramarino reuniu-se para tratar de Pernambuco, à luz da correspondência trazida pela frota.[639] Os conselheiros mostraram-se perplexos diante da disparidade das versões. As alterações eram dignas de severa emenda, mas, indagava um deles, como descobrir "a verdade sem ódio nem amor entre tão confuso labirinto"? De tão intenso, o facciosismo viciara inclusive a devassa de Bacalhau. Na impossibilidade de resolver-se negócio de tanta monta fiando-se na correspondência de governadores ressentidos ou de magistrados suspeitos, o Conselho propôs nova devassa, a cargo de ministro imparcial, que indiciasse os responsáveis perante a Casa da Suplicação, por não convir que ficassem na terra ou que ali fossem punidos, sem falar em que a Coroa não contava no Brasil com suficientes juízes para constituir alçada especial. A investigação deveria retroceder ao levante da nobreza, de vez que a reincidência no delito de sublevação anulara os benefícios do régio perdão. Na eventualidade de aplicação da pena capital, esta deveria ter lugar em Lisboa, colocando-se as efígies dos condenados nos lugares públicos de Olinda e do Recife.

O Conselho Ultramarino também se mostrava insatisfeito com Félix Machado, que Antônio Rodrigues da Costa dava por incapaz de agir com prudência e mão de ferro. Para o procurador da Coroa, a ordem de prisão de 16 de fevereiro cometera sério deslize jurídico pois prejulgara como sediciosos e inconfidentes os indivíduos atingidos, sem que houvesse precedido sentença. A tentativa do governador de constituir alçada na terra fora imprudente pois poderia ter dado origem a outras alterações. Em resumo, o Conselho recusou-se a revalidar a devassa feita por Bacalhau, que, embora zeloso, não possuía traquejo jurídico, sendo inclinado em favor dos mascates. Dessa tendência majoritária, só dissentiu Antônio Rodrigues da Costa, para quem a questão era eminentemente política, não devendo a Coroa enlear-se em considerações jurídicas quando a segurança do Estado estava em jogo.

Segundo Rodrigues da Costa,

---

[639] *Ibid.*, pp. 123-47. O texto da consulta foi também reproduzido por José Domingues Codeceira, "Documentos inéditos", RIAP, vii (1893), pp. 178-203.

o estado em que se acha Pernambuco necessita de uma providência muita pronta e eficaz, para que não caia no último precipício de negar abertamente a obediência devida a Vossa Majestade e fazer uma formal rebelião, porque pelo que tem experimentado nas três últimas alterações e pelas notícias do tempo antecedente a elas, se vê manifestamente que os ânimos dos naturais da terra, que eles chamam nobreza, estão totalmente despidos do amor e temor de Vossa Majestade. [...] Possuídos do espírito de soberba, desobediência e rebelião, [esses vassalos] só cuidam em sacudir o jugo do governo de Vossa Majestade e de seus governadores e justiças e fundar uma república a seu arbítrio, como consta expressamente do que avisam a Vossa Majestade e afirmam as pessoas que têm melhor conhecimento daqueles povos e mais dignas de fé e crédito.

Consoante Rodrigues da Costa, El Rei devia dar todo apoio à mascataria, pois "é preciso seguir um destes dois partidos para o ter contra o outro", pois se ambos fossem responsabilizados, se poderiam coligar para repelir "o perigo comum". Expunha em seguida um draconiano programa destinado a erradicar o espírito sedicioso reinante em Pernambuco e a impedir que contagiasse o Brasil. Em primeiro lugar, cumpria substituir Félix Machado por governador com poderes especiais e competências mais amplas que as do regimento de 1670, à maneira do que haviam reclamado Câmara Coutinho e Montebelo. O nomeado deveria ficar isento de subordinação ao governo-geral. Rodrigues da Costa lembrava o nome de Caetano de Melo e Castro, que além da prudência e da autoridade, tinha experiência do governo da capitania. Provavelmente não desejaria retornar a Pernambuco, mas sua fidelidade monárquica falaria mais alto. Indicação surpreendente, na medida em que Caetano de Melo deveria aplicar agora política contrária à que realizara outrora ao governar de maneira razoavelmente consensual, a ponto de, caso sem precedente, cumprir, contra sua vontade, segundo triênio, a requerimento inclusive da Câmara de Olinda.

Com o novo governador, deveria seguir magistrado competente e íntegro, que complementasse a devassa feita por Bacalhau, julgando-a em alçada especial que, sob sua presidência, seria composta dos ouvidores de Pernambuco, Paraíba e Alagoas, do desembargador Cristóvão Soares Reimão e do juiz de fora de Olinda. O inquérito abrangeria as três sublevações, embora o que Rodrigues da Costa entendia por segundo levante fosse o sítio do Recife, não a rebelião dos mascates. Simultaneamente, realizar-se-ia em Lisboa investigação paralela, ouvindo-se pessoas idôneas vindas na frota. Ele admitia ser desaconselhável a punição de todos os envolvidos, sendo numerosos e homens de prol, mas não se devia perder a oportunidade de dar uma lição inesquecível à nobreza, condenando à morte uns oito ou dez indivíduos, e a penas extraordinárias, uns vinte ou trinta. Por outro lado, todas as pessoas de ânimo sedicioso, anistiadas ou não, seriam banidas de Pernambuco para Portugal ou para outras capitanias, sem consideração pelo foro eclesiástico.

Rodrigues da Costa pedia também medidas rigorosas contra D. Manuel, Arouche, Valençuela Ortiz e a Câmara de Olinda, que teria seus poderes restringidos, retirando-se-lhe a administração dos impostos da guerra holandesa. Dissolver-se-ia a guarnição da cidade, instrumentalizada pelos pró-homens, transferindo-se seus oficiais para outras partes do Brasil, e formando-se novo contingente aquartelado no Recife e recrutado entre a gente da terra de mistura com os soldados reinóis do contingente que acompanharia o novo governador. Por fim, Rodrigues da Costa propunha a revisão do termo do Recife, privando-o das freguesias rurais que Castro e Caldas lhe anexara, pois residindo nelas boa parte da nobreza, os recifenses viriam a perder o controle da sua Câmara, repetindo-se os conflitos que se procurara obviar, fórmula, aliás, passível de descontentar os mercadores, que confiavam na sua capacidade de manipulação eleitoral de maneira a manter seu domínio. Ademais, desmembrar-se-ia o termo da Câmara de Olinda com vistas à criação de novos municípios.

A proposta de Rodrigues da Costa, em especial a tática de usar os mascates para reprimir a nobreza, recendia demasiado a maquiavelismo e a razão do Estado para não chocar sensibilidades ainda impregnadas da cultura política tradicional. Ao Conselho Ultramarino, desagradaria também um plano que o engajava com um elenco de medidas concretas que, no futuro, as circunstâncias poderiam desaconselhar. Malgrado toda sua reputação de brasilianista, Rodrigues da Costa ficou isolado, embora alguns de seus alvitres venham a ser adotados, como o envio de efetivos liberados pelo fim da guerra na Europa. O Conselho aprovou o voto sumário e pragmático do seu presidente, conde de São Vicente, favorável a um compromisso pelo qual a sedição contra Castro e Caldas não seria devassada segunda vez, pondo-se, em compensação, "perpétuo silêncio" sobre o levante do Recife, o qual, havendo visado o serviço da Coroa, não carecia de indulto. A nova investigação limitar-se-ia à alegada conspiração contra Félix Machado e ao movimento de Tracunhaém, devendo ser confiada ao desembargador Cristóvão Soares Reimão, que pronunciaria os acusados perante a Relação da Bahia, executando-se o castigo em Pernambuco para exemplo dos conterrâneos presentes e vindouros.

A ordem régia de 28 de março de 1713 conformou-se com o parecer do Conselho Ultramarino, com a diferença de que os pronunciados seriam mandados a Lisboa, desde que os crimes correspondessem a penas superiores a três anos de degredo. Os demais poderiam permanecer em Pernambuco, onde seriam processados pelas vias ordinárias. A devassa de Bacalhau ficava sem efeito. Inquirir-se-iam igualmente os delitos imputados a Arouche e a Valençuela Ortiz. Este, como aludido, já se achava no Reino mas Arouche, ainda em Pernambuco, seria despachado de volta, sem assumir o prometido posto de desembargador da Relação da Bahia. Golpe mais duro estava reservado a D. Manuel: sem menoscabo do seu estatuto eclesiástico, abrir-se-ia informação extrajudicial, no decurso da qual deveria residir no Recife, de modo a manter-se imune a contatos com seus antigos aliados. Mas D. João V virá a adotar a providência mais drástica, aventada por Rodrigues da Costa, de desterrá-lo para o Ceará ou para o Maranhão, não se lhe permitindo por enquanto regressar a Lisboa. Deram-lhe, por fim, a alternativa de seguir para outro lugar, desde que se mantivesse à distância de cem léguas da sede do bispado.[640]

Por incompetência ou má-fé, a carta régia expedida pelo Conselho Ultramarino ao desembargador Cristóvão Soares Reimão instruía-o a devassar "os levantamentos e movimentos dessa capitania de Pernambuco", ao passo que a comunicação ao governador confirmava o perdão outorgado ao levante da nobreza e ao sítio do Recife, informando-o de que a nova devassa a ser tirada ficaria restrita à conjura contra ele, Félix Machado, e ao movimento de Tracunhaém. Quando a contradição veio à tona, os partidários de Olinda

---

[640] A ordem régia de 28.iii.1713 em *Calamidades*, pp. 244-6; e a de 30.iii.1713 em AHU, PA, Pco., cx. 17.

enxergaram um complô subsidiado pelos mascates, embora em Lisboa ela fosse atribuída à negligência do presidente do Conselho, que não lia os papéis que rubricava, e dos amanuenses, que os redigiam ou copiavam. Félix Machado e Cristóvão Soares Reimão serão criticados por não haverem sustado a investigação, à espera de esclarecimento da Coroa sobre a discrepância no tocante a seu escopo. Quando o assunto foi debatido no Conselho, Rodrigues da Costa sustentou que o desembargador achava-se legalmente obrigado a cumprir (como cumpriu) a carta régia que lhe fora destinada, não o documento que Félix Machado lhe exibira.[641]

Cristóvão Soares Reimão, de alcunha o Cutia, era personalidade controversa. Como ouvidor da Paraíba, incompatibilizara-se com a Câmara local, que pedira sua substituição. Acusado de conivência na fuga de Matias Vidal de Negreiros e enviado preso a Lisboa, obtivera a recondução ao cargo. Nomeado desembargador da Relação da Bahia, designaram-no para sindicar os litígios decorrentes da concessão de sesmarias no Rio Grande do Norte e no Ceará; e (o trocadilho malicioso é de fonte da nobreza) medindo terras, enchia as medidas a quem lhe enchesse as mãos. Sob a forma de disputas fundiárias, a rivalidade entre nobres e mascates já afetava aquelas capitanias. Boa parte da nobreza associara-se a seu povoamento, inclusive alguns dos cabeças do partido de Olinda; por outro lado, vários mercadores possuíam fazendas de criação ali, motivo pelo qual a Coroa assentira à proposta de Castro e Caldas de que fossem postos em pregão no Recife os contratos de arrematação dos dízimos do Rio Grande e do Ceará.[642]

No exercício do cargo, o Cutia indispusera-se com alguns pró-homens de Pernambuco. Era conhecida, aliás, sua aversão à nobreza, que dizia composta de "caboclos e filhos de degredados". A Lisboa, ele também denunciara os chefes do partido de Olinda de alimentarem intuitos emancipacionistas e republicanos, como pudera constatar em novembro de 1710 ao participar do grupo de magistrados que persuadira os sediciosos de Olinda a entregarem o

---

[641] *Documentos históricos*, xcviii, pp. 213-4 e 229; AUC, CA, 33, fls. 429 e 442.

[642] *Memórias históricas*, iv, pp. 212-4; Co.Uo. 12.viii.1697, Câmara da Paraíba a D. Pedro II, 26.v.1699, e Co.Uo. 17.ix.1699, AHU, PA, Pb., cx. 5; AUC, CA, 33, fl. 385v; Joaquim Romero Magalhães, "Reflexões sobre a estrutura municipal portuguesa e a sociedade colonial brasileira", *Revista de História Econômica e Social*, xvi (1985), p. 26.

governo a D. Manuel. Em 1711, El Rei o autorizara a partir para a Bahia, mas como ainda se achasse na terra, a Coroa o encarregou da nova devassa. Na sua cabeça, a causa já estava julgada.[643]

Restava a D. João V decidir a sorte dos pró-homens presos por Félix Machado. Em começos de 1713, o assunto foi confiado ao juiz da Inconfidência, Antônio de Basto Pereira, que solicitou ao governador fossem enviados imediatamente a Lisboa, "e, se pudesse ser, nas asas de um pássaro". O projeto de julgamento em Pernambuco, como queriam Félix Machado e Diogo de Mendonça Corte Real, parecia-lhe "perigosa"; e pela Relação de Salvador, "muito duvidosa, pelas alianças e tratos que há entre esses naturais e os da Bahia", tanto mais que, "obrando muito o dinheiro e o poder, na América são mais poderosos os seus efeitos". O monarca concordou.[644]

A Junta ou Juízo da Inconfidência existia desde o reinado de D. Afonso VI, tendo caráter secreto e atuando *ad hoc* com membros do Desembargo do Paço; o juiz da Inconfidência, cargo vitalício equivalente ao de um juiz de instrução, só era acionado em caso de necessidade. A competência da Junta incidia sobre os crimes de lesa-majestade de "primeira cabeça", vale dizer, os delitos de natureza política sintetizados pelo conceito de "inconfidência", definido por Bluteau como "falta de fidelidade ao seu príncipe", e compendiados pelas *Ordenações*: conspirar contra a vida d'El Rei, da rainha e dos seus filhos legítimos; levantar-se com fortaleza ou praça de armas confiada pelo monarca ou perdê-las por culpa ou incúria; bandear-se para os inimigos da Coroa, dando-lhes aviso ou conselho; sublevar-se contra a autoridade do soberano ou favorecer quem o fizesse; dar fuga a indivíduo implicado em tais fatos; ferir ou matar terceiro na presença de Sua Majestade; e destruir imagem régia ou derrubar as reais armas.[645]

O juiz da Inconfidência discordava de Félix Machado, que pretendia não haver razão para moderar o castigo régio uma vez que terminara a guer-

---

[643] *Memórias históricas*, iv, p. 270; *Documentos históricos*, xcviii, pp. 133 e 135; AUC, CA, 33, fls. 475v-476.

[644] *Ordenações filipinas*, livro v, título vi, art. 4; Gastão de Melo de Matos, *Espiões e agentes secretos nos princípios do século XVIII*, Oeiras, 1931, pp. 14, 19 e 24-30.

[645] AUC, CA, 33, fls. 448v-449v e 451v-452.

ra na Europa. Contra a opinião de que "na discórdia em que esses homens se acham, sempre será conveniente favorecer um partido para subjugar o outro", Antônio de Basto Pereira pensava que convinha agir imparcialmente na hipótese de estarem "ambos quietos", fazendo-se "justiça a ambos", política arriscada, segundo Félix Machado, nas circunstâncias da capitania. Daí que este apelasse a D. João V: a Providência Divina dera-lhe "este partido do Recife para sujeitar ao da terra", não se podendo tratar os mascates no mesmo pé da nobreza pois só com eles El Rei contava em Pernambuco para debelar "vassalos de cujas menos dignas ações se pode temer até a traição, que deles se prova, de se eximirem de todo do domínio de Vossa Majestade". Contudo, se o monarca decidisse enquadrar a mascataria, "o farei prontamente", protestando "o gravíssimo prejuízo que resultará". Quanto ao desterro que propusera para os coadjuvantes da sedição, tratava-se de medida a ser executada sem atenção a legalismos, pois não seria possível provar judicialmente a maior parte das faltas que haviam cometido.[646]

Contudo, informado da moderação reinante na Corte, Félix Machado mudou o rumo, fazendo praça de imparcialidade, pois "o tempo que passa hoje em Pernambuco é o mais perigoso que houve desde o seu descobrimento e depende de maior política, de maior prevenção e de maior cautela, juntos a uma longanimidade e indiferença de afetos parciais a respeito das ações exercitadas para com estes súditos". A esta altura, o governador revia a opinião favorável que emitira sobre Bacalhau e Paulo de Carvalho. Do ouvidor, queixava-se da "pouca reflexão" ou mesmo da má-fé, com que, associado ao secretário do governo, punha-lhe a par dos negócios. Acusou-o também de proteger o antecessor, Arouche, que levaria consigo "uma das melhores residências que se tiraram de outro nenhum ministro", malgrado ser o grande responsável das alterações e o autor intelectual do atentado contra Castro e Caldas, segundo confidência de D. Manuel. Acerca do juiz de fora, cujo comportamento parecera-lhe arbitrário no tocante à execução das dívidas de senhores de engenho e lavradores de cana, Félix Machado denunciava a "paixão com que sempre procedeu contra os filhos da terra", aduzindo que se "eu tivera seguido os seus pareceres e o não moderara no que me foi possível, talvez

---

[646] *Ibid.*, fls. 448v-449v; Félix Machado a D. João V, 20.ix.1713, AHU, PA, Pco., cx. 16.

que Vossa Majestade não tivesse tantos que seguissem o partido dos realistas" para opor-se, no âmbito da nobreza, aos elementos extremados.[647]

Consoante a ordem régia, Félix Machado autorizou, em julho de 1713, a partida para o Reino dos "inconfidentes cúmplices nas alterações dessas capitanias". Em número de onze, foram alojados, por motivos de segurança, em diferentes navios da frota. Quanto a João de Barros Rego, falecera no cárcere pelo Natal de 1712. "Acostumado ao mimo e regalo de sua casa", não se tratara adequadamente dos "achaques que mensalmente o atacavam, com aquela temperança que a medicina requer", sucumbindo a um desses acessos. "Já sem fala nem sentidos", foi entregue ao primo, o provedor da fazenda, não sem que as autoridades determinassem se ainda estava com vida, valendo--se de uma sovela de sapateiro que lhe passaram nos pés. Assim terminou seus dias este "mazombo insigne, fiel e valoroso", sendo inumado na capela de Nossa Senhora do Pilar que sua família erigira em Santo Amaro das Salinas, cercanias do Recife. [648]

Alegava a nobreza que, mercê da intervenção dos mascates junto ao comando da frota, os presos teriam sido vítimas de maus-tratos no decurso da viagem, postos em ferros e mal alimentados. Havendo desembarcado em Lisboa em fins de 1713, em fevereiro seguinte eram falecidos Manuel Cavalcanti e Bernardo Vieira de Melo, já adoentados ao partirem. As circunstâncias da morte de Bernardo Vieira pareceram suspeitas na época, embora Gonçalves Leitão descarte a possibilidade de crime. Estranhando o frio invernal, ele socorrera-se de um braseiro, cujas emanações o sufocaram, segundo as conclusões de investigação ordenada por El Rei.[649]

À raiz da viagem dos inconfidentes, avaliava Félix Machado que a possibilidade de insurreição tornara-se remota, de vez que "o partido realista é superior a tudo o que pode considerar-se nos revoltosos", embora três destes, inclusive Cosme Bezerra, ainda estivessem à solta. "No caso em que a fortuna

---

[647] Félix Machado a D. João V, 28.vii, 17.viii e 25.ix.1713, AHU, PA, Pco., cx. 16; *idem*, 5.iii.1715, ibid., cx. 17; BNL, Pna., 115, fls. 179v, 204, 221-221v, 255 e 259-259v; *Informação geral*, pp. 232 e 244.

[648] Félix Machado a D. João IV, 20.ix.1713, cit.; *Memórias históricas*, iv, pp. 207-8; BNL, Pna., 115, fls. 109 e 160.

[649] *Memórias históricas*, iv, pp. 290-1; AUC, CA, 33, fls. 439-40.

fosse tão avessa que sobreviesse algum levantamento de toda a terra [...] sempre as praças da marinha ficariam por Vossa Majestade um e dois anos, dando lugar a que fosse socorrida esta capitania, da Bahia e de Portugal." Contudo, não se devia excluir de todo a eventualidade de traição ou de iniciativa desesperada, como a de Tracunhaém, para cuja supressão bastariam quatro contingentes de infantaria.[650]

Por então, a devassa do Cutia marchava a todo vapor, embora tivesse tardado a demarrar não por escrúpulo jurídico relativamente à discrepância na linguagem das cartas régias destinadas a ele e a Félix Machado, mas devido à presença de D. Manuel, cujos manejos poderiam ser prejudiciais. Ademais, burocrata caprichoso, ao Cutia não agradava a qualidade do papel disponível nas lojas do Recife, mais apropriado aos grosseiros usos mercantis do que aos solenes misteres da justiça régia. Em outubro de 1713, já se haviam redigido 35 resmas, não sendo possível, contudo, concluir o trabalho a tempo de enviá-lo por alguns navios que singraram àquela altura para o Reino. Pelo Natal, já se achavam detidos vinte acusados, calculando o Cutia que o número viria a dobrar (na realidade, triplicou), pois alguns suspeitos haviam fugido para capitanias distantes, tornando necessária a expedição de precatórias. A faina investigativa durou dez longos meses, prolongando o clima de insegurança e delação.[651]

As testemunhas foram escolhidas a dedo entre os parciais do Recife, que mediante deposições ensaiadas confirmaram os 24 artigos de acusação, inclusive a tentativa, que Gonçalves Leitão qualifica de "quimérica", de assassinato de Félix Machado. Certo indivíduo fora mesmo trazido dos confins da Terra Nova de Goiana, malgrado ser tão vil que nunca lavara os pés, o que constituía sério desleixo higiênico para a época, já pouco exigente a este respeito, sem que, contudo, fosse prova de falta de idoneidade. Cutia teria chegado ao ponto de descartar o depoimento de oficiais do terço de Olinda, que se haviam negado a corroborar a versão de encomenda. Tais irregularidades processuais serão confirmadas pelo ouvidor Bacalhau, que ressentido com o engave-

---

[650] Félix Machado a D. João V, 17.viii.1713, AHU, PA, Pco., cx. 16.

[651] Cristóvão Soares Reimão a D. João V, 21.xii.1713, AHU, PA, Pco., cx. 16; *Memórias históricas*, iv, pp. 213 e 221; *Documentos históricos*, xcviii, pp. 208-9. Não foi possível localizar em arquivos portugueses as devassas feitas por João Marques Bacalhau e por Cristóvão Soares Reimão.

tamento da sua devassa, deu parte a El Rei das suas apreensões sobre um rigor excessivo que, ao atingir número elevado de pessoas, poderia ensejar novas dificuldades.[652]

Na realidade, Bacalhau não agira com a moderação que reivindicava do colega. Sua devassa ficara célebre em Sirinhaém, onde deixara por morto certo indivíduo de sobrenome ilustre, "o mais insolente e revoltoso de todos os culpados", que, refugiado num mucambo, vendera caro a vida. Bacalhau pretendia que os homens principais do termo teriam conspirado para eliminá-lo, só escapando de atentado graças a seus afazeres oficiais que não lhe deram tempo sequer de espairecer à janela da casa onde se aposentava. A viúva do alcaide-mor de Olinda, pivô da conspiração inicial para depor Castro e Caldas, relatava que em sua propriedade, repetidamente revistada, instalara-se um arraial de trezentos soldados e índios, os quais, "tratando-me de traidores [sic], me fizeram despejar a casa e [a] minhas filhas, roubando-me e destruindo-me a fazenda e amarrando os lavradores dela, pessoas nobres, com cordas, e pedindo-lhes dinheiros para os soltar" — com o que se desbaratara metade da safra em plena moagem.[653]

A devassa do Cutia, mais abrangente que a anterior, alcançou cerca de setenta pessoas, muitas das quais trazidas para o Recife em condições humilhantes, amarradas e espancadas. Das prisões, encarregavam-se não só as patrulhas de soldados da primeira linha, mas também os bandos de tundacumbes, na mata norte, e de camarões, na mata sul, a que se agregaram contingentes de tapuias com cães de caça. Varejaram-se engenhos, "roubando e matando cada qual por sua parte bois, vacas e criações [...] revolvendo os interiores mais recônditos das casas principais de Pernambuco, sem cortesia nem respeito às suas donas [...] com mais afoiteza e mais ousados, porque saíam com licença e liberdade a correr e dar fé de quanto havia das portas para dentro de todas as moradas". Destarte, "não ficou morador, por mais rico ou miserável que fosse, cujos móveis e alfaias não desse deles notícia o Tundacumbe; nem

---

[652] João Marques Bacalhau a D. João V, 3.vi.1714, AHU, PA, Pco., cx. 17; *Memórias históricas*, iv, pp. 221-4 e 241-4.

[653] João Marques Bacalhau a D. João V, 19.v.1714, AHU, PA, Pco., cx. 16; Margarida Acióli de Vasconcelos a D. João V, s.d., ANTT, Papéis do Brasil [PB], avulsos 7, nº 4; *Memórias históricas*, iv, p. 245.

houve pároco que pudesse do número de seus fregueses, dos cabedais e lugares em que moravam, dar melhor notícia do que esse bandoleiro e seus sequazes". No Recife, os presos foram recebidos sob os impropérios dos mascates, "a quem os mesmos que naquele estado zombavam, tributavam antes submissos rendimentos de inferiores, reconhecendo a desigualdade e o favor com que lhes faziam de os tratarem urbanamente".[654]

Paralisando a produção de açúcar, já prejudicada pelas alterações de 1710-1711, mais de quatrocentos indivíduos abandonaram família e propriedades para se porem a salvo no outro lado da fronteira do povoamento. Mas o produto das batidas tornava-se vasqueiro. Metendo-se pelas brenhas onde não havia o que pilhar, tundacumbes e camarões afrouxaram no zelo com que haviam assaltado os engenhos. Aos foragidos, não faltou esperteza: houve quem se escondesse durante cinco dias em tronco de árvore, quem se abrigasse em caixão com respiradouro ou se internasse numas lapas do Capibaribe. Narrava-se o caso prodigioso de Cristóvão de Holanda Cavalcanti, recolhido a um esconderijo na casa-grande do seu engenho da Torre. Malgrado o respeito devido à sexta-feira de Páscoa, devassaram-lhe a vivenda sem conseguirem encontrá-lo, graças à misteriosa presença de um soldado que permanecera de joelhos na sala, ninguém menos que o próprio São Mateus, disfarçado de recruta, na realidade algum saloio que buscava explorar a credulidade da família para descobrir o paradeiro do seu chefe.[655]

Os foragidos da devassa do Cutia teriam alimentado o propósito de se congregarem para resistir à perseguição, sendo dissuadidos pelo adesismo dos capitães-mores. Lançou-se também o boato desestabilizador de que a repressão se estenderia à gente miúda que acompanhara os pró-homens, do que se seguiu o abandono de casas e lavouras, o que Félix Machado procurou atalhar ameaçando de castigo quem divulgasse tais notícias. Em fevereiro de 1714, ordenou-se o fim das perquisições, mas somente em abril a tropa recolheu ao Recife, os tundacumbes a Goiana e os camarões a suas aldeias. Mas o protesto avolumou-se: a Câmara de Olinda, que a princípio se intimidara a ponto de sequer exigir do Cutia a ordem régia que o comissionara, representou a El

---

[654] *Memórias históricas*, iv, pp. 245-6.

[655] *Ibid.*, pp. 250-3.

Rei contra as irregularidades da devassa. Apelou-se à alta nobreza do Reino, como o duque de Cadaval e o conde de Atouguia; e buscou-se a intercessão de D. Rodrigo da Costa, em escala no Recife de regresso do seu vice-reinado na Índia. Projetou-se enviar procurador à Corte, iniciativa que foi por água abaixo quando delatada ao governador. Um punhado de matronas endereçou memorial a D. João V, recordando ousadamente que seus pais e avós se haviam despicado dos holandeses por excessos que não tinham chegado a tanto; e o clero secular também se dirigiu ao monarca e ao núncio, relatando a opressão reinante.[656]

Finda a devassa, encarceraram-se mais de sessenta pessoas, na sua maioria portadores dos patronímicos mais soantes da capitania. Impedidos de contatos com o exterior, achavam-se na contingência de fazerem diante dos seus pares e até de gente de condição subalterna "as operações secretas da natureza, como se foram brutos". Na iminência da viagem para Lisboa, muitos deles viram-se na necessidade de vender até os escravos de confiança de maneira a arcar com os respectivos ônus, ao que as autoridades acrescentaram o insulto de mandar à Câmara de Olinda que fornecesse os grilhões. Durante o embarque (31.v e 1 e 2.vi.1714), tiveram de ser guindados a bordo, pois os ferros mal lhes permitiam caminhar. Neste ínterim, contudo, aportou ao Recife o navio do Reino que trazia a carta régia de 7 de abril, que anulava a devassa do Cutia, ordenando a soltura dos presos, a restituição dos seus bens e o reembolso das custas da devassa, exceção dos cabeças do movimento de Tracunhaém, inclusive Cosme Bezerra Monteiro e Leão Falcão de Sá, capturado no São Francisco ao fugir para Minas.[657]

Que se passara em Lisboa? Em fins de 1713, Antônio de Albuquerque Coelho de Carvalho passara pelo Recife de regresso ao Reino após seu governo do Rio e São Paulo, onde ganhara o crédito de pacificador das Minas. Seus parentes pernambucanos arrancaram-lhe a promessa de que falaria a El Rei sobre o estado da capitania, a cujo fim levou consigo quantidade de documentos, inclusive os quinze primeiros capítulos da crônica que redigia Gon-

---

[656] *Ibid.*, pp. 225-39 e 271-81; AUC, CA, 32, fls. 172-172v, 225-9 e 236-40; BNL, Pna., 115, fl. 249.

[657] *Memórias históricas*, iv, pp. 258-9, 267, 269, 281 e 284-5; *Calamidades*, pp. 253-4; BNL, Pna., 115, fl. 285; João Marques Bacalhau a D. João V, 3.iii.1715, AHU, PA, Pco., cx. 17.

çalves Leitão. Dizendo-se surpreendido com o relato de Antônio de Albuquerque, D. João V mandou apurar o assunto, constatando-se a diferente redação das instruções enviadas a Félix Machado e a Cristóvão Soares Reimão, o que passara despercebido ou, mais provavelmente, fora objeto de manipulação no Conselho Ultramarino. A intervenção régia explica a presteza das providências tomadas. Havendo Antônio de Albuquerque desembarcado a 21 de março de 1714, já a 5 de abril o Conselho concluía que Cristóvão Soares excedera os termos do mandato, devido ao que teria sido um equivoco de amanuense. A 7, o monarca firmava o despacho excepcionalmente longo contendo uma repreensão em regra no Conselho, em especial no conde presidente, e estranhando a omissão de Félix Machado ao não haver comunicado à Coroa a discrepância entre as ordens régias.[658]

O acontecimento, celebrado em Olinda com três noites de luminárias, repiques de sinos, missas de ação de graças e banquetes, causou grande consternação no Recife, onde muitos mercadores já se preparavam para arrematar os bens sequestrados, inclusive engenhos de açúcar. Recomeçaram os incidentes, reiterando Félix Machado a proibição de insultos, que os partidários da nobreza contornaram com manifestações não verbais, colocando nas ruas covos ou armadilhas para pegar camarão, numa alusão ao apelido dado aos recifenses. Perante a decisão superior, o governador retraiu-se mas Bacalhau tomou a peito demonstrar a El Rei seus inconvenientes: a devassa do Cutia comportara excessos mas não se podia passar uma esponja sobre o que sucedera. A clemência de Sua Majestade só serviria de encorajamento aos pró-homens; e quando outro levante ocorresse, a Coroa já não contaria com os mascates. Por sua vez, as autoridades já não se atreveriam a fazer justiça contra quem mandava atirar nos governadores ou dizia publicamente do monarca o que a decência impedia de verter no papel.[659]

A insatisfação mascatal chegou à Corte, onde se procurou obstar à decisão de 7 de abril, solicitando-se ao menos o desterro dos indiciados. Em fins de 1714, D. João V recebia o ex-secretário do governo de Pernambuco, An-

---

[658] *Memórias históricas*, iv, pp. 284-5; conde da Povolide, *Portugal, Lisboa e a Corte*, p. 246; *Documentos históricos*, xcviii, pp. 213-4; Boxer, *The Golden Age of Brazil*, p. 123.

[659] *Memórias históricas*, iv, p. 287; BNL, Pna., 115, fl. 285; João Marques Bacalhau a D. João V, 9.vi.1714, cit.

tônio Barbosa de Lima, que entregou longo memorial pintando o desânimo dos realistas, sem cujo apoio não estaria segura a capitania. A fidelidade dos súditos ultramarinos era algo intrinsecamente precário, pois em vista da distância eles "não participam [de] todo o calor dos raios do seu planeta superior [i.é, El Rei], por cuja razão lhes não derretem os corações em afetuosas obediências, como se experimenta sempre nos vassalos europeus, que como vivem às abas do seu monarca, participam [d]as luzes para o adorno das virtudes políticas e para a cultura dos entendimentos". Esfacelada em bandos, um obediente, outro não, a capitania, "agora mais do que nunca", corria o risco de perder-se para a Coroa, "sem partido seguro que lha defenda de [homens] poderosos, delatados em tão graves culpas [e] ainda que perdoados, ressentidos". É certo que eles não passavam de número reduzido e alguns eram já mortos. Tanto os que ainda se achavam presos em Lisboa como os que haviam sido soltos em Pernambuco deviam ser desterrados, a despeito do perdão contido na carta régia de 7 de abril.[660]

Do Recife, os mascates clamavam a iminência de novas alterações, de vez que os pró-homens cuidavam agora que tinham "carta de seguro no perdão para novas maldades". Novamente, ouviam-se acusações recíprocas de intenções subversivas, como a de que a mascataria armazenava grande quantidade de víveres, como ao tempo do seu levante. O partido da nobreza acreditou, a princípio, tratar-se de provocação destinada a induzi-lo a reagir por antecipação, confirmando as previsões mascatais e forçando a Coroa a anular o indulto. Acreditou-se depois que Félix Machado e Bacalhau haviam arquitetado um plano sinistro, com a cumplicidade de membros da própria Câmara de Olinda. A pretexto de inspecionar a fortaleza de Tamandaré, o governador levaria consigo o regimento da cidade, deixando-a desprotegida para dar ocasião aos tundacumbes, camarões e milicianos de Cristóvão Pais Barreto de massacrarem os beneficiários do recente perdão. O procurador da Câmara e um grupo de senhoras denunciaram ao vice-rei, marquês de Angeja, que a execução do sinistro plano estaria "por horas", sendo "tão público

---

[660] A representação de Antônio Barbosa de Lima está transcrita em *Memórias históricas*, iv, pp. 318-24, s.d., mas do seu texto depreende-se ter sido redigida em fins de dezembro de 1714 ou começos de 1715.

entre os parciais e os que o não são, que nas bocas de homens e mulheres, dos brancos e dos negros, anda [o rumor] pelas ruas".[661]

A carta régia de 7 de abril autorizara D. Manuel a recolher-se à sede do bispado, de onde partira em junho de 1713 para o rio São Francisco, numa jornada que se prolongou por cinco meses, devido, segundo alegava, às dificuldades dos caminhos no rigor do inverno e à travessia de dezesseis rios; ao achaque de vertigens de que padecia; e ao exercício do múnus episcopal entre ovelhas que havia muito não punham os olhos no pastor. Segundo Félix Machado, contudo, o verdadeiro propósito do bispo era o de cortejar a popularidade a fim de reunir depoimentos que o reabilitassem na Corte; e segundo os mascates, assustados com a quantidade de gente que acorria às estradas para saudá-lo, o de reunir gente e levantar o povo.[662] Cortesão consumado, D. Manuel não tinha vocação para insurreto. Fossem estas suas intenções, pareceria mais lógico optar pelo Ceará, atravessando as capitanias de Itamaracá, Paraíba e Rio Grande. Pelo contrário, sua preferência pelo São Francisco parece denotar a preocupação em evitar a mata seca, conflagrada pelos rancores da nobreza e pelos excessos dos tundacumbes.

Na ausência de D. Manuel, o clero olindense tomou sua defesa. Como Bacalhau houvesse colecionado deposições comprometedoras, o prior do Carmo de Olinda pleiteou uma investigação a cargo do juiz ordinário da Câmara da cidade, no exercício do cargo de juiz de fora devido ao falecimento do Dr. Paulo de Carvalho. Por sua vez, a justiça eclesiástica iniciou processo de justificação destinado a provar que o levante do Recife fora preparado com meses de antecedência, e a ilibar o bispo das calúnias mascatais de que mandara fundir a prata das igrejas a fim de escapar para a França e fazer distribuir hóstias consagradas aos soldados olindenses para guardarem nas cartucheiras, à maneira de amuletos. De regresso a Olinda em meados de 1714, D. Manuel foi recepcionado com uma sequência de quadros teatrais, no adro da igreja de São Sebastião no Varadouro, ao pé da ladeira do mesmo nome, nas trasei-

---

[661] *Memórias históricas*, iv, pp. 289, 297-301 e 309-10.

[662] D. João V a D. Manuel Álvares da Costa, 6.iv.1713, D. Manuel Álvares da Costa a D. João V, 18.ix e 7.x.1713, Félix Machado a D. João V, 5.ix.1713, AHU, Pco., cx. 16; *Memórias históricas*, iv, pp. 211-3 e 220-1; *Calamidades*, pp. 248-9.

ras da igreja de São Pedro Mártir nos Quatro Cantos, e finalmente na rua do Amparo, onde a Fé, a Esperança e a Caridade recitaram oitavas rimas em seu louvor e desagravo.[663]

Mercê do foro privilegiado, o clero secular assumira a vanguarda da resistência após as prisões de fevereiro de 1712, ocasião em que Félix Machado admoestara o cabido da Sé a que se abstivesse de criticar as autoridades régias, dirigindo advertência idêntica aos franciscanos de Igaraçu. À Igreja em geral, ele alertara contra a concessão de asilo aos pró-homens ainda à solta. E o bando governamental sobre a apreensão das armas de fogo previa que se conduzissem aos seus superiores, como de direito, os religiosos encontrados na posse delas. Em Lisboa, quando da decisão de exilar D. Manuel, propusera-se no Conselho Ultramarino que se tirasse informação extrajudicial acerca dos religiosos implicados nos levantes, desterrando-se os mais contestatários, sugestão encampada por El Rei, que instruíra o governador neste sentido. Como as dificuldades aumentassem em função da devassa do Cutia, as autoridades diocesanas foram constrangidas a remover ou transferir sacerdotes de umas para outras paróquias. A *bête noire* era o padre José Maurício Wanderley, que, como capelão do exército de Olinda, participara das alterações.

No início do seu governo, Félix Machado exilara-o em Porto Calvo, por haver hospedado em seu engenho certo criminoso de morte que livrara de uma patrulha da milícia. Como o padre, que tinha fama de valentão, não deixou se intimidar, Félix Machado mandou trazê-lo preso para o Recife, mas, devidamente subornado, o cabo da tropa levou-o para a cadeia de Olinda, que servia de aljube. O provisor do cabido, cedendo à pressão governamental, permitiu sua recondução ao cárcere secular. Quando o deão ameaçou protestar ao núncio em Lisboa, exigindo sua volta à cidade, Félix Machado transferiu-o para a fortaleza das Cinco Pontas, expulsando-o por fim para o Ceará, de onde escapuliu, regressando a seu engenho, onde foi outra vez detido. Mas como tivesse quem lhe valesse na Corte ou porque as coisas retornassem à

---

[663] *Memórias históricas*, iv, pp. 214-6 e 291-2; Francisco Xavier de Santa Teresa a D. João V, 11.x.1713, AHU, PA, Pco., cx. 16. Para surpresa dos olindenses, os soldados da frota, aquartelados na cidade, montaram presépio para homenagem D. Manuel, o qual foi desfeito de ordem do governador.

normalidade, o sucessor de Félix Machado, D. Lourenço de Almeida, permitiu que a ovelha desgarrada regressasse ao aprisco.[664]

Às vésperas de transmitir o cargo, Félix Machado continuava às voltas com religiosos insubordinados, inclusive certo padre de Tejucopapo, que "dissera publicamente que era bem que esta terra fosse governada pelos filhos dela, e não pelos governadores, ouvidores e mais justiças d'El Rei". A repressão ao clero terminou por valer a Félix Machado fama de impiedade quase tão terrível quanto a que perseguia Castro e Caldas. Contava-se, por exemplo, que faltara com o devido respeito a Nossa Senhora do Rosário e ao Santíssimo Sacramento; e que teria, como se fosse outro Carlos V em Yuste, assistido do leito a certa missa dita em palácio, limitando-se a apoiar-se sobre o cotovelo durante a elevação. No tocante à luxúria, falava-se de defloramento de menor e da convivência com mulheres do mundo, a quem dava entrada franca no paço, aduzindo-se que se apossara das peças de ouro de uma delas, degredada para Angola por reclamar o que era seu. Em palácio, instalara verdadeiro cassino a que convidava os mascates acaudalados no fito de extorquir-lhes os dobrões. Tantos vícios feios, só os podia explicar Gonçalves Leitão pelo costado castelhano de Félix Machado.[665]

As ordens religiosas também acertaram suas contas, a começar, entre carmelitas, pelos turões e pelos observantes. O governador da Paraíba sugerira a El Rei recompensar os reformados de Goiana dando-lhes o convento de Olinda, ao que o Conselho Ultramarino se opôs, pois, a seu ver, Sua Majestade não devia interferir na disputa. Mas havendo recorrido diretamente ao Vaticano, o que era considerado ofensivo ao padroado da Coroa, os carmelitas olindenses estavam em maus lençóis, sem falar da atuação do seu prior em defesa de D. Manuel. Havia, sobretudo, o obscuro episódio de outubro de 1712, quando um corista, frei Cristóvão do Pilar, disparara contra canoa

---

[664] *Memórias históricas*, iv, pp. 187-8, 255 e 264-6; BNL, Pna., 115, fls. 30, 47-8, 167, 193v-194, 238v, 247-247v e 283-5; *Documentos históricos*, xcviii, p. 143; AUC, CA, 33, fl. 459v; Félix Machado a D. João V, 12.x.1713, Jorge de Azevedo e Silva a D. João V, 5.x.1713, Cristóvão Soares Reimão a D. João V, 14.ix.1714, AHU, PA, Pco., cx. 16; Co.Uo. 11.ii.1715, D. João V a D. Lourenço de Almeida, 12.ii.1715, D. Lourenço de Almeida a D. João V, 25.vii.1715, AHU, PA, Pco., cx. 17; Dias Martins, *Os mártires pernambucanos*, p. 386.

[665] *Memórias históricas*, iv, pp. 311-2.

procedente do Recife, atingindo um criado do governador e habilitando os magistrados a implicarem os frades num conluio com Leão Falcão de Sá para assassinar Félix Machado. Malgrado as diligências para capturar o frade, ele sumiu de Pernambuco, valendo-se das relações de família, que era das principais da terra. Transcorrido um século, o padre Dias Martins, sob a influência do imaginário político da história romana, reatualizado pela Revolução Francesa, reservou-lhe a palma de tiranicida no panteão dos mártires pernambucanos.[666]

A anulada devassa de Cristóvão Soares Reimão seguiu na frota de 1714, mas em dezembro de 1713 tanto ele como Félix Machado haviam anunciado suas conclusões sobre o atentado contra Castro e Caldas e sobre "o intento de república, [e o] primeiro e segundo levante". No total de indigitados de delitos vários, "vinte pouco mais ou menos [eram] só os que estão compreendidos no crime de intentarem formar uma república". Dada a gravidade das revelações, o Conselho Ultramarino resolveu transmiti-las a Sua Majestade sob a forma de sumário redigido pelo conselheiro José Gomes de Azevedo, contendo distorções grosseiras, como a de que os sediciosos haviam aclamado D. Manuel por governador; ou como a de que o bispo delegara, desde o dia da posse, o governo das armas. Propunha Gomes de Azevedo a reabertura da questão para excluir do indulto o sítio do Recife, de vez que o então governador-geral condicionara a concessão do favor à cessação do assédio nas 24 horas seguintes à sua divulgação por D. Manuel, condição que, como se viu, não fora preenchida por motivo bem diverso, ou seja, a retenção das missivas de D. Lourenço de Almada por João da Costa. Gomes de Azevedo sustentava portanto que a devassa invalidada fosse encaminhada a um dos corregedores do crime de Lisboa.[667]

A sugestão contrariava os propósitos conciliadores do Conselho Ultramarino. "Suposto que, dos da parte de Olinda fosse muito mais atroz e abo-

---

[666] João da Maia da Gama a D. João V, 22.vii.1712 e 23.ix.1713; frei Miguel da Assunção a D. João V, 19.ix.1713; Co.Uo. 15.ii.1714, AHU, PA, Pco., cx. 15; *Documentos históricos*, xcviii, pp. 203-6 e 209-11; *Memórias históricas*, iv, p. 223; BNL, Pna., 115, fl. 87; Dias Martins, *Os mártires pernambucanos*, p. 323.

[667] Cristóvão Soares Reimão a D. João V, 21.xii.1713, e Félix Machado a D. João V, 22.xii.1713, AHU, PA, Pco., cx. 17; *Documentos históricos*, xcviii, pp. 222-6.

minável a culpa e digna de um exemplar castigo", os recifenses não se livravam da responsabilidade "pelos absurdos que também cometeram na ocasião em que foram sitiados pelos da parte de Olinda". Por conseguinte, o perdão régio devia ser mantido (palavra de rei não volta atrás), confiando-se ao juiz da Inconfidência tão somente o conato de terceira sedição contra Félix Machado, isto é, as alegações do governador ao emitir a ordem de prisão de fevereiro de 1712, que já eram suficientes para justificar a detenção dos pró-homens que se achavam no Limoeiro.

A fim de isentar-se de responsabilidade pelo *imbroglio* que lhe custara a reprimenda régia, o Conselho Ultramarino utilizou os rigores investigativos do Cutia, invocando informe do governador-geral, marquês de Angeja, acerca da "perturbação e consternação em que o governador e ministro que tirou a devassa puseram aqueles povos e de que se não livram de apaixonados nas parcialidades". A suspeição do magistrado tornara-se óbvia, segundo o Conselho, do momento em que ampliara a investigação para conhecer os levantes já perdoados, a contrapelo do esclarecimento de Félix Machado, pois seu dever era sustá-la à espera de definição da Coroa sobre a dúvida surgida — com o que se teriam poupado "as grandes vexações que padeceram aqueles povos com as prisões e danos de suas casas e famílias e a despesa que Vossa Majestade mandou fazer de sua real fazenda pelas contas dos que injustamente estavam presos". O próprio Cutia, na sua correspondência particular para os amigos na Corte, não fazia mistério dos seus procedimentos draconianos.[668]

A favor da sua devassa, só se ouviu a voz de Antônio Rodrigues da Costa, cujo voto em separado abrangia aspectos bem mais importantes que a atuação do desembargador. Como Gomes de Azevedo, ele desejava que o processo fosse despachado a um dos corregedores do crime da Corte, que o julgaria com o concurso dos juízes adjuntos que lhe nomeasse El Rei, guardando-se a forma do estilo adotada para as investigações a que Sua Majestade mandava proceder no ultramar. Embora Rodrigues da Costa insistisse na política que sugerira na consulta de 7 de dezembro de 1712, concordava em que o julgamento se devia limitar à conjura contra Félix Machado e ao levan-

---

[668] *Documentos históricos*, xcviii, pp. 229-30.

te de Tracunhaém, instando por que se remetesse também ao corregedor a devassa de Bacalhau.[669]

Cabe indagar se seria apenas de forma jurídica o verdadeiro motivo da preferência de Antônio Rodrigues da Costa e de Gomes de Azevedo pelo recurso à instância normal, a corregedoria do crime, em oposição à tendência dos seus pares pelo Juízo da Inconfidência, instância excepcional. Em princípio, tal posição é tanto mais surpreendente quanto se achava simetricamente oposta às propensões repressivas de ambos conselheiros e às disposições moderadas do Conselho Ultramarino. Na realidade, o julgamento pelas vias ordinárias redundaria provavelmente em castigo mais rijo do que seria o caso no Juízo da Inconfidência, onde as conveniências políticas que recomendavam passar a esponja sobre o sucedido prevaleceriam sobre a letra da lei e sua exigência de punição cabal. Ao contrário dos colegas, que não enxergavam ou não queriam enxergar para além do horizonte imediato, Rodrigues da Costa colocava a questão fundamental do que denominava "bom regime político", insistindo em que D. João V despachasse a consulta anterior (17.xii.1712) por ele inspirada ao Conselho Ultramarino, na parte em que representava a oportunidade e os meios de uma política de fôlego visando conter os abusos e os excessos do poder local, afirmando resolutamente o domínio da Coroa naquela parte da América portuguesa. De acordo com a reivindicação avançada pelos mascates, Rodrigues da Costa pensava, como Gomes de Azevedo, que aos pró-homens encarcerados no Limoeiro não se lhes devia permitir que regressassem ao Brasil, mesmo quando beneficiados pelo perdão do levante contra Castro e Caldas e do sítio do Recife ou eventualmente inocentados no tocante ao presumido levante contra Félix Machado. Era bem sabido que eles haviam sido "os autores e cabeças de todas essas alterações que houve em Pernambuco", devendo, portanto, "recear prudentemente que o seu gênio orgulhoso e vingativo cause maiores ruínas e perturbações".[670]

Elevada a consulta do Conselho Ultramarino à decisão régia, D. João V declarou que "as alterações de Pernambuco foram mais discórdias do que inconfidências", motivo pelo qual o assunto devia ser referido à corregedoria

---

[669] *Ibid.*, pp. 227-8 e 231-2.

[670] *Ibid.*, pp. 228 e 231-2.

do crime.[671] Estaria El Rei realmente convencido? Ou teria optado por fazer vista grossa às conclusões da devassa do Cutia a fim de evitar a repetição dos acontecimentos e abafar as repercussões brasileiras do mau exemplo pernambucano? Não é possível dar resposta taxativa a essas indagações. Como se recorda, a principal razão invocada quando do primeiro levante para justificar a moderação no castigo dissera respeito aos riscos de ataque francês ao Brasil. Desde a assinatura da paz (1713), El Rei tinha as mãos livres para agir com maior rigor; e, contudo, não o fez, procurando retomar, pelos atos mais do que pelas palavras, a posição de árbitro entre as facções da capitania. Desta política, já chegou imbuído o vice-rei marquês de Angeja, que assumiu o governo-geral em meados de 1714 com instruções para promover a conciliação das partes.

A verdade é que inexistia alternativa a ela, de vez que prosseguir na repressão ao partido de Olinda poderia ser ainda mais contraproducente. Em janeiro de 1715, D. João V optou pelo meio-termo entre a posição do Conselho Ultramarino e o parecer de Rodrigues da Costa e de Gomes de Azevedo, reiterando que só fossem levadas em conta as conclusões da devassa do Cutia relativas à conjura contra Félix Machado e o movimento de Tracunhaém, mas nomeando para julgá-las o Dr. Manuel Lopes de Barros, corregedor do crime de Lisboa, assistido por outros cinco magistrados, que poderiam pronunciar até dez culpados. Atendida ficou também a sugestão de Rodrigues da Costa relativa à juntada da devassa de Bacalhau. Por fim, ordenava El Rei ser informado o teor da sentença previamente à sua divulgação.[672] O monarca buscava acautelar-se de riscos de signo oposto, um julgamento demasiado severo que provocasse reações locais em favor dos condenados; ou demasiado leniente, que importasse no regresso dos pró-homens presos a Pernambuco.

Do Brasil, o governador da Paraíba continuava a pressionar por medidas punitivas. A pretexto das comemorações olindenses pela carta régia de 7 de abril, as quais teriam dado ocasião a atos de violência contra os reinóis e ao aparecimento de pasquins subversivos, ele recomendava medidas adicionais contra o partido da nobreza, provocando acerbo debate no Conselho Ultra-

---

[671] *Ibid.*, p. 238.
[672] *Ibid.*, p. 232.

marino em fevereiro de 1715, vale dizer, às vésperas da partida do novo governador, D. Lourenço de Almeida. O Conselho e o procurador da Coroa criticaram João da Maia da Gama por meter-se no que não lhe competia e, mostrando-se "parcial e apaixonado", distribuir epítetos de traidores e fiéis a torto e a direito, atitude merecedora de repreensão régia. Como "aqueles ânimos de uma e outra parcialidade não estejam em firmeza de paz", urgia recomendar a D. Lourenço que pusesse "todo cuidado" em conciliá-los, pois "não convém que por outro modo se proceda nesta matéria, porque será dar nova ocasião a alterações e destruição daquela capitania".

Desta opinião que, segundo se dizia, era também o monarca, discordaram três dos membros do Conselho, inclusive Rodrigues da Costa, para quem "estes homens que chamam da nobreza de Pernambuco [...] fizeram uma guerra civil [...] entrando em pensamentos desleais, como foi o de fazerem uma república". Não havendo demonstrado a menor disposição de se corrigirem, pois os meios suasórios "não têm produzido mais efeito que fazer estes homens mais insolentes", a presença do novo governador não bastaria para contê-los. Era indispensável, portanto, abrir devassa sobre os incidentes ocorridos recentemente e aumentar os contingentes reinóis enviados em 1711 e 1713, de modo a neutralizar a maioria de naturais que compunha a guarnição, dando-se também D. Lourenço de Almeida poderes para expulsar da capitania os vassalos inquietos. D. João V, contudo, acatou o voto da maioria, que mais não fizera do que exprimir o que já era a política régia.[673]

Desconhece-se a sentença relativa aos presos do Limoeiro, a qual, como as devassas de Bacalhau e do Cutia, podem não ter sobrevivido aos extravios arquivísticos, aos estragos do tempo e ao terremoto de 1755, verdadeiras pragas do Egito da pesquisa histórica em Portugal. O acervo da corregedoria do crime da Corte consumiu-se talvez na catástrofe, mas se alguns desses papéis escaparam, é possível que ainda se encontrem confundidos na massa de documentos provenientes do Tribunal da Relação de Lisboa, existentes no Arquivo Nacional da Torre do Tombo. Tampouco se conhece o paradeiro do arquivo do Juízo da Inconfidência no período anterior a 1756, ano da sua reorganização pelo marquês de Pombal na esteira da conspiração dos Távoras. Tudo o que se sabe acerca do julgamento é a versão, poucos anos após, da história de

---

[673] *Informação geral*, p. 13; *Memórias históricas*, iv, p. 308.

Rocha Pita: "depois de longa prisão naquela Corte, constando judicialmente da sua inocência ao nosso augusto e pio monarca, compadecido das desgraças daqueles vassalos, os mandou voltar livres para a pátria, fazendo embarcar só dois para a Índia em degredo perpétuo, por haverem sido os motores das alterações e terem obrado nelas as insolências que se atribuíam a todos".[674]

Ao ser proferido o julgamento, nada menos de oito presos eram falecidos, "sentenciados não pela justiça humana, mas pela divina", segundo pontificava fonte mascatal.[675] O veredicto deve ter sido posterior a novembro de 1718, pois então sucumbia André Dias de Figueiredo, o último a morrer no cárcere. Seis anos eram passados desde as prisões efetuadas por Félix Machado e quatro desde a decisão régia que entregara o assunto à corregedoria do crime de Lisboa. Graças às certidões de óbito expedidas pelo vigário da freguesia de São Martinho, pode-se reconstituir a sequência de mortes, que pareceu intrigante aos contemporâneos.[676] Dos sobreviventes, João de Barros Correia, José Tavares de Holanda, Cosme Bezerra Cavalcanti e o sargento Lourenço da Silva recobraram a liberdade e foram autorizados a retornar a Pernambuco. Cosme, porém, acompanhou o pai, Leonardo Bezerra, e Leão Falcão de Sá, desterrados para a Índia.[677]

---

[674] Rocha Pita, *História da América portuguesa*, p. 407; Luís de Bivar Guerra e Manuel Maria Ferreira, *Catálogo do arquivo do Tribunal de Contas*, Lisboa, 1950, pp. 49-51.

[675] *Calamidades*, p. 255.

[676] 8.i.1714, Manuel Cavalcanti Bezerra; 10.i.1714, Bernardo Vieira de Melo; 14.iv.1715, André Vieira de Melo; 10.v.1715, Cosme Bezerra Monteiro; 9.vi.1715, João Luís Correia; 13.iv.1716, Matias Coelho Barbosa; 11.ix.1717, Manuel Bezerra Cavalcanti; e 27.xi.1718, André Dias de Figueiredo. Os atestados de óbito foram publicados por Artur da Mota Alves, "Guerra dos Mascates", RIAP, xlii (1949), pp. 76-80. Foram sepultados na mesma igreja da paróquia, salvo Bernardo Vieira, que foi a enterrar no convento do Carmo, André Vieira, no convento da Anunciada, e André Dias, no da Boa Hora, todos em Lisboa. Artur da Mota Alves, que há mais de cinquenta anos interessou-se pelo assunto, não conseguiu identificar as sepulturas, provavelmente anônimas como na grande maioria dos casos, embora atribuísse a dificuldade ao terremoto de 1755 e às transformações por que desde então tinham passado as igrejas onde descansavam os restos mortais dos presos.

[677] *Calamidades*, p. 255. Leonardo Bezerra foi também condenado pelo assassinato do comerciante Antônio Rodrigues da Costa: Domingos Mendes a D. João V, 10.x.1713, AHU, PA, Pco., cx. 16, e códice 276, fl. 181. Pretendeu-se que o outro filho de Leonardo Bezerra, Manuel

Em Goa, Leonardo e Leão tentaram evadir-se, "suponho", escreve cronista mascatal, "que por verem se podiam aliviar as saudades que tinham da América e de se livrarem dos ares da Ásia, que lhes eram nocivos". Leão foi apanhado, vindo a falecer na Índia. Leonardo teve mais chance, embarcando disfarçado no navio que assegurava anualmente as comunicações com o Reino e que costumava fazer escala em Salvador. Aí, reconhecido ou denunciado ao vice-rei Vasco Fernandes César de Menezes, depois conde de Sabugosa, valeu-se da proteção de seu parente, o secretário de Estado Gonçalo Ravasco Cavalcanti de Albuquerque, sobrinho do padre Antônio Vieira. Gonçalo Ravasco persuadiu o vice-rei a libertá-lo, com o argumento humanitário da cegueira que o acometera, "o que diziam ser ficção", mas sob a promessa de não voltar a Pernambuco. Sucessos que se devem ter verificado nos primeiros anos vinte, de vez que o Dr. Manuel dos Santos assegura que Leonardo Bezerra já se achava na Bahia quando da redação da história de Rocha Pita (escrita entre 1724 e 1730), criticado por haver endossado a versão das alterações que lhe dera o foragido de Goa.[678]

Ao partir para o Brasil em 1714, o vice-rei, marquês de Angeja, tencionava visitar Pernambuco para tratar do sossego da capitania. Teria sido algo que não se via na terra desde o começo do século XVII: a presença do governador-geral em sua capacidade oficial (o que produziria o efeito automático de transferir-lhe os poderes de capitão-general e de governador da capitania) e não na de simples passageiro em escala no Recife, antes ou depois do exercício do cargo. Avisado do plano, o partido da nobreza tratou de cultivá-lo, escrevendo-lhe os pró-homens, um grupo de senhoras e o procurador da Câmara de Olinda. A resposta não tardou. Não podendo vir imediatamente devido à urgência dos assuntos em Salvador, Angeja atendeu o pleito relativo à execução das dívidas dos senhores de engenho e lavradores de cana, oferecendo-se para acolher outras reivindicações da nobreza. A Baca-

---

Bezerra Cavalcanti, teria sido também desterrado para a Índia; e que, durante a viagem, um dos rapazes falecera, o mesmo ocorrendo ao irmão pouco depois do desembarque em Goa: *Calamidades*, p. 255. Borges da Fonseca também deu ambos como falecidos na Índia: *Nobiliarquia pernambucana*, i, pp. 41-2. Na realidade, Manuel Bezerra Cavalcanti morrera, como mencionado, ainda no cárcere lisboeta; Cosme é que pereceria pouco tempo após a chegada a Goa.

[678] *Calamidades*, pp. 255 e 264; "Notícia da expulsão", fl. 12.

lhau, Angeja encareceu a necessidade do apaziguamento, de vez que "todos são portugueses, sejam nascidos no Reino, na América ou na Ásia, porque o nascimento não o dá a terra senão a origem e devem andar muito de fugir destas distinções".[679]

A Félix Machado, o vice-rei, após lamentar que a tranquilidade não estivesse ainda de todo restabelecida, recomendou que não se estorvassem os agravos de Pernambuco para a Relação da Bahia, repreendendo-o por se haver instalado na praça; "e como seu servidor lhe digo que quanto Vossa Senhoria puder estar menos no Recife o faça". O marquês também frisou seu desacordo com os métodos de Félix Machado nas relações com o clero, embora reconhecesse que os padres eram a esta altura os únicos sediciosos. A João da Maia da Gama, Angeja opôs uma polida recusa a se deixar envolver: a questão dos levantes era coisa do passado, de modo que ao governador da Paraíba só cabia empenhar-se por que se extinguissem de todo as divisões. À Câmara de Olinda, que insistia na sua visita a Pernambuco, o vice-rei respondeu não ser outro o seu desejo, desde que não se quisesse aproveitar a ocasião para ressuscitar o velho contencioso.[680]

À maneira do vice-rei, o novo governador, D. Lourenço de Almeida, que viajou em companhia do Dr. José de Lima Castro, substituto de Bacalhau na ouvidoria, rejeitou as tentativas de reabrir o debate, embora suas instruções previssem o que fazer em caso de alteração da ordem. D. Lourenço tinha posição invejável na Corte. Seu irmão, D. Tomás de Almeida, bispo do Porto, gozava do favor real que em breve o fará primeiro patriarca de Lisboa; seu cunhado era o secretário de Estado Diogo de Mendonça Corte Real. Compadre do marquês de Angeja, servira sob suas ordens na Índia. Quando, poucos depois da sua posse (1.vi.1715), a Câmara da vila das Alagoas reclamou contra o capitão-mor, que seguira o partido da nobreza, D. Lourenço retrucou que, se de futuro viesse a ter motivos de queixa, não hesitaria em proceder contra ele, mas que, "de outro modo, fiquem entendendo que não venho a ser sindicante das alterações passadas".[681]

---

[679] *Informação geral*, p. 13; *Memórias históricas*, iv, pp. 298-310; *Documentos históricos*, vi, p. 398, xxxix, pp. 369-70 e xcviii, p. 248.

[680] *Documentos históricos*, xl, pp. 22-5.

[681] *Ibid.*, pp. 24-5; AUC, CA, 32, fl. 201; Pereira da Costa, *Anais pernambucanos*, v, p. 275;

A despeito das intenções conciliadoras da Coroa, seus agentes locais não se deixavam enganar pela aparente placidez. Segundo a avaliação de D. Lourenço de Almeida, achavam-se "os moradores desta capitania em quietação pelo que respeita aos levantamentos passados, porém os ódios das suas parcialidades são os mesmos que foram, ainda que hoje se veem dissimulados". A seu ver, "a gente nacional da terra é sumamente livre e revoltosa; [...] e como nunca experimentaram nem viram castigo rigoroso, esta falta é a causa da sua desenvoltura". A El Rei, ele garantia que "se vissem um ou dois dos principais da terra castigados com aspereza, nenhum mais se atreveria a fazer com que merecesse o mesmo perigo [...] E com tão pequeno custo não só segurava Vossa Majestade esta capitania senão todas as mais do Brasil com o exemplo desta".[682] O novo ouvidor também constatou, por ocasião das residências de Félix Machado e de Bacalhau, o vivo ressentimento dos pró-homens, que tinham combinado previamente o teor dos depoimentos. "[N]estes naturais intitulados nobres é tal a demasia com que se ostentam que se portam absolutos, valendo-se de toda a ocasião para fomentarem discórdias na ruína de todos os que não são da sua parcialidade." Julgava o Dr. Lima Castro que o estado das forças militares poderia encorajá-los a outra aventura, a que estariam sendo incentivados pelos presos do Limoeiro. A tropa de primeira linha era insuficiente, a Câmara de Olinda estava sobrecarregada de dívidas causadas pelas alterações, e o comércio, ameaçado de paralisia devido à escassez da moeda de prata. Em tais condições, "com estes homens se deve ter um grande cuidado, pois se lhes não dificulta qualquer sublevação; e, conseguida, poderá não recuperar-se facilmente toda esta América, onde os primeiros perturbadores são os eclesiásticos".[683]

O estilo de D. Lourenço de Almeida desagradou os mascates, por ser "sujeito de gênio sociável e muito amigo de agradar a todos", consistindo sua máxima preocupação em provar a El Rei que "só ele teve jeito para congraçar e unir os dois povos". A D. João V, nem Félix Machado nem Bacalhau esconderam suas apreensões acerca da capacidade do novo governador de controlar

---

Boxer, *The Golden Age of Brazil*, pp. 368-9; Jaime Cortesão, *Alexandre de Gusmão*, parte i, tomo i, p. 367.

[682] D. Lourenço de Almeida a D. João V, 26.vii.1715, AHU, PA, Pco., cx. 17.

[683] José de Lima Castro a D. João V, 5.viii.1715, AHU, PA, Pco., cx. 17.

a situação. Persistia, por exemplo, a pendenga em torno da tapagem de Olinda, devido a que os recifenses haviam obtido da Coroa a sua demolição, ordem que fora cumprida relutantemente pelo próprio Félix Machado, por julgar que a obra não comportava prejuízo para o Recife. Desde então, El Rei convertera-se a tal parecer, de modo que D. Lourenço pôde inaugurar seu governo, autorizando sua reconstrução e até mesmo instando a Câmara do Recife a contribuir para as despesas. A reação negativa dos vereadores irritou-o a ponto de tratá-los "com palavras ásperas e malsoantes", sem, contudo, alcançar seu objetivo, "nem se falou mais na matéria", com o que os olindenses refizeram o dique às suas custas.[684]

Decorrido o primeiro ano de gestão, D. Lourenço de Almeida congratulava-se com o "grande sossego" em que se encontraria a gente da terra, "sem se lembrarem já das parcialidades que tinham até tomar posse daquele governo", desfrutando a capitania de "tanta paz e quietação como se não via nela há muitos anos". O ouvidor concordava, recordando a influência benéfica de "uma grande safra de açúcar". A El Rei, a Câmara de Olinda solicitará a renovação do triênio de D. Lourenço de Almeida, do que se absteve a Câmara do Recife embora requeresse, como a outra, a manutenção de Lima Castro. Otimismo talvez excessivo. Se ele parece justificado à luz da modorra colonial em que mergulhará Pernambuco ao longo do século XVIII, aos olhos dos contemporâneos a pacificação dos espíritos não era tão evidente. Como assinalou Boxer, "a amargura engendrada pela vitória dos mascates e pelo comportamento tirânico de Félix Machado permaneceu latente por muitos anos". Segundo fonte mascatal, "sem embargo de ficarem as coisas de alguma sorte temperadas [...] não deixaram os ódios de reinar nos corações daqueles constituídos em nobreza", notando que "ainda hoje", muitos anos depois das alterações, "reina esta má inclinação", a qual vinha "por herança de uns aos outros, não podendo levar em paciência a divisão que se fez do Recife em vila, espinha que ainda lhes está atravessada na garganta". "Como a miséria do

---

[684] *Calamidades*, pp. 258 e 260-1; *Memórias históricas*, iv, pp. 217 e 220; Câmara de Olinda a D. João V, 21.vi.1712, D. João V a Félix Machado, 5.ix.1712, Félix Machado a D. João V, 3.i.1714, e moradores de Olinda a D. João V, 3.i.1714, todos em AHU, PA, Pco., cx. 16; Pna., 115, fls. 176, 323, 353 e 367; Gilberto Osório de Andrade, *Montebelo, os males e os mascates*, pp. 146-9.

tempo tem tudo impossibilitado, fazem da necessidade virtude", dando uma falsa impressão de esquecimento.[685]

Perdurava uma série de atritos entre as Câmaras de Olinda e do Recife, herdados do Dr. Paulo de Carvalho. Como o juiz de fora devesse atuar alternadamente num e noutro termo, sendo substituído na ausência pelo juiz ordinário de Olinda, os mascates pleitearam, com o apoio do Conselho Ultramarino, que ele fosse substituído no Recife pelo seu próprio juiz ordinário, pois a prática comprovara que "todas as vezes que vaga o lugar de juiz de fora e entra [o] vereador mais velho de Olinda a substituir o dito lugar, era notável a opressão que experimentavam aquela vila e seus moradores". A solução óbvia, a ideia de Castro e Caldas defendida por Rodrigues da Costa, da criação de dois juízes de fora, só será adotada muito tempo depois. Outro motivo de fricção era o pleito do escrivão da Câmara de Olinda, que reivindicava direito aos emolumentos correspondentes à escrivania da Câmara do Recife.[686]

Havia a questão dos direitos patrimoniais da Câmara de Olinda, a qual ficara em suspenso com a partida de Arouche. Em 1712, a Câmara do Recife reclamou-os, e aos reguengos existentes no seu termo, como as praias e manguezais. Os olindenses não tinham a menor intenção de abrir mão do patrimônio, tendo em vista que a delonga causava-lhe o prejuízo anual de 5 mil a 6 mil cruzados. Em 1719, o problema ainda não estava solucionado, de vez que a Coroa designara outro magistrado para terminar o trabalho. Quanto às rendas destinadas ao reparo e manutenção das pontes do Recife, a Câmara de Olinda continuava a administrá-las, sem, contudo, aplicá-las, litígio só resolvido em 1720 quando El Rei decidiu que as despesas fossem rateadas pelas vilas e povoações da mata, dependentes do porto do Recife. Por então, o Conselho Ultramarino observava que a autonomia do Recife prosseguia suscitando disputas vicinais, "de modo que não parecem todos vassalos de Vossa Majestade mas uns povos inimigos capitais um do outro, tirando das

---

[685] *Documentos históricos*, xcviii, p. 266, e xcvix, pp. 21 e 32; José de Lima Castro a D. João V, 23.i.1716, AHU, PA, Pco., cx. 17; "Tratado", fl. 106v; Boxer, *The Golden Age of Brazil*, p. 124.

[686] *Documentos históricos*, xcviii, pp. 185-6 e 271-2; Câmara do Recife a D. João V, 3.viii.1715, e Co.Uo., 31.iii.1716, AHU, PA, Pco., cx. 17; Cabral de Souza, *Elite y ejercicio de poder*, pp. 281-4.

mesmas ordens que lhes mandam para seu sossego motivos e pretextos para fomentar a sua perturbação".[687]

A rivalidade ameaçava implantar-se na própria Câmara do Recife, o que Rodrigues da Costa antevira ao propor que se excluíssem do seu termo as freguesias da mata que lhe havia atribuído Castro e Caldas, sem o que não se alcançaria o objetivo de "separar na governança da terra os homens nobres, dos mercadores". D. Lourenço de Almeida, contudo, incentivou a eleição dos "homens de fora", com o argumento de que, na convivência dos rivais, "se conciliarão mais os ânimos e se irão extinguindo pelo discurso do tempo as más vontades que ainda hoje se conservam". Bons propósitos desafiados por certo pró-homem, que se recusou a empossar-se como vereador, pois "se não havia de assentar em um tribunal em companhia dos homens do Recife". Prevendo as *Ordenações* que ninguém se escusasse de servir as funções municipais, a menos que gozasse de isenção régia, ele foi preso e processado por desobediência, mas a Coroa recomendou a D. Lourenço de Almeida que procurasse fazer com que "se não misture a nobreza com os homens do Recife".[688]

Durante o primeiro decênio de autonomia do Recife, a recomendação tornou-se inócua, de vez que se verificou, de acordo com George Cabral de Souza, "um equilíbrio rigoroso entre portugueses e brasileiros", o que, a seu ver, "pode ter sido fruto de acordo tácito entre os homens bons do Recife" visando à representação paritária de recifenses e matutos. Nos anos vinte e trinta, contudo, ocorrerá "processo inverso" com predomínio de portugueses. A este retrocesso, prendeu-se a iniciativa do capitão-mor Felipe Pais Barreto de propor a autonomia do Cabo, inquietando a mascataria que, num gesto de boa vontade, o elegeu, prometendo ampliar a participação dos pró-homens, o que, porém, não se verificou.[689]

---

[687] *Documentos históricos*, xcviii, pp. 179-81, e xcix, pp. 81-2; Cabral de Souza, *Elite y ejercicio de poder*, pp. 278-9. Câmara do Recife a D. João V, 10.x.1713, AHU, PA, Pco., cx. 16; *Documentos históricos*, xcix, pp. 92-7, 126.

[688] *Documentos históricos*, xcviii, pp. 145 e 262-3; Gonsalves de Mello, "Nobres e mascates", pp. 140-1 e 149-218.

[689] Cabral de Souza, *Elite y ejercicio de poder*, pp. 296-7; Cabral de Mello, *O nome e o sangue*, pp. 74-5.

Pouco a pouco, a Coroa desinteressou-se das reformas por inércia institucional mas também no objetivo de adormecer a contestação. No tocante à contabilidade da Câmara de Olinda, por exemplo, Bacalhau, que trouxera instruções para examiná-la, constatou sérias irregularidades, além de gastos de 10 mil cruzados incorridos por motivo das alterações. O Conselho Ultramarino, porém, preferiu esperar pela decisão régia sobre a punição dos cabeças para tomar uma providência a respeito. Tampouco encarou-se a questão mais ampla dos poderes da Câmara de Olinda em matéria fiscal. Da Bahia, Castro e Caldas insistira em que se transferisse à provedoria da fazenda a gestão dos impostos criados ao tempo da guerra holandesa, mas até mesmo os partidários de tal medida julgavam que devia ser adiada para ocasião propícia. Ela só será efetuada quinze anos depois, na esteira de um motim da guarnição devido ao atraso no pagamento dos soldos, imputado à má administração.[690]

Outra reforma abandonada foi a reorganização de Itamaracá, sujeita a três diferentes jurisdições. Castro e Caldas propusera subordiná-la totalmente a Pernambuco, inclusive em matéria judiciária, proposta que Félix Machado endossou. Medida que, segundo Rodrigues da Costa, tornara-se mais necessária do que nunca em decorrência das alterações. Mas no Conselho Ultramarino não havia consenso. Mesmo quando, em meados do século XVIII, a capitania passou à propriedade da Coroa, que a incorporou a Pernambuco, continuou subordinada no cível e no crime à ouvidoria da Paraíba até começos de Oitocentos. Contra os manejos dos pró-homens de Itamaracá, a institucionalização dos tundacumbes oferecia garantia suficiente, receando-se que sua extinção resultasse prejudicial à ordem pública. Mas como eles prosseguissem praticando, a soldo de terceiros, "muitas insolências e mortes", foram expurgados e por fim dissolvidos nos anos trinta.[691]

---

[690] *Documentos históricos*, xcviii, pp. 159-64, e 194-7, e xcix, pp. 231-5 e 254-9; *Informação geral*, p. 170.

[691] *Documentos históricos*, xcviii, pp. 115-9, 131-2 e 198-200, e xcix, pp. 248-50; patente de nomeação de Antônio Monteiro, 20.iii.1723, AHU, PA, Pco., cx. 19; D. João V a Manuel Rolim de Moura, 15.xi.1724, e Manuel Rolim de Moura a D. João V, 3.viii.1725, AHU, PA, Pco., cx. 20; Pereira da Costa, *Anais pernambucanos*, v, p. 324.

A Coroa sequer deu-se ao trabalho de definir regra sucessória para o governo. Como permanecesse válida, na gestão de Félix Machado, a inclusão de D. Manuel Álvares da Costa, a Câmara do Recife, preocupada com a possibilidade de atentado contra o governador, solicitou a substituição do prelado por "pessoa idônea". Nisso também a máquina da monarquia revelou sua inoperância. A D. João V, recordava o Conselho Ultramarino já haver encarecido a necessidade de regra fixa aplicável a todas as conquistas ultramarinas, providência que só foi tomada meio século depois, embora o problema voltasse a se apresentar em 1721 quando do falecimento do governador Manuel de Souza Tavares: a Câmara de Olinda empossou o mestre de campo do terço do Recife, D. Francisco de Souza, com base na carta régia de 1707 que previra, como se recorda, a substituição, em primeiro lugar, pelo oficial mais graduado e mais antigo. Solução acordada com dificuldade, pois o governo permaneceu acéfalo cerca de um mês, a Câmara de Olinda estando ainda lembrada do apoio de D. Francisco aos mascates. Só então a fórmula foi aprovada pela Coroa para futuras eventualidades, que já não se verificarão em Pernambuco até o alvará de 12 de dezembro de 1770, que estabeleceu o sistema sucessório das capitanias brasileiras, mediante a criação de junta composta da primeira autoridade eclesiástica, do oficial de maior graduação e do ouvidor.[692]

Destarte, não surpreende o esquecimento a que ficaram relegadas outras questões, sobretudo as passíveis de suscitar resistências ainda maiores, e por que se batiam inutilmente os funcionários do feitio de Rodrigues da Costa, tal como a reorganização das ordens religiosas, em cuja indisciplina os agentes da monarquia há muito enxergavam um dos fatores de instabilidade colonial. Para Rodrigues da Costa, o rigor monástico não se resumia à "piedade católica" mas abrangia também a "razão política", a experiência tendo sobejamente demonstrado que "os religiosos que vivem com pouca observância são os que perturbam a quietação dos povos; e os dos conventos relaxados de Pernambuco fomentaram em grande parte as alterações que houve naquele Estado". A desobediência no claustro era o começo da desobediência no sé-

---

[692] *Documentos históricos*, xcviii, p. 200; Pereira da Costa, *Anais pernambucanos*, v, pp. 321-2.

culo; daí que somente as ordens sujeitas a regras estritas se tivessem mantido inabaláveis na fidelidade a El Rei.[693]

Se a repressão do governo Félix Machado liquidou a contestação pernambucana até os começos do século XIX, ela não afetou duradouramente a ascendência dos pró-homens no campo. Ali, ao contrário do meio urbano, a açucarocracia, graças ao lugar que ocupava no processo de produção, continuou ditando os termos das suas relações com a sociedade rural. Não era, aliás, de se esperar diferente resultado, em vista da posição crucial da nobreza no funcionamento da economia açucareira. Contudo, entre os mascates, havia quem advogasse a limitação do poder dos senhores de engenho, obrigando-os aforar as áreas não cultivadas, proibindo-se que os foreiros fossem expulsos antes do tempo e permitindo-se que pudessem dispor das benfeitorias que realizavam — com o que "ficará a terra mais farta e os seus habitadores mais isentos e menos subordinados aos senhorios".[694] O quadro de conflito social na mata açucareira já não era muito diferente daquele que os "praieiros" não se cansarão de denunciar nos anos quarenta do século XIX.

Quanto à sorte dos agentes da Coroa que protagonizaram as alterações, Castro e Caldas foi recolhido a uma das fortalezas de Salvador tão logo conheceu-se ali o levante dos mascates.[695] Já se sabia que o ex-governador achava-se malvisto na Corte, onde não se lhe perdoava a fuga precipitada. Em fevereiro de 1711, o Conselho Ultramarino pedia fosse mandado para o Reino, por haver cometido "o delito mais grave que se pode dar, de largar o seu governo". Em junho, expedia-se a respectiva ordem, nomeando um dos desembargadores da Relação de Salvador para tirar sua residência em Pernambuco. O Dr. Alexandre Botelho de Morais jurou suspeição por estar "diferente" com Castro e Caldas "por justas e notórias causas". Designado em seu lugar, o Dr. Domingos Mendes não teria realizado investigação imparcial, baseando-se nas testemunhas inquiridas anteriormente por Valençuela Ortiz; e no Conselho, se lhe notarão irregularidades formais. Em 1712, Castro e Caldas re-

---

[693] *Documentos históricos*, xcviii, p. 205.

[694] BNL, Pna., 526, fls. 269-269v.

[695] Rocha Pita, *História da América portuguesa*, p. 405; *Documentos históricos*, xxxix, pp. 270 e 281-2.

gressou preso a Lisboa, como já lhe acontecera ao deixar o governo do Rio de Janeiro. O assunto foi entregue à corregedoria do crime da Corte, mas se desconhece o desfecho, que a sua morte tornou em breve prazo irrelevante.[696]

Julgando-se inconveniente a permanência de D. Manuel Álvares da Costa na capitania, ele partiu pela frota de 1715, a mesma em que embarcou Félix Machado. Na Corte, as prevenções tardaram a dissipar-se. Em demonstração do real desagrado, D. Manuel foi intimado a residir a quarenta léguas de Lisboa, punição especialmente penosa contra alguém para quem viver na vizinhança do poder constituía, como assinalava o Conselho Ultramarino, o mais caro desejo. A revanche dos oratorianos foi implacável: durante um longo tempo, D. Manuel não logrou ser admitido à presença de Sua Majestade. Somente quando a Coroa concluiu que não houvera dolo em suas faltas, foi designado (1721) para a diocese de Angra, na ilha Terceira (Açores), posição que, como a de bispo de Olinda, estava muito aquém de realizar suas ambições.[697]

A desigualdade da sorte de Arouche e de Valençuela Ortiz só pode ser atribuída ao clientelismo. Arouche safou-se brilhantemente. Havendo recebido em lugar da beca da Relação da Bahia a ordem de recolher-se ao Reino, o ex-ouvidor partiu na frota de 1713 munido de farta documentação contra Castro e Caldas, comprometendo-o inclusive com o levante dos mascates. À sua chegada a Lisboa, o Conselho Ultramarino sugeriu fosse processado. Após purgar anos de ostracismo, ele obteve o lugar de desembargador da Relação do Porto (1723), ascendendo posteriormente à Casa da Suplicação e ao pró-

---

[696] Co.Uo. 26.ii.1711, cit.; Pedro de Vasconcelos e Souza a D. João V, 17.xi.1711, e Alexandre Botelho de Morais a Pedro de Vasconcelos e Souza, 24.x.1711, AHU, PA, Ba., cx. 4, e códice 276, fls. 163-163v; *Calamidades*, p. 237; *Documentos históricos*, xcviii, pp. 175-7; Nogueira, Bellotto e Hutter, *Inventário analítico dos manuscritos da coleção Lamego*, i, p. 238. Na tradição da família Castro e Caldas, o governador teria falecido em decorrência das sequelas do atentado, pouco depois do retorno a Portugal: informação do Dr. Júlio Castro e Caldas ao autor. O falecimento deve ter ocorrido posteriormente a maio de 1713, pois então ainda era vivo: *Documentos históricos*, xcviii, p. 192. Em defesa da sua decisão de abandonar Pernambuco, ver papel sem data mas que terá servido à sua defesa: *Os manuscritos da Casa de Cadaval*, ii, pp. 349-51.

[697] *Os manuscritos da Casa de Cadaval*, ii, pp. 113 e 351; *Documentos históricos*, xcviii, pp. 240-1 e 263-4; *Calamidades*, p. 263; *Informação geral*, p. 288; Loreto Couto, *Desagravos do Brasil*, p. 195; Pereira da Costa, *Anais pernambucanos*, v, p. 91.

prio Conselho Ultramarino, para culminar sua carreira no Desembargo do Paço, órgão de cúpula do sistema judiciário português.[698]

Valençuela Ortiz seguira para o Reino já em 1712. Sua residência, tirada pelo desembargador Cristóvão Soares Reimão, comprometeu-o gravemente, destruindo suas expectativas de conseguir outro posto no Brasil natal. Em começos de 1713, achava-se encarcerado no Limoeiro. Posto em liberdade, foi indicado para a ouvidoria de São Tomé (1717), seguramente a nomeação mais refugada da magistratura portuguesa, "cumprindo-se-lhe nesta parte", observa cruelmente o Dr. Manuel dos Santos, "a esperança de vir para perto de Pernambuco". O clima da ilha deu cabo da sua vida em menos de um ano, consoante a previsão dos moradores, que tinham por hábito, à chegada dos forasteiros, avaliar seus trajes "pela experiência de que raro é o que chega a rompê-lo com vida".[699]

A residência de Félix Machado foi tirada por Lima Castro, que, malgrado o protesto da Câmara de Olinda, abriu a sindicância quando ele ainda se achava em Pernambuco. O ouvidor também dispensou-o da obrigação de dar fiança das perdas e danos que houvesse causado durante o governo, sob o argumento de que não encontraria fiadores na terra, o que sugeriria estar o ex-governador incompatibilizado com a mascataria. Na Corte, onde o aguardavam vários libelos apresentados da parte dos presos do Limoeiro e de outras pessoas, foi recebido friamente. Processado por abuso de autoridade, configurado na detenção em 1712 dos chefes da sedição da nobreza em violação do régio perdão do ano anterior, sustentou que o indulto, concedido por motivos exclusivamente políticos, não teria qualquer valor jurídico, como provavam as ordens que a Coroa lhe enviara ao longo do triênio. Que Félix Machado teve dificuldade em desvencilhar-se das acusações, indica-o o fato de que só em 1727 El Rei recompensou seus serviços com a comenda da Ordem de Cristo.[700]

---

[698] *Memórias históricas*, iv, p. 238; *Calamidades*, pp. 248 e 254-5; Félix Machado a D. João V, 25.ix.1713, AHU, PA, Pco., cx. 16; *Documentos históricos*, xcviii, pp. 131, 140, 180 e 225; M. Lopes de Almeida, "Relação do levante de Pernambuco", pp. 286-7.

[699] *Calamidades*, pp. 240, 243 e 254-5; *Documentos históricos*, xcviii, pp. 147-52 e 225.

[700] *Memórias históricas*, iv, pp. 315-8; conde da Povolide, *Portugal, Lisboa e a Corte*, p. 421; Defesa de Félix Machado, cit.

O ouvidor Bacalhau tampouco foi bem acolhido. Devido à acusação da Câmara de Olinda de embolsar sobras das rendas municipais e de se beneficiar da conivência de Lima Castro no tocante à residência, o Conselho Ultramarino reputou seu caso "escandalosíssimo", propondo segunda sindicância. A defesa de Bacalhau coube previsivelmente a Antônio Rodrigues da Costa, para quem tudo procedia do rancor que "aqueles homens, chamados da nobreza de Pernambuco, conceberam contra este ministro, por lhes haver atalhado os seus perniciosos e desleais intentos". Recorrendo ao trocadilho fácil, a questão terminou, segundo a expressão portuguesa, em águas de bacalhau. Em breve, ele foi designado para uma das corregedorias do crime da Corte, desincumbindo-se com tal energia que, segundo fonte coeva, tornou "muito temido o seu nome", sendo também "nas prisões nimiamente ardiloso". Promovido a desembargador da Casa da Suplicação, ocupou no fim da vida, já sob o consulado pombalino, um lugar no Conselho da Fazenda, participando do célebre processo contra os Távoras.[701]

Ao irrequieto rábula olindense, David de Albuquerque Saraiva, atribuir-se-á a autoria de soneto cuja chave de ouro tirava a lição final das alterações pernambucanas de 1710-1711:

> O que o batavo jamais conseguiria
> Machado e Bacalhau, qual mais sedento,
> alcançam, tendo ao lado uma Cutia.[702]

---

[701] *Memórias históricas*, iv, p. 316; Câmara de Olinda a D. João V, 27.vii.1715, AHU, PA, Pco., cx. 17; *Documentos históricos*, xcviii, pp. 273-4, e códice 21, fls. 218v-220; BNL, FG, 1077, i, fl. 285; Joaquim Veríssimo Serrão, *História de Portugal*, vi, Lisboa, 1982, p. 40; Tiago Costa Pinto dos Reis Miranda, *Ervas de ruim qualidade*, dissertação de mestrado, Universidade de São Paulo, 1993, p. 128. Uma relação dos engenhos de Pernambuco datada de 1761 inclui José Inácio de Arouche e João Marques Bacalhau respectivamente como senhores de engenho em Ipojuca e Igaraçu: Lobo da Silva ao conde de Oeiras, 15.ii.1761, AHU, PA, Pco., cx. 54. Trata-se provavelmente de filhos homônimos.

[702] *Apud*. F. P. do Amaral, *Escavações. Fatos da história de Pernambuco*, 2ª ed., Recife, 1974, p. 177. As alterações pernambucanas tiveram, aliás, o condão de estimular as vocações poéticas da terra. Sabe-se que Félix Machado tomou providências enérgicas contra os rascunhadores de certas "sátiras inflamatórias": Cabral de Mello, *O nome e o sangue*, p. 120. A "Notícia da expulsão", fl. 5, e a crônica de Gonçalves Leitão (*Memórias históricas*, iv, pp. 202 e 282) transcrevem algumas dé-

A repressão régia revelou-se bastante eficaz a longo prazo. É óbvio que a Coroa teve de retomar sua atitude arbitral entre nobres e mascates, mas fê--lo desde então a partir do novo equilíbrio de forças consagrado pelo triunfo da mascataria. A contestação nobiliárquica cessou ao longo do século XVIII, em que Pernambuco viverá a apatia política de que somente o resgatou a revolução republicana de 1817. Entrementes, a fronda colonial ressurgirá em Minas, no Rio de Janeiro e na Bahia, sintomas da desagregação do Atlântico luso-brasileiro nos quadros da Europa que nascia da Revolução Industrial e da Revolução Francesa. Bem mais profunda e decisiva nos seus resultados, essa segunda vaga eclipsou historiograficamente a crise dos primeiros anos de Setecentos, que recentemente começou a atrair a atenção dos historiadores: a vaga que produziu a Guerra dos Emboabas, as alterações pernambucanas, o motim do Maneta e a revolta de Vila Rica, deixando nas autoridades coloniais mais lúcidas (e elas eram poucas) uma perspectiva pessimista acerca do futuro do domínio português no Brasil.[703]

Ninguém a articulou mais incisivamente do que Antônio Rodrigues da Costa. Em 1732, às vésperas do falecimento, apressado pelo desgosto que lhe causaram os reveses portugueses na Índia mas ao cabo de uma carreira vitoriosa, que o levara à presidência do Conselho Ultramarino e à Academia Real de História, ele constatará a insatisfação crescente do Brasil, que atribuía à carga fiscal e à corrupção dos funcionários régios, assinalando a inferioridade militar de Portugal em face das potências navais, consoante a mesma dialética de perigo interno e de ameaça exterior que já o preocupara vivamente ao tempo dos acontecimentos de Pernambuco. A exploração das riquezas minerais e a intensidade da imigração reinol provocariam, na sua previsão, o desequilíbrio e a ruptura imperiais: "posto em uma balança o Brasil e na outra o Reino, há-de pesar com grande excesso mais aquela do que esta; e assim a

---

cimas de inspiração olindense. A coleção Pedro Corrêa do Lago (São Paulo) inclui a "Comédia famosa do cerco do Recife e chegada do governador", bem como os versos intitulados "Pernambuco e Olinda queixando-se". A nota elegíaca caracteriza a "Xácara funesta à morte de D. Ana de Faria Souza", recolhida nas *Calamidades*, pp. 63-7.

[703] Ver especialmente Laura de Mello e Souza e Fernanda Bicalho, *Virando séculos, 1680-1720*, cit.; Luciano Figueiredo, "Antônio Rodrigues da Costa e os muitos perigos de vassalos aborrecidos", cit.; e Laura de Mello e Souza, *O sol e a sombra. Política e administração na América portuguesa do século XVIII*, São Paulo, 2006, pp. 78 ss.

maior parte e a mais rica não sofrerá ser dominada pela menor e mais pobre, nem a este inconveniente se lhe poderá achar fácil remédio".[704]

Quando a contestação ao regime colonial renascer em Pernambuco em inícios do século XIX, outra será a coalizão de interesses locais que a fomentará, de vez que neste ínterim os descendentes dos mascates se haviam tornado tão antiportugueses e tão sediciosos, ou até mais, que os netos dos pró-homens que se haviam levantado contra Castro e Caldas.

---

[704] Sobre o que precede, Jaime Cortesão, *Alexandre de Gusmão e o tratado de Madri*, i, pp. 343-9. Jaime Cortesão foi o primeiro historiador a destacar a importância deste parecer de Rodrigues da Costa.

Anexos

A.

Governadores e capitães-generais de Pernambuco, 1654-1718

1654-1657	Francisco Barreto de Menezes
1657-1661	André Vidal de Negreiros
1661-1664	Francisco de Brito Freyre
1664-1666	Jerônimo de Mendonça Furtado
1666-1667	Junta provisória
1667	André Vidal de Negreiros
1667-1670	Bernardo de Miranda Henriques
1670-1674	Fernão de Souza Coutinho
1674	Junta provisória
1674-1678	D. Pedro de Almeida
1678-1682	Aires de Souza de Castro
1682-1685	D. João de Souza
1685-1688	João da Cunha Souto Maior
1688	Fernão Cabral
1688-1689	D. Matias de Figueiredo e Melo
1689-1690	Antônio Luís Gonçalves da Câmara Coutinho
1690-1693	Marquês de Montebelo
1693-1699	Caetano de Melo e Castro
1699-1703	Fernando Martins Mascarenhas
1703-1707	Francisco de Castro Morais
1707-1710	Sebastião de Castro e Caldas
1710-1711	D. Manuel Álvares da Costa
1711-1715	Félix José Machado
1715-1718	D. Lourenço de Almeida

B.

As fontes narrativas
das alterações pernambucanas de 1710-1711

1. Sebastião da Rocha Pita, *História da América portuguesa*, Lisboa, 1730.

O relato das alterações pernambucanas que se contém na obra de Rocha Pita (livro ix, parágrafos 51-68) constituiu por mais de um século a única fonte narrativa do episódio de que se dispunha em letra de forma. Necessariamente sumário, ele cobre todo o período compreendido entre o governo de Castro e Caldas e o de Félix Machado. Visivelmente favorável à nobreza da terra, foi severamente criticado pelo Dr. Manuel dos Santos, que o suspeitava de se haver exclusivamente baseado em papéis enviados de Olinda e no testemunho de Leonardo Bezerra, que então já residia em Salvador.

2. Robert Southey, *History of Brazil*, 3 vols., Londres, 1810-1819.

No capítulo XXXII da sua obra, Southey dedicou vinte parágrafos às alterações pernambucanas, com base em duas fontes narrativas: Rocha Pita e a crônica manuscrita do oratoriano Luís Correia, intitulada "Sedições de Pernambuco". Reputando o historiador baiano parcial, Southey apoiou-se especialmente no relato do padre. As informações que pescou numa e noutra podem ser distinguidas graças às notas marginais. A crônica de Luís Correia foi-lhe enviada do Recife por Henry Koster. Escrevendo-lhe de Keswick a 27 de maio de 1815, Southey informa: "Recebi o manuscrito que me será muito útil, tanto mais que Rocha Pita tomou o lado oposto no seu relato, omitindo, como faz normalmente, os pontos mais importantes. Quanto mais aprendo história colonial, melhor percebo a tendência natural de todas as colônias para o regime republicano". Noutra missiva, sem data, Southey voltava ao texto do padre Correia, indagando a Koster se sabia quem haviam sido as "duas pessoas [...] degredadas para a Índia, de vez que o manuscrito foi redigido antes da sentença ser conhecida e que Rocha Pita, que escreve sistematicamente em favor dos pernambucanos, escamoteia seus nomes": Joaquim de Sousa-Leão filho (org.), "Cartas de Robert Southey a Theodore Koster e a Henry Koster (anos de 1804 a 1819)", RIHGB, clxxviii (1943), pp. 45 e 54. Koster não conseguiu esclarecer o assunto, de modo que, em nota de pé de página da *História*, Southey comentou: "Não refere Rocha Pita quais os delinquentes que assim foram punidos. Toda a sua narrativa desta contenda é uma miserável apologia dos pernambucanos, a favor dos quais se esforça por apresentar uma história plausível, suprimindo quanto pode lançar alguma luz sobre seus atos e intenções, sem tocar nem de leve no plano de separação da mãe-pátria. É, porém, tão difícil tornar coerente uma narrativa adulterada que a sua exposição enfeitada e parcial serve, confrontada com a do padre Luís Correia, para corroborar a relação feita por este, que foi testemunha ocular da luta. Com a chegada do governador (Machado), termina a história de Correia": *História do Brasil*, iii, p. 64.

Falecido Southey, sua biblioteca foi vendida (1844). Da relação de seus livros e manuscritos então preparada, a crônica do padre Correia consta como o n° 3.040, "Guerra civil ou sedições de Pernambuco. Exemplo memorável aos vindouros, 1710", encadernada em couro, coincidência intrigante com o título dado à crônica de Gonçalves Leitão. O lote mais numeroso foi adquirido pelo British Museum, mas nele não se achava o relato do oratoriano; o restante, pelos grandes livreiros antiquários ingleses da época: "Cartas de Robert Southey", cit., pp. 14-5; e Rubens Borba de Moraes, *Bibliografia brasiliana*, 2ª ed., 2 vols., Los Angeles/Rio de Janeiro, 1983, ii, p. 825. O paradeiro da cópia que pertenceu a Southey é desconhecido.

3. Joaquim Dias Martins, *Os mártires pernambucanos, vítimas da liberdade nas duas revoluções ensaiadas em 1710 e 1817*, Recife, 1853.

Trata-se de dicionário biográfico dos revolucionários de 1710 e 1817, escrito por um sacerdote português da Congregação do Oratório em 1823. Obra fundamental para a história do movimento de 1817 ao mesmo título que a crônica de monsenhor Muniz Tavares, ela não o é tanto para as alterações pernambucanas de 1710-1711, embora contenha informações de que não se dispõe nos textos narrativos coevos. Ao que parece, o padre Dias Martins utilizou fonte ou fontes que não chegaram até nós, embora baseie-se fundamentalmente na crônica de Gonçalves Leitão. O manuscrito de *Os mártires* foi publicado em 1853 pelo seu proprietário, o Dr. Felipe Lopes Neto, um dos líderes da revolução de 1848. Preso em Fernando de Noronha, foi beneficiado pela anistia imperial, ingressando na carreira diplomática. Há reedição fac-similar.

4. J. B. Fernandes Gama, *Memórias históricas da província de Pernambuco*, 4 vols., Recife, 1844-1847, iv, pp. 56-330; Anônimo, "Guerra civil ou sedições de Pernambuco", RIHGB, xvi (1853), pp. 5-132; "Guerra civil ou sedições de Pernambuco. Exemplo memorável aos vindouros", Biblioteca Nacional do Rio de Janeiro, i, 1, 1, 10-1.

Ao ocupar-se das alterações pernambucanas de 1710-1711, Fernandes Gama limitou-se a transcrever crônica coeva dos acontecimentos, dividida em duas partes. O historiador dispôs, ademais do "original da primeira parte", de "uma cópia muito mal escrita em diversos cadernos" relativa ao conjunto da narrativa. O proprietário dos manuscritos, que Fernandes Gama não nomeia, só lhe emprestara o original "por oito dias e, além disso, privando-me copiá-lo", motivo pelo qual limitou-se a cotejar a parte copiada com o texto primitivo. Deste trabalho, concluiu que os cadernos, "posto que muito mal escritos e recheados de erros grosseiros, todavia não alteram os fatos e, pelo contrário [...] convenci-me que nisto eram fiéis e que apenas omitem alguns nomes, cuja omissão julguei conveniente conservar". Fernandes Gama maquilou estilisticamente o texto que imprimiu, no intuito de podá-lo dos excessos do estilo barroco da prosa portuguesa do tempo, incluindo vocábulos e expressões oitocentistas.

O historiador hesitou, aliás, entre corrigir a crônica ou transcrevê-la na íntegra. Na dúvida, optou pelo compromisso, mantendo-se fiel à "exposição dos fatos" e à sua ordem cronológica; retificando "os erros gramaticais mais notáveis"; abreviando "algumas circunlocuções nimiamente ociosas"; e abolindo a divisão entre as duas partes de que se compunha o original (*Memórias históricas*, iv, pp. 54-5). Entretanto, graças às indicações de Fernandes Gama e às da própria crônica, é possível afirmar que a primeira parte abrangia os atuais capítulos i a xv, que já se achavam copiados em dezembro de 1713, quando foram levados para Lisboa por Antônio de Albuquerque Coelho de Carvalho, para que lhe servissem na defesa do partido de Olinda junto a El Rei. Como assinalou Fernandes Gama, o autor fora escrevendo seu relato "à proporção que os fatos se iam sucedendo". A redação termina em junho de 1715, com a chegada da frota daquele ano e a posse do novo governador, D. Lourenço de Almeida (*Memórias históricas*, iv, pp. 313-4).

O dono provável dos manuscritos consultados por Fernandes Gama também foi Felipe Lopes Neto. Politicamente, Fernandes Gama militou entre os "guabirus" ou conservadores de Pernambuco, dedicando suas *Memórias históricas* aos chefes do partido da ordem na província, Francisco do Rego Barros, barão, depois conde, da Boa Vista, e Francisco de Paula Cavalcanti de Albuquerque, barão, depois visconde, de Suassuna. A crônica reproduzida por Fernandes Gama já servira de principal fonte ao padre Dias Martins, como se conclui da descrição da estrutura do relato feita por um e por outro: uma primeira parte narrando as alterações de 1710-1711 e incluindo ao final o manifesto do partido da nobreza contra o levante dos mascates; e a segunda parte contando a repressão desencadeada no governo de Félix Machado.

Em 1853, a *Revista do Instituto Histórico e Geográfico Brasileiro* (tomo xvi, pp. 5-132) publicou, sob o título "Guerra civil ou sedições de Pernambuco", o manuscrito, que pertencera a Felipe Lopes Neto, da primeira parte da crônica transcrita por Fernandes Gama, o mesmo original que este só pudera consultar por oito dias. Deste texto, existem duas cópias: uma, na Biblioteca Nacional do Rio de Janeiro (i-1, 1, 26); a outra, no Instituto Histórico e Geográfico Brasileiro (lata 24, documento 8), doação de D. Pedro II, que o recebera de Caetano Lopes de Moura, podendo tratar-se da cópia levada para Lisboa por Antônio de Albuquerque Coelho de Carvalho. Ao manuscrito da Biblioteca Nacional, Varnhagen apôs o seguinte comentário: "Este ms. creio que é idêntico ao que serviu de texto à impressão feita no tomo 16 da *Revista do Instituto Histórico* do Rio. É talvez um resumo de outra obra escrita pelo prisioneiro Manuel do Rego, salvo engano". Observação a que outra mão, provavelmente a de Capistrano de Abreu, aduziu: "Faz alguma diferença", ou seja, o texto publicado na *Revista do Instituto* não coincide *ipsis litteris* com o do manuscrito da Biblioteca Nacional. (Vd. também "Catálogo de manuscritos sobre Pernambuco existentes na Biblioteca Nacional", ABN, lxxi [1951], p. 211). Quanto à sugestão de Varnhagen de que se trataria de resumo do diário de Manuel do Rego, pode-se dá-la por infundada, de vez que o citado documento acha-se atualmente disponível na coleção Pedro Corrêa do Lago (São Paulo), embora ele tenha constituído uma das fontes em que se baseou o autor anônimo.

Por outro lado e ao contrário do que pensaram Varnhagen e Capistrano, a "Guerra civil ou sedições de Pernambuco" não constitui resumo da crônica transcrita por Fernandes Gama, mas o próprio texto da sua primeira parte. Comparação mesmo sumária indica que Fernandes Gama efetivamente limitou-se a suprimir períodos que reputou inúteis e a retocar os obscuros para adequá-los à compreensão do leitor oitocentista, "conservando todavia o tipo, as ideias e o estilo de seu autor" (*Memórias históricas*, iv, p. 191). A ordem dos quinze capítulos foi mantida, embora Fernandes Gama os intitulasse. Na sua transcrição, observam-se também raras interpolações decorrentes da necessidade de atualizar a narração de certos fatos, como a prisão de Castro e Caldas na Bahia e seu posterior envio a Lisboa (p. 145). A sequência factual é a mesma em ambas narrativas. O texto reproduzido na *Revista do Instituto* contém o manifesto jurídico sobre os delitos em que haviam incorrido os mascates (pp. 116-30), que Fernandes Gama não tivera tempo de copiar.

Como referido, quando do cotejo entre o original da primeira parte e a cópia feita nos cadernos, Fernandes Gama constatara que estes haviam omitido "alguns nomes", omissão que conservara (*Memórias históricas*, iv, p. 55). E, com efeito, o texto da *Revista do Instituto* inclui os nomes dos pró-homens que haviam participado do complô contra João do Rego Barros (p. 74), bem como do da mulher do mascate que pedira licença ao marido "para abraçar o Camarão" (p. 114). No primeiro caso, a decisão de Fernandes Gama de manter a supressão da identidade dos conspiradores poderia ser atribuída à sua solidariedade política com a figura tutelar do partido conservador em Pernambuco, Francisco Pais Barreto, marquês do Recife e descendente de Felipe Pais Barreto, um dos acusados de traição à causa da nobreza.

A Biblioteca Nacional do Rio de Janeiro possui também outro manuscrito, este em dois volumes, também sob o título "Guerra civil ou sedições de Pernambuco. Exemplo memorável aos vindouros" (i, 1, 1, 10-1). Trata-se do texto integral aproveitado por Fernandes Gama, ou seja, dos cadernos de cópia do original. Embora seu estado de conservação seja lamentável, uma comparação pontual com a transcrição de Fernandes Gama permite pensar que ele realmente se ateve às modificações cosméticas a que aludiu. Ao escrever sua *Memória histórica e biográfica do clero pernambucano* (Recife, 1857), o padre Lino do Monte Carmelo Luna já não conseguiu encontrar em Pernambuco os cadernos utilizados por Fernandes Gama, julgando que se houvessem perdido (*Memória histórica e biográfica do clero pernambucano*, 2ª ed., Recife, 1976, p. 91). Na realidade, e como ocorrera com o original da primeira parte, eles haviam sido doados ao governo imperial.

Todos estes textos são anônimos. Fernandes Gama atribuiu a autoria ao padre Antônio Gonçalves Leitão, ao passo que Dias Martins afirmara dever-se a primeira parte à pena do deão de Olinda, Nicolau Pais Sarmento (*Os mártires pernambucanos*, p. 354), nada informando, porém, acerca da autoria da segunda parte. Nenhum destes autores, contudo, justificou tais atribuições. Tampouco fê-lo Varnhagen ao sugerir que o autor fora Manuel do Rego e que o responsável pela primeira parte publicada na *Revista do Instituto*, a que ele chamava "resumo", fora o padre Manuel Rodrigues Neto. Ao anotar a *História Geral* de Varnhagen, Capistrano acrescentou apenas que o "resumo" poderia ter sido da lavra do padre Antônio Gonçalves Leitão. Mais recentemente, as explicações de José Honório Rodrigues confundiram ainda mais a questão (vd. sua *História da história do Brasil, I. A historiografia colonial*, São Paulo, 1979, p. 330), ao atribuir a Varnhagen uma nota provavelmente redigida por Capistrano.

Em que se fundava a atribuição de Varnhagen? Seguramente em que tanto o "resumo" quanto o texto reproduzido por Fernandes Gama incluíam referências a Manuel do Rego, que se encontrava preso no Recife por ocasião do levante dos mascates. O prisioneiro empregava seus ócios não só em fabricar espetos de pau para um eventual golpe de mão como também em registrar os rumores que filtravam acerca do que se passava por fora. Graças ao acervo de documentos adquiridos por Pedro Corrêa do Lago sobre as alterações pernambucanas, documentos pertencentes outrora à Casa de Palmela em Portugal, dispõe-se atualmente do relato de Manuel do Rego, cujo exame permite invalidar a atribuição de Varnhagen. Quanto à atribuição da primeira parte ou "resumo" ao padre Manuel Rodrigues Neto, permanece um enigma; e tudo o que sabemos acerca dele é o que refere a crônica em dois trechos (*Memórias históricas*, iv, pp. 130 e 157) acerca da sua participação nos sucessos, da qual se pode apenas inferir que se tratava de sacerdote da confiança do bispo D. Manuel, mas não que tivesse sido o cronista do partido da nobreza. Não existindo elementos para resolver a questão da autoria, é preferível aceitar a atribuição ao padre Gonçalves Leitão, feita por Fernandes Gama, que conheceu mais intimamente o texto do que o fizeram Varnhagen ou Capistrano, e que tinha melhores possibilidades de averiguar o assunto. O manuscrito publicado na *Revista do Instituto* é certamente o original da primeira parte emprestado a Fernandes Gama por oito dias; e o manuscrito em dois volumes da Biblioteca Nacional do Rio são os cadernos de cópia de que ele se valeu.

Neste livro, as citações da crônica de Gonçalves Leitão foram feitas com base no texto modernizado por Fernandes Gama, salvo nos raros casos em que o texto publicado na *Revista do Instituto* continha alusões inexistentes naquela.

5. Manuel dos Santos, *Narração histórica das calamidades de Pernambuco* (org. J. A. Gonsalves de Mello), Recife, 1986.

Constitui a mais importante e cronologicamente abrangente das crônicas mascatais. Foi redigida pelo Dr. Manuel dos Santos (não confundi-lo com o reitor homônimo do colégio jesuíta do Recife), médico português que, ainda jovem, radicara-se ali em 1707.

Sua narrativa passou por três versões, da qual só se conhece a última: em 1712, em 1738 e finalmente em 1749, para atender sugestão do governador conde dos Arcos. Ela se estende do governo de Castro e Caldas ao de D. Lourenço de Almeida. O autor propôs-se à tarefa não apenas para refutar Rocha Pita mas também para remediar a negligência dos recifenses, que acusa de não haverem difundido sua versão dos acontecimentos, descaso que o autor pensava dever-se a ser o Recife "terra de negócio em que só se atende ao interesse". Na época, o trabalho foi atribuído a religioso da Madre de Deus, "talvez por saberem a grande correlação e amizade que o autor sempre teve com os padres da dita Congregação", segundo explica, ou por associação com a crônica do padre Luís Correia. Manuel dos Santos não teve, porém, realizado o desejo de ver publicada sua narrativa, só divulgada em finais do século XIX na *Revista do Instituto Histórico e Geográfico Brasileiro*, liii, 2ª parte (1890), pp. 1-307.

6. Anônimo, "Relação do levante que houve em Pernambuco e do que nele sucedeu depois de um tiro que deram ao governador Sebastião de Castro e Caldas", publicada por M. Lopes de Almeida, "Relação do levante de Pernambuco em 1710", *Brasília*, vi (1951), pp. 283-329.

A "Relação" contém, ademais do texto narrativo, os "Capítulos primeiros que fizeram os levantados de Pernambuco", bem como o "Manifesto que os de Pernambuco publicaram depois do levante que houve naquela capitania o ano de 1710", com seu anexo, intitulado "Injustiças com prejuízo das partes, sem temor de Deus nem d'El Rei". A "Relação", que compreende apenas o levante da nobreza, terminando com a posse de D. Manuel, foi redigida por testemunha ocular e partidária do Recife, como assinalou Lopes de Almeida, e confirmam as descrições gráficas dos acontecimentos, como o desfile das milícias rurais pelas ruas do Recife nos dias seguintes à fuga de Castro e Caldas. O texto deve datar de novembro ou dezembro de 1710, pois em janeiro de 1711 foi enviado a alto funcionário régio num dos navios despachados pelo bispo, o qual naufragou na barra do Tejo, mas de onde se resgataram vários papéis, como informa acréscimo ao final da "Relação". O "Manifesto" foi seguramente da lavra do Dr. David de Albuquerque Saraiva, a quem a Câmara de Olinda confiara a redação dos arrazoados justificativos da atuação da municipalidade e da nobreza sediciosa. Os "Capítulos" também se encontram transcritos na crônica do Dr. Manuel dos Santos e no anônimo "Tratado da capitania de Pernambuco".

7. Anônimo, "Tratado da capitania de Pernambuco e das sublevações que nela houveram até o ano de 1712", Biblioteca Municipal do Porto.

O "Tratado" é uma versão mascatal das alterações pernambucanas e que se autodescreve como "história ou mal alinhado conto" ou, ainda, "mal alinhado baú ou mal alinhado caderno". Seguramente escrito por reinol há muito domiciliado na capitania, como demonstra o conhecimento de particularidades da sua história na segunda metade do século XVII e das circunstâncias vividas em cada freguesia ao tempo da sedição da nobreza e do levante dos mascates. A redação é contemporânea dos episódios narrados. O relato conclui com a posse do governador Félix Machado, embora tenham sido acrescentados três parágrafos finais alusivos à prisão dos cabeças do partido de Olinda em fevereiro de 1712, ao perdão geral de 1713 e ao desterro e regresso de D. Manuel a Lisboa em 1715. Há também menção ao degredo de Leonardo Bezerra e de Leão Falcão de Sá na Índia, "pequeno castigo para quem se fez merecedor de outro mais rigoroso", posterior, portanto, a 1718. O "Tratado" inclui uma "Notícia de alguns dos sucessos em Pernambuco, Paraíba e Goiana e mais partes, colhidas de alguns avisos que vieram da Paraíba" (fls. 107-30). Como as demais fontes narrativas, incorpora correspondência oficial.

O manuscrito da Biblioteca Municipal do Porto foi copiado do original por iniciativa de Manuel Francisco da Silva e Veiga Magro de Moura, desembargador da Relação daquela cidade, assassinado em 1809 sob a acusação de ser partidário dos franceses, por ocasião do ataque do exército napoleônico. Ao texto, o magistrado que, ao gosto arcádico da época, assinava-se Sílvio Mondânio, acrescentou parágrafo literário em que, outra vez sacrificando à moda, apresentou a obra como sendo tradução do árabe. Do resumo biográfico que lhe dedicou Inocêncio Francisco da Silva, vê-se que residira ainda jovem no Rio de Janeiro (*Dicionário bibliográfico português*, v, p. 439). Além do manuscrito do Porto, existem dois outros no Instituto Histórico e Geográfico Brasileiro, sob o título de "Revoluções e levantes de Pernambuco no ano de 1710 e 1711" (lata 45, documento 39, e lata 73, documento 9), o primeiro em letra do século XVIII, o segundo cópia oitocentista. José Honório Rodrigues registrou a existência dos manuscritos do Instituto Histórico, asseverando equivocadamente tratar-se de "narrativa pró-nobreza olindense" (*História da história do Brasil*, p. 332).

8. Anônimo, "Notícia da expulsão do governador de Pernambuco, Sebastião de Castro e Caldas, no ano de 1711" [sic], Instituto Histórico e Geográfico Brasileiro, lata 24, documento 6.

Trata-se de breve relato de doze folhas, em letra do século XVIII, que narra de maneira surpreendentemente isenta os acontecimentos sucedidos em Pernambuco. As folhas 11 e 11v, que compreendem o período entre a posse de Félix Machado e a libertação dos presos da devassa do Cutia, acham-se infelizmente ilegíveis. O relato, aparentemente escrito de memória, donde conter erros de pessoas e de fatos, deve-se provavelmente a autor reinol, domiciliado na capitania ao tempo das alterações, mas que o terá redigido fora dela, muitos anos depois, em todo o caso posteriormente à terceira década de Setecentos, de vez que refere o falecimento de Leonardo Bezerra na Bahia. A frequência com que reportou peripécias da navegação costeira durante o sítio do Recife induz a pensar que se tratava de indivíduo ligado a tais atividades.

9. As fontes narrativas da coleção Pedro Corrêa do Lago (São Paulo).

Na sua *História do Brasil* (iii, Rio, 1959, p. 1.001), Pedro Calmon aludiu à existência de vários manuscritos relativos às alterações pernambucanas no arquivo da Casa de Palmela (Lisboa), que ele, aliás, localiza por equívoco no palácio de Benfica, pertencente aos marqueses de Fronteira, e não no palácio de Palmela, ao pé do Rato. Quando da pesquisa para a elaboração deste livro, o autor contatou a Casa de Palmela, sendo informado que o acervo, em processo de catalogação, estava provisoriamente fechado aos investigadores. Após a publicação da primeira edição de *A fronda dos mazombos*, soube que, na realidade, os papéis vistos por Pedro Calmon já se encontravam no Brasil desde os anos setenta, tendo sido adquiridos por Pedro Corrêa do Lago à Livraria Kosmos, do Rio de Janeiro. Graças à extrema gentileza do atual proprietário, a quem se deixam aqui os melhores agradecimentos, é que o autor pôde consultá-los. Os documentos, que até agora não haviam sido utilizados, em nada alteram a narrativa dos acontecimentos de 1710-1711, mas permitem esclarecer este ou aquele ponto, especialmente o comportamento do governador Félix Machado entre a posse e o começo da repressão ao partido da nobreza. Em geral, os documentos encontram-se em ótimo estado de conservação, embora uma antiga mancha d'água dificulte ou mesmo impeça a leitura de muitos trechos. São designados a seguir pelos títulos que lhe foram apostos e, quando eles não existem, pela primeira linha do texto.

i. "Batalhas e sucessos de Camarão, Cristóvão Pais, Paulo de Amorim e Pedro de Melo Falcão".

Contém o relato do capitão-mor de Una, Cristóvão Pais Barreto de Melo, dirigido ao governador Félix Machado, sobre sua participação nas alterações pernambucanas e, em especial, no socorro ao Recife, sitiado pelo partido da nobreza durante o governo do bispo D. Manuel Álvares da Costa. Está datado do engenho Ilhetas (Una), 25.i.1712. O título foi aposto depois por mão diferente da que redigiu o documento.

ii. "Sucessos da campanha no tempo em que durou o sítio da praça do Recife".

Trata-se de segundo relato do capitão-mor de Una ao governador Félix Machado e está também datado do engenho Ilhetas, 10.iv.1712. O título também foi aposto depois por mão diferente da que redigiu o documento.

iii. "O governador Sebastião de Castro e Caldas teve ocasião de prender", texto anônimo, sem lugar nem data.

Refere os acontecimentos que se passaram entre a conspiração para assassinar Castro e Caldas e o levante da nobreza. A ênfase do relato recai sobre a atuação dos pró-homens que se opuseram ao levante ou procuraram contê-lo, a fim de isentá-los do amálgama com os sediciosos.

iv. "Diário e notícia certa do que sucedeu neste levante que fizeram os soldados e moradores desta praça do Recife até à chegada do Senhor General", texto anônimo, sem lugar nem data.

É uma narrativa do levante dos mascates por um partidário da nobreza, o qual, encontrando-se no Recife, pôde informar-se dos acontecimentos. Trata-se certamente do diário de Manuel da Fonseca Rego, que serviu de fonte ao padre Gonçalves Leitão. Há dois textos: um incompleto, que termina a 4 de agosto; outro que vai até 7 de outubro de 1711.

v. "Notícia das alterações de Pernambuco", texto anônimo, sem lugar nem data.

Trata-se de relação de partidário dos mascates e admirador do governador Castro e Caldas. Reporta os sucessos do período compreendido entre a ereção do Recife em vila e o levante de Tracunhaém.

vi. "Notícias do sucedido em Pernambuco ao depois de retirado o governador Sebastião de Castro e Caldas", texto anônimo, sem lugar nem data mas redigido em finais de 1710.

Este texto, favorável aos mascates, relata os primeiros dias do levante da nobreza, isto é, o período de 7 a 15 de novembro de 1710, da fuga de Castro e Caldas à posse do bispo no governo da capitania. Tem cerca de 45 linhas danificadas.

vii. "Sucessos de Pernambuco no ano de 1710", texto anônimo, sem lugar nem data.

Outro texto favorável aos mascates. Quase todo danificado. A narração começa com a elevação do Recife a vila e encerra-se com a posse do bispo no governo da capitania.

viii. "Sucessos de Goiana no primeiro e segundo levantamentos", texto anônimo, sem lugar nem data.

Também favorável aos mascates. Suas páginas são apenas legíveis na parte superior, em que não se contém novidade relativamente às outras narrativas sobre os acontecimentos na capitania de Itamaracá.

ix. "Depois que se ausentou o Sr. Governador de Pernambuco correu nova nesta cidade da Paraíba", etc., texto anônimo, sem lugar nem data mas redigido em 1711.

Refere minuciosamente as providências tomadas pelo governador da Paraíba, João de Maia da Gama, após a fuga de Castro e Caldas.

Índice onomástico

Abreu, Capistrano de, 14, 440-443
Acióli, Felipe de Moura, 255
Afonso VI, D., 26, 28, 32, 46, 48, 50, 56, 58-60, 76, 104, 158, 165, 404
Aguiar, conde de Vila Pouca de, 41
Albuquerque, Antônio Cavalcanti de, 217, 316
Albuquerque, Antônio de Sá e, 248, 315, 348, 357, 380
Albuquerque, Francisco de Paula Cavalcanti de, 440
Albuquerque, Gonçalo Ravasco Cavalcanti de, 422
Albuquerque, João Cavalcanti de, 393
Albuquerque, Jorge Cavalcanti de, 85-6, 89, 92-3
Albuquerque, José de Sá e, 101, 315, 348
Albuquerque, Matias de, 41
Alegrete, 1º marquês de, 325
Alegrete, 2º marquês de, 325

Alencar, José de, 13, 15
Almada, D. Lourenço de, 318, 321, 335-6, 351-2, 364, 369, 373-4, 387, 416
Almeida, D. Lourenço de, 153, 414, 419-20, 423-5, 427, 436, 440, 443
Almeida, D. Pedro de, 66, 84, 230, 436
Almeida, D. Tomás de, 423
Almeida, Joaquim de, 140, 219, 237, 266, 272, 338
Almeida, M. Lopes de, 431, 444
Amanda, madame, 264
Amaral, Jerônimo Correia do, 301
Andrade, Agostinho César de, 83-4
Andrade, Carlos Drummond de, 14
Andrade, Francisco Berenguer de, 124, 172, 174-5, 305
Andrade, Gilberto Osório de, 49, 62, 152, 154, 163, 166, 231, 307, 425

Andrade, Manuel Freire de, 244-5
Andrade, Sebastião de Carvalho de, 387, 390
Andreoni, João Antônio (Antonil), 67, 389
Angeja, marquês de, 395, 412, 417, 419, 422-3
Anjou, Felipe de, 322
Anunciação, Miguel Arcanjo da, 165, 207, 210
Aragão, João Mendes de, 268
Araújo, Domingos da Costa de, 139, 171, 176, 266, 337, 379
Arcos, conde dos, 16-7, 21, 443
Arouche, José Inácio de, 179, 189, 208, 238, 260, 433
Arrais, Cristóvão de Mendonça, 273, 348, 356
Assunção, Miguel da, 93, 365-6, 415
Atouguia, conde de, 409
Áustria, regente da França, Ana de, 16

Azevedo, José Gomes de, 321, 416
Bacalhau, João Marques, 176, 252, 342, 358, 369, 374, 377-8, 385, 397, 407-8, 410-1, 433
Bagnuolo, conde de, 41
Bandarra, 26
Baracho, Gonçalo de Freitas, 237, 421
Barbalho, Fernão Bezerra, 94
Barbosa, Matias Coelho, 387
Barreto, 5º morgado do Cabo, João Pais, 315, 343
Barreto, Estêvão Pais, 31
Barreto, Felipe Pais, 170, 315-6, 347-8, 357, 380, 427, 441
Barreto, Luís do Rego, 195
Barreto, marquês do Recife, Francisco Pais, 441
Barros, Francisco do Rego, 440
Barros, João do Rego, 66, 73, 77, 268-9, 275, 333, 340, 355, 441
Barros, Manuel Lopes de, 419
Bequimão, Nicolau, 88, 274
Bérulle, Pierre de, 114
Bezerra, Manuel Cavalcanti, 316, 421
Bezerra, Pedro Cavalcanti, 387
Bluteau, Rafael, 302, 404
Boa Vista, conde da, 140, 440
Bolena, Ana, 125
Boxer, Charles R., 188

Bragança, D. Catarina de, 107, 157, 175, 186-8, 203, 275
Branco, Antônio de Castelo, 230
Branco, Camilo Castelo, 241
Branco, Diogo Rangel de Castelo, 85, 93
Brandão, Pedro Ferreira, 230, 239, 396
Cabral, Fernão, 65, 254, 436
Cabral, Jerônimo da Veiga, 83
Cabral, Luís de Mendonça, 242, 245, 249, 305, 333
Cadaval, duque de, 264, 409
Calabar, Domingos Fernandes, 195
Caldas, Sebastião de Castro e, 81, 135, 195, 219, 237, 251-2, 257, 263, 266, 270, 272, 283, 304, 436, 444-5, 447-8
Camarão, Sebastião Pinheiro, 314, 338, 345, 349, 355
Camelo, Francisco, 388
Campelo, Antônio Rodrigues, 294
Campelo, Lino, 180-1
Cardoso, Antônio Dias, 55
Cardoso, Luís, 140, 266, 331, 385
Carlos II, rei da Grã-Bretanha, 27, 157
Carneiro, Domingos Rodrigues, 338
Carvalho, Antônio de Albuquerque Coelho de, 284, 326, 410, 440

Carvalho, José Rodrigues de, 142
Carvalho, Melchior Ramires de, 67, 72, 96, 178
Carvalho, Miguel de, 127
Carvalho, Paulo de, 369, 374, 381, 383, 385, 396, 405, 413, 425
Cascais, marquês de, 85-6, 89, 91, 92
Castel Melhor, conde de, 37, 58
Castro, Aires de Souza e, 94, 160, 167
Castro, Caetano de Melo e, 75, 91-3, 120, 165, 172, 201, 213, 217, 221, 223, 236, 295, 330, 332, 334
Castro, João Pais de, 31
Castro, José de Lima, 423-5
Catarina de Bragança, rainha da Grã-Bretanha, 27, 49, 107, 157, 175, 186-8, 203, 275
Cavalcanti, Cosme Bezerra, 421
Cavalcanti, Cristóvão de Holanda, 409
Cavalcanti, Domingos Bezerra, 241, 316
Cavalcanti, Felipe, 288
Cavalcanti, Leandro Bezerra, 316
Cavalcanti, Leonardo Bezerra, 216, 238, 241, 387
Cavalcanti, Lourenço, 77-9, 81, 175, 259, 262, 317, 455

Índice onomástico

Cavalcanti, Manuel Bezerra, 421, 249, 316, 387
César, D. Maria, 31
Chateaubriand, F. R. de, 277
Clemente XI, Papa, 127
Clerc, Du, 263-4, 297, 323, 335
Codeceira, José Domingues, 298, 399
Coelho, Duarte, 43, 144, 166, 239
Correia, João de Barros, 387, 421
Correia, Luís, 276-7, 285, 293-4, 298, 421, 437-8, 443
Corte Real, Diogo de Mendonça, 332-4, 396-7, 404, 423
Costa, Antônio Rodrigues da (comerciante), 249
Costa, Antônio Rodrigues da (conselheiro ultramarino), 291, 321-6, 379, 399, 417, 421, 432, 434
Costa, D. Manuel Álvares da, 14, 120, 229-31, 240, 245-6, 249, 253, 260, 267, 273, 301, 321, 331, 344, 349, 366, 369, 373, 392, 413, 428, 430, 436, 447
Costa, F. A. Pereira da, 26, 52
Costa, João da, 298, 347, 364-5, 375, 416
Costigan, Arthur William, 95

Coutinho, A. L. G. da Câmara, 38, 62, 63, 67-72, 76-8, 80, 84, 90, 97, 102, 160, 162-3, 203, 217, 230, 254, 297, 330, 372, 400, 436
Coutinho, Fernão de Souza, 44, 66, 83, 162, 222, 436
Couto, Domingos do Loreto, 61, 271
Cunha, D. Matias da, 34, 65-6
Cunha, João de Freitas da, 267, 299
Cunha, Manuel Carneiro da, 265
Cunha, Paulo Carneiro da, 388
Dourado, Feliciano, 40, 57, 156
Duguay-Trouin, René, 351, 381-2
Elias, Norbert, 18
Encarnação, João Álvares da, 115
Falcão, Pedro Marinho, 97, 392
Felipe IV, 256, 288, 292
Ferrão, José, 396
Ferraz, Lourenço Gomes, 217, 232, 238, 250, 255, 259, 267, 303
Ferreira, Roque, 40
Fialho, Manuel de Carvalho, 89, 92
Figueiredo, André Dias de, 231, 252-3, 257, 259, 262, 271, 279, 299, 304,

316, 343, 371, 386-8, 390, 396, 421
Figueiredo, D. Estêvão Brioso de, 98, 112, 391
Figueiredo, Nicolau de, 268, 341
Fonseca, Afonso Broa da, 375
Francisco, infante de Portugal, D., 341
Freire, Alexandre de Souza, 41
Freyre, Francisco de Brito, 38, 49, 69, 100, 157, 436
Freyre, Gilberto, 13, 16, 138
Furtado, Francisco de Mendonça, 60
Furtado, Jerônimo de Mendonça, 25-6, 30-2, 37, 39, 46, 48, 53-6, 58, 60
Furtado, Luís de Mendonça, 30, 44, 60
Galloway, J. H., 185
Galvão, Francisco Lopes, 299
Gama, Domingos Pereira da, 171, 235, 241, 266
Gama, J. B. Fernandes, 21, 439
Gama, João da Maia da, 260-2, 273, 301, 351, 355, 359, 360, 365-6, 389, 415, 419, 423
Gennes, almirante, 196
Góis, Gabriel de, 274
Gomes, Miguel Correia, 139, 176, 266, 285, 294, 337

Gonçalves, Domingos, 113
Gonçalves, Manuel (dito o Tundacumbe), 362, 392, 373, 378, 392, 408
Granada, Luís de, 105
Guerra, Antônio Jorge 393
Guicciardini, Francesco, 286
Gusmão, D. Luísa de, 28, 37, 104, 157-9, 162
Handelmann, H., 300
Henriques, Bernardo de Miranda, 41-2, 57, 66, 83, 159, 206, 222, 436
Hespanha, Antônio M., 169
Holanda, José Tavares de, 252-3, 255, 279, 290, 387, 390, 421
Holanda, Sérgio Buarque de, 17, 129, 138, 149
Inocêncio XII, Papa, 125
Jaboatão, Antônio de Santa Maria, 111
João III, D., 43
João IV, D., 26, 38-9, 71, 105, 145, 147-8, 150, 157, 296-7, 406
João V, D., 65, 81, 95, 103, 135, 143, 147, 149, 152-3, 165-6, 179, 187, 191, 203, 206-12, 215, 218, 221, 226-8, 230, 232, 234, 236, 238-46, 248-9, 251-4, 256-8, 262, 265-6, 268, 290, 301, 308, 313-5, 317-8, 325-6, 328-9, 331, 335-8, 341-2, 344, 347, 349-50, 355, 358, 360-1, 365-6, 369, 373-5, 377-8, 381, 383-5, 387, 392, 395-8, 402, 404-5, 407-8, 410-1, 413-6, 418-21, 424-6, 428, 430-1, 433

José I, D., 95, 207
Koster, Henry, 82, 285, 437, 438
Koster, Theodore, 285, 438
Lacerda, Francisco de Barros Falcão de, 93, 318, 362, 392
Lacerda, Jerônimo Cavalcanti de Albuquerque, 85, 93
Lacerda, Manuel Cavalcanti de, 318
Lago, Pedro Corrêa do, 7, 135, 252, 288, 344, 350, 360, 372, 375, 433, 441-2, 446
Lancastre, D. João de, 80, 124
Leão filho, Joaquim de Sousa, 161, 276, 285, 438
Leitão, Antônio Gonçalves, 442
Leitão, Manuel Rodrigues, 114
Lima, Antônio Barbosa de, 147-8, 199, 219, 225, 273, 281, 289, 330, 333, 342, 396, 411, 412
Lima, D. Francisco de, 106, 118, 121-6, 228, 391
Lima, Manuel de Oliveira, 288
Lobo, João, 115-7, 119, 128

Lopes neto, Felipe, 439-40
Louzel, Servan, 113
Luís XIV, rei da França, 16, 263, 264, 296, 298, 322
Luís, André, 113-4
Luís, XIII, rei da França, 296
Luna, Lino do Monte Carmelo, 442
Machado, José, 72, 176, 329, 369, 377, 436
Machado, Maximiano Lopes, 281-2, 298
Maior, João da Cunha Souto, 61, 64, 73, 76, 206, 209, 211, 219, 222, 306, 339, 436
Maior, Paulo da Cunha Souto, 63-4
Maneli, Sebastião Dias, 313
Maranhão, Afonso de Albuquerque, 318, 360
Maranhão, Matias de Albuquerque, 40
Maria Francisca de Saboia, rainha de Portugal, D., 58, 71, 264
Maria, Agostinho de Santa, 246
Mariana, rainha de Portugal, D., 326, 329
Marques, Manuel, 390
Marrou, Henri-Irénée, 14
Martins, Joaquim Dias, 438
Mártires, Bartolomeu dos, 112
Mascarenhas, Fernando Martins, 121-2, 124, 126, 167, 172, 176, 179,

ÍNDICE ONOMÁSTICO

203, 213-4, 225, 376, 436
Matos, Antônio Fernandes de, 109-10, 140, 161, 166, 180, 306
Matos, Gregório de, 64-5, 240
Matos, João de Sepúlveda e, 159, 181, 183
Mazarino, Giulio, 16
Mello, J. A. Gonsalves de, 17, 21, 39, 50, 101, 109, 132, 140, 155, 158, 160, 166, 185, 240, 266, 278, 282, 284, 300, 331, 353, 385, 391, 443
Melo (filho homônimo), Bernardo Vieira de, 293
Melo, Afonso de Albuquerque, 248, 259
Melo, André Vieira de, 283, 315, 348, 386-7, 421
Melo, Bernardo Vieira de, 174, 217, 278-9, 281-6, 294-9, 314-5, 317, 324, 339, 342-7, 371, 387, 389-90, 397, 406, 421
Melo, Cristóvão Pais Barreto de, 311, 314, 349, 447
Melo, D. Matias de Figueiredo e, 66-7, 118, 124, 230, 391, 436
Melo, Jerônimo César de, 77, 175, 317, 380
Melo, Leão Falcão de, 96-7, 392
Melo, Mário, 13, 81, 203, 232, 249, 251, 258, 261,
282, 289-90, 291, 336, 341, 344, 361, 378, 389
Melo, Pedro de, 36, 44, 350, 447
Mendes, Domingos, 421, 430
Mendonça, Afonso Furtado de, 66, 83-4
Mendonça, José de Sá, 73, 171
Menezes, Francisco Barreto de, 35, 391, 436
Menezes, Sebastião César de, 327
Menezes, Vasco Fernandes César de, 422
Minas, marquês das, 64-5, 199
Miranda, Francisco de Sá de, 179
Miranda, Manuel Velho de, 301, 328, 392
Miranda, Tiago Costa Pinto dos Reis, 20, 433
Molina, Luís de, 366
Mondvergue, marquês de, 26, 28, 37-8, 52-4, 56, 297
Montebelo, 1º marquês de, 15, 66, 70, 167, 200, 254, 339, 436
Montebelo, 2º marquês de, 329
Monteiro, Cosme Bezerra, 86, 249, 316, 387, 390, 410, 421
Moraes, Rubens Borba de, 438

Morais, Francisco de Castro, 79, 160, 177, 179, 195, 268, 436
Moreno, Diogo de Campos, 154
Mortara, marquês de, 71
Mota, João da, 262, 290, 313, 338, 340-7, 352, 354-5, 361, 369, 370-1, 392
Mota, Leonardo de Azevedo, 33
Moura, Caetano Lopes de, 440
Moura, Isabel de, 97
Moura, Manuel Magro de, 445
Moura, Mateus de, 364, 379, 381, 388
Nabuco, Joaquim, 16
Nassau-Siegen, João Maurício, conde de, 140, 278, 297, 306
Navarro, Manuel Álvares de Morais, 295
Negreiros, André Vidal de, 30, 35, 69, 95, 155, 158, 391, 436
Negreiros, Matias Vidal de, 90, 301, 357, 362, 387, 391, 403
Néri, Manuel, 115
Néri, São Felipe, 103, 107, 110, 115
Nogueira, João, 388
Nunes, Agostinho, 120
Nunes, João, 132

Óbidos, D. Vasco de Mascarenhas, conde de, 231
Ortiz, Luís de Valençuela, 208, 231
Paim, Roque Monteiro, 72, 79, 127
Pais, Roque Gomes, 96-7, 318
Pedro II, imperador do Brasil, D., 14
Pedro II, rei de Portugal, D., 64-7, 70, 75, 79, 82, 88-9, 91-3, 100, 104, 114, 118, 121-6, 160, 169, 172, 174-5, 177-86, 189-90, 202-3, 206-7, 214, 225, 228, 234, 243, 264, 295, 298-9, 305, 325, 341, 376, 391, 403, 440
Pedroso, Francisco, 228
Pereira, Antônio da Silva, 317, 379
Pereira, Antônio de Basto, 404
Pereira, Antônio Rodrigues, 239, 333, 378,
Pereira, Duarte Sodré, 221-2
Pereira, Francisco de Abreu, 220
Pessoa, José Camelo, 379
Piedade, Luís da, 207
Pilar, Cristóvão do, 415
Pimentel, José de Barros, 314
Pita, Sebastião da Rocha, 26-7, 38, 60, 129, 196, 231, 247, 258, 280, 344, 363, 420, 430, 439, 443

Pombal, marquês de, 188, 190, 143, 256, 420, 433
Prado Júnior, Caio, 13, 199
Purificação, Jácome da, 187
Quaresma, Francisco Franco, 33
Quental, Bartolomeu do, 104-5, 107, 114-5, 119, 228
Rangel, Veríssimo Roiz, 197-8, 204-5
Ravasco, Bernardo Vieira, 336
Rego, André de Barros, 55, 77, 275
Rego, João de Barros, 77, 217, 275, 279, 281, 347-8, 357, 387, 390, 393, 406
Rego, Manuel da Fonseca, 447
Reimão, Cristóvão Soares, 301, 328, 387, 391, 393, 400, 402-3, 407, 410, 414, 416, 431
Reis, Manuel de Freitas, 34
Ressurreição, João da, 206
Retz, cardeal de, 302
Ribas, Simão Ribeiro, 266, 337
Ribeiro, Francisco Gil, 357-8, 362
Ribeiro, Luís, 112, 115-6
Ribeiro, Manuel da Costa, 123
Ribeiro, Roberto Car, 174
Rio Branco, visconde do, 15
Rodrigues Neto, Manuel, 442

Rodrigues, José Honório, 442, 445
Rojas y Borja, D. Luís de, 41
Romain, Saint, embaixador da França em Lisboa,
Rosa, João Ferreira da, 306
Rosário, João do, 113, 115-7, 120-1, 124-5
Sá e Benevides, Salvador Correia de, 39, 156, 325
Sá, João Guedes de, 135, 166, 173, 175, 182
Sá, Leão Falcão de, 392-4, 410, 415, 421, 445
Sá, Luís José Correia de, 248
Saboia, D. Maria Francisca de, 58, 71, 264
Saboia, infanta Isabel de, 264
Sacramento, João Duarte do, 105, 254
Salgado, Paulo de Amorim, 350
Santa Teresa, Xavier de, 413
Santo, Cosmo do Espírito,
Santos, Manuel dos (cronista), 21, 133, 163, 210, 237, 251-2, 268, 270, 282, 290, 293, 308, 338, 353, 357-8, 364, 381, 385, 390, 422, 431, 437, 443-4
Santos, Manuel dos (jesuíta), 443
São Bernardo, Benedito de, 121
São José, João de, 86, 89
São Vicente, conde de, 321, 397, 401
Saracena, Bernardino de, 366

Saraiva, David de Albuquerque, 68, 118, 124, 126, 433, 444
Sarmento, Inácio de Morais, 181
Sarmento, Nicolau Pais, 283, 307, 318, 337, 357, 393, 442
Schkoppe, S. von, 13
Schomberg, Armand Friedrich von, 25
Schumpeter, Joseph, 319
Schwartz, Stuart B., 66, 99, 130, 184, 207
Sebastião, D., 314, 338, 345, 356
Silva, Antônio de Morais, 146
Silva, Gaspar da, 117-8, 127-8
Silva, Inocêncio Francisco da, 445
Silva, João da Mota,
Silva, José Fernandes da, 393-4
Silva, Lourenço da Silva, 421
Silva, Manuel de Mesquita da, 84, 86
Silva, Manuel Diniz da, 28, 32
Silva, Pedro Ribeiro da, 259, 262, 279, 299, 316
Simmel, Georg, 18
Southey, Robert, 231, 276, 285, 300, 437
Souza, D. João de, governador, 29, 31, 48, 54-5, 70-1, 100, 189, 200, 206, 225, 315, 321, 333, 436
Souza, Francisco de, 244, 315, 333, 347-48, 30, 380, 428
Souza, João Falcão de, 58
Souza, Pedro de Vasconcelos e, 381-2, 430
Souza, Pero Lopes de, 43
Tavares, Francisco Muniz, 288
Tavares, Manuel de Souza, 428
Távora, Franklin, 13
Temudo, canonista, 198
Uchoa, Lourenço Cavalcanti, 77, 81, 175, 259, 259, 262, 317
Urreia, João de Novalhas e, 29
Vanvessem, João, 57
Vareiro, Dionísio de Ávila, 63-4, 506
Varnhagen, Francisco Adolfo de, 14, 158, 274, 300, 440-3
Vasconcelos, Dionísio do Amaral e, 175
Vasconcelos, João Puga e, 175
Vasconcelos, Miguel de, 256
Velho, Domingos Jorge, 274, 339
Vidal, Antônio Curado, 95-6
Vieira, Antônio, 26-7, 67, 70, 157, 296, 336, 389, 422
Vieira, João Fernandes, 29, 39, 51-2, 69, 77, 83-4, 124, 145, 221, 285, 294
Vila Flor, conde de, 109
Vitória, João Rodrigues, 105
Voltaire, 94
Wanderley, André da Rocha, 314
Wanderley, José Maurício, 414
Wanderley, Vicente Ferrer de Barros, 282
Weber, Max, 17
Zevi, Sabatai, 26

Sobre o autor

Evaldo Cabral de Mello nasceu em 1936 no Recife, onde concluiu seus estudos preparatórios. Após estudos de filosofia da história em Madri e Londres, ingressou no Instituto Rio Branco, do Ministério das Relações Exteriores, em 1960, sendo nomeado para carreira diplomática em 1962, ao longo da qual serviu nas embaixadas do Brasil em Washington, Madri, Paris, Lima e Barbados, nas missões do Brasil em Nova York e Genebra e nos consulados gerais do Brasil em Lisboa e Marselha. Obteve o título de doutor em história por notório saber pela Universidade de São Paulo em 1992. Sua área predileta de estudo é a história do Nordeste açucareiro, a cujo respeito publicou as seguintes obras: *Olinda restaurada: guerra e açúcar no Nordeste, 1630-1654* (1975), *O Norte agrário e o Império, 1871-1889* (1984), *Rubro veio: o imaginário da restauração pernambucana* (1986), *O nome e o sangue: uma fraude genealógica no Pernambuco colonial* (1989), *A fronda dos mazombos: nobres contra mascates, Pernambuco, 1666-1715* (1995), *O negócio do Brasil: Portugal, os Países Baixos e o Nordeste, 1641-1669* (1998), *A ferida de Narciso: ensaio de história regional* (2001), *Um imenso Portugal: história e historiografia* (2002), *A outra Independência: o federalismo pernambucano de 1817 a 1824* (2004), *Nassau: governador do Brasil holandês* (2006), *O Brasil holandês, 1630-1654* (organização, 2010), *Essencial Joaquim Nabuco* (organização, 2010) e *O bagaço da cana: os engenhos de açúcar do Brasil holandês* (2012).

Este livro foi composto
em Adobe Garamond pela
Bracher & Malta, com CTP e
impressão da Prol Editora Gráfica
em papel Pólen Soft 70 g/m²
da Cia. Suzano de Papel e
Celulose para a Editora 34,
em dezembro de 2012.